Intégration économique et normes internationales du travail en Afrique de l'Ouest (UEMOA)

Potentialités et voies d'interaction positives entre intégration économique et réception des normes internationales du travail dans l'espace UEMOA

Collection « Études africaines »

dirigée par Denis Pryen et son équipe

Forte de plus de mille titres publiés à ce jour, la collection « Études africaines » fait peau neuve. Elle présentera toujours les essais généraux qui ont fait son succès, mais se déclinera désormais également par séries thématiques : droit, économie, politique, sociologie, etc.

Dernières parutions

Elsa Eléonore TAPSOBA, *Intégration économique et normes internationales du travail en Afrique de l'Ouest (UEMOA). Potentialités et voies d'interaction positives entre intégration économique et réception des normes internationales du travail dans l'espace UEMOA*, 2021.
Benjamin KAGINA SENGA, *Quelle protection pour les enfants déplacés et refugies non accompagnés en République démocratique du Congo ?*, 2021.
Christian ROCHE, *Les pionniers des indépendances africaines face à leur destin. Colonies françaises d'Afrique noire et territoires de l'océan Indien*, 2021.
Emmanuel KABONGO MALU, *La critique de la raison scientifique égypto-africaine chez Cheikh Anta Diop*, 2021.
NIAMKEY-KOFFI, *Philosophie, culture et développement. De l'esthétique nègre à l'impensé philosophique des langues*, 2021.
Amadou Lamine NDIAYE, *Julius Nyerere et l'édification d'une nation africaine. Ujamaa : panafricanisme et socialisme*, 2021
César MAWANZI NDOMBE, *Jean-Marc Ela. L'humanisme de la raison critique au coeur d'une pensée politique*, 2021.
Moustapha SOUMAHORO (dir.), *Agriculture, pêche et développement local en Afrique subsaharienne*, 2021.
Simon NGONO, *Médias audiovisuels et tolérance administrative au Cameroun. Enjeux communicationnels et logique d'acteur*, 2021.
Phidias AHADI SENGE MILEMBA, *Mouvements citoyens africains. Creuset de l'éveil civique et briseurs de l'ordre néolibéral ?*, 2021.

Elsa Éléonore TAPSOBA

Intégration économique et normes internationales du travail en Afrique de l'Ouest (UEMOA)

Potentialités et voies d'interaction positives entre intégration économique et réception des normes internationales du travail dans l'espace UEMOA

Prix OCIRP-Francis Blanchard 2020

L'Harmattan

5-7, rue de l'École-Polytechnique – 75005 Paris
www.editions-harmattan.fr
ISBN : 978-2-343-23447-2
EAN : 9782343234472

À mes Parents : Joséphine et Privat Tapsoba
À mes Pères adoptifs : Éric Da Silveira et Alphonse Nioka

PRÉFACE

En quoi et comment un processus d'intégration économique peut-il contribuer à la réception de normes internationales du travail ? Réciproquement, en quoi et comment la qualité de réception de ces dernières peut elle-même bénéficier à un projet d'intégration économique ? Se questionner ainsi sur les possibilités d'interférence positive entre dynamiques économiques et sociales peut apparaître bien théorique, voire relever d'un exercice de style dont le milieu universitaire est trop souvent coutumier. Il ne peut en aller cependant ainsi dès lors que l'option prise est de mener une analyse concrète des « potentialités », des « voies d'interaction positive » entre intégration économique et réception des normes internationales du travail. Ceci emporte en effet de retenir une « cible » particulière, de situer le questionnement dans un espace clairement identifié, ici celui de l'Union Économique et Monétaire Ouest-Africaine (UEMOA).

L'espace de l'UEMOA réunit huit États, usant d'une monnaie commune, bénéficiant de traditions culturelles voisines[1]. Il correspond à une superficie de 3 506 126 km2, compte plus de 123 millions d'habitants, a connu ces dernières années un taux de croissance très supérieur à celui de l'Union européenne[2]. L'UEMOA n'est pas un « projet sur le papier », mais une institution à l'œuvre depuis plus d'un quart de siècle. Celle-ci poursuit l'édification d'un espace économique harmonisé et intégré, au sein duquel est assurée une totale liberté de circulation des personnes, des capitaux, des biens, des services et des facteurs de production, ainsi que la jouissance effective du droit d'exercice et d'établissement pour les professions libérales, de résidence pour les citoyens sur l'ensemble du territoire communautaire.

Questionner les relations qu'entretiennent le processus d'intégration économique particulier de l'UEMOA et la réception, par ses États membres, des normes internationales du travail adoptées par l'Organisation internationale du Travail (OIT), impose d'abord de bien appréhender, dans ses aspects historiques, juridiques comme politiques, ledit processus d'intégration économique. A cela s'ajoute la nécessité de maîtriser les conditions d'élaboration et le contenu précis des normes internationales du

---

[1] *Cf.* http://www.uemoa.int/fr.

[2] Le taux de croissance du PIB, à prix constant, était de 6,1% en 2019 (Source : INS/C. UEMOA : RSM juin 2020).

travail de l'OIT, ainsi que les modalités de leur éventuelle réception au sein de chaque État membre de l'UEMOA.

La double formation d'internationaliste et de travailliste de Madame Elsa TAPSOBA explique indiscutablement qu'elle ait pu oser s'engager dans un tel questionnement et réussir à y répondre de manière aussi magistrale que constructive. Il a fallu également à cette juriste une réelle ouverture d'esprit, pour ne pas oublier de « regarder à côté » pour comparer, tout comme pour prendre en compte des facteurs aussi bien historiques, économiques, sociaux que culturels. L'agilité intellectuelle s'est accompagnée d'une mobilité géographique incontournable dans ce type de questionnement, mobilité ne se limitant pas aux activités de recherche au siège du Bureau international du Travail (BIT) à Genève, ou au siège de l'UEMOA à Ouagadougou ; le présent ouvrage bénéficie également directement des divers « terrains africains arpentés afin de rencontrer des acteurs institutionnels et sociaux, de s'entretenir avec des praticiens du droit du travail, d'obtenir y compris des informations difficiles d'accès, singulièrement en ce qui concerne la Guinée-Bissau.

Pareil investissement permet aujourd'hui à Madame Elsa TAPSOBA de proposer une réflexion particulièrement bien « documentée », structurée, aussi réaliste que constructive. Une plume élégante contribue efficacement à la pédagogie du propos. Celui-ci, fondamentalement, s'articule autour d'un constat à la fois inquiet et plein d'espoir : le processus d'intégration économique de l'UEMOA a un effet limité sur la réception par les États membres des normes internationales du travail, alors même qu'une telle réception peut constituer un facteur de réussite de ladite intégration.

Au travers d'une telle problématique, Madame Elsa TAPSOBA met en évidence l'impossible négation de la dimension sociale de tout processus d'intégration économique, dès lors qu'il se souhaite durable et inclusif. Elle souligne les modalités possibles de renforcement mutuel des processus de réception des normes internationales du travail et d'intégration économique dans la sous-région, au travers des choix d'États membres de l'UEMOA, des initiatives propres à l'UEMOA elle-même, et de l'action dans la sous-région ouest-africaine du BIT.

Par-delà le rappel des conventions internationales du travail ratifiées, Madame Elsa TAPSOBA interroge surtout la qualité de leur réception au sein de chaque État membre de l'UEMOA et, conjointement, les progrès de la sensibilisation à la dimension sociale de l'intégration économique poursuivie par l'UEMOA. Ce questionnement est replacé dans un contexte, celui de pays dont les droits du travail sont en réalité récents, fondés historiquement sur des législations des puissances coloniales, dans le cas précis de la France et du Portugal, mais aussi sur la législation internationale. L'auteure n'oublie pas de rappeler ce lien profond à des dispositions fondamentales de l'OIT. Elle souligne également, à juste titre, la particulière sensibilité contemporaine aux normes internationales du travail des pays d'Afrique subsaharienne, et singulièrement de ceux de l'UEMOA, comme en atteste leur montée en influence lors des dernières Conférences internationales du Travail, singulièrement lors de l'adoption en 2019 de la « Déclaration du Centenaire » de l'OIT[3].

L'un des grands apports de l'ouvrage de Madame Elsa TAPSOBA, est d'avoir su, tout en se concentrant sur l'espace UEMOA, regarder ailleurs. Ceci est important dès lors que l'UEMOA elle-même entend « rationaliser ses activités »[4] avec celles d'une institution telle que la Communauté Économique des États de l'Afrique de l'Ouest (CEDEAO)[5]. Mais, en réalité, la problématique développée dépasse la seule Afrique de l'Ouest et le continent africain. En « sortant de leur placard » les normes internationales du travail, en en ayant une approche concrète dans le cadre d'une confrontation à un processus donné d'intégration économique, Madame Elsa TAPSOBA permet deux choses : d'une part de rappeler qu'aucun pays ne peut se targuer d'une observation indiscutable des normes internationales du travail, singulièrement des conventions fondamentales de l'OIT, d'autre part qu'au nom du développement économique, on ne peut exiger une « adaptation » de la norme, tout au plus revendiquer du temps pour voir son effectivité progresser. Ceci emporte une réflexion sur le fait de savoir si la sanction est toujours le meilleur moyen de voir appliquer le droit. La réunion d'un ensemble d'outils n'est-elle pas nécessaire pour voir effectivement changer les situations ? Il y a là des questions de méthode mais, surtout, des enjeux fondamentaux, qu'il s'agisse de travail des enfants, d'égalité entre hommes et femmes au travail, de liberté d'association et de négociation collective, de conditions d'emploi et de travail respectueuses de la dignité des hommes et des femmes et de leurs familles. Pour l'ensemble des réflexions menées et les pistes de progressions proposées dans le présent ouvrage, Madame Elsa TAPSOBA doit être vivement remerciée.

Philippe AUVERGNON
Directeur de recherche émérite du CNRS
Centre de droit comparé du travail
et de la sécurité sociale (Comptrasec)
UMR 5114 CNRS - Université de Bordeaux

[3] *Cf.* CIT. Rapport de la Commission normative sur la violence et le harcèlement dans le monde du travail : compte rendu des travaux, 109e session, n°7B, 2019).

[4] *Cf.* Préambule du protocole d'accord portant création du cadre de concertation, de coopération et de partenariat entre les organisations intergouvernementales de l'Afrique de l'Ouest du 14 juin 2013.

[5] Une Directive de normes minimales pour l'harmonisation des lois du travail des États membres est en cours d'adoption au sein de la CEDEAO. Le projet de cette Directive adopté le 23 juillet 2019 par le Conseil des Ministres du travail des États membres de la CEDEAO doit être confirmé par la Conférence des Chefs d'États et de Gouvernement pour être applicable (https://www.ecowas.int/ecowas-minister-adopt-recommendations-on-decent-work-and-harmonisation-of-labour-laws-for-the-region/).

LISTE DES ABRÉVIATIONS

ACP.	Pays d'Afrique, Caraïbes et Pacifiques
AEF.	Afrique-Équatoriale Française
Al.	Alinéa
AOF	Afrique-Occidentale Française
APG	Accord Politique Global
Art.	Article
BCEAO	Banque Centrale des États de l'Afrique de l'Ouest
BIT	Bureau International du Travail
BO	Bulletin Officiel
BOAD	Banque Ouest-africaine de Développement
CADHP	Charte africaine des droits de l'homme et des peuples
CAE	Communauté de l'Afrique de l'Est
CAED	Commission des Affaires étrangères et de la Défense
CEDEAO	Communauté Économique des États de l'Afrique de l'Ouest
CEA	Communauté économique africaine
CEACR	Commission d'Experts pour l'Application des Conventions et Recommandations
CEAO	Communauté Économique de l'Afrique de l'Ouest
CEEAC	Communauté Économique des États d'Afrique Centrale
CEMAC	Communauté Économique et Monétaire de l'Afrique centrale
CEN-SAD	Communauté des États Sahélo-Sahariens
CER	Communauté économique régionale
Cf.	Confère
CIT	Conférence Internationale du Travail
CJCE	Cour de Justice des Communautés Européennes
COMESA	Marché Commun de l'Afrique de l'Est et de l'Afrique Australe
CPCS	Conseil permanent de la concertation sociale
CPDC	Cadre permanent de dialogue et de concertation
CRADAT	Centre Régional africain d'Administration du Travail
CTDS	Conseil du Travail et du Dialogue social
Dr. ouvr.	Droit ouvrier
Dr. soc.	Droit social
Éd.	Édition
Ibid.	*Ibidem*
IGAD	Autorité Intergouvernementale pour le Développement
JO	Journal Officiel
LGDJ	Librairie Générale de Droit et de Jurisprudence
OCDE	Organisation de Coopération et de Développement Économique
OHADA	Organisation pour l'Harmonisation en Afrique du Droit des Affaires
Obs.	Observations
OCDE	Organisation de Coopération et de Développement Économique
OIT	Organisation Internationale du Travail
Op. cit.	Opus citatum (ouvrage déjà cité)
OUA	Organisation de l'Union Africaine
SADC	Communauté de Développement de l'Afrique Australe

Southern	African Development Communauty
Supra	Ci-dessus
TEC	Tarif Extérieur Commun
UA	Union Africaine
UDE	Union Douanière Équatoriale
UDEAC	Union Douanière et Économique de l'Afrique Centrale
UEMOA	Union Économique Monétaire Ouest Africaine
UMOA	Union Monétaire Ouest Africaine
vol.	Volume

SOMMAIRE

INTRODUCTION

1. L'intégration régionale est « une question largement débattue dans la littérature économique et politique aussi bien dans les pays industrialisés que dans les pays en développement »[6]. Celle-ci, portée « plus ou moins par des institutions et par des accords commerciaux régionaux »[7], traduit un effort de collaboration entre des États voisins et peut engager plusieurs domaines d'intervention. Elle « peut résulter de pratiques d'acteurs constituant des réseaux commerciaux, financiers, culturels, technologiques dans des espaces régionaux. Elle peut également résulter d'une fragmentation de l'espace mondial tenant de stratégies de segmentation de la part des acteurs transnationaux »[8].

2. L'intégration régionale est fonction de la définition de l'espace géographique et physique. Elle diffère de la coopération régionale qui revêt un caractère ponctuel, temporaire et « correspond à l'existence d'accords nés de conjonctures particulières, en vue de prendre en charge des problèmes déterminés »[9]. L'intégration régionale a la particularité d'être volontaire, « construite sur une base collective recouvrant la mise en œuvre d'un processus de construction communautaire et régionale »[10]. Elle est « à la fois économique, politique et culturelle et traduit à des degrés divers, une volonté politique »[11].

3. Le concept d'intégration régionale « revêt un biais à prédominance économique dans la littérature »[12], mais se distingue toutefois du concept d'intégration économique. Cette dernière, entendue comme « un processus

---

[6] SIDIBE Ousmane Oumarou, « L'intégration en Afrique de l'Ouest : évolution des questions institutionnelles et politiques », *in* SANAKANKOUA Bintou (éd.), *Les États-nations face à l'intégration régionale en Afrique de l'Ouest : le cas du Mali,* Karthala, 2007, p. 21.

[7] HUGON Philippe (dir.), « Analyse comparative des processus d'intégration économique régionale », Direction générale de la coopération internationale et du développement, ministère français des Affaires étrangères, 2001, p. 7.

[8] *Idem.*

[9] BOURENANE Naceur, « Des fondements théoriques et stratégiques de la construction communautaire », *in* LAVERGNE Réal, *Intégration et coopération régionales en Afrique de l'Ouest,* Karthala-CRDI, 1996, p. 65.

[10] *Ibid.,* p. 66.

[11] HUGON Philippe (dir.), *op. cit.,* p. 7.

[12] LAVERGNE Réal, « Champ d'action pour l'intégration et la coopération régionales en Afrique de l'Ouest », *in* LAVERGNE Réal, *Intégration et coopération régionales en Afrique de l'Ouest*, Karthala-CRDI, 1996, p. 11.

qui conduit plusieurs économies distinctes à former un seul espace économique »[13], se différencie de l'intégration régionale par « son degré d'institutionnalisation, par son rythme, par son approfondissement et/ou par son élargissement »[14]. Elle recouvre l'intégration d'activités économiques « de secteurs ou de segments de filières, dans une perspective de rationalisation de la gestion des ressources et de maximisation des profits et des revenus »[15]. De plus, dans l'hypothèse d'une intégration économique, « la dimension géographique, notamment la proximité spatiale, n'est pas toujours déterminante »[16], contrairement à l'intégration régionale qui est fondée sur un espace de proximité géographique.

4. L'intégration économique « peut prendre des formes différentes selon l'étape à laquelle elle se trouve »[17]. Le degré minimal d'intégration est la zone de libre-échange ou les États s'entendent pour éliminer les barrières commerciales entre eux tout en maintenant leurs propres barrières nationales contre des tiers. L'union douanière est un degré supérieur de l'intégration économique dans lequel les États conviennent d'éliminer les obstacles entre eux tout en adoptant et en appliquant un ensemble commun de droits de douane à des tiers. La situation du marché commun constitue un degré plus poussé de l'intégration réalisée dans le cadre d'une union douanière, dès lors que s'ajoute le fait que « les pays membres permettent la pleine mobilité des facteurs de production à l'intérieur de l'Union »[18]. L'union économique et monétaire apparaît comme le dernier degré d'intégration économique « consistant à prolonger le marché commun par les branches de la politique économique »[19].

5. Sur le plan historique, des techniques d'intégration économique ont très tôt existé de par le monde[20]. Toutefois, le processus d'intégration économique tel que défini précédemment s'est tout particulièrement manifesté en Europe au XIXe siècle avec l'apparition de processus d'intégration fondés sur des accords s'inscrivant dans une dynamique fédérative ou limitée à des accords préférentiels de libre-échange. Plusieurs modèles ont été ainsi mis en œuvre. On peut citer celui d'une intégration commerciale ayant débouché sur une intégration politique, modèle illustré

---

[13] BEITONE Alain, CAZORLA Antoine, DOLLO Christine, DRAI Anne-Mary, *Dictionnaire de science économique,* 4ème édition revue et argumentée, Armand Colin, 2013, p. 290.
[14] HUGON Philippe (dir.), *op. cit.,* p. 7.
[15] BOURENANE Naceur, *op. cit.,* p. 66.
[16] *Idem.*
[17] BALASSA Bela, *The theory of economic integration,* G. Allen and Unwin, 1961, p. 2.
[18] AYUK Elias KABORE Samuel, « Introduction : pourquoi s'intégrer ? » *in* AYUK Elias (dir.), KABORE Samuel (dir.), *S'intégrer pour s'enrichir : l'intégration régionale et les stratégies de réduction de la pauvreté en Afrique de l'ouest,* New York, Springer, 2012, p. 3.
[19] MAZUYER Emmanuelle, *L'harmonisation sociale européenne : processus et modèle*, Bruylant, 2007, p. 12
[20] A titre illustratif, en Afrique, « *au cours de la période du VIIème au XIème siècle après Jésus-Christ, étaient mises en place les bases matérielles d'une intégration économique ancienne, par secteurs géoculturels dans l'ensemble de la Baie du Bénin* ». (*Cf. not.* BAGODO Obarès, « Histoire et facilitation de l'intégration en Afrique de l'Ouest : le cas du Bénin dans l'espace de la baie du Bénin du XIIe au XIXe siècle », *in* IGUE John (éd.), *Les États-nations face à l'intégration en Afrique de l'ouest : le cas du Bénin*, Karthala, 2006, p. 69).

par la mise en place en Allemagne d'une union douanière, *le Zollverein,* en 1834. Cette union douanière a évolué vers une intégration politique en 1870[21]. Un autre modèle a été incarné aux États-Unis par une intégration politique, adoptée dans l'optique d'unifier le nord et le sud, débouchant sur une intégration économique[22]. À la même époque, certains accords préférentiels de libre-échange ont été, pour leur part, conclus sans aucune visée d'intégration régionale tout en donnant lieu à une forme d'intégration économique ; tel fut le cas du Traité de libre-échange conclu entre le Royaume uni et la France en 1860 contenant une clause dite de « nation la plus favorisée » et instaurant un désarmement tarifaire en Europe continentale entre 1861 et 1866[23].

6. Durant l'entre-deux-guerres, « à l'exception de la Belgique et du Luxembourg qui forment une union économique en 1921, les autres économies industrialisées (à économie de marché) s'orientent de façon plus marquée vers une intégration économique qui s'éloigne du multilatéralisme après la crise de 1929 »[24]. L'intégration économique de cette période relève surtout de celle des métropoles avec leurs colonies[25]. En dépit de ces tentatives d'intégration, « aucune organisation d'intégration significative n'a été formée »[26] jusqu'à la fin de la Seconde Guerre mondiale.

7. La recherche d'intégration économique s'est intensifiée dans la période qui a suivi la Deuxième Guerre mondiale et « a été dans le monde entier un élément important des relations commerciales internationales »[27]. Ce phénomène, qui concerne la quasi-totalité des pays du monde[28], a été

---

[21] BEITONE Alain, CAZORLA Antoine, HEMDANE Estelle, *Dictionnaire de science économique,* 6ème édition, Dunod, 2019, p. 349.

[22] On peut citer à cet égard les réformes institutionnelles renforçant l'intégration régionale entre le Nord et le Sud des États Unis qui se sont traduites par l'adoption du *Homestead Act* en 1862 et du *Banking Act* en 1863.

[23] BEITONE Alain, CAZORLA Antoine, DOLLO Christine, DRAI Anne-Mary, *op. cit.,* p. 292.

[24] *Idem.*

[25] À titre illustratif, les accords d'Ottawa signés en 1932 resserrent les liens entre la Grande Bretagne et le Commonwealth autour d'une zone sterling. Celles-ci, série de douze accords commerciaux bilatéraux ont été négociés du 20 juillet au 20 août 1932. Elles accordent des avantages douaniers réciproques et certains autres engagements de commerce. (*Cf.* DRUMMOND Ian, « Ottawa, accords d' », *Encyclopédie canadienne,* 2015 (https://www.thecanadianencyclopedia.ca/fr/article/ottawa-accords-d).

[26] BALASSA Bela, *op. cit.,* p. 3.

[27] McCARTHY Colin, « L'intégration régionale : partie de la solution ou partie du problème ? », *in* ELLIS Stephen (coord.), *L'Afrique maintenant,* Paris, Karthala, 1995, p. 348.

[28] On peut citer à titre indicatif et par région : l'Association Latino-Américaine de Libre Échange (ALALC) créée par le Traité de Montevideo du 18 février 1960, le Marché Commun de l'Amérique Centrale (MCCA) institué le 10 juin 1958, le Mercosur mis en place par le Traité d'Assomption du 26 mars 1991, l'Accord de Libre Échange Nord-Américaine (ALENA) entré en vigueur le 1er janvier 1994, la Communauté Économique du charbon et de l'Acier (CECA) fondée par le Traité de Paris entré en vigueur le 23 juillet 1952, la Communauté Économique Européenne (CEE) instituée par le Traité de Rome du 25 mars 1957, l'Association des Nations de l'Asie du Sud-Est (ASEAN) crée le 8 juin 1967, la Communauté Économique des États de l'Afrique de l'Ouest (CEDEAO) créée le 25 mai 1975, la Communauté Économique des États de l'Afrique Centrale (CEEAC) créée le 18

accéléré par la conclusion de l'Accord général sur les tarifs et le commerce (AGETAC) en 1947[29] et l'institution de la Communauté Économique Européenne (CEE) par le Traité de Rome du 25 mars 1957[30].

8. Le plus souvent, l'objectif principal d'une « intégration est d'abord d'instaurer un marché unique par la suppression des barrières tarifaires ou douanières et autres obstacles au libre-échange. Mais, progressivement, cette intégration s'accompagne de l'élaboration de politiques communes ou d'une certaine coopération »[31] dans plusieurs domaines. Plus qu'un « simple support aux activités d'intégration, l'existence de cet espace devient un préalable, un facteur déterminant, dans l'émergence et la concrétisation du sentiment d'appartenance culturelle et politique à un ensemble déterminé, d'une vision partagée de l'avenir »[32]. L'intégration économique suscite par conséquent une dynamique d'approfondissement.

9. La question du travail, qui intéresse aussi bien « l'homme, les travailleurs, les employeurs et les pouvoirs publics »[33], occupe « une place très spécifique au sein d'une intégration économique »[34]. Le plus souvent, les normes du travail semblent y être envisagées « en tant qu'élément susceptible de perturber le bon fonctionnement du libre commerce entre les États de la région, donc de l'équilibre harmonieux d'un marché économique »[35]. Quoi qu'il en soit de ce présupposé éminemment libéral, à l'occasion d'un processus d'intégration économique, même si dans un premier temps on ne se soucie que des normes sociales pouvant interférer avec le fonctionnement du marché, la question des rapports entre normes économiques et normes relatives au travail est posée.

10. Gardant cela à l'esprit, il convient de précéder la réflexion sur les potentialités et voies d'interaction positive entre intégration économique et réception des normes internationales du travail dans l'espace UEMOA[36], par un rappel succinct de l'histoire de l'UEMOA (I). Il apparaît par ailleurs opportun de rappeler l'évolution du droit du travail au sein des États membres de l'UEMOA (II) et d'expliciter le concept des normes internationales du travail (III). Enfin, nous nous attacherons à mettre en exergue et justifier notre problématique (IV).

---

octobre 1983, le Marché commun de l'Afrique orientale et australe (COMESA) crée le 8 décembre 1994, la Communauté d'Afrique de l'Est (CAE) créée le 7 juillet 2000,

[29] L'AGETAC ou GATT (*General agreement on Tarifs and Trade*) a été conclu le 30 octobre 1947 par 23 pays occidentaux en vue de réduire les entraves aux tarifs douaniers et les entraves aux échanges commerciaux. (https://www.wto.org/french/thewto_f/history_f/history_f.htm).

[30] L'institution de la Communauté Économique Européenne (CEE) par le Traité de Rome du 25 mars 1957

[31] MAZUYER Emmanuelle, *L'harmonisation sociale européenne : processus et modèle*, Bruylant, 2007, p. 13.

[32] BOURENANE Naceur, *op. cit.*, p. 66.

[33] MISSE Hermann, *Droit international du travail en Afrique : le cas du Cameroun*, L'Harmattan, 1987, p. 16.

[34] MAZUYER Emmanuelle, *op. cit.*, p. 13.

[35] *Ibid.*, p. 14.

[36] Union Économique et Monétaire Ouest Africain.

I. L'AVÈNEMENT DE L'UEMOA

11. La création de l'UEMOA résulte de plusieurs facteurs ayant facilité le regroupement des États membres et puise ses fondements dans l'ère coloniale. Une meilleure compréhension de cette création (3) nécessite un bref rappel de la fédéralisation qu'ont connu certains de ces pays à l'époque coloniale (1) de même que les formes d'intégration tentées après les indépendances (2).

1. La fédéralisation sous la période coloniale

12. L'histoire de la région de l'Afrique de l'Ouest est marquée par l'existence, antérieurement à la colonisation d'empires et royaumes[37]. Tout ou partie de ces derniers constituent aujourd'hui des États indépendants, mais furent pour certains d'entre eux dès le XIXe siècle[38] sous administration française[39] et regroupés à l'époque au sein d'une Fédération de l'Afrique-Occidentale Française (AOF)[40].

13. L'AOF, définitivement constituée en 1904[41], apparaissait « comme la partie la plus importante du domaine impérial français au sud du Sahara »[42]. Elle traduisait la volonté de la France « de faire vivre ensemble sous son autorité des populations très diversifiées par leurs structures ethniques et sociales, les langues parlées, les croyances, les mentalités, les modes de vie,

---

[37] Au titre des empires ayant existé en Afrique de l'ouest, on peut retenir, notamment, ceux du Ghana et du Mali. L'empire du Ghana était un ancien État de l'Afrique de l'Ouest. Il a existé entre le VIIIème et le XIème siècle. Il était situé entre le Niger à l'est et le Sénégal à l'Ouest. (*Cf.* not. PERSON Yves, « Ghana empire du », *encyclopedia universalis,* 2017 (www.universalis-edu.com.docelec.u-bordeaux.fr/encyclopedie/empire-du-ghana/). L'empire du Mali a existé entre le XIIIème et le XVIème siècle en Afrique de l'Ouest. Il est né d'un royaume situé à cheval sur le nord de la Guinée et le sud du Mali actuels. (*Cf.* not. SIMONIS Francis, « L'empire du Mali d'hier à aujourd'hui », *Cahiers d'histoire,* vol 128, 2015, p. 71).

[38] Il convient de rappeler que la Guinée et le Soudan français (actuel Mali) étaient respectivement sous administration française en 1891, le Dahomey (actuel Bénin) en 1893. (*Cf.* not. LE CROM Jean-Pierre, AUVERGNON Philippe, BARRAGAN Katia, BLONZ-COLOMBO Dominique, BONINCHI Marc, *et alii,* « Histoire du droit du travail dans les colonies françaises (1848-1960), rapport de recherche, mission de recherche Droit et Justice, 2017, p. 11).

[39] L'administration française en Afrique incluait également l'Afrique Équatoriale Française (AEF) qui regroupait le Congo, le Gabon, l'Oubangui Chari (actuel République Centrafricaine) et le Tchad. Cette administration incluait également Madagascar et les Comores qui étaient administrés séparément. Le Togo et le Cameroun étaient des territoires sous mandat des Nations Unies. (*Cf. not.* PARMENTIER Jean Marie, *Zone franc en Afrique : fin d'une ère ou renaissance ?,* L'Harmattan, 1996, p. 19).

[40] L'AOF était un gouvernement général qui regroupait huit colonies françaises de 1895 à 1958. Elle a été constituée en plusieurs étapes. Elle réunissait la Mauritanie, le Sénégal, le Soudan français (devenu le Mali), la Guinée, la Côte d'Ivoire, le Niger, la Haute-Volta (devenue le Burkina Faso), le Togo et le Dahomey devenu le Bénin (*Cf.* not. http://www.souvenir-francais-92.org/2017/02/l-afrique-occidentale-francaise-ou-aof.html).

[41] FALL Babacar, *Le travail forcé en Afrique occidentale française (1900-1945),* Paris, Karthala, 1993, p. 15.

[42] *Idem.*

les structures sociales, les activités professionnelles »[43]. De ce fait, des solidarités économiques y furent créées sur la base d'un certain nombre de principes permettant l'intégration sur toute l'étendue de l'AOF. Les États membres de l'AOF « fortement intégrées, formaient une zone de libre-échange disposant de la même réglementation de change, d'un tarif extérieur commun d'un système de perception centralisé des droits de douane et surtout d'une monnaie unique, le Franc de la Communauté Financière Africaine (CFA) »[44].

14. Une coopération fut peu à peu structurée entre ces États, anciennes colonies, et la France, à travers la « zone franc »[45]. Cette dernière, basée sur les liens historiques étroits unissant la France à certains pays africains[46], était fondée sur un taux de change fixe par rapport au franc français[47]. Sa création formelle date des décrets des 28 août, 1er et 9 septembre 1939 instaurant un contrôle des changes entre la France libre et ses colonies, d'une part, et le reste du monde, d'autre part[48]. La monnaie unique a officiellement été créée par un décret du 26 décembre 1945[49]. Ces tentatives d'intégration ont perduré jusqu'aux indépendances de ces États.

2. Les expériences d'intégration à la suite des indépendances

15. Dès leur accession à l'indépendance, certaines anciennes colonies françaises[50], motivées par « leur appartenance commune à l'ex-AOF, et par l'existence d'une base monétaire commune, la zone Franc »[51], ont procédé à la création de diverses organisations d'intégration dans la sous-région de l'Afrique de l'ouest. Ainsi, le 9 juin 1959 intervenait la signature d'une convention instituant l'Union Douanière de l'Afrique Occidentale (UDAO). Cette Union avait pour objectif « d'instituer entre les États signataires une

---

[43] KAMIAN Bakari, « La dynamique des intégrations de la période coloniale à nos jours », *in* SANAKANKOUA Bintou (éd.), *Les États-nations face à l'intégration régionale en Afrique de l'Ouest : le cas du Mali,* Paris, Karthala, 2007, p. 55.

[44] PARMENTIER Jean Marie, *Zone franc en Afrique : fin d'une ère ou renaissance ?,* L'Harmattan, 1996, p. 19.

[45] La zone franc est une réalité monétaire regroupant quatorze États d'Afrique subsaharienne, les Comores et la France (https://www.banque-france.fr/economie/relations-internationales/zone-franc-et-financement-du-developpement/presentation-de-la-zone-franc)

[46] Les États de l'Afrique subsaharienne actuellement concernés par la zone Franc sont : le Benin, le Burkina Faso, le Cameroun, la République centrafricaine, le Congo, la Côte d'Ivoire, le Gabon, la Guinée Bissau, la Guinée Équatoriale, le Mali, le Niger, le Sénégal, le Tchad et le Togo.

[47] Le taux fixe était égal à 1 F CFA = 1,7 FF en 1945 (*Cf. not.* PARMENTIER Jean Marie, *op. cit.,* p. 19).

[48] Pour plus de précision sur la zone Franc : https://www.banque-france.fr/economie/relations-internationales/zone-franc-et-financement-du-developpement/presentation-de-la-zone-franc

[49] Décret n° 45- 0136 du 25 décembre 1945 fixant valeur de certaines monnaies des territoires d'outre-mer en francs (*Journal officiel de la République Française* du 26 décembre1945).

[50] Il s'agissait notamment de la Côte d'Ivoire, du Dahomey (actuel Bénin), de la Haute-Volta (actuel Burkina Faso), de la Mauritanie, du Niger et de la Fédération du Mali (actuelles Républiques du Mali et du Sénégal).

[51] SAWADOGO Fatimata, *De la CEAO à l'UEMOA ou la genèse d'une intégration sous régionale réussie,* L'Harmattan, 2015, p. 19.

Union douanière totale qui s'étendait aux droits d'entrée et de sortie perçus sur les produits et marchandises en provenance et à destination desdits États »[52]. Elle visait à « maintenir entre les pays de l'AOF, un régime de liberté des échanges commerciaux et un tarif extérieur commun ainsi qu'à établir un système de répartition des recettes douanières »[53]. Cette Union, qui ne tenait pas compte de la fragmentation politique et économique des États membres, était vouée à l'échec dès lors que « l'éclatement de l'AOF en unités politiques entraînait une fragmentation de l'espace économique »[54]. La disparition de l'UDAO a donné naissance le 14 mars 1966 à l'Union Douanière des États de l'Afrique de l'Ouest (UDEAO). Celle-ci créée par les mêmes États ne différait pas fondamentalement de la précédente. Elle innovait par « *la création de nouvelles structures, la mise en place d'un système de préférence tarifaire qui ne taxe les marchandises originaires de l'UDEAO qu'à concurrence de 50 % du taux global de la fiscalité la plus favorable appliquée à un produit similaire importé d'un pays tiers et la définition des produits originaires de l'UDEAO* »[55]. Elle connaîtra toutefois le même sort que la précédente union parce que « la réduction importante des barrières douanières, sans aucune forme de compensation a constitué pour les pays les moins industrialisés, une source importante de perte de recettes fiscales insupportable »[56].

16. À la suite de la disparition de l'UDEAO, la Communauté Économique de l'Afrique de l'Ouest (CEAO), « considérée comme la véritable devancière de l'UEMOA »[57], fut créée par les mêmes États le 17 avril 1973[58]. Celle-ci avait pour objectif la promotion du « développement harmonisé et équilibré des activités de ses États membres en vue de parvenir à une amélioration aussi rapide que possible du niveau de vie de leurs populations »[59]. Pour atteindre pareil objectif, la CEAO fut dotée de quatre organes[60] : deux organes politiques, la Conférence des Chefs d'État et le Conseil des Ministres, un organe d'exécution, à savoir le Secrétariat général, et un organe arbitral dénommé « Cour arbitrale » de la CEAO. Trois instruments furent pris pour accompagner les objectifs poursuivis par la CEAO. Il s'agissait de la Taxe de coopération régionale (TCR)[61], du Fonds

---

[52] Article 1 de la Convention de l'UDAO du 9 juin 1959.

[53] SAWADOGO Fatimata, *op. cit.*, p. 20.

[54] GAUTRON Jean-Claude, « La Communauté économique de l'Afrique de l'Ouest, antécédents et perspectives », *Annuaire français de droit international*, vol. 21, 1975, p. 199.

[55] SAWADOGO Fatimata, *op. cit.*, p. 22.

[56] *Ibid.*, p. 23.

[57] *Idem.*

[58] À l'exception du Benin qui y adhérera en mars 1985.

[59] Article 3 du Traité instituant la CEAO.

[60] Article 30 du Traité instituant la CEAO.

[61] La TCR a vu le jour dès la création de la CEAO et était considérée comme le fondement de celle-ci. Elle se rapprochait du système de taxe unique existante en Afrique centrale au sein de l'Union Douanière et Économique de l'Afrique Centrale (UDEAC). La TCR permettait aux produits originaires des États membres de bénéficier pour leur exportation à l'intérieur de la CEAO d'un régime préférentiel. (*Cf.* not. GAUTRON Jean-Claude, « La Communauté économique de l'Afrique de l'Ouest, antécédents et perspectives », *Annuaire français de droit international,* vol 21, 1975, p. 199).

communautaire de développement (FCD)[62] et du Fonds de solidarité et d'intervention pour le développement (FOSIDEC)[63].

17. La CEAO a existé une trentaine d'années de 1973 à 1994[64]. Elle a, dès sa création, permis « le développement des échanges intracommunautaires »[65] et initié des projets communautaires[66], avant de connaître une décadence au début des années 1990. Ce déclin s'explique par des causes exogènes éminemment politiques et des causes endogènes dont l'expression la plus significative fut la faillite des instruments de la CEAO[67].

18. Parallèlement à ces tentatives d'intégration sous régional en Afrique de l'Ouest, les États de la zone franc ont, dès leur indépendance, « chercher à établir des liens formels entre eux pour concrétiser leur appartenance à une même union monétaire »[68]. Six États de la « zone franc »[69] signèrent ainsi le 12 mai 1962 un Traité instituant l'Union Monétaire Ouest Africaine (UMOA). Cette dernière était caractérisée par l'existence d'une monnaie commune, le franc CFA émis par une institution d'émission commune, à savoir la Banque Centrale des États de l'Afrique de l'Ouest (BCEAO). L'UMOA a constitué une union monétaire intégrale fondée sur « la garantie par la France de l'entière convertibilité de la monnaie, le CFA, qui est reliée au franc français (plus tard à l'euro) par une parité fixe ; la liberté de mouvement des capitaux à l'intérieur de l'Union et une centralisation des réserves par une banque centrale supranationale qui surveille les opérations d'un compte commun de devises »[70].

19. L'UMOA, « conçue au départ comme un espace qui prolonge en Afrique l'influence économique et financière de l'ancienne puissance coloniale dans le cadre de la zone franc, a connu au fil du temps des mutations profondes dans le sens d'une prise en charge par les États de l'Union de leur propre destin »[71]. Les États membres de l'UMOA[72] ont ainsi

---

[62] Le FCD a également vu le jour dès la création de la CEAO. Il a été mis en place pour mieux repartir les fruits de l'intégration entre les États.

[63] Le FOSIDEC a été créé en octobre 1978 pour répondre à la demande conjointe des banques et des investisseurs privées ; il avait pour rôle de favoriser l'industrialisation des États membres de la CEAO.

[64] La CEAO fut dissoute le 14 mars 1994.

[65] SAWADOGO Fatimata, *op. cit.*, p. 40.

[66] Les sept projets suivants qui sont devenue des écoles et centres de formation ont été adopté par la CEAO en 1978 : le Centre Supérieur de Gestion et Management (CESAG), le Centre Régional de Recherche et de Production d'Énergie Solaire (CRES), l'École des Mines et de la Géologie (EMIG), l'École Supérieure des industries textiles (ESITEX), l'Institut Supérieur des Sciences et Techniques Halieutiques (ISSTH), la Société Communautaire de Pêche (SCP) et le Centre Régional d'Information Commerciale (CRIC).

[67] SAWADOGO Fatimata, *op. cit.*, p. 47.

[68] PARMENTIER Jean Marie, *op. cit.*, p. 21.

[69] Les États fondateurs de l'UMOA sont : la Haute Volta (actuel Burkina Faso), la Côte d'Ivoire, le Mali, le Niger, le Sénégal.

[70] SAWADOGO Fatimata, *op. cit.*, p. 58.

[71] TOURÉ Younoussi, « Le processus de l'intégration économique et monétaire en Afrique de l'Ouest », *in* SANAKANKOUA Bintou (éd.), *Les États- nations face à l'intégration régionale en Afrique de l'Ouest : le cas du Mali,* Karthala, 2007, p. 94.

[72] Il convient de rappeler que l'UMOA regroupait sept États membres. Le Togo y a adhéré le 27 novembre 1963.

réalisé « durant les années 60 de remarquables performances, comparées à celles des autres pays de l'Afrique au sud du Sahara »[73]. Toutefois, le climat inflationniste mondial causé par les chocs pétroliers de 1973 et de 1979 provoqua une dévaluation du franc français par rapport au dollar. Il s'en suivit une sur-évaluation du franc CFA et des déséquilibres macroéconomiques qui justifièrent une dévaluation du franc CFA le 12 janvier 1994[74].

20. Confrontés aux limites d'une intégration sur la seule base de la solidarité monétaire, les États membres de l'UMOA décidèrent de donner une impulsion nouvelle à l'Union en la transformant.

3. La création de l'UEMOA

21. L'UEMOA a été instituée par le Traité du 10 janvier 1994. Elle a bénéficié de « l'expérience d'une Union monétaire dont les performances en matière d'intégration ont été amoindries par un manque de coordination économique combinée à l'expérience d'une CEAO aux résultats nettement positifs sur le plan économique, mais très contrasté sur le plan politique ont naturellement »[75]. À sa création, l'UEMOA regroupait les sept États membres suivants : Benin, Burkina Faso, Côte d'Ivoire, Mali, Niger, Togo et Sénégal. La Guinée Bissau y a adhéré en 1997.

22. La Guinée-Bissau à l'inverse des autres États membres de l'UEMOA a la particularité d'avoir été colonisée par le Portugal et d'être « le seul pays de l'Afrique de l'Ouest qui fit la guerre pour obtenir son indépendance tardive »[76]. Elle ne partage ses frontières qu'avec des pays francophones, anciennes colonies de la France, telles que la Guinée au sud et le Sénégal au nord. De ce fait, « sur le plan culturel, la Guinée-Bissau était plus proche de ses voisins francophones de la sous-région. Sur le plan monétaire, au contraire des autres pays de l'UEMOA, la Guinée-Bissau avait décidé de créer sa propre monnaie nationale, le Peso, après son indépendance acquise le 24 septembre 1973, pour remplacer la monnaie portugaise, l'Escudo. Suite à la réforme monétaire intervenue en mars 1976, le Peso guinéen fut créé[77].

23. En dépit de l'existence du Peso guinéen, la Guinée Bissau a manifesté le désir d'adhérer à l'UEMOA. Cette demande s'explique par les problèmes économiques rencontrés, en particulier les déséquilibres macroéconomiques remarquables, une dépréciation du Peso, un mauvais système financier, des déficits persistants des comptes extérieurs et des finances publiques, un marché peu attrayant pour les investisseurs caractérisé par une structure de

[73] SAWADOGO Fatimata, *op. cit.*, p. 58.
[74] https://www.bceao.int/fr/content/histoire-du-franc-cfa
[75] SAWADOGO Fatimata, *op. cit.*, p. 59.
[76] International Crisis Group, « Guinée-Bissau : besoin d'État », rapport Afrique n°142, 2008, p. 1.
[77] MENDES Paulina, « Expérience de l'Intégration de la Guinée-Bissau dans l'UEMOA : quelles leçons pour la zone Euro ? », *in* SOHN Rike, OPPONG Ama Konadu (éds.), *Commerce régional et l'intégration monétaire en Afrique de l'Ouest et en Europe,* IAO/ZIE papier, 2013, p. 179.

production peu diversifiée, centrés sur la noix de cajou qui constitue 90 % de la valeur des exportations totales du pays[78]. Le désir d'adhésion de la Guinée Bissau à l'UEMOA est devenu réalité le 2 mai 1997[79] après une quinzaine d'années de négociation[80]. Ceci a contribué à redynamiser l'intégration régionale de cette zone sous régional en ne restreignant pas l'intégration aux critères linguistiques, mais en l'élargissant en terme géographique.

24. L'UEMOA constitue aujourd'hui un vaste ensemble qui couvre une superficie de 3 506 126 km2 et compte 123,6 millions d'habitants[81]. Elle reste toujours caractérisée par l'existence d'une monnaie commune, le franc CFA dont la convertibilité est actuellement rattachée à l'euro avec une parité fixe d'un euro pour 655,957 franc CFA[82].

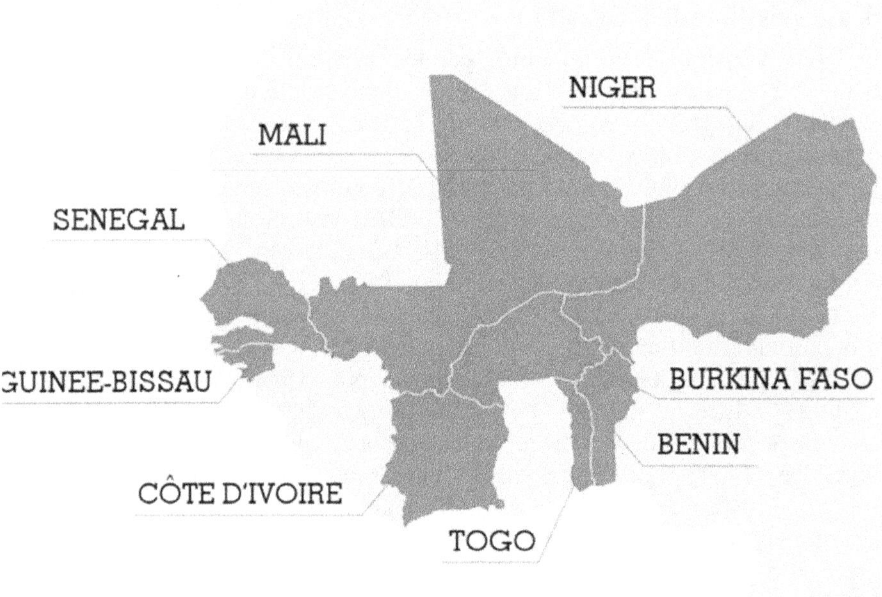

Cartographie des États membres de l'UEMOA.
Source : https://www.intracen.org/PACCIR-UEMOA/A-propos-de-lUEMOA/

---

[78] *Ibid.*, p. 183.

[79] *Cf.* Accord d'adhésion de la Guinée Bissau à l'UEMOA (http://www.uemoa.int/fr/accord-dadhesion-de-la-guinee-bissau-luemoa-0).

[80] LELART Michel, « L'Union monétaire en Afrique de l'Ouest », *l'économie politique,* 2003, p. 109.

[81] http://www.uemoa.int/fr/presentation-de-luemoa.

[82] https://www.banque-france.fr/economie/relations-internationales/zone-franc-et-financement-du-developpement/presentation-de-la-zone-franc

II. L'ÉVOLUTION DU DROIT DU TRAVAIL DANS LES ÉTATS MEMBRES DE L'UEMOA

25. Dans les États africains, « l'origine du droit du travail a pour base la législation internationale du travail et le droit interne »[83]. Sur le plan interne, l'origine des droits du travail de ces États, et plus particulièrement de ceux membres de l'UEMOA, remonte à la période coloniale. L'avènement du droit du travail en leur sein est caractérisé par trois étapes. La première étape « concerne la négation du droit du travail, la deuxième sa reconnaissance et la troisième l'évolution du droit du travail après l'indépendance »[84].

26. La situation des travailleurs autochtones, longtemps confrontés au travail asservi, a considérablement évolué depuis la colonisation française en Afrique. Ce terme recouvrant les notions d'esclavage[85] et de travail forcé[86] est attaché à la période de la négation du droit du travail en Afrique francophone, même si des prémisses de l'avènement d'un droit du travail sont apparues, paradoxalement, avec l'adoption par les autorités françaises du Code noir de Colbert en 1685[87]. Les dispositions de ce dernier ont été fortement confortées par la Constitution française du 24 juin 1793 prohibant l'esclavage. Toutefois cette pratique a perduré[88], singulièrement au sein des colonies de l'AOF jusqu'en 1905[89] où elle fut remplacée par une autre pratique : le travail forcé.

27. Les travailleurs autochtones des États francophones de l'UEMOA, anciennes colonies françaises, ont subi, dès le début du XIXe siècle, le travail

---

[83] LEMESLE Raymond, *Le droit du travail en Afrique francophone*, EDICEF, p. 33.

[84] DJE Séverin Yao, *Le sort des travailleurs face aux difficultés de l'entreprise en droit ivoirien à la lumière du droit français,* Thèse de doctorat, droit privé, Université de Bordeaux, 2017, p. 10.

[85] L'esclave est décrit comme un « *être désocialisé par l'extraction brutale de son milieu d'origine (à la suite de sa capture), et dépersonnalisé par la perte des liens de filiation, de conjugalité, et de paternité qui le singularisaient et, cette dépersonnalisation est accentuée par le fait qu'il est vendu comme une chose. Une distinction doit toutefois être établie entre le captif désocialisé, réifié qui peut être vendu, châtié ou mis à mort et l'esclave dépersonnalisé, mais inséré dans les rapports économiques et sociaux de la société d'accueil* » (*Cf. not.* ISSA-SAYEGH Joseph (dir.), N'DIAYE Birane (dir.), *Encyclopédie juridique de l'Afrique*, vol. 8, Droit des relations professionnelles (Travail, sécurité sociale et fonction publique), N.E.A., Abidjan/Dakar/Lomé, 1982, p. 31).

[86] L'expression « travail forcé ou obligatoire » désignera tout travail ou service exigé d'un individu sous la menace d'une peine quelconque et pour lequel ledit individu ne s'est pas offert de plein gré (Article 2-1 de la convention n° 29 de l'OIT sur le travail forcé).

[87] On retrouve dans ce code les premiers balbutiements d'un code du Travail tel que le repos dominical, la limitation de la journée de travail, l'interdiction d'appliquer la peine de mort ou d'emprisonnement sans jugement. (*Cf.* not. ISSA-SAYEGH Joseph (dir.), N'DIAYE Birane (dir.), *op. cit.,* p. 31; LEMESLE Raymond, *op. cit.,* p. 22; GONIDEC Pierre François, KIRSCH Martin, *Droit du travail des territoires d'Outre-mer,* Librairie générale de droit et de jurisprudence, 1958, p. 22).

[88] L'esclavage a été officiellement aboli dans les colonies françaises par un décret du 27 avril 1848 relatif à l'abolition de l'esclavage dans les colonies et possessions françaises (www.legifrance.gouv.fr/affichTexte.do?cidTexte=JORFTEXT000000295898&categorieLien=id).

[89] L'esclavage a été aboli en AOF par décret du 12 décembre 1905 (*Cf.* LEMESLE Raymond, *op. cit.*, p. 22).

forcé[90].Celui-ci s'est inscrit dans l'objectif « de mettre un terme à l'exportation massive de la force du travail et d'envisager son utilisation sur place pour l'obtention des matières premières indispensables à l'économie de la métropole »[91]. Durant cette période, le droit du travail n'était, pour le moins, pas « une réalité palpable »[92].

28. À partir de 1937, plusieurs décrets vont être adoptés pour encadrer juridiquement les relations de travail dans les territoires d'outre-mer[93]. Cependant, c'est au lendemain de la Seconde Guerre mondiale, « lorsque le procès de la colonisation commence à poindre [que] l'exigence d'un cadre juridique adapté aux relations de travail, comme il en existe en métropole »[94] va se faire sentir. Ainsi, en 1946, Monsieur Marius MOUTET, alors ministre des Colonies, tenta de faire adopter un code du travail applicable à tous les territoires relevant de son département. Ce code dit « code Moutet » adopté par décret du 17 août 1947[95], « rencontra l'opposition farouche des groupes de pression patronaux »[96] et fut suspendu par décret du 25 novembre 1947[97]. Cependant, dès 1948, commença la gestation du Code de travail dit des territoires d'outre-mer qui fut adopté en 1952[98]. Ce code en vigueur jusqu'aux indépendances des pays colonisés permit d'asseoir les bases d'un droit du travail dans les États francophones[99].

---

[90] En AOF, le travail forcé a été essentiellement utilisé au bénéfice de la collectivité publique. L'administration française a eu recours à la contrainte pour exécuter les travaux publics, pour le transport du matériel ou du personnel administratifs et ont imposé des prestations en nature pour des fins d'intérêt local. (*Cf.* not. GONIDEC Pierre François, *Droit du travail des territoires d'Outre-mer,* Librairie générale de droit et de jurisprudence, 1958, p. 29 et s.).

[91] FALL Babacar, *Le travail forcé en Afrique occidentale française (1900-1945),* Khartala, 1993, p. 25.

[92] EMANE Augustin, « Droit du travail gabonais, modèles et transferts de normes », *Bulletin de droit comparé du travail et de la sécurité sociale*, 2005, p. 200.

[93] Tel est le cas du décret du 20 mars 1937 instituant l'usage de la convention collective du travail et l'élection des délégués du personnel dans les établissements occupant plus de dix salariés et du décret du 11 mars 1937 rendant les dispositions métropolitaines relatives aux syndicats applicables à l'Afrique-Occidentale Française (*Cf.* not. AUVERGNON Philippe, « Modèles et transferts normatifs en droit du travail des pays africains », *Bulletin de droit comparé du travail et de la sécurité sociale*, 2005, p. 120 ; LEMESLE Raymond, *op. cit.,* p. 27).

[94] EMANE Augustin, *op. cit.,* p. 205.

[95] LEMESLE Raymond, *op. cit.,* p. 28.

[96] *Idem.*

[97] Journal Officiel de la République Française du 11 janvier 1948.

[98] Le Code du travail d'Outre-mer voté par la loi du 15 décembre 1952 et promulguée le 16 décembre 1952 au Journal Officiel de la République française.

[99] Pour plus de précisions sur l'influence du code de 1952 sur les législations nationales des États francophones (*Cf. not.* LABORDE Jean- Pierre, « Retour sur la loi n°52-1322 du 15 décembre 1952 instituant un code du travail dans les territoires associés relevant du ministère de la France d'Outre-mer », *in* AUVERGNON Philippe, BOKALLI Victor- Emmanuel *et alii* (dir.), *De l'esprit du droit africain, Mélange en l'honneur de Paul Gérard POUGOUÉ,* Wolters Kluwer 2014, p. 438 et s., EMANE Augustin, « Les limites du poncif de la tradition dans l'application du droit en Afrique : l'exemple des relations de travail au Gabon », *in* AUVERGNON Philippe, BOKALLI Victor- Emmanuel *et alii* (dir.), *op. cit.,* p. 274 et s., SIDIBE Ousmane Oumarou, « Quels modèles d'inspiration pour le droit du travail malien depuis le code de 1952 ? », *Bulletin de droit comparé du travail et de la sécurité sociale*, 2005, p.140 et s.)

29. La Guinée-Bissau, ayant été colonisée par le Portugal, a connu une évolution différente. Ce pays à l'inverse des autres colonies portugaises « qui étaient des colonies de peuplement, était une colonie d'encadrement pour l'exploitation »[100]. Dès les premières années de la colonisation, « les Portugais tentent d'instaurer le travail forcé introduit en 1899 »[101] en Guinée Bissau. Officiellement, les autorités ont eu recours au travail forcé pour « toutes les activités agricoles, commerciales et industrielles et surtout la construction des routes »[102]. Toutefois, l'application effective du travail forcé rencontra une « résistance très forte, en dépit des menaces de représailles portugaises. De nombreux Bissau-Guinéens fuirent vers la frontière casamançaise pour échapper aux raids de conscription. En 1935, le taux de désertion était tel que les autorités coloniales réquisitionnèrent de plus en plus de femmes et d'enfants pour faire les travaux »[103]. Malgré l'octroi de la citoyenneté portugaise à tous les habitants des colonies en 1961, le travail forcé perdura en Guinée Bissau jusqu'en 1970[104].

30. Parallèlement à l'existence du travail forcé en Guinée Bissau, le Portugal a procédé dès 1951 à l'adoption de plusieurs textes législatifs[105] qui s'appliquaient aux relations de travail établies dans ses colonies. Ces textes sont restés applicables jusqu'à l'indépendance de la Guinée Bissau. Cette évolution du droit interne du travail au sein des États membres de l'UEMOA a toutefois été influencée par le droit international du travail.

III. La particularité des normes internationales du travail

31. Sur le plan international, indépendamment des tentatives d'intégration régionale, « l'idée d'une réglementation ayant vocation à protéger les travailleurs a germé dans quelques esprits avant-gardistes européens »[106] au cours de la première moitié du XIXe siècle. Cette idée fut concrétisée au début du XXe siècle par la création de l'Organisation Internationale du Travail (OIT).

---

[100] MENDES Paulina, *op. cit.*, p. 179.

[101] International Crisis Group, *op. cit.*, p. 3.

[102] KARIBE MENDY Peter, « Portugal's civilizing mission in colonial Guinea-Bissau: rhetoric and reality », *The International Journal of African Historical Studies*, vol. 36, 2003, p. 46.

[103] International Crisis Group, *op. cit.*, p. 3.

[104] KARIBE MENDY Peter, *op. cit.*, p. 47.

[105] Il s'agissait du décret législatif n° 1509 du 26 mai 1951, du décret législatif n° 1515 du 24 juillet 1961 ainsi que du code du travail rural du 27 avril 1962 (www.ilo.org/dyn/natlex/natlex4.detail?p_lang=fr&p_isn=4325&p_country=GNB&p_count=46&p_classification=01&p_classcount=16).

[106] MIALHE Julie, « Les origines du droit international social, jusqu'aux premières années de l'Organisation internationale du travail », in THOUVENIN Jean-Marc (dir.), TREBILCOCK Anne (dir), *Le droit international social, Droits économiques, sociaux et culturels*, Bruyant, 2013, p. 34.

32. L'OIT est une organisation spécialisée des Nations Unies résultant du Traité de Versailles de 1919[107]. Elle est actuellement composée de cent quatre-vingt-sept États membres[108]. Elle a pour mission de travailler à la réalisation du programme exposé dans le préambule (de sa Constitution) et précisé par la Déclaration de Philadelphie »[109] de 1944[110]. L'OIT est structurée autour des trois organes principaux[111] que sont : la Conférence générale[112], le Conseil d'administration[113] et le Bureau international du travail (BIT)[114]. Les « sources institutionnelles »[115] de cette organisation sont à la source du droit international du travail.

33. Le droit international du travail « ne saurait être inséparable du droit national du travail qui en constitue une base d'inspiration avant d'en subir l'influence »[116]. Les règles de ce droit sont incarnées par les normes fondatrices et les normes internationales du travail adoptées par l'OIT. Les normes fondatrices sont « les normes auxquels les États doivent adhérer sans ratification »[117]. Il s'agit d'une part de « la Constitution de l'OIT, armature de l'institution, qui doit être acceptée sans réserve par les États membres »[118]

---

[107] Les articles 387 à 427 du Traité de Versailles de 1919 sont consacrés à l'organisation de l'OIT.

[108] À la date du 24 mars 2021 : https://www.ilo.org/global/about-the-ilo/lang--fr/index.htm .

[109] SERVAIS Jean-Michel, *Les normes internationales du travail*, L.G.D.J, 2004, p. 29.

[110] La Déclaration de Philadelphie de 1944 concerne les buts et objectifs de l'OIT. Proclamée le 10 mai 1944, elle est la « *première Déclaration internationale des droits à vocation universelle. (…) Il s'agit d'un texte pionnier qui entendait faire de la justice sociale l'une des pierres angulaires de l'ordre juridique international* ». (*Cf. not.* SUPIOT Alain, *L'esprit de Philadelphie : la justice sociale face au marché total,* Seuil, 2010, p.9).

[111] Article 3 de la Constitution de l'OIT.

[112] La Conférence générale est l'assemblée législative de l'OIT et se réunit chaque année en séance plénière. Selon l'article 3 de la Constitution de l'OIT, elle est « *composée de quatre représentants de chacun des Membres, dont deux seront les délégués du gouvernement et dont les deux autres représenteront respectivement, d'une part, les employeurs, d'autre part, les travailleurs ressortissants à chacun des Membres* ». Elle a pour mission d'élaborer et d'adopter la réglementation internationale du travail.

[113] En vertu des dispositions de l'article 7 de la Constitution de l'OIT, « *le Conseil d'administration est composé de cinquante-six personnes : vingt-huit représentant les gouvernements, quatorze représentant les employeurs et quatorze représentant les travailleurs* ». Cette instance a essentiellement un rôle de coordination, d'orientation politique et de vérification des activités de l'OIT (*Cf. not.* VALTICOS Nicolas, Droit international du travail, *in* Camerlynck (dir.), Traité de droit du travail, Tome 8, 2ème édition, Dalloz, 1983, p. 207 ; SERVAIS Jean-Michel, *Les normes internationales du travail*, L.G.D.J, 2004, p. 30 ; LACOSTE-MARY Valérie, *Droit social international,* Ellipses, 2007, p. 87).

[114] Le BIT est l'organe administratif de l'OIT. Il est chargé conformément aux dispositions de l'article 10 de la constitution de l'OIT, de « *la centralisation et la distribution de toutes informations concernant la réglementation internationale de la condition des travailleurs et du régime du travail et, en particulier, l'étude des questions qu'il est proposé de soumettre aux discussions de la Conférence en vue de la conclusion de conventions internationales, ainsi que l'exécution de toutes enquêtes spéciales prescrites par la Conférence ou par le Conseil d'administration* ».

[115] LEMESLE Raymond, *op. cit.*, p. 33.

[116] MISSE Hermann, *Droit international du travail en Afrique : le cas du Cameroun*, L'Harmattan, 1987, p. 15.

[117] LACOSTE-MARY Valérie, *op. cit.*, p. 89.

[118] *Idem.*

et d'autres parts, des Déclarations[119] qui traduisent l'engagement de l'OIT « à défendre une certaine politique sociale »[120] et indiquent des orientations à suivre.

34. À l'inverse des normes fondatrices de l'OIT, « *les normes internationales du travail sont des instruments juridiques élaborées par les mandants de l'OIT (gouvernements, employeurs et travailleurs) qui définissent les principes et les droits minimaux au travail. Il s'agit soit de conventions (ou de protocoles) qui sont des traités internationaux juridiquement contraignants, pouvant être ratifiées par les États membres, soit de recommandations qui servent de principes directeurs ayant un caractère non contraignant* »[121]. Elles « matérialisent les principes qui guident la politique de l'OIT et de ses États membres »[122].

35. Les normes internationales du travail « couvrent l'ensemble, ou presque, des domaines touchant au travail et à la sécurité sociale »[123]. Parmi elles, les conventions sont subdivisées en trois catégories. Il s'agit en premier lieu des normes fondamentales énoncées dans la Déclaration de l'OIT relative aux principes et droits fondamentaux au travail de 1998 ; celles-ci « *traitent de questions considérées comme des principes et des droits fondamentaux au travail : liberté syndicale et reconnaissance effective du droit de négociation collective, élimination de toute forme de travail forcé ou obligatoire, abolition effective du travail des enfants et élimination de la discrimination en matière d'emploi et de profession* »[124]. En second lieu viennent les conventions de gouvernance dites également « prioritaires », considérées comme étant importantes pour « le fonctionnement du système des normes internationales du travail »[125]. On retrouve, en troisième et dernier lieu, les conventions « techniques » qui « concernent principalement les conditions de travail, la sécurité sociale, les relations professionnelles, la mise en place et le fonctionnement de l'administration du travail »[126].

36. Les conventions internationales du travail entendent « favoriser la coopération entre les États »[127]. Elles se singularisent des « autres disciplines juridiques par leurs complexités résultant de leurs particularités et des

[119] À la date du 24 mars 2021, les Déclarations suivantes sont considérées comme des documents de base de l'OIT : la Déclaration de principes tripartite sur les entreprises multinationales et la politique sociale de 1977 (revue en 2017), la Déclaration de l'OIT relative aux principes et droits fondamentaux au travail de 1998, Déclaration de l'OIT sur la justice sociale pour une mondialisation équitable de 2008 et la Déclaration du centenaire de l'OIT pour l'avenir du travail de 2019.

[120] LACOSTE-MARY Valérie, *op. cit.*, p. 89.

[121] BIT, *Les règles du jeu : une introduction à l'action normative de l'organisation internationale du travail*, 4e édition, BIT, 2019, p. 18.

[122] LACOSTE-MARY Valérie, *op. cit.*, p. 88.

[123] SERVAIS Jean-Michel, *op. cit.*, p. 31.

[124] BIT, *Les règles du jeu : une introduction à l'action normative de l'organisation internationale du travail, op. cit.*, p. 18.

[125] *Idem.*

[126] LACOSTE-MARY Valérie, *op. cit.*, p. 81.

[127] DUPUY Jean-René, *Le droit international*, Paris, PUF, 1972, p. 5.

éléments d'extranéité qu'elles comportent »[128]. Toutefois, à l'instar de toute norme juridique, les conventions doivent être reçues au sein des États, au risque de vivre « une vie ignorée, dédaignée par ceux qu'elle devait régir »[129].

37. D'une manière générale, « la réception du droit désigne ce phénomène par lequel un énoncé juridique, issu d'un système de droit est reçu, c'est-à-dire intégré dans un autre système juridique »[130]. En droit international, tout particulièrement, la réception est un mécanisme juridique par lequel l'ordre juridique national intègre une norme internationale[131] : « c'est grâce à cette opération juridique que la norme internationale prend valeur de norme juridique dans le droit interne »[132]. Elle permet l'acceptation de la norme internationale dans l'environnement juridique et social des États.

IV. Problématique

38. Nous allons au cours de notre étude nous interroger sur les potentialités et les voies d'interaction positive entre intégration économique et réception des normes internationales du travail dans un espace d'intégration. Ce qui revient à se questionner sur « l'influence réciproque » de ces concepts[133]. Le caractère positif de cette influence implique la prise en considération d'une « réalité objective »[134] et nécessite de tenir compte des facteurs historiques, sociaux et économiques qui ont influencé l'évolution des organisations considérées. À l'heure où l'OIT a fêté son centenaire et l'UEMOA ses vingt-cinq années d'existence[135], la question de l'intégration des normes internationales du travail, particulièrement des conventions internationales du travail[136] dans un espace géographique restreint, paraît importante pour évaluer l'impact desdites dispositions normatives.

39. Cela semble d'autant plus pertinent dans la mesure où l'espace géographique concerné regroupe des États qui, du fait de leur passé colonial commun, ont une tradition récente du droit du travail. Ils n'ont certes pas participé souverainement à l'adoption de la majorité des conventions internationales du travail[137] ; mais, les récentes séances de la Conférence

---

[128] MISSE Hermann, *op. cit.*, p. 15.

[129] RIPERT Georges, *Les forces créatrices du droit,* 2ème édition, L.G.D.J, 1955, p. 364.

[130] PORTA Jérôme, *La réalisation du droit communautaire : essai sur le gouvernement juridique de la diversité,* Tome 1, LGDJ, 2007, p. 242.

[131] SALMON Jean (dir.), *Dictionnaire de droit international public,* Bruylant, 2001, p. 932.

[132] PORTA Jérôme, *op. cit.*, p. 242.

[133] Définition de l'interaction. (*Cf.* Garnier Yves (éd.), VINCIGUERRA Mady (éd.), *Le petit Larousse grand format,* Larousse, 2005, p. 557)

[134] Définition du mot positif. *Cf.* Garnier Yves (éd.), VINCIGUERRA Mady (éd.), *op. cit.*, p. 702).

[135] Respectivement en 2019.

[136] Le choix de s'appesantir plus particulièrement sur les conventions internationales du travail s'explique par l'existence des mécanismes d'intégration de celles-ci prévus par la Constitution de l'OIT et surtout par le caractère contraignant de celles-ci.

[137] Il convient de rappeler que cent quinze conventions de l'OIT sur les cent quatre-vingt-dix que compte cette organisation ont été adoptées avant les indépendances des États

générale de l'OIT ont témoigné de l'influence actuelle des États africains sur l'activité normative de l'OIT[138]. Cela démontre, s'il en était besoin, tout l'intérêt que ces États portent aujourd'hui aux normes internationales de travail, et traduit aussi le souci effectif de réception de ces dernières. On soulignera que le choix de l'espace UEMOA, comme périmètre de notre recherche, emporte potentiellement une réflexion plus large sur la réception des normes internationales de travail par des États d'Afrique de l'Ouest dès lors qu'aujourd'hui l'UEMOA ambitionne de « rationaliser ses activités »[139] avec celles de la Communauté Économique des États de l'Afrique de l'Ouest (CEDEAO)[140].

40. Notre étude entend mettre en évidence les modalités possibles de renforcement mutuel des processus de réception des normes internationales du travail et d'intégration économique dans la sous-région, *via* les choix des États membres de l'UEMOA, les initiatives de l'UEMOA et l'action du BIT. Il s'agira ainsi d'analyser, par-delà le nombre, la qualité de réception des normes internationales au sein des États membres de l'UEMOA, comme les progrès de la sensibilisation à la dimension sociale de l'intégration économique poursuivie par l'UEMOA. De ce fait, la question des difficultés rencontrées dans la mise en œuvre effective des normes internationales du travail ratifiées, celle de l'état de l'intégration économique au sein de l'UEMOA, ou encore celle de l'influence des normes internationales du travail sur l'intégration économique sont autant de préoccupations présidant à notre réflexion. Nous tenterons d'y répondre d'un point de vue essentiellement juridique, en intégrant une approche comparative, et également des données économiques, sociologiques, voire anthropologiques.

41. Il convient d'indiquer qu'un tel choix méthodologique a été confronté régulièrement aux difficultés d'accession à des données, singulièrement en ce qui concerne la Guinée-Bissau. Il n'en ressort pas moins, de façon commune à l'ensemble des États membres de l'UEMOA, que l'intégration

---

francophones de l'UEMOA en 1960. Cent trente-cinq conventions avaient été adoptées par l'OIT avant l'indépendance de la Guinée Bissau en 1973.

[138] Lors de la 109ème session de la CIT en juin 2019, l'OIT a procédé à l'adoption de la convention n° 190 sur la violence et le harcèlement. Dans le cadre des débats préliminaires à l'adoption de cette convention, les États africains motivées par des idéaux culturels et religieux, sont parvenues à pousser la Commissions normative sur les violences et le harcèlement dans le monde du travail à organiser un vote sur la prise en compte ou non, dans le projet de convention de la mention d'une protection spécifique des lesbiennes, les gays, les bisexuels et les transgenres (*Cf.* CIT. Rapport de la Commission normative sur la violence et le harcèlement dans le monde du travail : compte rendu des travaux, 109e session, n°7B, 2019).

[139] *Cf.* Préambule du protocole d'accord portant création du cadre de concertation, de coopération et de partenariat entre les organisations intergouvernementales de l'Afrique de l'Ouest du 14 juin 2013.

[140] Il paraît opportun de souligner qu'une Directive de normes minimales pour l'harmonisation des lois du travail des États membres est en cours d'adoption au sein de la CEDEAO. Le projet de cette Directive adopté le 23 juillet 2019 par le Conseil des Ministres du travail des États membres de la CEDEAO devrait être confirmé par la Conférence des Chefs d'États et de Gouvernement pour être applicable. (https://www.ecowas.int/ecowas-minister-adopt-recommendations-on-decent-work-and-harmonisation-of-labour-laws-for-the-region/).

économique a un effet limité sur la réception des normes internationales du travail (**Première Partie**), alors même qu'une telle réception peut s'avérer être un facteur de réussite de l'intégration économique (**Deuxième Partie**).

PREMIÈRE PARTIE

L'effet limité de l'intégration économique sur la réception des normes internationales du travail

42. L'intégration économique peut prendre diverses formes en fonction du projet politique qui est à son origine et de la volonté politique qui le soutient et porte sa mise en œuvre. Ce projet initial peut prévoir des phases, des étapes d'intégration[141]. L'UEMOA, créée pour « servir de cadre de formulation et de mise en œuvre des politiques de développement dans la zone franc de l'Afrique de l'Ouest »[142], a opté pour une approche consistant « à mettre en œuvre des politiques, des programmes et des incitations diverses pour assurer la convergence des économies »[143]. Toutefois, la mise en place de politique de développement d'une région « nécessitant l'organisation d'activités sociales et économiques à une échelle bien vaste »[144], les politiques et programmes divers de l'UEMOA concernent des domaines sociaux.

43. Sur le plan international, l'OIT, dont sont membres tous les États membres de l'UEMOA, « adopte, promeut et vérifie l'application »[145] des normes internationales du travail. Celles-ci « constituent la composante

---

[141] Selon le schéma d'intégration régionale proposé par l'économiste BALASSA en 1961, le processus implique quatre phases. L'intégration régionale commence par la Zone de libre-échange dans laquelle au moins deux États s'entendent pour éliminer progressivement les tarifs sur presque tous les produits qu'ils échangent. La seconde phase est l'union douanière qui est une zone de libre-échange avec une liste de tarifs commune pour les membres de l'union vis à vis des pays tiers. La troisième phase est le marché commun qui se définit comme une union douanière avec la libre circulation des personnes et des capitaux. La dernière phase est l'union économique qui est un marché commun avec une harmonisation des politiques fiscales et monétaires pouvant aller jusqu'à l'utilisation d'une monnaie commune.

[142] SECK Diery, « L'UEMOA a 15 ans : bilan et stratégies futures » *in* AYUK Elias T (dir.), KABORE Samuel Tambi (dir.), *S'intégrer pour s'enrichir : l'intégration régionale et les stratégies de réduction de la pauvreté en Afrique de l'Ouest,* Ottawa ; New York, Springer, 2012, p. 20.

[143] AYUK Elias T, KABORE Samuel Tambi, « Introduction : pourquoi s'intégrer ? », *in* AYUK Elias T (dir.), KABORE Samuel Tambi (dir.), *op. cit.*, p. 7.

[144] MWAMADZINGO Mohammed, « L'intégration régionale en Afrique : mode d'emploi », *Éducation ouvrière,* n° 123, 2001, p. 7.

[145] SERVAIS Jean-Michel, *Droit international du travail,* Larcier, 2015, p. 52.

juridique de la stratégie de l'OIT pour gérer la mondialisation, promouvoir le développement durable, éradiquer la pauvreté et faire en sorte que chacun bénéficie de conditions de travail dignes et sûres »[146]. Une prise en considération de ces normes par l'UEMOA devrait permettre à cette organisation et à ses États membres d'intégrer la vision de développement durable promue par l'OIT. Il semble cependant que bien que le cadre communautaire de l'UEMOA constitue une réelle opportunité pour la réception des normes internationales du travail (Titre 2), cette question y demeure à ce jour marginale (Titre 1).

[146] BIT, *Les règles du jeu : une brève introduction aux normes internationales du travail*, BIT, 2014, p. 10.

TITRE 1

Les raisons d'une incidence marginale

44. La naissance, l'élaboration et l'adoption des normes internationales du travail exigent au niveau international l'intervention des mandants (gouvernements, employeurs et travailleurs) de l'OIT. Leur rôle est indispensable à l'adoption de la norme. La norme internationale du travail est la matérialisation de l'engagement des « États contractants à assurer par l'adoption de règles uniformes (projets de convention) ou de mesures équivalentes (recommandations) une condition meilleure et autant que possible égale pour tous les travailleurs du monde »[147]. De ce fait, la réception de ces normes suppose une implication de l'État. Même si les États membres de l'UEMOA ont consenti à abandonner des compétences dans certains domaines au profit de cette organisation, ils continuent à jouer un rôle majeur en matière de réception de normes internationales du travail (Chapitre 1). Ce rôle des États contribue à limiter l'impact de l'UEMOA dans la réception des normes internationales du travail dans son espace d'intégration.

45. L'UEMOA prône « une démarche d'intégration basée sur la réalisation de programmes et projets communs »[148]. Son projet initial ne prévoit pas explicitement une politique sociale. Ce qui explique pourquoi l'UEMOA a accordé peu d'intérêt dans le développement de ses activités dans le domaine du droit du travail et de la sécurité sociale. Ce défaut de prévision restreint également l'influence de l'UEMOA dans la réception des normes internationales du travail (Chapitre 2).

---

[147] THOMAS Albert, « L'Organisation internationale du travail : origine, développement, avenir », *Revue Internationale du Travail*, 1921, p. 5.

[148] KIEMDE Paul, « Intégration régionale et harmonisation du droit social en Afrique : problèmes et perspectives », *Revue Burkinabé de Droit*, n° 2001, p. 133.

CHAPITRE 1

Le rôle prédominant des États dans la réception des normes internationales du travail

46. Le but affiché par l'OIT est de « s'acheminer vers l'uniformité relative des conditions de travail »[149] en améliorant les conditions des travailleurs sur le plan interne par la règlementation des relations extérieures des États entre eux[150]. Toutefois, sur le plan international, compte tenu du principe de souveraineté[151], les questions qui touchent l'ordre interne relèvent du domaine réservé des États et de leur compétence exclusive et ne doivent faire l'objet d'une règlementation « que dans la mesure où les États se reconnaissaient liés, essentiellement par des traités »[152]. L'adhésion de l'État à l'OIT est un préalable à la règlementation sur le plan interne des questions relatives au travail sous l'angle des normes internationales du travail.

47. Les travailleurs et les employeurs jouent un rôle non négligeable dans l'émergence des normes internationales du travail, pendant que l'État exerce une fonction primordiale dans l'existence et la mise en œuvre de ces normes sur l'étendue de son territoire. L'adoption d'une norme internationale du travail par les mandants confère à celle-ci une existence juridique sur le plan international. Or « tout système de droit n'est efficace que s'il permet l'application effective des normes établies par l'ordre juridique qui l'organise »[153]. La société internationale ne dispose pas d'institutions à même de lui permettre de faire procéder à l'application effective des normes qu'elle édicte. L'un des acteurs du droit international, l'État, détient toutefois de telles institutions. Les États parviennent, grâce à leurs systèmes internes, « à

[149] THOMAS Albert, *op. cit.*, p. 6.

[150] *Cf.* Cour permanente de justice internationale, arrêt « Lotus » du 7 septembre 1927, Recueil des arrêts de la CPJI, série A, n°10. p.18 (https://www.icj-cij.org/files/permanent-court-of-international-justice/serie_A/A_10/30_Lotus_Arret.pdf).

[151] Le principe de la souveraineté étatique constitue une notion-clé du droit international public. Il décrit le fait qu'un État possède le pouvoir suprême et qu'il n'a pas d'égal dans l'ordre interne ni de supérieur dans l'ordre international.

[152] VALTICOS Nicolas, « Droit international du travail et souverainetés étatiques » *in* Institut d'étude juridique européenne Fernand Dehousse (dir.), *Mélange Fernand Dehousse : les progrès du droit des gens,* Vol 1, Labor, Bruxelles, 1979, p. 123.

[153] DUPUY Pierre-Marie, KERBRAT Yann., *Droit international public*, Dalloz, 2016, p. 441.

garantir cette efficacité dans des proportions d'ailleurs variable de pays en pays en fonction notamment du degré d'intégration sociale et de conscience civique des populations auxquelles ils s'adressent »[154]. L'État apparaît par conséquent comme l'agent d'application du droit international. Il est l'« acteur et [l']entité de base sur laquelle repose le droit international »[155]. Il « possède et maitrise en effet les appareils dont l'objet est de permettre l'exécution des lois (gouvernement, administration, police) et de sanctionner ou de réparer leur inobservation (pouvoir judiciaire) »[156].

48. Les rapports entre le droit international et le droit interne ont fait l'objet d'affrontements doctrinaux[157] « dont l'analyse et l'exégèse ont longtemps opposé la doctrine en deux camps, opposition irréductible : celui des tenants du dualisme et celui des partisans du monisme »[158]. La manière dont les « nécessaires rapports d'interdépendance et de complémentarité »[159] entre l'ordre juridique interne et l'ordre juridique internationale « sont établis dépend largement, en théorie de l'option constitutionnelle interne propre à chaque État »[160]. Les États font constitutionnellement le choix entre les deux doctrines. C'est cette « option constitutionnelle de départ qui permettra de dire avec plus ou moins de clarté si le droit international est placé dans un rapport hiérarchique supérieur par rapport au droit interne »[161]. Le choix de la place des textes internationaux tels les normes internationales du travail au sein de l'armature juridique interne revient exclusivement à l'État.

49. L'État à « caractère central »[162] au sein de l'OIT qui lui permet d'être un mandant à part entière de l'OIT, s'il en est membre, et d'octroyer la qualité de mandant aux organisations de travailleurs et d'employeurs sur son territoire. En effet, « c'est sur la base de leur appartenance à un État souverain, membre de l'OIT, que les organisations de travailleurs et d'employeurs de cet État peuvent être représentées à l'OIT et participer à ces travaux. L'État reste donc l'unité juridique de base au sein de

---

[154] *Idem.*

[155] LOUIS Marieke, *Qu'est-ce qu'une bonne représentation ? L'Organisation internationale du Travail,* Dalloz, 2014, p. 81.

[156] DUPUY Pierre-Marie, KERBRAT Yann, *op. cit.,* p. 441.

[157] Le dualisme a été défendu par des théoriciens allemands et italiens de la fin du XIXème siècle et du début du XXème siècle tels que Triepel, Jellinek et Anzilotti. Selon cette doctrine, il y a une dualité absolue entre l'ordre juridique interne et l'ordre juridique international. Pour Pierre-Marie Dupuy et Yann Kerbrat, cette doctrine « méconnaît manifestement la dépendance dans laquelle est tenu le droit international à l'égard du droit interne pour la réalisation d'une bonne part de ses institutions » (DUPUY Pierre-Marie, KERBRAT Yann., *Droit international public*, Dalloz, 2018, p. 463).
Des théoriciens comme Kelsen, Scelle, Bourquin ont défendu cette doctrine qui abolit les frontières entre les deux ordres juridiques et affirme leur unité. Pour certains, *cette* théorie « idéalise l'attitude des États par rapport au droit international (…) et reconnaît le fait capital que l'État et son ordre juridique existent sans intervention du droit international » (DUPUY Pierre-Marie, KERBRAT Yann., *Droit international public*, Dalloz, 2018, p. 463).

[158] DUPUY Pierre-Marie, KERBRAT Yann, *op. cit.*, p. 447.

[159] *Ibid.,* p. 449.

[160] *Idem.*

[161] *Idem.*

[162] LOUIS Marieke, *op. cit.,* p. 81.

l'organisation »[163]. De plus, l'État « coauteur et sujet de normes internationales en est également le premier interprète »[164]. Il est le seul à même de procéder à la réception[165] de la norme adoptée internationalement dans son droit interne par le biais de ses institutions, et « il détermine lui-même les suites qu'il convient de donner aux cas de méconnaissance »[166] de ladite norme par les tiers. Le rôle de l'État dans l'existence de la norme internationale du travail sur le plan interne se révèle être fondamental aussi bien sur le plan juridique (Section 1) que social (Section 2).

SECTION 1. UNE RÉCEPTION JURIDIQUE NÉCESSAIREMENT NATIONALE

50. Évoquer la réception juridique des normes internationales du travail équivaut à s'interroger sur « le degré d'intégration »[167] juridique de celles-ci dans le droit interne des États. Il est question de l'effectivité juridique de ces normes dans l'armature juridique interne permettant l'engagement juridique des États à l'égard de la norme internationale du travail. Les conventions adoptées lors d'une Conférence internationale du travail (CIT) ne revêtent un caractère contraignant pour un État que si celui-ci consent à les intégrer juridiquement dans son droit interne.

51. « Seuls les États sont (…) habilités à ratifier les conventions internationales du travail bien que celles-ci soient adoptées par la CIT dans son ensemble »[168]. Après l'adoption de la norme internationale du travail par la CIT, il appartient aux autorités étatiques de la confirmer dans leurs droits internes par le biais d'une ratification[169] (§ 1) et de prendre toutes les mesures nécessaires à la vulgarisation de son contenu auprès de sa population (§ 2).

---

[163] *Idem.*

[164] DUPUY Pierre-Marie, KERBRAT Yann., *op. cit.,* p. 444.

[165] La réception abordée recouvre les dispositions juridiques permettant l'introduction de la norme internationale dans le droit interne et les actions de réceptions par la population (la connaissance de la norme). Chrysal Aiguidioli Kénoukou parle de « réception juridique » et de « réception sociale » des normes internationales, cette dernière englobant les cas de non-respect des normes (KENOUKOU Chrysal Aiguidioli., « Effectivité et efficacité des normes fondamentales et prioritaires de l'OIT : le cas du Bénin et du Togo », Rapport BIT, 2007, p.6).

[166] DUPUY Pierre-Marie, KERBRAT Yann, *op. cit.,* p. 444.

[167] KENOUKON Chrysal Aguidioli, « Effectivité et efficacité des normes fondamentales et prioritaires de l'OIT : Cas du Bénin et du Togo », Rapport BIT, 2007, p. 22.

[168] LOUIS Marieke, *op. cit.,* p. 80.

[169] La ratification apparait comme l'acte par lequel l'autorité étatique, investie par la constitution du pouvoir de conclure les traités, confirme le traité élaboré par les plénipotentiaires, consent à ce qu'il devienne définitif et obligatoire, et s'engage solennellement au nom de l'État à l'exécuter.

§ 1. Le caractère discrétionnaire de la ratification

52. Les conventions internationales du travail adoptées lors de la CIT ne lient juridiquement un État que si celui-ci procède à la confirmation sur son territoire national de l'engagement qu'il a pris, (s'il l'a pris), internationalement. Du point de vue du droit international, cette confirmation de l'État peut revêtir plusieurs formes. Aux termes des dispositions du Traité de Vienne, « le consentement d'un État à être lié par un traité peut être exprimé par la signature, l'échange d'instruments constituant un traité, la ratification, l'acceptation, l'approbation ou l'adhésion, ou par tout autre moyen convenu »[170]. La Constitution de l'OIT appréhende la matérialisation de l'engagement de l'État vis-à-vis des normes internationales du travail sous la forme de la ratification. Son article 19-5 (a) dispose ainsi que « la convention sera communiquée à tous les membres en vue de sa ratification par ceux-ci ».

53. La communication par l'OIT de la convention aux États membres en vue de sa ratification est obligatoire. Toutefois, « le droit international (…) fonde une compétence étatique par principe discrétionnaire, c'est-à-dire « le pouvoir d'agir librement sans que la conduite à tenir soit dictée à l'avance par une règle de droit » »[171]. Les États sont souverains dans leurs juridictions internes et ne sont « pas soumis à un pouvoir supérieur »[172] pouvant les contraindre à agir : « Ils ne peuvent, par principe, recevoir d'ordres qu'ils proviennent d'autres États ou d'organismes internationaux »[173]. Ils sont libres de ratifier ou non une convention et de décider des mécanismes adéquats pour une telle ratification. Cette souveraineté qui désigne le pouvoir suprême de « gouverner, de commander et de décider »[174] appartient essentiellement à l'État. Toutefois, « si l'on se tourne maintenant vers la technique, au sens large de la conclusion des conventions internationales du travail, on doit rappeler que ce type de conventions a introduit des conceptions et des méthodes entièrement nouvelles en matière de conclusion d'instruments internationaux »[175],tout en respectant la souveraineté des États (A). Ces derniers ont en effet le choix de la procédure de ratification des normes internationales sur leur territoire. Le mécanisme propre à chaque État présente toutefois des similitudes en fonction des systèmes juridiques ; il en va ainsi des pays membres de l'UEMOA (B).

A. Le respect de la souveraineté étatique

54. La souveraineté étatique est reconnue dans le texte fondamental de l'OIT et se traduit par le principe de l'égalité des voix (1) ainsi que par

---

[170] Article 11 du Traité de Vienne sur le droit des Traités du 22 mai 1969. (http://legal.un.org/ilc/texts/instruments/french/conventions/1_1_1969.pdf)
[171] FLEURY GRAFF Thibaut., *Manuel de droit international public*, PUF, 2016, p. 27.
[172] ALLAND Denis., Manuel de *Droit international public,* PUF, 2017, p. 26.
[173] RIVIER Raphaële., *Droit international public*, PUF, 2017, p. 261.
[174] SALMON Jean (dir.). *Dictionnaire de droit international public*, Bruylant, 2001, p. 1045.
[175] VALTICOS Nicolas., *op. cit.*,p. 126.

l'exigence de la double « adoption » des conventions internationales du travail (2).

1. L'égalité des voix

55. Les pères fondateurs de l'OIT mûs « par des sentiments de justice et d'humanité aussi bien que par le désir d'assurer une paix mondiale durable »[176] ont envisagé « le recours au droit comme le remède le plus approprié aux maux de la société »[177]. Ils ont établi au sein de l'OIT des tâches précises et des règles constitutionnelles claires[178]. Bien que les objectifs de l'OIT aient été « essentiellement d'abord d'améliorer les conditions de travail »[179] dans des sociétés touchées par les dérives de l'industrialisation, les pères fondateurs ont eu le mérite d'instituer un système égalitaire ne tenant pas compte du poids économique de chaque État membre.

56. L'OIT est fondée sur un système tripartite de représentation et de vote. Sur ce point, « il y a eu rupture avec les règles classiques d'après lesquelles un traité multilatéral est conclu entre États souverains et exige leur accord unanime »[180]. Les États membres sont tous représentés dans le groupe gouvernemental avec les mêmes prérogatives. Aucun État membre, quels que soient son poids économique et/ou sa situation politique, ne dispose en vertu des textes constitutifs de l'OIT, d'un pouvoir considérable par rapport à un autre État membre en termes de voix. Les États, sans considération de leur niveau de développement sont équitablement représentés au sein des groupes des mandats de l'OIT et « votent sur un pied d'égalité complète »[181]. Chaque délégation qui prend part à la CIT comprend « deux délégués du gouvernement, un délégué des travailleurs et un délégué des employeurs »[182]. Les États membres « s'engagent à désigner les deux délégués non gouvernementaux — et les conseillers techniques qui les accompagnent — d'accord avec les organisations professionnelles les plus représentatives des employeurs et des travailleurs »[183] de leur pays. Chaque délégué dispose du « droit de voter individuellement sur toutes les questions soumises aux délibérations de la conférence »[184], peu importe son origine. Il dispose, quelle que soit son origine d'une voix individuelle, « d'une voix égale lors

---

[176] Préambule de la Constitution de l'OIT. (www.ilo.org/dyn/normlex/fr/f?p=1000:62:0::NO:62:P62_LIST_ENTRIE_ID:2453907:NO).

[177] BONVIN Jean-Michel, *L'Organisation international du travail : étude sur une agence productrice de normes,* PUF,1998, p. 177.

[178] THOMAS Albert, *op. cit.*, p. 5.

[179] VALTICOS Nicolas, « L'OIT : vue rétrospective et perspective d'avenir », *Revue internationale du travail*, 1996, p. 520.

[180] VALTICOS Nicolas., « Droit international du travail et souverainetés étatiques », *op. cit.*, p. 126.

[181] OIT, Les normes internationales du travail, BIT, 1964, p. 5.

[182] BIT, Les règles du jeu, une brève introduction aux normes internationales du travail, *op. cit.*, p. 18.

[183] SERVAIS Jean-Michel, *Organisation internationale du travail*, Répertoire de Droit du Travail Dalloz, 2018, p. 26.

[184] Article 4 de la Constitution de l'OIT.

des votes en séance plénière »[185]. Les États demeurent certes souverains, mais en prenant part à la CIT, la délégation des gouvernements est sur le même pied d'égalité en termes de poids de voix que celles des organisations des travailleurs et des employeurs.

57. La volonté « d'améliorer la situation ouvrière jointe à la crainte de voir tout allègement des conditions de travail favoriser la concurrence étrangère »[186] a permis l'instauration de ce système égalitaire fondé sur le tripartisme pour s'assurer « jusqu'à un certain point que l'opinion des autorités chargées de l'application d'un texte est suffisamment prise en considération lors de la formulation définitive de celui-ci »[187]. Ce tripartisme permet aux employeurs et aux travailleurs d'être représentés au sein de l'OIT et de disposer d'un nombre de voix égal à celui dont disposent les gouvernements lors de l'adoption des textes. Il n'instaure pas de « monopole étatique dans la prise de décisions susceptibles de lier les États par la suite »[188] et favorise l'émergence d'un droit international du travail chargé « d'empêcher que la concurrence internationale ne s'exerce au détriment des droits des travailleurs »[189].

58. Loin d'occulter la croissance économique ainsi que les disparités économiques et politiques des États membres de l'OIT, les pères fondateurs de l'OIT ont convenu, en reconnaissant la représentation égalitaire des États à une époque de colonisation et de disparité économique entre les États, que « sans politique sociale équitable, la politique économique considérée comme une fin, risque de faire oublier le facteur humain et d'aboutir à la loi du plus fort, à l'écrasement des faibles, à l'injustice et finalement au déséquilibre des sociétés »[190].

59. Même si les pères fondateurs de l'OIT étaient animés par des désirs humanistes, force est de constater que des intérêts économiques ont contribué au succès de la mise en place de ces règles. L'idée d'une règlementation internationale du travail « est née (…) dans l'esprit d'hommes désireux d'obtenir une amélioration concrète des conditions de travail parfois effroyables et de répondre aux objections contre l'introduction de législations nationales du travail qui était fondées sur des préoccupations tirées de la concurrence étrangère »[191]. Toutefois, « pour un employeur ou un homme d'État, les motifs généreux d'imposer des limites au laisser-faire social s'accompagnaient d'une préoccupation de nature économique »[192]. La réduction de la concurrence par l'obtention « d'une généralisation de

---

[185] BIT, *Les règles du jeu, une brève introduction aux normes internationales du travail, op. cit.,* p. 18

[186] SERVAIS Jean-Michel., *Les normes internationales du travail*, L.G.D.J, 2004, p. 4.

[187] OIT, Les normes internationales du travail, *op. cit.*, p. 6.

[188] VALTICOS Nicolas, *op. cit.*, p. 126.

[189] SUPIOT Alain, « Le droit du travail bradé sur le « marché des normes » », *Dr. soc.*, 2005, p. 1092.

[190] VALTICOS Nicolas, « L'OIT : vue rétrospective et perspective d'avenir », *Revue internationale du travail*, 1996, p. 521.

[191] VALTICOS Nicolas, Droit international du travail, *in* CAMERLYNCK (dir.), Traité de droit du travail, tome 8, Dalloz,1983, p. 27.

[192] SERVAIS Jean-Michel, *Droit international du travail*, *op. cit.*, p. 14.

garanties minimales pour les salariées et une règlementation applicable à tous (…) incita les Parlements nationaux à réagir »[193]. Les États ont consenti à l'adoption d'une législation internationale en matière sociale avec la mise en place d'un système de représentation tripartite et non étatique dans la mesure où cette législation était perçue comme permettant d'assainir la politique économique mondiale.

60. Une des fonctions de la législation internationale du travail est de rechercher l'équilibre entre le développement économique et le développement social. L'expérience de l'OIT permet de montrer que les États peuvent accepter des limitations dans leur pouvoir de souveraineté « au profit de principes et de normes correspondant à des aspirations généralement admises »[194]. L'instauration d'une législation internationale en matière de droit du travail a ainsi permis d'octroyer à tous les États les mêmes droits et de les considérer comme égaux sur le plan international pour adopter et appliquer des règles visant à réguler la concurrence entre les États et à établir la « justice sociale », chère aux pères fondateurs de l'OIT.

61. Cette égalité confère à tous les États membres les mêmes prérogatives en matière de procédure de ratification des normes internationales du travail portant principalement sur l'obligation faite de soumettre au niveau national ces normes adoptées internationalement.

2. L'obligation de soumission à « l'autorité compétente »

62. Les conventions adoptées lors de la CIT sont soumises à tous les États membres pour être ratifiées. Celles-ci font l'objet d'une seconde lecture sur le plan national. On pourrait penser à une double naissance dans la mesure où les conventions de l'OIT doivent faire face à deux procédures distinctes d'adoption avant de pouvoir exister sur le plan national : la procédure d'adoption sur le plan international ainsi que la procédure de ratification sur le plan national.

63. La procédure de ratification requiert l'implication des institutions internes des États membres. Elle est en principe indiquée par la constitution des États. Sur le plan international, trois systèmes de ratification existent. La ratification peut être soit l'œuvre exclusive du pouvoir législatif, soit l'œuvre exclusive du pouvoir exécutif, ou faire encore l'objet d'un partage de compétence entre pouvoirs législatif et exécutif.

64. L'OIT tout en respectant le système de ratification choisi par chaque pays précise à l'article 19-5 (b) de sa Constitution que « *chacun des membres s'engage à soumettre, dans le délai d'un an à partir de la clôture de la session de la conférence (ou, si par suite de circonstances exceptionnelles, il est impossible de procéder dans un délai d'un an, dès qu'il sera possible, mais jamais plus de dix-huit mois après la clôture de la session de la conférence), la convention à l'autorité ou aux autorités dans la compétence desquelles rentre la matière, en vue de la transformer en loi ou de prendre*

---

[193] SERVAIS Jean-Michel, *Les normes internationales du travail*, *op. cit.*, p. 4.

[194] VALTICOS Nicolas, « Le droit international du travail face aux problèmes de la société internationale de 1980 », *RBDI*, 1980, p. 7.

des mesures d'un autre ordre ». Selon la CIT, le « but essentiel de la soumission est de promouvoir des mesures au plan interne pour la mise en œuvre des conventions et des recommandations »[195].

65. L'exigence vise la soumission de la convention à « l'autorité compétente » du pays pour que celui-ci confirme l'engagement pris internationalement par l'État lors de l'adoption de cette convention en ratifiant la convention qui lui est soumise. La nature de l'autorité compétente a été précisée par la CIT : « l'autorité compétente est l'autorité ayant, aux termes de la Constitution nationale de chaque État, le pouvoir de légiférer ou de prendre d'autres mesures pour donner effet aux conventions »[196]. Il s'agit le plus souvent de « l'Assemblée législative »[197]. La justification d'une telle exigence est de « permettre à l'opinion publique d'agir sur les décisions prises à l'égard desdites conventions en permettant aux représentants élus de la Nation de se prononcer sur l'application au sein de chaque État des conventions adoptées par la conférence »[198]. La CIT, en tenant compte de la diversité des systèmes juridiques des États membres, a convenu que « *même dans les cas où les attributions législatives sont détenues, en vertu de la Constitution du membre, par l'exécutif, il est conforme à l'esprit des dispositions de l'article 19 de la Constitution de l'Organisation et à la pratique de ménager la possibilité d'un examen des instruments adoptés par la Conférence par un organe délibérant, lorsqu'il en existe un. La discussion au sein d'une assemblée délibérante — ou au moins l'information de celle-ci — peut constituer un facteur important en vue d'un examen complet de la question et d'une amélioration possible des mesures prises au plan national pour donner suite aux instruments adoptés par la Conférence* »[199].

66. On pourrait estimer que cette exigence limite la souveraineté étatique des États dans la mesure où les textes internationaux leur imposent ce qu'ils doivent faire sur leur territoire. Toutefois, la finalité de l'obligation de soumission à l'autorité compétente « a été et continue d'être que les instruments adoptés par la conférence soient portés à l'attention de l'opinion publique à travers leur soumission à un organe de caractère parlementaire »[200].

67. Les textes constitutifs de l'OIT se montrent assez souples concernant cette obligation des États. En effet, ils exigent une obligation de soumission par les États de la convention à leur « autorité compétente », et non une obligation de ratification par cette autorité. La CIT a d'ailleurs précisé que « les gouvernements demeurent entièrement libres de proposer toute suite qu'ils jugent appropriée de donner aux conventions et recommandations »[201]. L'obligation de soumission vise à encourager l'État à promulguer « une

---

[195] CIT, Rapport général III, 64eme session, partie 4,1978, paragr. 15.

[196] CIT, Rapport de la Commission de l'application des conventions et des recommandations, 3e partie, annexe IV, 1962, paragr. 39.

[197] CIT, Rapport général III, 87emesession, partie 1A, 1999, paragr. 219.

[198] BERENSTEIN Alexandre, « La ratification des convention internationales du travail et la législation interne », *Die Friedens-Warte,* 1955, p. 138.

[199] CIT, Rapport général III, 88eme session, partie 1A, 2000, paragr. 114.

[200] CIT, Rapport générale III, 89eme session, partie 1 A, 2001, paragr. 221.

[201] CIT, Rapport général III, 87eme session, partie 1A, 1999, paragr. 221.

législation pertinente ou à adopter d'autres mesures notamment la ratification »[202].

68. Le principe de souveraineté étatique peut expliquer ces dispositions. En vertu de ce principe, les États disposent d'un pouvoir discrétionnaire dans leurs juridictions internes concernant la ratification des conventions internationales. Ainsi chaque État peut librement confirmer les textes adoptés internationalement ou choisir de ne pas les transposer dans son ordre interne. Exiger la soumission de la norme internationale comme le fait le texte constitutif de l'OIT n'implique pas forcément d'enclenchement de la procédure de ratification.

69. La convention peut en effet être soumise à l'autorité compétente et ne faire l'objet d'aucune « transformation en loi » ou ne faire l'objet d'aucune mesure. Une telle éventualité est prise en considération par la Constitution de l'OIT qui prévoit la soumission par les États d'un rapport périodique au Directeur général du BIT dans une telle situation[203].

70. On constate de plus qu'aucune sanction n'est prévue en cas de non-soumission de la convention par les États. Ceux-ci sont juste tenus de soumettre les conventions dans les délais à leur autorité compétente. Cette exigence de soumission à l'autorité compétente dépend donc de la bonne foi de chaque État. Cependant, la pratique montre qu'elle est généralement respectée par les États. Les procédures de soumission à l'autorité compétente diffèrent d'un État à l'autre. Toutefois, des similitudes de procédure sont observées en fonction des systèmes juridiques ; c'est le cas pour les pays membres de l'UEMOA.

B. La proximité des mécanismes nationaux des États membres de l'UEMOA

71. La procédure de ratification d'une convention de l'OIT est régie par le droit interne de chaque État. Les États membres de l'UEMOA ont retenu une procédure quasi uniforme (1) à l'instar de celle du Burkina Faso (2).

1. La quasi-uniformité des mécanismes de ratification

72. Les pays francophones membres de l'UEMOA[204] ont opté pour un système de ratification faisant l'objet d'un partage de compétence entre le

---

[202] BIT, *Les règles du jeu, une brève introduction aux normes internationales du travail, op. cit.*, p.19.

[203] L'article 19-5 (e) de la Constitution de l'OIT spécifie que « *si une convention n'obtient pas l'assentiment de l'autorité ou des autorités dans la compétence desquelles rentre la matière, le Membre ne sera soumis à aucune autre obligation, si ce n'est qu'il devra faire rapport au Directeur général du Bureau international du Travail, à des périodes appropriées, selon ce que décidera le Conseil d'administration, sur l'état de sa législation et sur sa pratique concernant la question qui fait l'objet de la convention, en précisant dans quelle mesure l'on a donné suite ou l'on se propose de donner suite à toute disposition de la convention par voie législative, par voie administrative, par voie de contrats collectifs ou par toute autre voie, et en exposant quelles difficultés empêchent ou retardent la ratification d'une telle convention* ».

[204] Le Bénin, le Burkina Faso, la Côte d'Ivoire, le Mali, le Niger, le Togo et le Sénégal.

pouvoir exécutif et le pouvoir législatif en ce qui concerne les normes internationales du travail. Les constitutions de ces différents pays stipulent que « le président de la République négocie et ratifie les traités et les accords internationaux »[205]. Le pouvoir exécutif est le seul qui peut décider de l'opportunité de négociation ou de ratification des traités et accords internationaux. L'engagement de la procédure de ratification d'un accord international intervient après la signature de l'accord. Il n'y a pas d'immixtion du pouvoir législatif dans le processus de négociation et de signature au sein de ces pays. Le pouvoir exécutif intervient seul dans l'adoption des accords internationaux ; il est donc le seul à même de participer à l'adoption d'une convention internationale du travail.

73. La procédure de ratification impliquant le pouvoir législatif est exceptionnelle au sein de ces États. Elle n'intervient en règle générale que dans le cadre de la ratification d'un certain nombre de traités limitativement énumérés par les différentes constitutions. Les traités visés sont sensiblement les mêmes dans les constitutions des États francophones. Il s'agit principalement des « traités de paix, des traités ou accords relatifs à la création d'organisations internationales, ceux qui modifient les lois internes de l'État »[206]. Cette liste est plus ou moins étendue en fonction des États.

74. Ainsi selon les États, les traités de défense[207], les traités de commerce[208], les traités qui engagent les finances de l'État[209], les traités relatifs à l'État des personnes et aux droits de l'homme[210], les traités qui portent cession, échange ou adjonction de territoire[211] doivent faire l'objet d'une procédure de ratification.

75. Au rang des traités faisant l'objet de l'implication conjointe du pouvoir exécutif et du pouvoir législatif, on dénombre les « accords relatifs aux organisations internationales » et ceux qui « modifient les lois internes de l'État » dont font partie les conventions internationales du travail. En effet, dans ces différents États francophones de l'UEMOA et en vertu des dispositions constitutionnelles, ces traités « ne peuvent être ratifiés qu'à la

[205] Article 168 de la Constitution du Niger, article 137 de la Constitution du Togo, article 144 de la Constitution du Bénin, article 148 de la Constitution du Burkina Faso, article 119 de la Constitution de la Côte d'Ivoire, article 114 de la Constitution du Mali.

[206] Article 145 de la Constitution du Bénin, Article 149 de la Constitution du Burkina Faso, article 120 de la Constitution de la Côte d'Ivoire, article 115 de la Constitution du Mali, article 169 de la Constitution du Niger, article 138 de la Constitution du Togo et l'article 96 de la Constitution du Sénégal.

[207] Article 169 de la Constitution du Niger.

[208] Article 149 de la Constitution burkinabé, article 115 de la Constitution malienne, article 96 de la Constitution sénégalaise, article 138 de la Constitution togolaise.

[209] Article 145 de la Constitution béninoise, article 149 de la Constitution burkinabé, article 115 de la Constitution malienne, article 169 de la Constitution nigérienne, article 96 de la Constitution sénégalaise, article 138 de la Constitution togolaise.

[210] Article 96 de la Constitution sénégalaise, article 138 de la Constitution togolaise, article 149 de la Constitution burkinabé, article 115 de la Constitution malienne.

[211] Article 96 de la Constitution sénégalaise, article 138 de la Constitution togolaise, article 145 de la constitution béninoise, article 115 de la Constitution malienne.

suite d'une loi autorisant leur ratification »[212]. Le pouvoir exécutif négocie et signe ces conventions internationales. Cependant, l'adoption de la loi de ratification de celles-ci implique l'œuvre du pouvoir législatif. Ce dernier constitue dans ces États l'autorité compétente à laquelle doit être soumise pour ratification la convention adoptée au plan international.

76. La règle applicable en Guinée-Bissau est semblable à celle qui prévaut au sein des États francophones de l'UEMOA pour une catégorie de traités. En vertu de l'article 100 de la Constitution de la Guinée-Bissau, « *dans l'exercice de ses fonctions, il est de la compétence du Gouvernement de : (f) négocier et conclure les conventions et accords internationaux ». La négociation et la conclusion des conventions internationales sont la compétence exclusive du pouvoir exécutif de même que la ratification. En effet, selon les termes de l'article 68 (e) de la Constitution de la Guinée-Bissau, le président de la République a entre autres pour fonction de « ratifier les traités internationaux »*[213]. Toutefois, à l'instar des pays francophones de la zone UEMOA, un certain nombre de conventions requiert l'approbation du pouvoir législatif en Guinée-Bissau. Il s'agit notamment des « traités concernant la participation de la Guinée-Bissau aux organisations internationales, les traités d'amitié, de paix, de défense, de rectification des frontières et tout autre traité que le Gouvernement a l'intention de lui soumettre »[214]. Les conventions internationales du travail font partie des traités qui engagent « la participation de la Guinée-Bissau » à une organisation internationale, en l'espèce l'OIT. Ces conventions nécessitent l'approbation de l'Assemblée populaire nationale[215].

77. Au sein de l'UEMOA, le pouvoir exécutif est celui qui intervient lors de l'adoption de la norme sur le plan international. La délégation qui prend part à la CIT est une délégation du pouvoir exécutif. Il s'agit pour tous les États membres de l'UEMOA de la délégation gouvernementale. Le pouvoir législatif, qui correspond à l'Assemblée nationale dans les États francophones et à l'Assemblée populaire nationale en Guinée-Bissau, intervient lors de la procédure interne de ratification ou d'approbation de la norme internationale du travail. Compte tenu de la similitude des procédures de ratification existante au sein des États francophones de l'UEMOA, nous avons opté pour un approfondissement du mécanisme de ratification du Burkina Faso (2).

---

[212] Article 145 de la Constitution du Bénin, article 149 de la Constitution du Burkina Faso, article 120 de la Constitution de la Côte d'Ivoire, article 115 de la Constitution du Mali, article 169 de la Constitution du Niger, article 138 de la Constitution du Togo et article 96 de la Constitution du Sénégal.

[213] En vertu de l'article 96 de la Constitution de la Guinée Bissau, « *le Gouvernement est l'organe exécutif et administratif suprême de la République de la Guinée-Bissau.* »

[214] Selon l'article 85 de la Constitution de la Guinée-Bissau, « *il appartient à l'Assemblée populaire nationale d'approuver les traités concernant la participation de la Guinée-Bissau aux organisations internationales, les traités d'amitié, de paix, de défense et de rectification des frontières, ainsi que tout autre traité que le Gouvernement entend lui soumettre* ».

[215] Interview de M. José INFANDA, Secrétaire exécutif du cadre permanent de concertation social (CPCS) de la Guinée Bissau, le 31 mai 2019.

2. Les mécanismes de ratification des conventions au Burkina Faso

78. Il existe un processus préparatoire avant l'adoption de la loi de ratification par le pouvoir législatif. Au Burkina Faso, en vertu de l'article 149 de la Constitution, le pouvoir exécutif a l'obligation de requérir l'autorisation préalable de l'Assemblée nationale pour la ratification des traités ci-dessus précités.

79. La ratification d'une convention internationale au Burkina Faso obéit à quatre étapes. Les services juridiques du Ministère des Affaires étrangères et de la Coopération régionale procèdent dans un premier temps à l'élaboration et à l'introduction d'un rapport en Conseil des ministres. Le dossier du rapport est constitué du rapport en Conseil des ministres[216], de l'exposé des motifs[217], de la fiche synthétique[218] et de l'avant-projet de loi d'autorisation de ratification[219].

80. L'introduction du rapport de présentation de l'avant-projet de loi d'autorisation de ratification en Conseil des ministres constitue la première étape du processus de ratification des accords internationaux au Burkina Faso. Cependant, tout avant-projet de loi d'autorisation de ratification doit avant toute introduction en Conseil des ministres, recevoir l'avis préalable du Comité technique de vérification des avant projets de loi (COTEVAL)[220]. Ce comité vérifie la présentation, la qualité et la cohérence des avant projets de loi de ratification avec la Constitution et les dispositions législatives et règlementaires existantes.

81. On procède après l'examen et le toilettage de l'avant-projet de loi par le COTEVAL, dans un deuxième temps à la seconde étape de la procédure de ratification : l'examen de l'avant-projet de loi en conseil des ministres. L'avant-projet de loi de ratification devient en cas d'adoption par le gouvernement, un projet de loi. Il est alors soumis à l'Assemblée nationale pour adoption.

---

[216] Le rapport qui introduit l'avant-projet de loi d'autorisation de ratification en Conseil des ministres donne au Président du Faso et au Gouvernement des éléments d'information permettant de juger de l'opportunité et de l'intérêt pour le Burkina Faso de procéder à ladite ratification.

[217] L'exposé des motifs est destiné à l'Assemblée Nationale, mais il fait partie intégrante du dossier du rapport introduit en Conseil des ministres. Il donne un éclairage sur le contenu du traité ou de l'accord en insistant sur les objectifs poursuivis par celui-ci, les obligations qu'il impose aux parties contractantes, les raisons essentielles de la demande de ratification, notamment l'intérêt, les avantages et la responsabilité de l'État. En outre, tout en expliquant les orientations adoptées, il indique les effets économiques ou financiers de l'avant–projet de loi, ainsi que sa pertinence et l'opportunité des mesures édictées. Sa soumission au Conseil des ministres permet à celui-ci d'apprécier la solidité des arguments avancés et leur faculté de convaincre les députés de l'intérêt ou de la nécessité de voter la loi d'autorisation de ratification.

[218] La fiche synthétique est une brève synthèse du contenu du rapport introduit en Conseil des ministres et permet d'avoir une vue synoptique et précise de l'ensemble dudit rapport sans pour autant le lire intégralement

[219] L'avant-projet de loi portant autorisation de ratification, introduit en Conseil des Ministres est destiné également à l'Assemblée Nationale. Il s'agit d'une loi ordinaire rédigée selon une forme standard.

[220] Institution crée par le Décret N°2013-318/PRES/PM/SGG-CM/MRIRP/MEF du Premier ministre le 25 mai 1999.

82. Dans un troisième temps, interviennent l'examen et l'adoption du projet de loi par l'Assemblée nationale. La Commission des Affaires étrangères et de la Défense de l'Assemblée nationale (CAED) convoque le Gouvernement à travers l'initiateur du projet de loi pour une audition. À l'issue de cette audition, la CAED procède à l'examen du projet de loi et aux amendements nécessaires. Un rapport est rédigé et soumis au Président de l'Assemblée nationale qui convoque une séance plénière pour débattre et adopter à la majorité absolue ledit projet de loi. Si ce dernier est adopté, le Président de l'Assemblée nationale et le Secrétaire de séance signent la loi portant autorisation de ratification et transmettent celle-ci au Président du Burkina Faso pour promulgation[221].

83. La quatrième étape de la procédure est constituée par la saisine automatique du Conseil constitutionnel et la signature des décrets de promulgation et de ratification. Le Président prend un décret de promulgation[222] après avoir reçu la loi portant autorisation de ratification signée par le Président de l'Assemblée nationale. Au préalable, il peut requérir un contrôle de constitutionnalité[223]. Si le Conseil constitutionnel déclare la loi de ratification conforme à la constitution, le Président du Burkina Faso signe le décret de ratification et le ministre des Affaires étrangères fait préparer les instruments de ratifications pour signature par le Président du Burkina Faso.

84. Le mécanisme de ratification qui prévaut au Burkina Faso est semblable à celui des autres États membres francophones de l'UEMOA, mais aussi à celui existant en Guinée Bissau. Dans ce dernier pays, le projet de loi de ratification préparé par le ministère des Affaires étrangères est soumis d'abord au Conseil des ministres puis à l'Assemblée nationale populaire pour approbation selon les dispositions de l'article 85 de la Constitution. Si c'est le cas, il fait l'objet d'une ratification par le Président de la République de la Guinée-Bissau[224].

85. Les États, après l'adoption de la loi de ratification, se doivent de prendre les mesures nécessaires pour permettre à cette loi d'être effective sur le territoire national.

§ 2. Les formalités étatiques de divulgation des conventions

86. En ratifiant une convention, les États sont tenus de prendre toutes les « mesures qui seront nécessaires pour rendre effectives les dispositions de

[221] La promulgation est l'acte par lequel une loi devient exécutoire. Elle prend la forme d'un décret du président de la République, contresigné par le Premier ministre et les ministres qui seront chargés d'appliquer la loi.

[222] Le décret de promulgation permet de donner une existence juridique à la convention ratifiée.

[223] En vertu de l'article 155 de la Constitution du Burkina Faso, « *les lois organiques et les règlements de l'Assemblée nationale, avant leur promulgation ou leur mise en application, doivent être soumis au Conseil constitutionnel. Aux mêmes fins, les lois ordinaires et les traités soumis à la procédure de ratification, peuvent être déférés au Conseil constitutionnel, avant leur promulgation* ».

[224] Interview de M. José INFANDA, *op. cit.*, en date du 31 mai 2019.

ladite convention »[225]. La principale caractéristique d'une règle de droit est d'être obligatoire[226]. À ce titre, « elle s'impose à tous (…) et s'applique de manière autoritaire, unilatérale, par l'exercice des prérogatives de puissance publique détenues par l'État »[227]. Toutefois, pour que cette règle de droit puisse être respectée par la population, il faut que celle-ci en ait préalablement pris connaissance grâce aux mesures prises pour la rendre effective.

87. La Constitution de l'OIT ne précise pas explicitement la nature « des mesures » qui devront être prises pour rendre effectives les dispositions de la convention. Elle prévoit la soumission de la convention à l'autorité compétente « en vue de la transformer en loi ou de prendre des mesures d'un autre ordre »[228]. L'intégration de la convention dans l'armature juridique nationale semble être un préalable à l'effectivité des conventions. La Constitution de l'OIT n'impose nullement la transformation de la convention en loi, « tout ce qu'elle demande, c'est que cette convention, par l'emploi d'un procédé quelconque, emporte les mêmes effets qu'une loi nationale »[229].

88. L'État, après l'adoption d'une loi, informe officiellement sa population sur ladite loi par la procédure de la publication. Dès l'adoption de la loi de ratification de la convention par l'autorité compétente, l'État se doit de procéder à la publication de la convention ratifiée. Cette publication, qui fournit des informations sur le contenu des conventions, permet de rendre celle-ci applicable et opposable à la population. La ratification traduit la réception de la convention, son existence dans l'armature juridique interne, en revanche « l'acte de publication vise à donner une date d'entrée en vigueur ; la procédure de publication de la loi d'une manière générale a le mérite de la clarté parce qu'elle vient indiquer avec précision la date ou elle devient applicable »[230]. La convention ratifiée entre en vigueur à la date de sa publication et devient opposable à tous les citoyens dès cette date.

89. Cette étape se révèle aussi importante que complexe (A), elle se doit à ce titre d'être prise en considération de façon minutieuse. De plus, dans un souci de rendre les normes internationales du travail ratifiées efficaces, les États se doivent de les intégrer dans leurs ordres juridiques nationaux. Cette intégration[231] qui vise à rendre les normes juridiques internes conformes aux dispositions internationales est souvent problématique au sein des pays membres de l'UEMOA (B).

---

[225] En vertu des dispositions de l'article 19- 5 (d) de la Constitution de l'OIT.

[226] Le caractère obligatoire de la règle de droit « traduit la nécessité pour les sujets de droit de se soumettre de préférence volontairement, à défaut par voie de sanction » (*Cf.* not. STARCK Boris., ROLAND Henry., BOYER Laurent., *Introduction au droit*, Litec, 2000, p. 179).

[227] SINNASSAMY Christophe., *Introduction générale au droit*, Bréal, 2018, p. 17.

[228] Article 19-5(b) de la Constitution de l'OIT.

[229] BERENSTEIN Alexandre., op. *cit.*, p. 43.

[230] KENOUKON Chysal Aguidioli, *Effectivité des principes et droits fondamentaux de l'OIT en Afrique francophone de l'ouest : autour et alentours du droit béninois*, Thèse de doctorat, droit, Université Catholique de Louvain, 2011, p. 42.

[231] Il s'agit en droit international public de la fusion de certaines compétences étatiques dans un organe super étatique ou supranational.

A. La complexité de la publication des normes internationales du travail

90. La publication de la norme ratifiée consiste à l'insertion de celle-ci *via* le Journal officiel. Au sein des États membres de l'UEMOA, cette insertion bénéficie d'un encadrement législatif spécifique (1), mais reste confrontée à des difficultés (2).

1. La spécificité de l'encadrement législatif

91. Au sein des États membres de l'UEMOA, la publication des conventions ratifiées constitue une obligation constitutionnelle. Dans les États francophones de l'UEMOA de tradition moniste, la publication de la convention se révèle d'autant plus importante qu'elle permet de hisser la norme au niveau supérieur de la législation interne. Ces États ont opté pour des dispositions similaires à la Constitution française du 4 octobre 1958 dont l'article 55 dispose que « les traités ou accords régulièrement ratifiés ou approuvés ont dès leur publication une autorité supérieure à celle des lois ». À titre indicatif, la Constitution du Niger dispose à son article 171 que « les traités ou accords régulièrement ratifiés ont, dès leur publication, une autorité supérieure à celle des lois, sous réserve pour chaque accord ou traité de son application par l'autre partie ». Les Constitutions des autres États francophones de l'UEMOA ont prévu des dispositions similaires[232].

92. La publication de la convention permet la subordination de la norme interne à la norme internationale. Ainsi, en plus de rendre les conventions ratifiées opposables à la population, la publication permet de placer la convention ratifiée au-dessus des dispositions législatives du pays. Elle permet « d'abroger *ipso facto* les législations nationales dans toute celle de leurs dispositions qui lui sont contraires »[233]. Les normes internationales du travail publiées après ratification devraient par conséquent revêtir une autorité supérieure aux lois existantes dans l'État concerné[234].

93. À la suite de la ratification, la publication reste dans les États à tradition moniste de la compétence exclusive des autorités étatiques et, plus précisément du pouvoir exécutif. En effet, tout comme la promulgation, la publication relève de la compétence du Chef du Gouvernement. Lui seul est à même d'ordonner l'insertion des conventions ratifiées dans le Journal officiel. Au sein des États francophones de l'UEMOA, le Chef de gouvernement est secondé dans cette prérogative par le bureau du Secrétariat

---

[232] Article 147 de la Constitution du Benin, article 151 de la Constitution du Burkina Faso, article 123 de la Constitution de la Côte d'Ivoire, article 116 de la Constitution du Mali, article 98 de la Constitution du Sénégal et article 140 de la Convention du Togo.

[233] BERENSTEIN Alexandre, *op. cit*, p. 44.

[234] L'article 19-8 de la Constitution de l'OIT pouvant être considéré comme une déclinaison du principe de faveur dispose que *« en aucun cas, l'adoption d'une convention ou d'une recommandation par la Conférence, ou la ratification d'une convention par un Membre ne devront être considérées comme affectant toute loi, toute sentence, toute coutume ou tout accord qui assurent des conditions plus favorables aux travailleurs intéressés que celles prévues par la convention ou la recommandation ».*

général du Gouvernement qui s'occupe de la question de la publication des textes ratifiés.

94. Les États membres francophones de l'UEMOA ont pris des dispositions similaires pour règlementer la publication des textes ratifiés. Ainsi en Côte d'Ivoire, la publication est règlementée par le décret n° 2010-58 du 27 avril 2010 déterminant les attributions et l'organisation du Secrétaire général du Gouvernement. En vertu de l'article 9 de ce décret, « le Secrétaire général du Gouvernement assure la publication au Journal officiel de la République de Côte d'Ivoire des actes législatifs et règlementaires dont la publication est autorisée ». Au Bénin, la législation est plus explicite. En effet, l'article 10 du décret n° 90-376 du 4 décembre 1990 portant organisation, attribution et fonctionnement du journal officiel dispose que c'est « le Secrétaire général du Gouvernement qui transmet à la direction du J.O. pour publication les lois, ordonnances et décrets. Il en est de même pour toutes les autres autorités ».

95. Ces dispositions confirment que l'insertion des textes dans le Journal officiel reste de la compétence exclusive du pouvoir exécutif. Un citoyen ou une autre autorité concernée par une convention ratifiée ne peut s'octroyer le pouvoir de communiquer les textes aux différentes directions du Journal officiel. De même, les services du journal officiel ne peuvent s'autosaisir des conventions à publier. Dans les différents pays en question, le Secrétaire général du Gouvernement doit se charger dès la promulgation de la loi de ratification d'informer et de faire parvenir au Journal officiel le contenu de la loi adoptée en vue de publication. Le bureau du Secrétaire général est garant du respect par l'État de son obligation d'information vis-à-vis de sa population.

96. La procédure de publication est différente en Guinée-Bissau. Bien que la publication y soit également la voie d'information officielle des textes ratifiés, elle y est de la compétence du pouvoir législatif. Il appartient au Président de l'Assemblée populaire nationale de « signer et ordonner la publication dans le bulletin officiel les lois et résolutions de l'Assemblée populaire nationale »[235]. À l'issue de cette signature, la publication de la loi dans le Journal officiel relève de la compétence du ministère de la Réforme publique, de la Fonction publique et du Travail[236]. Les États membres de l'UEMOA sont pourvus d'autorités étatiques pouvant rendre la convention ratifiée juridiquement effective[237]. Toutefois, on constate certaines faiblesses concernant la publication.

---

[235] Article 93 de la Constitution de la Guinée-Bissau.

[236] Interview de M. José INFANDA, *op. cit.*, en date du 31 mai 2019.

[237] Le Journal officiel est publié au sein des États membres de l'UEMOA depuis l'accession aux indépendances de ceux-ci. Le Mali par exemple a procédé à la publication de 2021 journaux officiels depuis 1960 (http://sgg-mali.ml/1/60/fr/journal-officiel/le-journal-officiel.html?page=0&row=60&lang=fr).

2. Les lacunes des Journaux officiels

97. Bien qu'il existe une procédure spécifique concernant la publication des textes ratifiés, on a pu constater certaines insuffisances affectant l'effectivité des textes. Tout d'abord, les conventions ratifiées sont souvent transmises tardivement aux différentes directions du Journal officiel dans les différents pays. Cela entraine des retards de publication de celles-ci qui sont ainsi portées tardivement à la connaissance de la population. À titre illustratif, concernant les conventions fondamentales du travail, « *au Bénin le gouvernement et ses structures déconcentrées, ayant la responsabilité de communiquer les conventions fondamentales, ont attendu l'année 2007*[238] *pour les transmettre en bloc à la direction du Journal officiel en vue de leur publication. Or ces conventions ont été ratifiées pour les uns en 1960, 1961 et 1968 et pour les autres en 2001. Il en est de même pour le Gouvernement sénégalais qui a attendu longtemps avant de les publier dans un numéro spécial du Journal officiel de 1979*[239]*, alors qu'il les avait ratifiées pratiquement en même temps que le Bénin* »[240].

98. De tels écarts entre la date de ratification et de publication posent la question du délai raisonnable de publication des textes ratifiés. Il faut noter que les dispositions des différents pays n'imposent pas un délai pour la publication des conventions internationales ratifiées ; on peut évidemment arguer que les textes cités ont été pour la plupart ratifiés au lendemain de la décolonisation et que les structures administratives étaient en phase de construction. Malgré tout, force est de constater la persistance des lenteurs administratives dans la transmission des textes ratifiés. À titre indicatif, la convention n° 187 de l'OIT sur le cadre promotionnel pour la santé et la sécurité au travail ratifiée par le Burkina Faso en octobre 2016 n'a pour le moment pas fait l'objet de publication[241] dans le Journal officiel. Cette absence de publication s'explique toutefois par une erreur de l'administration burkinabé. En effet, une loi portant autorisation de ladite convention avait été promulguée en 2009[242] et publiée dans le Journal officiel[243]. Une déclaration du président du Burkina Faso « devait accompagner cette ratification pour qu'elle soit enregistrée au Bureau international du Travail. Ce n'est qu'en 2016 que cette formalité a été effective »[244]. Ainsi, bien que le décret de publication ait été publié en 2009, la ratification de la convention n'a été effective qu'en 2016 avec le respect du formalisme exigé par le BIT. Un tel état de fait pose la question de la

---

[238] JO du Bénin, n°17 bis du 27 août 2007.

[239] JO du Sénégal, numéro spécial 4715 du 16 juillet 1979. (Sauf les conventions n° 138 sur l'âge minimum et n° 182 sur les pires formes de travail des enfants ratifiées plus tard le 15 décembre 1999 et le 1er juin 2000).

[240] KENOUKON Chysal Aguidioli., *op. cit*, p. 44.

[241] À la date du 20 août 2019.

[242] Décret n° 2009-498 /PRES du 13 juillet 2009 promulguant la loi n° 32-2009/AN du 15 juin 2009 portant autorisation de ratification de la convention n°187 de l'OIT concernant le cadre promotionnel pour la sécurité et la santé adoptée le 15 juin 2006 à Genève.

[243] JO du Burkina Faso n° 31 du 30 juillet 2009.

[244] *Cf.* Interview de M. Roland SAWADOGO, Inspecteur du travail auprès de la direction des normes et du travail du Burkina Faso, réalisé le 20 avril 2018.

réception sociale de cette convention par la population dans la mesure où les dispositions de la convention ont été portées à la connaissance de la population alors que la ratification de la convention n'était pas pleinement effective[245] et qu'aucune publication n'ait été faite dans le Journal officiel ultérieurement au respect de la formalité exigée par le BIT.

99. IL convient cependant de relever que les retards ou absences de publication au sein des États membres de l'UEMOA peuvent s'expliquer par l'interruption des services du Journal officiel. Cela a été le cas au Togo où le Journal officiel a cessé, suite aux difficultés financières du pays, de paraître pendant une vingtaine d'années, soit entre 1985 et 2005[246]. Il faut aussi relever qu'en plus des retards de publication des textes ratifiés, le coût même du Journal officiel constitue un sérieux handicap à l'accessibilité des textes par la population. En effet, au sein de tous les États membres de l'UEMOA, le Journal officiel est payant[247]. Les tarifs qui peuvent sembler peu élevés paraissent considérables pour des populations pauvres comme celles de ces pays[248].

100. L'accessibilité au Journal officiel demeure entre autres compliquée pour la majorité des populations vivant dans les zones rurales éloignées des principales villes au sein des États membres de l'UEMOA. Au Burkina Faso, par exemple, la version matérialisée du Journal officiel n'est accessible qu'auprès du Secrétariat général du Gouvernement situé à Ouagadougou. Il s'avère impossible de s'en procurer dans les administrations territoriales décentralisées. Même si le Secrétariat général du Gouvernement procède à la vente d'une version dématérialisée, une grande partie de la population n'a pas la possibilité d'avoir accès au Journal officiel du fait de la faible couverture internet du pays[249].

101. La publication qui est le moyen de divulgation des conventions auprès des populations n'est malheureusement pas exempte de faiblesses au sein des États membres de l'UEMOA. Toutefois, à l'instar de la publication, l'intégration des conventions ratifiées dans les instruments juridiques nationaux permet la divulgation du contenu aux populations.

---

245 « La date de ratification pris en compte par l'administration burkinabé est celle du 13 octobre 2016 ». (Interview de M. Roland SAWADOGO, *op. cit.*).

246 KENOUKON Chysal Aguidioli, *op. cit.*, p. 46.

247 Le Journal officiel de l'année en cours coûte entre 500 FCFA (0,76€) au Benin et au Mali, et 1000 FCFA (1,52 €) au Burkina Faso, en Côte d'Ivoire et au Niger.

248 Selon les données de la Banque mondiale, les populations des pays membres de l'UEMOA sont confrontées à une extrême pauvreté et vivent pour certaines avec moins de 1,90 US $ par jour. La proportion de la population vivant avec moins de 1,90 US $ par jour se présente comme suit : 49,5% au Bénin, 28,2% en Côte d'ivoire et 49,2% au Togo en 2015 ; 43,7% au Burkina Faso et 44,5% au Niger en 2014 ; 67,1% en Guinée Bissau en 2010 ; 49,7% au Mali en 2009 et 38% au Sénégal en 2011 (*Cf.* https://donnees.banquemondiale.org/indicateur/SI.POV.DDAY?locations=1W&start=1981&end=2015&view=chart).

249 Selon les indicateurs de la Banque mondiale, 16% de la population burkinabé utilisaient internet en 2019 (https://donnees.banquemondiale.org/indicateur/IT.NET.USER.ZS).

B. L'intégration dans les textes nationaux

102. Les États s'engagent en ratifiant une convention à « maintenir la législation et la pratique nationales en complète harmonie avec ces dispositions aussi longtemps que la convention restera en vigueur »[250] dans le pays. L'effectivité des dispositions suppose que ses destinataires puissent pleinement se les approprier. Cela implique que ces dispositions fassent partie intégrante de la législation nationale et puissent être facilement consultables par la population. Cette intégration dans les textes nationaux suppose une relecture des codes nationaux à la lumière des nouvelles dispositions (1), ainsi que la prise de mesures en faveur de l'application des conventions (2).

1. La traduction des conventions dans les textes nationaux

103. Les conventions de l'OIT font l'objet d'une réception juridique dans les différents États membres. Cela implique que celles-ci ne « pourront pénétrer dans l'ordre interne que si leur substance se trouve en quelque sorte transmutée en droit interne par une loi nationale qui en reprend le contenu »[251]. La réception juridique des conventions requiert que celles-ci soient pleinement incorporées aux dispositions nationales existantes. Les conventions ratifiées ont une autorité supérieure sur ces dispositions en vertu des orientations des Constitutions et législations des pays francophones de l'UEMOA. Ainsi, les dispositions des conventions doivent automatiquement remplacer les dispositions nationales analogues existantes dès leur ratification sous réserve du principe de faveur stipulé à l'article 19-8 de la Constitution de l'OIT. Cela implique que la ratification des conventions puisse rendre obsolètes certaines lois nationales existantes en application ou certaines dispositions des codes nationaux et, plus spécifiquement, du Code du travail.

104. L'examen de conformité avec la législation nationale s'avère important lors de la ratification. Cela permet d'éviter des contradictions législatives. La commission d'experts pour l'application des conventions et des recommandations (CEACR) de l'OIT attire souvent l'attention des États sur des contradictions existantes entre les dispositions des conventions ratifiées et celles des codes nationaux ou dispositions législatives. Tel fut notamment le cas dans les demandes directes du CEACR concernant le service national pour le développement au Burkina Faso[252]. Ainsi, dans ces

---

[250] LEMESTRE Raymond, *Le droit du travail en Afrique Francophone*, EDICEF, 1989, p. 53.

[251] DUPUY Pierre-Marie, KERBRAT Yann, *op. cit.*, p. 450.

[252] Le service national pour le développement (SND) est un service national obligatoire à caractère civique et ayant essentiellement pour but le développement socio-économique du Burkina Faso. Ce service national concerne tout Burkinabé, garçon ou fille, âgé de 18 à 30 ans et s'accomplit en deux phases : une phase de formation, au cours de laquelle l'appelé reçoit une formation essentiellement civique et patriotique et acquiert des rudiments de formation professionnelle dans les secteurs d'activité prioritaires au développement, et une phase de production au cours de laquelle il apporte sa contribution au développement socio-économique du pays dans différents secteurs. Le temps passé au SND est considéré comme du temps passé sous les drapeaux et libèrent le citoyen de toute autre obligation militaire.

demandes directes de 2014 portant sur la convention n° 105 sur l'abolition du travail forcé, la CEACR a expressément demandé au Gouvernement de « prendre les mesures nécessaires pour que la législation prévoie expressément le caractère volontaire de la participation au Service national de développement (SND) ». Le Gouvernement burkinabé s'est engagé dans son rapport sur l'application de la convention n° 105 sur l'abolition du travail forcé de 2014, à examiner la question lors de la prochaine révision de la législation sur le service national pour le développement[253]. Cet engagement a été réitéré par ce gouvernement dans son rapport sur l'application de la même convention en 2017[254].

105. De façon générale, les États procèdent lors de l'adoption de nouveaux codes du travail au changement de leur droit interne eu égard aux dispositions des conventions ratifiées ou des demandes de modification de la CEARC suite aux demandes directes ou observations. Les contenus des codes du travail sont ainsi modifiés et se conforment aux dispositions des différentes conventions internationales ratifiées. Les pays membres de l'UEMOA ne procèdent malheureusement pas de manière fréquente à de telles relectures de leurs codes du travail. Le Bénin, par exemple, n'a modifié son Code du travail que trois fois depuis son accession à l'indépendance[255]. Le pays qui compte trente-deux ratifications de conventions de l'OIT a pourtant ratifié douze conventions de l'OIT depuis la dernière relecture de son Code du travail en 1998. La dernière modification du Code du travail malien date quant à elle de 1992 alors que le pays compte trente-quatre ratifications de conventions de l'OIT et en a ratifié treize postérieurement à l'adoption de son actuel Code du travail.

106. De tels retards dans l'incorporation des contenus des conventions internationales dans les textes juridiques nationaux posent la question de l'efficacité de la réception juridique. La traduction tardive des dispositions des conventions dans les textes nationaux favorise la méconnaissance des normes ratifiées par la population. La publication permet de porter théoriquement à la connaissance des populations le contenu des normes adoptées, toutefois l'incorporation de la norme dans les textes généraux permet une meilleure vulgarisation de la norme. L'incorporation tardive limite la connaissance de la norme à quelques praticiens du droit du travail ou à des spécialistes ayant participé à la procédure de ratification, et non à

---

253 CEARC, Demande directe 2014, convention n°105 sur l'abolition du travail forcé, Burkina Faso (http://www.ilo.org/dyn/normlex/fr/f?p=1000:13100:0::NO:13100:P13100_COMMENT_ID:3184622).

254 CEARC, Demande directe 2014, convention n°105 sur l'abolition du travail forcé, Burkina Faso. (https://www.ilo.org/dyn/normlex/fr/f?p=1000:13100:0::NO:13100:P13100_COMMENT_ID:3336332). À la date du 1er Septembre 2019, la législation sur le service militaire n'a pas encore été révisée au Burkina Faso.

255 Le Code du travail béninois a fait l'objet d'une relecture en 1967, en 1974 et en 1998. Il faut toutefois souligner que certaines lois modifient certaines dispositions de ce code. Tel est le cas de la loi n° 2017-05 du 29 août 2017 sur l'embauche, le placement de main d'œuvre et la résiliation du contrat du travail.

l'ensemble des citoyens. Ceci constitue un frein indéniable à la réception sociale et incite à se questionner sur l'applicabilité des dispositions juridiques par les populations (2).

2. L'applicabilité des dispositions législatives

107. Dans les pays de tradition moniste, les normes internationales sont d'application directe (*self executing*) si elles « obéissent aux procédures de ratification ou d'adoption établies dans l'ordre interne (...) et que les mesures de publicités de l'acte ont été satisfaites »[256]. Cette application directe fait naître dans l'ordre interne « des droits au bénéfice des personnes privées, physiques et/ou morales »[257]. Les dispositions des conventions sont applicables aux populations dès leur publication. Grâce à la publication des conventions ratifiées, il devient possible d'opposer à la population la présomption selon laquelle, *nul n'est censé ignorer la loi.* En d'autres termes, les populations ne pourront pas se prévaloir de la méconnaissance des règles de droit pour en rejeter leur application. Cela présume que chaque personne doit prendre les mesures adéquates pour pouvoir accéder à l'information. Cette présomption est essentielle pour permettre l'opposabilité de la loi aux citoyens.

108. En pratique, «*force est de constater qu'au regard de l'effectivité du droit international, la complète réalisation des obligations pesant sur un État en vertu du droit international suppose souvent que des organes internes interviennent en prenant diverses mesures administratives, règlementaires, législatives, voire même constitutionnelles, faute de quoi, l'engagement international risque fort de ne pas se voir reconnaître toute sa portée* »[258]. L'effectivité des conventions internationales nécessite ainsi la prise par l'État de mesures complémentaires. La ratification et la publication de la convention à elle seule ne permettent pas l'application effective de celle-ci.

109. Les conventions de l'OIT sont élaborées sur des « principes universellement reconnus »[259] et tiennent compte des disparités culturelles, économiques et historiques des États membres. Elles ont la particularité de comporter des dispositions qui peuvent être directement applicables[260] et d'autres qui nécessitent la prise de mesures complémentaires par les États. L'applicabilité des conventions de l'OIT suppose souvent des « *obligations de prendre des mesures législatives, règlementaires ou pratiques dans un*

---

[256] DUPUY Pierre-Marie, KERBRAT Yann, *op. cit.*, p. 450.
[257] *Ibid.*, p. 444.
[258] OLSEN Terry, CASSIA Paul, *Le droit international, le droit européen et la hiérarchie des normes*, PUF, 2006, p. 17.
[259] BIT, *Les règles du jeu, une brève introduction aux normes internationales du travail, op.cit.*, p. 19.
[260] On peut citer par exemple les dispositions de l'article 2 de la convention n° 138 sur l'âge minimum qui précise que l'âge minimum « ne devra pas être inférieur à l'âge auquel cesse la scolarité obligatoire, ni en tout cas à quinze ans ».

certain sens : tel est le cas des conventions programmes[261] *qui demande aux États de mettre en œuvre souvent par une action continue au cours des ans une politique visant un certain objectif* »[262]. Ces conventions[263] peuvent aussi appeler « de la part de l'État la création et le maintien de certains services ou institutions »[264]. Elles imposent ainsi la prise de nouvelles dispositions législatives ou règlementaires permettant leur effectivité. En effet, « *une catégorie de dispositions*[265]*, tout en établissant une règle de droit, le fait en termes si généraux que l'État intéressé doit apporter à la règle une plus grande précision pour qu'elle soit effectivement applicable en droit interne. Un cas significatif, bien qu'extrême, est celui d'une convention sur les congés payés dans l'agriculture qui dispose que les travailleurs agricoles devront bénéficier d'un congé annuel, mais laisse à chaque État la latitude d'en déterminer la durée et certaines modalités* »[266].

110. De ce fait, concernant les conventions de l'OIT, la connaissance de la loi n'est souvent pas suffisante pour permettre leur application. L'État joue un rôle déterminant dans la prise de mesures adéquates. En vue de favoriser les ratifications des conventions et de faciliter leur application, l'OIT a fait le choix d'adopter des « normes internationales comportant des clauses dites de souplesse qui permettent leur adaptation à des pays dont les conditions peuvent différer profondément »[267]. Les normes internationales du travail contenant des clauses de souplesse « *permettent aux États de fixer provisoirement des normes moins contraignantes que celles normalement prévues, d'exclure certaines catégories de travailleurs de l'application d'une convention ou de ne mettre en œuvre que certaines parties d'un instrument. Les États qui ratifient une convention sont en général tenus de faire savoir, par une déclaration adressée au Directeur général du BIT, s'ils se prévalent d'une des clauses de souplesse* »[268]. Les situations spécifiques des États peuvent ainsi être prises en compte grâce à ces mesures de souplesses. On observe dans certains cas que les différentes mesures ou programmes demandés par les conventions peuvent constituer un frein à la ratification pour des États qui seront dans l'incapacité de les réaliser. Les clauses de souplesses peuvent inciter ces États à prendre des mesures complémentaires facilement applicables au sein de leurs territoires[269].

---

[261] Telle est le cas de la convention n° 187 de l'OIT sur le cadre promotionnel pour la sécurité et la santé au travail.

[262] VALTICOS Nicolas., « Droit international du travail et droit interne français. » *Travaux du comité français de droit international,* 1977, p. 14.

[263] Il s'agit par exemple de la convention n° 169 de l'OIT relatives aux peuples indigènes et tribaux.

[264] VALTICOS Nicolas., *op. cit.,* p. 15.

[265] Ces dispositions sont du *non-self executing* groupe.

[266] VALTICOS Nicolas, *op. cit.,* p. 15.

[267] VALTICOS Nicolas., « Le droit international du travail face aux problèmes de la société internationale de 1980 » *RBDI*, 1980, p. 10.

[268] *Idem*

[269] « Les « clauses de souplesse » permettent aux pays de fixer provisoirement des normes moins contraignantes que celles normalement prévues, d'exclure certaines catégories de travailleurs de l'application d'une convention ou de ne mettre en œuvre que certaines parties

111. Le rôle de l'État dans la réception juridique des conventions est incontestable en tant que garant aussi bien de la ratification de la convention que de son effectivité. Cela pose la question des prérogatives laissées aux citoyens dans l'application de la convention internationale. La question de la réception sociale doit interpeller en premier lieu le pouvoir exécutif et mérite d'être considérée comme étant une des priorités des États et en tant que telle, faire l'objet d'un traitement rapide, dès lors que la finalité des conventions est bien de permettre l'amélioration effective des conditions de vie des travailleurs.

SECTION 2. UNE RÉCEPTION SOCIALE PRIORITAIREMENT NATIONALE

112. « Destinées à régir la vie des hommes en société (...) les composantes du droit aspirent à une réalisation aussi satisfaisante que possible »[270]. La réalisation de la règle de droit implique l'assimilation de celle-ci par ceux à qui elle est destinée. La règle de droit « *assimilée est celle qui a fait l'objet d'une réception individuelle à l'issue de sa bonne compréhension. Ce qui suppose qu'elle rend son destinataire apte à l'intégrer dans ses habitudes et à en tenir compte dans son comportement et ses activités quotidiennes* »[271]. Les États sont appelés après la ratification des conventions à instituer des mesures pour les porter à la connaissance de leur population et permettre leur assimilation. Des campagnes de formation, de sensibilisation peuvent être organisées pour permettre aux destinataires de se familiariser avec les nouvelles dispositions adoptées. Il arrive quelquefois que ces campagnes habituellement menées par des entités étatiques soient organisées par des acteurs internationaux et nationaux autres qu'étatiques, dans le but de permettre aux destinataires des textes de mieux les appréhender[272]. Cependant, les conventions demeurent en général peu assimilées par leurs destinataires au sein des pays membres de l'UEMOA (§ 1) et cela pose la question du rôle effectif des organes de contrôle nationaux (§ 2).

---

d'un instrument ». BIT, *Les règles du jeu, une brève introduction aux normes internationales du travail, op. cit.*, p. 19.

[270] TERRÉ F, *Introduction générale au droit,* Dalloz, 2009, p. 329.

[271] KENOUKON Chrysal Aguidioli, *op. cit.*, p. 72.

[272] À titre illustratif, Monsieur Traoré, inspecteur du travail auprès de la Direction de lutte contre le travail des enfants, interviewer le 3 février 2015 à souligner des actions de sensibilisations et de formations pour les travailleurs du ministère de formations financées par l'IPEC et l'UNICEF en 2011 et 2012 notamment sur le travail des enfants, la gestion des conflits et la sécurité et santé au travail.

§ 1. L'assimilation problématique des conventions

113. La ratification des conventions par les États membres de l'UEMOA est incontestable[273]. Toutefois, dans la pratique, on peut douter de la parfaite appropriation des dispositions des différentes conventions par les acteurs du monde du travail au sein de ces États. Une enquête de terrain menée en 2015 au Burkina Faso[274], suivie par des échanges avec les différentes délégations gouvernementales et syndicales du Bénin, du Burkina Faso, du Togo et du Mali au cours des CIT de 2015 et 2017 a révélé des difficultés d'appropriation des conventions internationales du travail dans ces États. De manière générale, il règne au sein des États membres de l'UEMOA, une certaine méconnaissance de conventions internationales du travail (A). Ce qui peut révéler un certain nombre de résistances (B).

A. Le constat d'une méconnaissance

114. Les conventions internationales du travail ont pour but d'améliorer les conditions des travailleurs. À cet effet, ses destinataires premiers semblent être les travailleurs. Toutefois, pour l'application des différentes dispositions de ces conventions, l'État, à travers ses agents, joue un rôle primordial qui nécessite que ces derniers connaissent lesdites dispositions. Certes, au sein des pays membres de l'UEMOA, les conventions internationales du travail sont loin d'être totalement méconnues par les agents étatiques, mais on peut déplorer une connaissance quelque peu approximative des conventions internationales du travail ratifiées (1).

115. Outre les agents étatiques, les dispositions des conventions internationales du travail doivent être appropriées par les principaux acteurs du monde du travail. Les employeurs et les travailleurs sont appelés à connaître les dispositions qui régissent les relations de travail subordonnées. Il en est de même des entités juridiques chargées de faire respecter ces dispositions découlant des conventions internationales du travail. De fait, les uns et les autres semblent en avoir une connaissance plus ou moins relative. (2).

1. Une connaissance approximative des agents étatiques

116. Au sein des États, il existe des administrations du travail chargées d'assurer l'effectivité du droit du travail. Aux termes de la convention n° 150 de l'OIT, on entend par administration du travail « les activités de l'administration publique dans le domaine de la politique nationale du travail »[275] et le système d'administration du travail vise « *tous les organes*

---

[273] *Cf.* Annexe sur l'état de ratification des conventions internationales du travail par les États membres de l'UEMOA à la date du 1er octobre 2019.

[274] TAPSOBA Elsa, « Enquête de terrain sur la réception des normes internationales du travail au Burkina Faso et le fonctionnement de l'UEMOA », Ouagadougou, 2015. (dactyl).

[275] Article 1(a) de la Convention 150 de l'OIT sur l'administration du travail (*Cf.* not. AUVERGNON Philippe, Laviolette Sandrine, Oumarou Moussa, « Fonctions et limites des

de l'administration publique responsables ou chargés de l'administration du travail qu'il s'agisse d'administrations ministérielles ou d'institutions publiques, y compris les organismes para étatiques et les administrations régionales ou locales ou toute autre forme décentralisée d'administration ainsi que toute structure institutionnelle établie en vue de coordonner les activités de ces organes et d'assurer la consultation et la participation des employeurs, des travailleurs et de leurs organisations »[276].

117. Il existe au sein des administrations du travail des organes compétents qui interviennent en matière d'application des dispositions du droit travail et qui « doivent tenir compte des normes internationales du travail »[277] dans l'exercice de leurs fonctions. Cela suppose que les agents desdits organes compétents aient une bonne connaissance des normes internationales du travail, assimilent leur contenu et procèdent à leur appropriation afin de pouvoir les appliquer les faire appliquer de manière efficiente.

118. L'assimilation parfaite des normes internationales du travail n'est pas effective au sein des administrations du travail des États membres de l'UEMOA ou « une part essentielle des attributions des systèmes nationaux d'administration du travail apparaît, de fait, assurée par des inspecteurs du travail »[278]. Dans ces États, les inspecteurs du travail suivent en principe une formation dédiée. Au Burkina Faso, par exemple, les inspecteurs du travail reçoivent au cours de leur première année de formation professionnelle un cours de soixante heures sur les normes internationales du travail et les techniques de rédaction de rapport selon les exigences de l'OIT. Ils suivent en plus de cet enseignement, un séminaire de trois jours sur les normes internationales du travail et le genre[279] qui leur permet d'acquérir des connaissances générales. Très peu de formations sont proposées ultérieurement à cette formation de base. À titre indicatif, la Direction des

---

administrations du travail en Afrique subsaharienne à la lumière de la convention OIT n° 150 », *Revue internationale du Travail*, Genève, vol. 150, n°1/2011, p. 89).

276 Article 1(b) de la Convention 150 de l'OIT sur l'administration du travail.

277 Au terme de l'article 6-2 de la Convention 150 de l'OIT sur l'administration du travail, les organes compétentes « devront notamment, tenant compte des normes internationales du travail pertinentes: (a) participer à la préparation, à la mise en œuvre, à la coordination, au contrôle et à l'évaluation de la politique nationale de l'emploi selon les modalités prévues par la législation et la pratique nationales; (b) étudier d'une manière suivie la situation des personnes qui ont un emploi, aussi bien que des personnes qui sont sans emploi ou sous-employées, au vu de la législation et de la pratique nationales relatives aux conditions de travail, d'emploi et de vie professionnelle, appeler l'attention sur les insuffisances et les abus constatés dans ce domaine et soumettre des propositions sur les moyens d'y remédier; (c) offrir leurs services aux employeurs et aux travailleurs ainsi qu'à leurs organisations respectives, dans les conditions permises par la législation ou la pratique nationales, en vue de favoriser, aux niveaux national, régional et local ainsi que des divers secteurs d'activité économique, des consultations et une coopération effectives entre les autorités et organismes publics et les organisations d'employeurs et de travailleurs, ainsi qu'entre ces organisations; (d) répondre aux demandes d'avis techniques des employeurs et des travailleurs, ainsi que de leurs organisations respectives. »

278 AUVERGNON Philippe, LAVIOLETTE Sandrine, OUMAROU Moussa, op. cit., p. 89.

279 Programme de formation des inspecteurs du travail dispensé à l'École Nationale de l'Administration et de la Magistrature du Burkina Faso en date du 14 avril 2018.

Normes internationales du Travail du Burkina Faso avec l'appui financier de l'OIT a effectué trois formations portant sur les conventions de l'OIT en 2012-2013[280]. Aucune formation spécifique sur les normes internationales du travail n'a été proposée ultérieurement à cette date même si « en 2017, à l'occasion de l'installation de la commission consultative sur les normes internationales du travail, une formation sur les normes internationales du travail a été donnée »[281].

119. « De façon générale, les pays de la sous-région ne disposent pas de véritable politique de formation continue des agents relevant du ministère en charge du travail ; la tendance est, au mieux, à l'organisation de formations ponctuelles »[282]. Ceci concerne également les normes internationales du travail. À titre indicatif, l'administration du travail du Mali qui n'a proposé aucune formation sur les normes internationales du travail depuis 2005[283] a organisé un atelier de collecte des données sur la convention n° 29 de l'OIT sur le travail forcé et le Protocole n° 29 de l'OIT de 2014 relatif à la convention sur le travail forcé du 2 au 6 juillet 2018[284] et un atelier de sensibilisation sur la ratification des conventions n° 132 de l'OIT sur les congés payés (révisée) et n° 102 de l'OIT sur la sécurité sociale (norme minimum)[285] les 27 et 28 mars 2019[286].

120. Malgré la faiblesse quantitative et l'irrégularité de formations sur les normes internationales du travail, l'enquête de terrain effectué au Burkina Faso a permis d'observer que certains inspecteurs du travail ont une réelle connaissance de l'existence des normes internationales du travail, tout particulièrement du contenu des normes fondamentales du travail ainsi que de la convention n° 81 de l'OIT sur l'inspection du travail[287]. Cette connaissance des normes fondamentales du travail résulte des campagnes d'information et actions instituées pour la promotion du respect des droits fondamentaux au travail organisés dans le cadre du programme d'appui à la mise en œuvre des principes et droits fondamentaux au travail (PAMODEC)[288].

---

[280] « Les formations portaient notamment sur la négociation collective, les principes et droits fondamentaux des enfants au Burkina Faso et sur le *reporting* » (Interview M. Sawadogo Roland, *op. cit.*).

[281] Interview M. Sawadogo Roland, *op. cit.*

[282] AUVERGNON Philippe, SIDIBÉ Ousmane, « Capacités d'intervention et compétences en droit du travail des ministères en charge du travail dans les États membres de l'UEMOA », Rapport BIT. 2014, p. 10 (https://halshs.archives-ouvertes.fr/halshs-01093756).

[283] Une formation de dix inspecteurs du travail sur les normes internationales du travail avait été organisée avec l'appui du de l'OIT.

[284] Cet atelier a concerné quarante-cinq personnes dont vingt inspecteurs du travail, des représentants des partenaires sociaux et la société civile.

[285] Trente-cinq personnes ont pris part à cet atelier dont douze inspecteurs et des fonctionnaires des ministères de la sécurité sociale et de la caisse de sécurité sociale.

[286] Interview de Madame OUEDRAOGO, Chef de division normes auprès de la Direction nationale du travail du Mali, réalisé le 16 juillet 2019.

[287] Interviews de dix inspecteurs du travail du Burkina Faso réalisés en janvier et février 2015 au sein de la Direction générale du travail, de la Direction des normes internationales du travail et de l'Office de santé des travailleurs.

[288] Il s'agit de l'appui à la mise en œuvre en Afrique de la Déclaration de l'OIT sur les Principes et Droits Fondamentaux au Travail. Ce programme, lancé par le BIT en 2000, avait

121. Il faut noter également que l'OIT par le biais de son Centre International de Formation (CIF) assure une formation des agents de l'administration du travail sur les normes. Des inspecteurs du travail des pays concernés ont pu ainsi bénéficier de stages de formation sur les normes internationales du travail au CIF à Turin. Selon la Direction des Normes Internationales du Travail du Burkina Faso, neuf inspecteurs du travail ont suivi cette formation en 2014, onze en 2015 et dix en 2016[289]. La Direction nationale du Travail du Mali indique que quatre inspecteurs du travail ont bénéficié de cette formation entre 2000 ainsi qu'en 2017[290].

122. Si les inspecteurs du travail apparaissent connaître l'existence des conventions fondamentales du travail, il n'en va pas de même des conventions de gouvernance et des conventions techniques. Ces conventions ne font pas l'objet d'une formation ou de campagne de sensibilisation spécifique, leur connaissance varie en fonction des intérêts personnels des agents de l'administration. Ainsi, il peut arriver que des inspecteurs du travail témoignent d'une parfaite connaissance de la convention n° 189 de l'OIT sur les travailleuses et travailleurs domestiques[291], pourtant à ce jour ratifiée par aucun des pays membres de l'UEMOA.

123. De façon générale, il faut reconnaître que les agents de l'administration du travail pâtissent, à l'instar du reste de la population, d'une absence d'information concernant les conventions internationales ratifiées. À l'exception des agents travaillant au sein de directions des normes internationales du travail des différents pays, rares sont ceux et celles au courant des conventions internationales du travail ratifiées et applicables dans leur pays. La connaissance approximative des normes internationales du travail par les agents de l'administration du travail des États membres de l'UEMOA conduit à s'interroger sur l'effectivité de ses normes. Toutefois, il convient de savoir pour juger de cette question quel est le niveau de connaissance de ces normes par les acteurs sociaux au sein des États concernés.

2. Une connaissance insuffisante des acteurs sociaux

124. Les différents mandants de l'OIT dont le rôle est important dans l'adoption des conventions internationales du travail se doivent de veiller à l'application de celles-ci au sein de leurs territoires nationaux. Les représentants des travailleurs au sein des États ont en principe l'obligation de connaitre les dispositions internationales qui visent à améliorer les

---

pour finalité la ratification par les États des conventions fondamentales du travail et leur mise en œuvre effective.

[289] Interview de M. SAWADOGO, *op. cit.*

[290] Interview de M. COULIBALY, Directeur national du travail du Mali, réalisé le 10 avril 2018.

[291] C'est le cas notamment de M. BORO, Inspecteur du travail au sein de la direction des normes internationales du travail, interviewé le 15 janvier 2015. Ce dernier indique s'être intéressé aux dispositions de la convention n° 189 de l'OIT sur les travailleuses et travailleurs domestiques compte tenu du fait que plusieurs jeunes de son village viennent en ville pour exercer ce métier.

conditions de vie des travailleurs pour veiller à leur application par les employeurs et à la prise de mesures adéquates par les États. Les employeurs quant à eux, parties prenantes de la relation de travail, se doivent d'avoir une réelle connaissance desdites dispositions. Les « partenaires sociaux », du fait de leur appartenance à des organisations syndicales et patronales, sont informés de l'existence des normes internationales du travail[292], ne serait-ce que du fait de la participation de leurs représentants à la CIT.

125. Le Burkina Faso, par exemple, compte un Conseil national du patronat qui participe en tant qu'organisation d'employeurs à la CIT. Ce Conseil organise des campagnes de sensibilisation auprès des chefs d'entreprise notamment sur les conventions n° 87 sur la liberté syndicale et la protection du droit syndical et n° 98 sur le droit d'organisation et de négociation collective[293].

126. Au titre des représentations syndicales, il existe au Burkina Faso six centrales syndicales[294] dont les responsables participent annuellement à la CIT. Ces organisations ont chacune un responsable de la règlementation nationale et de l'application des normes internationales du travail. L'enquête de terrain réalisée en 2015 a permis de constater que l'ensemble des responsables connaissent l'existence des normes internationales du travail et ont y compris une connaissance approfondie notamment des conventions n° 87et n° 98 de l'OIT. Par ailleurs, ces centrales indiquent mener régulièrement des campagnes de sensibilisation sur les contenus de ces conventions auprès de leurs adhérents. Ces deux conventions apparaissent, en tous cas, prioritaires du point de vue de l'action syndicale.

127. Le non-respect des conventions n° 87 et n° 98 fait régulièrement l'objet de plaintes de la part des organisations d'employeurs ou de travailleurs auprès du Comité de la liberté syndicale de l'OIT. Les représentants des travailleurs des États membres ont plusieurs fois saisi le Comité de la liberté syndicale de l'OIT pour des faits de non-respect des dispositions des conventions n° 87 et n° 98. À titre indicatif, en 2008, la Confédération ivoirienne des syndicats libres a attrait l'État ivoirien devant les instances de l'OIT[295] pour violation de la liberté syndicale en alléguant d'actes de discrimination antisyndicale et de violations du droit à la négociation collective en dénonçant l'incapacité des autorités à assurer le

---

[292] À cet effet, concernant le Bénin, le Professeur Bertin C. AMOUSSOU révélait en 2001 que « les syndicalistes à près de 82 % sont informés de l'existence des conventions internationales du travail mais le nombre de conventions qu'ils avouent connaître est en moyenne de cinq (5) sur les vingt (20) ratifiées par le Bénin » (AMOUSSOU Bertin C., « Étude nationale pour l'identification des obstacles à la mise en œuvre effective des principes et droits fondamentaux au travail au Benin », Rapport BIT, dactyl. 2001, p. 18).

[293] Interview de M. ZOUNGRANA, Responsable du service juridique, fiscal et social au Conseil national du patronat burkinabé, réalisé le 30 janvier 2015.

[294] Le Burkina Faso compte six centrales syndicales : la Confédération générale du travail du Burkina (CGT-B), la Confédération nationale des travailleurs du Burkina (CNTB), la Confédération syndicale burkinabè (CSB), la Force ouvrière-union nationale des syndicats libres (FO-UNSL), l'Organisation nationale des syndicats libres (ONSL), l'Union syndicale des travailleurs burkinabè (USTB).

[295] OIT, Comité de la liberté syndicale, 24 janvier 2008, cas n° 2633, Côte d'Ivoire (https://www.ilo.org/dyn/normlex/fr/f?p=1000:50001:::NO:::).

respect de la liberté syndicale et le dialogue social. La Confédération syndicale des Travailleurs du Mali (CSTM) a elle-même attrait l'État Malien devant les instances de l'OIT pour des faits similaires en 2013[296] en dénonçant pour sa part, notamment, les licenciements de travailleurs et de syndicalistes pour fait de grève et activités syndicales légitimes dans le secteur des mines[297].

128. Toute ratification d'une convention par un État, engage ipso-facto sa responsabilité internationale. De ce fait, les tribunaux doivent « donner effet aux normes du droit international en droit interne, indépendamment de leur incorporation par voie législative, et interpréter le droit national conformément aux normes contenues dans les traités qu'il a ratifiés »[298]. Ainsi, outre les mandants, le milieu juridique se révèle être un milieu où l'assimilation des conventions est requise. Il s'avère, qu'au Burkina Faso,les magistrats ne reçoivent pas de formations spécifiques sur les normes internationales du travail[299]. Des avocats burkinabés[300] interrogés à ce sujet révèlent que leurs connaissances sur les normes internationales du travail proviennent des lectures et recherches personnelles sur les conventions de l'OIT. De ce fait, ceux-ci n'ont pas pour habitude d'invoquer les conventions internationales du travail en justice[301].

129. D'une manière générale, les conventions de l'OIT sont très peu invoquées devant les juridictions au sein des États membres de l'UEMOA. Le personnel judiciaire se réfère majoritairement aux textes nationaux ayant intégré, en principe, les conventions ratifiées par le pays. Ainsi, dans tous les pays membres de l'UEMOA, on ne compte à ce jour que neuf décisions de

---

[296] OIT, Comité de la liberté syndicale,15 mai 2013, cas n° 3030 Mali (https://www.ilo.org/dyn/normlex/fr/f?p=1000:50001:::NO).

[297] Pour ce qui est de cette plainte, le Comité de liberté syndicale de l'OIT a noté en juin 2017 l'intervention des autorités maliennes pour aider à la résolution du conflit mais a déploré le laps de temps écoulé depuis les mesures de licenciement prises en 2012 sans qu'une solution définitive n'ait été trouvée.

[298] HOULE France., « La légitimité constitutionnelle de la réception directe des normes du droit international des droits de la personne en droit interne canadien »., *Les Cahiers de droit*, 2004, p.312.

[299] Selon le Secrétaire général de l'École nationale de l'administration et de la magistrature du Burkina Faso, Monsieur ILBOUDO, interrogé le 13 avril 2018, les magistrats ne reçoivent pas de formations sur les normes internationales du travail au cours de leur formation professionnelle. Ils suivent un cours sur le contentieux individuel du travail et le règlement des conflits collectifs de travail ou les normes internationales du travail sont évoquées.

[300] Notamment Maitres SOBGO, avocate au Barreau de Ouagadougou interviewée le 5 février 2015, et TOÉ, avocate au Barreau de Ouagadougou interviewée le 28 janvier 2015.

[301] À propos de l'invocation des conventions internationales du travail au Mali, Monsieur BENGALY révélait en 2010 que « *la première difficulté qui empêche la mise en conformité des décisions de justice avec les conventions fondamentales de l'OIT ratifiées par le Mali, est la méconnaissance par les magistrats des conventions fondamentales de l'OIT. Il a été relevé que très peu de juges connaissent ces conventions en ce qu'elles ne sont pas vulgarisées largement. (…) La quatrième difficulté plus générale est la faiblesse de saisine des juridictions par les avocats sur la base des conventions internationales* » (BENGALY Abraham., « Étude sur la mise en conformité de la législation nationale de la République du Mali avec les normes internationales du travail », rapport BIT/PAMODEC, 2010, p. 23).

justice[302] rendues sur le fondement des conventions internationales du travail[303] : deux décisions au Bénin[304], six au Burkina Faso[305] et une au Togo[306]. Six des neuf décisions judiciaires font référence à des conventions fondamentales du travail[307]. Le fait que ces conventions fondamentales aient été popularisées grâce au programme PAMODEC peut expliquer qu'elles soient plus majoritairement invoquées.

130. L'assimilation des normes internationales du travail par les différents acteurs chargés de leur application n'est pas effective au sein des États membres de l'UEMOA. Certaines circonstances ou résistances expliquent pareil état de fait.

B. Les motifs de résistances

131. L'assimilation des conventions internationales du travail par ces destinataires est fonction du « milieu social (…) auquel elle est destinée »[308]. Cependant, les États membres de l'UEMOA du fait de leur proximité géographique, de leur similitude de culture et de leur niveau de développement sont confrontés à des motifs de commune résistance. Au rang de ces facteurs, figurent des considérations d'ordre socioculturel (1) ainsi que d'ordre politico-économique (2).

---

[302] ITC., *Compendium of court decisions*, {en ligne}, {consulté le 7 Janvier 2021} (http://compendium.itcilo.org/fr/decisions-par-pays).

[303] Il convient toutefois de relever la décision du Conseil constitutionnel du Sénégal du 17 juillet 2013, affaire n° 2/C/2013, qui est fondée sur les travaux du Comité de la liberté syndicale de l'OIT.

[304] Tribunal de première instance de première classe de Cotonou, 7 décembre 2009 - Dossier n° 05-2005 ; Tribunal de première instance de première classe de Cotonou, 20 juillet 2009 - Dossier n° 54-2002 ; Cour constitutionnelle du Bénin, 11 janvier 2001, décision n° DCC 01-009.

[305] Tribunal du travail de Koudougou, 5 février 2009, J.B. K. Sankara c. Orphelinat PèdgWendé, cas n° 003 ; Tribunal du Travail de Ouagadougou, 8 janvier 2009, WorokuyEsaie c. Clinique des Genêts, Jugement n°. 008 ; Cour d'appel de Bobo-Dioulasso Chambre sociale, 5 juillet 2006, M.M. Karama et Bakouan c. la société industrielle du Faso (SIFA), n° 035 ; Tribunal du travail de Ouagadougou, 17 juin 2003, Zongo et autres c. Gérante de la Station Mobil Bataille du Rail, n° 090 ; Tribunal du travail de Ouagadougou, 25 mars 2003, Compaore c. Sitarail, jugement n° 037 ; Tribunal du travail de Ouagadougou, 10 septembre 2002, Savadogo Zonabo c. Grands Moulins du Burkina, jugement n° 140.

[306] Tribunal du travail de Lomé, 23 mars 2004, Dame Sanvée Karine c. La Brasserie du Bénin, n° 039/2004.

[307] Une décision rendue au Bénin, quatre décisions rendues au Burkina Faso et deux décisions rendues au Togo ont pour fondement juridique la convention n° 111 de l'OIT concernant la discrimination. Une décision rendue au Burkina Faso porte sur la convention n° 87 de l'OIT sur la liberté syndicale et la protection du droit syndical (http://compendium.itcilo.org/fr/decisions-par-pays).

[308] SOUHAIR Abdelaziz., La *réception du droit français du travail au Maroc,* Thèse de doctorat, droit, Université Bordeaux I, 1986, p.199.

1. Des considérations socioculturelles

132. Le travail en Afrique, en sus de son incidence économique, est une forme d'implication sociale, surtout en milieu rural[309]. En Afrique, « le travail a toujours été une forme d'implication sociale et la seule voie pour obtenir une reconnaissance sociale »[310]. Il fait l'objet d'une conception et de considérations culturelles qui peuvent aller à l'encontre des valeurs défendues par les normes internationales du travail.

133. L'interdiction du travail des enfants, objet de certaines normes internationales du travail[311], en est une illustration. Le phénomène de travail des enfants en Afrique peut se comprendre au regard de la place de l'enfant dans les sociétés traditionnelles. S'interroger sur la question de l'enfant africain nécessite de situer celui-ci « à l'intérieur de la culture de son environnement particulier où prédomine telle forme de pensée, de climat affectif, tel niveau technique, tel mode d'affirmation de soi, tel type de langage »[312].

134. En Afrique, « le travail est perçu comme un moyen de socialisation et d'éducation important dans la société traditionnelle »[313]. L'éducation y est étroitement mêlée au travail. L'enfant est considéré en Afrique comme « un petit homme (…) dont le développement se fait par étape »[314] et passe par le travail. Ainsi, « *dans certaines circonstances, le travail traduit une volonté d'éducation et de formation visant à préparer les enfants à leur future vie d'adulte. Dans ce sens, le jeune garçon doit par ce biais acquérir une endurance physique et émotionnelle, tandis que la jeune fille se prépare au futur rôle d'épouse et de mère* »[315].

135. Dans les États membres de l'UEMOA, certaines pratiques culturelles et religieuses considérées comme une forme d'éducation sont perçues internationalement comme pouvant relever des pires formes de travail des enfants par l'OIT et combattues. C'est le cas de la situation de certains enfants placés dans des écoles religieuses. Ces enfants appelés « *daaras* » au Sénégal ont entre cinq à quinze ans. Ils « sont confiés par leurs familles à des maîtres d'écoles coraniques qui sont censés leur inculquer les sciences religieuses. Il est très facile de constater aujourd'hui que

---

[309] *Cf.* not. D'ALMEIDA-TOPOR Hélène, LAKROUM Monique, SPITTLER GERD (dir.), Le travail en Afrique noire. Représentations et pratiques à l'époque contemporaines, Khartala 2003, 355 p.

[310] CISSÉ-NIANG Aminata, « L'interdiction international du travail des enfants vue d'Afrique », *in* SUPIOT A. (dir.), *Regards croisés sur le droit social,* Semaine social, 2002, p. 11.

[311] La convention n° 138 de l'OIT sur l'âge minimum et la convention n° 182 de l'OIT sur les pires formes de travail des enfants.

[312] ERNY P, *L'enfant dans la pensée traditionnelle de l'Afrique noire,* Paris, Le Livre africain, 1968. *In* NDEMBI Denise Landria, *Le droit des enfants en Afrique subsaharienne : le cas du Benin, du Gabon et du Togo,* L'Harmattan, 2006, p. 57.

[313] DIALLO Yacouba, « Les activités des enfants en Afrique subsaharienne : les enseignements des enquêtes sur le travail des enfants en Afrique de l'ouest », rapport BIT/IPEC, 2008, p. 2.

[314] NDEMBI Denise Landria, *Le droit des enfants en Afrique subsaharienne : le cas du Benin, du Gabon et du Togo,* L'Harmattan, 2006, p. 57.

[315] DIALLO Yacouba, *op. cit.,* p. 2.

l'occupation principale de ces enfants est la mendicité »[316]. Une autre forme de travail des enfants, fondée sur des considérations culturelles persiste au sein de tous ces États au travers de « l'emploi domestique », traditionnellement conçu comme une forme d'entraide sociale. Culturellement, les familles rurales confient leur enfant à des relations vivant en milieu urbain parce que l'on considère que celles-ci ont « un devoir de solidarité vis-à-vis des populations rurales »[317].

136. L'implication des enfants mineurs dans le secteur du travail informel obéit aux objectifs de la formation traditionnelle, dont le contenu éducatif insiste sur certains aspects tels que la solidarité, la responsabilité précoce, le savoir-faire ou « être capable de ». Malheureusement, le poids de ces phénomènes culturels souvent à l'origine du travail des enfants mettent à mal l'obligation de scolarisation des enfants prônée par l'OIT[318]. Le taux de scolarisation dans ces États est certes élevé,[319] mais on y constate une forte déscolarisation. Le rapport mondial de suivi de l'éducation 2017-2018 de l'UNESCO a révélé que moins de 50 % d'élèves finissent leur cycle d'études de l'enseignement primaire au Niger, au Burkina Faso, au Mali et en Côte d'Ivoire. 50 % des élèves le finissent au Sénégal et moins de 75 % d'entre eux finissent ce cycle d'enseignement au Bénin et au Togo[320]. Cette déscolarisation est plus accrue en milieu rural. Le Programme international pour l'abolition du travail des enfants (IPEC) du Bureau international du Travail (BIT) révélait en 2015 que « 81,4 % des enfants astreints au travail au Mali vivent dans les zones rurales ; 65,2 % d'entre eux travaillent dans le secteur agricole »[321].

137. Les lacunes des systèmes éducatifs dans ces pays se révèlent être un véritable frein à la compréhension des normes internationales du travail. La complexité de certaines normes requiert un minimum de formation. Les travailleurs africains ne peuvent prendre conscience de l'importance des normes internationales du travail que s'ils les comprennent : « il faut que d'eux-mêmes, ils découvrent que ces instruments internationaux influent sur le droit national qui les régit et qui, amélioré, fera accroitre leur niveau de vie »[322] ; il faut en ce sens faire comprendre l'importance d'abandonner certaines pratiques culturelles. Cela passe impérativement par une éducation et une formation efficiente des populations. Face à la démographie croissante

---

[316] CISSÉ-NIANG Aminata, *op. cit.*, p. 9.
[317] CISSÉ-NIANG Aminata, *op. cit., p.* 10.
[318] La convention n° 138 de l'OIT sur l'âge minimum impose une obligation aux États signataires de favoriser la scolarisation universelle.
[319] Selon l'UNESCO, le taux brut de scolarisation à l'enseignement primaire en 2017 était de 126,64 % au Benin, 93,65 % au Burkina Faso, 98,81 % en Côte d'Ivoire, 80,08 % au Mali, 75,1 % au Niger, 84,14 % au Sénégal et 123,05 % au Togo. Ce même taux était de 113,65% en Guinée Bissau en 2010. *Cf.* https://fr.unesco.org/countries/.
[320] UNESCO. Global education monitoring report 2017/8. Accountability in education: Meeting our commitments, Paris, 2017, p. 130.
[321] OIT, Combattre le travail des enfants par l'éducation au Mali : Note d'orientation, Genève, 2015, p.1.
[322] MISSE Hermann, *Droit international du travail en Afrique : le cas du Cameroun*, L'Harmattan 1987, p. 170.

dans ces États[323], l'éducation se révèle être un moyen important pouvant assurer la compréhension et l'application des normes internationales du travail par les futures générations de travailleurs. Ces considérations socio-économiques sont cependant loin d'être les seuls freins à l'assimilation des conventions.

2. Des considérations politico-économiques

138. Après l'acquisition de leurs indépendances, les États membres de l'UEMOA ont pour la plupart connu des crises politiques qui ont fragilisé les différentes institutions. Ces États ont hérité des institutions et de l'organisation de la période coloniale. Toutefois, les crises politiques à répétition ont souvent empêché un fonctionnement optimal des différentes institutions et, plus particulièrement, des organes en charge de l'application des normes internationales du travail. Le Burkina Faso a par exemple connu depuis son accession à l'indépendance sept coups d'État[324]. Ceux-ci ont entrainé des changements de personnel au sein des institutions étatiques, notamment au sein de celles chargées de veiller au respect de l'obligation de l'État burkinabé de soumettre des rapports périodiques sur l'état des conventions ratifiées. Un inspecteur du travail interrogé soulignait ainsi que le pays aurait pu soumettre ses rapports dans les délais impartis si la direction des normes internationales du travail avait bénéficié d'un renouvellement de personnels au fur et à mesure des changements politiques[325]. Le service des normes internationales du travail du Burkina Faso a longtemps souffert du manque de personnel et de moyen technique. La transformation de ce service en direction des normes internationales du travail avec la mise en place d'une équipe composée de jeunes inspecteurs du travail n'est intervenue qu'en 2011.

139. Par ailleurs, les institutions étatiques rencontrent souvent des difficultés de fonctionnement lors des périodes de troubles politiques qui empêchent la ratification des conventions du travail dans les délais impartis. La Côte d'Ivoire, confronté à des épisodes d'instabilité politique entre 2002[326] et 2011[327] n'a ratifié que deux conventions internationales du travail durant cette période. Outre ces aléas, les moments de troubles politiques et de confrontations armées créent des risques sécuritaires et engendrent des déplacements de population et de travailleurs à l'intérieur des pays concernés ou vers les pays limitrophes. Selon le Haut-Commissariat pour les Réfugiés (HCR), au plus fort de la crise postélectorale qui a débuté à la fin

---

[323] « La population de l'UEMOA est passé de 108 604 571 habitants en 2014 à 122 403 915 d'habitants en 2018. Cela se traduit par une augmentation annuelle nette de la population active de l'ordre de 3 449 836 de personnes » (Interview de M. YOUGBARE, Chargé des statistiques démographiques et sociales à la Commission de l'UEMOA, réalisé le 4 septembre 2018).

[324] Des coups d'États ont été perpétrés au Burkina Faso respectivement en 1966, 1980, 1982, 1983 (2), 1987 et 2015.

[325] Interview de M. SAWADOGO, *op. cit.*, réalisé le 15 janvier 2015.

[326] Le pays a connu une première crise politico-militaire qui a duré de 2002 à 2007.

[327] La seconde crise postélectorale ivoirienne a eu lieu du 28 novembre 2010 au 4 mai 2011.

de l'année 2010 et atteint son paroxysme en 2011, environ un million de personnes étaient déplacées de force en Côte d'Ivoire ou avaient fui dans des pays voisins[328]. En 2016, le HCR dénombrait, du fait de la crise malienne, environ 140 000 réfugiés maliens accueillis au Burkina Faso, en Mauritanie et au Niger et près de 37 000 déplacés internes à l'intérieur du Mali.[329] Ces populations vulnérables constituent en règle générale une main-d'œuvre souvent non qualifiée et sous-payée par des employeurs ne tenant pas compte des normes internationales du travail.

140. En sus, les États membres de l'UEMOA font aujourd'hui face à un nouveau risque sécuritaire qui entraine de plus en plus de déplacement des populations et des travailleurs. Il s'agit du terrorisme auquel doivent faire face les États sahéliens[330]. On déplore, par exemple au Burkina Faso, des abandons de poste au sein de certains corps de métier notamment celui des enseignants dans le nord du pays à cause des menaces de terroristes[331]. Ceci affecte sensiblement le système éducatif dans cette région.

141. Ces situations accentuent la situation économique de ces pays en voie de développement. La pauvreté des populations combinée à l'ignorance du contenu des normes contribue au développement de formes de travail non respectueuses des dispositions des normes internationales du travail et, tout particulièrement, à l'uniformalisation du droit du travail au sein de ces États. La satisfaction des besoins primaires *via* les revenus rapportés par le travail prime sur la règlementation du travail et le respect des conditions du travail. Toutefois, des impératifs économiques peuvent également expliquer les difficultés d'assimilations des conventions internationales du travail.

142. De fait, « l'élaboration et l'adoption des normes internationales du travail ont été longtemps l'œuvre des pays développés ayant des aspirations et des conceptions »[332] souvent différentes de celles des États tels que les États membres de l'UEMOA[333]. En effet, « les pays développés disposent (…) de moyens et de techniques plus avancés et peuvent s'intéresser à des problèmes sociaux qui ne représentent qu'une valeur relative pour les pays en développement »[334]. Comme le relève Jean-Michel Servais, « aujourd'hui, ce sont les pays du tiers monde, ou du moins certains d'entre eux, qui sont soupçonnés (…) de financer leur décollage économique en limitant les droits de leurs travailleurs »[335]. En réalité, loin d'être une volonté manifeste de

---

[328] HCR, Rapport global, 2011, p.120 (http://www.unhcr.org/fr/500e9f85b.pdf).

[329] HCR, Rapport global, 2016 p. 53 (http://www.unhcr.org/fr-fr/5965f0a07.pdf).

[330] Le Burkina, le Mali et le Niger.

[331] À titre indicatif, le ministre de l'Éducation nationale et de l'alphabétisation du Burkina Faso, Mr OUARO a déploré le 19 avril 2018 une situation critique dans l'enseignement burkinabé : « la fermeture de plus de 216 établissements scolaires dont 60 au Nord avec 895 enseignants ayant quitté leurs postes, abandonnant 20000 élèves » (*Cf.* https://www.faso-actu.net/actualites/situation-scolaire-au-sahel-et-au-nord-burkina-des-mecanismes-envisages-pour-la-reprise-des-cours).

[332] MISSE Hermann, *Droit international du travail en Afrique : le cas du Cameroun*, L'Harmattan 1987, p. 157.

[333] A titre indicatif, cent vingt conventions internationales du travail avaient été adoptées avant l'accession à l'indépendance des États membres de l'UEMOA en 1960.

[334] MISSE Hermann, *op. cit.*, p.157.

[335] SERVAIS Jean-Michel, *Droit international du travail*, *op.cit.*, p. 32.

bafouer les droits des travailleurs au profit d'un « décollage économique », la non-ratification de certaines conventions par les pays membres de l'UEMOA peut simplement s'expliquer par l'impossibilité technique de les appliquer ou résulter, par exemple, du manque de structures ou de moyens techniques. La non-ratification des conventions peut être due également à une impossibilité conjoncturelle de mettre en œuvre les dispositions des conventions. Cela peut être le cas des pays enclavés qui auront, par exemple, du mal à rendre effectives les dispositions concernant les conventions sur le travail des gens de la mer. L'inexistence de certaines structures adéquates, susceptibles d'accompagner le processus de mise en œuvre des normes, fait que dans les pays en développement, certaines préoccupations des normes ne paraissent pas prioritaires au point de faire l'objet d'une attention spécifique. Cette situation constitue un handicap pour l'assimilation des normes auxquelles l'OIT a tenté de remédier en conférant des fonctions spécifiques aux organes de contrôles étatiques.

§ 2. Le rôle des organes de contrôle nationaux

143. En vue de contrôler l'application efficiente des normes internationales du travail, l'idée de créer des organes de contrôle nationaux a été évoquée dès la création de l'OIT. Le Traité de Versailles stipulait en effet que « chaque État devra organiser un service d'inspection qui comprendra des femmes, afin d'assurer l'application des lois et règlements pour la protection des travailleurs »[336]. L'aide à l'amélioration des systèmes d'inspection du travail est une prérogative du BIT en vertu de la Constitution de l'OIT[337] ; plusieurs conventions adoptées par la CIT rendent possible l'orientation du travail des inspecteurs du travail[338]. Ces conventions permettent de définir les compétences (A) ainsi que les fonctions préventives (B) des inspecteurs du travail. Les États membres de l'UEMOA ont diversement ratifié ces conventions comme le démontre le tableau ci-dessous. Toutefois, les compétences et fonctions définies par ces conventions constituent une base minimum de protection des travailleurs qui doit y être appliquée.

---

[336] Article 427- 9 de la partie XIII du Traité de Versailles de 1919.

[337] L'article 10-2- b de la Constitution de l'OIT stipule que « *Sous réserve des directives que pourrait lui donner le Conseil d'administration, le Bureau : fournira aux gouvernements, sur leur demande et dans la mesure de ses moyens, toute aide appropriée pour l'élaboration de la législation sur la base des décisions de la Conférence, ainsi que pour l'amélioration de la pratique administrative et des systèmes d'inspection* ».

[338] Il s'agit notamment de la recommandation (nº 20) sur l'inspection du travail de 1923, de la convention (n° 81) sur l'inspection du travail de 1947, de la recommandation (nº 82) sur l'inspection du travail (mines et transports) de 1947, de la convention (n° 85) sur l'inspection du travail (territoires non métropolitains) de 1947, de la convention (nº 129) sur l'inspection du travail (agriculture) de 1969, de la recommandation (nº 133) sur l'inspection du travail (agriculture) de 1969, du Protocole de 1995 relatif à la convention sur l'inspection du travail, 1947 et de la convention (n° 178) sur l'inspection du travail (gens de mer) de 1996.

	BENIN	BURKINA FASO	CÔTE D'IVOI	GUINEE BISSAU	MALI	NIGER	SENEGAL	TOGO
Convention (n° 81) sur l'inspection du travail	Oui	Oui	Oui	Oui	Oui	Oui	Oui	Oui
Convention (n° 85) sur l'inspection du travail (territoires non métropolitains)	Oui	Non	Non	Non	Non	Non	Non	Oui
Convention (n° 129) sur l'inspection du travail (agriculture) de 1969	Non	Oui	Oui	Non	Non	Non	Non	Oui
Convention (no 178) sur l'inspection du travail (gens de mer)	Non	Non	Non	Non	Non	Non	Non	Non

A. Les compétences des inspecteurs du travail

144. Les services de l'inspection du travail sont régis par plusieurs instruments internationaux. Les compétences des inspecteurs du travail sont appréhendées essentiellement par deux conventions spécifiques : la convention n° 81 de l'OIT sur l'inspection du travail considérée comme l'instrument de référence et la convention n° 129 de l'OIT sur l'inspection du travail (agriculture). En vertu de ces deux conventions, les inspecteurs du travail sont compétents pour protéger les travailleurs ainsi que leurs conditions de travail et de vie (1). Les législations nationales peuvent, par ailleurs, confier aux agents d'inspection du travail certaines compétences spécifiques (2).

1. La protection des travailleurs et de leur condition de travail et de vie

145. Au terme de l'article 3, paragraphe 1 a), de la convention n° 81 de l'OIT sur l'inspection du travail[339] et de l'article 6, paragraphe 1 a), de la convention n° 129[340] de l'OIT sur l'inspection du travail (agriculture), les conditions de travail et la protection des travailleurs dans l'exercice de leur profession doivent constituer l'essentiel des domaines de compétence de

[339] Cet article dispose que « *le système d'inspection du travail sera chargé: d'assurer l'application des dispositions légales relatives aux conditions de travail et à la protection des travailleurs dans l'exercice de leur profession, telles que les dispositions relatives à la durée du travail, aux salaires, à la sécurité, à l'hygiène et au bien-être, à l'emploi des enfants et des adolescents, et à d'autres matières connexes, dans la mesure où les inspecteurs du travail sont chargés d'assurer l'application desdites dispositions* ».

[340] Cet article dispose que « *le système d'inspection du travail dans l'agriculture sera chargé: d'assurer l'application des dispositions légales relatives aux conditions de travail et à la protection des travailleurs dans l'exercice de leur profession, telles que les dispositions concernant la durée du travail, les salaires, le repos hebdomadaire et les congés, la sécurité, l'hygiène et le bien-être, l'emploi des femmes, des enfants et des adolescents, et d'autres matières connexes, dans la mesure où les inspecteurs du travail sont chargés d'assurer l'application desdites dispositions* ».

l'inspection du travail. De plus, l'article 6, paragraphe 2, de la convention n° 129 dispose que les inspecteurs du travail peuvent connaitre des conditions de vie des travailleurs agricoles et de leurs familles[341].

146. La protection des travailleurs implique que les inspecteurs du travail veillent à la préservation des droits des travailleurs tout au long de l'exercice de leur emploi. Les conditions de travail visent, comme le précisent les articles précités, les conditions et le milieu dans lequel le travail s'exerce. Cela implique que les inspecteurs du travail sont compétents pour contrôler la durée du travail, les salaires, la sécurité, l'hygiène et le bienêtre, l'emploi des enfants et des adolescents et des matières connexes. Ils contrôlent tous les aspects de la relation de travail[342]. À ces attributions s'ajoutent celles d'assistance et de contrôle des conditions de vie de travailleurs et de leurs familles. Ces attributions ont été « étendues dans plusieurs pays développés de manière à couvrir les conditions de vie des travailleurs agricoles »[343]. Il ne s'agit pas seulement pour les inspecteurs du travail « de vérifier si une norme est bien appliquée, mais aussi de contrôler les conditions techniques dans lesquelles s'effectue la production règlementée »[344].

147. Ces compétences attribuées internationalement doivent être conférées par des « *dispositions législatives de portée générale telles que les codes du travail, les lois générales du travail, les lois portant sur les relations professionnelles et plus précisément, l'égalité et la lutte contre la discrimination, complétées par les dispositions à caractère règlementaire portant sur l'organisation, le fonctionnement ou les attributions des organes du système d'administration du travail* »[345]. À cet égard, en vertu des dispositions législatives en vigueur au sein des États membres de l'UEMOA, l'inspection du travail, qui relève du « modèle dit "généraliste" »[346], couvre tous les domaines de la législation du travail.

---

[341] Cet article dispose que « la législation nationale peut confier aux inspecteurs du travail dans l'agriculture des fonctions d'assistance ou de contrôle portant sur l'application de dispositions légales relatives aux conditions de vie des travailleurs et de leur famille ».

[342] Il convient de rappeler qu'« *au plan international on parle de grands types de systèmes : l'un dit « généraliste », l'autre « spécialisé », chacun d'eux étant « accepté », compatible avec les conventions internationales relatives aux inspections du travail. (…) L'approche « généraliste » affirme une compétence générale et une volonté d'appréhension globale de la relation de travail alors qu'une approche spécialisée emporte intervention uniquement sur certains aspects, le plus souvent la « santé-sécurité* » (*Cf.* AUVERGNON Philippe., « Pour l'effectivité du droit du travail : quel système d'inspection et quelle indépendance des inspecteurs ? » *in* AUVERGNON Philippe (dir.), *L'effectivité du droit du travail : à quelles conditions ?*, Presse universitaire de Bordeaux, 2008, p. 254).

[343] CIT, "Inspection du travail". Étude d'ensemble relative à la convention (n° 81) sur l'inspection du travail, 1947, et au protocole de 1995 relatif à la convention sur l'inspection du travail, 1947, à la recommandation (n° 81) sur l'inspection du travail, 1947, à la recommandation (n° 82) sur l'inspection du travail (mines et transports), 1947, à la convention (n° 129) sur l'inspection du travail (agriculture), 1969, et à la recommandation (n° 133) sur l'inspection du travail (agriculture), 1969, 95e session, 2006, p. 21.

[344] AUVERGNON Philippe, *Recherche sur les attributions de l'inspection du travail et de l'emploi : évolution et en droit du travail,* Thèse de doctorat, droit, Université Bordeaux I, 1981, p. 7.

[345] OIT.CIT, "Inspection du travail", *op. cit.,* p. 16.

[346] AUVERGNON Philippe, SIDIBÉ Ousmane, *op. cit.,* p. 43.

148. Dans tous les États francophones de l'UEMOA, les codes du travail permettent, en des termes similaires, à l'inspecteur du travail muni d'une carte professionnelle de « *1) pénétrer librement et sans avertissement préalable, à toute heure du jour et de la nuit, dans les établissements assujettis au contrôle de l'inspection où ils peuvent avoir un motif raisonnable de supposer que sont occupées des personnes jouissant de la protection légale, et de les inspecter ; à moins qu'ils n'estiment qu'un tel avis risque de porter préjudice à l'efficacité du contrôle, ils doivent prévenir, au début de leur inspection, le chef d'entreprise ou le chef d'établissement ou son suppléant qui peut alors les accompagner au cours de leur visite ; 2) requérir, si besoin est, les avis et les consultations de médecins et techniciens notamment en ce qui concerne les prescriptions d'hygiène et de sécurité ; ces médecins et techniciens sont tenus au secret professionnel dans les mêmes conditions et sous les mêmes sanctions que les inspecteurs du travail ; 3) se faire accompagner, dans leurs visites, d'interprètes officiels assermentés et des délégués du personnel de l'entreprise visitée, ainsi que des médecins et techniciens visés au paragraphe 2) ci-dessus ; 4) procéder à tous examens, contrôles ou enquêtes jugés nécessaires pour s'assurer que les dispositions applicables sont effectivement observées et notamment : a) interroger, avec ou sans témoin, l'employeur ou le personnel de l'entreprise, contrôler leur identité, demander des renseignements à toute autre personne dont le témoignage peut sembler nécessaire ; b) requérir la production de tout registre ou document dont la tenue est prescrite par la présente loi et par les textes pris pour son application ; c) prélever et emporter aux fins d'analyse, en présence du chef d'entreprise ou du chef d'établissement ou de son suppléant et contre reçu, des échantillons des substances et matières utilisées ou manipulées ; 5) exiger l'affichage, dans l'entreprise, de tous les avis et informations dont l'apposition est prévue par les dispositions légales et règlementaires* »[347].

149. Les inspecteurs du travail, en sus de ces compétences, sont habilités pour protéger les travailleurs dans l'exercice de leurs fonctions. Une compétence leur est ainsi conférée en matière de procédure de licenciement en Côte d'Ivoire[348] et au Niger[349]. Au titre des matières connexes, les

---

[347] *Cf.* Article 91.8 du Code du travail ivoirien, article 274 du Code du travail nigérien, article 296 du Code du travail malien, article 397 du Code du travail burkinabé, article 188 du Code du travail togolais, article 274 du Code du travail béninois et article L.197 du Code du travail sénégalais.

[348] L'article 18.10 du Code du travail ivoirien dispose que « *le chef d'entreprise qui envisage d'effectuer un licenciement pour motif économique de plus d'un travailleur, organise, avant l'application de sa décision, une réunion d'information et d'explication avec les délégués du personnel qui peuvent se faire assister de représentants de leurs syndicats de base, fédération ou centrale syndicale. Cette réunion a lieu sous la présidence de l'inspecteur du travail et des lois sociales à l'inspection du travail du ressort* ».

[349] L'article 80 du code du travail nigérien dispose que « *le chef d'entreprise qui envisage d'effectuer un licenciement pour motif économique de plus d'un travailleur doit organiser avant l'application de sa décision une réunion d'information et d'explication avec les délégués du personnel qui peuvent se faire assister de représentants de leurs syndicats. L'Inspecteur du travail et des lois sociales du ressort participe à cette réunion.* ».

législations attribuent aux inspecteurs du travail des compétences dans le contrôle entre autres de la législation dans les domaines de la sécurité et de la santé au travail au Burkina Faso[350] et de la régularité du règlement intérieur en Côte d'Ivoire[351].

150. Même si ces compétences sont loin d'être exhaustives, les conventions internationales du travail n'excluent pas que les États confèrent d'autres compétences aux inspecteurs du travail[352].

2. Les compétences confiées par les législations nationales

151. Les législations nationales peuvent investir les inspecteurs de travail de tâches promotionnelles dans la mesure où cela ne constitue pas un obstacle à l'exercice de leurs compétences principales. Il convient toutefois de rappeler que « les fonctions principales des inspecteurs du travail sont complexes et requièrent une formation, du temps, des moyens et une grande liberté de mouvement »[353]. De ce fait, l'article 3, paragraphe 2, de la convention n° 81 de l'OIT sur l'inspection du travail, et l'article 6, paragraphe 3 de la convention n° 129 de l'OIT sur l'inspection du travail (agriculture) disposent, en des termes identiques, que « *si d'autres fonctions sont confiées aux inspecteurs du travail, celles-ci ne devront pas faire obstacle à l'exercice de leurs fonctions principales ni porter préjudice d'une manière quelconque à l'autorité ou à l'impartialité nécessaires aux inspecteurs dans leurs relations avec les employeurs et les travailleurs* ».

152. Ces compétences qui ont pour objectif « l'application et l'amélioration de la législation relative aux conditions de travail et à la protection des travailleurs dans l'exercice de leur profession »[354] diffèrent d'un pays à l'autre. Les États membres de l'UEMOA ne font pas l'exception. Ainsi au Bénin et au Sénégal, les inspecteurs du travail sont compétents en matière d'ouverture d'un économat[355]. Au Niger, les

---

[350] *L'article 265 du Code du travail burkinabé dispose que « l'inspecteur du travail contrôle le respect par l'employeur des dispositions en matière de sécurité et de santé au travail ».*

[351] L'article 16-1 du Code du travail ivoirien dispose que « le règlement intérieur est soumis, pour avis aux délégués du personnel, et lorsqu'il existe aux syndicats de base. Il est communiqué à *l'inspecteur du travail et des lois sociales qui peut exiger le retrait ou la modification des dispositions contraires aux lois et règlements en vigueur* ».

[352] Selon les dispositions des articles 3-2 de la convention n° 81 de l'OIT et 6-3 de la convention n° 129 de l'OIT, « *si d'autres fonctions sont confiées aux inspecteurs du travail, celles-ci ne devront pas faire obstacle à l'exercice de leurs fonctions principales ni porter préjudice d'une manière quelconque à l'autorité ou à l'impartialité nécessaires aux inspecteurs dans leurs relations avec les employeurs et les travailleurs* ».

[353] CIT, « Inspection du travail », *op. cit.*, p. 24.

[354] *Idem.*

[355] L'article 236 du Code du travail béninois précise que « *l'ouverture d'un économat dans les conditions prévues à l'article 235 est subordonnée à l'autorisation de l'inspecteur du travail du ressort. Le fonctionnement est contrôlé par linspecteur du travail qui, en cas d'abus constaté, peut prescrire la fermeture provisoire pour une durée maximum d'un mois.* » *Art. L134 du code du travail sénégalais : « L'ouverture d'un économat dans les conditions prévues à l'article L. 133 est subordonnée à l'autorisation de l'Inspecteur du Travail et de la Sécurité sociale. Elle peut être prescrite dans toute entreprise par l'Inspecteur du Travail et de la Sécurité sociale ».*

inspecteurs du travail sont investis de pouvoirs particuliers en matière de travail des enfants[356]. Par ailleurs, ils sont souvent appelés à se charger de missions supplémentaires concernant la résolution des conflits collectifs du travail. C'est le cas au Mali où l'inspection du travail est amenée à assumer un rôle important en matière de conciliation des différends collectifs du travail[357]. De plus, dans ce pays, «*le contrôle du respect de l'obligation d'immatriculation des travailleurs auprès de l'institut national de prévoyance sociale et du calcul des indemnités de licenciement (indemnités de licenciement et indemnités pour services rendus) fait partie intégrante, en pratique de la compétence de l'inspection du travail*»[358]. Cette multiplicité de fonctions participe aux difficultés rencontrées par les inspecteurs du travail des États membres de l'UEMOA à exercer leurs fonctions.

153. De plus, dans la quasi-totalité des États membres de l'UEMOA, le nombre des inspecteurs du travail se révèle insuffisant pour permettre un contrôle efficient des activités professionnelles. Cette situation résulte souvent dans ces États, comme dans plusieurs États d'Afrique subsaharienne, de «l'ajustement structurel et la restructuration du secteur public, qui s'est traduite par des restrictions budgétaires et une réduction du nombre des inspecteurs, dont les charges n'ont pas été allégées pour autant»[359]. Cela impacte le contrôle du respect du droit du travail. Des syndicalistes interrogés au Burkina Faso déplorent l'insuffisance de contrôles du fait du manque de personnel[360]. Une telle insuffisance est également relevée en Guinée Bissau ou le système d'administration du travail est centralisé et ne parvient pas, par manque de représentants, à contrôler les activités de travail à l'intérieur du pays[361].

154. Effectivement, l'OIT révèle que «*pour un grand nombre de pays en développement, la précarité des moyens de l'inspection du travail constitue l'obstacle majeur à une couverture satisfaisante des besoins. Elle induit une série de carence en cascade : méconnaissance du tissu économique assujetti, insuffisance de distribution du personnel, conditions de services et de travail peu favorables au maintien dans la fonction, dénaturation des objectifs de*

---

[356] L'article 107 du Code du travail nigérien précise que « *les enfants âgés de quatorze (14) ans révolus peuvent effectuer des travaux légers. L'employeur est tenu d'adresser une déclaration préalable à l'inspecteur du travail du ressort qui dispose d'un délai de huit (08) jours pour lui notifier son accord ou son désaccord éventuel*».

[357] L'article 2019 du Code du travail malien dispose que « *tout différend collectif doit être immédiatement notifié par les parties : 1° à l'inspecteur régional du travail du ressort lorsque le conflit est limité au territoire d'une inspection régionale du travail ; 2° au directeur du travail lorsque le conflit s'étend sur le territoire de plusieurs inspections régionales* ».

[358] AUVERGNON Philippe, LAVIOLETTE Sandrine, OUMAROU Moussa, « Les fonctions assurées par les inspecteurs et contrôleurs du travail dans le système d'administration du travail en Afrique francophone subsaharienne », *op. cit.*, p. 27.

[359] NYAMBARI Sammy T, « Inspection du travail en Afrique : vers la promotion des droits du travail », *Éducation ouvrière*, 2005, p. 30.

[360] Interview de M. DIALLO, Secrétaire confédéral chargé du suivi de la législation du travail de la Confédération Générale des Travailleurs du Burkina, réalisé le 19 janvier 2015 et de M. KOANDA, Secrétaire général de l'Union Syndicale des Travailleurs du Burkina Faso, réalisé le 12 janvier 2015.

[361] *Cf.* Interview de M. José INFANDA, *op. cit.*

l'inspection du travail, etc. »[362]. Du fait du niveau de développement des États membres de l'UEMOA, les inspecteurs du travail y sont confrontés à la précarité des moyens qui ne leur permettent pas le plus souvent de mener à bien leurs fonctions. On souligne prioritairement la faiblesse de moyens financiers (ex. Mali, Sénégal) et matériels, notamment le déficit de moyen de locomotion (ex. Sénégal) ou encore la vétusté des locaux (ex. Sénégal) mis à la disposition des inspecteurs et contrôleurs du travail »[363]. Les mêmes difficultés peuvent être relevées pour les inspecteurs du Bénin[364] et du Burkina Faso[365]. Outre les compétences précitées, les textes internationaux attribuent aux inspecteurs du travail des fonctions préventives.

B. Les fonctions préventives des inspecteurs du travail

155. Les inspecteurs du travail sont compétents pour œuvrer à titre préventif dans le but de faire respecter les dispositions des normes internationales du travail sur les territoires nationaux. À cet égard, les dispositions des conventions internationales du travail leur confèrent une fonction particulière d'information (1) à laquelle s'ajoutent des fonctions spécifiques en matière de santé et sécurité au travail (2).

1. Le rôle d'information

156. L'efficacité de l'intervention des inspecteurs du travail dépend en partie du degré de connaissance par les parties contractantes de leurs droits : « Il est essentiel que les employeurs et les travailleurs soient pleinement conscients de la nécessité de connaitre et d'observer leurs droits et obligations respectifs »[366]. Pour permettre une telle efficacité, les dispositions des conventions internationales attribuent aux inspecteurs du travail un rôle d'information des différents acteurs du monde du travail. En vertu, des dispositions de l'article 3, paragraphe 1 b) de la convention n° 81 de l'OIT sur l'inspection du travail et de l'article 6, paragraphe 1 b) de la convention n° 129 de l'OIT sur l'inspection du travail (agriculture), « le système d'inspection du travail sera chargé : de fournir des informations et des conseils techniques aux employeurs et aux travailleurs sur les moyens les plus efficaces d'observer les dispositions légales ». Cette fonction d'information de l'inspecteur du travail est indissociable de sa fonction de contrôle : « Ces deux fonctions représentent les deux aspects essentiels de l'inspection du travail »[367]. Les modalités de mise en œuvre de cette fonction sont préconisées pas l'OIT. En effet, l'article 14 de la recommandation n° 133 de l'OIT sur l'inspection du travail (agriculture) suggère aux États

---

[362] CIT, « Inspection du travail », *op. cit.*, p. 24.
[363] AUVERGNON Philippe, LAVIOLETTE Sandrine, OUMAROU Moussa, *op. cit.*, p. 62.
[364] Interview de M. ZOUNMATOUN, Administrateur du travail et directeur des normes du travail du Bénin, réalisé le 10 juin 2015.
[365] Interview de M. SANDWIDI, Directeur régional du travail et de la protection sociale de la région du centre du Burkina Faso, réalisé le 20 janvier 2015.
[366] CIT, « Inspection du travail », *op. cit.*, p. 30.
[367] *Idem.*

membres de l'OIT d'« *entreprendre ou promouvoir une action éducative suivie, destinée à informer les parties intéressées par tous les moyens appropriées, des dispositions légales et de la nécessité de leur stricte application, ainsi que des dangers qui menacent la santé ou la vie des personnes occupées dans les entreprises agricoles et des moyens les plus appropriés pour les éviter* ».

157. Les législations des pays francophones membres de l'UEMOA attribuent à leurs inspecteurs du travail un rôle d'information et de conseil technique des employeurs et des travailleurs[368]. Même dans le cas du Mali où « la législation nationale reste silencieuse en la matière, on relève en pratique un rôle d'appui-conseil de l'inspection du travail »[369]. Les inspecteurs du travail utilisent des moyens divers pour remplir cette fonction. Ainsi, « *les consultations à la demande des intéressés sont fournies soit dans les bureaux de l'inspection du travail au cours d'entretiens, soit par téléphone, courrier postal ou, de plus en plus souvent, dans de nombreux pays, par courrier électronique ou encore sur les lieux de travail à l'occasion des visites d'inspections* »[370]. Au Burkina Faso, par exemple, les médias (presse écrite, la radio et la télévision) sont utilisés par les inspecteurs du travail comme support d'information[371].

158. À l'instar des autres compétences des inspecteurs du travail, ce rôle d'information à titre préventif souffre d'un manque de moyens dans les pays membres de l'UEMOA. De façon générale, on sait que « *les pays en développement, les inspecteurs du travail ont du mal à se rentre dans les entreprises en raison du manque de moyens et facilités de travail se trouve dans l'impossibilité matérielle de dispenser aux employeurs et aux travailleurs les informations et les conseils qui pourraient contribuer à une application convenable de la législation relative aux conditions de travail et à la protection des travailleurs* »[372]. Leur rôle d'information concerne également les autorités étatiques.

159. Il incombe aux inspecteurs du travail, en vertu de l'article 3, paragraphe 1 c) de la convention n° 81[373] et de l'article 6, paragraphe 1 c) de la convention n° 129[374], d'informer l'autorité étatique compétente sur les difficultés d'application des textes ainsi que sur les déficiences ou abus non couverts par la législation nationale. Certes, aucune indication n'est donnée

---

[368] Article 266 du Code du travail du Bénin, article 391 du Code du travail du Burkina Faso, article 91.4 du Code du travail de la Côte d'Ivoire, article 258 du Code du travail du Niger, article L.188 du Code du travail du Sénégal, article 183 du Code du travail du Togo.

[369] AUVERGNON Philippe, LAVIOLETTE Sandrine, OUMAROU Moussa, *op. cit.*, p. 18.

[370] CIT, « Inspection du travail », *op. cit.*, p. 31.

[371] Un tel constat ressort de notre enquête de terrain réalisée en 2015.

[372] CIT, « Inspection du travail », *op. cit.*, p. 33.

[373] Cet article dispose que « *le système d'inspection du travail sera chargé : de porter à l'attention de l'autorité compétente les déficiences ou les abus qui ne sont pas spécifiquement couverts par les dispositions légales existantes* ».

[374] Selon les termes de cet article « *le système d'inspection du travail dans l'agriculture sera chargé : de porter à l'attention de l'autorité compétente les défectuosités ou les abus qui ne sont pas spécifiquement couverts par les dispositions légales existantes et de lui soumettre des propositions sur l'amélioration de la législation* ».

dans les conventions internationales du travail sur la manière dont les inspecteurs du travail doivent s'acquitter de leur rôle d'information de l'autorité compétente. Cependant, « *les modalités de remontée, au sein du ministère en charge du travail, des difficultés d'application de certains aspects de la législation ou de la règlementation du travail passent, dans la plupart des pays de l'espace UEMOA, par les rapports élaborés soit par les agents de contrôle après chaque visite d'entreprise (Bénin) ou "en tant que de besoin" (Guinée-Bissau, Togo), soit par les services locaux ou régionaux d'inspection ou les agents, de façon mensuelle (ex. Niger, Sénégal) ou trimestrielle (Burkina Faso, Côte d'Ivoire, Mali, Niger) et annuellement (Niger, Sénégal)* »[375].

160. La contribution de l'inspecteur du travail à l'amélioration du droit du travail consiste dans le fait de détecter et relever les évolutions des formes et cadres des relations du travail et de les signaler aux autorités compétentes pour que celles-ci puissent adapter la législation. Dans les États membres de l'UEMOA, « *les observations faites sur le terrain par les agents d'inspection du travail sont, en règle générale, prises en compte soit pour combler les vides juridiques constatés, soit pour envisager des modifications des textes existants (Bénin, Burkina Faso, Côte d'Ivoire, Mali, Togo), plus généralement pour reformer la législation ou la règlementation du travail, y compris lors de la révision ou de la refonte du Code du travail (ex. Mali)* »[376]. L'inspecteur du travail sert ainsi un relai entre le milieu du travail, le pouvoir exécutif et règlementaire ainsi que potentiellement le législateur. Son rôle dans l'amélioration de la législation du travail est largement admis dans les pays signataires des conventions en rapport avec l'inspection du travail[377].

161. La fonction préventive d'information des services d'inspection du travail va de pair avec une autre fonction préventive, celle qui leur est dévolue en matière de santé et de sécurité au travail.

<u>2. Les fonctions spécifiques en matière de santé et sécurité au travail</u>

162. Les inspecteurs du travail ont des compétences spécifiques en matière de santé et sécurité au travail en vertu des dispositions des conventions de l'OIT. Concernant la santé et la sécurité au travail, ils sont compétents pour contrôler à titre préventif les établissements, activités, procédées de fabrication et d'utilisation de nouveaux produits et substances[378]. Cette fonction qui vise à assurer la santé et la sécurité des travailleurs est mentionnée par les dispositions de la première partie de la

---

[375] AUVERGNON Philippe, SIDIBÉ Ousmane, *op. cit.*, p. 21.

[376] *Ibid.*, p. 22.

[377] CIT, « Inspection du travail », *op. cit.*, p. 33. Au sein des États membres de l'UEMOA, ce rôle est également admis, notamment en Côte d'Ivoire dans le décret n° 2000/872 du 20 décembre 2000 portant organisation du ministère du Travail, de la Fonction publique et de la Réforme administrative.

[378] CIT, « Inspection du travail », *op. cit.*, p.34.

recommandation n° 81 de l'OIT sur l'inspection du travail[379] et à l'article 17 de la convention n° 129 de l'OIT sur l'inspection du travail (agriculture)[380].

163. Les législations nationales peuvent prévoir que l'inspection du travail procède au contrôle des plans de l'établissement, des nouvelles installations ou des nouveaux procédés de fabrication bien avant le commencement de l'activité professionnelle. Ce contrôle de la conformité du milieu du travail au regard des règles relatives à la santé et à la sécurité des travailleurs est prévu par certaines législatives. La législation béninoise, par exemple, ne prévoit pas ce contrôle préventif par les services d'inspection du travail. À l'inverse au Mali, les plans relatifs à des établissements nouveaux, à des installations nouvelles ou à des procédés nouveaux de fabrication doivent être soumis à l'examen préalable des services de l'inspection du travail en vue de la vérification de leur conformité à la législation concernant l'hygiène et la sécurité des travailleurs[381]. La réalisation des plans y est subordonnée à l'exécution des modifications éventuellement ordonnées par l'inspection du travail.

164. De plus, à l'occasion de la visite d'un lieu de travail, les inspecteurs du travail doivent en principe vérifier le respect des dispositions relatives à la santé et à la sécurité des travailleurs. Leurs compétences en matière de contrôle des conditions de santé et sécurité au travail sont généralement admises dans les législations des États membres de l'UEMOA. Cette compétence vise à « l'élimination ou, à tout le moins, la réduction des risques professionnels à la santé et à la sécurité sur les lieux de travail »[382]. Aux termes de l'article 13 de la convention n° 81, « *les inspecteurs du travail doivent être autorisés à provoquer des mesures destinées à éliminer*

---

[379] La partie I relative à la mission préventive des services d'inspection du travail de la recommandation n°81 dispose. « *1. Quiconque se propose d'ouvrir un établissement industriel ou commercial ou de prendre la succession d'un tel établissement, ou de commencer à exécuter dans un tel établissement une activité que l'autorité compétente aura déclaré intéresser dans une large mesure l'application des dispositions légales dont les inspecteurs sont chargés d'assurer l'application, devra avertir au préalable le service compétent d'inspection du travail, soit directement, soit par l'intermédiaire d'une autre autorité désignée. 2. Les Membres devraient prendre des dispositions d'après lesquelles les plans relatifs à des établissements nouveaux, à des installations nouvelles ou à des procédés nouveaux de fabrication pourraient être soumis, pour avis, au service compétent de l'inspection du travail à l'effet de savoir: si lesdits plans rendraient difficile ou impossible l'application de la législation nationale relative à l'hygiène et à la sécurité des travailleurs; s'ils seraient de nature à constituer un danger pour l'hygiène et la sécurité des travailleurs. 3. Sous réserve de tout recours qui pourrait être prévu par la législation nationale, la mise en œuvre de tous plans d'établissements nouveaux, d'installations nouvelles ou de procédés nouveaux de production, qui sont considérés par la législation nationale comme étant dangereux où insalubres, devrait être subordonnée à l'exécution de toutes modifications ordonnées par ledit service dans l'intérêt de la santé et de la sécurité des travailleurs* ».

[380] En vertu de cet article, « *les services d'inspection du travail dans l'agriculture doivent être associés, dans les cas et dans les conditions prévues par l'autorité compétente, au contrôle préventif des nouvelles installations, des nouvelles substances et des nouveaux procédés de manipulation ou de transformation des produits, qui seraient susceptibles de constituer une menace à la santé ou à la sécurité* ».

[381] En vertu des dispositions de l'article D.170-48 du décret n°96-178/P-RM du 13 juin 1996 portant application de diverses dispositions du Code du travail.

[382] CIT, « Inspection du travail », *op. cit.*, p. 36.

les défectuosités constatées dans une installation, un aménagement, ou des méthodes de travail qu'ils peuvent avoir un motif raisonnable de considérer comme une menace à la santé ou à la sécurité des travailleurs ». Dans les entreprises agricoles, ces mesures doivent en outre être prises, conformément à l'article 18 de la convention n° 129, en ce qui concerne les risques liés également à l'utilisation de substances dangereuses. Le risque peut découler de l'inobservation de la loi, mais pas nécessairement. « Lorsqu'un danger imminent menace la santé et la sécurité des travailleurs, il n'est en effet pas pertinent de rechercher l'existence d'une infraction, la priorité étant l'élimination du risque »[383].

165. L'inspecteur du travail a le pouvoir d'émettre des injonctions visant à la suspension de l'activité professionnelle des employeurs s'il constate au cours d'une visite un manquement aux dispositions législatives sur la santé et la sécurité au travail[384]. Les injonctions émises peuvent être assorties de délais si le fait en cause ne constitue pas un danger imminent pour la santé et la sécurité des travailleurs en vertu des dispositions de l'article 13, paragraphe 2 a) de la convention n° 81 de l'OIT sur l'inspection du travail[385] et de l'article 18, paragraphe 2 a) de la convention n° 129 de l'OIT sur l'inspection du travail (agriculture)[386]. Les injonctions peuvent également être immédiatement exécutoires si les inspecteurs du travail constatent un danger imminent pour la santé et la sécurité des travailleurs en vertu des dispositions de l'article 13, paragraphe 2 b) de la convention n° 81[387] et de l'article 18, paragraphe 2 b) de la convention n° 129 de l'OIT[388]. Les injonctions à exécution immédiates peuvent conduire à la suspension de l'activité professionnelle. C'est le cas, par exemple, au Mali et au Togo où la législation permet à l'inspecteur du travail d'ordonner l'arrêt du travail en

---

[383] *Ibid.*, p.37.

[384] *Idem*

[385] Aux termes de cet article, « *afin d'être à même de provoquer ces mesures, les inspecteurs auront le droit, sous réserve de tout recours judiciaire ou administratif que pourrait prévoir la législation nationale, d'ordonner ou de faire ordonner : que soient apportées aux installations, dans un délai fixé, les modifications qui sont nécessaires pour assurer l'application stricte des dispositions légales concernant la santé et la sécurité des travailleurs* ».

[386] Aux termes de cet article, « *afin d'être à même de prendre de telles mesures, les inspecteurs auront le droit, sous réserve de tout recours judiciaire ou administratif que pourrait prévoir la législation nationale, d'ordonner ou de faire ordonner: que soient apportées aux installations, aux locaux, aux outils, à l'équipement ou aux appareils, dans un délai fixé, les modifications qui sont nécessaires pour assurer l'application stricte des dispositions légales concernant la santé et la sécurité* ».

[387] Cet article dispose que « *afin d'être à même de provoquer ces mesures, les inspecteurs auront le droit, sous réserve de tout recours judiciaire ou administratif que pourrait prévoir la législation nationale, d'ordonner ou de faire ordonner : que des mesures immédiatement exécutoires soient prises dans les cas de danger imminent pour la santé et la sécurité des travailleurs* ».

[388] L'article dispose que « *afin d'être à même de prendre de telles mesures, les inspecteurs auront le droit, sous réserve de tout recours judiciaire ou administratif que pourrait prévoir la législation nationale, d'ordonner ou de faire ordonner : que des mesures immédiatement exécutoires, pouvant aller jusqu'à l'arrêt du travail, soient prises dans les cas de danger imminent pour la santé et la sécurité* ».

cas d'existence d'un danger imminent pour le travailleur même sans constat d'infraction de la législation[389].

166. En sus de ce contrôle préventif, les inspecteurs du travail ont également un rôle en cas d'accident du travail et de déclaration de maladie professionnelle. Ils doivent être informés des accidents du travail et des cas de maladie professionnelle dans les cas et de la manière prescrite par la législation nationale[390]. Les procédures d'information ainsi que les délais sont laissés au soin de chaque législateur. Ainsi, au Bénin, aux termes de l'article 201 du Code du travail, l'employeur doit notifier simultanément à l'inspecteur du travail et à la caisse de sécurité sociale tout accident et toute maladie professionnelle. Au Mali, aux termes de l'article 71 du Code de prévoyance sociale, l'employeur est tenu de déclarer immédiatement ou, au plus tard, dans un délai de quarante-huit heures à l'inspection du travail territorialement compétente tous les accidents et maladies professionnelles constatés dans l'entreprise. Ces différentes fonctions des inspecteurs du travail sont en principe définies par les législations nationales. Cela renforce le pouvoir prédominant des États dans la réception des normes internationales du travail. Mais quelle place ces États ont-ils attribuée à la politique sociale dans leur volonté d'intégration économique ?

---

[389] Aux termes de l'article 175 du Code du travail malien, « *lorsqu'il existe des conditions de travail dangereuses pour la santé ou la sécurité des travailleurs non visés par les textes prévus à l'article L.171, l'employeur est mis en demeure par l'inspecteur du Travail d'y remédier par les formes et conditions prévues à l'article précédent. L'inspecteur peut, notamment, dans les cas d'urgence, ordonner l'arrêt immédiat du travail jusqu'à ce que les mesures de prévention adéquates aient été prises par l'employeur* ».
Aux termes de l'article 187 du Code du travail togolais, « *en cas d'extrême urgence, l'inspecteur du travail et des lois sociales peut dresser un procès-verbal sans mise en demeure préalable. Il peut également ordonner des mesures immédiatement exécutoires pour faire cesser tout danger grave et imminent* ».

[390] Aux termes des dispositions quasi identiques de l'article 14 de la convention n° 81 et de l'article 19, paragraphe 1, de la convention n° 129, « l'inspection du travail devra être informée des accidents du travail et des cas de maladie professionnelle dans les cas et de la manière qui seront prescrits par la législation nationale. »

CHAPITRE 2

Le défaut de prévision d'une politique sociale de l'UEMOA

167. Les années 1980 furent marquées par une récession d'envergure internationale. La plupart des pays en développement ont alors été touchés par une crise économique et financière[391]. Dans la zone franc[392], la France, garante de la convertibilité du FCFA au franc français, « rencontre des difficultés et est de plus en plus dans l'incapacité de soutenir les déficits enregistrés par ses anciennes colonies qui ploient sous le poids de l'endettement »[393]. Cette situation obligea les pays membres de l'UEMOA à avoir recours à l'aide multinationale fournie par la Banque Mondiale (BM) et le Fonds Mondial International (FMI).

168. Ces deux institutions internationales « *ont entrepris une démarche visant à imposer à ces États des politiques économiques comme condition d'octroi de prêts dans le but, d'une part, de rééquilibrer ces pays, à la fois à l'intérieur et à l'extérieur, afin de faciliter leur insertion dans le commerce international, et d'autre part, pour sauvegarder les intérêts des créanciers de ces pays, en rendant ceux-ci capables de rembourser leurs dettes* »[394]. Ces mesures à caractère économique, connues sous le nom de Programme d'Ajustement Structurel (PAS), ont d'abord été conçues dans un cadre national. Les pays membres de l'UMOA ont tous fait l'objet d'un PAS[395] qui

---

[391] Dans la Zone franc, cette détérioration est due à des chocs majeurs notamment l'appréciation réelle du franc CFA suite à l'appréciation du franc français vis-à-vis des monnaies des principaux partenaires de la zone, ce qui a diminué la compétitivité externe de la zone. A cela s'ajoute la détérioration des termes de l'échange de près de 45% sous l'effet conjugué de la chute des prix des principales exportations de la zone et de l'enchérissement de ses importations. (*Cf. Bulletin du FMI* du 14 février 1994, p. 34).

[392] La zone franc regroupe quatorze pays de l'Afrique subsaharienne dont les pays de l'UEMOA, les Comores et la France.

[393] GUEI Pierre, *Convergence des politiques macroéconomiques et croissance économique en UEMOA*, Thèse de doctorat de Science économique, Université François Rabelais de Tours, 2013, p. 32.

[394] CEREXHE Etienne, LE HARDY DE BEAULIEU Louis, *Introduction à l'Union économique ouest africaine*, De Boeck Université, 1997, p. 31.

[395] Certains pays comme le Sénégal se sont lancés très tôt dans des politiques de redressement économique avec les institutions de Bretton Woods, dès la période 1979-1980 en concluant des plans à court terme de stabilisation. D'autres États s'y sont lancés un peu tardivement

ne les ont cependant pas aidés à sortir rapidement de la crise. L'intégration régionale est apparue comme une voie indispensable au développement économique[396]. Du fait de l'interdépendance des économies nationales, « *l'intégration économique régionale va se voir attribuer, principalement en Afrique de l'Ouest et en Afrique Centrale, une nouvelle fonction : elle devient la principale politique d'accompagnement de l'ajustement structurel en Afrique* »[397].

169. La prise de conscience de l'interaction entre les deux politiques de développement que sont l'ajustement structurel et l'intégration régionale ont conduit les États membres de l'Union Monétaire Ouest-Africaine (UMOA) à envisager le renforcement de leur intégration monétaire : « *les différents chantiers ouverts à cette fin ont abouti à des mesures d'abord dans le domaine de la finance (fiscalité de l'épargne, taux d'intérêt, mutuelles de crédit, bourse de valeurs régionale) qui fait penser à un espace financier africain, puis dans le domaine*[398] *de l'assurance et de la prévoyance* »[399]. Face à l'insuffisance de ces chantiers, les chefs d'État des pays membres de l'espace UMOA ont décidé de compléter l'intégration monétaire par une intégration économique pour procéder à une véritable intégration de leurs économies. Un traité transformant l'UMOA en UEMOA — Union Économique et Monétaire Ouest Africaine — fut élaboré et ratifié en 1994[400]. L'intégration économique dans cette zone apparaît ainsi comme « le résultat d'un compromis de nature politique, destiné à sauvegarder l'Union monétaire, tout en assurant la mise en œuvre des dispositifs d'ajustement structurel établis par les bailleurs de fonds internationaux »[401].

170. Des principes institutionnels et financiers furent adoptés pour permettre un bon fonctionnement de la nouvelle organisation. Sur le plan institutionnel, les États membres ont aménagé un système « dont l'originalité se trouve dans la nature et les attributions des organes d'intégration »[402]. Ils

---

comme le Benin qui conclut son premier « PAS » pour la période 1989-1991, ou le Burkina Faso qui conclut son premier « PAS » en 1991.

[396] M. Robert Mc Namara soulignait déjà lors de la conférence de la Banque mondiale à Maastricht en juillet 1990, que « *le progrès économique et social en Afrique s'accomplira dans un mouvement vers la coopération économique régionale et l'intégration quelles qu'en soient les difficultés ; il est essentiel qu'il y ait des flux financiers supplémentaires venus de l'extérieur, en complément des efforts accrus qui sont requis de l'intérieur* » (*Cf. Marché tropicaux et méditerranéens*, n°3195, 13 juillet 1990).

[397] CEREXHE Etienne, LE HARDY DE BEAULIEU Louis, *op. cit.*, p. 30.

[398] Ces mesures ont permis d'instituer la Conférence interafricaine des marchés de l'assurance (CIMA) en 1994 et la Conférence interafricaine de la prévoyance sociale (CIPRES) en 1993.

[399] LELART Michel, « Un exemple d'intégration institutionnelle : l'évolution de la zone franc, du traité de Maastricht au traité de l'UEMOA », *Revue Tiers Monde*, 1997, p. 898.

[400] L'article 2 du Traité de l'UEMOA dispose que « par le présent Traité, les Hautes Parties Contractantes complètent l'Union Monétaire Ouest Africaine (UMOA) instituée entre elles, de manière à la transformer en Union Économique et Monétaire Ouest Africaine (UEMOA), ci-après dénommée l'Union ».

[401] DUPRAT Jean-Pierre, « La formation et l'évolution du droit financier en Afrique francophone subsaharienne », *in* DARBON Dominique, DU BOIS DE GAUDUSSON Jean (dir.), *La création du droit en Afrique*, Karthala, 1997, p. 471.

[402] IBRIGA Luc Marius, « L'UEMOA : une nouvelle approche de l'intégration économique régionale en Afrique de l'Ouest », *African yearbook of international law,* 1998, p. 47.

ont consenti à de « nouveaux transferts de souveraineté »[403] au profit des organes de l'UEMOA dans les domaines ou l'action communautaire est plus efficace que l'action nationale. La primauté du droit communautaire sur le droit national a été par ailleurs affirmée par le Traité[404] qui recommande aux États membres de s'abstenir de toutes mesures susceptibles de faire obstacle à l'application du Traité et des actes pris pour son application[405]. Le transfert de souveraineté institué par le Traité rencontre toutefois quelques limites. « Il ne concerne que les domaines de l'activité économique — et bien sûr monétaire — expressément couverts par le Traité. C'est le territoire communautaire »[406]. De plus, dans ce champ particulier, le transfert de souveraineté n'est pas total. Le Traité reconnaît implicitement le principe de subsidiarité en recommandant aux organes de l'Union de favoriser « l'édiction de prescription minimale et de règlementations-cadres qu'il appartient aux États membres de compléter en tant que de besoin »[407]. Le Traité de l'UEMOA a érigé sur le plan financier le principe de « l'autonomie financière » permettant à l'UEMOA de disposer de ressources propres indépendamment des budgets nationaux[408]. Ces principes, élaborés dans un contexte de crise économique, ne prévoient pas de prime abord une politique sociale claire pour cette organisation (Section 1). Toutefois, la poursuite de ces objectifs impliquant que la construction communautaire soit plus inclusive, l'UEMOA a opté pour l'implication de tous les acteurs représentatifs des secteurs économiques, sociaux, politiques et territoriaux[409] (Section 2).

---

[403] Le préambule du Traité de l'UEMOA rappelle le désir des États membres « *de compléter à cet effet l'Union Monétaire Ouest Africaine (UMOA) par de nouveaux transferts de souveraineté et de transformer cette Union en Union Économique et Monétaire Ouest Africaine (UEMOA), dotée de compétences nouvelles* ».

[404] Article 6 du Traité de l'UEMOA, « les actes arrêtés par les organes de l'Union pour la réalisation des objectifs du présent Traité et conformément aux règles et procédures instituées par celui-ci, sont appliqués dans chaque État membre nonobstant toute législation nationale contraire, antérieure ou postérieure ».

[405] L'article 7 du Traité de l'UEMOA dispose que « *les États membres apportent leur concours à la réalisation des objectifs de l'Union en adoptant toutes mesures générales ou particulières, propres à assurer l'exécution des obligations découlant du présent Traité. A cet effet, ils s'abstiennent de toutes mesures susceptibles de faire obstacle à l'application du présent Traité et des actes pris pour son application* ».

[406] LELART Michel, *op. cit.*, p. 900.

[407] Article 5 du Traité de l'UEMOA.

[408] Les articles 47 à 59 du Traité de l'UEMAO concernent les dispositions financières de l'Union.

[409] THIAM Birane, « Le Conseil du travail et du dialogue social de l'UEMOA : missions, contraintes, défis et perspectives », *in* AUVERGNON Philippe et KÉNOUKON Chrystal (dir.), *Dialogue social dans les pays de l'espace OHADA et ailleurs dans le monde : la part du droit*, L'Harmattan, 2018, p. 128.

Section 1. Des objectifs initiaux étrangers à la question sociale

171. Les rédacteurs du Traité de l'UEMOA « encadrés par l'Union européenne et les institutions de Bretton Woods »[410] ont conservé les institutions[411] de l'Union monétaire en leur ajoutant des compétences de nature économique. Tout en prenant en considération l'expérience de l'UMOA en matière d'intégration, le traité de l'UEMOA précise à son article 4 les objectifs de l'organisation. Il s'agit : « *a) renforcer la compétitivité des activités économiques et financières des États membres dans le cadre d'un marché ouvert et concurrentiel et d'un environnement juridique rationalisé et harmonisé ; b) assurer la convergence des performances et des politiques économiques des États membres par l'institution d'une procédure de surveillance multilatérale ; c) créer entre les États membres un marché commun basé sur la libre circulation des personnes, des biens, des services, des capitaux et le droit d'établissement des personnes exerçant une activité indépendante ou salariée, ainsi que sur un tarif extérieur commun et une politique commerciale commune ; d) instituer une coordination des politiques sectorielles nationales, par la mise en œuvre d'actions communes et éventuellement de politiques communes notamment dans les domaines suivants : ressources humaines, aménagement du territoire, transports et télécommunications, environnement, agriculture, énergie, industrie et mines ; e) harmoniser, dans la mesure nécessaire au bon fonctionnement du marché commun, les législations des États membres et particulièrement le régime de la fiscalité* ». Les objectifs ainsi développés ont tous une connotation économique (§ 1). Toutefois, nombre d'aspects de la conduite de politiques communes de l'UEMOA et des actions des États membres postulent pour une prise en considération implicite de la variable sociale (§ 2).

§ 1. La priorité donnée aux domaines économiques et monétaires

172. L'Union économique souhaitée par les rédacteurs du Traité de l'UEMOA vise à mettre en place un marché commun sous régional ayant pour finalité la création d'un espace intégrée qui respecte « la libre circulation des personnes, des biens, des services, des capitaux et le droit d'établissement des personnes »[412]. Pour rendre effective cette union économique, l'assainissement du cadre macro-économique (A) et l'unification des espaces économiques nationaux (B) ont été prévus par le Traité.

---

[410] CEREXHE Etienne, LE HARDY DE BEAULIEU Louis, *op. cit.*, p. 32.

[411] La BCEAO, la Conférence des chefs d'États qui est devenue la Conférence des chefs d'États et de gouvernement et enfin le Conseil des ministres. L'innovation institutionnelle fut la mise en place d'une Commission et la création des deux organes de contrôle : la Cour des comptes et la Cour de justice.

[412] Article 4-c du Traité de l'UEMOA.

A. L'assainissement du cadre macro-économique

173. Dès la création de l'UEMOA, « autant qu'une harmonisation de la politique monétaire et de la politique économique, une coordination des politiques économiques nationales est apparue indispensable »[413] pour parvenir à une convergence[414]. Le Traité « s'appuie sur la monnaie commune existante pour développer un espace économique intégré »[415] qui met en place un dispositif de surveillance (1) permettant la coordination entre la politique budgétaire[416] et la politique monétaire au sein de l'UEMOA (2).

1. Le dispositif de surveillance multilatérale

174. Le Traité de l'UEMOA prévoit, dans ses objectifs[417], la mise en place d'un dispositif de surveillance multilatérale des politiques économiques de l'Union[418] « destinées à favoriser la convergence des économies des États membres et à renforcer la solidité et la stabilité de la monnaie commune »[419]. Les modalités de fonctionnement de cette surveillance multilatérale sont également définies par le Traité[420]. La surveillance multilatérale au sein de l'UEMOA est « un dispositif de veille, un droit de regard mutuel que les États se donnent sur les politiques économiques afin de prévenir d'éventuel déséquilibre macro-économique préjudiciable à la stabilité financière »[421]. Elle répond à la nécessité de permettre des « contrôles plus organisés et rigoureux afin de maintenir la

---

413 LELART Michel, « Un exemple d'intégration institutionnelle : l'évolution de la zone franc, du traité de Maastricht au traité de l'UEMOA », *Revue Tiers Monde*, 1997, p. 910.

414 La convergence est la baisse progressive des écarts d'indicateurs entre plusieurs pays qui vise à rapprocher le comportement des États en matière de politiques économiques et structurelles. Elle vise à rapprocher le comportement des États en matière de politique économiques et structurelles. Elle « *recouvre généralement deux schémas distincts non exclusifs : la convergence nominale qui porte sur l'évolution des variables coûts et prix, ainsi que leurs déterminants sous-jacents (taux d'intérêt, taux de change et ratios des finances publiques) et la convergence réelle dont le champ d'expression est le rapprochement des niveaux de vie et/ou l'atténuation entre les différences structurelles. (…) l'UEMOA, imitant l'Union européenne a opté pour une convergence nominale en espérant que celle-ci induira la convergence réelle* ». (*Cf.* not. BAMBA N'galadjo Lambert, *Analyse du Processus de Convergence dans la Zone UEMOA*, Rapport UNU-WIDER, 2004, p. 1).

415 CEREXHE Etienne, LE HARDY DE BEAULIEU Louis, *op. cit.*,p. 32.

416 La notion de politique budgétaire désigne « l'action des pouvoirs publics exercée par le biais du budget de l'État, dans le but d'influer sur la conjoncture économique » (*Cf.* not. CARON Matthieu, *Budget et politiques budgétaires,* Bréal, 2007, p. 31).

417 L'article 4-b du Traité inclut dans les objectifs de l'UEMOA la mise en place d'un dispositif de surveillance multilatérale pour assurer la convergence des politiques macro-économiques.

418 Article 63 du Traité de l'UEMOA.

419 CABRILLAC Bruno, ROCHER Emmanuel, « Les perspectives des unions monétaires africaines », *Revue d'économie financière,* 2013, p. 100.

420 *Cf.* Articles 64 à 75 du Traité de l'UEMOA.

421 SAWADOGO Fatimata, *De la CEAO à l'UEMOA ou la genèse d'une intégration sous régionale réussie*, L'Harmattan, 2015, p. 72.

cohérence et la crédibilité interne, mais aussi externe de l'Union »[422]. Elle s'opère sur la base d'information transmise régulièrement par les États membres à la Commission. La nature de ces informations est déterminée par décision de la Commission. Cependant, les informations généralement transmises sont celles relatives aux données statistiques et aux mesures de politiques économiques[423].

175. Dès 1996, une directive communautaire relative à la mise en œuvre de la surveillance multilatérale des politiques macro-économiques au sein des États membres de l'UEMOA fut adoptée[424]. Cette directive, qui met en place un cadre fonctionnel du dispositif de surveillance au sein de l'UEMOA, spécifie les objectifs de la surveillance multilatérale[425] précise les acteurs qui interviennent dans cette surveillance ainsi que la procédure qui doit être appliquée.

176. Le dispositif de surveillance multilatérale des politiques économiques au sein de l'UEMOA est mis en œuvre par « *les organes prévus à cet effet par le Traité instituant l'UEMOA à savoir le Conseil des ministres et la Commission de l'Union ; la Banque Centrale des États de l'Afrique de l'Ouest (BCEAO) les comités dits comités nationaux de politique économique institués dans chacun des États membres* »[426]. Les comités nationaux de politique économique[427] ont pour vocation d'assister la Commission dans la collecte, le traitement et l'analyse des informations relatives à chacun des pays membres[428]. La BCEAO coopère avec la Commission pour assurer la cohérence des politiques économiques nationales notamment des politiques budgétaires avec la politique monétaire commune. Le Conseil des ministres de l'UEMOA supervise la surveillance

---

[422] GUEYE Thiamba, *L'incidence de l'Union Économique et Monétaire Ouest Africaine (UEMOA) sur les finances publiques de ses États membres*, Thèse de doctorat de droit public, Université Panthéon-Assas, 2011, p. 197.

[423] Article 70 du Traité de l'UEMOA.

[424] La directive 01/96/CM du 15 janvier 1996 relative à la mise en œuvre de la surveillance multilatérale des politiques macro-économiques au sein des États membres de l'UEMOA. (*Cf.* http://www.izf.net/upload/document/JournalOfficiel/AfriqueOuest/DIR_01_96.htm).

[425] Selon les dispositions de l'article 1er de la directive n° 01/96/CM : « *en vue d'assurer la convergence de leur politique économique, les États membres s'obligent à mettre en place un mécanisme de surveillance multilatérale visant la réalisation des objectifs communautaires définis à l'article 64 du Traité de l'UEMOA à savoir: de croissance soutenue du revenu moyen ; de répartition des revenus ; de solde soutenable de la balance des paiements courants ; d'amélioration de la compétitivité internationale des économies de l'Union. Ils s'obligent également à tenir compte, dans la définition de leurs politiques économiques, de la nécessité de compatibilité des politiques budgétaires avec les objectifs de la politique monétaire de l'Union en particulier celui de la stabilité des prix* ».

[426] Article 2 de la directive n° 01/96/CM.

[427] Selon les dispositions de l'article 7 de de la directive n° 01/96/CM, les comités nationaux de politique économique de responsables des services nationaux désignés es qualité et impliqués dans la formulation de la politique macro-économique de chaque État (Il s'agit des Directions du Trésor, des Impôts, des Douanes, du Budget, de la Dette, de la Prévision et du Plan, de la Caisse autonome d'amortissement, de l'Institut national de la statistique, de la Direction nationale de la BCEAO, de la Direction du Commerce extérieur et de la Direction de l'Économie). Ils sont présidés par un Haut fonctionnaire désigné par le Gouvernement ; leur secrétariat technique est assuré par les Directeurs nationaux de la BCEAO.

[428] Article 4 de la Directive n°01/96/CM.

multilatérale, mais la Commission, conformément aux dispositions des articles 70 et 72 du Traité, joue un rôle clé[429].

177. La surveillance multilatérale repose sur l'examen semestriel par le Conseil des ministres d'un rapport sur la situation économique de chaque pays de l'Union[430]. Ce rapport élaboré par la Commission, en coopération avec la BCEAO, vise à s'assurer de la compatibilité des politiques économiques, financières et monétaires[431]. La non-satisfaction d'un État aux dispositions adoptées par l'UEMOA en vue d'assurer la convergence des politiques économiques, oblige la Commission à proposer au Conseil des ministres d'adopter à son égard des directives comprenant des mesures rectificatives[432]. L'État destinataire d'une telle directive devra élaborer, en concertation avec la Commission et dans un délai de trente jours, un programme de mesure rectificative. La Commission vérifie la conformité des mesures envisagées à la directive du Conseil et à la politique économique de l'Union et tient compte des éventuels programmes d'ajustement en vigueur[433].

178. L'exercice de la surveillance multilatérale suppose généralement « *l'analyse régulière d'indicateurs reflétant des évolutions nominales (inflation, solde budgétaire, dette publique, variation des arriérés) qui sont censées suivre une trajectoire convergente entre pays membres d'une même union au cours d'une phase dite de convergence* »[434]. Le Traité de l'UEMOA ne précise toutefois aucun indicateur de convergence devant faire l'objet de la surveillance multilatérale des politiques économiques. Son article 65, tout en enjoignant aux États de respecter les grandes orientations de l'Union, donne compétence au Conseil des ministres de l'UEMOA pour définir les critères de convergence[435] devant permettre d'assurer « la compatibilité

---

[429] Selon les dispositions de l'article 11 de la Directive n°01/96/CM, la Commission est chargée de « *de gérer la base de données du dispositif de surveillance en veillant notamment à la cohérence, à la comparabilité des données, et enfin à leur disponibilité pour les Comités nationaux de politique économique ; d'établir un rapport trimestriel sur l'environnement international et le transmettre aux comités nationaux de politique économique, à la BCEAO et à la BOAD; d'élaborer et de soumettre au Conseil des Ministres, les rapports semestriels d'exécution pour permettre de vérifier le respect des objectifs de la surveillance multilatérale tels que définis à l'article 64 du Traité de l'UEMOA* ».

[430] Article 12 de la Directive n°01/96/CM.

[431] Article 13 de la Directive n°01/96/CM.

[432] Article 72-1 du Traité de l'UEMOA.

[433] Article 73 du Traité de l'UEMOA.

[434] CABRILLAC Bruno, ROCHER Emmanuel, *op. cit.*, p. 101.

[435] Selon les dispositions de l'article 65 du Traité de l'UEMOA, « *1) Afin d'assurer une convergence durable de leurs performances économiques et d'établir les bases d'une croissance soutenable, les États membres mènent des politiques économiques qui respectent les grandes orientations visées à l'article 64 et les règles énoncées au point 3 ci-après. 2) Le Conseil, statuant à la majorité des deux tiers (2/3) de ses membres, sur proposition de la Commission : - adopte les règles supplémentaires requises pour la convergence des politiques économiques nationales et leur mise en cohérence avec la politique monétaire de l'Union ; - précise les règles prescrites dans cet article et détermine leurs modalités d'application ainsi que leur calendrier de mise en œuvre ; - fixe les valeurs de référence des critères quantitatifs sur lesquels se fonde l'observation des règles de convergence. En vertu des règles de convergence arrêtées par le Conseil, tout déficit excessif devra être éliminé et les politiques*

entre, d'une part, les politiques budgétaires qui restent décentralisées au niveau national et, d'autre part, les exigences liées à la mise en œuvre d'une politique monétaire commune »[436].

2. La coordination des politiques budgétaires et monétaires

179. Le Conseil des ministres de l'Union a adopté dans le cadre de ses compétences, deux directives pour fixer le cadre opérationnel de convergence, « à savoir la définition des critères, objet de la surveillance multilatérale »[437] en 1997[438] et 1998[439]. Les critères de convergence[440] préalablement établis ont été renforcés en 1999 par un acte additionnel au Traité « portant Pacte de convergence, de stabilité, de croissance et de solidarité entre les États membres de l'UEMOA », adoptés le 8 décembre 1999[441] et complétés par un règlement communautaire en date du 21 décembre 1999 portant mis en œuvre du Pacte de convergence[442]. L'entrée en vigueur de ce Pacte en 2000 a marqué « la véritable coordination entre la politique budgétaire et la politique monétaire au sein de l'UEMOA »[443].

180. Le Pacte de convergence de 1999 comportait huit critères[444] combinant des moyens d'action de la politique budgétaire et de la politique

---

budgétaires devront respecter une discipline commune, consistant à soutenir les efforts pluriannuels d'assainissement budgétaire et d'amélioration de la structure des recettes et des dépenses publiques ».

436 CABRILLAC Bruno, ROCHER Emmanuel, *op. cit.*, p. 100.

437 SAWADOGO Elvis Flavien, *Les instruments de la convergence des politiques budgétaires dans la zone UEMOA,* Thèse de doctorat de droit public, Université de Bordeaux, 2016, p. 71.

438 Directive n° 01/97/CM du 11 septembre 1997 relative à la mise en œuvre de la surveillance multilatérale des politiques macro-économiques au sein des États membres de l'UEMOA pour l'année 1998.

439 Directive n° 01/98/CM relative à la mise en œuvre de la surveillance multilatérale des politiques macro- économiques au sein des États membres de l'UEMOA pour l'année 1999 (http://www.uemoa.int/sites/default/files/bibliotheque/pages_-_directive_1_98_cm.pdf).

440 Jusqu'en 1999, conformément aux dispositions de la Directive 01/98/CM, la surveillance multilatérale s'exerçait sur la base des critères suivants : solde primaire de base sur recettes fiscales supérieur ou égale à 15% ; taux d'inflation annuel inférieur ou égal à 3% ; non accumulation des arriérés de paiements intérieurs sur la période de gestion courante ; non accumulation des arriérés de paiements extérieurs sur la période de gestion courante.

441 Acte additionnel n° 04/99 portant pacte de convergence, de stabilité, de croissance et de solidarité entre les États membres de l'Union Économique et Monétaire Ouest Africaine. (http://www.uemoa.int/sites/default/files/bibliotheque/pages_-_aa0499.pdf).

442 Règlement n° 11/99/CM/UEMOA portant modalités de mises en œuvre du Pacte de convergence, de stabilité, de croissance et de solidarité entre les États membres de l'Union Économique et Monétaire Ouest Africaine (http://www.uemoa.int/sites/default/files/bibliotheque/pages_-_reg_11_99.pdf).

443 DIARRA Souleymane, « Analyse rétrospective du respect des nouveaux critères de convergence de l'UEMOA », *Revue d'économie du développement*, 2016, p. 83.

444 Selon les dispositions des articles 18 et 19 du Règlement n° 11/99/CM/UEMOA, « *les critères de convergence sont constitués de critères de premier rang et de critères de second rang. Les critères de premier rang sont au nombre de quatre (4). Ils se présentent comme suit : Ratio du solde budgétaire de base rapporté au PIB nominal (critère clé) : il devrait être supérieur ou égal à 0 % en l'an 2002 ; Taux d'inflation annuel moyen : il devrait être maintenu à 3 % au maximum par an ; Ratio de l'encours de la dette intérieure et extérieure rapporté au PIB nominal : il ne devrait pas excéder 70% en l'an 2002 ; Arriérés de*

monétaire dont le respect devait permettre la convergence des économies des États membres de l'UEMOA à l'horizon du 31 décembre 2002[445]. Toutefois, à cette date, l'échéance a été reportée en 2005[446], puis en 2008[447] et en 2013[448]. Les difficultés d'atteinte de l'objectif de convergence sont dues à la disparité des caractéristiques économiques des États membres de l'UEMOA, et expliquent ces différents reports. L'impossibilité de satisfaire à nouveau à la convergence des économies des États membres fin 2013[449] a conduit à l'évaluation des critères de ladite convergence. Un nouveau Pacte fut adopté en 2015[450], à l'issue de cette évaluation.

181. Le Pacte de convergence de 2015 retient cinq critères de convergence hiérarchisés, trois critères dits de premier rang et deux de second rang. Les critères de premier rang « *sont ceux dont le respect par un État permet sa qualification à la convergence et le non-respect entraine la formulation explicite de directives demandant à l'État membre concerné d'élaborer et de mettre en œuvre un programme de mesures rectificatives* »[451]. Au titre des critères de convergence de premier rang[452], un critère clé a été retenu selon lequel le ratio du solde budgétaire global, dons compris, rapporté au PIB nominal doit être supérieur ou égal à moins 3 % en 2019. Ce critère, qui remplace l'ancien critère de solde budgétaire de base, « permet une évaluation de la position budgétaire des États et aide à évaluer

---

paiement : arriérés de paiement intérieurs : non accumulation d'arriérés sur la gestion de la période courante ; arriérés de paiement extérieurs : non accumulation d'arriérés sur la gestion de la période courante. Les critères de second rang, au nombre de quatre (04), sont les suivants : Ratio de la masse salariale sur les recettes fiscales : il ne devrait pas excéder 35% en l'an 2002 ; ratio des investissements publics financés sur ressources internes rapportés aux recettes fiscales : il devrait atteindre au moins 20% en l'an 2002. Ratio du déficit extérieur courant hors dons par rapport au PIB nominal : il ne devrait pas excéder 5% en l'an 2002 ; Taux de pression fiscale : il devrait être supérieur ou égal à 17 % en l'an 2002 ».

[445] Article 3 du Règlement n° 11/99/CM/UEMOA.

[446] Acte additionnel n° 03 / 03 / 2003 modifiant l'acte additionnel n° 04/99 du 08 décembre 1999. (http://www.uemoa.int/sites/default/files/bibliotheque/pages_-_acte_additionnel_03_2003.pdf).

[447] Acte additionnel n° 02/2006 portant modification de l'acte additionnel n° 04/99 du 08 décembre 1999 modifié. (http://www.uemoa.int/sites/default/files/bibliotheque/cce_uemoa_27032006_acte02_2006.pdf).

[448] Acte additionnel n° 05/2009/CCEG/UEMOA portant modification de l'acte additionnel n° 04/99 du 08 décembre 1999 modifié relatif au pacte de convergence, de stabilité, de croissance et de solidarité. (*Cf.* http://www.uemoa.int/sites/default/files/bibliotheque/acte_add_05_2009_cceg_uemoa.pdf).

[449] À titre illustratif, la Commission révélait qu'en 2011, 2012 et 2013, un seul État membre de l'UEMOA est parvenu à respecter les quatre critères de premier rang. (Commission, « Rapport semestriel d'exécution de la surveillance multilatérale », juin 2014, p. 106).

[450] Acte additionnel n° 01/2015/CCEG/UEMOA, du 19 janvier 2015, instituant le Pacte de convergence, de stabilité, de croissance et de solidarité entre les États membres de l'Union Économique et Monétaire Ouest Africaine (https://umoatitres.org/wp-content/uploads/2018/12/Pacte-de-convergence-UEMOA.pdf).

[451] SAWADOGO Fatimata, *op. cit.*, p. 72.

[452] Les critères de convergence de premier rang sont spécifiés à l'article 7 de l'acte additionnel n° 01/2015/CCEG/UEMOA, *op. cit.*

leur besoin d'endettement »[453]. Les États, en sus de ce critère clé, doivent veiller au titre des critères de premier rang à ce que leur taux d'inflation annuel moyen soit au maximum de 3 %. Le plafonnement du taux d'inflation vise à « préserver la valeur de la monnaie de l'Union (le FCFA) en contrôlant l'inflation et en fixant un niveau maximal au seigneuriage »[454]. Le dernier critère de convergence de premier rang concerne le ratio de l'encours de la dette intérieure et extérieure rapporté au PIB nominal. Celui-ci ne doit pas excéder 70 % en 2019 au sein de chaque État.

182. Les États membres de l'UEMOA, outre ces critères de premier rang, doivent respecter les critères de second rang qui « permettent d'apprécier la qualité du processus de convergence d'un État et sont des repères structurels qui font l'objet d'un suivi rigoureux à cause du rôle déterminant qu'ils jouent afin d'atteindre une viabilité des économies »[455]. Ces critères de second rang[456] recommandent à ce qu'en 2019, le ratio de la masse salariale sur les recettes fiscales n'excède pas 35 % et que le taux de pression fiscale soit supérieur ou égal à 20 %.

183. Le 31 décembre 2019 a été retenu comme nouvelle date de convergence de ces critères[457]. Le suivi de ces derniers est directement assuré par la Commission de l'UEMOA. Le Comité national de politique économique de chaque État collecte auprès des administrations nationales les données requises dans le cadre de la surveillance multilatérale et coordonne au niveau national le dialogue avec la Commission de l'UEMOA. Le respect des critères de convergence par tous les États membres devrait permettre « d'assurer un environnement macro-économique stable pour ces pays qui ont un destin commun »[458] et d'atteindre l'un des objectifs fixés par le Traité[459]. Il convient toutefois de préciser que pour faire face aux conséquences de la pandémie du coronavirus (Covid-19) qui s'est déclenché en 2019, la Conférence des chefs d'États et de gouvernement de l'UEMOA a décidé le 27 avril 2020 de suspendre temporairement l'application du Pacte de convergence[460].

---

453 DIARRA Souleymane, *op. cit.*, p. 81.

454 *Ibid.*, p. 85.

455 SAWADOGO Fatimata, *op. cit.*, p. 73.

456 Les critères de convergence de deuxième rang sont spécifiés à l'article 8 de l'Acte additionnel n° 01/2015/CCEG/UEMOA, *op. cit.*

457 Selon les dispositions de l'article 3 de l'Acte additionnel n° 01/2015/CCEG/UEMOA.

458 DIARRA Souleymane, « Dynamique de convergence dans la zone UEMOA : du Pacte de 1999 aux nouveaux critères de 2015 », Document de réflexion, Commission de l'UEMOA, 2014, p. 18.

459 Concernant le respect des critères de convergence, selon l'UEMOA, « au total, en 2018, aucun État n'a respecté les trois critères de premier rang. S'agissant spécifiquement du critère clé, il a été respecté par le Togo. En 2019, année de l'horizon de convergence, les prévisions indiquent que tous les États membres respecteraient les trois critères de premier rang. Toutefois, ceci ne suffirait pas pour l'entrée de l'Union en phase de stabilité en 2020 en raison du non-respect des dispositions relatives à la durabilité ». (Commission, « Rapport semestriel d'exécution de la surveillance multilatérale », juin 2019, p. 93).

460 Déclaration de la conférence des chefs d'États et de Gouvernement sur le pacte de convergence, de stabilité, de croissance et de solidarité du 27 avril 2020. (http://www.uemoa.int/sites/default/files/bibliotheque/uemoa_declaration_pacte_de_convergence_cceg_27_04_2020.pdf).

184. D'autres objectifs du Traité ont également fait l'objet d'attention particulière dès l'instauration de l'UEMOA.

B. La réalisation du marché commun

185. Le Traité de l'UEMOA prévoit de « créer entre les États membres un marché commun basé sur la libre circulation des biens, des services, des capitaux (…) ainsi que sur un tarif extérieur commun et une politique commerciale commune »[461]. Le marché commun recherché n'est pas une ambition nouvelle au sein de ces pays de l'Afrique de l'Ouest. De précédentes organisations sous régionales ouest-africaines avaient pris des dispositions visant à réaliser le marché commun[462]. Le Traité de l'UEMOA innove cependant en articulant la réalisation du marché commun autour de quatre composantes que sont la libre circulation des biens, des services, des personnes et des capitaux[463]. Ce marché commun s'est traduit à travers l'institution d'une union douanière (1) et la prévision de mesures de libéralisation économique (2).

1. L'institution d'une union douanière

186. L'Union douanière, étape avant le marché commun[464], est une zone de libre circulation des marchandises. Elle permet l'établissement d'une liste de tarifs communs pour les membres de l'Union vis-à-vis des pays tiers et constitue ainsi « *l'instrument principal d'intégration, en veillant à ce que, du fait des changements des structures tarifaires, les modifications des prix relatifs ne soient pas défavorables à une allocation optimale des ressources et au bien-être* »[465]. En Afrique, « la formation d'une Union régionale se caractérise notamment par la suppression des droits de douane à l'intérieur et

---

[461] Article 4-c Traité de l'UEMOA.

[462] L'article 5-2 du Traité de la Communauté Économique de l'Afrique de l'Ouest (CEAO) prévoyait « la suppression, dans un délai de douze ans, des restrictions aux prestations de services par les ressortissants et les entreprises des États Membres, personnes physiques et personnes morales ». Une telle disposition tendait à la réalisation d'un marché unique par l'établissement de la libre circulation des facteurs de production, personnes et capitaux. (GAUTRON Jean-Claude, « La Communauté économique de l'Afrique de l'Ouest, antécédents et perspectives », *Annuaire français de droit international,* vol 21, 1975, p. 212).

[463] Il convient de rappeler que ces composantes constituent les quatre libertés qui caractérisent le marché commun intérieur décidé par l'acte unique européen à l'article 7 du Traité de la Communauté économique européenne.

Concernant le marché commun de l'UEMOA, Monsieur Michel LELART relève « *une ressemblance avec l'Union européenne dans la mesure où le Traité prévoit entre autres à l'article 76 non seulement l'harmonisation, mais la reconnaissance mutuelle des normes techniques. On sait que ce principe a été introduit en 1979 par la Cour de justice européenne à la suite du fameux arrêt Cassis de Dijon avant d'être consacré dans le Livre blanc qui accompagne l'Acte unique* ». (LELART Michel, *op. cit.*, p. 903).

[464] Selon le schéma d'intégration régionale proposé par l'économiste BALASSA en 1961, le processus d'intégration implique en seconde phase l'Union douanière est en troisième phase le Marché commun. (*Cf. supra.* Chapitre 1)

[465] BEKOLO-ÉBÉ Bruno, « L'intégration régionale en Afrique : caractéristiques, contraintes et perspectives », *Revue Monde en développement*, 2001, p. 82.

l'établissement d'un tarif extérieur commun »[466]. L'UEMOA qui considère l'Union douanière comme « l'un des objectifs déterminants de son processus d'intégration régionale »[467] prévoit la suppression des droits de douane entre ses États membres.

187. Le Traité de l'UEMOA convient de la nécessité de « *l'élimination, sur les échanges entre les pays membres, des droits de douane, des restrictions quantitatives à l'entrée et à la sortie, des taxes d'effet équivalent et de toutes autres mesures d'effet équivalent susceptibles d'affecter lesdites transactions, sous réserve du respect des règles d'origine de l'Union qui seront précisées par voie de protocole additionnel* »[468]. Cette disposition permet la consécration de la libre circulation des biens, en éliminant les obstacles tarifaires et non tarifaires au commerce intracommunautaire. Elle met en place une zone de libre-échange des marchandises entre les États membres. De plus, le Traité prévoit d'établir un « tarif extérieur commun » (TEC)[469] qui doit s'appliquer sur les importations non régionales. Ce TEC qui est un régime « est constitué de droits et taxes (Droit de douane et redevance statistique) et de prélèvements communautaires »[470].

188. L'UEMOA a pris plusieurs mesures pour rendre effective l'Union douanière. Sur le plan communautaire, pour accroître les échanges intracommunautaires, un acte additionnel fut adopté en 1996 aux termes duquel toutes les barrières non tarifaires entravant les échanges entre les États membres furent levées[471]. Cet acte additionnel prévoit également « la circulation en franchise total des droits et taxes d'entrée pour les produits du cru et de l'artisanat »[472]. Au titre des échanges communautaires, il est également admis, depuis le 1er janvier 2000, « le désarmement tarifaire interne consistant en l'abaissement des droits d'entrée pour l'importation des produits industriels »[473].

189. Du point de vue des échanges extracommunautaires, un TEC existe depuis 2000 dans l'espace UEMOA[474]. Toutefois, dans le cadre de la mise en place de l'Union douanière de la CEDEAO[475], le TEC de l'UEMOA a été

---

[466] *Ibid.*, p. 83.

[467] AKANNI-HONVO Adrien, « L'UEMOA et la CEDEAO : intégration à géométrie variable ou fusion », *in* HUGON Philippe, *Les économie en développement à l'heure de la régionalisation,* Karthala, 2003, p. 268.

[468] Article 76-a du Traité de l'UEMOA.

[469] Article 76-b du Traité de l'UEMOA.

[470] Commission, « Rapport 2015 de la surveillance commerciale dans l'espace UEMOA », 2016, p. 18.

[471] Acte additionnel n° 04/96 du 10 mai 1996 instituant une régime préférentiel transitoire des échanges au sein de l'UEMOA et son mode de financement. (http://www.izf.net/pages/acte-additionnel-n-0496).

[472] SAWADOGO Fatimata, *op. cit.*, p. 80.

[473] *Idem.*

[474] Le TEC est entré en vigueur le 1 er janvier 2000. Il comprenait quatre bandes : Catégorie 0 (0% médicaments, livres, moustiquaires imprégnés, gaz butane), catégorie I (5% matières premières de base, produits de premières nécessité, machine de production), catégorie II (10% produits intermédiaires), catégories III (20% produit finis).

[475] Dans le cadre de l'institution de l'Union douanière de la CEDEAO, les États membres ont adopté un TEC le 12 janvier 2006 dont la mise en œuvre a été lancée le 15 décembre 2015.

amendé et étendu à l'ensemble des États membres de la CEDEAO. Au niveau de l'UEMOA, une refonte du système fut nécessaire et un nouveau TEC a été adopté par un acte règlementaire le 24 septembre 2014[476].

190. Le nouveau TEC définit cinq catégories[477]. La première catégorie (catégorie 0) comprend les biens sociaux essentiels, répartis sur quatre-vingt-cinq lignes tarifaires et soumis à des droits de douane au taux de 0 %. La seconde catégorie (catégorie I) concerne les biens de première nécessité, matières premières de base, biens d'équipement, intrants spécifiques. Cette catégorie fait l'objet de droits de douane au taux de 5 %, concernant deux mille cent quarante-six lignes tarifaires. La troisième catégorie (catégorie II) est répartie sur mille trois cent soixante-treize lignes tarifaires et a trait aux intrants et produits intermédiaires dont les droits de douane sont au taux de 10 %. Les biens de consommation finale font l'objet de la quatrième catégorie (catégorie III). Ces biens sont soumis à des droits de douane au taux de 20 % et répartis sur deux mille cent soixante-cinq lignes tarifaires. La dernière catégorie (catégorie IV) concerne les biens spécifiques pour le développement économique. Ceux-ci, répartis sur cent trente lignes tarifaires, sont soumis à des droits de douane au taux de 35 %.

191. Au total, le nouveau TEC comporte cinq mille huit cent quatre-vingt-dix-neuf lignes tarifaires basées sur la nomenclature du système harmonisé de désignation et de codification des marchandises, utilisée à l'échelle internationale par plus de 98 % du commerce mondial des marchandises et gérée par l'Organisation Mondiale des Douanes (OMD). Selon M. Cheikh Hadjibou SOUMARÉ[478], « la mise en place du nouveau TEC va renforcer la cohésion des politiques commerciales de l'UEMOA et de la CEDEAO et promouvoir l'intégration régionale en Afrique de l'Ouest, à travers la consolidation de l'Union douanière puis son évolution vers le Marché commun »[479]. D'autres dispositions soutiennent également la réalisation du marché commun au sein de l'UEMOA.

2. Les mesures de libéralisation économique

192. La réalisation d'un marché commun « suppose des mesures complémentaires que le Traité de l'UEMOA a effectivement prévues »[480]. Au titre de ces mesures complémentaires, on compte la mise en place d'une

---

(www.ecowas.int/lapplication-du-tarif-exterieur-commun-de-la-cedeao-deja-effective-dans-neuf-des-quinze-etats-membres/?lang=fr).

[476] Règlement n° 06/2014/CM/UEMOA du 25 septembre 2014 portant modification du Règlement n° 02/97/97/CM/UEMOA portant adoption du Tarif Extérieur Commun. (Non publié).

[477] Article 6 du Règlement n° 06/2014/CM/UEMOA du 25 septembre 2014 portant modification du Règlement n° 02/97/97/CM/UEMOA portant adoption du Tarif Extérieur Commun.

[478] Cheikh Hadjibou SOUMARE fut Président de la Commission de l'UEMOA de 2011 à 2017.

[479] Commission, « Tarif extérieur commun de l'Union Économique Ouest Africaine », 2017, p. 2.

[480] LELART Michel, *op. cit.*, p. 904.

politique de concurrence commune. Une telle politique suppose des règles communes au sein de l'espace régional : « *il s'agit d'œuvrer à élargir le champ du marché communautaire par le biais de l'élimination des barrières internes, mais aussi à promouvoir la culture de la performance, de la compétitivité, de l'innovation et de l'efficacité des entreprises* »[481].

193. Le Traité de l'UEMOA poursuit, entre autres objectifs, le renforcement de la « compétitivité des activités économiques et financières des États membres dans le cadre d'un marché concurrentiel et d'un environnement juridique harmonisé »[482]. Les principes de base du droit communautaire de la concurrence au sein de l'UEMOA sont posés par les articles 88, 89 et 90 du Traité pour réaliser « l'objectif de la mise en place d'un marché commun ouvert et concurrentiel »[483]. Aux termes de ces dispositions, les États membres doivent interdire *« a) les accords, associations et pratiques concertées entre entreprises, ayant pour objet ou pour effet de restreindre ou de fausser le jeu de la concurrence à l'intérieur de l'Union ; b) toutes pratiques d'une ou de plusieurs entreprises, assimilables à un abus de position dominante sur le marché commun ou dans une partie significative de celui-ci ; c) les aides publiques susceptibles de fausser la concurrence en favorisant certaines entreprises ou certaines productions »*[484]. L'Union a marqué par-là, dès son institution, sa volonté d'éliminer toutes les dispositions susceptibles de fausser le jeu de la concurrence à l'intérieur de la zone d'intégration régionale. Elle a également donné compétence au Conseil des ministres, pour fixer les règles à suivre, les amendes ou astreintes à sanctionner les violations de ces interdictions et pour prévoir des exceptions afin de tenir compte de situations spécifiques[485].

194. Si le Traité donne une telle compétence au Conseil des ministres, il reconnaît toutefois la compétence exclusive de la Commission dans la mise en œuvre des règles communautaires de la concurrence[486]. Du point de vue matériel, ces principes posés par le Traité de l'UEMOA ont été appréhendés dans le droit dérivé par des actes règlementaires[487] et des directives

---

[481] SAWADOGO Fatimata, *op. cit.*, p. 81.

[482] Article 4-a du Traité de l'UEMOA.

[483] BAKHOUM Mor, *L'articulation du droit communautaire et des droits nationaux de la concurrence dans l'Union Économique et Monétaire Ouest Africaine (UEMOA)*, Bruylant, 2007, p. 11.

[484] Article 88 du Traité de l'UEMOA.

[485] Article 89 du Traité de l'UEMOA.

[486] Article 90 du Traité de l'UEMOA.

[487] *Cf.* not. le règlement n° 2/2002/CM/UEMOA du 23 mai 2002 relatif aux pratiques anticoncurrentielles à l'intérieur de l'union (http://www.uemoa.int/sites/default/files/bibliotheque/pages_-_reglement_2_2002_cm_uemoa.pdf), le règlement n° 3/2002/CM/UEMOA du 23 mai 2002 relatif aux procédures applicables aux ententes et abus de position dominante à l'intérieur de l'UEMOA (http://www.uemoa.int/sites/default/files/bibliotheque/pages_-_reglement_3_2002_cm_uemoa.pdf), le règlement n° 4/2002/CM/UEMOA du 23 mai 2002 relatif aux aides d'État à l'intérieur de l'UEMOA et aux modalités d'application de l'article 88-c du traité (http://www.uemoa.int/sites/default/files/bibliotheque/pages_-_reglement_4_2002_cm_uemoa.pdf).

communautaires[488]. De plus, dans le cadre de la mise en œuvre de la politique de concurrence, plusieurs programmes ont vu le jour au sein de l'UEMOA. À titre non exhaustif, on peut retenir la lutte contre le *dumping* qui s'est traduite par l'accompagnement des États dans la mise en œuvre des règles de défense commerciale au sein de l'Union et la mise en œuvre du Code communautaire antidumping[489] entrée en vigueur le 1er juillet 2004. On peut également retenir la lutte contre la contrefaçon qui implique une « opérationnalisation du réseau régional des structures de protection des droits de propriété intellectuelle »[490] et le renforcement des capacités en matière de concurrence pour l'UEMOA et les États membres à travers la « facilitation dans la mise en œuvre effective des règles communautaires de concurrence »[491]. En sus de ces dispositions relatives à la concurrence, une politique commerciale a été établie au sein de l'UEMOA.

195. La mise en place d'une politique commerciale commune est l'un des fondements du marché intérieur spécifié par le Traité de l'UEMOA[492]. Les États membres de l'UEMOA « *ont choisi la politique commerciale commune comme un levier de politique économique susceptible d'améliorer la compétitivité des activités et de contribuer à des performances de croissance plus importantes* »[493]. Outre les mesures adoptées dans le cadre de l'institution de l'Union douanière qui concourent à une libéralisation du commerce régionale, le Traité de l'UEMOA prévoit que le Conseil décidera du régime applicable aux échanges entre les États membres, des droits de douane, des restrictions quantitatives et de toutes autres mesures d'effet équivalent[494]. Compétence est également donnée au Conseil des ministres de permettre, pour une période n'excédant pas six mois, l'adoption de mesures de sauvegarde destinées à faire face à des difficultés graves dans certains secteurs[495]. Ces dispositions restent toutefois générales comparées à celles prises par le Traité de Rome qui « décidait d'une façon plus précise quelles en seraient les modalités, à la fois les différents taux à appliquer et les différentes étapes prévues (art 12 à 19) »[496].

---

[488] *Cf.* not. la directive n° 2/2002/CM/UEMOA du 23 mai 2002 relative à la coopération entre la Commission et les structures nationales de concurrence des États membres pour l'application des articles 88,89 et 90 du traité de l'UEMOA (http://www.uemoa.int/sites/default/files/bibliotheque/pages_-_directive_02_2002_cm.pdf) et la directive n° 1/2002/CM/UEMOA du 23 mai 2002 relative à la transparence des relations financières entre d'une part les États membres et les entreprises publiques, et d'autre part entre les États membres et les organisations internationales ou étrangères (http://www.uemoa.int/sites/default/files/bibliotheque/pages_-_directive_01_2002_cm.pdf).

[489] Règlement n° 09/2003/CM/UEMOA du 23 mai 2003 entré en vigueur le 1er juillet 2004 (http://www.uemoa.int/sites/default/files/bibliotheque/pages_-reglement_09_2003_cm_uemoa.pdf).

[490] SAWADOGO Fatimata, *op. cit.*, p. 82.

[491] *Idem.*

[492] Article 4-c du Traité de l'UEMOA.

[493] DIOP Abdoulaye, DUFRÉNOT Gilles, SAKHO Abdou, « Ouverture commerciale, intégration régionales et développement » *in* DUFRÉNOT Gilles et SAKHO Abdou (dir.), *Enjeux des politiques macroéconomiques des pays de l'UEMOA,* Economica, 2008, p. 135.

[494] Article 78 du Traité de l'UEMOA.

[495] Article 86 du Traité de l'UEMOA.

[496] LELART Michel., *op. cit.*, p. 905.

196. L'UEMOA a mis en place des mesures d'accompagnement de la politique commerciale commune. Au nombre de ces mesures, on peut retenir l'adoption du Code des douanes de l'Union[497] et la mise en place d'un dispositif de surveillance commerciale qui a été institué aux fins de mieux gérer la politique commerciale commune de l'Union. Il s'agit « d'un système d'information sur le marché commun avec pour objectif de disposer d'un tableau de bord intégrant un ensemble d'indicateurs destiné à s'assurer de la mise en œuvre de la politique commerciale et l'évolution vers la réalisation du marché commun »[498].

197. Ces différentes mesures visant à contribuer à l'avènement d'un marché commun ne sont pas orientées vers des objectifs sociaux. Cependant, du fait de leur implication dans le processus de développement des États membres, des variables sociales sont indirectement prises en considération au sein de l'UEMOA.

§ 2. La prise en considération implicite de la variable sociale

198. Des objectifs d'ordre économique ont été prévus par l'UEMOA dès sa constitution. Toutefois, les États membres depuis leur accession aux indépendances ont intégré des objectifs sociaux dans leur processus de développement (A) qui impacte implicitement le fonctionnement de l'Union. Par ailleurs, l'UEMOA en basant son marché commun sur « la libre circulation des personnes, des biens, des services, des capitaux et le droit d'établissement des personnes exerçant une activité indépendante ou salariée »[499] à une variable sociale (B).

A. La prise en considération nationale

199. Bien avant la création de l'UEMOA, ses États membres ont adhéré à des organisations internationales et régionales ayant divers objectifs. Certaines de ces organisations les ont influencés surtout dans le domaine social (1). Outre cette influence, ces États du fait de leur proximité géographique ont été confrontés à des migrations de populations qui les ont incités à prendre des dispositions relatives au statut des travailleurs migrants (2).

1. L'influence des organisations internationales et régionales

200. Les États membres de l'UEMOA sont membres d'organisations internationales[500] qui défendent des droits sociaux[501]. Ces droits « répondent

---

[497] Règlement n° 09/2001/CM/UEMOA du 26 novembre 2001 portant adoption du code des douanes de l'UEMOA.
(http://www.uemoa.int/sites/default/files/bibliotheque/pages_-_reg_09_2001_cm.pdf).

[498] SAWADOGO Fatimata, *op. cit.*, p. 83.

[499] Article 4-c du Traité de l'UEMOA.

[500] L'organisation internationale est appréhendée comme étant « une collectivité composée d'éléments interétatiques ou d'éléments privés internationaux qui poursuit des buts communs

à des besoins fondamentaux de l'être humain et leur raison d'être consiste à lui assurer des conditions d'existence, au travail et hors travail, décentes, c'est-à-dire la dignité humaine et non seulement la survie »[502]. De ce fait, ces organisations, dont une classification a donné lieu à une opposition « avec une part de vérité et une part d'approximation, entre les organisations à vocation universelle et les organisations régionales »[503], ont adopté des dispositions relatives à l'un des aspects essentiels de la vie humaine qu'est le travail.

201. Au titre des organisations internationales à vocation universelle, les États membres de l'UEMOA sont tous membres de l'Organisation des Nations Unies (ONU)[504] dont des dispositions à caractère universel sur les droits sociaux visent à sauvegarder les intérêts des personnes et à garantir leur dignité. La Déclaration universelle des droits de l'homme (DUDH)[505] et le Pacte international relatif aux droits économiques, sociaux et culturels[506] sont des instruments de l'ONU qui constituent la « base des droits de l'homme au niveau mondial »[507] et contiennent des dispositions relatives au travail. Ainsi faisant, le Pacte international relatif aux droits économiques, sociaux et culturels reprend les dispositions de la DUDH et reconnaît le droit au travail dans un environnement juste et favorable[508]. Son article 6 considère ce droit[509] comme un « droit fondamental parce que grâce à son

---

à une volonté propre et est représentée par des organes communs ». (*Cf.* not. SALMON Jean (dir.), *Dictionnaire de droit international public*, Bruylant, 2001, p. 792).

501 Les droits sociaux sont envisagés comme les droits qui « concernent les aspects essentiels de la vie humaine, le travail, la santé, le logement, l'éducation, la vieillesse, la maternité, l'environnement ». (ALIPRANTIS Nikitas, « Les droits sociaux au-delà du niveau national : repérage et défis » *in* ALIPRANTIS Nikitas (ed.), *Les droits sociaux dans les instruments européens et internationaux : défis à l'échelle mondiale*, Bruylant, 2008, p. 3).

502 ALIPRANTIS Nikitas, *op. cit.*, p.3.

503 ALLAND Denis, *Manuel de Droit international public*, PUF, 2017, p. 79.

504 Le Bénin, le Burkina Faso, la Côte d'Ivoire, le Niger et le Togo sont membres de l'ONU depuis le 20 septembre 1960, le Mali et le Sénégal depuis le 28 septembre 1960, la Guinée Bissau depuis le 17 septembre 1974.

505 La DUDH a été adoptée par l'Assemblée générale de l'ONU le 10 décembre 1948.

506 Le Pacte international relatif aux Droits Économiques, Sociaux et Culturels a été adopté par l'Assemblée Générale de l'ONU le 16 décembre 1966. Les États membres de l'UEMOA y ont respectivement adhéré : le Bénin 12 mars 1992, le Burkina Faso le 4 janvier 1999, la Côte d'Ivoire le 26 mars 1992, la Guinée Bissau le 2 juillet 1992, le Mali le 16 juillet 1974, le Niger le 7 mars 1986, le Sénégal le 13 février 1978 et le Togo le 24 mai 1984.

507 NASKOU-PERRAKI Paraskevi, « Le pacte international sur les droits économiques, sociaux et culturels et le contrôle de son application » *in* ALIPRANTIS Nikitas (éd.), *Les droits sociaux dans les instruments européens et internationaux : défis à l'échelle mondiale*, Bruylant, 2008, p. 179.

508 Ce droit est reconnu à l'article 23 de la DUDH en vertu duquel, « *1. Toute personne a droit au travail, au libre choix de son travail, à des conditions équitables et satisfaisantes de travail et à la protection contre le chômage. 2. Tous ont droit, sans aucune discrimination, à un salaire égal pour un travail égal. 3. Quiconque travaille a droit à une rémunération équitable et satisfaisante lui assurant ainsi qu'à sa famille une existence conforme à la dignité humaine et complétée, s'il y a lieu, par tous autres moyens de protection sociale. 4. Toute personne a le droit de fonder avec d'autres des syndicats et de s'affilier à des syndicats pour la défense de ses intérêts* ».

509 En vertu des dispositions de l'article 6 du Pacte international relatif aux Droits Économiques, Sociaux et Culturels, « *1. Les États parties au présent Pacte reconnaissent le*

revenu, le travailleur peut jouir ensuite du droit à la nourriture, aux vêtements, au logement, à la santé et à l'instruction, consacrés par le présent Pacte »[510]. Au-delà du droit au travail, le même Pacte international reconnaît à l'article 7 le droit de bénéficier de conditions de travail justes et favorables[511]. De telles dispositions renvoient à des thématiques abordées par l'OIT dans différentes conventions concernant, notamment la prohibition du travail forcé, ou bien encore le droit à « la rémunération égale des femmes sans discrimination, la sécurité et l'hygiène au travail, la possibilité de promotion sur la base des aptitudes et de la durée des services accomplis, du repos, du confort et de la limitation du travail en période de congés ainsi que la rémunération des jours fériés »[512]. Un autre droit défendu par l'OIT est reconnu par le Pacte en son article 8. Il s'agit du droit de créer et de participer à des associations professionnelles[513]. Ce droit est étroitement lié

---

droit au travail, qui comprend le droit qu'a toute personne d'obtenir la possibilité de gagner sa vie par un travail librement choisi ou accepté, et prendront des mesures appropriées pour sauvegarder ce droit. 2. Les mesures que chacun des États parties au présent Pacte prendra en vue d'assurer le plein exercice de ce droit doivent inclure l'orientation et la formation techniques et professionnelles, l'élaboration de programmes, de politiques et de techniques propres à assurer un développement économique, social et culturel constant et un plein emploi productif dans des conditions qui sauvegardent aux individus la jouissance des libertés politiques et économiques fondamentales ».

[510] NASKOU-PERRAKI Paraskevi, *op. cit.*, p. 186.

[511] L'article 7 du Pacte international relatif aux Droits Économiques, Sociaux et Culturels dispose que « *Les États parties au présent Pacte reconnaissent le droit qu'à toute personne de jouir de conditions de travail justes et favorables, qui assurent notamment: a) La rémunération qui procure, au minimum, à tous les travailleurs: i) Un salaire équitable et une rémunération égale pour un travail de valeur égale sans distinction aucune; en particulier, les femmes doivent avoir la garantie que les conditions de travail qui leur sont accordées ne sont pas inférieures à celles dont bénéficient les hommes et recevoir la même rémunération qu'eux pour un même travail; ii) Une existence décente pour eux et leur famille conformément aux dispositions du présent Pacte; b) La sécurité et l'hygiène du travail; c) La même possibilité pour tous d'être promus, dans leur travail, à la catégorie supérieure appropriée, sans autre considération que la durée des services accomplis et les aptitudes; d) Le repos, les loisirs, la limitation raisonnable de la durée du travail et les congés payés périodiques, ainsi que la rémunération des jours fériés* ».

[512] NASKOU-PERRAKI Paraskevi, *op. cit.*, p. 188.

[513] Selon l'article 8 du Pacte international relatif aux Droits Économiques, Sociaux et Culturels, « *1. Les États parties au présent Pacte s'engagent à assurer : a) Le droit qu'à toute personne de former avec d'autres des syndicats et de s'affilier au syndicat de son choix, sous la seule réserve des règles fixées par l'organisation intéressée, en vue de favoriser et de protéger ses intérêts économiques et sociaux. L'exercice de ce droit ne peut faire l'objet que des seules restrictions prévues par la loi et qui constituent des mesures nécessaires, dans une société démocratique, dans l'intérêt de la sécurité nationale ou de l'ordre public, ou pour protéger les droits et les libertés d'autrui. b) Le droit qu'ont les syndicats de former des fédérations ou des confédérations nationales et le droit qu'ont celles-ci de former des organisations syndicales internationales ou de s'y affilier. c) Le droit qu'ont les syndicats d'exercer librement leur activité, sans limitations autres que celles qui sont prévues par la loi et qui constituent des mesures nécessaires, dans une société démocratique, dans l'intérêt de la sécurité nationale ou de l'ordre public, ou pour protéger les droits et les libertés d'autrui. d) Le droit de grève, exercé conformément aux lois de chaque pays. 2. Le présent article n'empêche pas de soumettre à des restrictions légales l'exercice de ces droits par les membres des forces armées, de la police ou de la fonction publique. 3. Aucune disposition du présent article ne permet aux États parties à la Convention de 1948 de l'Organisation*

au droit d'association reconnu par la convention n° 87 de l'OIT sur la liberté syndicale et la protection du droit syndical. Les États membres de l'UEMOA en ratifiant ce Pacte se sont engagés à le respecter. Ainsi, les Constitutions de tous ces États accordent une place importante aux droits sociaux et réaffirment leur adhésion à la DUDH dans leurs préambules.

202. *Nonobstant* cette inclusion de la DUDH dans leurs préambules, les Constitutions des États francophones membres de l'UEMOA rappellent leur attachement aux valeurs reconnues par un instrument de l'Organisation de l'Union Africaine (OUA)[514] qui défend ces droits. Il s'agit en l'occurrence de la Charte africaine des droits de l'homme et des peuples (CADHP)[515]. Cette Charte en ce qui concerne les droits relatifs au travail, reconnaît le droit de jouir de conditions de travail équitable et satisfaisant ainsi que le droit à une rémunération équitable à son article 15[516].Toutefois, on peut déplorer le manque de précision des contenus des expressions de la CADHP dans la mesure où elle « n'énumère pas les droits qu'implique la formule générale de son article 15 à l'encontre des autres instruments »[517]. De tels droits sont plus explicités par une autre organisation internationale dont les États membres de l'UEMOA sont membres : l'Organisation internationale du Travail (OIT). On sait que cette dernière se consacre exclusivement à l'amélioration des conditions de travail.

203. Dans ce domaine particulier, l'OIT a depuis sa création réalisée une impressionnante œuvre normative en matière de règlementation du droit du travail[518]. Les États membres de l'UEMOA ont rejoint l'OIT dès leur accession à l'indépendance[519]. Toutefois, la question de l'application des conventions internationales du travail dans les territoires colonisés avait été au préalable garantie par la Constitution de l'OIT. En effet, en vertu de l'article 35-1 de cette dernière, « *les membres s'engagent à appliquer les conventions qu'ils auront ratifiées, conformément aux dispositions de la*

---

internationale du Travail concernant la liberté syndicale et la protection du droit syndical de prendre des mesures législatives portant atteinte -- ou d'appliquer la loi de façon à porter atteinte -- aux garanties prévues dans ladite convention ».

514 L'OUA est une organisation régionale africaine créée en mai 1963. Elle a été officiellement remplacée le 9 juillet 2002 par l'Union Africaine (UA). Les États francophones de l'UEMOA respectivement ont adhéré à cette organisation le 25 mai 1963. La Guinée Bissau en est membre depuis le 19 novembre 1973.

515 La CADHP a été adoptée le 28 juin 1981 par la Conférence des chefs d'État de l'Organisation de l'Unité Africaine et est entrée en vigueur le 21 octobre 1986.

516 En vertu des dispositions de l'article 15 de la CADHP, « toute personne a le droit de travailler dans des conditions équitables et satisfaisantes et de percevoir un salaire égal pour un travail égal ».

517 ETEKA YEMET Valère, *La charte africaine des droits de l'homme et des peuples,* L'Harmattan, 1996, p. 107.

518 À la date du 1er août 2019, l'OIT a adopté 402 instruments juridiques visant à améliorer les conditions de travail à savoir : 190 conventions internationales du travail, 206 recommandations internationales du travail et 6 protocoles.

519 Le Bénin est membre de l'OIT depuis le 14 décembre 1960, le Burkina Faso et la Côte d'Ivoire sont membres depuis la 21 novembre 1960, la Guinée Bissau est membre depuis le 21 février 1977, le Mali est membre depuis le 22 septembre 1960, le Niger est membre depuis le 27 février 1961, le Sénégal est membre depuis le 04 novembre 1960 et le Togo est membre depuis le 7 juin 1960.

présente Constitution, aux territoires non métropolitains dont ils assurent les relations internationales, y compris tous territoires sous tutelle pour lesquels ils seraient l'autorité chargée de l'administration, à moins que les questions traitées par la convention ne rentrent dans le cadre de la compétence propre des autorités du territoire ou que la convention ne soit rendue inapplicable par les conditions locales, ou sous réserve des modifications qui seraient nécessaires pour adapter les conventions aux conditions locales ». Il résulte de cet article le principe de l'application automatique des conventions ratifiées par les États colonisateurs aux territoires métropolitains. Ce principe comporte cependant deux correctifs importants : « *D'une part, des modifications peuvent être apportées aux conventions pour tenir compte des conditions locales, ce qui est fort légitime. D'autre part, l'État responsable peut exciper des conditions locales pour exclure un territoire du champ d'application d'une convention* »[520]. Ces dispositions de l'article 35 « furent utilisées pour éviter l'application des conventions générales aux pays africains »[521]. En France, par exemple, peu de conventions ont été rendues applicables aux territoires non métropolitains[522] et plus spécifiquement à l'Afrique-Occidentale Française (AOF)[523]. En 1940, seulement « cinq conventions internationales du travail étaient applicables à l'AOF »[524]. En 1958, la France avait déclaré seize conventions applicables à l'AOF et au Togo ; à la même période, le Portugal avait déclaré une convention applicable à la Guinée Bissau et réservé sa décision sur l'application de cinq conventions dans cet État[525].

204. *Nonobstant* l'inapplication totale des conventions ratifiées par les États colonisateurs aux territoires métropolitains, « les pays nouvellement arrivés à l'OIT ont tous accepté les obligations internationales que leurs anciennes puissances métropolitaines avaient déclarées applicables sur leur territoire avant l'indépendance »[526]. De ce fait, les règles en matière de droit du travail ont pu paraître similaires au sein des États membres de l'UEMOA, car, dès les indépendances de ceux-ci, « les normes de l'OIT qui étaient déjà en vigueur pour ces pays ont été reprises dans les nouveaux codes du

---

520 GONIDEC Pierre François, « L'organisation internationale du travail et l'Afrique noire : universalisme et régionalisme », *Recueil Penant*,1960, p. 275.
521 *Ibid.*, p. 276.
522 À titre illustratif, en 1957, « sur les soixante-douze conventions ratifiées par la France, vingt-huit conventions étaient applicables ou appliquées sans modification dans ses territoires non métropolitains ». (*Cf. not.* BIT, *Influence de l'article 35 de la Constitution de l'OIT sur l'application des conventions dans les territoires non métropolitains,* BIT, 1959, p. 9).
523 L'Afrique Occidentale Française était un gouvernement général regroupant au sein d'une même fédération huit colonies françaises de l'Afrique de l'Ouest (AOF). Elle a existé entre 1895 et 1958. Les pays francophones de l'UEMOA étaient tous membres de l'AOF.
524 HECKENROTH Marguerite, *Les conventions internationales du travail dans les colonies françaises,* Thèse de doctorat en droit, Université d'Aix-Marseille,1940, p. 89.
525 BIT, *Les problèmes du droit du travail en Afrique*, BIT, 1958, p. 786.
526 BRONSTEIN Arturo, « En aval des normes internationale du travail : le rôle du BIT dans l'élaboration et la révision de la législation du travail » *in* JAVILLIER J-C, GERNIGON B. (dir.), *Les normes internationales du travail : un patrimoine pour l'avenir. Mélange en l'honneur de Nicolas Valticos,* BIT, 2004, p. 221.

travail »[527]. Depuis les indépendances, les États membres de l'UEMOA, les États ont tous procédé à la ratification de diverses conventions de l'OIT[528]. Ces ratifications intervenues sans aucune concertation entre les États, en fonction des choix et circonstances particulières de chaque État, ne permettent pas une uniformité des règles applicables au sein de ces États. De telles circonstances particulières expliquent par ailleurs que les États aient pris des dispositions juridiques relatives à la migration.

2. Les encadrements étatiques du droit au travail des migrants

205. Le phénomène migratoire est « profondément ancré dans l'histoire sociale des peuples en Afrique de l'Ouest »[529] où *« 84 % des flux migratoires ont pour destination un autre pays de la région »*[530]*. Une telle migration qui « repose sur des réseaux familiaux, villageois, ethniques ou professionnels (composés de personnes qui ont déjà migré) et des intermédiaires, quelquefois eux-mêmes clandestins, bénévoles ou rémunérés (...) s'inscrit dans des espaces culturels pour lesquels les frontières internationales sont aussi abstraites qu'inefficaces »*[531]. Dans cette région, « la mobilité interrégionale s'est toujours déroulée en dehors de toute contrainte de frontières territoriales, celles-ci ayant été introduites au moment de la colonisation »[532]. Cependant, malgré l'apparition des frontières nationales, les déplacements de populations se sont poursuivis surtout sous la forme d'une migration de travail. On sait qu'avant 1960, « *les administrations coloniales britannique et française ont délibérément encouragé, pour des raisons strictement économiques et administratives, la libre circulation de la main-d'œuvre dans la région, dans le ressort de leurs juridictions respectives. Par conséquent, tant qu'a prévalu la règle coloniale, tout individu originaire de l'Afrique-Occidentale française était accepté partout dans cette zone* »[533]. Avec les indépendances des États, « les immigrants ne rencontrèrent dans la région que peu de problèmes, sinon aucun, jusqu'au milieu des années soixante[534], tant qu'ils jouissaient, presque sans aucune

[527] *Idem.*
[528] *Cf.* Annexe : tableau des conventions de l'OIT ratifiées par les pays membres de l'UEMOA.
[529] ROBIN Nelly, « L'espace migratoire de l'Afrique de l'ouest : panorama statistique », *Hommes et migrations,* 1992, p. 6.
[530] KAGAMBEGA Marcel, *Le rôle des États du Sud dans l'encadrement des migrations Sud-Nord et Sud-Sud : l'exemple des États de l'Afrique de l'ouest,* Thèse de doctorat, droit social, Université de Bordeaux, 2016, p. 9.
[531] ROBIN Nelly, *op. cit.,* p. 7.
[532] CEDEAO, « Enquêtes sur les politiques migratoires en Afrique de l'ouest », 2015, p. 24.
[533] NDONGKO Wilfred, « Les migrations de main d'œuvre dans le cadre de la coopération et de l'intégration économique régionale en Afrique », *Travail et société,* 1991, p. 257.
[534] Avec les indépendances, des politiques plus nationalistes sont apparues au sein de ces États et ont entrainé progressivement le durcissement des conditions d'entrées et d'installation des migrants dans les États d'Afrique de l'Ouest. A titre non exhaustif, au sein des États membres de l'UEMOA, le Sénégal a adopté « la loi n° 71-10 du 25 janvier 1971 et le décret 71-860 du 28 juin 1971 qui durcissent les conditions d'admission, de séjour et d'établissement des étrangers sur le territoire sénégalais, au point de subordonner l'admission sur le territoire sénégalais à l'obtention d'une autorisation de séjour ». En Côte d'Ivoire, « la loi du 29 mai

restriction, de la possibilité d'entrer dans les pays »[535]. L'attraction économique et les possibilités que les États d'accueil étaient supposés offrir expliquaient ces migrations interrégionales[536].

206. Les États membres de l'UEMOA désireux de profiter des avantages de cette migration[537] et d'en atténuer les inconvénients[538] ont conclu des accords bilatéraux : « Ce sont les principaux pays d'émigration qui ont été le plus souvent à l'origine de la conclusion des accords bilatéraux sud-sud dans l'espoir d'assurer la libre circulation et le respect des droits de leurs ressortissants dans les États d'accueil »[539]. À titre illustratif, « le Mali a signé huit conventions bilatérales [540](…) le Sénégal trois[541] conventions

---

1990 relative aux conditions d'entrée des étrangers en Côte d'Ivoire exige de l'étranger de plus de 16 ans, séjournant en Côte d'Ivoire depuis plus de trois mois, d'être en possession d'une carte de séjour dont la durée est d'un an. Les moyens d'existence et, notamment, les conditions de son activité professionnelle peuvent être prises en compte lors de la décision d'octroi ou de refus d'octroi de cette carte ». KAGAMBEGA Marcel., *op. cit.*, p. 243 et svt.

[535] NDONGKO Wilfred., *op. cit.*

[536] Concernant les États membres de l'UEMOA, « à la date de 1975, la Côte d'Ivoire avait vu arriver 1.426.000 immigres, soit 21 pour cent de sa population (dont 50 pour cent venaient de la seule Haute-Volta). (…) Le Sénégal accueillait 300.000 » (*Cf.* NDONGKO Wilfred, *op. cit.*, p. 258).

[537] Au sein des États membres de l'UEMOA, la migration « *favorisait la productivité des pays importateurs de main-d'œuvre surtout là où la pénurie de main-d'œuvre freinait l'expansion économique. (…) Pour les pays exportateurs de main-d'œuvre, les avantages immédiats les plus évidents ont été : : i) les transferts de salaires dont l'entrée a non seulement augmente les rares ressources en devises étrangères, mais aussi constitué, surtout pour les pays désertiques les plus pauvres, une source d'épargne et de formation de capital supplémentaires; ii) l'émigration des personnes non qualifiées et des chômeurs, outre la diminution du chômage, a augmenté l'emploi intérieur dans la mesure oü les transferts de salaires ont stimulé la demande de biens et de services dans le pays d'origine; iii) les dépense sociales et de bien-être des services publics ont diminué et les économies qui en ont découlé ont Pu être canalisées vers l'investissement, favorisant ainsi la création d'emplois; iv) la consommation des chômeurs émigrés, n'étant plus à leur charge, a représenté une économie pour ceux qui, auparavant, pourvoyaient à leur subsistance* » (NDONGKO Wilfred, *op. cit.*, p. 265).

[538] Les effets négatifs suivants ont été mis en évidence : « *i) les coûts de la perte de production (par exemple, le départ de certains travailleurs qualifies a surement handicapé marginalement certaines activités ; ii) les coûts supplémentaires d'éducation et de formation pour remplacer les travailleurs émigrés ; iii) la perte prévisible de production de la main-d'œuvre en cours de formation* » (NDONGKO Wilfred, *op. cit.*, p. 265)

[539] KAGAMBEGA Marcel, *op. cit.*, p. 297.

[540] Convention d'établissement et de circulation des personnes entre le Mali et le Burkina Faso, signée à Bamako le 30 septembre 1969 ; Accord sur la circulation des personnes et des biens entre le Mali et le Ghana, signé le 31 août 1977 ; Convention d'établissement et de circulation des personnes entre le Mali et la Guinée, signée à Bamako le 20 mai 1964 ; Convention d'établissement entre le Mali et la Mauritanie, signée à Nouakchott le 23 juillet 1973 ; Convention d'établissement et de circulation des personnes entre le Mali et le Niger, signée à Niamey le 22 avril 1964 ; Convention générale d'établissement et de circulation des personnes entre le Mali et le Cameroun, signée à Bamako le 6 mai 1964 ; Convention relative à l'emploi de la main d'œuvre entre la Libye et le Mali, signée le 12 décembre 1980 à Bamako ; Accord entre l'Algérie et le Mali du 22 juillet 1963, Décret n° 63-356 du 12 septembre 1963 p. 956 (*Journal Officiel* de la République d'Algérie, n° 067 du 17-09-1963) ; voir également : Nations Unies, Convention internationale sur la protection des droits de tous les travailleurs migrants et des membres de leur famille, « Réponses écrites du gouvernement du Mali concernant la liste des points à traiter (CMW/C/MLI/Q/1) reçues par le Comité pour

bilatérales »[542]. Ces accords bilatéraux concernent aussi bien la règlementation de migration de populations entre les pays membres de l'UEMOA que la règlementation de migration de la population d'un État membre de l'UEMOA et d'État non membre de l'UEMOA[543].

207. Ces accords bilatéraux ont été utilisés dès l'accession à l'indépendance comme un moyen de recrutement de la main-d'œuvre. À titre d'exemple, concernant le Burkina Faso et la Côte d'Ivoire, « *l'administration coloniale avait encadré et dirigé la migration forcée des voltaïques vers la Côte d'Ivoire. Au lendemain des indépendances, les Conventions bilatérales constituaient la seule voie légale pour assurer l'approvisionnement de la Côte d'Ivoire en main-d'œuvre voltaïque* »[544]. Pour répondre au besoin de main-d'œuvre de la Côte d'Ivoire, celle-ci a conclu avec le Burkina Faso une convention relative aux conditions d'engagement et d'emploi des travailleurs voltaïques en Côte d'Ivoire le 9 mars 1960[545]. Cette convention contenait vingt-quatre chapitres relatifs aux

---

la protection des droits de tous les travailleurs migrants et des membres de leur famille à l'occasion de l'examen du rapport initial du Mali », CMW-Mali, 2006, p.14.

[541] Convention entre le Sénégal et le Congo sur la circulation, l'emploi et le séjour des travailleurs sénégalais au Congo, et des travailleurs congolais au Sénégal, signée à Dakar le 23 juin 1974, Décret n°75-872 portant approbation de l'accord entre le Gouvernement de la République populaire du Congo et le Gouvernement de la République du Sénégal relatif à la circulation, à l'emploi et au séjour en République populaire du Congo, des travailleurs sénégalais et au Sénégal des travailleurs congolais, signé à Dakar le 23 juin 1974, (*Journal Officiel* du Sénégal du 30 -08-1975, p. 1245). Convention entre le gouvernement de la République islamique de Mauritanie et le gouvernement de la République du Sénégal, relatif à l'emploi et au séjour en Mauritanie des travailleurs mauritaniens, Loi n°73-63 autorisant le Président de la République à ratifier l'accord entre le Gouvernement de la République islamique de Mauritanie et le Gouvernement de la République du Sénégal, relatif à l'emploi et au séjour en Mauritanie des travailleurs mauritaniens, signé le 8 octobre 1972 à Nouakchott (*Journal Officiel* du Sénégal du 29 décembre 1973, n° 4333, p. 2280). Accord entre le gouvernement de la République gabonaise et le gouvernement de la République du Sénégal, relatif à la circulation, à l'emploi et au séjour au Gabon des ressortissants sénégalais et au Sénégal des ressortissants gabonais, Loi n°73-65 autorisant le Président de la République à approuver l'accord entre le Gouvernement de la République gabonaise et le Gouvernement de la République du Sénégal, relatif à la circulation, à l'emploi et au séjour au Gabon des ressortissants sénégalais et au Sénégal des ressortissants gabonais, signé à Libreville le 3 septembre 1972, (*Journal Officiel* du Sénégal du 29 décembre 1973, n° spécial, p. 2281).

[542] KAGAMBEGA Marcel, *op. cit.*

[543] Dans ce domaine particulier, le Niger à signe neuf conventions bilatérales dont deux avec des États membres de l'UEMOA : en l'occurrence « la Convention d'établissement et de circulation entre le Niger et le Mali, signée le 22 avril 1964, entrée en vigueur le 20-02-1965 et le Protocole d'accord (délimitation des frontières, mouvements des populations, coopération entre les autorités frontalières) signé le 23 juin 1964 entre le Niger et la Haute-Volta, JORN du 01-01-1982 ». (MAIGA Djibo, « Analyse des conventions bilatérales entre le Niger et certains pays voisins ou amis en matière », Note d'analyse et de synthèse, série : CARIM AS, Institut universitaire européen, 2011, p.1).

[544] KAGAMBEGA Marcel, *op. cit.*, p. 303.

[545] Il convient de rappeler que cette convention a été signé avant l'accession de ces États aux indépendances respectivement le 5 août 1960 pour le Burkina Faso et le 7 août 1960 pour la Côte d'Ivoire. Ceux deux États avaient toutefois approuvé la Constitution française par le référendum du 28 septembre 1958 qui jette les bases d'une communauté au sein de laquelle elles devenaient des Républiques autonomes. (À propos du référendum du 28 septembre 1958

conditions d'engagement, au transport des travailleurs et de leurs familles, aux conditions d'emplois, à la protection des travailleurs et contrôle des conditions de travail et à des dispositions complémentaires. Plusieurs thématiques abordées par les conventions de l'OIT ont été reprises dans cette convention, notamment la question du travail des enfants[546], de la durée du travail[547], de la rémunération[548], de l'égalité de traitement[549], de la protection en cas d'accident du travail[550]. Cette convention a toutefois été dénoncée par l'État burkinabé le 30 juin 1974. « Les autorités voltaïques ont dénoncé unilatéralement et sans préavis la convention (…), invoquant la non-application de l'article 13[551] de la Convention »[552]. L'article 13 en cause étant relatif à la constitution d'une épargne par le travailleur dans les caisses de l'État voltaïque sur prélèvement mensuel du salaire perçu en Côte d'Ivoire, il semblerait que les motifs de dénonciation de la convention soient plus économiques que sociaux.

208. Au sein de l'UEMOA, les accords bilatéraux relatifs à la migration ont été conclus par les États francophones. Bien que la Guinée Bissau ait eu des échanges sur le droit du travail avec les Républiques du Cap-Vert, du Sénégal et de la Guinée, elle n'a signé aucun accord bilatéral[553].

209. La conclusion des différents accords a révélé la nécessité de règlementer la question des migrations des populations au sein de cette espace d'intégration. L'UEMOA dès sa création a pris ainsi en considération la mobilité des populations de ces États membres.

B. L'affirmation du principe de libre circulation des personnes

210. L'article 4-c du Traité de l'UEMOA affirme la volonté des États membres de créer « un marché commun basé sur la libre circulation des personnes, des biens, des services, des capitaux et le droit d'établissement des personnes exerçant une activité indépendante ou salariée ». Cette

(http://www2.assemblee-nationale.fr/decouvrir-l-assemblee/histoire/la-ve-republique/l-installation-de-la-ve-republique/le-referendum-du-28-septembre-1958).

[546] À ce propos l'article 5 de la convention fixe à 18 ans l'âge minimum à l'emploi.

[547] L'article 18 de la convention fixait « l'amplitude normale de la journée de travail à 8 heures » ne pouvant en aucun cas « excéder 10 heures, heures supplémentaires comprises ».

[548] Selon l'article 12 de la convention, celle-ci devait correspondre « au moins au salaire minimum interprofessionnel ».

[549] En vertu de l'article 9 de la convention, « les travailleurs voltaïques bénéficieront des même libertés garanties, droits et avantages que les travailleurs nationaux de la République de Côte d'Ivoire ».

[550] A ce propos, l'article 17 de la convention dispose que « l'employeur devra être assuré obligatoirement contre tous risques provenant des accidents du travail et des maladies professionnelles ».

[551] Selon les dispositions de cet article, « *Sur la demande du travailleur formulée lors de la signature de son contrat, une partie de son salaire, s'élevant à 1000 Frs par mois, sera versée mensuellement par l'employeur à un livret de la Caisse d'Épargne de la République de la Haute-Volta ouvert à son nom. L'Office de main-d'œuvre de la République de Haute-Volta assurera le contrôle de la régularité des versements* ».

[552] KAGAMBEGA Marcel, *op. cit.*, p. 311.

[553] Interview de Mme Maria CHEHAD, représentante de la société civile de la Guinée Bissau, réalisé le 8 février 2019.

inclusion « *en tant qu'objectif, de la libre circulation des personnes (autrement dit, les migrations de main-d'œuvre) entre États membres d'une même organisation régionale était importante parce que le succès des projets et programmes collectifs de développement reposait, dans une large mesure, sur la main-d'œuvre qualifiée disponible dans les différents pays membres* »[554]. Au sein de l'UEMOA, la libre circulation a été considérée par M. Soumaîla CISSÉ[555] comme étant « la clé de l'intégration »[556] ; selon lui, « pour réussir l'intégration, il va falloir que les gens se sentent libres de circuler »[557]. Une telle nécessité justifie que l'implication de la libre circulation des personnes ait été précisée et que des mesures aient été prises pour permettre sa mise en œuvre (A). Dans la pratique, ce principe souffre cependant de limites au sein des États membres de l'UEMOA (B).

1. Implication et mise en œuvre du principe

211. La libre circulation des personnes trouve au sein de l'UEMOA son fondement juridique dans le Traité de l'UEMOA qui précise qu'elle « comprend la liberté de déplacement des travailleurs (salariés ou non-salariés), la liberté d'établissement et la libre prestation de service »[558]. Selon les dispositions de l'article 91 du Traité de l'UEMOA, la libre circulation des personnes se traduit par la liberté de résidence. En vertu de cet article, « les ressortissants d'un État membre bénéficient sur l'ensemble du territoire de l'Union de la liberté de circulation et de résidence ». Ce droit de résidence implique « *l'abolition entre les ressortissants des États membres de toute discrimination sur la nationalité, en ce qui concerne la recherche et l'exercice d'un emploi (…), le droit de se déplacer et de séjourner sur le territoire de l'ensemble des États membres, le droit de continuer à résider dans un État après y avoir exercé un emploi* »[559]. Ce droit octroie aux ressortissants d'un État membre de l'UEMOA non seulement le droit de résider librement dans n'importe quel État de l'UEMOA, mais aussi le droit d'y accéder à l'emploi sans subir une discrimination basée sur leur nationalité.

212. La liberté d'exercer une activité professionnelle est défendue dans le cadre de la libre circulation des personnes par le traité de l'UEMOA. L'article 92 du traité précise que « les ressortissants d'un État membre bénéficient du droit d'établissement dans l'ensemble du territoire de l'Union ». Ce droit d'établissement suppose « l'accès aux activités non-salariés et leur exercice ainsi que la constitution et la gestion d'entreprises, dans les conditions définies par la législation du pays d'établissement pour

---

[554] NDONGKO Wilfred, *op. cit.*, p. 256.

[555] Monsieur Soumaîla CISSÉ fut président de la commission de l'UEMOA de 2004 à 2011.

[556] KANE Hamidou Salifou, « La libre circulation des personnes et des biens dans l'espace UEMOA », rapport de la Cour de Justice de l'UEMOA, 2010, p. 3.

[557] *Idem.*

[558] KIEMDE Paul, « Intégration régionale et harmonisation du droit social en Afrique : problèmes et perspectives », *Revue burkinabé de Droit*, 2001, p. 137.

[559] Article 91 du Traité de l'UEMOA.

ces propres ressortissants »[560]. L'article 93 du Traité de l'UEMOA indique par ailleurs que « les ressortissants de chaque État membre peuvent fournir des prestations de services dans un autre État membre dans les mêmes conditions que celles que cet État membre impose à ses propres ressortissants ». Cette conception de la libre circulation des personnes est semblable à celle défendue par le Traité de Rome[561]. À l'instar de la communauté européenne, c'est par le biais du droit communautaire que la libre circulation des personnes a été règlementée au sein de l'UEMOA.

213. Le choix de la mise en œuvre des libertés de circulation des personnes, de résidence, de prestation de services et du droit d'établissement, au sein de l'UEMOA de s'est porté sur une démarche progressive. Cette démarche approuvée par la Conférence des Chefs d'États et de gouvernement lors de sa 9e réunion ordinaire, tenue à Niamey le 30 mars 2005, avait pour objectif « d'aboutir à la mise en place d'un code des libertés et du droit d'établissement, au sein de l'UEMOA »[562]. Elle *« s'articule autour de quatre principaux axes : le droit d'établissement, dans son volet relatif au libre exercice des professions libérales, notamment de celles d'avocat, de notaire, d'huissier, de commissaire — Priseur, de médecin, d'infirmier, de pharmacien, d'architecte, d'expert-comptable, etc. ; l'accès dans des conditions de traitement égal aux établissements d'enseignement supérieur de l'Union ; la mise en place d'un visa communautaire pour les personnes non ressortissantes de l'UEMOA et de la CEDEAO ; la construction de postes de contrôle juxtaposés aux frontières des États membres de l'Union »*[563].

214. Dans une feuille de route adressée à la Commission, le 14 avril 2005, le Président alors en exercice de la Conférence des Chefs d'États et de gouvernements de l'UEMOA a exprimé les attentes manifestées par ses pairs, sur ce volet du processus d'intégration de l'Union. La Commission s'est attelée à la mise en œuvre de cette nouvelle démarche par l'organisation d'ateliers regroupant des acteurs des ordres professionnels concernés, ainsi que des représentants des ministères techniques affectés à la gestion de ces secteurs d'activités dans les États membres de l'Union, autour d'avant-projets de textes communautaires élaborés par la Commission[564]. Des normes juridiques communautaires ont été édictées à l'issue de ces ateliers

---

[560] Article 92 du Traité de l'UEMOA.

[561] Les dispositions de l'article 91 du Traité de l'UEMOA sont similaires aux dispositions de l'article 39 du Traité instituant la Communauté Économique Européenne sur le droit de résidence. L'article 92 du Traité de l'UEMOA comporte des dispositions sur le droit d'établissement semblables aux dispositions de l'article 43 du Traité instituant la Communauté Économique Européenne et l'article 49 de ce même Traité a également des dispositions similaires aux dispositions de l'article 93 du Traité de l'UEMOA.

[562] UEMOA, Rapport annuel de la commission sur le fonctionnement et l'évolution de l'Union, 2005, p. 24

[563] *Idem.*

[564] Ces ateliers ont eu lieu au siège de l'UEMOA respectivement du 26 au 28 septembre 2005 pour les médecins, du 4 au 7 octobre 2005 pour les avocats, le 24 octobre 2005 pour les experts-comptables et du 25 au 27 octobre 2005 pour les architectes. (UEMOA., Rapport annuel de la commission sur le fonctionnement et l'évolution de l'Union, 2005, p. 25).

aussi bien par la Conférence des Chefs d'États et de gouvernements de l'UEMOA[565] que par le Conseil des ministres[566] pour faciliter la libre circulation des personnes au sein de l'UEMOA[567].

215. Ces normes communautaires permettent une harmonisation du droit du travail au sein de cet espace d'intégration, car comme le souligne le Professeur Paul KIEMDE, « l'harmonisation en droit du travail a pour premier socle la libre circulation des personnes »[568]. Au regard du nombre de textes juridiques communautaires relatif à la libre circulation des personnes, on pourrait considérer à l'instar de « l'espace européen que c'est par le biais

---

[565] A savoir des actes additionnels.

[566] Les règlements et les directives.

[567] Il s'agit notamment de la directive n° 01/2005/CM/UEMOA en date du 16 septembre 2005 sur l'égalité de traitement des étudiants ressortissants de l'UEMOA dans la détermination des conditions et des droits d'accès aux institutions publiques d'enseignement supérieur des États membres de l'Union (http://www.uemoa.int/sites/default/files/bibliotheque/pages_-_dir_01_2005_cm.pdf); de la directive n° 06/2005/CM/UEMOA en date du 16 décembre 2005 relative à la libre circulation et à l'établissement des médecins ressortissants de l'Union au sein de l'espace UEMOA (http://www.uemoa.int/sites/default/files/bibliotheque/directive_06_2005_cm_uemoa.pdf), de la directive n° 07/2005/Cm/UEMOA du 16 décembre 2005 relative à la libre circulation et à l'établissement des architectes ressortissants de l'Union au sein de l'espace UEMOA (http://www.droit-afrique.com/upload/doc/uemoa/UEMOA-Directive-2005-07-libre-circulation-architectes.pdf), du règlement n° 05/2006/CM/UEMOA en date du 2 mai 2006 relatif à la libre circulation et à l'établissement des experts-comptables et des comptables agréés ressortissants de l'Union au sein de l'espace UEMOA (http://www.uemoa.int/sites/default/files/bibliotheque/reglement_05_2006_cm_uemoa.pdf), du règlement n° 10/2006/CM/UEMOA en date du 25 juillet 2006 relatif à la libre circulation et à l'établissement des avocats ressortissants de l'Union au sein de l'espace UEMOA (non publié), de la Directive n° 06/2008/CM/UEMOA en date du 26 juin 2008 relative à la libre circulation et à l'établissement des pharmaciens ressortissants de l'Union au sein de l'espace UEMOA (http://www.uemoa.int/sites/default/files/bibliotheque/directive_06_2008_cm_uemoa.pdf), de la directive n° 07/2008/CM/UEMOA en date du 26 juin 2008 relative à la libre circulation et à l'établissement des chirurgiens-dentistes ressortissants de l'Union au sein de l'espace UEMOA (http://www.uemoa.int/sites/default/files/bibliotheque/directive_07_2008_cm_uemoa.pdf) ; l'Acte additionnel n° 01/2009/CCEG/UEMOA en date du 17 mars 2009 instituant une politique commune de l'UEMOA dans le domaine de la circulation et du séjour des personnes non ressortissantes de l'union (http://www.uemoa.int/sites/default/files/bibliotheque/acte_add_01_2009_cceg_uemoa.pdf), du règlement n° 06/2009/Cm/UEMOA du 26 juin 2009 portant reconnaissances mutuelles des visas délivrés par les états membres de l'UEMOA (http://www.uemoa.int/sites/default/files/bibliotheque/reglement_06_2009_cm_uemoa.pdf), de la directive n° 01/2012/CM/UEMOA du 12 mai 2012 relative à la libre circulation et à l'établissement des docteurs vétérinaires ressortissants des États membres de l'UEMOA au sein de l'Union (https://www.izf.net/sites/default/files/MaJ2015/uemoa/Directive%202012/Directive_01_2012_CM_UEMOA.PDF), de la directive n° 01/2013/CM/UEMOA relatives à l'harmonisation des règles régissant la profession d'architecte au sein de l'UEMOA (non publiée) et du règlement n° 05/2014/CM/UEMOA relatif à l'harmonisation des règles régissant la profession d'avocat dans l'espace UEMOA (file:///Users/Elsataps/Downloads/UEMOA-derniere-mouture-signee-2014.pdf).

[568] KIEMDE Paul, *op. cit.*, p. 136.

des directives et des règlements que l'harmonisation du droit du travail »[569] sera consacrée au sein de l'UEMOA. Il convient toutefois de relever que la liberté de circulation octroyée aux ressortissants des États membres de l'UEMOA est assortie de restrictions.

2. Les limitations au principe de la libre circulation des personnes

216. Au sein de l'UEMOA, la liberté de circulation des personnes est confrontée à des limitations. Certaines restrictions sont d'abord d'ordre juridique. En effet, des dispositions du Traité de l'UEMOA permettent aux États membres de justifier ou de créer certaines entraves à la libre circulation des personnes. Tel est le cas tout d'abord de l'article 79 du Traité qui admet qu'un État membre peut conserver « *la faculté de maintenir ou d'édicter des interdictions ou des restrictions (…) justifiées par des raisons de moralité publique, d'ordre public, de sécurité publique, de protection de la santé ou de la vie des personnes et des animaux, de préservation de l'environnement, de protection des valeurs nationales ayant une valeur artistique, historique ou archéologique* ». Il s'agit ensuite des articles 91 et 92 du Traité de l'UEMOA qui octroient respectivement le droit de résidence et le droit d'établissement aux ressortissants des États membres « sous réserve des limitations justifiées par les motifs d'ordre public, de sécurité publique et de santé publique ». De plus, concernant les emplois dans la Fonction publique, ces dispositions permettent le maintien d'une discrimination fondée sur la nationalité, en ce qui concerne la recherche et l'exercice d'un emploi[570]. Il s'agit enfin de l'article 94 du Traité de l'UEMOA qui précise que « *par dérogation aux articles 92 et 93 et sous réserve des mesures d'harmonisation des législations nationales mises en œuvre par l'Union, les États membres peuvent maintenir des restrictions à l'exercice, par des ressortissants d'autres États membres ou par des entreprises contrôlées par ceux-ci, de certaines activités lorsque ces restrictions sont justifiées par des raisons d'ordre public, de sécurité publique, de santé publique ou par d'autres raisons d'intérêt général* ».

217. Ainsi donc, l'UEMOA accepte que des motifs « d'ordre public, de sécurité publique, de santé publique et d'intérêt général » limitent la libre circulation des personnes tout en ne donnant aucune définition de ces motifs. Il appartient simplement à chaque État membre de « notifier à la Commission toutes restrictions maintenues »[571]. Cette absence de définition juridique peut conduire à des entraves de la part des États, car « *les notions "d'ordre public", de "sécurité publique", de "santé publique", "d'intérêt général", de "morale publique", sont des notions fourre-tout et extensibles*

---

[569] SARR Amadou Yaya, *L'intégration juridique dans l'Union Économique et Monétaire Ouest Africaine (UEMOA) et dans l'Organisation pour l'Harmonisation du Droit des Affaires en Afrique (OHADA)*, Thèse de doctorat, droit, Université d'Aix Marseille III, 2006, p. 404.

[570] En vertu des dispositions de l'article 91-1 du Traité de l'UEMOA.

[571] Article 94 du Traité de l'UEMOA.

à volonté dans lesquelles les États membres peuvent ranger ce qu'ils veulent pour limiter la libre jouissance des principes ainsi consacrés »[572].

218. En l'absence de définition, il est tout à fait probable que dès lors que « les dispositions pertinentes du traité s'inspirent largement de celui de l'Union européenne, la Cour de justice de l'UEMOA s'inspirera de celles de la communauté européenne dans le cadre de l'application de ce droit »[573]. Concernant les restrictions à la libre circulation, selon la Cour de Justice des Communautés européennes (CJCE), elles ne peuvent pas consister en une exclusion générale de l'accès à certaines activités professionnelles et doivent être mises en œuvre dans le respect des principes généraux du droit, tels que ceux de non-discrimination et de proportionnalité[574]. De plus, la CJCE rappelle que les mesures d'ordre public et de sécurité publique doivent être fondées exclusivement sur le comportement personnel de l'individu qui en fait l'objet[575] et ne se justifient que si ce comportement constitue une « menace réelle et suffisamment grave » affectant un « intérêt fondamental de la société »[576].

219. La libre circulation des personnes rencontre par ailleurs au sein de l'UEMOA des limites autres que juridiques. Certaines pratiques administratives telles que « les contrôles administratifs excessifs sur les axes routiers par la police, la douane, la gendarmerie, les agents des eaux et forêts »[577] constituent des entraves à la liberté de circulation des ressortissants de l'UEMOA. Au sein des États membres, « le nombre de contrôles et de perceptions illicites demeure persistant sur l'ensemble des corridors de l'Union malgré les efforts déployés par les pays pour la mise en place du plan régional de contrôle routier »[578]. À cause, notamment, de ces « tracasseries administratives », on estime généralement que « la libre circulation des personnes piétine »[579], et ce faisant ne permet pas encore une harmonisation du droit du travail au sein de ces États. La libre circulation des personnes a été prise en considération par l'UEMOA dès sa création. Toutefois, la réalisation de l'intégration a poussé cette organisation à s'intéresser à un autre domaine du droit du travail.

---

[572] KANE Hamidou Salifou, *op. cit.,* p. 20.

[573] SARR Amadou Yaya, *op. cit.,* p. 407.

[574] CJCE, 29 octobre 1998, Commission c/ Espagne, Aff. C.114/97, 1.6717.

[575] CJCE, 26 février 1975, Bonsignore, Aff. 67/74, 297 ; 28 octobre 1975, Rutili, Aff. 36/75, 1219

[576] CJCE, 19 janvier 1999, Calfa, aff. C.348/96, I.11.

[577] KANE Hamidou Salifou., *op. cit.,* p. 22.

[578] UEMOA. Commission., rapport annuel 2016 sur le fonctionnement et l'évolution de l'Union, 2016, p. 33.

[579] KIEMDE Paul., *op. cit.*, p. 137.

SECTION 2. UN INTÉRÊT RÉCENT POUR LE DÉVELOPPEMENT DU DIALOGUE SOCIAL

220. Les États membres de l'UEMOA ont été confrontés à des crises depuis leur ascension à l'indépendance[580]. Bien qu'elles soient inhérentes à toute société, leurs recrudescences « mettent à mal la cohésion sociale, la paix et la stabilité »[581] de celle-ci en cas de défaut de « mécanismes appropriés pour prévenir ces conflits et, lorsqu'ils sont nés, de les régler judicieusement, de manière à préserver la paix sociale et l'intérêt de chaque partie »[582]. Pour faire face à ces crises et à leurs éventuelles conséquences sur leur développement, les États membres de l'UEMOA ont individuellement développé des mécanismes pour y pallier (§ 1). Toutefois, dans le cadre de l'intégration économique, comme l'a souligné Monsieur Félix DANSOU, Commissaire chargé de l'intérim du président de la Commission de l'UEMOA en 2005, « en même temps que la construction de l'Union progresse, les tensions politiques et sociales s'aggravent dans la zone, risquant ainsi de compromettre les gains si péniblement acquis »[583]. C'est ainsi que pour maintenir la paix sociale au sein de l'espace UEMOA, une institution prenant en considération la dimension sociale et humaine de l'intégration économique a été créée au sein de l'UEMOA (§ 2).

§ 1. L'inquiétude suscitée par les crises sociales au niveau national

221. Les États membres de l'UEMOA ont connu plusieurs crises depuis leurs accessions aux indépendances. Sur le plan social, ils font face à des crises impliquant divers secteurs de la société et ayant des causes multiples[584]. La recrudescence des crises au sein des États n'a pas connu de baisse du fait de la création de cette zone d'intégration économique. Au cours des années 2010 à 2013, « cent deux cas de crises sociales, de gravité relative, ont été enregistrés au Burkina Faso »[585]. Pour la même période, la Côte d'Ivoire a enregistré « environ 31 conflits de travail collectif et 158 grèves et arrêts de travail »[586]. Du fait de l'absence de prise en considération communautaire de cette question dans les textes constitutifs de l'UEMOA et

---

[580] Selon M. TOURÉ Soumane, ancien syndicaliste burkinabé interrogé le 19 janvier 2015, les mouvements sociaux après l'avènement des indépendances peuvent s'expliquer par le fait que les mouvements syndicaux qui se confondaient aux mouvements politiques avaient pour objectifs l'amélioration immédiate des conditions des travailleurs et la protection de ces personnes vulnérables.

[581] CTDS, *Déclaration sur les crises sociales dans les pays membres de l'UEMOA*, 2013, dactyl, p.1.

[582] OUEDRAOGO Touwendé Joachim, « Étude sur les crises sociales au Burkina Faso », Rapport UEMOA, 2013, p. 6.

[583] Journal *Lefaso.net* du 7 décembre 2005. (https://lefaso.net/spip.php?article11336).

[584] THIAM Birane, Rapport de la concertation de haut niveau sur les crises sociales de l'UEMOA, rapport CTDS, 2013, dactyl, p. 3.

[585] OUEDRAOGO Touwendé Joachim., *op. cit.*

[586] KONE Zobila., « Étude sur les crises sociales dans les pays de l'Union Économique et Monétaire Ouest Africaine : le cas de la Côte d'Ivoire », Rapport UEMOA, 2013, p. 7.

fort de leur souveraineté étatique, les États membres de l'UEMOA en proie à des crises sociales de différentes natures (A) essaient d'y apporter des solutions adéquates (B).

A. L'impact des crises sociales sur les États

222. Au sein de l'UEMOA, les crises sociales sont soutenues par divers acteurs. Celles-ci ont des causes (1) et des conséquences (2) similaires au sein des États membres.

1. Les causes des crises sociales

223. Les crises sociales au sein des États membres de l'UEMOA peuvent être justifiées par « *les ruptures dans la fourniture de services publics essentiels (eau, électricité notamment), la hausse des prix des produits de première nécessité (carburant, alimentation, etc.), la détérioration sensible du pouvoir d'achat, les revendications identitaires et foncières, l'adoption de lois jugées impopulaires, les coups d'État, le sentiment de manque de respect des droits fondamentaux des citoyens, etc.* »[587]. Elles peuvent prendre plusieurs formes, cependant, « *les plus nombreuses sont liées à des conflits collectifs de travail* »[588] *qui sont majoritairement du fait des organisations syndicales. Les syndicats de base sont les acteurs les plus actifs des conflits collectifs de travail au sein de ces États. Les centrales syndicales interviennent « pour appuyer les syndicats de niveau inférieur et pour les questions d'ordre général* »[589]. Les crises sociales liées aux conflits collectifs de travail touchent aussi bien le secteur privé que le secteur public dans ces États. Au Burkina Faso, par exemple, entre 2010 et 2013, « les conflits s'observent beaucoup plus en entreprises (78 %) que dans les autres niveaux d'activités »[590]. Les crises sociales dans le secteur privé sont localisées à l'entreprise et limitées géographiquement au lieu de situation de l'entreprise. C'est le cas du Sénégal où, « *dans le secteur privé, les statistiques, certainement incomplètes, indiquent que sur les 251 conflits recensés entre 2008 et 2012, la majorité 122 soit 48,6 % concerne évidemment la région de Dakar suivie de la deuxième région industrielle Thiès pour 52 cas soit 20,71 %. Les conflits sont localisés, ils ne sont ni répétitifs ni longs* »[591].

224. Les syndicats professionnels nationaux sont les principaux acteurs des crises sociales dans le secteur public au sein de ces États. Ces crises ont lieu sur toute l'étendue du territoire national concerné. L'administration publique dans son ensemble, connaît d'importantes vagues de crises sociales, particulièrement dans les secteurs de la santé et de l'enseignement. Au Bénin, par exemple, un mouvement de grève ayant eu lieu du « 8 novembre

---

[587] THIAM Birane, *op. cit.*, p. 3.
[588] *Idem.*
[589] OUEDRAOGO Touwendé Joachim., *op. cit.*, p. 10.
[590] *Ibid.* p. 11.
[591] DE Yero., « Étude sur les crises sociales au sein de l'UEMOA : Sénégal », Rapport UEMOA, 2013, dactyl p. 17.

2010 jusqu'au 7 février 2011 (à raison de 72 heures par semaine) (...) a entrainé la paralysie des centres de santé publique avec de nombreux décès »[592]. Dans ce même pays, « les syndicats de trois ordres de l'enseignement (primaire, secondaire, technique et professionnel) réunis au sein d'un front ont déposé une motion de grève le 19 janvier 2012 pour observer une grève d'avertissement à compter du 24 janvier 2012. Cette grève a duré deux mois à raison de 72 heures par semaine au titre de l'année scolaire 2011-2012 »[593]. En Guinée Bissau, également « dans l'éducation, l'année scolaire 2011-2012 a été perturbée par trois mois de grève et la Guinée-Bissau a enregistré au cours de l'année scolaire 2012/2013 trois grandes vagues de grèves, la première ayant duré 45 jours, la seconde 15 jours et la dernière 19 jours »[594].

225. Ces crises sociales peuvent avoir plusieurs motifs. Leurs causes peuvent d'abord être de nature économique. Il y a là, la cause principale des crises sociales au sein de ces États. Les revendications syndicales et les crises sociales qui les accompagnent, portent principalement sur des aspects économiques, d'amélioration des salaires et des conditions de travail. Ainsi, au Mali entre 2010 et 2013, « la plupart des revendications reposaient sur l'octroi d'avantages pécuniaires supplémentaires liés à la conjoncture économique (octroi de primes, et d'avantageas sociaux, augmentations de salaire) »[595]. Pour la même période, « *les demandes en vue de l'octroi de primes et indemnités aux agents de l'État, de l'augmentation du salaire des agents permanents et des pécules des agents contractuels et de l'adoption d'une grille indiciaire spéciale figurent respectivement dans 65 %, 39 % et 17 % des plateformes revendicatives sous-tendant les conflits collectifs intervenus durant la période* » [596] au Niger. Au sein de ces États, « *les conflits de nature économique ont pour causes premières les revendications non satisfaites des travailleurs et touchant principalement à la sécurité de l'emploi, aux augmentations des salaires, aux avantages sociaux et aux autres améliorations des conditions de vie et de travail* »[597].

226. Des raisons économiques incitent également des acteurs de la société civile à participer à l'institution de crises sociales dans ces États. Au Burkina Faso, par exemple, une Coalition nationale de lutte contre la vie chère et la corruption (CCVC) regroupant les centrales syndicales, les syndicats autonomes et des associations et mouvements de la société civile a été créée le 12 mars 2008 pour lutter contre la vie chère et a été à l'origine de plusieurs mouvements de grève, notamment celles du 8 et 9 avril 2008. Il

---

[592] AHISSOU Bernard M., « Études sur les crises sociales dans les pays de l'UEMOA : cas du Benin. », Rapport UEMOA, 2013, dactyl, p. 19.
[593] *Idem.*
[594] DE Yero, « Étude sur les crises sociales au sein de l'UEMOA : Guinée Bissau », Rapport UEMOA, 2013, dactyl, p. 12.
[595] TRAORE Seydou Issa, « Étude sur les crises sociales dans les pays de l'Union Économique et Monétaire Ouest Africaine (UEMOA) : cas du Mali », Étude Nationale, Rapport UEMOA, 2013, dactyl, p. 51.
[596] SAMAILA Issa Seydou, « Étude sur les crises sociales au Niger », Rapport UEMOA, 2013, dactyl, p. 16.
[597] OUEDRAOGO Touwendé Joachim, *op. cit.*, p. 10.

arrive dans certains cas que des acteurs de la société civile deviennent également des instigateurs des crises sociales au sein de ces États pour des raisons économiques. Au Burkina Faso, « *il s'agit des commerçants, des paysans qui ont boycotté la campagne agricole 2011-2012 pour protester contre les prix du coton et des intrants fixés par le gouvernement. Les populations locales des zones minières et des zones "non loties", ont été des acteurs actifs pour réclamer, pour les uns une attribution de parcelle et pour les autres une répartition juste des retombées de l'exploitation minière et l'emploi des jeunes des contrées environnantes* »[598].

227. Outre les motifs économiques, les crises sociales au sein de ces États peuvent avoir des motifs juridiques. Ces conflits mettent en cause l'application des textes juridiques et sont le plus souvent à l'origine des grèves, comme ce fut le cas au Bénin au cours du mois de janvier 2018. En effet, une grève a eu lieu dans la Fonction publique béninoise le 16 janvier 2018 pour demander l'abrogation des lois qui ayant supprimé le droit de grève du personnel de la santé, de l'éducation, de l'administration et du port[599].

228. Les crises sociales de travail au sein de ces États peuvent également être le résultat d'un manque de confiance en l'État qui se traduit par une méfiance des acteurs sociaux. Ainsi, au Togo, les syndicats du secteur privé et du secteur public réunis au sein de la Synergie des travailleurs du Togo[600] ont effectué une grève les 30 et 31 mai 2013 pour « *pour protester contre la lenteur des négociations avec le gouvernement sur la plateforme revendicative et l'impunité dont bénéficieraient les présumés assassins des élèves ayant trouvé la mort lors de la répression des manifestations pacifiques d'élèves* »[601]. Au Burkina Faso, le Syndicat national des travailleurs de la santé humaine et animale (SYNTSHA) a observé une grève d'avertissement de 24 heures sur toute l'étendue du territoire national, le 31 janvier 2018 pour réclamer, entre autres, l'arrêt des tracasseries diverses contre les travailleurs de la santé humaine et animale, notamment pour appartenance syndicale ainsi que l'annulation pure et simple du procès inique engagé pour fait de grève contre l'un de leurs camarades[602].

229. Outre les crises sociales liées aux conflits collectifs de travail, des motifs religieux justifient également l'avènement des crises au sein des États membres de l'UEMOA. Ces dernières ont pour acteurs principaux des agents de la société civile. Ce fut le cas au Mali en 2009 où « suite à l'élaboration d'un projet de loi, portant Code des personnes et de la famille, en remplacement du Code de mariage de 1962, par le Gouvernement de la République du Mali et adopté par l'Assemblée nationale le 3 août 2009, des groupements religieux ont protesté contre l'application de cette loi au Mali, au point que le président de la République, dans un discours à la Nation du

---

598 *Ibid.*, p. 11.

599 BBC News Afrique du 16 janvier 2018 (https://www.bbc.com/afrique/region-42701499).

600 La Synergie des travailleurs du Togo est l'une des principales centrales du Togo.

601 ATTI Komi Anani B, « Étude sur les crises sociales au TOGO (2010-2013) », Rapport UEMOA, 2013, dactyl, p. 12.

602 Journal *lefaso.net* du 29 janvier 2018. (https://lefaso.net/spip.php?article81695).

27 août 2009, ait décidé de renvoyer le projet de loi à une deuxième lecture par l'Assemblée nationale pour la prise en charge des points de discorde »[603].

230. Il faut également relever que ces États font face à des conflits politico-militaires qui les plongent dans des situations de crise politique, sociale, institutionnelle, sécuritaire et économique. Ce fut notamment le cas de la Guinée-Bissau plongée dans une crise institutionnelle depuis août 2015 et du Togo qui a subi une crise politique en 2017. Ces crises ne sont malheureusement pas exemptes de conséquences au sein des États de la zone UEMOA.

2. Les conséquences des crises sociales

231. Les crises sociales récurrentes au sein des États membres de l'UEMOA ont de multiples conséquences. On peut de prime abord déplorer leurs conséquences économiques qui « impactent négativement aussi bien l'équilibre économique de l'entreprise que l'économie nationale »[604]. Concernant l'économie des entreprises, les crises sociales entrainent la perturbation des activités normales des entreprises et la perte de marchés : « *En effet, suivant l'ampleur de la crise, les objectifs fixés peuvent être plus ou moins compromis avec une diminution de la production ou des prestations de l'entreprise à travers la perte d'heures de travail qui va naturellement se traduire par une baisse du chiffre d'affaires, donc une diminution du profit à dégager. Or, c'est sur le bénéfice dégagé que s'inscrivent, d'une part les perspectives de partage des fruits de la croissance, à travers, l'octroi ou la consolidation des avantages sociaux (…) et, d'autres parts, les investissements nouveaux pour l'accroissement des activités de l'entreprise* »[605]. En Côte d'Ivoire, par exemple, les crises enregistrées entre 2010 et 2013 ont empêché les entreprises « *d'obtenir des attestations de non-conflits et de non-retards de paiement de salaires et n'ont pas pu soumissionner à des marchés publics. Ces entreprises ont alors connu des baisses d'activités allant jusqu'à menacer leur existence* »[606]. Ces crises peuvent occasionner une indisponibilité temporaire des produits ou des prestations des entreprises et causer une perte de clientèle au profit de la concurrence pouvant entrainer la cessation de l'activité de l'entreprise. Une telle situation intervint en Côte d'Ivoire ou les incessantes crises militaro-politiques subies depuis le début de la fin des années 1990 entraina la fermeture de nombreuses entreprises et des licenciements massifs[607].

232. Du point de vue de l'économie nationale, « les conséquences des conflits sociaux sur l'économie nationale semblent peu maîtrisées par les acteurs, en l'absence d'un mécanisme fiable d'évaluation systématique »[608].

---

603 TRAORE Seydou Issa, *op. cit.*, p. 52.
604 OUEDRAOGO Touwendé Joachim, *op. cit.*, p. 16.
605 *Idem.*
606 KONE Zobila, *op. cit.*, p. 12.
607 DJE Séverin Yao, *Le sort des travailleurs face aux difficultés de l'entreprise en droit ivoirien à la lumière du droit français,* Thèse de doctorat, droit privé, Université de Bordeaux, 2017, p. 214.
608 SAMAILA Seydou Issa, *op. cit.*, p. 28.

Toutefois, la croissance nationale étant la résultante de la somme des croissances constatées dans l'entreprise, on convient que lorsque les entreprises sont affectées par des crises sociales, l'économie nationale en pâtit[609]. De plus, des conflits sociaux dans les administrations publiques occasionnent des pertes en termes de recettes fiscales à l'État du fait de la baisse de l'activité et empêchent plus ou moins l'État de réaliser son programme d'activité annuelle. À titre d'exemple, le syndicat des douaniers béninois a observé un mouvement de grève les 26 et 27 septembre 2011 qui « a causé des manques à gagner à l'État sur le plan des recettes financières, car la douane contribue pour environ un milliard de francs par jour au budget national »[610].

233. Ces crises dont les conséquences économiques ont indubitablement des conséquences sociales, suivant leur degré d'importance, peuvent occasionner des réductions de rémunération due à la baisse de l'activité ; ce qui fragilise le pouvoir d'achat des travailleurs et de leurs familles. Les crises dans l'administration publique surtout dans l'enseignement contribuent à baisser le niveau scolaire des élèves. Ainsi, « *quand les grèves se multiplient, surtout dans un système à flux multiples, les quanta horaires ne sont certainement pas atteints, les programmes ne sont pas terminés et les élèves trainent des handicaps d'année en année. Et cela se répercute sur le niveau des élèves de l'école à l'université. Quand l'année est invalidée, les élèves perdent du temps et d'importantes ressources auront été investies inutilement par l'État, les parents d'élèves, les différents partenaires* »[611]. Ainsi, au Bénin, les grèves dans le secteur de l'éducation au cours de l'année scolaire 2011-2012 « ont eu pour conséquence le non-achèvement des programmes de formation, la baisse de niveau des apprenants, la perte de crédibilité du système éducatif public, les taux élevés d'échecs des enfants aux examens et la déperdition scolaire »[612]. Ces crises peuvent également contribuer à la déscolarisation des enfants. Ce constat a été fait en Guinée-Bissau en 2013 ou « dans certaines régions, les filles abandonnent l'école, car elle est perçue comme faisant perdre inutilement du temps »[613]. De plus, les crises sociales contribuent à l'émergence d'activités parallèles le plus souvent informelles. En effet, cela a été le cas notamment en Guinée-Bissau, « l'enseignant en grève, du fait du non-paiement de son salaire, s'adonne à d'autres activités. Dans les campagnes, généralement il fait de l'agriculture »[614].

234. Les crises participent à l'affaiblissement de la cohésion sociale et ont également des répercussions sur le processus d'intégration sous régional. En effet, les décisions communautaires sont souvent mises en mal du fait de ces crises. À titre illustratif, bien que l'UEMOA prescrive comme critère de

---

[609] OUEDRAOGO Touwendé Joachim, *op. cit.*, p. 17.
[610] AHISSOU Bernard M, *op. cit.*, p. 21.
[611] DE Yero, « Étude sur les crises sociales au sein de l'UEMOA : Guinée Bissau », *op. cit.*, p. 16.
[612] AHISSOU Bernard M, *op. cit.*, p. 20.
[613] DE Yero, *op. cit.*, p.17.
[614] *Idem.*

convergence que le ratio de la masse salariale rapportée aux recettes fiscales ne doive pas excéder 35 % en 2013, le Gouvernement burkinabé a procédé sous l'effet de pression sociale « en octobre 2011 à une augmentation des agents publics de l'État, s'éloignant davantage des critères de convergence »[615] de l'UEMOA. De leurs côtés, les crises politico-militaires entrainent souvent des fermetures de frontières, ce qui va à l'encontre de l'objectif de libre circulation prôné par l'UEMOA. Au Mali par exemple, « à la suite du coup d'État militaire du 22 mars 2012, les pays de l'UEMOA, frontaliers avec le Mali, avaient décidé de fermer leurs frontières respectives aux échanges commerciaux »[616].

235. La cohésion sociale semble être un préalable au développement des États de la zone UEMOA et à la réussite de l'intégration économique. Les États membres ont ainsi été amenés à prendre des dispositions pour gérer les crises sociales.

B. Les mesures de résolutions nationales des crises

236. Les crises sociales sont inhérentes à toutes les sociétés et méritent de faire l'objet de mesures de règlement pour limiter leurs conséquences. Conscients de cela, les États membres de l'UEMOA ont pris des mesures juridiques visant à la promotion du dialogue social (1)[617] et mis en place des cadres institutionnels afin de rendre effectif le processus de dialogue social (2).

1. Les mesures juridiques

237. Le dialogue social « se rapporte à ce qui favorise la discussion entre différentes composantes d'une société, d'une collectivité humaine considérée comme une entité propre »[618]. Il inclut tous types de négociation, de consultation ou simplement d'échange d'informations entre les représentants des gouvernements, des employeurs et des travailleurs. Cela implique une coopération tripartite entre ces différents acteurs. Par coopération tripartite, « *il convient d'entendre le processus de concertation entre le gouvernement et les acteurs de la vie socio-économique que sont,*

---

615 OUEDRAOGO Touwendé Joachim, *op. cit.*, p. 17.

616 TRAORE Seydou Issa, *op. cit.*, p. 55.

617 Au sens de l'OIT, « *le dialogue social désigne la participation des travailleurs, des employeurs et des gouvernements aux décisions relatives à l'emploi et à toute question afférente au lieu de travail. Il englobe toutes les formes de négociation, de consultation et d'échange d'informations entre les représentants des trois groupes susmentionnés qui portent sur les politiques économiques et sociales et les politiques du travail. Le dialogue social est à la fois le moyen de réaliser des progrès sociaux et économiques et un objectif en soi puisqu'il donne à la population l'occasion de se faire entendre et d'exercer une influence sur la société et le lieu de travail* ». (CIT, « Dialogue social, Discussion récurrente en vertu de la Déclaration de l'OIT sur la justice sociale pour une mondialisation équitable », rapport VI, 102e session, p.5).

618 AUVERGNON Philippe, KÉNOUKON Chrystal, « Présentation », *in* AUVERGNON Philippe et KÉNOUKON Chrystal (dir.), *Dialogue social dans les pays de l'espace OHADA et ailleurs dans le monde : la part du droit,* L'Harmattan, 2018, p. 9.

d'une part, les organisations d'employeurs et, d'autre part, les organisations de travailleurs dans le but d'instaurer un climat social apaisé, seul susceptible de garantir aux entreprises un cadre épanouissant et aux travailleurs la sauvegarde et le renforcement de leurs intérêts. Elle se concrétise à travers un certain nombre de mécanismes de dialogue autour des problèmes qui ne manquent pas de surgir avec les nombreuses mutations affectant l'économie et les nombreux bouleversements sociaux qui lui sont liés »[619].

238. Au sein des États membres de l'UEMOA, la coopération tripartite trouve son fondement juridique dans les Constitutions. Au Mali par exemple, cette coopération se fonde sur l'article 23 de la Constitution qui dispose que « tout citoyen doit œuvrer pour le bien commun »[620]. Une telle disposition « affirme l'obligation pour l'État de créer les mécanismes nécessaires à la participation effective de l'ensemble des forces vives à l'œuvre de développement économique, social culturel et moral de la nation »[621]. De plus, les différentes constitutions des États membres consacrent la liberté d'association qui octroie aux travailleurs et employeurs la possibilité de créer des associations syndicales ou professionnelles[622].

239. Toutefois, les législateurs des différents États conscients qu'« un véritable dialogue social n'est concevable qu'à la faveur d'un syndicalisme fort, organisé et suffisamment évolué »[623] ont garanti, dans leurs différents codes du travail, la liberté syndicale avec ses corollaires qu'est la liberté de constitution et de fonctionnement des syndicats[624]. De plus, les différents codes du travail posent les bases des conventions ou accords collectifs[625] intrinsèquement liées à celle du dialogue social.

240. Le dialogue social tel que défini par l'OIT peut prendre la forme d'un processus tripartite, mais peut aussi prendre la forme d'un processus bipartite lorsqu'il se traduit par un accord ou d'une convention collective. Le dialogue social concerne alors les relations professionnelles d'entreprise ou branches et les parties au contrat du travail. Dans une telle procédure, les

---

[619] CISSE Mamadou, DIOH Adrien, *Dialogue national au Sénégal : étude nationale,* BIT, 2004, p. 1. (https://www.ilo.org/public/libdoc/ilo/2004/104B09_374_fren.pdf)

[620] Les Constitutions du Bénin et du Niger ont une disposition similaire. (*Cf.* Articles 33 de la Constitution du Bénin et 40 de la Constitution du Niger).

[621] TALL SIDIBE Penda, SIDIBE Ousmane Oumarou, *Dialogue national au Mali : étude nationale*, BIT, 2002, p. 5.
(https://www.ilo.org/public/libdoc/ilo/2002/102B09_453_fren.pdf).

[622] Article 25 de la Constitution béninoise, article 21 de la Constitution burkinabé, article 20 de la Constitution ivoirienne, article 5 de la Constitution malienne, article 9 de la Constitution nigérienne, article 8 de la Constitution sénégalaise et article 30 de la Constitution togolaise.

[623] CISSE Mamadou, DIOH Adrien, *op. cit.,* p. 5.

[624] Cette liberté est respectivement consacrée aux articles 79 à 92 du Code du travail béninois, 275 à 306 du Code du travail burkinabé, 51-1 à 51-11 du Code du travail ivoirien, 164 à 166 du Code du travail de la Guinée Bissau, 232 à 267 du Code du travail malien, 183 à 210 du Code du travail nigérien, L.6 à L.21 su Code du travail sénégalais et 6 à 26 du Code du travail togolais.

[625] Il s'agit d'un accord relatif aux conditions de travail conclu entre, d'une part, les repr6sentants d'un ou plusieurs syndicats ou groupements professionnels de travailleurs et, d'autre part, une ou plusieurs organisations syndicales ou d'employeurs ou un ou plusieurs employeurs pris individuellement.

négociations ont lieu entre employeurs et représentants des travailleurs. Les codes du travail nationaux prévoient l'institution d'un représentant des travailleurs dans ces États. À titre indicatif, le Code du travail nigérien précise que « *les délégués du personnel ont pour mission de présenter aux employeurs toutes les réclamations individuelles ou collectives qui n'auraient pas été directement satisfaites concernant les conditions de travail et la protection des travailleurs, l'application des conventions collectives, de classifications professionnelles et des taux de salaire ; - de saisir l'inspection du travail de toute plainte ou réclamation concernant l'application des prescriptions légales et règlementaires dont elle est chargée d'assurer le contrôle ; - de veiller à l'application des prescriptions relatives à l'hygiène, à la santé et à la sécurité des travailleurs et à la prévoyance sociale et proposer toutes mesures utiles à ce sujet ; - de communiquer à l'employeur toutes suggestions utiles tendant à l'amélioration de l'organisation et du rendement de l'entreprise ; - de faire part à l'employeur de leurs avis et suggestions sur les mesures de licenciement envisagées en cas de diminution d'activité ou de réorganisation intérieure de l'établissement* »[626]. Les déléguées du personnel exercent dans ces États des fonctions importantes pour la bonne marche du dialogue social : « ils sont les intermédiaires incontournables entre le collectif de travail et le chef d'établissement, d'une part, entre les travailleurs et les services de travail d'autre part »[627].

241. En plus des délégués, les inspecteurs du travail sont souvent dépositaires de prérogatives en matière de dialogue social. Tel est le cas au Mali où les inspecteurs du travail jouent un rôle majeur en matière de règlement des conflits collectifs en vertu des articles L. 218 et suivant du Code du travail. De même, en Guinée Bissau, « *le premier pôle de structures de dialogue social comprend la direction générale de la fonction publique, l'administration du travail précisément la direction générale du travail et l'inspection générale du travail et de la sécurité sociale dont des démembrements se retrouvent au niveau de trois régions sur les huit que compte le pays. Les trois structures du ministère de la Fonction publique, du Travail et de la réforme de l'État ont la charge de travailler à la paix sociale en encourageant les échanges et les consultations et en faisant la conciliation* »[628].

242. Outre les dispositions constitutionnelles et les codifications de normes sur le dialogue social, les différents États membres de l'UEMOA ont adopté des lois sur le dialogue social. À titre illustratif, au Burkina Faso, « les lois dont les dispositions font cas du dialogue social sont : la loi n° 10-92/ADP du 15 décembre 1992 portant liberté d'association qui définit le

---

626 Article 218 du Code du travail du Niger. Les mêmes dispositions sont prévues aux articles 109 du Code du travail du Bénin, 316 du Code du travail du Burkina Faso, 66-1 du Code du travail de la Côte d'Ivoire, 278 du Code du travail du Mali, L.218 du Code du travail du Sénégal et 216 du Code du travail du Togo.

627 OUMAROU Moussa, *Dialogue national au Niger : étude nationale*, BIT, 2002, p. 38.

628 DE Yero, « Étude sur les crises sociales au sein de l'UEMOA : Guinée Bissau », *op. cit.*, p. 21.

syndicat et indique qu'il se forme librement ; la loi n° 028-2008 du/AN du 13 mai 2008 portant code du travail au Burkina Faso »[629] ; la loi n° 081-2015/CNT du 24 novembre 2015 portant régime général de la fonction publique d'État donne en son article 69 le droit aux agents de la fonction publique de constituer et d'adhérer librement à des associations ou à des syndicats professionnels. Le Sénégal, par exemple, a adopté en complément des dispositions constitutionnelles et législatives une Charte nationale sur le dialogue social en 2002 qui précise les règles du dialogue social dans cet État[630]. Cette charte conçue pour promouvoir le dialogue social a pour objectif de « bâtir un partenariat à tous les niveaux (national, secteur ou branche, entreprise) afin de rendre l'économie compétitive en mettant en œuvre une bonne politique sociale »[631]. Le Bénin s'est également doté d'une Charte sociale en 2016[632].

243. Il faut également reconnaître que la pratique du dialogue social au sein de ces États est influencée par les dispositions d'un certain nombre de conventions de l'OIT comme le démontre le tableau ci-dessous.

État des ratification des conventions de l'OIT relatives au Dialogue social								
	BENIN	BUR-KINA FASO	CÔTE D'IVOI-RE	GUINEE BISSAU	MALI	NIGER	SENE-GAL	TOGO
Convention (n° 11) sur le droit d'association (agriculture)	Oui	Oui	Oui	Non	Oui	Oui	Oui	Oui
Convention (n° 81) sur l'inspection du travail	Oui	Oui	Oui	Oui	Oui	Oui	Oui	Oui
Convention (n° 87) sur la liberté syndicale et la protection du droit syndical	Oui	Oui	Oui	Non	Oui	Oui	Oui	Oui
Convention (n° 98) sur le droit d'organisation et de négociation collective	Oui	Oui	Oui	Oui	Oui	Oui	Oui	Oui
Convention (n° 129) sur l'inspection du travail (agriculture) de 1969	Non	Oui	Oui	Non	Non	Non	Non	Oui

[629] OUEDRAOGO Touwendé Joachim, *op. cit.*, p. 25.
[630] *Cf.* https://www.ilo.org/dyn/natlex/docs/MONOGRAPH/73529/75178/F1400249628/SEN-73529.pdf.
[631] DE Yero., « Étude sur les crises sociales au sein de l'UEMOA : Sénégal », Rapport CTDS, 2013, p. 29.
[632] *Cf.* https://www.africa24tv.com/fr/benin-signature-dune-charte-pour-le-dialogue-social.

Convention (n° 135) concernant les représentants des travailleurs	Oui	Oui	Oui	Non	Oui	Oui	Oui	Non
Convention (n° 141) sur les organisations de travailleurs ruraux	Non	Oui	Non	Non	Oui	Non	Non	Non
Convention (n° 144) sur les consultations tripartites relatives aux normes internationales du travail	Oui	Oui	Oui	Non	Oui	Oui	Oui	Oui
Convention (n° 150) sur l'administration du travail	Oui	Oui	Oui	Non	Oui	Oui	Non	Oui
Convention (n° 151) sur les relations de travail dans la fonction publique	Non	Non	Non	Non	Oui	Non	Non	Non
Convention (n° 154) sur la négociation collective	Oui	Non	Non	Non	Non	Oui	Non	Non

2. Les cadres institutionnels du dialogue social

244. Les États membres de l'UEMOA ont mis en place des structures de préventions et de gestion des crises sociales. Celles-ci peuvent être tripartites ou bipartites et concerner tant le secteur privé que le secteur public. Elles sont pour la plupart prévues par les différents codes du travail. Il en va notamment ainsi du Cadre national du dialogue social[633] par l'article 209 du Code du travail du Togo qui vise à prévenir les crises en permettant un partage d'informations entre les différents acteurs.

245. Les structures de dialogue social peuvent également être fondées sur le régime juridique applicable aux emplois. Le Conseil supérieur de la Fonction publique (CSFP) du Mali en est une parfaite illustration[634]. Ce Conseil « *comprend en nombre égal des représentants de l'administration et des représentants des organisations syndicales les plus représentatives de fonctionnaires. (…) Il est saisi des projets de loi tendant à modifier le Statut*

[633] Il convient de relever que le Conseil national du dialogue social existe dans d'autre États de l'UEMOA même s'il n'est pas prévu par les codes du travail. Ainsi, un Conseil national du dialogue social été créé par décret au Benin le 28 juin 2017 ; un Haut conseil du dialogue social a été créé au Burkina Faso par décret le 9 mars 2017. Une commission nationale du dialogue social a été créé au Niger par décret le 23 février 2001. Un Haut conseil du dialogue social a été créée par décret au Sénégal le 13 octobre 2014.

[634] *Cf.* Loi n° 02-053 du 16 décembre 2002, modifié portant Statut général des Fonctionnaires du Mali. C'est la loi n° 61-57 du 15 mai 1961 portant Statut général des Fonctionnaires qui a créé le Conseil supérieur de la Fonction publique. Cette loi a été modifiée par l'ordonnance n° 77-71/CMLN du 26 décembre 1977, puis par l'ordonnance 78-18/CMLN du 10 juin 1978, et enfin par la loi n° 93-059 /P-RM du 1993. Le CSFP est régie par le décret n° 86-093/PG-RM du 29 mars 1996. (*Cf.* COULIBALY Fassoun, *Dialogue social au Mali : réalités et enjeux*, Thèse de doctorat, droit privé, Université de Bordeaux, 2019, p. 60).

général des fonctionnaires et les statuts particuliers régissant les différents corps de la Fonction publique[635]*. Le Conseil est également saisi des projets de décret relatifs à la situation de l'ensemble des fonctionnaires et des projets de décret comportant des dispositions de nature statutaire communes à un ou plusieurs corps de fonctionnaires. Dans le cadre de la compétence qui lui est attribuée, le CSFP émet des avis ou fait des recommandations* »[636].

246. Outre ce type de dialogue, il existe d'autres structures de concertation, de régulation et de réconciliation nationales qui interviennent en matière de dialogue social. Ces organes sont de divers ordres au sein des États membres de l'UEMOA. À titre illustratif, le Togo a connu une grave crise électorale en 2005. Dans l'optique de rétablir la paix sociale, les acteurs politiques togolais et la société civile ont signé un accord politique globale (APG) le 20 août 2006 qui « préconise la mise en place d'un certain nombre de structures pour jeter les bases d'une entente entre les acteurs politiques et œuvrer à la réconciliation nationale, à la paix civile et à la stabilité politique »[637]. Cet accord exigeait la mise en place du « cadre permanent de dialogue et de concertation (CPDC) »[638]. Il réunissait des parties siégeant au Parlement, des formations extra-parlementaires et des représentants du gouvernement. Il s'agit d'un organe consultatif chargé de « *créer, par un dialogue permanent, les conditions de stabilité et de consolidation des institutions républicaines ; il permet de : promouvoir le débat autour des questions d'intérêt national, notamment de celles qui divisent la classe politique ; faire des recommandations qui aident à la mise en place d'un cadre juridique et institutionnel consensuel ; contribuer à la consolidation de la démocratie, de la cohésion nationale, et au renforcement de l'unité nationale par l'enracinement de la culture citoyenne* »[639]. L'impact de ce cadre de dialogue permanent est toutefois contesté et le constat a été fait en 2013 selon lequel « la méfiance qui gangrène les institutions a fini par contaminer aussi le CPDC rénové, tant et si bien qu'il ne se réunit plus »[640].

247. Si le CPDC a été créé à la suite d'une crise, il n'en est pas de même pour toutes les structures de prévention. Ainsi en Guinée Bissau, il a été institué en 2001 un Conseil permanent de la concertation sociale (CPCS), structure tripartite comprenant représentants du gouvernement, des employeurs et des travailleurs. Ce CPCS est présidé par le Premier ministre, la vice-présidence est assurée suivant un principe de rotation par le ministre du Travail, les deux centrales syndicales et le patronat[641]. Il s'agit aussi d'un

---

[635] Article 10 du décret d'application de la loi n° 02-053 du 16 décembre portant général de la Fonction publique du Mali relatif à la composition du Conseil supérieur de la Fonction publique.
[636] COULIBALY Fassoun, *op. cit.*, p. 61.
[637] ATTI Komi Anani B, *op. cit.*, p. 29.
[638] Le CPDC a été créé par le décret n° 2008-144/PR du 17 novembre 2008.
[639] ATTI Komi Anani B, *op. cit.*, p. 30.
[640] *Ibid.* p. 31.
[641] DE Yero, « Étude sur les crises sociales au sein de l'UEMOA : Guinée Bissau », *op. cit.*, p. 22.

organe consultatif[642] « sur les politiques économiques et sociales, sur les réformes à impact social, sur la législation du travail, sur toutes les questions qui ont une incidence sur l'emploi et sur le social de manière générale »[643].

248. Dans ces États, la chefferie traditionnelle est souvent reconnue comme une instance du dialogue social. En l'occurrence au Togo, en vertu d'une loi relative au statut des chefs traditionnels[644] ; ces derniers sont reconnus comme étant des relais de l'administration centrale pour les questions touchant les us et coutumes. Les chefs traditionnels ont pour mission de veiller à la cohésion sociale et y contribuent « par des mécanismes traditionnels tels que l'arbitrage et la conciliation »[645]. Au Mali, « lors de la grève des magistrats entre juillet et septembre 2018, toutes les légitimités traditionnelles[646] de Bamako sont intervenues auprès des autorités pour tenter de régler le conflit »[647].

249. Ces structures de concertation, de régulation et de réconciliation arrivent à prévenir la survenance de conflits sociaux et à apaiser le climat social au sein des États. C'est ainsi qu'en Côte d'Ivoire, du fait des travaux de la Commission indépendante permanente de concertation créée en 1994, aucune crise majeure n'a été enregistrée dans le secteur privé ivoirien entre 2010 et 2013[648]. Même si ces structures nationales paraissent efficaces, il a paru opportun de doter l'UEMOA d'un organe interne de résolution des crises.

§ 2. La solution communautaire aux crises sociales

250. Pour faire face à la recrudescence des crises sociales au sein des États membres de l'UEMOA, les partenaires sociaux ont très vite formulé la demande aux chefs d'États de prendre part de façon active au processus de décision de l'Union. Les représentants des employeurs, des travailleurs et des ministres en charge du Travail des États membres de l'UEMOA avaient recommandé, lors d'une réunion intervenue au siège de l'UEMOA en mai 1999, la création au sein de l'Union d'une structure tripartite permanente représentant gouvernements, travailleurs et employeurs. Après une longue période de maturation, le Conseil du Travail et du Dialogue social (CTDS) de l'UEMOA a été créé par la Conférence des chefs d'États et de

---

[642] Les sessions du CPCS ont lieu une fois par trimestre et « sont des moments d'information, d'échange, de concertation entre les principaux acteurs du secteur moderne, mais aussi de formulation d'avis et de recommandations adressées au gouvernement ». (DE Yero, « Étude sur les crises sociales au sein de l'UEMOA : Guinée Bissau », *op. cit.*, p. 22).

[643] DE Yero, « Étude sur les crises sociales au sein de l'UEMOA : Guinée Bissau », *op. cit.*, p. 22.

[644] Loi 2007-002 du 08 janvier 2007 relative à la chefferie traditionnelle et au statut des chefs traditionnels. (http://extwprlegs1.fao.org/docs/pdf/tog167118.pdf).

[645] ATTI Komi Anani B, *op. cit.*, p. 33.

[646] Les légitimités traditionnelles regroupent les chefs de quartier de Bamako, les chefs religieux et les griots qui s'associent généralement au Conseil national de la société civile pour intervenir dans la gestion de certains conflits sociaux majeurs.

[647] COULIBALY Fassoun, *op. cit.*, p. 78.

[648] KONE Zobila, *op. cit.*, p.8.

gouvernements en 2009[649]. Cet organe « contribue et facilite la réalisation des objectifs de l'Union et la mise en œuvre des réformes économiques en cours dans chaque État membre »[650]. Il bénéficie de l'accompagnement du BIT « en vue d'atteindre les résultats escomptés, à savoir le règlement des conflits sociaux et la promotion du travail décent »[651]. Doté d'objectifs ambitieux par la Conférence des chefs d'États et de gouvernements (A), le CTDS parvient progressivement à les réaliser (B).

A. Un organe aux objectifs ambitieux

251. Dès sa création, on a souhaité que le CTDS dispose d'une composition originale (1) dans l'optique de l'atteinte des objectifs (2).

1. La composition du CTDS

252. Le CTDS « est un organe unique dans sa configuration »[652] qui va au-delà du tripartisme classique. De nature quadripartite, il traduit la volonté des chefs d'États et de gouvernements de prendre « en charge au plan communautaire des questions dont la résolution interpelle souvent d'autres acteurs que les partenaires sociaux classiques que sont gouvernements et organisations d'employeurs et de travailleurs »[653]. Le CTDS est composé de soixante-douze membres soit neuf membres par État. Chaque pays membre y dispose de trois représentants gouvernementaux ; deux représentants d'organisations représentatives d'employeurs ; deux représentants d'organisations représentatives de travailleurs et deux représentants de la société civile[654]. La durée de mandant de chaque représentant du CTDS est de quatre ans renouvelables[655].

253. Bien qu'étant un organe quadripartite, les représentants ne bénéficient pas des mêmes droits au sein du CTDS. En effet, même si en vertu de l'article 3 du règlement intérieur, les représentants de gouvernements et les représentants des partenaires sociaux ont le droit de vote dans toutes les matières relevant de la compétence du CTDS, telle n'est pas le cas des représentants de la société civile qui « ont le droit de vote dans les matières autres que l'élection des organes du CTDS et les questions ayant trait aux relations de travail ». Le tripartisme prévaut donc en matière

---

[649] Acte additionnel n° 002/2009/CCEG/UEMOA du 17 mars 2009 portant création et organisation du Conseil du Travail et du Dialogue social (CTDS) de l'UEMOA (Non publié).

[650] THIAM Birane, « Le Conseil du travail et du dialogue social de l'UEMOA : missions, contraintes, défis et perspectives », *op. cit.*, p. 129.

[651] NIANGO Augustin, Première réunion du Conseil du Travail et du Dialogue Social de l'UEMOA, rapport CTDS, 2010, dactyl, p. 2.

[652] THIAM Birane, *op. cit.*, p. 131.

[653] *Ibid.*, p. 132.

[654] Article 5 de l'acte additionnel n°002/2009/CCEG/UEMOA, *op. cit.*

[655] La durée du mandat initialement prévu pour deux ans lors de l'adoption du règlement intérieur en 2010 a été étendue à quatre ans lors de la sixième Assemblée générale du CTDS en 2015. (THIAM Birane, Rapport de la sixième Assemblée générale du CTDS, rapport CTDS, 2015, dactyl, p. 13).

d'élection des organes du CTDS et de questions relatives aux relations de travail au sein du CTDS.

254. Le CTDS comprend sur le plan institutionnel, une Assemblée générale, un Bureau, un Secrétariat permanent. L'Assemblée générale est composée de tous les représentants des États membres[656]. Elle est « seule compétente pour rendre des avis, émettre des recommandations ou formuler des propositions »[657]. Elle détermine les orientations générales de l'activité du CTDS et adopte le projet de budget du CTDS à soumettre à l'approbation de la Commission. Elle peut déléguer cette prérogative au Bureau[658]. Ce dernier est l'organe de mise en œuvre des décisions de l'Assemblée générale[659] ; il est investi des pouvoirs les plus étendus pour agir au nom du CTDS dans le cadre des orientations générales définies par l'Assemblée générale[660].

255. Le CTDS s'est inscrit dans une dynamique de croissance organisationnelle dans l'optique d'améliorer son fonctionnement et de renforcer son efficacité. Cela s'est traduit par une augmentation de ses structures. L'article 2 du règlement intérieur a ainsi été modifié lors de la sixième Assemblée générale du CTDS[661]. Un nouvel alinéa a prévu la création des « cellules nationales CTDS ». En vertu de cet article, « dans chaque pays, les neuf membres représentant l'État membre constituent une cellule appelée "Cellule nationale CTDS" et désignent en leur sein un coordonnateur, un vice-coordonnateur et un (ou deux) rapporteur(s) ». Pour permettre une intervention efficace de ces « cellules nationales », un montant a été prévu au budget 2016 du CTDS. Celles-ci jouent un rôle de relais et d'appui du CTDS au niveau national. Leurs fonctionnements réguliers devraient permettre « d'insuffler un dynamisme au niveau national en vue de la modernisation des administrations du travail et du renforcement des

---

656 En vertu des dispositions de l'article 7 de l'acte additionnel n°002/2009/CCEG/UEMOA, *op. cit.*, l'Assemblée générale se réunit « *une fois par an en session ordinaire sur convocation de son président, conformément au règlement intérieur du Conseil du Travail et du Dialogue social. Elle peut se réunir en session extraordinaire, en cas de besoin, sur l'initiative de son président ou sur proposition des deux Vice-présidents, après consultation de leurs mandants* ». Selon les dispositions de l'article 9 du règlement intérieur du CTDS, elle « ne peut valablement se réunir que si 50 % des membres de chaque groupe de représentants sont effectivement présents ».

657 Article 7 de l'acte additionnel n°002/2009/CCEG/UEMOA ; article 8 du règlement intérieur du CTDS.

658 Article 8 du règlement intérieur du CTDS.

659 En vertu des dispositions de l'article 8 de l'acte additionnel n° 002/2009/CCEG/UEMOA (*op. cit.*), le Bureau est composé de trois (3) membres, dont un Président (représentant gouvernemental), un Vice-président (représentant des employeurs) et un Vice-président (représentant des travailleurs). Les membres du Bureau du CTDS sont élus pour une durée de 4 ans en vertu des dispositions de l'article 20 du règlement intérieur.

660 Selon les dispositions de l'article 12 du règlement intérieur du CTDS, le Bureau « *exerce notamment les pouvoirs suivants : il prépare la tenue des sessions de l'Assemblée Générale, il arrête le budget de l'exercice sur délégation de l'Assemblée Générale, il représente le CTDS auprès des autres Organes de l'Union, il supervise l'élaboration des rapports d'activité du CTDS* ».

661 La sixième Assemblée générale du CTDS a eu lieu à Ouagadougou du 8 au 10 décembre 2015.

organes nationaux de dialogue social essentiels à la prévention des conflits sociaux »[662].

2. Les missions du CTDS

256. Le CTDS est un organe consultatif de l'UEMOA ayant « pour mission d'assurer la participation des partenaires sociaux et de la société civile à la réalisation des objectifs de l'Union »[663]. Il a pour objectif de « réaliser l'implication effective de tous les acteurs non étatiques dans le processus d'intégration de l'UEMOA »[664]. Il est par conséquent chargé d'assurer *« a) l'examen et l'appréciation de toute question susceptible d'avoir un impact social dans l'Union ; b) Le renforcement des mécanismes de consultation, de concertation tripartite au sein de l'Union ; c) l'appui à la consolidation du processus et des structures de dialogue social dans les pays membres »*[665].

257. Dans le cadre de la réalisation de ses objectifs, « le CTDS donne des avis à son initiative ou à celle des États membres, du Conseil des ministres, de la Commission des représentants des employeurs, de la Commission des représentants des travailleurs »[666]. Ces demandes de consultation doivent être transmises au CTDS par le Président de la Commission. En pratique, la saisine du CDTS n'est pas encore une habitude des États membres[667]. Le Secrétaire permanent du CTDS révélait en effet en 2015 que l'absence de consultation de cet organe par les États membres ainsi que par Commission sur des thèmes ayant un lien avec la question sociale constituait une des difficultés majeures à la réalisation des objectifs du CTDS[668].

258. Dans l'optique de réaliser ses missions, le CTDS s'est doté en 2013[669] de deux Commissions techniques spécialisées composées chacune de seize experts[670]. Elles ont pour mission d'assurer le traitement technique des dossiers. Il s'agit tout d'abord de la Commission économique et sociale qui prend en charge toutes les questions d'ordre économique et social. Elle appuie le Conseil dans la préparation des avis, des propositions et des recommandations et l'éclaire dans l'appréciation de toutes les questions à

---

[662] THIAM Birane, Rapport de la septième Assemblée générale du CTDS, rapport CTDS, 2016, dactyl, p. 2.

[663] Article 2 de l'acte additionnel n°002/2009/CCEG/UEMOA, *op. cit.*

[664] THIAM Birane, « Le conseil du travail et du dialogue social de l'UEMOA : missions, contraintes, défis et perspectives », *op. cit,* p. 133.

[665] Article 3 de l'acte additionnel n°002/2009/CCEG/UEMOA, *op. cit.*

[666] Article 4 de l'acte additionnel n°002/2009/CCEG/UEMOA, *op. cit.*

[667] Selon M. Birane THIAM, Sécrétaire administratif permanent du CTDS, interrogé le 24 aout 2019, le CTDS n'a pas encore fait l'objet d'une saisine par un État membre de l'UEMOA.

[668] Interview de M. THIAM Birane, *op. cit.,* réalisé le 22 janvier 2015.

[669] Lors de la quatrième Assemblée générale du CTDS qui s'est tenue à Ouagadougou le 13 décembre 2013.

[670] Le nombre d'experts des commissions techniques spécialisées du CTDS est passé de douze à seize lors de la septième Assemblée générale du CTDS ayant eu lieu à Cotonou du 13 au 15 décembre 2016. (THIAM Birane, Rapport de la septième Assemblée générale du CTDS, *op. cit.*, p. 14).

caractère économique et social. Elle prend également en charge les questions relatives à la promotion du travail décent, à la santé, la sécurité et l'hygiène au travail, aux législations sociales (travail et sécurité sociale), au fonctionnement des administrations du travail, à la gouvernance des institutions de Sécurité sociale, aux stratégies de renforcement et d'extension de la protection sociale aux travailleurs nationaux et étrangers dans les pays membres de l'Union. Il s'agit par ailleurs de la Commission « Dialogue social » ; cette dernière appuie également le Conseil dans la préparation des avis, des propositions, des recommandations et l'éclaire dans l'appréciation de toutes les questions relatives au dialogue social, à la promotion des bonnes attitudes (respect des accords signés, de la parole donnée), à la prévention des conflits sociaux et à la gestion de la paix sociale. À cet effet, elle procède à la définition des stratégies de promotion du dialogue social et de la négociation collective à mettre en œuvre par le bureau dans les pays membres de l'Union. Elle s'intéresse également aux mécanismes de consolidation des processus et structures de dialogue dans les pays membres de l'Union.

B. Les réalisations du CTDS

259. Le CTDS, créé en 2009, a été installé en 2010 au cours de l'Assemblée générale qui a adopté son règlement intérieur, élu son premier bureau[671] et esquissé son programme d'activités pour la période 2011-2013. De ce fait, la réalisation des activités du CTDS n'est effective que depuis 2011. Cette instance s'est évertuée, à partir de cette année, à consolider son organisation en essayant de prendre part à la construction communautaire (1) et de jouer un rôle majeur dans la préservation d'un climat de paix dans l'Union (2).

1. Le rôle dans la construction communautaire

260. Le CTDS étant un organe communautaire ayant des objectifs imprévus explicitement par le Traité de l'Union ; il lui est apparu opportun « au cours de ses deux premières années d'existence de mettre en place un dispositif permanent capable de lui permettre de remplir pleinement et efficacement ses missions »[672]. Ainsi, au cours de cette période, le CTDS « *soutenu par la Commission de l'UEMOA, le Bureau international du Travail (BIT) et le Centre de Recherche pour le Développement international (CRDI) a centré ses activités sur le renforcement de ses propres capacités : formation des membres et mises en place de Commissions techniques chargées de préparer les avis du Conseil* »[673]. Ce

[671] La première assemblée générale du CTDS s'est tenue à Ouagadougou les 28, 29 et 30 juillet 2010.
[672] CTDS, Compilation des résultats des travaux du Conseil de 2010 à 2016, 2017, dactyl, p. 7.
[673] *Ibid.*, p. 8.

renforcement des capacités s'est accentué par le recrutement d'un Secrétaire administratif permanent en 2013.

261. Dès 2015, le CTDS s'est impliqué dans le processus de construction communautaire en émettant annuellement depuis 2015 des avis à l'intention de la commission conformément à ses prérogatives. Alors que l'UEMOA était engagée cette même année dans le processus de révision de ses critères de convergence, le CTDS a émis un avis sur le sujet[674]. Cet avis a tout d'abord recommandé à la Commission le maintien des critères de convergence au vu de leur pertinence en suggérant de compléter d'une part « *le critère "ratio encours de la dette publique en pourcentage du PIB nominal" par l'ajout d'un sous-indicateur permettant de vérifier qu'une part importante des prêts contractés par l'État sont effectivement destinés à des secteurs "pertinents", créateurs d'emplois décents* » et d'autre part « *le critère "ratio des investissements publics financés sur ressources internes" par un sous-indicateur permettant à la Commission de s'assurer qu'une part importante des investissements qui seront réalisés par l'État viseront des secteurs sociaux* »[675]. L'avis émis par le CTDS en 2015 a recommandé l'élargissement du champ de compétence des critères de convergence pour y inclure des critères relatifs aux conditions de travail et mettre en place un dispositif de convergence de politique sociale[676]. Il a enfin recommandé aux États de renforcer les cadres internes de dialogues sociaux. Ces recommandations du CTDS ont été partiellement suivies. Si la Commission a maintenu le critère de convergence, celui-ci n'a pas été complété ou élargi[677].

262. Dans la même logique, le CTDS a rendu deux avis au cours de l'année 2016. Le premier a concerné le règlement portant Code communautaire de l'artisanat de l'UEMOA[678]. Le CTDS conscient du « rôle et de la place qu'occupe le secteur de l'artisanat dans les économies des pays membres surtout en matière d'emploi et tenant en compte l'impérieuse nécessité de promouvoir le travail décent dans ce secteur »[679], a recommandé aux États membres d'« *impliquer les associations professionnelles d'employeurs et les organisations syndicales de travailleurs et la société civile pour mieux faciliter l'application, la mise en œuvre et le suivi de l'application de règlement communautaire, de prendre des initiatives et des mesures appropriées pour accompagner les acteurs professionnels sus secteurs, de faciliter la rechercher des partenaires et la consommation des produits de l'artisanat au sein des États membres et de promouvoir la protection sociale des artisans* »[680]. Le suivi de telles recommandations

---

674 Avis du CTDS de l'UEMOA n° 001/2015 du 10 décembre 2015 sur le Pacte de convergence, de stabilité, de croissance et de stabilité de l'UEMOA (Dactyl).

675 Avis du CTDS de l'UEMOA n°001/2015, *op. cit.*, p. 5.

676 *Ibid.*, p. 6.

677 *Cf. supra.* Chapitre 2.

678 Avis du CTDS de l'UEMOA n° 002/2016 du 15 décembre 2016 sur le règlement n° 01/2014/CM/UEMOA du 27 mars 2014 portant Code communautaire de l'Artisanat de l'UEMOA, avis émis en décembre 2016. (Dactyl).

679 Avis du CTDS de l'UEMOA n° 002/2016, *op. cit.*, p. 1.

680 *Idem.*

devrait permettre une meilleure implication des partenaires sociaux et de la société civile dans la règlementation de l'artisanat et protéger les artisans de l'espace communautaire. Le CTDS a, par ailleurs, recommandé à la Commission de l'UEMOA d'« *appuyer la mise en conformité des législations nationales avec les dispositions du règlement ; de procéder à l'adoption des règlements d'application et inviter les États membres à mettre en œuvre les diligences essentielles à la mise en œuvre du règlement ; de mener une étude pour faire le point de l'ensemble des référentiels de compétences des pays membres de l'Union et d'impliquer le CTDS dans le mécanisme de concertation au niveau régional prévu par l'article 85 du règlement* »[681].

263. Le second avis du CTDS en 2016 a porté sur le processus décisionnel communautaire[682]. Dans cet avis, le CTDS « convaincu qu'il doit s'intéresser et s'impliquer davantage à l'action normative communautaire »[683] recommande une meilleure implication du CTDS dans le processus d'élaboration et d'adoption des actes communautaires. Cet avis traduit la volonté du CTDS d'être davantage impliqué dans le processus décisionnel de l'UEMOA et d'acquérir plus de visibilité[684].

264. Le CTDS qui s'évertue à émettre des avis annuellement, en a produit trois au cours de l'année 2017. Ces avis sont relatifs aux programmes et chantiers de l'Union dans un contexte de rareté des ressources[685], aux partenariats publics privés[686] et à la couverture du risque maladie[687]. Deux avis ont également été produits en 2018. Ceux-ci ont été relatifs à la portabilité du droit des travailleurs migrants à la Sécurité sociale[688] et à l'égalité des chances et de traitement en milieu professionnel[689]. En 2019, deux avis ont aussi été produits par le CTDS le premier relatif à la promotion de la responsabilité sociale des entreprises, à la Déclaration de principes

---

681 *Ibid.*, p. 2.

682 Avis du CTDS de l'UEMOA n° 003/2016 du 15 décembre 2016 sur le processus d'élaboration et d'adoption des actes communautaires (Dactyl).

683 Avis du CTDS de l'UEMOA n° 003/2016, *op. cit.*, p. 1.

684 À ce propos, M. THIAM, interrogé le 22 janvier 2015, estimait que l'absence de consultation du CTDS par les États membres et par la Commission était l'une des difficultés rencontrées par celui-ci dans la réalisation de ses objectifs.

685 Avis du CTDS de l'UEMOA n° 004/2017 du 8 décembre 2017 sur les programmes et chantiers de l'union dans un contexte de rareté des ressources (Dactyl).

686 Avis du CTDS de l'UEMOA n°005/2017 du 8 décembre 2017 sur le partenariat public privé (Dactyl).

687 Avis du CTDS de l'UEMOA n°006/2017 du 8 décembre 2017 sur la couverture du risque maladie (Dactyl).

688 Avis du CTDS de l'UEMOA n° 007/2018 du 6 décembre 2018 sur la portabilité du droit des travailleurs migrants à la sécurité sociale au sein des huit pays membres de l'UEMOA. (Dactyl).

689 Avis du CTDS de l'UEMOA n° 008/2018 du 6 décembre 2018 sur l'égalité des chances et de traitement en milieu professionnel dans les pays membres de l'UEMOA. (Dactyl)

tripartites sur les entreprises multinationales et à la politique sociale[690]. Le second avis porte sur la violence de genre et le harcèlement au travail[691].

265. D'une manière générale, les avis du CTDS, qui contiennent des dispositions relatives au travail et au dialogue social, concernent différents aspects de l'intégration communautaire. Le CTDS s'évertue à ajouter un volet social à des problématiques ayant trait à la construction communautaire, ces récentes productions s'inspirent toutefois des instruments de l'OIT[692]. Il convient de souligner qu'outre le rôle joué dans la construction communautaire, le CDTS a réalisé des actions en faveur de la préservation de la paix sociale au sein de l'espace communautaire.

2. Le rôle dans la préservation de la paix

266. Le CTDS est appelé à « prévenir les conflits sociaux et instaurer un climat de paix sociale en soutien aux processus d'émergence économique en cours dans les États de l'Union »[693]. De ce fait, face à la récurrence des crises sociales dans les États membres de l'UEMOA et aux risques que celles-ci constituent pour la paix sociale, le CTDS s'est « particulièrement investi au cours des années 2012 à 2014 dans la compréhension des causes des crises sociopolitiques »[694]. Il a notamment commandité, avec l'appui du BIT, la réalisation par des experts indépendants d'études sur les crises sociales dans l'ensemble des États membres. Ces études ont permis la réalisation de huit monographies dont les conclusions ont servi à alimenter une concertation de haut niveau sur les crises sociales dans l'espace UEMOA[695]. Cette dernière a donné lieu à l'adoption d'une « Déclaration sur les crises sociales » dans les pays membres de l'Union le 6 décembre 2013 à Ouagadougou, déclaration contenant une série de recommandations à mettre en œuvre par les États, en relation avec les partenaires sociaux, pour mieux prévenir et gérer les crises sociales dans notre espace communautaire[696]. Cette Déclaration a appelé les États membres de l'UEMOA à reformer ou renforcer leur organe de dialogue social. Cela fut suivi notamment par le Sénégal qui a adopté en mai 2014 un

---

[690] Avis du CTDS de l'UEMOA n°009/2019 du 17 décembre 2019 sur la promotion sociale des entreprises et de la Déclaration de principes tripartite sur les entreprises multinationales et la politique sociale au sein des pays membres de l'UEMOA. (Dactyl)

[691] Avis du CTDS de l'UEMOA n°010/2019 du 17 décembre 2019 sur la violence de genre et le harcèlement au travail dans les pays membres de l'UEMOA. (Dactyl)

[692] L'avis n°009/2019 se réfère à la Déclaration de principes tripartite sur les entreprises multinationales et la politique sociale adopté par l'OIT en 1977. L'avis n°010/2019 du 17 décembre 2019 sur la violence de genre et le harcèlement au travail dans les pays membres de l'UEMOA rappelle la convention n°190 de l'OIT sur la violence et le harcèlement adoptée en juin 2019.

[693] THIAM Birane, « Le Conseil du travail et du dialogue social de l'UEMOA : missions, contraintes, défis et perspectives », *op.cit.*, p. 142.

[694] CTDS, Compilation des résultats des travaux du Conseil de 2010 à 2016, *op. cit.*, p. 7.

[695] *Idem.*

[696] *Idem.*

Pacte de stabilité sociale et d'émergence économique et un décret créant le Haut Conseil du Dialogue social[697].

[697] Il convient de relever que cette « Déclaration » a influencé également les autres États membres de l'UEMOA. Elle est à l'origine de la réalisation au Mali et au Burkina Faso d'une étude diagnostique sur le dialogue social et la prévention des crises sociales. Elle a incité le Bénin à organiser un « Forum social » qui a permis l'adoption d'une Charte du dialogue social. Elle a également poussé le Niger a renouvelé les membres et le Bureau de la Commission nationale du Dialogue Social et a sollicité le BIT pour le renforcement des capacités de ses nouveaux membres (*Cf.* THIAM Birane, Rapport de la cinquième Assemblée générale du CTDS, rapport CTDS, 2015, Dactyl, p.13).

CONCLUSION DU TITRE I

268. L'OIT depuis sa création a édicté des normes internationales du travail visant à améliorer les conditions de vie des travailleurs. Celles-ci adoptées avec l'implication des États membres doivent y être appliquées. Cette application requiert l'intervention des États détenteurs de la souveraineté en matière de ratification des normes internationales et de la transposition de celles-ci dans leur ordre interne. Ils doivent également intervenir pour assurer l'assimilation et le respect de ces normes.

269. Les huit États de l'Afrique de l'Ouest qui ont décidé d'unir leur destin dans le cadre de l'UEMOA sont tous membres de l'OIT. Ils possèdent des mécanismes de ratifications et des formalités de divulgation des conventions internationales presque similaires, même s'ils décident tous souverainement de l'opportunité de ratifier les conventions internationales du travail de l'OIT. Toutefois, les processus de ratifications sont soumis à des difficultés au sein de ces États qui handicapent l'efficacité de leur intégration dans les différents ordres internes. Ces difficultés d'ordre juridique vont de pair avec celles rencontrées dans l'intégration sociale de ces normes au sein de ces États. Celles-ci sont en réalité très largement méconnues par leurs destinataires. Malgré la dotation de ces États d'organes capables de contrôler l'application des normes, des motifs de résistances subsistent.

270. Le rôle de l'État dans la réception des normes internationales du travail peut expliquer de prime abord que cette question ne fasse pas l'objet d'une prise en considération communautaire. Toutefois, les objectifs initiaux de l'UEMOA l'ont conduit à intervenir prioritairement en matière économique et financière. Les questions relatives à la condition des travailleurs ont été implicitement abordées au sein de cet espace d'intégration par les États membres ainsi que par l'Union en vue de la réalisation du marché commun. Cependant, la création par l'UEMOA d'un organe impliquant les partenaires sociaux traduit une nouvelle étape dans le processus de construction communautaire de cette organisation sous régionale. Cet organe qui s'intéresse à « toute question susceptible d'avoir un impact social dans l'Union »[698] offre des perspectives en matière de conditions de travail et justifie que l'on s'interroge sur les opportunités offertes par l'UEMOA en matière de réception de normes internationales du travail.

---

[698] Article 3 de l'acte additionnel n° 002/2009/CCEG/UEMOA, *op. cit.*

TITRE 2

Les opportunités d'apport de l'Union

271. Les États membres de l'UEMOA, forts de leur « héritage linguistique, administratif et juridique commun »[699], ont décidé d'unir leur destin dans le cadre d'une organisation sous régionale qui ambitionne de réaliser « l'édification en Afrique de l'Ouest d'un espace harmonisé et intégré, au sein duquel est assurée une totale liberté de circulation des personnes, des capitaux, des biens, des services et des facteurs de production »[700].

272. L'UEMOA à l'instar d'autres groupements sous régionaux est « animée par des acteurs étatiques, mais également des représentants des entreprises, des syndicats, des organisations non gouvernementales, des entités infra étatiques ou des institutions internationales. (...) Il s'agit d'une construction sociale animée par des acteurs publics et privés internes et internationaux producteurs de normes »[701]. La diversité de ces acteurs suppose une pluralité des domaines d'actions et peut justifier le fait que l'UEMOA ayant initialement exprimé un objectif d'intégration économique soit parvenue à réaliser des actions en matière sociale en associant au processus de construction communautaire d'autres acteurs que ceux initialement prévus.

273. La création d'une organisation sous régional comme l'UEMOA permet de circonscrire la réalisation géographique des activités ; elle offre « un espace pour l'action »[702] et suppose une gestion efficace des besoins sous régionaux. L'UEMOA n'inclut pas expressément, parmi les objectifs du processus d'intégration, le domaine social, et moins encore la question des normes internationales du travail. Toutefois, elle a mis en place un cadre institutionnel qui peut permettre de mener des actions sur cette question.

---

[699] BAD, « Intégration régionale en Afrique de l'ouest : défis et opportunités pour le Sénégal », Rapport, 2014, dactyl, p. 17.

[700] UEMOA, *Présentation de l'UEMOA*, [en ligne], [Consulté le 12 juin 2018].

[701] SANTANDER Sébastien, « Introduction générale : le régionalisme dans les relations internationale », *Fédéralisme Régionalisme*, [en ligne], 2011, p. 1. [Consulté le 12 juin 2018].

[702] *Idem.*

274. Le processus d'intégration de L'UEMOA l'a conduit à travers l'instauration du Comité du Travail et du Dialogue Social (CTDS)[703] à porter plus d'intérêt à la question sociale et à collaborer étroitement avec le BIT pour la réalisation de ses missions. Un tel intérêt ouvre la voie à l'amélioration de la réception des normes internationales du travail au sein de cet espace d'intégration. Il peut permettre l'accompagnement des capacités nationales de réception de ces normes au sein de ses États membres (Chapitre 1). Cela est d'autant plus important que les normes de l'OIT « couvrent des domaines très variés »[704] et qu'elles visent à « orienter les politiques des gouvernements dans le domaine du développement social »[705]. Elles peuvent, par conséquent, être vectrices d'intégration sociale au sein de cet espace (Chapitre 2).

---

[703] *Cf. supra* Chapitre 2.

[704] SERVAIS Jean-Michel, « Normes internationales du travail et disparités économiques et sociales », *in* AUVERGNON Philippe (dir.), *Liberté, Égalité, Fraternité. Actualités en droit social*, LCF, 1990, p. 234.

[705] VALTICOS Nicolas, WOLF Francis, « L'organisation internationale du travail et les pays en voie de développement : technique d'élaboration et de mise en œuvre de normes universelles », *in* SFDI, *Pays en voie de développement et transformation en droit international*, Colloque d'Aix en Provence, Pedone, 1974, p. 129.

CHAPITRE 1

L'accompagnement des capacités nationales de réception

275. La réception des normes internationales du travail rencontre des difficultés communes au sein de l'UEMOA, bien que chaque État membre réceptionne individuellement ces normes. Certes, « un des principes cardinaux de l'OIT est l'universalisme »[706] ; ceci n'empêche pas que « la diversité des conditions économiques et sociales qui sont à la base de la législation du travail et du progrès social dans les différentes régions du monde est un fait indéniable »[707] suscitant une disparité de réception. Les problèmes peuvent être spécifiques à une région. Ainsi, tout en ne remettant pas en cause l'universalisme des normes internationales du travail, une prise en considération des particularités régionales s'avère nécessaire pour améliorer les conditions sociales et les conditions de travail dans les diverses parties du monde[708].

276. L'UEMOA à travers le CTDS a mis en place un cadre structurel permettant d'appréhender au niveau sous régional « toute question susceptible d'avoir un impact social »[709]. Le CTDS, composé de tous les acteurs du monde du travail des États membres[710], dispose de cellules nationales lui servant de relais au sein des États. Il présente une réelle opportunité pour une réception efficace des normes internationales du travail. Son organisation implique des rencontres fréquentes entre ces membres[711] ; ceci offre à l'UEMOA un cadre d'évaluation des difficultés de la réception des normes internationales du travail au sein des États membres et l'opportunité de contribuer à l'amélioration de ladite réception (Section 1). De plus, l'identité des problèmes à résoudre dans le cadre d'une organisation d'intégration telle que l'UEMOA permet de délimiter les actions pouvant contribuer au renforcement des moyens de réception des normes internationales du travail au sein des États membres (Section 2).

---

[706] GONIDEC Pierre François, « L'organisation internationale du travail et l'Afrique noire : universalisme et régionalisme », *Recueil Penant*, 1960, p. 273.

[707] MONAT Jacques, *L'organisation internationale du travail et le régionalisme*, Thèse de doctorat, Université de Lyon, 1955, p. 7.

[708] *Ibid.*, p. 11.

[709] Article 3 de l'acte additionnel n° 002/2009/CCEG/UEMOA, *op. cit.*

[710] *Cf. supra* Chapitre 2.

[711] Singulièrement *via* la tenue des es Assemblées générales et les travaux des commissions spécialisées du CTDS.

SECTION 1. L'ÉVALUATION COMMUNE DES DIFFICULTÉS DE RÉCEPTION

277. Les conditions de réception juridique et sociale des normes internationales du travail peuvent différer de façon substantielle dans les États membres de l'OIT. En Afrique de l'Ouest, la création de l'UEMOA a été favorisée par une langue, une monnaie et une culture juridique communes[712]. Les pays membres de cette organisation, outre leurs influences historiques communes, leurs proximités géographiques et leurs traditions de relations communes, rencontrent des difficultés similaires d'application des droits sociaux et, singulièrement, de réception effective des normes internationales du travail pourtant ratifiées par eux. Le niveau communautaire peut s'avérer pertinent pour identifier les facteurs structurels desdites difficultés (§ 1) et pour en analyser les facteurs conjoncturels (§ 2).

§ 1. L'identification des facteurs structurels

278. Les normes internationales ont été très peu ratifiées par les États membres de l'UEMOA depuis leur accession aux indépendances[713]. Cela peut s'expliquer par des facteurs structurels ; au sein de ces États, les valeurs socioculturelles qui jouent un rôle prédominant (A) permettent de justifier en partie « l'inapplication des normes du droit du travail »[714]. Outre cette prédominance socioculturelle, ces États font face à des insuffisances de leurs administrations (B) désavantageant ou ayant désavantagé longtemps la réception juridique des normes internationales du travail.

A. La prédominance de facteurs socioculturels

279. Les normes internationales du travail ont vocation à s'appliquer universellement. Toutefois, le travail étant « une construction socioculturelle variable avec le temps »[715], il n'est pas « une donnée *a priori*, susceptible d'être appréhendée de façon universelle »[716]. En Afrique subsaharienne, « la "tradition", antérieurement la "coutume", est de fait invoquée chaque fois »[717] que se pose la question de l'inapplication du droit du travail. Dans

---

[712] Il convient de rappeler que l'UEMOA a été créé par les États membres francophones. La Guinée Bissau a adhéré à l'UEMOA en 1997. Ce pays bien qu'ayant une langue différente, à une culture juridique semblable à celle des pays francophones de l'UEMOA.

[713] *Cf.* Annexe : tableau de ratification des conventions de l'OIT par les États membres de l'UEMOA.

[714] AUVERGNON Philippe, « Mythe d'un autre droit et nécessité d'adaptations des droits du travail en Afrique subsaharienne », *in* JEAMMAUD Antoine, LE FRIANT Martine, LOKIEC Pascal, WOLMARK Cyril (coord.), *À droit ouvert, Mélanges en l'honneur d'Antoine Lyon-Caen,* Dalloz, 2018, p. 64.

[715] NANA Ferdinand Edimo, *Droit du travail et données socio-économiques en Afrique noire francophone/ L'exemple du Cameroun*, Thèse de doctorat, droit privé, Université de Bordeaux I, 1994, p. 414.

[716] *Idem.*

[717] AUVERGNON Philippe, *op. cit.*,p. 64.

les États membres de l'UEMOA particulièrement, la tradition, la culture[718], la coutume peuvent conduire à une réception partielle du droit du travail (1). Ceci influence l'application de normes du travail à vocation universelle (2).

1. La réception partielle du droit du travail

280. Les régimes de travail « ont varié, au cours des âges, avec les transformations économiques et sociales »[719]. Ces régimes ont été introduits au sein des États membres de l'UEMOA avec la colonisation[720] initialement « sur le terreau du travail asservi (...) puis des greffes juridiques tant internes qu'internationales »[721] ont conduit à sa codification. Toutefois, ces États possèdent des « sociétés multiculturelles et multiethniques, marquées par des rencontres avec d'autres cultures, d'autres nations et qui portent l'empreinte de la résistance, de l'assimilation culturelle »[722]. Le droit du travail ne correspondait pas « à la philosophie et à la sociologie propre de ces sociétés (...) et ne tenait pas toujours compte des conditions économiques et sociales particulières de cette société »[723].

281. Le droit du travail tel qu'il est conçu de nos jours a été « tout particulièrement sécrété par l'Europe »[724] selon une « conception philosophique du droit du travail et selon une conception personnelle de la justice sociale propre à la civilisation occidentale »[725]. Le travail dans les États membres de l'UEMOA était « profondément marqué sociologiquement. Travailler y prenait plusieurs dimensions en fonction de l'âge et de l'appartenance sociale de l'interlocuteur »[726]. Le droit du travail traditionnel y revêt un caractère communautaire et était effectué dans la

---

[718] La culture est appréhendée ici comme « la façon de vivre, la manière de penser et de se comporter et qui change selon les continents et les pays ». (*Cf. not.* NDIAYE Momar, *L'OIT et la protection des libertés fondamentales des travailleurs en Afrique francophone (à partir de quelques pays)*, Thèse de doctorat, droit privé, Université Paris X, 1988, p. 1236).

[719] BRUN André, GALLAND Henri, *Le droit du travail : métropole et territoires d'outre-mer, droit commun et régimes spéciaux,* SIREY, 1958, p. 18.

[720] L'encadrement juridique du travail dans l'espace des actuels États francophones aujourd'hui membres de l'UEMOA, peut être schématiquement rappelé au travers des étapes suivantes : tout d'abord la période du travail asservi qui va jusqu'au début du XXème siècle, puis la période de transition, du travail asservi au travail libre, qui occupe la première moitié du XXème siècle, enfin la période du droit fédéral, qui s'appliquait uniformément dans de nombreux territoires géographiquement et ethniquement différents, avec la promulgation du Code du travail des TOM en 1952 et l'adoption des codes nationaux après les indépendances avec. (*Cf. not.* LEMESLE Raymond, *Le droit du travail en Afrique francophone*, EDICEF, 1989, p. 19 ; GONIDEC Pierre François, KIRSCH Martin, *Droit du travail des territoires d'Outre-mer*, LGDJ, 1958, p. 19).

[721] LEMESLE Raymond, *Le droit du travail en Afrique francophone*, EDICEF, 1989, p.19.

[722] BOUKONGOU Jean Didier, « L'esprit des droits africains », *in* AUVERGNON Philippe, BOKALLI Victor- Emmanuel *et alii* (dir.), *De l'esprit du droti africain, Mélanges en l'honneur de Paul Gérard Pougoué,* Wolters Kluwer, 2014, p. 166.

[723] NANA Ferdinand Edimo, *op. cit.*, p. 414.

[724] *Idem.*

[725] *Idem.*

[726] DIAWARA Mamadou, « Ce que travailler veut dire dans le monde mandé » *in* D'ALMEIDA-TOPOR Hélène, LAKROUM Monique et SPITTLER Gerd (dir.), *Le travail en Afrique noire : Représentation et pratiques à l'époque contemporaine*, Karthala, 2003, p. 78.

période précoloniale « essentiellement dans le cadre familial qui, en même temps, était l'unité de production. (…) S'il arrivait qu'une personne mette sa force de travail à la disposition d'une autre, il s'agissait en droit de l'assistance dans le cadre familial, ou tout au plus d'un échange »[727].

282. Dans cette conception traditionnelle, le travail est conçu comme une « forme de travail d'entraide »[728] qui veut la protection du faible par le fort. Cela implique la protection de l'employé par son « employeur ». Les travailleurs y sont liés à ce dernier « sur le plan humain et non sur le plan du travail »[729]. Ces relations de travail « tenues par des liens familiaux ou tribales sont souvent faussées »[730] et les notions de rémunération, d'égalité des droits, de protection des droits que l'on retrouve dans l'idée de droit du travail changent ; le minimum vital n'est pas dans la loi, mais dans les faits »[731].

283. Le droit du travail n'était véritablement reçu que dans les rapports sociaux entre étrangers au sein de ces États dont « *les populations qui ont une conception collective ou mieux communautaire du droit et pour qui l'homme est intimement intégré à son groupe, groupe au sein duquel il trouve sa liberté et son épanouissement, le droit du travail est d'un commun accord, éliminé, qu'il s'agisse de relations individuelles ou de rapports collectifs* »[732]. On perçoit dans ce contexte la difficulté de parler de droit du travail ; celui-ci, comme le soulignait le Professeur Paul-Gérard POUGOUÉ, « est aussi indispensable à la vie contemporaine qu'étrangère à la mentalité africaine »[733]. Du fait de cette conception, la notion de travail salarié « introduit en Afrique avec la colonisation et plus particulièrement dans la seconde moitié du XIXe siècle »[734], dont « la mission première (affichée) était d'apporter la civilisation aux indigènes (elle est définie comme une œuvre de paix et de progrès) »[735] fit l'objet d'une certaine méfiance qui a handicapé l'appropriation du droit du travail[736].

---

[727] POUGOUE Paul-Gérard, « Les enjeux du droit du travail en Afrique noire d'expression française », *Bulletin de droit comparé du travail et de la sécurité sociale,* 1987, p. 5.

[728] HAHN Hans Peter, « Structure et notion du travail en pays Kasena du Burkina Faso », *in* D'ALMEIDA-TOPOR Hélène, LAKROUM Monique, et SPITTLER Gerd (dir.), *op. cit.,* p. 118.

[729] NANA Ferdinand, Edimo, *op cit.*, p. 414.

[730] POUGOUE Paul-Gérard, « Idéaux de la révolution française et droit du travail en Afrique noire francophone », *in* AUVERGNON Philippe (dir.), *Liberté, Égalité, Fraternité. Actualités en droit social,* LCF, 1990, p. 228.

[731] *Idem.*

[732] NANA Ferdinand Edimo, *op. cit.,* p. 422.

[733] POUGOUE Paul-Gérard, *op. cit.,* p. 229.

[734] AUVERGNON Philippe, « Modèles et transferts normatifs en droit du travail des pays africains », *Bulletin de droit comparé du travail et de la sécurité sociale*, 2005, p. 120.

[735] EMANE Augustin, « Droit du travail gabonais, modèles et transferts de normes », *Bulletin de droit comparé du travail et de la sécurité sociale*, 2005, p. 202.

[736] Il convient de relever à la suite d'Augustin ÉMANE, que le droit du travail ne fait pas l'objet d'un rejet au sein des États membres de l'UEMOA mais d'un défaut d'application. Au sein de ces États également, « *les principes véhiculés par le droit moderne du travail ont fondé la revendication de liberté et d'égalité des travailleurs africains. Les syndicats se sont battus au nom de l'application du même droit du travail pour tous et non pas pour un quelconque retour aux sources* ». (EMANE Augustin, « Les limites du poncif de la tradition

284. Au sein des États membres de l'UEMOA, « *les relations de travail peuvent être analysées à un double niveau qui correspondent l'un à une conception traditionnelle, un peu décalée par rapport à la réalité et l'autre à une vision plus réaliste du monde du travail. La première conception qui considère les relations de travail dans un cadre classique fait référence au secteur formel et ne concerne dans les pays africains (…) qu'une minorité de travailleurs, en l'occurrence les salariés des villes. Le deuxième modèle des relations de travail correspond davantage aux réalités africaines dans la mesure où il déborde du cadre étroit des salariés du secteur moderne pour embrasser l'ensemble des travailleurs des secteurs formel et informel, des villes et des campagnes, qu'ils soient salariés ou indépendants, permanents ou saisonniers* »[737]. Dans ces États, la législation du travail régit tous les secteurs d'activité. Mais dans la pratique, elle ne tient « compte que du modèle classique des relations de travail plus proche des réalités des pays du nord »[738] et s'applique concomitamment avec les idéaux traditionalistes.

285. Il n'est plus besoin de souligner qu'au sein de ces États, les relations modernes de travail, inspirées de la conception occidentale de travail, « relèvent de deux systèmes juridiques nettement distincts : le droit de la fonction publique et le droit du travail »[739], en opposition avec les relations traditionnelles de travail qui y perdurent et répondent aux aspirations d'entraide communautaire ou familiale. À titre illustratif, dans ces États, « le jeune envoyé en ville pour apporter une aide à un membre de la famille en ville ou l'apprenti qui profite des connaissances du maître — artisan »[740] n'est généralement pas lié par un contrat de travail. De plus, même dans l'hypothèse de l'existence d'un contrat de travail, dans « *la culture africaine, le chef d'entreprise est assimilé à un chef tout court, c'est-à-dire à un bienfaiteur. C'est pourquoi le travailleur n'hésitera pas à solliciter son assistance même pour des problèmes personnels. Dans le même ordre d'idées, le travailleur africain comprendrait très mal l'absence de l'employeur lors d'un décès, d'un baptême ou d'un autre évènement social le concernant* »[741]. Cette réception partielle du droit du travail est l'une des difficultés rencontrées par les États membres de l'UEMOA dans la réception des normes internationales du travail.

---

dans l'application du droit en Afrique : l'exemple des relations de travail au Gabon », *in* AUVERGNON Philippe, BOKALLI Victor- Emmanuel *et alii* (coord.), *De l'esprit du droit africain, Mélange en l'honneur de Paul Gérard POUGOUÉ,* Wolters Kluwer, 2014, p. 277).

[737] SIDIBE Ousmane Oumarou, « Réalités africaines et enjeux pour le droit du travail africain », *Bulletin de droit comparé du travail et de la sécurité sociale*, 1999, p. 131.

[738] *Ibid.* p. 132.

[739] ISSA-SAYEGH Joseph, « Les tendances actuelles du droit des relations de travail dans les États d'Afrique noire francophone », *in L'État moderne horizon 2000 Aspects internes et externes,* Mélanges offerts à P-F. Gonidec, LGDJ,1985, p.425.

[740] NANA, Ferdinand, Edimo, *op. cit.,* p. 422.

[741] SIDIBE Ousmane Oumarou, *op. cit.*, p. 136.

2. L'impact sur les normes internationales du travail

286. Les résistances socioculturelles qui justifient une réception partielle du droit du travail dans les États membres de l'UEMOA constituent également un obstacle à la réception des normes internationales du travail. Le caractère universel de ces normes n'épouse pas toutes les réalités sociologiques des États de l'UEMOA ; celles-ci qui « trouvent leur origine dans l'histoire européenne »[742] peuvent y être perçues comme un droit étranger de plus que l'on doit appliquer.

287. L'OIT a pour objectif d'octroyer à « tous les êtres humains les mêmes droits sociaux qu'ils soient originaires d'Afrique ou d'ailleurs »[743]. Elle essaie par conséquent d'« *intégrer des préoccupations culturelles dans la formulation de ses conventions et recommandations. (…) Ces textes proposent des règles minimales, des principes de base qui peuvent s'incorporer dans la plupart, sinon dans tous les cadres juridiques nationaux. Ils contiennent de surcroit des clauses et des formules de souplesse qui répondent (…) aux inquiétudes concernant les caractères culturels propres à chacun* »[744]. Ces dispositions visent à laisser une marge de manœuvre à l'application des spécificités culturelles de chaque État membre de l'OIT. Toutefois, malgré ces aménagements prévus par l'OIT, des « contraintes socioculturelles entravent l'application des normes internationales du travail » [745] au sein des États membres de l'UEMOA.

288. Le BIT a souligné, concernant les normes fondamentales du travail ratifiées par presque tous les États membres de l'UEMOA[746], combien l'application, par exemple des conventions sur le travail des enfants, représente un réel défi pour des pays comme le Bénin[747], le Burkina Faso[748], la Guinée-Bissau[749], le Mali[750], le Niger[751] et le Sénégal[752]. Dans ces États, le

---

[742] SERVAIS Jean-Michel, « Normes du droit universelles et cultures nationales », *in* AUVERGNON Philippe (dir.), *L'effectivité du droit du travail : à quelles conditions?,* 2ème éd., Presse universitaire de Bordeaux, 2008, p. 365.

[743] NDIAYE Momar, *op cit.*, p. 1233.

[744] SERVAIS Jean-Michel, *op. cit.*, p. 366.

[745] KÉDOWIDÉ François-Corneille, « Projet d'appui à la mise en œuvre de la Déclaration relative aux principes et droits fondamentaux au travail : rapport de l'évaluation », Rapport BIT, 2007, p. 8.

[746] Il convient de rappeler que la Guinée Bissau n'a ratifié que sept des huit conventions fondamentales du travail.

[747] BIT, Programme pays pour la promotion du travail décent au Bénin 2010-2015, mai 2010, p. 2. (https://www.ilo.org/wcmsp5/groups/public/---africa/---ro-addis_ababa/---sro-dakar/documents/genericdocument/wcms_445493.pdf).

[748] BIT, Programme pays de promotion du travail décent au Burkina Faso 2012-2015, octobre 2013, p. 5. (https://www.ilo.org/wcmsp5/groups/public/---africa/---ro-addis_ababa/---sro-dakar/documents/publication/wcms_233405.pdf).

[749] BIT, Programme pays pour un travail décent en Guinée Bissau 2012-2015, octobre 2011, p. 10. (https://www.ilo.org/wcmsp5/groups/public/---ed_mas/---program/documents/genericdocument/wcms_560924.pdf).

travail des enfants en particulier perdure en grande partie du fait de facteurs sociologiques qui font que ce travail s'impose comme un moyen de socialisation et d'éducation[753].

289. L'application de plusieurs conventions internationales du travail, outre les conventions relatives au travail des enfants, est confrontée aux contraintes socioculturelles au sein des États membres de l'UEMOA. C'est le cas en l'occurrence des conventions relatives à l'égalité des sexes[754]. En effet, « la conception africaine des rapports humains selon laquelle la femme est un être inférieur tant physiquement que moralement »[755] se traduit dans les rapports de relations de travail au sein de ces États.

290. Dans ces États, la répartition des tâches était fondée dans la société traditionnelle sur la division sexuelle des tâches. Malgré l'avènement du travail salarié, cette conception traditionnelle perdure. La plupart des activités qui « s'exerce dans la famille, notamment la procréation, l'éducation des enfants, le ménage relève des activités réservées aux femmes »[756]. Les responsabilités familiales sont inextricablement liées à leurs vies, et ce dès leur enfance. Ainsi, lorsqu'elles sont scolarisées « les petites filles, plus souvent que leurs frères, sont mises au travail et/ou chargées de tâches familiales à leur retour à la maison »[757].

291. Les femmes exercent des activités dans ces États, mais *« bien peu ont un "emploi", au sens strict du terme. (...) La séparation des sphères masculine et féminine laisse le plus souvent aux femmes la responsabilité principale de la survie de la familiale, soit par une production agricole d'autosubsistance, soit par la recherche d'activités génératrices de revenus dans le commerce ou la transformation de biens »*[758]. De ce fait, même si la scolarisation féminine a progressé au sein de ces États, « le secteur informel reste leur principal lieu d'activité. Elles y exercent surtout dans le commerce, l'artisanat ou les services, principalement comme indépendantes, employées

---

[750] BIT, Programme pays de promotion de travail décent : programme pour la relance durable du Mali 2016-2018, juin 2015, p. 15. (https://www.ilo.org/wcmsp5/groups/public/---ed_mas/---program/documents/genericdocument/wcms_561057.pdf).

[751] BIT, Programme pays de promotion du travail décent au Niger 2012-2015, 2012, p. 6. (https://www.ilo.org/wcmsp5/groups/public/---africa/---ro-addis_ababa/---sro-dakar/documents/publication/wcms_233413.pdf).

[752] BIT, Profil pays de travail décent : Sénégal, Dakar 2013, p. 30 (https://www.ilo.org/africa/information-resources/publications/WCMS_233323/lang--fr/index.htm).

[753] *Cf. supra* Chapitre 1.

[754] Au titre de la défense de l'égalité des sexes, l'OIT a adopté les conventions suivantes : convention n° 100 sur l'égalité de rémunération de 1951, convention n° 111 concernant la discrimination (emploi et profession) de 1958, convention n° 156 sur les travailleurs ayant des responsabilités familiales de 1981, convention n° 183 sur la protection de la maternité de 2000.

[755] SILUE Nanga, *L'égalité entre l'homme et la femme en Afrique noire francophone : essai sur la condition juridique de la femme en droit social ivoirien*, Thèse de doctorat, droit, Université de Paris X-Nanterre, Université de Cocody-Abidjan, 2008, p. 187.

[756] *Ibid.*, p. 200.

[757] LOCOH Thérèse, « Genre et marché du travail en Afrique subsaharienne », *in* MARUANI Margaret, *Travail et genre dans le monde : l'État des savoirs,* La Découverte, 2013, p. 172

[758] LOCOH Thérèse, « Genre et marché du travail en Afrique subsaharienne », *op. cit.*, p. 171.

ou aides familiales »[759]. Elles travaillent par conséquent dans un secteur où l'application des normes internationales du travail rencontre des difficultés. En effet, l'OIT reconnaît que « l'économie informelle sous toutes ses formes, constitue une entrave de taille aux droits des travailleurs, y compris les principes et droits fondamentaux au travail, à la protection sociale, à des conditions de travail décentes »[760].

292. Les travaux confiés aux femmes dans la période traditionnelle au sein de ces États *« ne nécessitaient pas assez de force physique comparativement à ceux confiés à l'homme »*[761]. Malgré l'accès des femmes au travail, celles-ci occupent majoritairement dans le secteur formel des emplois qui ne nécessitent souvent pas une grande force physique. Tel est le cas au Burkina Faso où, celles-ci *« fortement sous représentées dans les emplois du secteur formel (...) se retrouvent dans des métiers très spécifiques traditionnellement réservés aux femmes tels que l'éducation et la santé »*[762].

293. Dans ces États, « *les femmes travailleuses sont concentrées dans des secteurs d'activités réduits, notamment l'agriculture et l'élevage, le commerce, la transformation de produits et dans des activités des ménages. Alors qu'à l'inverse, les autres branches sont fortement masculinisées, telles que les secteurs de la construction, des transports, de la pêche, de l'immobilier, de l'éducation et de l'administration publique* »[763]. Cette conception qui tend à restreindre l'accès à certains types emplois va à l'encontre des dispositions de la convention n° 111 de l'OIT concernant les discriminations qui prônent une égalité d'emploi et de profession.

294. De plus, concernant la question de l'égalité, les filles africaines ont pendant longtemps été en marge de l'éducation. La préférence était donnée aux garçons amenés à être des chefs de famille au détriment des filles qui devaient assurer « une fonction de reproduction »[764] et effectuer les tâches domestiques de la famille. Cela s'est traduit par une sous-représentation des femmes dans les emplois et explique les disparités de revenus pouvant exister entre hommes et femmes au sein des États membres de l'UEMOA. À titre illustratif, au Sénégal, en 2013 « le revenu mensuel médian des hommes était de 125 000 FCFA[765] contre 53 250 FCFA[766] pour les femmes »[767] ; on

---

[759] ADJAMAGBO Agnès, GASTINEAU Bénédicte, KPADONOU Norbert, « Travail-famille : un défi pour les femmes à Cotonou », *Recherches féministes,* n° 29, 2016, p. 17.
[760] Préambule de la recommandation n° 204 de l'OIT sur la transition de l'économie informelle vers l'économie formelle, recommandation adoptée par la Conférence internationale du Travail à sa 104e session le 12 juin 2015 à Genève (https://www.ilo.org/ilc/ReportsavailableinArabic/WCMS_377776/lang--fr/index.htm).
[761] SILUE Nanga, *op. cit.*, p. 188.
[762] OIT, Programme pays de promotion du travail décent au Burkina Faso 2012-2015, *op. cit.*, p. 6.
[763] BIT, Mise en œuvre de l'agenda du travail décent en Afrique de l'ouest : résultat des activités de l'équipe d'appui technique au travail décent-Bureau pays de l'OIT à Dakar, Dakar, BIT, 2013, p.41.
[764] SILUE Nanga, *op. cit.*, p. 195.
[765] Equivalent de 190,54 €.
[766] Equivalent de 81,17 €.
[767] OIT, Profil pays de travail décent : Sénégal, *op. cit.*, p. 26.

constatait que « les hommes étaient en moyenne plus instruits que les femmes. (…) Parmi les individus ayant achevé avec succès un cycle supérieur de l'enseignement, plus de 68 % étaient des hommes »[768]. Cette sous-représentation des femmes est encore plus perceptible dans le secteur public et les entreprises privées. En 2013 « par exemple, les femmes maliennes ne représentaient que 23 % des cadres moyens et agents de maîtrise et seulement 18 % des cadres supérieurs, ingénieurs et assimilés »[769]. Cela explique qu'en 2016, selon une étude menée dans sept pays de l'Afrique de l'ouest[770] « les femmes soient fortement représentées (70 %) dans le décile des revenus le plus bas, tandis qu'elles ne constituaient qu'un cinquième du décile supérieur, avec des variations selon les pays »[771].

295. Les conceptions traditionnelles, ancrées dans les esprits, constituent un frein à la réception effective des normes internationales au sein des États membres de l'UEMOA. Néanmoins, celles-ci ne constituent pas les seules limites structurelles à la réception des normes internationales du travail.

B. Les lacunes organisationnelles des services des administrations du travail

296. Les administrations du travail jouent un rôle important dans la réception juridique des normes internationales du travail ainsi que dans la réception sociale de celles-ci sur leurs territoires. Au sein des États membres de l'UEMOA, ces administrations ont été confrontées à des insuffisances communes dès leurs créations (1) ; qui continuent d'impacter leur bonne marche (2) et les empêchent d'accompagner efficacement la réception des normes internationales du travail.

1. Les balbutiements des services d'administration du travail

297. La CIT a conclu dès 1953 que « *dans tous les pays du monde, l'existence d'une administration nationale spécialisée en matière de travail se justifie par le particularisme des problèmes que fait naître, parallèlement à la croissance économique, la nécessité d'améliorer progressivement les conditions de travail, d'assurer la réalisation du plein emploi des ressources humaines et le maintien de la paix sociale* »[772]. Dans les États africains, « les structures sociales rendaient plus impérieuses encore l'intervention de l'État

---

[768] *Idem.*

[769] BIT, Mise en œuvre de l'agenda du travail décent en Afrique de l'ouest : résultat des activités de l'équipe d'appui technique au travail décent- Bureau pays de l'OIT à Dakar, BIT, 2013, p. 41.

[770] Les sept pays ayant fait l'objet de l'étude sont le Bénin, le Burkina Faso, le Libéria, le Mali, le Niger, le Sénégal, la Sierra Leone. (PNUD, « Rapport sur le développement humain en Afrique 2016 : accélérer les progrès en faveur de l'égalité des genres et de l'autonomisation des femmes en Afrique », 2016, p. 196).

[771] PNUD, « Rapport sur le développement humain en Afrique 2016 : accélérer les progrès en faveur de l'égalité des genres et de l'autonomisation des femmes en Afrique », 2016, p. 70.

[772] OIT. Commission consultative africaine, Administration du travail, y compris l'inspection du travail en Afrique, Rapport 3ème session, 1967, p. 7.

et, par voie de conséquence, la création de services susceptibles de les faciliter »[773]. Ainsi, conscients du rôle essentiel de l'administration du travail, les États membres de l'UEMOA ont dès leurs accessions à l'indépendance essayé d'instaurer une administration du travail plus efficace. S'il est vrai qu'« après les indépendances, le système de l'inspection du travail tel qu'il existait auparavant fut en grande partie repris »[774], ces États nouvellement indépendants ont été confrontés à des difficultés dans la gestion de leurs administrations du travail.

298. La distribution des différentes fonctions au sein des appareils administratifs du travail différait suivant les États. Cependant, au lendemain des indépendances, des caractéristiques communes ont pu être dégagées. Au sein des États africains nouvellement indépendants, il existait tout d'abord, « un haut degré de centralisation au sein de l'appareil administratif du travail explicable par le souci de préserver l'uniformité des conditions de travail »[775]. Une telle centralisation présentait l'inconvénient de maintenir les services d'inspection du travail éloignés des réalités des zones locales.

299. Ces administrations du travail avaient ensuite « *une tendance très forte à la spécialisation des services, qui se manifeste au niveau de l'administration centrale, par l'existence de divisions multiples, très jalouses de leurs attributions, séparée par des cloisons étanches qui remontent très haut dans la hiérarchie administrative, parfois jusqu'au ministre lui-même, sans l'intermédiaire d'une autorité administrative permanente susceptible d'effectuer l'ultime coordination des activités techniques diverses* »[776]. À titre illustratif, concernant les États de l'UEMOA, en 1961 au « Dahomey[777], l'inspection du travail relevant du ministre du Travail ne comportait pas de services décentralisés »[778]. Cela limitait le champ d'action géographique de ces agents et accentuait l'inefficacité de ce service qui manquait de connaissance des réalités locales. À la même période, « au Togo, il n'y avait pas encore de direction du travail, les services existants (inspection, travail, main-d'œuvre, etc.), relevant de l'autorité du ministre »[779].

300. Les États membres de l'UEMOA ont été confrontés dès leurs accessions à l'indépendance, en plus des caractéristiques organisationnelles communes, à un manque de personnels qualifiés au sein de leurs administrations de travail : tant d'inspecteurs que de contrôleurs du travail. Certes, les effectifs de ces administrations du travail différaient selon les États. Mais, en 1961, les services d'inspection du travail des pays francophones de l'UEMOA avaient généralement peu de personnels. A titre

---

[773] *Idem.*

[774] RENUCCI Florence, « L'inspection du travail et le droit en Afrique francophone au XXe siècle », *in* EL MECHAT Samia (dir.), *Les administrations coloniales (XIXe-XXe siècles). Esquisse d'une histoire comparée*, Presses Universitaires de Rennes, 2009, p. 261.

[775] OIT. Commission consultative africaine, *op. cit.*, p. 9.

[776] *Ibid.*, p. 10.

[777] Actuel Bénin.

[778] OIT. Programme élargi d'assistance technique : problèmes pratique de l'inspection du travail, Rapport sur le séminaire d'administration du travail (Brazzaville, 27 novembre-15 décembre 1961), 1962, p. 18.

[779] *Idem.*

indicatif, « *le Bénin avait six fonctionnaires locaux : trois inspecteurs du travail, dont un détaché à la direction du travail et un détaché à la direction de la main-d'œuvre et trois contrôleurs du travail. Le Burkina Faso avait comme fonctionnaires locaux un inspecteur du travail, un contrôleur du travail, deux commis délégués dans les fonctions de contrôleurs du travail. Ce pays avait comme fonctionnaires non nationaux deux inspecteurs du travail, dont un directeur du travail, de la main-d'œuvre et de la formation professionnelle rapide. En Côte d'Ivoire, les fonctionnaires nationaux comptaient un inspecteur, deux contrôleurs faisant fonction d'inspecteurs ; cinq contrôleurs du travail, dont deux détachés. Le pays avait également deux inspecteurs du travail non nationaux. Le Niger avait comme fonctionnaires nationaux trois inspecteurs du travail et un inspecteur du travail, directeur du travail non national. En termes de fonctionnaires nationaux, le Sénégal avait un inspecteur du travail, sept contrôleurs du travail, dont un faisant fonction d'inspecteur. Huit inspecteurs du travail, dont un directeur du travail et trois détachés à la direction du travail étaient es fonctionnaires non nationaux de cet État. Le Togo un inspecteur du travail et deux contrôleurs du travail comme fonctionnaires nationaux* »[780].

301. Cette pénurie pouvait s'expliquer par « *l'africanisation récente des cadres, la création d'une administration autonome ayant à remplir l'ensemble des fonctions qui incombent à l'administration du travail d'un pays souverain, l'accroissement rapide de l'État dans le domaine du travail et de la mobilisation des ressources humaines* »[781]. De plus, dans ces États, « *les perspectives de carrière qu'offraient les emplois conférés au sein de l'administration du travail n'exerçaient pas toujours une attraction sur les candidats de la fonction publique qui pouvaient prétendre, par des études du niveau universitaire, à devenir les élites politiques ou administratives du pays ; les affaires étrangères, l'intérieur ou la magistrature présentaient bien davantage d'attrait notamment par le prestige personnel qui s'attache à ces fonctions d'autorité ou de représentation* »[782].

302. Les difficultés rencontrées dès l'accession aux indépendances ont au final contribué à une « acculturation insuffisante du droit du travail »[783] en général et des normes internationales du travail en particulier. La mise en œuvre efficace des normes du travail à vocation universelle se révélait problématique compte tenu de la prédominance dans ces États d'une « culture principalement orale »[784] alors que les normes internationales du travail entendent appliquer « d'abord un droit écrit, dans un univers où tout le monde ne sait pas lire »[785].

---

[780] *Ibid.*, pp. 19- 21.

[781] OIT, Politique et programme du BIT en matière de formation des agents de l'administration du travail en Afrique, 1963, p. 1. (https://www.ilo.org/public/libdoc/ilo/1963/63B09_121_fren.pdf).

[782] *Idem.*

[783] AUVERGNON Philippe, « Mythe d'un autre droit et nécessité d'adaptations des droits du travail en Afrique subsaharienne », *op. cit.*, p. 64.

[784] *Ibid.*, p. 65.

[785] EMANE Augustin, « Le droit du travail à la croisée des chemins : l'exemple du Gabon », *Bulletin de droit comparé du travail et de la sécurité sociale,* 1999, p. 159.

303. À l'issue de la période post coloniale, les États aujourd'hui membres de l'UEMOA, se sont lancés dans la multiplication de leurs administrations publiques avec « un accroissement exponentiel des effectifs »[786]. Des réformes ont été mises en œuvre au sein de ces États dès 1994[787] dans les administrations publiques, dont l'administration du travail fait partie et avaient pour objectifs essentiels « *la rationalisation de l'administration centrale, la stabilisation du cadre macro-économique, la maîtrise des dépenses publiques, l'amélioration de la gestion des ressources humaines, le renforcement des capacités des agents publics, la restructuration des entreprises publiques et la promotion du secteur privé, l'amélioration de la qualité des prestations de service public avec une plus grande proximité vis-à-vis des citoyens grâce à la décentralisation des pouvoirs et à la déconcentration des services* »[788]. Toutefois, malgré ces réformes, les administrations du travail de ces États ont continué de rencontrer des difficultés.

2. Les difficultés des administrations du travail

304. Au sens de l'article 6-1 de la convention n° 150 sur l'administration du travail de l'OIT, « *les organes compétents au sein du système d'administration du travail devront, selon le cas, être chargés de la préparation, de la mise en œuvre, de la coordination, du contrôle et de l'évaluation de la politique nationale du travail, ou participer à chacune de ces phases, et être, dans le cadre de l'administration publique, les instruments de la préparation et de l'application de la législation qui la concrétise* ». L'exécution de ces prérogatives par les agents de l'administration du travail des États membres de l'UEMOA se heurte à « la faiblesse de la place et de la visibilité du "travail" au sein de l'organisation gouvernementale »[789].

305. En effet, au sein de ces États, il n'existe pas de « *doctrine claire concernant la manière dont il faut traiter ce champ particulier de compétence dans l'architecture gouvernementale. Cela a pour première conséquence une instabilité chronique dans le rattachement des services de l'administration du travail. (…) Ainsi, les services du travail au sens large (travail, emploi, sécurité et protection sociale) sont rarement regroupés au sein d'un même département ministériel. Si le « travail », entendu dans un sens plus restreint, est le plus souvent associé à la « fonction publique », en*

---

786 OUMAROU Moussa, *Réformes de l'administration publique des pays membres de l'UEMOA : impacts et perspectives*, Genève, BIT, 2009, p. 4.

787 Il convient de rappeler que les États membres de l'UEMOA ont adopté la résolution de juin 1994 de la Conférence panafricaine des ministres de la Fonction publique sur la coopération interafricaine en matière de Fonction publique et de Réforme administrative. Cette résolution a esquissé les principales composantes que les réformes devaient chercher à couvrir. (OUMAROU Moussa, *Réformes de l'administration publique des pays membres de l'UEMOA : impacts et perspectives*, *op. cit.*, p. 4).

788 OUMAROU Moussa, *Réformes de l'administration publique des pays membres de l'UEMOA : impacts et perspectives*, *op. cit.*, p. 4.

789 AUVERGNON Philippe, SIDIBÉ Ousmane, « Capacités d'intervention et compétences en droit du travail des ministères en charge du travail dans les États membres de l'UEMOA », Rapport BIT, 2014, p. 5.

revanche, « l'emploi » est bien souvent regroupé avec la « formation professionnelle » ou la « jeunesse », et la « sécurité sociale » est associée au « développement social », à « la santé », ou aux « questions humanitaires »[790].

306. De telles faiblesses organisationnelles peuvent engendrer l'éclatement de ces administrations du travail dans la mesure où, « les changements fréquents d'architecture ministérielle et de rattachement des services empêchent une prise en charge et un traitement efficace des problèmes, notamment les possibilités de conduire de véritables politiques publiques globales, alors même qu'existe une grande transversalité des champs et des questions (travail, emploi, formation professionnelle, sécurité sociale, secteur public/secteur privé) »[791].

307. De plus, l'éclatement du « travail » entre plusieurs ministères et la variation de ces rattachements, entraine une dispersion des personnels et des compétences défavorables en termes de capacités de réaction et d'efficacité de l'action. Mais elle semble également conduire en pratique dans les différents pays de l'UEMOA à « une migration d'agents expérimentés et dynamiques du ministère en charge du travail vers des ministères ou structures chargés de l'emploi et de la sécurité sociale offrant de meilleures conditions de travail et de rémunération »[792].

308. Les administrations du travail des États membres de l'UEMOA, outre ces difficultés inhérentes à l'organisation gouvernementale, restent confrontées à un manque de personnels, et surtout de « compétences techniques »[793]. En effet, « peu de pays paraissent disposer effectivement d'un véritable corps de médecins-inspecteurs du travail, à l'exception notamment de la Côte d'Ivoire »[794]. De plus, les agents de l'administration du travail sont recrutés sur la base de diplômes universitaires[795] et suivent une formation initiale dont le contenu diffère suivant les pays. Ces différentes difficultés ont été identifiées dans le cadre des activités menées par le Conseil du Travail et du Dialogue Social de l'UEMOA[796].

---

790 *Idem.*

791 *Ibid.*, p. 7.

792 *Idem.*

793 AUVERGNON Philippe, « Mythe d'un autre droit et nécessité d'adaptations des droits du travail en Afrique subsaharienne », *op. cit.*, p. 64.

794 AUVERGNON Philippe, SIDIBÉ Ousmane, *op. cit.*, p. 10.

795 En 2014, « *le niveau de formation pour être recruté comme inspecteurs du travail au Bénin et en Guinée-Bissau est de Bac +3. Ce niveau est de Bac+ 4 au Burkina-Faso, en Côte d'Ivoire, au Mali et au Sénégal. Il est de Bac+5 au Niger. Concernant les contrôleurs du travail, Le niveau d'étude acquis à l'issue y compris d'une formation spécifique au sein d'une ENA ou d'une école spécialisée, pas toujours systématique, correspond à BEPC +4 ou Bac+1 au Mali et au Niger ou bien à BAC + 2 au Bénin, au Burkina- Faso et au Sénégal* » (AUVERGNON Philippe, SIDIBÉ Ousmane, *op. cit.*, p. 8).

796 Notamment lors de la concertation de haut niveau sur les crises sociales dans les pays membres de l'Union en décembre 2013 et lors de réunion conjointe BIT-UEMOA sur la stratégie de mise en conformité des lieux de travail aux normes internationales du travail de juillet 2015 (*Cf.* not. THIAM Birane, Rapport de la concertation de haut niveau sur les crises sociales dans l'UEMOA, rapport CTDS, 2013, p. 4 ; ONI Jules, SOULAMA TIMOTHÉ, Rapport de mise en œuvre du programme pilote « renforcer la conformité des lieux du travail au moyen de l'inspection du travail », ACI 7 au Burkina Faso, rapport BIT-UEMOA, 2015, p. 3).

309. Au sein de ces États, la question de la modernisation des administrations publiques reste au cœur de l'actualité et devrait permettre une amélioration des capacités des administrations du travail. Au Burkina Faso, par exemple, la loi de finances pour l'exécution du budget de l'État, exercice 2018, prévoit des fonds pour la réforme de l'administration publique[797]. L'article 43 de cette loi dispose en effet que : « les montants des crédits de paiement (CP)[798] et, le cas échéant, des autorisations d'engagement (AE)[799] des comptes d'affectation spéciale du Trésor au titre de l'année budgétaire 2018 sont fixés comme suit :

Section	Compte Spéciaux du Trésor (CST)	Intitulé	Prévision 2018		Prévision 2019	
			AE	CP	AE	CP
14	Ministère de l'Economie, des Finances et du Développement		274 180 000	10 731 185 000	156 250 000	1 762 964 000
	125	Plan d'actions de la stratégie nationale de micro finance		750 000 000		844 869 000
	131	Fonds de développement de la statistique	149 180 000	9 771 185 000	0	655 595 000
	132	Cadastre Fiscal	125 000 000	210 000 000	156 250 000	262 500 000
17	Ministère de la Fonction Publique du Travail et de la Protection Sociale		1 571 359 000	4 780 712 000	2 377 334 000	6 230 294 000
	129	**Fonds de soutien à la modernisation de l'administration publique**	**1 571 359 000**	**4 780 712 000**	**2 377 334 000**	**6 230 294 000**
21	Ministère de la Santé		25 695 000	45 695 000	30 000 000	50 000 000
	128	Fonds d'appui au développement du système de santé	25 695 000	45 695 000	30 000 000	50 000 000

310. Ces difficultés qui handicapent le fonctionnement des administrations du travail et, par ricochet, la réception des normes internationales du travail au sein des États membres de l'UEMOA peuvent également s'expliquent par des facteurs conjoncturels.

[797] http://www.droit-afrique.com/uploads/Burkina-LF-2018.pdf

[798] Les crédits de paiement (CP) représentent « la limite supérieure des dépenses pouvant être ordonnancées ou payées pendant l'année pour la couverture des engagements contractés dans le cadre des autorisations d'engagement ». Ils sont le support de règlement de la dépense engagée au préalable. Dans le cas d'un engagement juridique s'exécutant sur plusieurs exercices, la consommation des CP est échelonnée sur plusieurs exercices budgétaires, jusqu'à atteindre le total des autorisations d'engagement initiales. (*Cf.* https://www.economie.gouv.fr/cedef/quelle-difference-entre-autorisation-dengagement-et-credit-paiement).

[799] Les autorisations d'engagement (AE) constituent «la limite supérieure des dépenses pouvant être engagées ». Elles sont entièrement consommées dès l'origine de la dépense, c'est-à-dire lors de la signature de l'acte juridique engageant la dépense de l'État. Les autorisations d'engagement sont le support de l'engagement de dépenses qui peuvent s'étaler sur plusieurs années. *Cf.* https://www.economie.gouv.fr/cedef/quelle-difference-entre-autorisation-dengagement-et-credit-paiement).

§ 2. L'analyse des facteurs conjoncturels

311. Les États membres de l'UEMOA sont également confrontés à des difficultés conjoncturelles qui mettent à mal la bonne réception des normes internationales du travail. Différents évènements sont survenus depuis leurs accessions aux indépendances qui ont eu un impact sur cette réception. Il s'agit notamment de facteurs d'ordre économique et politique (A), auxquels s'ajoutent des facteurs d'ordre démographique et sécuritaire (B).

A. L'impact de facteurs économiques et politiques

312. Depuis leur accession à l'indépendance, les États membres de l'UEMOA ont évolué sur le plan économique et politique. Du fait de la particularité de chaque État, les évolutions ont été sensiblement différentes. Cependant, des facteurs économiques (1) et politiques (2) communs peuvent expliquer les difficultés de réception des normes internationales du travail qui subsistent au sein de la zone UEMOA.

1. L'incidence de niveau de développement économique des États

313. L'UEMOA depuis sa création a connu une forte croissance économique[800]. Toutefois, malgré cette dernière, les États membres de l'UEMOA figurent parmi les États les plus pauvres du monde avec des indices de développement humain faibles[801]. Du fait de cette faiblesse, leurs populations sont davantage confrontées à la pauvreté[802]. À titre illustratif, en Guinée-Bissau, « la pauvreté touchait 69,3 % de la population en 2010 contre 64,7 % en 2002, tandis que l'extrême pauvreté touchait 33,0 % de la population en 2010 contre 20,8 % en 2002, soit une aggravation de l'extrême pauvreté entre les deux périodes »[803]. La situation de pauvreté de ces populations accentue les éventualités de celles-ci de se tourner vers des formes de travail ne respectant aucune législation et allant à l'encontre des valeurs défendues par les normes internationales du travail, avec notamment

---

[800] Selon le Comité de politique monétaire de la Banque Centrale des États de l'Afrique de l'Ouest, le taux de croissance dans l'UEMOA pour l'année 2017 était estimé à 6,7% (Source UEMOA, Pressbook, [en ligne], [consulté le 11 juillet 2018]).

[801] Selon le rapport 2018 sur le développement humain du Programme des Nations Unis pour le Développement (PNUD), tous les États membres de l'UEMOA ont un indice de développement faible. Sur 189 pays classés, les États membres de l'UEMOA sont classés comme suit : Bénin (163è), Sénégal (164è), Togo (166e), Côte d'Ivoire (170è), Guinée Bissau (177è), Mali (182è), Burkina Faso (183è), Niger (189è). (PNUD, « Indices et indicateurs de développement ; mise à jour statistique », 2018, p. 24).

[802] Selon le rapport de 2012 de la Banque Centrale des États de l'Afrique de l'Ouest sur la situation de la pauvreté dans les pays de l'UEMOA, « sur la base des seuils nationaux de pauvreté et en fonction des années de déroulement des enquêtes, l'indice de la pauvreté, c'est à dire le nombre de personnes pauvres, est évaluées à 49,4% dans l'Union ». (BCEAO, « Rapport sur la situation de la pauvreté dans les pays de l'UEMOA », 2012, p. 3).

[803] Nations-Unies, Commission économique pour l'Afrique, « Profil pays : Guinée-Bissau », 2017, p. 20.
(https://www.uneca.org/sites/default/files/uploaded-documents/CountryProfiles/2018/guinee_bissau_french_cp.pdf).

des rémunérations faibles, une protection sociale insuffisante, un non-respect de la législation de travail.

314. Les États membres de l'UEMOA ont pris conscience du fait que « *les politiques macro-économiques, exclusivement centrées sur la croissance et la stabilité économique ne suffisaient pas à régler les problèmes d'emplois, et qu'il fallait les abandonner au profit de stratégies de lutte contre la pauvreté qui conduisent forcément à se focaliser sur les démarches et facteurs susceptibles de créer davantage d'emplois, et donc de générer des revenus pour les populations les plus exposées à la pauvreté* »[804]. Des stratégies de lutte contre la pauvreté ont été incluses dans les différentes politiques nationales pour l'emploi de ces États[805] ; elles accordent une grande priorité à la création d'emplois décents « en raison des liens étroits avec la pauvreté et le sous-développement économique et sociaux »[806].

315. La lutte contre la pauvreté s'est avérée être un préalable au développement économique de ces États. De ce fait, l'UEMOA, en vue d'atteindre ses objectifs et de lutter contre le chômage[807], a choisi de mener des actions visant à éradiquer la pauvreté au sein de son espace. Ainsi, le président de la Commission de l'UEMOA, M. Abdallah BOUREIMA[808], a rappelé le 10 avril 2017 lors du Conseil extraordinaire des chefs d'États et de gouvernement de l'UEMOA que « tous les chantiers de l'UEMOA sont des chantiers contre la pauvreté. L'objectif étant vraiment de créer des conditions pour le mieux-être des populations de l'Union ; qu'il s'agisse des politiques sectorielles ou des autres politiques communautaires, toutes ont en commun la lutte contre la pauvreté dans l'espace sous régional »[809]. La pauvreté impacte tous les aspects du développement de l'UEMOA et est un obstacle pour l'amélioration des conditions de travail prônée par les normes internationales du travail. Les actions entreprises dans le cadre de la lutte contre la pauvreté permettent aux populations d'accéder à des emplois respectant les normes internationales du travail et améliorant leurs conditions de travail.

316. Le faible niveau de développement des États a aussi pour conséquence d'affaiblir les administrations du travail susceptibles de lutter pour une meilleure réception des normes internationales du travail. Les

---

[804] BIT, Mise en œuvre de l'agenda du travail décent en Afrique de l'ouest : résultat des activités de l'équipe d'appui technique au travail décent- Bureau pays de l'OIT, Dakar, BIT, 2013, p. 23.

[805] A titre illustratif, le Togo a adopté en septembre 2012 une « Politique nationale de l'emploi pour les années 2013 à 2017 » qui prend en compte l'état de la pauvreté dans le pays dans le plan d'action opérationnel. (https://ilo.org/dyn/natlex/docs/MONOGRAPH/94656/111123/F-999531201/TGO-94656.pdf).

[806] BIT, Mise en œuvre de l'agenda du travail décent en Afrique de l'ouest : résultat des activités de l'équipe d'appui technique au travail décent- Bureau pays de l'OIT, *op. cit.*, p. 23.

[807] Le chômage est l'arrêt involontaire et prolongé du travail, dû à l'impossibilité de trouver un emploi. (CORNU Gérard, Vocabulaire juridiques, 12ème édition, PUF, 2018, p. 173).

[808] M. Abdallah Boureima est le Président de la Commission de l'UEMOA depuis mai 2017.

[809] *Cf.* http://www.rfi.fr/afrique/20170411-uemoa-lutte-pauvrete-priorite-boureima-chef-commission.

différentes administrations du travail au sein de ces États font face à une insuffisance de moyens matériels et financiers comme souligné plus haut. Au sein de ces États, par exemple, le manque de moyens de transport empêche les inspecteurs du travail d'effectuer de manière indépendante leur mission. Un tel manque est particulièrement criant en dehors des grandes villes. Ceci nécessiterait une réorganisation des modalités de la décentralisation des administrations du travail dans ces États. Au Burkina Faso, par exemple, en 2012, « chaque Direction régionale de Travail et de la Sécurité sociale disposait d'un véhicule »[810]. Un effort d'attribution égalitaire de véhicule aux treize régions administratives avait été fait par le Gouvernement. Toutefois, ceci s'est révélé insuffisant, car le nombre de véhicules ne permettait pas aux inspecteurs et contrôleurs du travail de la région du Centre et de la région des Hauts-Bassins, qui constituent les centres économiques où sont concentrées le plus grand nombre d'entreprises, d'effectuer pleinement des missions de contrôle sur le terrain. La région du Centre « qui comptait 33 inspecteurs et 27 contrôleurs du travail soit 29,85 % des 201 inspecteurs et contrôleurs du travail en services »[811] ne disposait que de « deux véhicules jugés en "assez bon" état de fonctionnement »[812]. La région des Hauts-Bassins quant à elle disposait de « 15 inspecteurs et 16 contrôleurs soit 15,42 % des 201 inspecteurs et contrôleurs du travail en services »[813] et ne possédait que « un véhicule jugé en "bon" état de fonctionnement »[814]. Ces insuffisances de moyens matériels des administrations du travail des États membres de l'UEMOA empêchent ceux-ci d'œuvrer pour une meilleure réception des normes internationales du travail. Cela s'explique de prime abord par une insuffisance de dotation financière. Pareil état de fait peut relever d'une volonté politique.

2. Les facteurs politiques

317. Les administrations du travail des États membres de l'UEMOA rencontrent des difficultés qui ont pour conséquence une mauvaise réception des normes internationales du travail. Le manque de matériel empêche les inspecteurs et contrôleurs du travail de remplir pleinement leurs missions. Il en est de même pour l'insuffisance de formations de ceux-ci. Ces difficultés que subissent ces administrations peuvent être le résultat d'une organisation gouvernementale. Ceci relève de facto des choix des instances politiques. En effet, comme souligné plus haut, les ministères régissant les domaines sociaux souffrent d'une instabilité organisationnelle au sein des États membres de l'UEMOA. Il apparaît particulièrement révélateur qu'ils aient une importance relative dans l'ordre protocolaire des membres du Gouvernement et des ministres de ces États. La place accordée aux

---

[810] *Cf.* Ministère de la Fonction publique, du Travail et de Sécurité sociale du Burkina Faso, Rapport général annuel 2012 sur l'inspection du travail, 2013, dactyl, p. 20.
[811] *Ibid.*, p. 21.
[812] *Ibid.*, p. 30.
[813] *Ibid.*, p. 21.
[814] *Ibid.*, p. 30.

ministères ayant en charge les questions relatives au travail varie toutefois suivant les États au sein de l'UEMOA. À titre illustratif, en Côte d'Ivoire, le ministre de l'Emploi et de la Protection sociale occupe la quatorzième place de l'ordre protocolaire[815]. Au Sénégal, le ministre du Travail, du Dialogue social, des organisations professionnelles et des relations avec les institutions occupe le vingt-cinquième rang de l'ordre protocolaire[816].

318. Le rang protocolaire de ces ministères traduit l'importance accordée par le Gouvernement aux problèmes liés au travail et explique la faiblesse des budgets nationaux de fonctionnement qui leurs sont alloués. D'une manière générale, les ministères en charge des questions relatives au travail ne bénéficient pas de fort budget de fonctionnement. Cela peut expliquer qu'ils n'arrivent pas à équiper suffisamment les différentes administrations du travail de manière à outiller suffisamment ceux-ci afin d'œuvrer au respect de la législation nationale du travail en général et des normes internationales du travail en particulier. À titre indicatif, « la part du budget national allouée au ministre en charge du travail s'est élevée en 2014 à 0,11 % au Mali, à 0,22 % au Togo, à 0,54 % au Burkina Faso, à 0,58 % au Bénin ou encore à 0,66 % au Niger »[817].

319. Les facteurs politiques jouent également un rôle dans la réception des normes internationales du travail dans la mesure où les troubles politiques sont sources d'instabilité pouvant plonger les populations de ces États dans des situations de pauvreté et les inciter à accepter des formes de travail ne respectant pas les normes internationales du travail. Concernant les États membres de l'UEMOA, par exemple « *il semblerait que, sur la période allant de 2000 à 2010, les pays qui ont connu une décennie relativement stable sur le plan politique ont pu mettre en œuvre des politiques de lutte contre la pauvreté, ainsi que des projets, accompagnés et appuyés par la communauté financière internationale. En revanche, la situation de la pauvreté ne se serait pas améliorée dans les pays ayant connu des troubles sociaux, ainsi que l'instabilité politique, au cours de la même période. C'est le cas de la Guinée-Bissau et de la Côte d'Ivoire* »[818]. De plus, dans la zone UEMOA, les troubles politiques sont souvent la cause de l'affaiblissement des institutions étatiques. Ils entrainent souvent des fermetures temporaires de ces institutions ou des déplacements des agents. Les troubles politiques empêchent la bonne gestion des administrations dans les États en cause. En Guinée Bissau, par exemple, du fait de la récurrence des crises politiques, « les structures administratives ne permettent pas à l'État de contrôler son territoire ni d'assurer les services publics minimums »[819]. Les troubles politiques peuvent ainsi être facteurs de pauvreté et empêcher une bonne

---

[815] *Cf.* www.gouv.ci/_actualite-article.php?recordID=9026.
[816] *Cf.* www.sec.gouv.sn/d%C3%A9cret-n%C2%B02019-762-du-07-avril-2019-fixant-la-composition-du-gouvernement.
[817] AUVERGNON Philippe, SIDIBÉ Ousmane, *op. cit.*, p. 6.
[818] BCEAO, *op. cit.*, p. 9.
[819] International Crisis Group, « Guinée-Bissau : besoin d'État », rapport Afrique n° 142, 2008, p. 1. (https://d2071andvip0wj.cloudfront.net/142-guinea-bissau-in-need-of-a-state-french.pdf).

réception des normes internationales du travail. Mais d'autres facteurs doivent également être pris en compte.

B. L'influence de l'évolution démographique et sécuritaire

320. L'espace UEMOA fait face depuis sa création à une forte évolution démographique qui impacte indirectement la réception des normes internationales du travail (1). Outre la démographie, cet espace est également confronté à des menaces sécuritaires dont les conséquences influent sur la qualité de la réception des normes visant à améliorer les conditions de travail (2).

1. Le contexte démographique

321. La population de l'UEMOA est passée de 2014 à 2020 de 108 604 571 habitants à 123 600 00 d'habitants[820]. Cette croissance démographique pose de plus en plus des difficultés dans la prise en charge des demandes sociales[821] au sein des États membres. En effet, simultanément aux mesures prises pour améliorer leur développement économique, ces États sont dans l'obligation de veiller à la satisfaction des besoins sociaux de leurs populations. Ils n'arrivent qu'imparfaitement à satisfaire les besoins sociaux et, notamment, les besoins d'emplois de leurs populations. Le taux de chômage y est très élevé. À titre indicatif, en 2016 en Côte d'Ivoire « l'agence d'études et de promotion de l'emploi estimait à 26,5 % le taux de chômage combiné (de main d'œuvre potentielle), au chômage et en sous-emploi »[822]. Au Niger, « le taux de chômage global est ressorti en hausse, passant de 13 % en 2011 à 17 % en 2014. (…) Le sous-emploi affectait quant à lui 68,4 % de la population en 2014 »[823]. Au sein de ces États, « le chômage et le sous-emploi peuvent provoquer des crises sociales de plus en plus complexes »[824] et être la cause d'une instabilité institutionnelle.

322. Les statistiques démographiques des États membres de l'UEMOA soulignent l'accroissement soutenu de la population essentiellement très jeune. En Guinée Bissau par exemple, en 2016, « 63,5 % de la population avait moins de 25 ans et seulement 2,1 % de la population avait 65 ans ou plus »[825]. De façon générale, plus de la moitié de la population de la zone

---

[820] Selon les données du Centre statistique de la Commission de l'UEMOA en date du 4 septembre 2018.

[821] Les demandes sociales sont attendues au sens de celles visant à satisfaire les besoins sociaux des populations tels que l'emploi, l'éducation, la santé, l'alimentation, la sécurité, etc.

[822] Ministère du Plan et du développement de Côte d'Ivoire, « Plan National de Développement 2016-2020 : diagnostic stratégique de la Côte d'Ivoire sur la trajectoire de l'émergence », Tome 1, 2016, p. 28.

[823] Ministère du Plan du Niger, Plan de développement économique et social 2017-2021 : un Niger renaissant pour un peuple prospère, 2017, p. 37.

[824] THIAM Birane, Rapport de la concertation de haut niveau sur les crises sociales de l'UEMOA, *op. cit.*, p. 11.

[825] Nations-Unies, Commission économique pour l'Afrique, « Profil pays : Guinée-Bissau », *op. cit.*, p. 19.

UEMOA est jeune : 77,83 % de la population de l'UEMOA à moins de 35 ans[826]. Du fait du faible niveau de développement des États, cette frange de la population peine à trouver des emplois dans un cadre formel[827]. Les situations de chômage et de sous-emplois que rencontre cette population, jeune et dynamique en âge de travailler, contribuent à la croissance du secteur informel.

323. On peut relever que presque la moitié de la population de l'espace UEMOA a moins de quinze ans, soit 44,86 % de la population en 2018[828]. Cette frange de la population n'a pas l'âge minimum requis pour travailler en vertu des dispositions de l'article 3 de la convention n° 138 sur l'âge minimum de l'OIT[829]. Toutefois, du fait de la pauvreté et des défaillances du système éducatif, cette partie de la population très vulnérable doit souvent travailler pour apporter une aide financière aux familles. Cela crée des situations de travail des enfants exploités dans le secteur informel allant à l'encontre des normes internationales du travail[830]. Toutefois, les conséquences de la croissance démographique sont loin d'être les seuls facteurs qui ralentissent la bonne réception des normes internationales du travail au sein de la zone UEMOA.

2. Les menaces sécuritaires

324. La zone UEMOA est marquée depuis 2010[831] par la recrudescence d'actes terroristes, d'enlèvements et autres crimes qui constituent des sérieuses menaces pour la sécurité des personnes et des biens. Outre la sécurité de la population et des biens, ces actes qui se développent sur le

[826] Selon les données du Centre statistique de la Commission de l'UEMOA en date du 4 septembre 2018.

[827] À titre illustratif, au Burkina Faso en 2016, le taux de chômage des jeunes de 15 à 24 ans était de 2,2%. Le chômage des jeunes était essentiellement urbain et concernait 5,6% des jeunes citadins contre 0,8% des jeunes ruraux. Le sous-emploi concernait autant les jeunes (22%) que les moins jeunes (24%). (Institut National de la Statistique et de la Démographie du Burkina Faso, Enquête nationale sur l'emploi et le secteur informel. Thème 5 : Chômage, 2016, p. 15).

[828] Selon les données du Centre statistique de la Commission de l'UEMOA en date du 4 septembre 2018.

[829] En vertu des dispositions de cet article, « *1. L'âge minimum d'admission à tout type d'emploi ou de travail qui, par sa nature ou les conditions dans lesquelles il s'exerce, est susceptible de compromettre la santé, la sécurité ou la moralité des adolescents ne devra pas être inférieur à dix-huit ans. 2. Les types d'emploi ou de travail visés au paragraphe 1 ci-dessus seront déterminés par la législation nationale ou l'autorité compétente, après consultation des organisations d'employeurs et de travailleurs intéressées, s'il en existe.3. Nonobstant les dispositions du paragraphe 1 ci-dessus, la législation nationale ou l'autorité compétente pourra, après consultation des organisations d'employeurs et de travailleurs intéressées, s'il en existe, autoriser l'emploi ou le travail d'adolescents dès l'âge de seize ans à condition que leur santé, leur sécurité et leur moralité soient pleinement garanties et qu'ils aient reçu, dans la branche d'activité correspondante, une instruction spécifique et adéquate ou une formation professionnelle* ».

[830] À titre illustratif, en Côte d'Ivoire en 2014, « 28, 2% des enfants âgés de 5 à 17 ans étaient économiquement actifs ». (OIT. IPEC, « Enquête sur la situation de l'emploi et du travail des enfants (ENSETE 2013) » Genève, OIT, [en ligne], 2015, [Consulté le 12 Aout 2019], p. 60).

[831] Depuis l'enlèvement des salariés de la Société Areva le 16 Septembre 2010 au Niger.

terreau de la pauvreté instaurent une instabilité au sein de la zone UEMOA susceptible de dissuader les investisseurs étrangers et de retarder le développement des États membres. Cela impacte également la réception des normes internationales du travail dans la mesure où le développement économique de ces États et la présence d'investisseurs sont susceptibles de favoriser la création d'emplois formalisés dans ces États.

325. Pour parvenir à attirer les investisseurs et entreprendre des actions en faveur du développement économique, la zone UEMOA se doit d'être une zone sécurisée. L'UEMOA et les États membres mènent des actions conjointes dans l'espoir d'éradiquer les menaces sécuritaires et instaurer un climat de paix. La recrudescence des besoins sécuritaires de ces États implique de grands besoins financiers. Ainsi, au sein de ses États, les budgets de lutte contre les attaques sécuritaires sont plus conséquents que ceux alloués aux ministères en charge des questions relatives au travail. À titre illustratif, après l'attentat de Grand-Bassam en Côte d'Ivoire le 13 mars 2016, le pays a décidé d'allouer 80 milliards de FCFA à la lutte contre le terrorisme[832], ce qui représentait un demi-point du PIB national. La recrudescence des menaces sécuritaires peut conduire malheureusement ces États à reléguer les actions en faveur de l'amélioration des conditions de travail au second plan pour lutter prioritairement contre de telles menaces.

326. Les problèmes sécuritaires peuvent de plus engendrer des situations qui empêchent l'application efficiente de toute législation de travail. Tel est le cas notamment lorsque les troubles sécuritaires conduisent à des déplacements de population[833] ou à des abandons de postes[834].

327. Les problèmes sécuritaires peuvent également handicaper les efforts de développement de la zone UEMOA dans la mesure où ils empêcheraient certains États de mettre en œuvre les différentes politiques adoptées par l'Union, contribuant à œuvrer à une bonne réception des normes internationales du travail. En Guinée Bissau par exemple, « *la persistance des problèmes de sécurité et d'instabilité prolonge les incertitudes qui entravent réellement les possibilités de relance de l'économie nationale et le rétablissement des institutions de l'État dans leurs rôles régaliens* »[835]. La réception des normes internationales du travail souffre donc de plusieurs difficultés dont l'identification apparaît toutefois facilitée dans le cadre de l'organisation structurelle offerte par l'UEMOA. Même si ces difficultés sont nombreuses, l'UEMOA peut permettre d'améliorer la réception des normes internationales au sein de son espace.

---

[832] *Cf.* Communiqué du Conseil des Ministres de la Côte d'Ivoire du 20 Avril 2016, [en ligne], [consulté le 15 juillet 2018].

[833] Telle est la situation qu'a connu le Mali du fait de la crise de 2012.

[834] Les attaques terroristes dans le nord du Burkina Faso conduisent notamment à des abandons de poste dans l'enseignement dans cette région.

[835] OIT, Programme pays pour un travail décent en Guinée Bissau 2012-2015, *op. cit.*, p. 12.

SECTION 2. LE RENFORCEMENT DES MOYENS DE RÉCEPTION EFFECTIVE

328. L'UEMOA, dont les États membres partagent sensiblement les mêmes conditions économiques et sociales, constitue un cadre d'action pour l'amélioration des conditions de réception des normes internationales du travail. Le fait que ces États, par ailleurs membres de l'OIT, soient déjà membres d'une organisation permet d'y mutualiser les échanges et les formations en matière de normes internationales du travail (§ 1). Du fait de la prise en considération de la question sociale dans la réalisation des objectifs de l'UEMOA, cette organisation sous régionale dispose d'un cadre adéquat qui rendrait possible la négociation et la coordination des soutiens internationaux (§ 2).

§ 1. La mutualisation des échanges et des formations

329. La mutualisation étant « associée à un objectif de maitrise, voire des réductions des dépenses, de rationalisation de l'organisation, d'adaptation ou d'amélioration de la qualité des services »[836], elle pourrait susciter la résolution des difficultés de réception de ces États et insuffler d'autant plus le « développement du sentiment d'appartenance à une même communauté »[837]. La mutualisation qui concernerait les échanges et les formations ne sera pas une innovation de l'UEMOA, car l'OIT tient compte des regroupements régionaux dans l'exécution de ses activités (A). De plus, aussi bien les États que les partenaires sociaux de l'UEMOA sont partis à des organisations qui priorisent la mutualisation des actions (B).

A. L'option de l'Organisation internationale du Travail

330. Dans l'optique d'améliorer les conditions de travail au sein de ces États membres, l'OIT a dû prendre en considération les particularités des régions (1), ce qui explique ses actions au sein de l'UEMOA (2).

1. La prise en considération du régionalisme

331. L'OIT, consciente des difficultés inhérentes à l'application des normes rencontrées par certains États membres à atteindre le but final, « a défini une action régionale d'une réelle importance et dont les manifestations sont nombreuses »[838]. Ces activités régionales « destinées à compléter son

---

[836] BAUDE Catherine, BARDET Florence, MARGUERIN Stéphane, « Mutualiser : quels résultats ? Analyses », *I2D-Information, données & documents*, vol. 52, 2015, p. 54.

[837] ATHANASE Stéphane, « Les gains de la mutualisation pour les universités », *I2D-Information, données & documents,* vol. 52, 2015, p. 58.

[838] PHILIP Christian, *Normes internationales du travail : universalisme ou régionalisme?,* Thèse de doctorat, droit, Université de Paris II, 1975,p. 138.

activité universelle »[839] visent principalement à faciliter l'application des normes dans une région spécifique. Il s'agit « *en particulier de conduire les États à ratifier le maximum de conventions et de les aider à mettre en œuvre rapidement et complètement les dispositions qu'elles édictent. Cela a pour objectif de permettre une meilleure effectivité des actions de l'organisation, de favoriser en définitive son réel universalisme* »[840]. Cette prise en considération des régions qui a permis « l'adaptation des conventions internationales du travail aux conditions régionales et locales posées »[841], agit en faveur des pays membres de l'OIT moins développés. En effet, « l'extrême attention portée à ces derniers a contraint l'organisation à diversifier ses activités. Leurs domaines et leurs problèmes sont apparus trop différents de ceux des nations industrielles pour être traités sur le même plan »[842]. Les actions en faveur des États sous-développés méritent d'être différenciées d'un État à un autre compte tenu des disparités économiques et sociales.

332. Toutefois, la prise en considération du régionalisme par l'OIT a également été accentuée par la constitution d'organisations d'intégration régionale. L'OIT « ne pouvait rester indifférente au fait que des questions relatives au travail puissent être envisagées et peut être même résolue dans un cadre régional sans son intervention »[843]. La plus importante manifestation de la prise en considération des régions par l'OIT a été la mise en place, dès 1936, des conférences régionales des États membres[844].

333. Ces conférences régionales des États membres ont été intégrées à l'article 38 de la Constitution de l'OIT en 1946[845]. Cet article donne le pouvoir à l'OIT de convoquer une conférence régionale. Les conférences régionales « sont organisées périodiquement dans chacune des régions suivantes : Asie et Pacifique, Amérique, Afrique et Europe »[846] et concerne

---

839 ISSA-SAYEG Joseph, « Questions impertinentes sur la création d'un droit social régional dans les États africains de la zone franc », *Bulletin de droit comparé du travail et de la sécurité sociale*, 1999, p. 175.

840 PHILIP Christian, *Normes internationales du travail : universalisme ou régionalisme?, op. cit., p. 138.*

841 MONAT Jacques, *op. cit.*, p. 6.

842 PHILIP Christian, *Normes internationales du travail : universalisme ou régionalisme?, op. cit.*, p. 139.

843 *Idem.*

844 La première conférence régionale des États membres de l'OIT s'est tenue du 2 au 14 janvier 1936 à Santiago du Chili. Vingt-six résolutions, relatives à la Sécurité sociale et aux conditions de travail au sein des pays d'Amérique, ont été adoptées par cette Conférence de Santiago. De nombreux points ont été étudiés, parmi lesquels : les principes fondamentaux des assurances sociales ; l'intensification des relations entre l'OIT et les pays d'Amérique ; le chômage et l'immigration ; les conditions de travail et de vie des populations indigènes. (*Cf.* https://www.ilo.org/legacy/french/lib/century/content/1936.htm).

845 L'article 38 de la Constitution de l'OIT dispose que : « *1. L'Organisation Internationale du Travail pourra convoquer telles conférences régionales et établir telles institutions régionales qui lui paraîtront utiles pour atteindre les buts et objectifs de l'Organisation. 2. Les pouvoirs, fonctions et procédure des conférences régionales seront régis par des règles formulées par le Conseil d'administration et présentées par lui à la Conférence générale pour confirmation* ».

846 Article 1 du règlement des réunions régionales des États membres de l'OIT.

un ordre du jour « arrêté par le Conseil d'administration de l'OIT »[847]. Ces conférences régionales, « sans avoir le pouvoir d'adopter des conventions et des recommandations régionales, étudient les problèmes sociaux qui se posent sur le plan régional et proposent des solutions à travers des plans d'action »[848].

334. La première conférence régionale des États membres de l'UEMOA s'est déroulée du 5 au 16 décembre 1960 à Lagos au Nigéria dans le contexte de l'accession à l'indépendance de nombreux États africains. Trois résolutions sur le travail de l'OIT en Afrique ont été adoptées lors de cette convention. Ces résolutions portaient sur : la préparation, la ratification et l'application des conventions et recommandations internationales en Afrique, mais aussi l'assistance technique, l'éducation ouvrière et la formation des cadres dirigeants de petites et moyennes entreprises[849]. À ce jour, la conférence régionale africaine a tenu quatorze conférences qui ont rassemblé les mandants tripartites de l'OIT (gouvernements, représentants des employeurs et travailleurs) ainsi que les acteurs politiques, économiques et sociaux du monde du travail en Afrique[850].

335. Les activités régionales de l'OIT, outre l'institution des conférences régionales des États membres, ont également consisté en une décentralisation administrative : « l'efficacité des actions de l'OIT exigeait de placer les centres de décisions le plus près possible des lieux d'actions. Il est vite apparu impossible de diriger des projets de coopération technique depuis Genève »[851]. Ainsi, dans l'optique de venir en aide aux pays sous-développés, les premières mesures de décentralisation furent prises dès 1965.

336. Elles reformaient les structures administratives de l'OIT et avaient pour objectif de : *« rapprocher l'organisation de ses États membres — ainsi que des organisations d'employeurs et de travailleurs dans les différents pays — afin d'améliorer la connaissance et la compréhension des buts, des besoins et des plans ; faire en sorte que les études et les publications de l'OIT soient fondées sur une connaissance beaucoup plus directe des conditions et des besoins des États membres ; favoriser une adhésion plus large aux normes de l'OIT ; améliorer la coopération avec les organisations régionales ; fournir rapidement une assistance aux États membres ainsi que des services consultatifs au sujet des questions de travail et des questions sociales, au moyen d'équipes de personnel technique familiarisé avec les*

---

[847] Article 2 du règlement des réunions régionales des États membres de l'OIT.

[848] ISSA-SAYEG Joseph., « Questions impertinentes sur la création d'un droit social régional dans les États africains de la zone franc », *op. cit., p. 175.*

[849] *Cf.* https://www.ilo.org/legacy/french/lib/century/index4.htm

[850] La quatorzième conférence régionale africaine de l'OIT s'est tenue à Abidjan du 3 au 6 décembre 2019. L'objet de la réunion était d'examiner, sur la base du rapport du Directeur général et de la Déclaration d'Addis-Abeba (2015), les progrès accomplis par les pays ces quatre dernières années en ce qui concerne la mise en œuvre de l'Agenda du travail décent, examen qui se fera à la lumière du Programme de développement durable à l'horizon 2030 et de l'Agenda 2063 de l'Union africain. (*Cf.* https://www.ilo.org/global/meetings-and-events/regional-meetings/africa/arm-14/lang--fr/index.htm).

[851] PHILIP Christian, *Normes internationales du travail: universalisme ou régionalisme?, op. cit.*, p. 177.

conditions locales ; accroître l'efficacité des activités extérieures de l'OIT en confiant au personnel des services extérieurs la tâche de résoudre les questions administratives et techniques qui peuvent être traitées plus avantageusement sur place que par les services centraux du siège »[852].

337. Quatre grandes étapes furent nécessaires pour atteindre les objectifs précités. Il a fallu : « *la création dans les différentes régions d'un réseau de bureaux régionaux, de bureaux de l'OIT et de représentants dans les pays ; la création d'un corps de conseillers régionaux et de personnel technique en poste dans les régions ; la création des rouages administratifs adéquats dans les régions ; l'établissement de lignes de communication bien définies et répartition des responsabilités entre le siège et l'appareil extérieur* »[853].

338. Il existe cinq bureaux régionaux avec chacun à leur tête un directeur régional[854]. Dans chacune de ces cinq régions ; ces bureaux[855] ont des compétences géographiques limitées à certains pays de ladite région. Ces bureaux ont des missions multiples : « Ils ont d'abord une mission de relations publiques. Il leur faut établir un contact avec les différentes administrations nationales, les organisations socioprofessionnelles ou les institutions compétentes en matière du travail »[856]. Ce sont des représentants du BIT au niveau régional. « Ils sont également chargés d'instruire les demandes et propositions de projets en vue de l'assistance technique, de conseiller les organismes régionaux ou nationaux, de veiller à faciliter l'application de tel ou tel projet décidé »[857]. Ils permettent par conséquent une meilleure application des décisions de l'OIT et veille à rendre l'organisation plus accessible dans les régions, car ils « ont un rôle important sur le plan de l'information et de la documentation. Ils renseignent sur l'ensemble des activités de l'OIT et rassemblent les informations présentant un intérêt pour l'OIT sur leur zone géographique de compétence »[858].

339. Les États membres de l'UEMOA relèvent du Bureau régional Afrique. Au sein de ce bureau, le Sénégal et la Guinée Bissau sont rattachés au bureau pays situé à Dakar au Sénégal[859]. Le Bénin, le Burkina Faso, la Côte d'Ivoire, le Mali, le Niger et le Togo sont rattachés au bureau pays situé à Abidjan en Côte d'Ivoire[860]. Même si ces bureaux pays ne se consacrent pas exclusivement aux États membres de l'UEMOA, ils facilitent les actions de l'OIT au sein de cette espace.

---

[852] OIT, Programme et budget pour la période biennale 1970-71, 5e exercice, 1969, p. 16.

[853] OIT, Activités de l'OIT dans le monde d'après 1945 (Partie 2 : 1960-1988), 1965. (https://www.ilo.org/legacy/french/lib/century/content/1965.htm).

[854] Il s'agit du Bureau régional Afrique, du Bureau régional Amérique latine et Caraïbes, du Bureau régional des États arabes, du Bureau régional Asie et Pacifique et du Bureau régional Europe et Asie Centrale.

[855] L'OIT à des bureaux extérieurs dans quarante pays. (*Cf.* https://www.ilo.org/global/about-the-ilo/who-we-are/international-labour-office/lang--fr/index.htm).

[856] PHILIP Christian, *Normes internationales du travail : universalisme ou régionalisme?,op. cit.*, p.180.

[857] *Idem.*

[858] *Idem.*

[859] *Cf.* https://www.ilo.org/africa/about-us/offices/dakar/lang--fr/index.htm

[860] *Cf.* https://www.ilo.org/africa/about-us/offices/abidjan/lang--fr/index.htm

2. Les activités du BIT dans l'espace UEMOA

340. Le BIT porte un réel intérêt à la promotion du travail décent au sein de ses États membres. Ainsi, les bureaux régionaux, au fait des difficultés que rencontrent les États, organisent des ateliers permettant des échanges entre plusieurs États et offrent des formations aux agents étatiques et aux partenaires sociaux afin de pallier aux lacunes que rencontrent ceux-ci dans la mise en œuvre des dispositions des normes internationales du travail. Ces ateliers sont organisés généralement avec des représentants des États membres de la même région et avec souvent le concours des organisations d'intégration[861].

341. L'espace UEMOA offre des perspectives d'action pour le BIT. Ainsi, celui-ci a-t-il étroitement collaboré avec la Commission de l'UEMOA pour permettre l'émergence d'un cadre structurel sur le travail et le dialogue social dans cette zone. Certes, les partenaires sociaux de l'UEMOA et les ministres en charge du Travail des États membres de l'UEMOA ont recommandé en 1999 la création au sein de l'UEMOA « d'une structure tripartie permanente (gouvernement-employeurs-travailleurs) chargée de veiller à la prise en compte par l'UEMOA de la dimension sociale et humaine dans le processus de l'intégration économique »[862] ; mais cette proposition s'est concrétisée avec l'instauration du CTDS en 2009 après instruction « par les services de la Commission de l'UEMOA en partenariat avec l'équipe du Programme de Promotion du Dialogue social en Afrique francophone (BIT/PRODIAF) »[863].

342. Dès la création du CTDS, ses « activités ont été appuyées par des partenaires comme le Bureau international du Travail (BIT) »[864] dont une délégation a participé à presque toutes les Assemblées générales du CTDS[865]. Le cadre structurel offert par le CTDS a permis au BIT de mener des actions axées sur les besoins des États membres de l'UEMOA. Ainsi, en vue de rendre possible le règlement des conflits sociaux, le BIT a apporté son soutien financier en 2013 au CTDS pour mener huit études visant à comprendre les causes des crises sociopolitiques dans cet espace[866]. Ces études qui répondaient à une problématique spécifique des États membres de l'espace UEMOA, ont permis d'analyser les causes des crises sociales dans cet espace et ont donné lieu à une concertation de haut niveau sur le sujet[867].

---

[861] À titre illustratif, le bureau pays de l'OIT à Dakar a organisé en 2016 au Sénégal avec la Commission de la CEDEAO, un atelier technique sur le renforcement des services publics de l'emploi à travers des outils d'intermédiation dans les États membres de la CEDEAO et la Mauritanie. (*Cf.* https://www.ilo.org/global/docs/WCMS_454382/lang--en/index.htm).

[862] NIANGO Augustin, Première réunion du Conseil du Travail et du Dialogue social de l'UEMOA, *op. cit.*, p. 7.

[863] *Idem.*

[864] CTDS, Compilation des résultats des travaux du Conseil de 2010 à 2016, 2017, dactyl, p. 5.

[865] *Cf.* Interview de M. Birane Thiam, *op. cit.*, réalisé le 17 juin 2019.

[866] THIAM Birane, Rapport de la concertation de haut niveau sur les crises sociales de l'UEMOA, *op. cit.*, p. 3.

[867] *Idem.*

343. Cette concertation qui a regroupé les ministres en charge du Travail des États membres de l'UEMOA, les membres du CTDS, les membres de la Commission de l'UEMOA, une délégation du BIT et un consultant, a donné lieu à des partages d'informations entre les représentants étatiques, les partenaires sociaux et la société civile des États membres. Ces échanges visaient à apporter une réponse communautaire aux conflits sociaux rencontrés dans cet espace. Les concertations entre les États membres ont abouti à l'adoption d'une Déclaration sur les crises sociales dans les pays membres de l'UEMOA en décembre 2013. Cette déclaration qui contient des « recommandations à mettre en œuvre par les États, en relation avec les partenaires sociaux, pour mieux prévenir et gérer les crises sociales »[868] au sein de l'espace UEMOA, contribue à l'émergence d'un partenariat social.

344. La mise en place du cadre structurel du CTDS a également permis au BIT d'organiser en juillet 2015 un atelier sous régional de partage sur la stratégie de mise en conformité des lieux de travail aux normes du travail dans les pays de l'UEMOA. Cet atelier qui avait pour objectif de favoriser un échange d'information et d'expérience sur les capacités des inspecteurs du travail et les mécanismes de prévention et de résolution des conflits de travail et de proposer un programme d'actions pour le renforcement des inspections du travail a donné lieu à une feuille de route pour la mise en conformité des lieux de travail aux normes du travail dans les pays membres de l'UEMOA[869]. Les recommandations de cette feuille de route prennent en considération les difficultés rencontrées par ces États.

345. L'organisation de ses différents ateliers dans le cadre du CTDS a permis une meilleure prise en compte des besoins de l'Union du fait de la participation de tous les acteurs sociaux. De telles rencontres et l'implication des acteurs tripartites de l'UEMOA dans la prise de décisions ne sont cependant pas nouvelles.

B. Les choix des représentants sociaux et de l'Union

346. La mutualisation des actions en faveur d'une meilleure application de la législation du travail est l'alternative choisie au sein de l'espace UEMOA par les partenaires sociaux. En effet, dès leurs accessions aux indépendances, aussi bien les États membres de l'UEMOA que les partenaires sociaux de ces États membres ont consenti à mener des actions mutualisées (1). Ces dernières qui se déroulent en dehors du cadre communautaire UEMOA ne contredisent toutefois aucunement les efforts déployés par l'institution communautaire UEMOA en faveur d'une meilleure réception des normes internationales du travail (2).

---

[868] UEMOA. CTDS, Compilation des résultats des travaux du Conseil de 2010 à 2016, 2017, p. 7.

[869] La Guinée et le Tchad ont été associés à cette feuille de route.

1. Les actions des États et des partenaires sociaux

347. Les États membres de l'UEMOA ont dès leurs accessions à l'indépendance montré leur intérêt pour les regroupements régionaux en vue d'œuvrer pour une meilleure application de leur législation de travail. Confrontés au nombre insuffisant des agents de l'administration du travail au lendemain des indépendances, les ministres du Travail des pays africains francophones ont manifesté le souhait de créer sur le continent africain un institut de formation technique des agents de l'administration du travail[870]. Ainsi lors de la seconde conférence régionale africaine des États membres de l'OIT à Addis-Abeba en Éthiopie en décembre 1964, les ministres du Travail ont choisi le Cameroun pour abriter un tel centre de formation. Le Centre Régional africain d'Administration du Travail (CRADAT) dont sont membres tous les États francophones de l'UEMOA [871] a été inauguré en janvier 1965[872]. Le CRADAT a pour mission d'« *assurer la formation, la spécialisation, le perfectionnement et le recyclage du personnel de l'Administration du travail et de la sécurité sociale des États membres ; assurer à la demande de toute organisation professionnelle d'employeurs et de travailleurs représentés par les États membres, la formation, le perfectionnement et la spécialisation des membres desdites organisations dans le cadre de programmes spécifiques et intensifier la coopération technique mutuelle* »[873]. Il offre aux acteurs sociaux de ses États membres des formations périodiques et des formations occasionnelles en fonction des besoins de ceux-ci. Ainsi les agents des administrations du travail des États membres du CRADAT ainsi que les partenaires sociaux des États membres ont-ils pu bénéficier de formations en relation avec la législation du travail. Cette institution qui a permis la formation technique des cadres des administrations du travail est également un cadre propice pour l'action.

348. De plus, du fait de leurs adhésions au CRADAT, les États membres participent à des séminaires qui permettent aux participants généralement les acteurs tripartites d'échanger sur des thématiques en relation avec la législation du travail. À titre illustratif, en 2016, le CRADAT a organisé un colloque sur « les défis de l'inspection du travail à l'aune de l'émergence en Afrique, contribution à la réflexion sur l'avenir du travail »[874]. Outre le

---

[870] Il faut rappeler que les cadres supérieurs de l'administration du travail des pays africains francophone recevaient une formation en France depuis 1955 et que dès 1960 un programme annuel de formation technique a été conçu à l'intention des cadres moyens de l'administration du travail de ces pays à l'Institut des Hautes Études d'Outre-Mer à Paris (*Cf.* https://www.ilo.org/public/french/cradat/tout-savoir.htm).

[871] Outre les pays francophones de l'UEMOA, le Burundi, le Cameroun, la République centrafricaine, la république de Djibouti, le Congo, la République démocratique du Congo, le Gabon, la Guinée, la Mauritanie, le Rwanda et le Tchad sont également membres du CRADAT.

[872] Le centre a initialement été dénommé Centre de Perfectionnement des Cadres de l'administration du travail (CPCAT) avant que l'appellation Centre Africain d'Administration du Travail ne lui soit attribuée en 1969 pour mieux marquer sa vocation régionale.

[873] CRADAT, Nos missions, {en ligne}, {consulté le 19 Août 2018}.

[874] CRADAT, *Les défis de l'inspection du travail à l'aune de l'émergence de l'Afrique. Contribution de réflexion sur l'avenir du travail*, Actes du colloque international du 8 au 10 novembre 2016, in *Autour du Travail et de l'Homme au travail*, n° 1/2018, 322 p.

CRADAT qui offre un cadre de formation et d'échanges commun à ces États membres, il faut relever que les partenaires sociaux des États membres de l'UEMOA sont partis à des organisations internationales qui œuvrent pour le bien-être des travailleurs à travers le respect de leur droit. Les organisations de travailleurs de tous les États membres de l'UEMOA sont, par exemple, toutes membres de l'Organisation régionale africaine de la Confédération syndicale internationale (CSI-Afrique)[875].

349. La CSI-Afrique, dont la mission est de « réaliser une organisation régionale unie, démocratique et indépendante qui œuvre pour le bien-être de tous les travailleurs africains, dans un monde où chacun peut développer entièrement ses potentialités dans des conditions de liberté, d'égalité et de justice sociale »[876], organise des ateliers régionaux ayant pour but de sensibiliser et renforcer les capacités des organisations de travailleurs membres. Ces ateliers sont l'occasion de formations pour les représentants de ces organisations de travailleurs et d'échanges sur leurs situations respectives en vue d'apporter des améliorations. À titre illustratif, le CSI-Afrique a organisé du 21 au 25 mai 2018 à Lomé un atelier sur le renforcement des compétences en management démocratique des syndicats. Une quinzaine de représentants syndicaux ont pris part à cet atelier dont des représentants syndicaux de tous les États francophones de l'UEMOA[877].

350. Les acteurs sociaux des États membres de l'UEMOA ne sont pas étrangers à la mutualisation des actions en faveur de la législation du travail. Ils ont en effet consenti dès leur accession à l'indépendance à chercher des solutions communes pour répondre aux difficultés que rencontraient les administrations du travail. De ce fait, ils ont adhéré à des institutions qui offraient des solutions aux problèmes rencontrés au niveau régional. Ces acteurs habitués à appliquer des solutions régionales ne devraient donc pas avoir du mal à accepter la mutualisation des actions en faveur d'une meilleure réception des normes au sein de l'espace communautaire UEMOA ; espace qui a l'avantage d'être un cadre plus restreint que les institutions dont ils sont membres et dans lesquelles déjà se pratique la mutualisation.

2. Les efforts communautaires

351. Le CTDS offre un cadre d'action communautaire en faveur des acteurs sociaux des États membres de l'UEMOA. En effet, il permet à partir

---

(https://www.ilo.org/africa/countries-covered/cameroon/facet/WCMS_551200/lang--fr/index.htm).

[875] L'Organisation régionale africaine de la Confédération Syndicale Internationale (CSI-Afrique) est une organisation syndicale panafricaine créée en novembre 2007 à la suite de la fusion des deux anciennes organisations syndicales africaines, à savoir l'ORAf-CISL et l'ODSTA. La CSI-Afrique compte 16 millions de membres déclarés et 101 centrales syndicales affiliées dans 51 pays africains. Le siège de la CSI-Afrique est actuellement à Lomé au Togo.

[876] CSI-AFRIQUE, Présentation, {en ligne}, {consulté le 19 Août 2018}.

[877] *Cf.* https://www.ituc-africa.org/Les-leaders-syndicaux-renforcent-leurs-competences-en-management-democratique.html?lang=en

des réunions annuelles de ses membres ainsi que les rencontres de ses organes consultatifs, aux États membres, aux partenaires sociaux et à la société civile d'avoir une structure et des moments d'échanges en vue d'améliorer le travail et le dialogue social au sein de cet espace.

352. Toutefois, le CTDS s'est évertué dès sa création à assurer une formation de ses membres en vue de les rendre plus performants. De ce fait, les activités des deux premières années d'existence du CTDS ont été centrées sur un renforcement des capacités incluant la formation des membres. Le programme d'activité du CTDS adopté à l'issue de la première Assemblée générale en 2010 prévoyait des « actions de formation sur les outils du dialogue social »[878]. Conformément à ce programme d'activité, les membres du Bureau du CTDS ont reçu des formations du 11 au 19 avril 2011 en Europe (Turin, Genève, France et Bruxelles) ; les membres du CTDS ont également bénéficié d'une formation sur le processus et les techniques de négociation du 12 au 14 décembre 2012[879]. Ces formations sont vite apparues insuffisantes au vu de l'accroissement des domaines d'activité du CTDS. Les membres du CTDS ont ainsi recommandé entre autres, lors de la cinquième assemblée générale, d'« *encourager les administrations du travail des pays membres de l'Union à promouvoir le partage d'expérience ; organiser un atelier régional (BIT-CTDS) sur les administrations du travail avec la participation dès la commission et des ministres en charge du Travail des pays membres de l'Union et établir un partenariat avec l'école Saint Étienne (France) pour former et renforcer les compétences des inspecteurs et contrôleurs du travail dans le domaine de la santé et de la sécurité sociale* »[880]. Ces recommandations n'ont pas encore été suivies.

353. Une session de formation au profit des membres du bureau et des commissions techniques spécialisées du CTDS a été organisée en décembre 2016 à l'issue de la septième assemblée générale du CTDS, afin de remédier au manque de connaissances de ses membres. Cette formation organisée avec l'appui du BIT avait pour objectif de : « *renforcer les compétences des membres des Commissions en dialogue social ; identifier, selon les niveaux (local, intermédiaire, national, sous régional, international, etc.), les types de dialogue social et thème y afférant ; identifier, parmi les bénéficiaires de la formation, ceux qui pourraient se spécialiser en dialogue social et envisager, dans le long terme, la reconstitution de groupes de formateurs en dialogue social dans les pays membres de l'Union* »[881]. *Cette formation a été l'occasion d'aborder au sein du CTDS des « questions d'actualités telles que*

---

[878] NIANGO Augustin, Première réunion du Conseil du Travail et du Dialogue social de l'UEMOA, *op. cit.*, p. 27.

[879] NIANGO Augustin, Rapport de la troisième Assemblée générale du CTDS de l'UEMOA, rapport CTDS, 2012, dactyl., p. 3.

[880] THIAM Birane, Rapport de la cinquième Assemblée générale du CTDS de l'UEMOA, *op. cit.*, p. 7.

[881] THIAM Birane, Rapport de la formation des membres du bureau et des commissions spécialisées du CTDS, 2016, dactyl., p.1.

l'extension de la protection sociale et le dialogue social, la promotion de l'emploi et le dialogue social, la négociation collective »[882].

354. Le CTDS tente depuis sa création de renforcer ses capacités. Les formations qu'il propose répondent à ses besoins et ne sont pas spécifiques aux normes internationales du travail. Même si cela semble prématuré, au vu de la facilité à regrouper les acteurs sociaux au sein du CTDS, proposer des formations aux partenaires sociaux sur des problématiques relatifs au travail et plus spécifiquement aux normes internationales du travail devrait être possible par le CTDS. Une telle formation pourrait avoir lieu à l'issue de chaque assemblée générale à l'intention des membres du CTDS et de toute personne concernée par la question. Toutefois, pour permettre de rendre cette mutualisation des actions possibles dans le cadre du CTDS, celui-ci serait amené à assurer d'autres fonctions.

§ 2. La négociation et la coordination de soutiens internationaux

355. La mutualisation des actions suppose la désignation d'un organe apte à négocier et à fédérer les besoins des membres[883]. Au sein de l'UEMOA, le CTDS semble être l'institution le plus à même de négocier et de coordonner les soutiens internationaux (A) pour permettre l'amélioration des conditions de travail au sein de cette zone d'intégration. Cet organe est toutefois confronté à des difficultés (B).

A. Le rôle dévolu au CTDS

356. Le fonctionnement du CTDS implique que celui-ci puisse collaborer avec d'autres organisations (1). Hors cette hypothèse, il pourrait de plus, négocier des soutiens financiers pour l'amélioration des conditions de travail dans l'espace UEMOA (2).

1. Un besoin d'ouverture aux partenaires extracommunautaires

357. En vertu des dispositions de l'article 10 de l'Acte additionnel portant création et organisation du Conseil du Travail et du Dialogue social de l'UEMOA, le CTDS « coopère avec les structures chargées du dialogue social dans les États membres de l'Union, avec les partenaires de l'Union et toutes autres institutions contribuant à la promotion du dialogue social ». Cet article prescrit la coopération avec « les partenaires de l'Union » sans toutefois les mentionner. Mais, du fait des relations que l'UEMOA entretient avec le BIT, les liens de partenariat qui existent entre ces deux organisations sont incontestables. Le BIT est apparu, dès la création du CTDS, comme

[882] THIAM Birane, Rapport de la cinquième Assemblée générale du CTDS de l'UEMOA, *op. cit.*, p. 32.

[883] ATHANASE Stéphane, « Les gains de la mutualisation pour les universités », *op. cit.*, p. 58.

étant le « partenaire stratégique »[884]. Il l'« appuie et l'accompagne depuis le démarrage de ses activités »[885]. Les liens étroits qu'entretiennent le BIT et le CTDS permettent à ce dernier de mener ses activités en conformité avec les standards internationaux fixés par le BIT.

358. L'article 10 de l'Acte additionnel précédemment cité mentionne une coopération avec les institutions contribuant à la promotion du dialogue social. En vue de mener efficacement ses activités, les membres de CTDS ont plusieurs fois proposé la recherche de partenaires extracommunautaires. Cela constituait une des propositions de la quatrième assemblée générale du CTDS qui s'est tenu le 10 décembre 2013[886]. Pour répondre à ces propositions, en 2014, le bureau du CTDS a « effectué des visites de courtoisie à la délégation de l'Union européenne à Ouagadougou, au Service de Coopération de l'Ambassade de France au Burkina Faso dans l'objectif de faire connaitre le CTDS, mais aussi, de partager les défis et les contraintes »[887]. Dans cette optique, au cours de la même année, des contacts ont également été établis avec le Centre européen de la Négociation[888] et le Comité économique et social européen[889].

359. Grâce aux différentes initiatives de son bureau, le CTDS a procédé à des conclusions de partenariats techniques et financiers avec des organismes au plan régional et international. Ces partenariats visent à rendre le CTDS plus visible et à « renforcer ses moyens d'interventions »[890]. Au titre de ces partenariats, il convient de relever que le CTDS a adhéré à l'Association internationale des Conseils économiques et sociaux et institutions similaires (AICESIS) et entretient des relations de coopération avec World Solidarité (WSM), le Centre africain de Formation et de Recherches Administratives pour le Développement (CAFRAD) de Tanger (Maroc) et le Centre africain du Travail (CAT) de l'Université d'Abomey Calavi du Bénin[891].

360. De plus, en vue de diversifier ses partenaires, le CTDS invite les représentants d'organisations extracommunautaires à participer à ces assemblées générales. La participation de ceux-ci leur permet d'être au fait du fonctionnement du CTDS et permet aux membres du CTDS de se

---

[884] CTDS -UEMOA, Compilation des résultats des travaux du Conseil de 2010 à 2016, 2017, p. 5.

[885] *Ibid.* p. 6.

[886] Au cours de la quatrième assemblée générale du CTDS, il a été entre autre proposé : « d'« accorder une haute priorité à la mobilisation des ressources extérieures auprès des partenaires et des bailleurs et d'établir un partenariat avec le programme des Nations Unies pour le Développement (PNUD) à travers son programme « emploi des jeunes et le dialogue social ». (THIAM Birane, Rapport de la cinquième Assemblée générale du CTDS de l'UEMOA, *op. cit.*, p. 9).

[887] THIAM Birane, Rapport de la cinquième Assemblée générale du CTDS de l'UEMOA, *op. cit.*, p. 17.

[888] https://cenego.com

[889] https://europa.eu/european-union/about-eu/institutions-bodies/european-economic-social-committee_fr

[890] THIAM Birane, Rapport de la cinquième Assemblée générale du CTDS de l'UEMOA, *op. cit.*, p. 17.

[891] *Cf.* Entretien réalisé le 20 aoûtt 2018 avec Monsieur Birame Thiam, Secrétaire administratif permanent du CTDS.

familiariser avec les organismes concernés. Il permet ainsi d'asseoir la légitimité du CTDS sur le plan international. À titre illustratif, une délégation de l'Union européenne a participé à la sixième assemblée générale du CTDS en 2015[892]. Par ailleurs lors de la septième assemblée générale du CTDS qui s'est tenue en décembre 2016, des représentants de différentes institutions ont pris part aux travaux[893]. Il s'est agi, notamment, des représentants de l'Association Internationale des Conseils économiques et sociaux et Institutions similaires (AICESIS)[894], de l'Union des Conseils économiques et sociaux africains (UCESA)[895], du Centre africain du Travail (CAT)[896] et du Centre africain de Formation et de Recherche administrative pour le Développement (CAFRAD)[897]. Les partenariats du CTDS permettent de faire connaitre cet organe consultatif de l'UEMOA sur le plan international. Ils apportent également à celui-ci leurs aides dans la réalisation des activités et contribuent ainsi à son développement.

2. Un impératif de survie

361. Le CTDS est un organe consultatif de l'UEMOA dont le fonctionnement « est assuré par le budget général des organes de l'Union »[898]. En vertu des dispositions du règlement intérieur du CTDS, « le Secrétariat administratif permanent prépare le projet de budget du CTDS »[899]. Ce projet est examiné et adopté à la majorité absolue par l'assemblée générale[900]. Le budget arrêté est alors soumis à la Commission de l'UEMOA pour approbation. Le CTDS ne jouit donc pas d'une réelle autonomie financière.

362. La faiblesse du budget de fonctionnement initialement alloué par la Commission a handicapé la réalisation des activités du CTDS. Au cours des

---

892 THIAM Birane, Rapport de la sixième Assemblée générale du CTDS de l'UEMOA, *op. cit.*, p. 1.

893 THIAM Birane, Rapport de la septième Assemblée générale du CTDS de l'UEMOA, *op. cit.*, p. 14.

894 L'AICESIS est une institution située à Bruxelles créée en 1999 dont sont membres 72 pays. Elle promeut le dialogue social, la bonne gouvernance et la création de Conseils économiques et sociaux (CES).

895 L'UCESA a été créée en 2001. Elle compte 18 pays membres et est située à Dakar. Elle vise l'implication effective des Conseil Économique et Sociaux et Institutions Similaires dans le processus d'intégration africaine. Elle encourage le dialogue démocratique entre les acteurs de la vie économique et sociale au sein des États membres.

896 Le CAT situé à Cotonou a été créé en 2014 et vise la promotion de la gouvernance juridique, sociale et éthique au moyen de la recherche scientifique tant au Bénin que dans l'espace UEMOA, de la CEDEAO et plus généralement en Afrique.

897 Le CAFRAD situé à Tanger, est une organisation intergouvernementale panafricaine créée en 1964. Il a pour mission de contribuer au renforcement des capacités en matière de réforme des structures, de gouvernance, le développement ainsi que l'accompagnement des institutions et le développement des compétences autour des valeurs d'État de Droit, de la démocratie.

898 Article 12 de l'acte additionnel n° 002/2009/CCEG/UEMOA portant création et organisation du conseil du travail et du dialogue social de l'UEMOA.

899 Article 22 du règlement intérieur du CTDS.

900 Article 8 règlement intérieur du CTDS.

années 2011-2012, le CTDS s'est trouvé dans l'incapacité de réaliser des « actions de *lobbying* du fait (…) des disponibilités budgétaires faibles »[901]. À cause « des contraintes des disponibilités de ressources, l'exécution des activités de 2012 ont accusé un retard »[902]. Depuis sa création, le budget de fonctionnement du CTDS a été progressivement augmenté, évoluant de 101 515 852 FCFA pour l'exercice 2013 [903] à 168 421 000 FCFA[904] pour l'exercice 2017. À titre illustratif, en 2018 le budget ci-dessous a été alloué au CTDS pour son fonctionnement courant [905] :

ACTIVITÉS	**Ressources en Millions de Francs**
Cotisation du CTDS à l'AICESIS	1 000 000
Appui aux Cellules nationales des membres du CTDS	11 778 127
Réunion de commissions techniques de travail	13 501 348
Deuxième réunion de commissions techniques de travail	13 501 348
Mission du Secrétaire Permanent dans les États membres	8 058 683
Réunion des membres du Bureau du CTDS	6 112 300
Mission d'appui technique aux Etats	8 058 683
Réunion des membres du CTDS	87 989 511
TOTAL	**150 000 000**

363. Le budget attribué à la commission varie d'une année sur l'autre en fonction de la stabilité financière des États membres. Le budget alloué par la Commission au CTDS n'est donc pas fixe et peut varier ; ce qui ne permet pas de pérenniser les activités entreprises. À titre illustratif, « au titre du budget 2017, l'enveloppe allouée au Conseil du Travail et du Dialogue social a été arrêtée à la somme de 168 421 000 FCFA[906] pour l'exercice 2017 contre 216 352 995 FCFA[907] pour l'exercice 2016 soit une baisse de 47 931 995 FCFA[908] en valeur absolue et 22,15 % en valeur relative. Les mesures de rationalisation en cours ont eu pour effet une réduction de 20 % des charges de fonctionnement de la Commission et des Organes de l'Union »[909].

364. L'instabilité de son budget oblige le CTDS à mener des actions de « mobilisation des ressources extérieures auprès des partenaires et des

901 NIANGO Augustin, Rapport de la troisième Assemblée générale du CTDS de l'UEMOA, *op. cit.*, p. 3.
902 *Idem.*
903 Soit l'équivalent de 154 750 €.
904 Soit l'équivalent de 256 739 €.
905 THIAM Birane, Rapport de la neuvième Assemblée générale du CTDS de l'UEMOA, rapport CTDS, 2018, dactyl. p. 9.
906 Soit l'équivalent de 256 739 €.
907 Soit l'équivalent de 329 806 €.
908 Soit l'équivalent de 73 067 €.
909 THIAM Birane, Rapport de la cinquième Assemblée générale du CTDS de l'UEMOA, *op. cit.*, p. 8.

bailleurs pour renforcer le budget du CTDS »[910] et cela d'autant plus que le budget alloué ne lui permet pas de mener des activités non prévues dans le budget.

B. Les obstacles aux recherches de partenaires

365. La recherche de soutiens extracommunautaires est l'une des missions que s'évertue de remplir le CTDS. Cette recherche de partenaires fait toutefois face à des limitations structurelles (1) auxquelles s'ajoutent des questions de souveraineté (2).

1. Les limitations structurelles

366. Les modalités de la recherche de partenaires ne sont pas spécifiquement définies par l'Acte additionnel portant création et fonctionnement du CTDS. Toutefois, lors de la cinquième assemblée générale du CTDS, M. Ernest DJAGOUN AFOUDA, alors président du CTDS, a recommandé à « chaque membre de s'investir en mettant à profit ses relations personnelles, ses contacts et les rencontres avec les partenaires techniques et financiers pour parler du CTDS, de son rôle et ses missions afin de susciter davantage leur intérêt »[911]. Chaque membre de l'assemblée générale se doit de mener des missions de relations publiques pour faire connaître davantage cette institution et attirer d'éventuels partenaires.

367. Toutefois, dans la pratique, les prises de contact avec les partenaires extérieurs se révèlent plus être le fait des membres du Bureau du CTDS avec le soutien du Secrétariat administratif. Or ces deux organes du CTDS doivent déjà remplir d'autres fonctions. Le Bureau du CTDS doit notamment préparer la tenue des sessions de l'assemblée générale, arrêter le budget de l'exercice sur délégation de l'assemblée générale, représenter le CTDS auprès des autres organes de l'Union, superviser l'élaboration des rapports d'activité du CTDS[912].

368. De plus, les membres du Bureau du CTDS, représentant gouvernemental, représentant des employeurs et des travailleurs[913] doivent exercer, par ailleurs, les tâches inhérentes à leurs activités professionnelles principales, en plus de leurs fonctions au Bureau du CTDS. Ils doivent par conséquent trouver du temps en sus de leurs obligations professionnelles pour faire du *lobbying* en faveur du CTDS. Leur disponibilité pour accomplir cette mission paraît peu évidente.

369. De ce fait, le Secrétariat administratif du CTDS qui exerce à titre permanent joue un rôle majeur. Il est chargé d'assurer tout comme le Bureau, plusieurs fonctions, à savoir préparer les programmes et les rapports

---

[910] THIAM Birane, Rapport de la quatrième Assemblée générale du CTDS de l'UEMOA, *op. cit.*, p. 9.

[911] THIAM Birane, Rapport de la septième assemblée générale du CTDS de l'UEMOA, *op. cit.*, p. 17.

[912] Selon les dispositions de l'article 12 du règlement Intérieur du CTDS.

[913] Selon les dispositions de l'article 13 du règlement Intérieur du CTDS.

d'activités du CTDS, préparer les dossiers de saisine des instances de l'Union et les audiences du CTDS auprès du Président de la Commission et autres organes de l'Union, assurer le secrétariat des réunions du Bureau du CTDS, assurer le secrétariat des sessions de l'assemblée générale, élaborer les projets d'actions de renforcement des capacités des partenaires sociaux, identifier les questions de travail et de dialogue social posées par les décisions des instances de l'Union, les soumettre au Bureau en vue de leur examen par l'assemblée générale, exécuter les activités préparatoires à la tenue des réunions du Bureau du CTDS, exécuter les activités préparatoires à la tenue des sessions de l'Assemblée générale arrêtées lors de la réunion du Bureau, dresser les procès-verbaux des réunions du Bureau et des sessions de l'Assemblée générale, acheminer les convocations aux Assemblées générales, constituer une base de données et suivre l'état de fonctionnement du dialogue social dans les États membres, élaborer des critères de notation du fonctionnement du dialogue social par pays, préparer le projet de budget du CTDS en vue de son examen par l'Assemblée générale et suivre l'exécution du budget du CTDS auprès de la Commission de l'UEMOA[914].

370. Ses fonctions sont donc nombreuses et doivent être assurées par un secrétariat administratif permanent qui ne compte qu'un seul salarié. En effet, bien qu'il ait été prévu que le personnel administratif nécessaire au fonctionnement du Secrétariat administratif permanent soit recruté par la Commission de l'UEMOA[915], le secrétariat administratif permanent du CTDS ne compte que le Secrétaire administratif permanent. Celui-ci a été recruté en 2013 et remplit seul toutes les fonctions dévolues au Secrétariat administratif permanent du CTDS. Un tel contexte n'est pas sans influence sur l'efficacité de fonctionnement du CTDS. L'insuffisance de moyens humains est l'un des défis que rencontre le CTDS sur le plan communautaire,[916] mais n'est toutefois pas la seule difficulté dans la recherche de partenaires extérieurs.

2. La concurrence des États membres

371. La recherche de partenaires est un impératif pour le CTDS afin de pouvoir mener à bien ses activités. Ces dernières ont trait au travail et au dialogue social. Ce domaine n'a pas fait l'objet d'abandon de compétence de la part des États en faveur de l'UEMOA. De ce fait, le CTDS intervient dans un champ relevant de la compétence de chaque État membre. Certes, au sein de l'UEMOA, « les États sont tenus par une obligation de coopérer [917] avec la communauté dans la réalisation des objectifs de la communauté, mais en

[914] *Cf.* Article 22 du règlement intérieur du CTDS.
[915] *Cf.* Article 21 du règlement intérieur du CTDS et l'article 9 de l'acte additionnel n° 002/2009/CCEG/UEMOA portant création et organisation du conseil du travail et du dialogue social de l'UEMOA.
[916] THIAM Birane, « Le conseil du travail et du dialogue social de l'UEMOA : missions, contraintes, défis et perspectives », *op. cit.*, p. 138.
[917] En vertu de l'article 7 du Traité de l'UEMOA « Les États membres apportent leur concours à la réalisation des objectifs de l'Union en adoptant toutes mesures générales ou particulières, propres à assurer l'exécution des obligations découlant du présent Traité ».

matière sociale, cette obligation se trouve sans substance, faute d'actions communes »[918].

372. Les préoccupations du CTDS sont celles rencontrées par les États membres et ceux-ci tentent aussi d'apporter des solutions en cherchant des financements extérieurs. Ainsi, dans la recherche des partenaires extérieures, le CTDS et les États membres de l'UEMOA peuvent se retrouver à rechercher des financements extérieurs pour des thématiques identiques. Une telle concurrence d'acteurs d'une même zone d'intégration affaiblit les chances des demandeurs. Il serait préférable qu'il y ait des échanges d'informations entre le CTDS et les États membres sur la recherche de partenariats, voire que les États laissent la main au CTDS dans la recherche de partenaires extérieurs. Ceci étant, cela reviendrait à ce que les États aient recours au CTDS pour toute question concernant l'amélioration du droit du travail et du dialogue social. Pourtant, indiscutablement, une délégation de compétences en cette matière serait nécessaire.

373. La concurrence entre les États et le CTDS est d'autant plus fâcheuse que les partenaires extérieurs n'ont pas des ressources illimitées leur permettant de pouvoir répondre à toutes les demandes. En effet, compte tenu des contraintes qui pèsent sur les finances publiques des États membres des organisations internationales, par exemple, ceux-ci réduisent les montants des cotisations auprès des organisations internationales amoindrissant par là même les capacités d'interventions des dites organisations. L'OIT, partenaire historique du CTDS, n'est malheureusement pas exemptée de telles réductions de cotisations. Ces dernières influent sur les budgets de l'OIT et ses capacités à répondre aux demandes qui lui sont soumises. À titre illustratif, « malgré l'augmentation probable des demandes d'aides adressées à l'Organisation, le budget est fixé à un niveau correspondant à une croissance nulle en termes réels. En valeur nominale, le programme et le budget de l'OIT pour 2018-19 représentent une réduction de 13,3 millions de dollars US des crédits budgétaires »[919].

374. Les activités relatives au droit du travail et au dialogue social ont plus de chance d'être menées à terme si elles sont entreprises sur le plan communautaire et entrent dans les objectifs de la réalisation de l'intégration. Les contributions extérieures permettront d'améliorer à la fois les conditions de travail et le domaine social au sein de tous les États membres de la zone UEMOA. Cela contribuera à améliorer le domaine social à l'intérieur de cet espace communautaire. Une telle centralisation des activités concourra à une meilleure intégration sociale à laquelle les normes internationales du travail ne sauraient être étrangères.

---

[918] KIEMDE Paul, « Intégration régionale et harmonisation du droit social en Afrique : problèmes et perspectives », *Revue Burkinabé de Droit*, n° 39-40, septembre 2001, p. 151.

[919] CIT, Programme et budget pour la période biennale 2018-19, 2017, p. 11. (https://www.ilo.org/wcmsp5/groups/public/---ed_mas/---program/documents/genericdocument/wcms_582295.pdf).

CHAPITRE 2

Les normes internationales du travail vectrices d'intégration sociale

375. Les normes internationales du travail posent des standards minimums qui ont vocation à améliorer les conditions de travail. Leur application uniforme par les États membres de l'UEMOA permettrait de rapprocher les conditions sociales des travailleurs au sein de cet espace d'intégration. Toutefois, par-delà l'existence de ces normes, « l'intégration par les règles, comme une composante à part entière du processus d'intégration économique »[920] a été envisagée au sein de l'UEMOA à partir des années 1990 à travers « l'harmonisation législative de manière générale »[921]. Cette dernière « consiste au rapprochement des systèmes juridiques ou d'un domaine du droit, partiellement ou totalement, dans le but d'éliminer les contradictions et les divergences par rapport à un objectif déterminé »[922]. Elle « vise, soit à réduire les divergences entre les législations nationales, soit à instituer une coordination entre ces législations et une coopération entre les organismes chargés de les appliquer »[923] et permet d'atteindre des objectifs communautaires en induisant une convergence sociale (Section 1).

376. Une telle harmonisation est « la préférence des États qui ont une tradition législative ancienne profondément ancrée dans leur histoire »[924] comme ceux de l'UEMOA. Elle permettrait grâce à la coordination des politiques sociales de faire émerger des droits identiques au sein des différents États membres dont la prise en considération communautaire conduirait à l'affirmation d'un socle de droits sociaux (Section 2).

---

920 KIEMDE Paul, Intégration régionale et harmonisation du droit social en Afrique : problèmes et perspectives », *Revue Burkinabé de Droit*, n° 39-40, 2001, p. 133.

921 *Idem.*

922 *Idem.*

923 ISSA-SAYEG Joseph, « Les instruments nationaux de l'intégration juridique dans les États de la zone franc », *in* AUVERGNON Philippe, BOKALLI Victor- Emmanuel *et alii* (dir.), *De l'esprit du droit africain. Mélanges en l'honneur de Paul Gérard POUGOUÉ,* Wolters Kluwer/CREDIJ, 2014, p. 365.

924 ISSA-SAYEGH Joseph, « L'intégration juridique des États africains dans la zone franc », *Receuil Penant,* 1997, p. 13.

SECTION 1. LA CONVERGENCE SOCIALE PAR VOIE D'HARMONISATION

377. Les États membres de l'UEMOA « se sont lancés naturellement et prioritairement dans l'harmonisation pour coordonner soit leurs politiques sociales, soit leur politique économique »[925]. En droit du travail, « cette harmonisation s'est faite d'une façon inorganisée c'est-à-dire en dehors de toute organisation »[926] et a été néanmoins facilitée par l'héritage colonial commun de ces États concernés. En effet, après leurs indépendances, tous les États membres de l'UEMOA ont adopté un code national du travail. Ceux-ci, inspirés des codes applicables à l'époque coloniale, ont une réelle proximité (§ 1). Celle-ci a permis l'émergence d'un « droit du travail africain plus ou moins harmonisé »[927]. Si cette harmonisation s'est faite en dehors de toute organisation, elle pourrait être renforcée du fait de l'expérience d'intégration des institutions communautaires de l'UEMOA (§ 2).

§ 1. La proximité des codes nationaux du travail

378. Les États membres de l'UEMOA se sont tous dotés de codes du travail dès leurs accessions aux indépendances. Ces codes influencés par les textes des États colonisateurs étaient « perçus comme de véritables conquêtes contre le pouvoir et le patronat coloniaux de l'époque »[928]. Toutefois, les codes du travail des États francophones de la zone UEMOA ont témoigné d'une relative divergence (A) et se sont « diversifiés au gré des options politiques faites par ces pays au point de faire oublier quelque peu leur origine »[929]. Chaque code présente des particularités auxquelles s'ajoute celle de la Guinée Bissau au passé colonial lusophone (B).

A. La relative divergence des États francophones

379. Jusqu'à la Première Guerre mondiale, « la règlementation du travail émanait des gouverneurs dans les colonies françaises » [930]. Par la suite, « sous l'influence de la SDN et de l'OIT, il commença à apparaitre une règlementation systématique élaborée à l'échelon central »[931]. À partir de 1922, la loi applicable dans ces colonies émanait « d'un acte de l'exécutif, un décret du Président de la République pris sur proposition du ministre des

[925] *Idem.*
[926] *Idem.*
[927] *Ibid.*, p. 14.
[928] ISSA-SAYEG Joseph, « Questions impertinentes sur la création d'un droit social régional dans les États africains de la zone franc », *Bulletin de droit comparé du travail et de la sécurité sociale*, 1999, p. 171.
[929] *Idem.*
[930] LEMESLE Raymond, *Le droit du travail en Afrique francophone*, EDICEF, 1989, p. 27.
[931] GONIDEC Pierre François, KIRSCH Martin, *Droit du travail des territoires d'Outre-mer*, Paris, Librairie générale de droit et de jurisprudence, 1958, p. 45.

colonies ou en charge de ce département »[932]. Toutefois, des idées furent émises à la conférence de Brazzaville en faveur de la création d'un code de travail pour les colonies françaises[933].

380. Un projet de code du travail dit « Moutet »[934] fut élaboré en 1946, mais celui-ci « rencontra une telle opposition patronale que son application fut suspendue dès 1947 »[935]. Ce texte fut néanmoins la base des travaux qui ont abouti à l'adoption de la loi du 15 décembre 1952 instituant un code du travail dans les territoires d'outre-mer[936]. Le champ d'application territorial de ce code « concernait d'une part les territoires d'outre-mer proprement dits à savoir sur le continent africain l'AOF, l'AEF et la Côte française des Somalie, d'autre part les ex-territoires sous tutelle ou associés, à savoir le Togo et le Cameroun »[937]. Tous les futurs États francophones membres de l'UEMOA étaient donc concernés. Ce code du travail de 1952 a introduit des innovations dans les rapports de travail dans les colonies françaises (1) qui ont influencé les différents Codes des États francophones de l'UEMOA (2).

1. Les innovations du code du travail de 1952

381. Le Code du travail de 1952 qui « comprenait une suite logique de garanties et de procédures »[938] a été qualifié de « révolutionnaire pour l'époque »[939]. Il « a eu le mérite de fixer les droits et devoirs des différents partenaires sociaux »[940], ayant permis de modifier la conception du travail introduit par la colonisation dans les États colonisés. Ce code est « un ensemble structuré, à vaste portée, composé de deux cent quarante et un articles, qui se veut cohérent et logique »[941]. Il a introduit des modifications

---

[932] NANA Ferdinand, Edimo, *Droit du travail et données socio-économiques en Afrique noire francophone/ L'exemple du Cameroun,* Thèse de doctorat, droit privé, Université de Bordeaux I, 1994, p. 88.

[933] La Conférence a été organisée du 30 janvier au 8 février 1944 par le Comité de Libération nationale pour déterminer le rôle et l'avenir de l'empire colonial.

[934] Ce projet de code du travail général proposé par Marius Moutet, ministre alors de la France d'Outre-Mer a été promulgué par décret du 17 octobre 1947. Ce texte couvrait assez largement les relations de travail pour l'ensemble des territoires sous domination française. Mais, un mois plus tard, il était abrogé par le nouveau titulaire du ministère des colonies Coste-Floret (*Cf.* not. FONTENEAU Gérard, *Histoire du syndicalisme en Afrique*, éd. Khartale 2004, p. 43).

[935] AUVERGNON Philippe, « Modèles et transferts normatifs en droit du travail des pays africains », *Bulletin de droit comparé du travail et de la sécurité sociale,* 2005, p. 122.

[936] Loi n° 52/1322 du 15 décembre 1952 instituant un code du travail dans les territoires et territoires associés relevant du ministère de la France d'outre-mer, *JORF* du 16 décembre 1952, p. 11541

[937] AUVERGNON Philippe, « Modèles et transferts normatifs en droit du travail des pays africains », *op. cit.*

[938] COOPER Frederick, *Décolonisation et travail en Afrique : l'Afrique britannique et française 1935-1960*, Karthala- Sephis, 2004, p. 289.

[939] SIDIBE Ousmane Oumarou, « Quels modèles d'inspiration pour le droit du travail malien depuis le code de 1952 ? », *Bulletin de droit comparé du travail et de la sécurité sociale*, 2005, p. 141.

[940] NANA Ferdinand Edimo, *op. cit.,* p. 91.

[941] LABORDE Jean- Pierre, « Retour sur la loi n°52-1322 du 15 décembre 1952 instituant un code du travail dans les territoires associés relevant du ministère de la France d'Outre-mer »,

dans la règlementation du travail des colonies françaises qui se sont traduites par des innovations en matière de relations individuelles de travail et de rapports collectifs de travail.

382. Concernant les relations individuelles de travail, le code du travail de 1952 s'est évertué à renforcer le contrat de travail en garantissant les libertés des travailleurs. Une définition rigoureuse de la notion de travailleur a été donnée dans les premiers articles du code[942]. Cette « définition légale du travailleur »[943] permettait de différencier le contrat de travail des autres contrats et supprimait la différenciation qui existait entre « le travailleur indigène et le travailleur européen »[944]. Le travailleur ainsi défini, avait « droit à un jour de repos par semaine et aux congés payés (avec certaines dispositions pour ceux des employeurs qui prenaient à leur charge les frais de transport de leurs ouvriers), leurs lieux de travail devaient obéir à certaines normes de sécurité et d'hygiène et dans certains cas, assurer des soins médicaux sur place »[945]. Ce code prévoyait une l'égalité des rémunérations à conditions égales de travail[946]. Les dispositions de ce code accordaient aux travailleurs des colonies une protection semblable à celle prônée par les conventions internationales du travail.

383. Le Code du travail de 1952 s'est de plus intéressé à une des préoccupations du travail de la période coloniale en prohibant le travail forcé. Son article 2 qui dispose que « le travail forcé ou obligatoire est interdit de façon absolue »[947] garantit la liberté de contracter du travailleur et respecte l'esprit de la convention n° 29 sur le travail forcé : « *cet article, dans son ensemble avait pour effet de protéger les travailleurs et notamment ceux qui s'engageaient pour travailler hors de leur résidence habituelle, contre les abus qui pourraient se produire du fait de leur ignorance, non seulement des textes, mais encore des conditions concrètes dans les territoires où ils s'engagent à travailler* »[948]. Les modifications en matière de relations individuelles de travail se sont également traduites par « *l'égalité des parties dans la conclusion et dans la réalisation du contrat de travail,*

---

in AUVERGNON Philippe (dir.), BOKALLI Victor- Emmanuel (dir.) *et alii*, *De l'esprit du droit africain*, *op. cit.*, p. 441.

[942] L'article 1er du code disposait qu'« *est considérée comme travailleur au sens de la présente loi, quels que soient son sexe et sa nationalité, toute personne qui s'est engagée à mettre son activité professionnelle, moyennant rémunération, sous la direction et l'autorité d'une autre personne, physique ou morale, publique ou privée. Pour la détermination de la qualité de travailleur, il ne sera tenu compte ni du statut juridique de l'employeur, ni de celui de l'employé* ».

[943] LABORDE Jean- Pierre, *op. cit.*, p. 443.

[944] AUVERGNON Philippe, « Modèles et transferts normatifs en droit du travail des pays africains », *op. cit.*, p. 124.

[945] COOPER Frederick, *Décolonisation et travail en Afrique : l'Afrique britannique et française 1935-1960*, Paris, Karthala- Sephis, 2004, p. 289.

[946] Selon l'article 91 du code du travail de 1952, la rémunération des travailleurs était « égale à conditions égales de travail, de qualification professionnelle et de rendement, quels que soient leur origine, leur sexe, leur âge et leur statut ».

[947] Il faut toutefois relever que cette interdiction peut être contournée « pour des raisons d'ordre économique ou social, et notamment dans l'intérêt de la santé ou de l'hygiène publique » en vertu des dispositions de l'article 29 du code du travail de 1952.

[948] NANA Ferdinand, Edimo, *op. cit.*, p. 93.

l'institution d'un salaire minimum garanti, des conditions de travail équivalentes à celles de la métropole, la qualification professionnelle et de rendement, la majoration de rémunération des heures supplémentaires »[949].

384. Toutefois, si les modifications dans les relations individuelles de travail visant à garantir l'épanouissement des travailleurs ont été nombreuses, c'est sur le terreau des relations collectives du travail que le code du travail de 1952 a véritablement innové au point d'être qualifié de « code syndical »[950]. Une réalité juridique a été donnée à la notion de personnel par ce code. Cette « idée moderne et quelque peu révolutionnaire pour les territoires d'outre-mer tranchait avec la conception classique de l'entreprise qui n'y voyait que la juxtaposition des contrats individuels conclus entre l'employeur et chaque salarié »[951]. Cette réalité juridique s'est traduite par la reconnaissance d'une diversité de représentants du personnel. Il s'est agi des représentants syndicaux[952], du personnel[953] et des associations professionnelles à caractère coutumier[954]. Le titre deux du code a de plus été consacré à la question de la liberté syndicale. Par ailleurs, une certaine originalité a été introduite dans le code en matière de résolutions des différends du travail : *« ce n'était plus à des conseils de prud'hommes qu'était remis le soin de régler les litiges nés des relations entre l'employeur et le travailleur, mais à des tribunaux du travail, présidés par un magistrat, et comprenant des assesseurs, désignés sur des listes présentées par les organisations syndicales »*[955].

385. En matière de relations collectives, les acquis confortés par ce code concernaient également *« le monopole syndical pour la représentation des candidatures au premier tour des élections des délégués du personnel, l'institution de procédure de conciliation et de recommandation pour le règlement des conflits collectifs, l'interruption des services des offres de placement pour les entreprises touchées par une grève, la promotion et le développement tant des syndicats, particulièrement des syndicats les plus représentatifs, que de la négociation collective, la substitution d'un dossier du travailleur, relevant de l'inspection du travail, au carnet du travailleur jusqu'à là tenu par l'employeur, la création d'un conseil supérieur du travail auprès du ministre de la France d'outre-mer »*[956]. Ces innovations du

---

[949] LABORDE Jean- Pierre, « Retour sur la loi n° 52-1322 du 15 décembre 1952 instituant un code du travail dans les territoires associés relevant du ministère de la France d'Outre-mer », *op. cit.*, p. 443.

[950] SIDIBE Ousmane Oumarou, « Quels modèles d'inspiration pour le droit du travail malien depuis le code de 1952 ? », *op. cit.,* p. 141.

[951] NANA Ferdinand, Edimo, *op. cit.* p. 122.

[952] Les articles 3 et 4 du code du travail de 1952 ont trait à l'objet et à la composition des syndicats ; 'article 5 est relatif à la constitution des syndicats ; l'article 11 est relatif à la dissolution des syndicats et l'article 24 institue l'union des syndicats.

[953] Les articles 164 et 166 du code du travail de 1952 sont relatifs aux modalités de désignations des délégués du personnel.

[954] De tels représentants sont prévues par l'article 28 du code du travail de 1952.

[955] LEMESLE Raymond, *op. cit.,* p. 45.

[956] LABORDE Jean- Pierre, *op. cit.*, p. 443.

Code du travail d'outre-mer ont influencé les codes nationaux du travail des États francophones de l'UEMOA.

2. L'influence du code du travail de 1952 sur les codes du travail nationaux

386. Au lendemain des indépendances, les États membres de l'UEMOA se sont servis « de l'arme juridique, d'une part pour imposer le respect du pouvoir politique, et d'autre part pour remplir leurs différentes missions nées de l'accession à la souveraineté nationale »[957]. Dans un contexte de conquête de la souveraineté, « les États africains s'étaient assigné un certain nombre d'objectifs. Deux d'entre eux semblent surclasser les autres : l'intégration nationale et le décollage économique »[958]. Il était demandé « au droit du travail des indépendances de favoriser l'éclosion d'une conscience nationale et de jouer un rôle décisif dans le développement économique de ces États »[959]. Du fait de la pré-existence d'un texte législatif colonial, deux possibilités s'offraient aux États nouvellement indépendants : « élaborer un droit original ou s'inspirer plus ou moins étroitement des législations léguées par les anciennes puissances coloniales »[960].

387. Les États francophones membres de l'UEMOA ont « procédé à la codification de leur droit du travail sans aucune concertation entre eux » [961] au lendemain de leurs accessions aux indépendances. Toutefois, malgré cette absence de concertation, « l'essentiel de l'économie générale du Code de 1952 a été conservé »[962] par les différents codes nationaux du travail.

388. Sur le plan structurel, le code du travail de 1952 avait la classification linéaire suivante : Titre 1. Dispositions générales. Titre 2. Syndicats professionnels. Titre 3. Contrat de travail. Titre 4. Salaires. Titre 5. Conditions de travail. Titre 6. Hygiène et sécurité ; service médical. Titre 7. Organismes et moyens d'exécution. Titre 8. Différends du travail. Titre 9. Pénalités. Titre 10. Dispositions transitoires.

389. Les premiers codes des États francophones membres de l'UEMOA, à l'exception du code du travail du Mali du 9 octobre 1962, ont repris cette classification linéaire. Le code du travail malien a eu pour originalité de placer les syndicats à la fin du document et d'emprunter certaines dispositions du contrat du travail aux conditions de travail du code du travail de 1952[963].

390. Les dispositions elles-mêmes des nouveaux codes étaient fortement inspirées par celles du code du travail de 1952, y compris le code du travail malien. En effet, « *du fait des relations politiques relativement tendues entre les autorités maliennes et françaises dans les premières années de*

---

[957] NANA Ferdinand Edimo, *op. cit.*, p. 180.

[958] EMANE Augustin., « Droit du travail gabonais, modèles et transferts de normes », *Bulletin de droit comparé du travail et de la sécurité sociale*, 2005, p. 209.

[959] NANA Ferdinand Edimo, *op, cit.*, p. 172.

[960] *Ibid.*, p. 181.

[961] AUVERGNON Philippe, *op. cit.*, p. 125.

[962] LEMESLE Raymond, *op. cit.*, p. 47.

[963] *Idem.*

l'indépendance ainsi que du rapprochement avec les pays de l'Est dans le contexte de la "guerre froide", on pouvait s'attendre à trouver de fortes inspirations socialistes dans ce premier code du travail malien »[964]. Cela ne fut véritablement pas le cas, car le code du travail malien du 9 octobre 1962 est « apparu fortement inspiré de celui des territoires d'outre-mer de 1952 ainsi que des conventions collectives coloniales alors en vigueur au Mali, à l'exception de la procédure de licenciement »[965]. Contrairement aux autres États francophones de l'espace UEMOA, la procédure de licenciement au Mali, marquée par les positions idéologiques de gauche du Gouvernement, reposait sur une procédure de droit commun du licenciement nécessitant au préalable une autorisation expresse de l'inspecteur du travail.

391. Ces États ayant hérité d'un système juridique marqué par des modèles occidentaux, la reprise de la législation coloniale est apparue comme la méthode la plus simple. Il était plus facile de s'inspirer d'un texte existant et dont on connaissait le contenu, du fait de la technicité du droit du travail et de l'insuffisance des personnels administratifs spécialisés au lendemain des indépendances. De plus, au vu des « *multiples tâches auxquelles devaient faire face ces États nouvellement indépendants, l'insuffisance en nombre de techniciens du droit, obligeait assez souvent à faire appel au moins provisoirement à une législation étrangère qui a fait ses « preuves »* »[966].

392. Cette reprise était également synonyme de gain de temps pour des États nouvellement indépendants qui n'avaient ainsi pas à créer un nouveau droit. Ainsi, « *plus qu'une obsession de collage formel au modèle du code de 1952 ou au droit de l'ex-puissance coloniale, on semble percevoir ici un certain pragmatisme admettant qu'un droit venu à un moment donné d'ailleurs accompagné d'une forme d'emploi (le salariat), venu lui-même d'ailleurs, ne pouvait sérieusement être « réinventé »* »[967]. Ce mimétisme serait donc l'acceptation de l'héritage juridique coloniale par ces États. Cependant, le droit du travail faisant partie des secteurs de « perméabilité limitée »[968] qui englobent les branches du droit privé ayant « directement trait au développement économique, mais qui régit déjà le droit traditionnel africain »[969]. Il a fait ensuite l'objet de réformes au sein des futurs États membres de l'UEMOA.

B. La particularité nationale

393. Les États francophones membres de l'espace UEMOA ont dû faire face à des bouleversements au début des années 1980 qui les ont obligés à revoir les dispositions de leurs codes du travail. Ces différentes

[964] SIDIBE Ousmane Oumarou, *op. cit.*, p. 141.
[965] *Idem.*
[966] NANA Ferdinand, Edimo, *op. cit.*, p. 182.
[967] AUVERGNON Philippe, *op. cit.*, p. 126.
[968] POUGOUÉ Paul-Gérard, *La famille et la terre : essai de contribution à la systématisation du droit privé au Cameroun*, Thèse de doctorat, droit privé, Université de Bordeaux I, 1977, p. 273.
[969] *Idem.*

modifications des codes ont tenu compte des besoins de chaque État (1), mais « l'orientation d'ensemble du code de travail de 1952 a été conservée, même après avoir subi plusieurs modifications »[970], et a su « résister aux vicissitudes du temps »[971]. Du fait de leur différence de passé colonial, on pourrait penser que les codes du travail des États francophones de l'UEMOA, ayant subis une évolution, soient différents du code du travail de la Guinée-Bissau ayant eu pour sa part un héritage colonial lusophone. Ceci n'est pas vraiment le cas (2).

1. Les évolutions postcoloniales des États francophones

394. Les pays occidentaux ont connu une crise économique au milieu des années 1970 qui s'est étendue à la plupart des pays en voie de développement dès le début des années quatre-vingt[972] : « *la généralisation des tensions inflationnistes dans le monde, avivé par les hausses successives des prix du pétrole, le ralentissement de la croissance et l'extension du chômage dans la majeure partie des pays occidentaux, les tentations protectionnistes que suscitent l'émergence de nouveaux pays industrialisés, le climat d'inquiétude engendré par certains évènements politiques mondiaux, sont autant de facteurs qui vont lourdement peser sur l'évolution de l'économie mondiale en général et plus particulièrement sur celle des pays en voie de développement. Pour ces derniers, l'évolution des cours de certaines productions agricoles ou minières ne permet pas de compenser le renchérissement des achats de pétrole et des importations de produits industriels, indispensables à la poursuite de leur effort d'équipement* »[973].

395. Pour éviter que les pays en voie de développement ne soient lourdement endettés, les institutions financières internationales « ont déclenché des mécanismes économiques et financiers liés au plan de restructuration »[974]. Ces mécanismes connus sous le nom de « programmes d'ajustement structurel » avaient pour objectif de « promouvoir la croissance économique à travers la restauration des grands équilibres macro-économiques »[975]. Au sens strict et littéral du terme, ceci « signifie l'adaptation des structures juridiques, administratives, économiques et sociales en vue d'assurer les impératifs économiques de production, de concurrence et de développement des entreprises dans le contexte d'une

[970] NDIAYE Issac Yankhoba, « Droit du travail sénégalais et transfert de normes », *Bulletin de droit comparé du travail et de la sécurité sociale*, 2005, p. 166.
[971] *Idem.*
[972] La plupart des pays d'Amérique latine, d'Asie du Sud-Est ont été confrontés à une crise économique sans précédent au début des années 1980.
[973] EYEFFA EKOMO Sylvie, « Ajustement structurel dans les pays de l'Afrique centrale : bilan et perspectives », {en ligne}, {consulté le 1 Septembre 2018}.
[974] TIABOU TIOMELA Godelive, *Les effets de la libéralisation des échanges commerciaux sur les enjeux du travail décent : le cas du Cameroun*, Thèse de doctorat, droit privé, Université de Nantes Angers Le Mans, Université de Yaoundé II, 2014, p. 181.
[975] SAWADOGO Elvis Flavien., *op. cit.*, p.30.

économie planétaire et d'échanges commerciaux mondialisés »[976]. Plus fondamentalement, « *le terme d'ajustement structurel désigne un processus institutionnel qui se traduit par l'adoption d'accords économiques et financiers par des pays en développement avec les institutions de Bretton Woods*[977]. *Ces dernières cautionnent un programme de réforme en échange de concours financiers abondés pour l'essentiel par des bailleurs bilatéraux* »[978]. Il s'agit d'octroi par les institutions internationales financières de soutiens financiers à un État conditionnés par la mise en œuvre de « programmes de restructuration »[979].

396. Ces aides conditionnées ont été critiquées par les États africains. Les programmes d'ajustement structurels y ont d'abord été perçus comme « *une ingérence étrangère, une critique contre les jeunes États et une intervention constante et tatillonne dans toutes les administrations. (...) À cette opposition politique, les États africains joignaient une critique économique. Critique de la libéralisation du commerce extérieur et de l'ouverture aux capitaux étrangers, suspectés d'aggraver les dominations et les inégalités internationales* »[980]. Le Burkina Faso par exemple qui jugeait « *inacceptables les conditions exigées par le FMI pour intervenir financièrement dans le pays, a entretenu des relations ouvertement conflictuelles avec celui-ci entre le 4 août 1983 et le 13 mars 1991* »[981]. Toutefois, malgré ces critiques, les États francophones membres de l'UEMOA ont tous signé des programmes d'ajustement structurel avec les institutions de *Bretton Woods*[982].

397. Ces programmes ont été conçus pour aider les États à réduire leurs dépenses publiques, à libéraliser leurs échanges commerciaux et à rationaliser leurs secteurs parapublics. Du fait de la volonté affichée de réduire les finances publiques et de rationaliser les secteurs parapublics, ces programmes d'ajustement structurels comportaient par conséquent des mesures ayant trait au marché du travail. Leur mise en œuvre a engendré la

---

[976] ISSA-SAYEG Joseph., « Questions impertinentes sur la création d'un droit social régional dans les États africains de la zone franc », *op. cit.*, p. 170.

[977] Par « Institutions de Breton Wood » on entend la Banque Mondiale et le Fond Mondial International. Ces deux institutions ont été créé lors de la conférence de Breton Wood du 22 juillet 1944 pour mettre en place une organisation monétaire mondiale et favoriser la reconstruction et le développement économique des pays touchés par la guerre.

[978] HUGON Philippe, *La zone franc à l'heure de l'euro*, Karthala, 1990, p. 69.

[979] AUVERGNON Philippe., « Modèles et transferts normatifs en droit du travail des pays africains », *op. cit.*, p. 129.

[980] COUSSY Jean, « États africains, programmes d'ajustement et consensus de Washington », *L'Économie politique,* 2006, p. 30.

[981] GUISSOU Basile L, « Le Burkina Faso au-delà de l'ajustement structurel », *Africa Development / Afrique et Développement,* 1996, p. 159.

[982] Les États francophones membres de l'UEMOA ont respectivement signé leurs premiers programmes d'ajustement structurel aux dates suivantes : Bénin le 16 juin 1989, le Burkina Faso le 13 mars 1991, la Côte d'Ivoire en 1981, le Mali en 1982, le Niger en 1985, le Sénégal en 1979 et le Togo en 1988.

modification des différents codes du travail au courant des années 1990 dans la majorité des États francophones membres de l'UEMOA[983].

398. Malgré que ces modifications étaient propres à chaque État, « l'analyse des conditions de prêts montre que les programmes des divers prêts, sans être identiques, du fait notamment que les situations des pays bénéficiaires étaient différentes, se ressemblent fortement »[984]. De ce fait, les « conseils fermes »[985] des institutions financières internationales impliquaient des politiques de libéralisation du marché du travail. Il s'agissait « manifestement de rationaliser, de faire du droit du travail un outil de régulation plus performant »[986]. Les nouveaux codes du travail ainsi adoptés assouplissaient « la règlementation du marché du travail et réduisaient la participation syndicale et l'expression de la société civile »[987]. Ces assouplissements « sans constituer un "modèle", n'en emportaient pas moins des références et des obligations précises de modification »[988] des législations nationales.

399. Les différents codes des États membres de l'UEMOA ont ainsi fait l'objet soit « d'une modification ponctuelle portant sur quelques articles de l'ancien Code ou une refonte générale de celui-ci »[989]. Les traits communs les plus significatifs de ces révisions étaient « *la reconnaissance du pluralisme syndical, la remise en cause du monopole publique du placement et la reconnaissance de la liberté de recruter, la définition — plus précise, mais souvent souple — des divers contrats de travail, la simplification des procédures de licenciement économique, la répartition des responsabilités entre donneur d'ordre et tâcheron* »[990]. Les droits des travailleurs y ont été renforcés, notamment les dispositions concernant le travail des enfants, le travail des femmes et les travailleurs handicapés. Ces codes ont également

---

[983] A la faveur des programmes d'ajustement structurel, le Code du travail du bénin a été modifié par la loi n° 98-004 du 27 janvier 1998 (*Cf.* https://www.ilo.org/dyn/natlex/docs/ELECTRONIC/49604/77451/F89020835/BEN-49604.pdf). Le Code du travail du 7 juillet 1962 du Burkina Faso a été modifié par la loi n° 11/92/ADP du 22 décembre 1992 portant Code du travail (Dactyl). Le Code du travail de la Côte d'Ivoire du 1er août 1964 a été modifié par la loi n° 95-15 du 12 janvier 1995 portant Code du travail (http://www.droit-afrique.com/upload/doc/cote-divoire/RCI-Code-1995-du-travail.pdf). Le Code du travail du Niger du 13 juillet 1962 a été modifié par l'ordonnance n° 96-039 du 29 juin 1996 portant Code du travail au Niger (Dactyl). Le Code du travail du Sénégal du 15 juin 1961 a été modifié par la loi n° 97-17 du 1er décembre 1997 portant Code du Travail (*Cf.* http://www.droit-afrique.com/upload/doc/senegal/Senegal-Code-1997-du-travail.pdf).

[984] TOYE John, « L'ajustement structurel : conditions, hypothèses, origine et diversité », *in* Van der HOEVEN Rolph Éric et Van der KRAIIJ Fredericus Philippus Maria (dir.), *L'ajustement structurel, au-delà et en Afrique sub-saharienne*, Séminaire international de La Haye de juin 1993, Karthala 1995, p. 54.

[985] SIDIBE Ousmane Oumarou, *op. cit.*, p. 145.

[986] AUVERGNON Philippe, *op. cit.*, p. 130.

[987] HUGON Philippe, *Ajustement structurel, emploi et rôle des partenaires sociaux en Afrique francophone*, BIT, 1998, p. 44.

[988] AUVERGNON Philippe, *op. cit.*, p. 130.

[989] OIT, « La réforme des codes du travail en Afrique francophone : désengagement de l'État et flexibilité », in Perspectives, *Revue internationale du Travail*, 1995, p. 93.

[990] *Idem.*

restructuré les différentes formes de travail telles que l'apprentissage, la formation et l'orientation professionnelle. À titre illustratif, le Mali fut « l'un des premiers touchés par une grave crise économique et financière au début des années 80 »[991]. Le plan d'ajustement structurel proposé dès 1982 par les institutions financières internationales touchait tous les aspects de la vie économique, sociale et même politique du Mali. Ce plan a nécessité une adaptation du code du travail dans ce pays. Une loi adoptée le 8 février 1988 modifia le code du travail malien de 1962[992]. Le nouveau code a procédé à une définition légale de concepts de droit du travail en intégrant « des définitions souvent inspirées de la législation ou de la jurisprudence française »[993], au renforcement des droits des travailleurs[994] et à des modifications techniques visant à améliorer son application[995].

400. Les différents codes du travail des États francophones membres de l'UEMOA ont été également influencés par l'Organisation internationale du Travail (OIT). Celle-ci a commencé à avoir une influence normative au cours des années 1990[996] en exerçant « de plus en plus une importante pression sur les jeunes États »[997]. Cette pression a permis d'introduire les normes internationales du travail comme source du droit du travail dans ces États. Cela a contribué à rapprocher les différentes législations nationales du travail. En effet, en vertu des dispositions de la Constitution de l'OIT[998], le BIT participe aux processus de révision de la législation du travail[999]. Bien que cette assistance technique en matière de législation du travail ait débuté dès 1936[1000], celle-ci « n'a pris son élan que bien après la Seconde Guerre mondiale, et ce dans le cadre des processus de décolonisation qui eurent lieu en Afrique »[1001]. La participation du BIT au processus de modification des

---

[991] AUVERGNON Philippe., *op. cit.*, p. 129.

[992] Loi n° 88/AN-RM du 8 février 1988 portant modification de la loi du 6 août 1962 instituant un code du travail en République du Mali (Dactyl).

[993] SIDIBE Ousmane Oumarou, *op. cit.*, p. 149.

[994] Ce code du travail malien protégeait certains droits des salariés, notamment en matière de formation, de stabilité de l'emploi ou encore d'hygiène et de sécurité.

[995] Ce code a introduit des modifications en matière de procédure de licenciement, de comparution devant l'inspecteur du travail et d'exécution des décisions de justice.

[996] EMANE Augustin, « Droit du travail gabonais, modèles et transferts de normes », *Bulletin de droit comparé du travail et de la sécurité sociale*, 2005, p. 218.

[997] TCHAKOUA Jean-Marie, « Source d'inspiration et logique du droit camerounais des conflits collectifs de travail », *Bulletin de droit comparé du travail et de la sécurité sociale*, 2005, p. 182.

[998] En vertu des dispositions de l'article 10-2 de la Constitution de l'OIT, « *Sous réserve des directives que pourrait lui donner le Conseil d'administration, le Bureau : (b) fournira aux gouvernements, sur leur demande et dans la mesure de ses moyens, toute aide appropriée pour l'élaboration de la législation sur la base des décisions de la Conférence, ainsi que pour l'amélioration de la pratique administrative et des systèmes d'inspection* ».

[999] Il faut toutefois relever que la participation du BIT à la révision d'une législation nationale du travail est subordonnée à la demande de l'État concerné.

[1000] La première demande d'assistance technique du BIT en1936 émanait du Venezuela.

[1001] BRONSTEIN Arturo, « En aval des normes internationale du travail : le rôle de l'OIT dans l'élaboration et la révision de la législation du travail » *in* JAVILLIER Jean-Claude et GERNIGON Bernard (dir.), *Les normes internationales du travail : un patrimoine pour l'avenir. Mélange en l'honneur de Nicolas Valticos*, BIT, 2004, p. 220.

codes nationaux du travail implique que la nouvelle législation prenne en considération les normes internationales ratifiées par l'État concerné et que les experts du BIT signalent à l'État « qui lui a demandé son avis dans quelle mesure le projet en question est cohérent avec la législation et la pratique comparées, en général ou dans certaines régions du monde en particulier, ou encore si ce projet va à contre-courant des tendances comparatives en la matière »[1002]. Du fait de cette recherche de cohérence entre les législations, celles-ci peuvent être marquées d'une certaine similitude.

401. Outre la recherche de cohérence fondée sur des normes de l'OIT et l'intervention du BIT, les législations du travail des États francophones membres de l'UEMOA demeurent inspirées par le code du travail d'outre-mer de 1952. Certes les différents codes du travail n'ont plus les mêmes classifications linéaires, mais les dispositions de leurs différents titres sont sensiblement identiques[1003]. Toutefois, les différentes modifications des législations du travail ont permis à ces États de leur donner de nouvelles orientations. À titre illustratif, le code du travail du Bénin en vigueur est celui du 27 janvier 1988. Celui-ci a subi des modifications ponctuelles correspondant « aux orientations politiques que l'État entend promouvoir »[1004]. Ainsi, dans l'objectif de « dynamiser le marché du travail »[1005], le législateur béninois a adopté une loi[1006] qui réforme les conditions et la procédure d'embauche, de placement de la main-d'œuvre et de résiliation du contrat de travail.

402. Loin d'être totalement uniformes, les législations nationales des pays francophones membres de l'UEMOA ont eu comme source d'inspiration la législation française et, de plus en plus, les normes internationales du travail. La similarité des situations économiques explique aussi que les références introduites par les programmes d'ajustement structurel ne divergent pas fondamentalement au sein de ces États. Du fait de ces sources d'inspiration communes, la convergence des législations nationales du travail paraît facilitée au sein des États francophones de l'UEMOA. La prise en considération de la législation du droit du travail de la Guinée-Bissau permettrait une harmonisation de cet espace d'intégration.

[1002] *Idem.*

[1003] Les codes du travail en vigueur dans les États francophones membres de l'UEMOA à la date du 27 mars 2021 comprennent tous des dispositions relatives aux conditions de travail. L'emploi, le salaire, les relations collectifs de travail, la santé et la sécurité au travail, les instances de contrôle, les moyens d'exécution sont également abordés par ces différents codes. Du fait des particularités de chaque État, des dispositions propres existent. Tel est le cas du code du travail sénégalais qui comporte, à l'inverse des autres codes des pays francophones de l'UEMOA, des titres sur le « tâcheronnat » et le « cautionnement ».

[1004] NONNOU Enagnon Gildas, « Entre consolidation du marché et dérégulation : les équivoques d'une réforme du travail au Bénin », *Revue du droit du travail*, 2018, p. 473.

[1005] *Idem.*

[1006] Loi n° 2017-05 du 29 août 2017.
(www.ilo.org/dyn/natlex/docs/MONOGRAPH/105257/128684/F1589141764/BEN-105257.pdf).

2. La spécificité de la Guinée-Bissau

403. La Guinée-Bissau, à la différence des autres États membres de l'UEMOA, a été colonisée par le Portugal. Du fait de son passé colonial, l'évolution de la législation du travail fut différente dans ce pays. Avant l'indépendance en 1974, la législation du travail applicable en Guinée Bissau émanait du Portugal. On a pu souligner que « la Guinée-Bissau est le seul pays d'Afrique de l'Ouest qui fit la guerre pour obtenir une indépendance »[1007]. Dans le contexte de lutte pour l'accession à l'indépendance, le Parti africain pour l'indépendance de la Guinée et du Cap Vert (PAIGC) fut reconnu en 1972 par le Comité spécial de l'ONU comme « l'unique et authentique représentant du peuple de ce territoire »[1008]. Une Constitution fut adoptée à l'unanimité le 24 septembre 1973 par l'Assemblée populaire nationale. La question de la législation préexistante fut également abordée à cette même date.

404. Pourtant, « *alors que, habituellement, un État qui, se créant, se substitue à l'État exerçant antérieurement ses droits de souveraineté sur le territoire émancipé a soin de prévoir, dans sa loi constitutionnelle, le sort à réserver à la législation, devenue étrangère, jadis appliquée à ce territoire, la Constitution de la République de la Guinée-Bissau est muette sur ce point incontestablement important. Il faut se référer à une loi, de même date que celle de la Constitution pour connaitre le sort qui est fait à la législation portugaise* »[1009]. Du fait de la situation de lutte pour l'accession à l'indépendance qui prévalait, on aurait pu imaginer une totale rupture avec la législation portugaise. Mais, l'article 1er de la loi du 24 septembre 1973 disposa que « *la législation portugaise en vigueur à la date de la proclamation de l'État souverain de la Guinée-Bissau reste en vigueur dans tout ce qui n'est pas contraire à la souveraineté nationale, à la Constitution de la République, à ses lois ordinaires et aux principes et objectifs du parti africain d'indépendance de la Guinée et du Cap-Vert (PAIGC)* »[1010].

405. Concernant la législation du travail, avant l'accession à l'indépendance de la Guinée-Bissau, « *le décret législatif 1509 du 26 mai 1951 et le décret législatif 1515 du 24 juillet 1961, ainsi que le code du travail rural du 27 avril 1962 s'appliquaient aux relations de travail établies entre employeurs et travailleurs exerçant une activité sur le territoire de la République* »[1011]. Malgré l'indépendance, cette législation portugaise du travail est restée applicable en Guinée-Bissau pendant treize ans. En effet, l'État de la Guinée-Bissau n'a élaboré sa propre législation du travail que le

---

[1007] International Crisis Group, « Guinée-Bissau : besoin d'État », rapport Afrique n° 142, 2008, p. 1. (https://d2071andvip0wj.cloudfront.net/142-guinea-bissau-in-need-of-a-state-french.pdf).

[1008] *Ibid.*, p. 6.

[1009] DURIEUX André., *Les institutions organiques de 1975 du Cap-Vert et de 1973 de la Guinée-Bissau*, Académie royales des sciences d'Outre-mer, 1980, p. 24.

[1010] *Idem.*

[1011] OIT. NATLEX, Guinée-Bissau : dispositions générales, {en ligne}, {consulté le 9 septembre 2018}.

5 avril 1986[1012]. Cette loi générale du travail « prévoit que des dispositions spéciales réglementeront les relations de travail découlant du contrat de travail à bord et du contrat de service domestique, et prévoit l'inapplicabilité de ses dispositions aux travailleurs de la Fonction publique »[1013].

406. La loi générale du travail de 1986 est celle qui est actuellement en vigueur en Guinée-Bissau[1014]. Elle est subdivisée en treize chapitres comme suit : Chapitre I : Dispositions générales. Chapitre II : Des droits, devoirs et garanties des parties et la discipline au travail. Chapitre III : Du temps de travail. Chapitre IV : De la rémunération. Chapitre V : De la suspension du contrat de travail pour invalidité prolongée. Chapitre VI : De la cessation du contrat du travail. Chapitre VII : Du travail des combattants de la liberté du pays. Chapitre VIII : Du travail des mineurs. Chapitre IX : Du travail des femmes. Chapitre X : De l'hygiène, de la sécurité et de la santé au travail. Chapitre XI : De la négociation collective. Chapitre XII : De la sanction pour violation de la législation du travail. Chapitre XIII : Des dispositions finales et transitoires

407. Certaines thématiques abordées dans cette législation du travail sont identiques à celles que l'on peut retrouver dans les législations du travail des États francophones de l'UEMOA. L'architecture et la structure du code du travail de la Guinée-Bissau sont semblables à celle des autres États membres de l'UEMOA. Les dispositions suivantes[1015] sont de ce fait présentes dans tous les codes du travail des États membres de l'UEMOA : Titre 1. Dispositions générales[1016]. Titre 2. Contrat de travail[1017]. Titre 3. Conditions de Travail[1018]. Titre 4. Santé et sécurité au travail[1019]. Titre 5. Syndicats[1020]. Titre 6. Négociation et accords collectifs[1021]. Titre 7. Différends de travail[1022]. Titre 8. Organismes et moyens d'exécution[1023]. Titre 9.

[1012] Loi n°2/1986 général de travail. (www.ilo.org/dyn/natlex/docs/MONOGRAPH/4325/92630/F816138906/GNB4325.pdf).

[1013] OIT. NATLEX, Guinée-Bissau : dispositions générales, {en ligne}, {consulté le 9 septembre 2018}.

[1014] Il convient toutefois de relever qu'une modification du Code du travail de la Guinée-Bissau a été proposée en 2015 à l'Assemblée populaire mais n'a toujours pas fait l'objet d'adoption (INFANDA José, *op. cit.*, en date du 27 mars 2021).

[1015] Cette présentation est une synthèse des différents codes des États membres de l'UEMOA.

[1016] Ces dispositions générales ont trait au champ d'application de ces contrats de travail et spécifient les droits fondamentaux au travail au sein de ces États.

[1017] Les modalités de formation, de suspension et de modification du contrat de travail, les conditions de cessation du contrat de travail de même que les questions relatives à l'apprentissage, au stage, à la formation professionnelle, au travail temporaire et à la sous-traitance sont abordés dans ce titre.

[1018] Les questions relatives au temps de travail, aux congés, au déplacement du travailleurs, à la rémunération, au règlement intérieur font l'objet de ce titre.

[1019] Les différents codes y abordent les questions relatives à la prévention, à la protection du travailleur et de la gestion des incidents relatifs à la santé et à la sécurité au travail.

[1020] Les modalités de l'exercice du droit syndical y sont précisées.

[1021] Dispositions relatives à la nature et les modalités des accords collectifs.

[1022] Dispositions relatives à la nature des différents et spécifiant les modalités de gestion des différents collectifs.

[1023] Dispositions spécifiant les différentes institutions de travail.

Dispositions finales[1024]. Une telle similitude est un atout pour l'intégration juridique du droit du travail dans l'espace UEMOA. Une telle intégration pourrait par ailleurs bénéficier de l'expérience communautaire.

§ 2. L'existence et l'expérience du cadre communautaire

408. L'intégration implique « nécessairement l'existence d'une structure institutionnelle, puisque toute intégration implique un transfert de certaines compétences à une nouvelle entité »[1025]. Conscient de cet état de fait, les États membres qui ont conféré à l'UEMOA la personnalité juridique[1026] et ont doté celle-ci « d'organes chargés d'exprimer leur volonté et d'exercer les compétences qui leur sont dévolues »[1027]. Ces organes qui sont de diverses natures permettent à l'UEMOA d'agir en vue de la réalisation de ses objectifs. Du fait de la solidité des organes communautaires (A), l'UEMOA est parvenue à instaurer une convergence dans plusieurs domaines (B).

A. La solidité des organes communautaires

409. D'un point de vue structurel, les Communautés Économiques Africaines (CEA) sont des organes plus ou moins complexes qui possèdent une pluralité d'organes. Les États qui composent ces CEA sont libres d'établir autant d'organes qu'ils le souhaitent. « *En fonction du dynamisme propre à chaque communauté et surtout des exigences de la construction communautaire, les organes originaires évoluent, l'organigramme originaire conçu par les traités peut être modifié fondamentalement par les décisions des organes précédemment créées ou par la volonté des États membres* »[1028]. Les États membres de l'UEMOA ont dès l'institution de celle-ci dotée l'organisation sous régionale de plusieurs organes de régulation en vue « d'asseoir les instruments d'une bonne gouvernance dans l'Union »[1029]. Ainsi, au sein de l'UEMOA, des organes de décision (1), des organes de contrôle (2), ainsi que des organes consultatifs et des institutions spécialisées (3) ont été regardés comme nécessaires pour asseoir une bonne gouvernance.

[1024] Dispositions finales intégrant les sanctions encourues en cas de non-respect de certaines dispositions du code du travail.

[1025] CEREXHE Etienne, « L'intégration juridique comme facteur d'intégration régionale », *Revue Burkinabé de Droit*, 2001, p. 22.

[1026] En vertu des dispositions de l'article 9 du Traité de l'UEMOA, « L'Union a la personnalité juridique. Elle jouit dans chaque État membre de la capacité juridique la plus large reconnue aux personnes morales par la législation nationale ».

[1027] ZOGBELEMOU Togba, *Droit des organisations d'intégration économique en Afrique (CEDEAO, CEMAC, UEMOA, ZMAO)*, L'Harmattan, 2014, p. 99.

[1028] *Idem*

[1029] CISSÉ Soumaïla., « Le contexte socioéconomique de l'Union économique et monétaire ouest africaine », *Revue internationale et stratégique*, p. 95.

1. Les organes de décision

410. L'UEMOA est une organisation d'intégration économique. Cela implique que les États consentent à un transfert de compétences étatiques à l'UEMOA. Pour gérer ces compétences, des organes de décisions communautaires, « orientent, conçoivent, supervisent et mettent en œuvre la politique d'intégration »[1030]. Ces organes de décision « administratifs (non juridictionnels) sont à la fois législateur et exécutif : ils participent de façon partagée à l'ensemble des fonctions transférées par les États membres à l'organisation »[1031]. Au titre de ces organes de décision, l'UEMOA s'est dotée de trois organes, deux organes législatifs et un organe d'exécutif.

a. La Conférence des Chefs d'États et de gouvernements

411. La Conférence des Chefs d'États et de gouvernements est l'autorité suprême de l'UEMOA. Elle fixe les orientations générales pour la réalisation des objectifs[1032] et définit les grandes orientations de la politique[1033]. Elle « détermine les domaines dans lesquels le rapprochement des législations est nécessaire, les objectifs et les principes généraux »[1034]. Elle tranche toute question qui n'a pas trouvé de solution par accord unanime du Conseil des ministres de l'UEMOA[1035]. Elle « agit en sorte d'assemblée constituante dont les décisions appelées "actes additionnels" sont annexées au traité sans en être partie intégrante »[1036]. Elle décide de l'adhésion éventuelle de nouveaux membres[1037]. Elle se réunit au moins une fois par an et prend ses décisions à l'unanimité.

b. Le Conseil des ministres

412. Le Conseil des ministres est chargé de la mise en œuvre des orientations générales définies par la Conférence des Chefs d'États et de gouvernements de l'UEMOA[1038]. Il est placé sous l'autorité de la Conférence à laquelle il rend compte. Il exerce le pouvoir normatif en procédant à l'adoption des actes juridiques nécessaires à la réalisation des objectifs de l'UEMOA. Il adopte des actes juridiques sous la forme de règlements, de directives, de décisions, d'avis et de recommandations. Il peut aussi déléguer à la Commission de l'UEMOA l'adoption des règlements d'exécution des actes qu'il édicte[1039]. Le Conseil des ministres arrête le budget de l'UEMOA.

[1030] MBACKE Mouhamadou Moctar, *La Cour de Justice de l'Union Économique et Monétaire Ouest Africaine (UEMOA)*, EDJA, 1999, p. 14.
[1031] ZOGBELEMOU Togba., *op. cit.*
[1032] Article 8 du Traité de l'UEMOA.
[1033] Article 17 du Traité de l'UEMOA.
[1034] MOULOUL Alhousseini, *L'intégration économique et juridique en Afrique*, L'Harmattan, 2017, p. 126.
[1035] Article 114 du Traité de l'UEMOA.
[1036] MBACKE Mouhamadou Moctar, *op. cit.*, p. 14.
[1037] Article 103 du Traité de l'UEMOA.
[1038] Article 20 du Traité de l'UEMOA.
[1039] Article 24 du Traité de l'UEMOA.

Il conclut les traités internationaux négociés par la Commission de l'UEMOA.

413. Le Conseil des ministres de l'UEMOA est composé des ministres en charge de l'économie, des finances et du plan de chaque État membre[1040]. Il se réunit au moins deux fois par an. La réunion des ministres des domaines sectoriels autres que ceux de l'économie, des finances et du plan est possible dans le cadre de l'UEMOA, mais leurs délibérations ne deviennent définitives qu'après vérification, par les ministres en charge de l'économie, des finances et du plan, de leur compatibilité avec la politique économique, monétaire et financière de l'Union[1041].

c. La Commission de l'UEMOA

414. La Commission est l'organe d'exécution des décisions de la Conférence des chefs d'États et de gouvernements et du Conseil des ministres de l'UEMOA. Il s'agit de « *l'organe de direction permanente, le bras administratif et financier de l'Union dont elle anime, coordonne et exécute sur le terrain la politique. Elle dispose à cet effet de pouvoirs autonomes d'initiative règlementaire et individuelle, de pouvoirs de contrôle en sa qualité de gardienne des règles et principes communautaires* »[1042]. La Commission transmet à la Conférence des Chefs d'États et de gouvernements ainsi qu'au Conseil des ministres les recommandations et avis qu'elle juge utiles à la préservation et au développement de l'Union. Elle exécute le budget de l'UEMOA. Ses membres sont nommés par la Conférence des Chefs d'États et de gouvernements. Ils « ne dépendent que de l'Organisation au nom et dans l'intérêt exclusif de laquelle ils sont censés agir »[1043]. Le nombre de commissaires n'est pas indiqué dans le Traité UEMOA ; toutefois, l'organisation interne de la Commission est déterminée par État membre : il y a sept départements[1044] confiés à sept États membres, « un ressortissant du huitième État assurant la présidence de la commission »[1045]. La Commission dont le siège est à Ouagadougou au Burkina Faso, « se situe au plan supranational et constitue par excellence l'organe protecteur des intérêts de la Communauté en tant que personne morale titulaire de droits et obligations qui lui sont propres »[1046]. Outre ces

[1040] Article 23 du Traité de l'UEMOA
[1041] *Idem.*
[1042] MBACKE Mouhamadou Moctar, *op. cit.*, p. 15.
[1043] *Idem.*
[1044] Il s'agit du département du développement de l'entreprise, des mines, de l'énergie et de l'économie numérique, du département du marché régional, du commerce, de la concurrence et de la coopération, du département de l'aménagement du territoire communautaire et des transports, du département de l'agriculture, des ressources en eau et de l'environnement, du département du développement humain, du département des politiques économiques et de la fiscalité intérieure et du département des services administratifs et financiers.
[1045] ZOGBELEMOU Togba, *op. cit.*, p. 105.
[1046] MBACKE Mouhamadou Moctar, *op. cit.*, p.15.

organes de décision, le Traité de l'UEMOA a prévu des organes de contrôle juridictionnel[1047] qui veillent au respect de ses règles et principes.

2. Les organes de contrôle

415. Le statut, la composition, les compétences ainsi que les règles de procédures et de fonctionnement de ces organes sont énoncées dans le protocole additionnel n° I relatif aux organes de contrôle de l'UEMOA[1048]. L'évolution de l'UEMOA a nécessité l'adoption d'autres actes juridiques en rapport avec ces organes de contrôle.

a. La Cour de Justice

416. La Cour de Justice de l'UEMOA a été installée le 27 janvier 1995. Son siège se trouve à Ouagadougou au Burkina Faso. Elle veille à l'interprétation uniforme du droit communautaire et à son application[1049] et juge, notamment, les manquements des États à leurs « obligations communautaires »[1050]. Elle arbitre les conflits entre les États membres ou entre l'Union et ses agents, elle est composée de huit juges, un par État, nommé pour un mandat de six ans renouvelables. L'organisation, la compétence et le fonctionnement de la Cour de Justice sont déterminés par le protocole additionnel n° 1 relatif aux organes de contrôle de l'UEMOA, le règlement n° 01/96/CM du 5 juillet 1996 portant règlement de procédure de la Cour de Justice de l'UEMOA[1051] et l'acte additionnel n° 10/96 du 10 mai 1996 portant statut de la Cour de Justice de l'UEMOA[1052].

b. La Cour des comptes

417. La Cour des comptes de l'UEMOA assure le contrôle de l'ensemble des comptes des organes de l'UEMOA. Ce contrôle porte notamment sur la régularité et l'efficacité de l'utilisation des ressources de l'UEMOA par les organes de celle-ci[1053]. Malgré ces dispositions prévues par le protocole additionnel n° I relatif aux organes de contre de l'UEMOA, l'évolution de la Cour des comptes a justifié la détermination de ses modalités de contrôle par un acte règlementaire, plus spécifiquement par le règlement n° 01/2000/CM/UEMOA du 30 mars 2000 portant modalité du contrôle de la Cour de compte[1054].

1047 Article 38 du Traité de l'UEMOA.
1048 http://www.uemoa.int/sites/default/files/bibliotheque/pages_-_protocole_additionnel_i.pdf
1049 Article 1 du Protocole Additionnel I relatif aux organes de contrôle de l'UEMOA.
1050 Article 5 du Protocole Additionnel I relatif aux organes de contrôle de l'UEMOA.
1051 http://www.uemoa.int/sites/default/files/bibliotheque/pages_-_reg_01_1996_cm.pdf
1052 http://www.uemoa.int/sites/default/files/bibliotheque/statuts_cj.pdf
1053 Article 23 du Protocole Additionnel I relatif aux organes de contrôle de l'UEMOA.
1054 http://www.uemoa.int/sites/default/files/bibliotheque/pages_-_reg_01_2000.pdf.

c. Le Comité interparlementaire

418. Le Comité interparlementaire de l'UEMOA est l'organe de contrôle démocratique des organes de l'UEMOA. La création de cet organe a été prévue par l'article 35 du Traité de l'UEMOA, mais il fait l'objet d'un Traité spécifique[1055]. Le Comité interparlementaire dont le siège se trouve à Bamako « constitue une véritable représentation des populations de l'UEMOA, dans leur diversité culturelle, intellectuelle et professionnelle en vue de leur meilleure implication à l'édifice de la gouvernance démocratique, économique et politique »[1056]. Dans le cadre du contrôle démocratique, le programme d'activité de la Commission fait l'objet d'une présentation suivie de débat par le président de la Commission devant le Parlement. Le Parlement peut émettre des avis et des recommandations par voie de résolution[1057]. De plus, lorsque le Parlement relève des dysfonctionnements dans l'accomplissement des missions dévolues à la Commission par le présent traité, il peut, de façon graduelle interpeler la Commission, saisir le Comité, saisir le Conseil ou voter une motion de censure contre la Commission ou saisir la Conférence[1058]. Dans le cadre de la participation du Parlement au processus décisionnel de l'Union, celui-ci peut être consulté sur les projets d'actes additionnels, de règlements et de directives[1059].

419. Ces différents organes permettent à l'UEMOA de mener efficacement ses activités, de pouvoir prendre des décisions et d'agir pour leur mise en œuvre. Les organes de contrôles juridictionnels quant à eux permettent d'éviter des abus des différentes compétences transférées aux États à l'organisation. Toutefois, compte tenu de la diversification des domaines abordés dans le cadre de l'intégration économique, d'autres organes et institutions ont été prévus.

3. Les organes consultatifs et les institutions spécialisées

420. Le Traité de l'UEMOA a doté cette organisation sous régional d'un organe consultatif à compétence générale. Il s'agit de la Chambre consulaire internationale[1060]. Celle-ci regroupe les chambres consulaires des États membres et est le lieu privilégié de dialogue entre l'UEMOA et les principaux opérateurs économiques. Elle est chargée de réaliser l'implication effective du secteur privé dans le processus d'intégration de l'UEMOA. Les

---

[1055] Traité du 29 janvier 2003 portant création du Parlement de l'UEMOA. (*Cf.* http://www.droit-afrique.com/upload/doc/uemoa/UEMOA-Traite-Parlement-2003.pdf).

[1056] UEMOA, *Le Comité inter parlementaire,* {en ligne}, {consulté le 30 Aout 2019}.

[1057] Article 15 du Traité portant création du Parlement de l'UEMOA.

[1058] Article 18 du Traité portant création du Parlement de l'UEMOA.

[1059] Selon les dispositions de l'article 25 du Traité portant création du Parlement de l'UEMOA, « Cette consultation est obligatoire dans les domaines suivants : l'adhésion de nouveaux États membres ; les accords d'association avec des États tiers ; les budgets de l'Union ; les politiques sectorielles communes ; le droit d'établissement et la libre circulation des personnes ; l'a procédure de l'élection des membres du Parlement ; les impôts, taxes et tous prélèvements communautaires ».

[1060] Article 40 du Traité de l'UEMOA.

attributions, la composition et les principes d'organisation et de fonctionnement de la Chambre consulaire internationale ont été fixés par l'Acte additionnel n° 04/2009/CCEG/UEMOA du 17 mars 2009[1061].

421. En vue de la réalisation de ses objectifs, le Traité de l'UEMOA précise que « d'autres organes consultatifs pourront être créés, en tant que de besoin par voie d'acte additionnel de la Conférence des Chefs d'États et de gouvernements »[1062]. Du fait des objectifs d'intégration de l'UEMOA, la Conférence a doté celle-ci d'organes consultatifs supplémentaires ayant des compétences spécialisées. Outre le Conseil du Travail et du Dialogue social, précédemment évoqué[1063], ont été ainsi créés ou associés diverses instances.

a. Le Conseil des collectivités territoriales

422. Ce conseil a été créé par l'Acte additionnel n° 2/CCEG/UEMOA/2011 du 30 mai 2011 par la Conférence des Chefs d'États et de gouvernement[1064]. Il est installé à Niamey au Niger et composé de six représentants par État membre désignés par les associations de pouvoirs locaux titulaires d'un mandat au sein d'une collectivité territoriale résultant d'une élection au suffrage universel. Il a pour mission d'« *assurer la participation des collectivités territoriales à la réalisation des objectifs de l'Union ; consolider l'effort d'intégration entrepris par les États membres de l'Union par des actions menées au niveau des collectivités territoriales afin que l'idéal d'intégration soit partagé par les peuples de l'espace UEMOA ; accompagner la Commission de l'UEMOA dans la conception et la mise en œuvre de projets intégrateurs et structurants au bénéfice des collectivités territoriales de l'Union ; contribuer au renforcement de la cohésion sociale, économique et territoriale à travers des actions partagées entre l'Union, les États membres, et les autorités locales* »[1065]. Sa feuille de route visant à promouvoir une approche territoriale du développement comporte huit programmes intégrateurs[1066].

423. Outre ces organes consultatifs qui participent à l'élaboration et la mise en œuvre de la politique d'intégration en émettant des avis et des recommandations, l'UEMOA est dotée de deux institutions spécialisées autonomes qui concourent en toute indépendance à la réalisation des objectifs de cette organisation sous régional[1067]. Au titre de ces institutions

---

[1061] http://www.uemoa.int/sites/default/files/bibliotheque/acte_add_04_2009_cceg_uemoa.pdf

[1062] Article 40 du Traité de l'UEMOA.

[1063] *Cf. supra* Chapitre 1 du titre 2.

[1064] Dactyl.

[1065] UEMOA, *Le Conseil des collectivités territoriales,* {en ligne}, {consulté le 19 Aout 2019}.

[1066] Programme de coopération transfrontalières, Programme « Paix, sécurité et gestion des migrations », Programme de convergence en matière de décentralisation financière, Programme de renforcement des capacités, Programme portant sur les objectifs du millénaire pour le développement, Programme de jumelage et coopération entre collectivités territoriales de l'espace UEMOA, Programme « Fonds communautaire de financement des collectivités territoriales », Programme « Gouvernance et genre ».

[1067] Article 41 du Traité de l'UEMOA.

spécialisées qui sont les instruments de politique monétaire et financière de l'UEMOA, on compte :

b. La Banque Centrale des États de l'Afrique de l'Ouest (BCEAO)

424. La BCEAO qui a été créée le 12 mai 1962 est un établissement public international chargé de l'émission des signes monétaires sur le territoire des États membres de l'UEMOA. La BCEAO dont le siège se trouve à Dakar au Sénégal dispose, dans chaque État membre, d'une agence nationale auprès de laquelle siège un Comité national du crédit composé du ministre des Finances, des deux représentants de l'État siégeant au Conseil d'Administration et de quatre autres membres nommés par le gouvernement. En vertu des dispositions de l'article 31 du Traité de l'UEMOA, « *le Gouverneur de la BCEAO participe de plein droit, avec voix consultative, aux réunions de la Commission. Il peut se faire représenter. Il peut demander l'inscription d'un point à l'ordre du jour ou suggérer au Conseil d'inviter la Commission à prendre une initiative dans le cadre de sa mission* ».

c. La Banque Ouest-africaine de Développement (BOAD)

425. La BOAD dont le siège est à Lomé au Togo a pour objectif de promouvoir le développement équilibré des États membres et de favoriser leur intégration. Par la collecte de disponibilités intérieures et la recherche de capitaux extérieurs, elle contribue notamment au financement, sous des formes diverses, d'infrastructures de soutien au développement, d'amélioration des conditions et moyens de production, d'établissement de nouvelles activités.

426. Ce cadre structurel de l'UEMOA lui a permis de réussir par voie de convergence l'intégration de plusieurs domaines.

B. Le précédent des mécanismes de convergence

427. Le Traité de l'UEMOA précise les actions qui peuvent être menées en vue de réaliser l'intégration économique[1068]. L'harmonisation des législations (1) et l'institution de politiques sectorielles (2) sont des objectifs clairement affirmés dans le Traité de l'UEMOA[1069]. De ce fait, depuis sa

[1068] Les articles 60 à 102 sont relatifs aux actions de l'UEMOA.

[1069] Le préambule du Traité de l'UEMOA dispose en effet que les États membres affirment « *la nécessité de favoriser le développement économique et social des États membres, grâce à l'harmonisation de leurs législations, à l'unification de leurs marchés intérieurs et à la mise en œuvre de politiques sectorielles communes dans les secteurs essentiels de leurs économies* ». De plus, l'article 4 du Traité dispose que « *sans préjudice des objectifs définis dans le Traité de l'UMOA, l'Union poursuit, dans les conditions établies par le présent Traité, la réalisation des objectifs ci-après : d) instituer une coordination des politiques sectorielles nationales, par la mise en œuvre d'actions communes et éventuellement de politiques communes notamment dans les domaines suivants : ressources humaines, aménagement du territoire, transports et télécommunications, environnement, agriculture, énergie, industrie et mines ; e) harmoniser, dans la mesure nécessaire au bon fonctionnement*

création, l'UEMOA par le biais de la Conférence des Chefs d'États et de gouvernements a mené plusieurs actions en faveur de l'intégration économique.

1. L'harmonisation des législations

428. Au sein de l'UEMOA, le rôle de direction de la Conférence des Chefs d'États et de gouvernements est manifeste en matière d'harmonisation des législations. L'article 60 du Traité de l'UEMOA dispose en effet que, « *dans le cadre des orientations prévues à l'article 8, la Conférence des chefs d'État et de gouvernement établit des principes directeurs pour l'harmonisation des législations des États membres. Elle identifie les domaines prioritaires dans lesquels, conformément aux dispositions du présent Traité, un rapprochement des législations des États membres est nécessaire pour atteindre les objectifs de l'Union. Elle détermine également les buts à atteindre dans ces domaines et les principes généraux à respecter* ». Toutefois, ce même Traité « *laisse toute latitude à la Commission puis au Conseil en ce qui concerne l'harmonisation des législations, dans les limites des priorités et des buts retenus par la conférence des chefs d'État et de gouvernement et pour autant que ces législations comportent des intérêts communautaires* »[1070]. Compte tenu de l'objectif affiché par l'UEMOA de procéder à une intégration économique, l'harmonisation des législations est plus perceptible dans des domaines économiques. En effet, « c'est vers les domaines juridiques, fiscaux, et comptables que les efforts se sont portés en Afrique de l'Ouest en tentant de rationaliser l'environnement des affaires pour favoriser les échanges et accroître les investissements »[1071]. Le Conseil des ministres de l'UEMOA a ainsi adopté plusieurs actes juridiques contraignants qui ont trait à des matières économiques[1072].

429. Tout d'abord dans le domaine fiscal[1073] l'intégration juridique a donné lieu à l'adoption de plusieurs actes juridiques destinée à harmoniser la fiscalité intérieure de la zone UEMOA. Depuis sa création, l'UEMOA a adopté plusieurs directives en vue d'asseoir sa politique fiscale, ainsi de : la directive n° 05/97/Cm/UEMOA relative aux lois de Finances[1074], amendée

---

du marché commun, les législations des États membres et particulièrement le régime de la fiscalité ».

1070 VAUD Pierre, « Union Européenne et Union Économique et Monétaire Ouest Africaine : une symétrie raisonnée », *Revue du marché commun de l'Union européenne*, 1998, n°414, p. 22.

1071 *Idem.*

1072 Il convient de rappeler que parmi les actes juridiques que peuvent adopter le Conseil des ministres de l'UEMOA, seuls les directives, les règlements et les décisions ont force obligatoire. En matière d'harmonisation des législations, le Conseil des ministres de l'UEMOA adopte des règlements et des directives.

1073 Le Traité de l'UEMOA prévoit l'harmonisation en matière fiscale. Outre l'article 4-e du Traité, l'article 65-3 du Traité précise que « les États membres harmonisent leur politiques fiscales ».

1074 *Cf.* http://www.uemoa.int/fr/directive-ndeg0597cmuemoa-relative-aux-lois-de-finances

par la directive n° 2/99/CM/UEMOA[1075], la directive n° 2/98/CM/UEMOA du 22 décembre 1998 portant harmonisation des législations des États membres en matière de taxe sur la valeur ajoutée (TVA)[1076], modifiée par la directive n° 02/2009/Cm/UEMOA du 27 mars 2009[1077], la directive n° 03/98/Cm/UEMOA du 22 décembre 1998 portant harmonisations des législations des États membres en matière de droits d'accises[1078], la directive n° 07/2001/Cm/UEMOA du 26 novembre 2001 portant régime harmonisé de l'acompte sur impôt assis sur les bénéfices[1079],la directive n° 06/2002/CM/UEMOA du 19 septembre 2002 portant détermination la liste commune des médicaments, produits pharmaceutiques, matériels et produits spécialisés pour les activités exonérées de la TVA[1080], la directive n° 016/2006/Cm/UEMOA du 16 décembre 2006 portant adoptions du programme harmonisé de la fiscalité directe au sein de l'UEMOA[1081],la directive n° 01/2008/Cm/UEMOA du 28 mars 2008 portant harmonisation des modalités de détermination du résultat imposable des personnes morales au sein de l'UEMOA[1082] et la directive n° 05/2008/CM/UEMOA du 26 juin 2008 portant harmonisation du régime fiscal des provisions constituées par les Banques et établissements financiers en application de la règlementation bancaire[1083].

430. Ensuite, dans le cadre de la mise en œuvre de sa politique de concurrence commune, l'UEMOA a procédé à l'harmonisation du droit de la concurrence. Ce dernier est entré en vigueur le 1er janvier 2003 et a donné lieu à l'adoption de plusieurs actes juridiques tels que : les règlements n° 02, 03 et 04/2002/CM/UEMOA du 23 mai 2002 portant respectivement règlementation à l'intérieur de l'espace UEMOA des pratiques anticoncurrentielles, des procédures applicables aux ententes et abus de positions dominantes dans l'espace UEMOA[1084] ; le règlement n° 09/2003/Cm/UEMOA du 23 mai 2003 portant Code communautaire antidumping[1085] ; la directive n° 04/2005/Cm/UEMOA du 9 décembre 2005 instituant les procédures de passation des marchés publics et de délégation

---

1075 Dactyl.

1076 *Cf.* http://www.uemoa.int/sites/default/files/bibliotheque/pages_-_directive_2_98_cm.pdf

1077 *Cf.*

1078 *Cf.* http://www.uemoa.int/sites/default/files/bibliotheque/pages_-_directive_3_98_cm.pdf

1079 *Cf.* http://www.uemoa.int/sites/default/files/bibliotheque/pages_-_dir_07_2001_cm.pdf

1080 *Cf.* http://www.uemoa.int/sites/default/files/bibliotheque/pages_-_directive_06_2002_cm.pdf

1081 Dactyl.

1082 *Cf.* https://www.izf.net/upload/Documentation/JournalOfficiel/CM28032008/Directive_01_2008_CM_UEMOA.pdf.

1083 *Cf.* http://www.uemoa.int/sites/default/files/bibliotheque/directive_05_2008_cm_uemoa.pdf

1084 *Cf.* http://www.droit-afrique.com/upload/doc/uemoa/UEMOA-Reglement-2002-02-pratiques-commerciales-anticoncurrentielles.pdf; http://www.uemoa.int/sites/default/files/bibliotheque/pages_-_reglement_3_2002_cm_uemoa.pdf ; http://www.uemoa.int/sites/default/files/bibliotheque/pages_-_reglement_4_2002_cm_uemoa.pdf.

1085 *Cf.* http://www.uemoa.int/sites/default/files/bibliotheque/pages_-_reglement_09_2003_cm_uemoa.pdf

de service public dans l'UEMOA[1086] ; la directive n° 05/2005/CM/UEMOA du 9 décembre 2005 portant sur le contrôle et la régularisation des marchés publics et des délégations de service public dans l'UEMOA[1087].

431. Enfin, l'UEMOA a procédé à l'harmonisation des systèmes financiers comptables au sein de son espace en adoptant le règlement n° 04/96/CM/UEMOA le 20 décembre 1996 qui porte adoption du Plan comptable des États membres de l'UEMOA et institue le Système comptable ouest-africain (SYSCOA)[1088]. Cette harmonisation des législations concerne aussi plusieurs secteurs économiques comme ceux de la télécommunication[1089] et de la pharmaceutique[1090]. Les domaines d'harmonisation de l'UEMOA semblent plus axés sur des secteurs économiques. Des actions sont cependant entreprises dans d'autres secteurs.

2. L'instauration des politiques sectorielles

432. Les États membres de l'UEMOA conscient du fait que l'effectivité de l'intégration économique passe par la mise en œuvre de politiques communes et efficientes ont convenu de la nécessité de mener des actions de politiques sectorielles[1091]. Ces politiques sectorielles permettent à l'UEMOA d'agir dans l'ensemble des secteurs du développement économique et social des États membres. Le protocole additionnel n° II du Traité de l'UEMOA relatif aux politiques sectorielles de l'UEMOA a toutefois défini les secteurs qui doivent faire prioritairement l'objet de politiques communautaires[1092].

433. Les politiques communautaires sectorielles concernent « l'ensemble des secteurs du développement économique et social »[1093] des États membres. Elles visent à organiser le fonctionnement de l'activité économique de chaque secteur en prenant en compte les spécificités propres à chaque marché. Ces politiques peuvent prendre la forme de dispositifs d'ouverture à la concurrence. Elles peuvent également prendre la forme de politiques visant à assurer le développement d'une concurrence équitable au bénéfice du consommateur, comme la lutte contre les ententes et les abus de position dominante ou le contrôle des concentrations. Concernant les politiques sectorielles, le protocole additionnel n° II du Traité de l'UEMOA

[1086] *Cf.* http://www.uemoa.int/sites/default/files/bibliotheque/directive_04_2005_cm_uemoa.pdf

[1087] http://www.uemoa.int/sites/default/files/bibliotheque/directive_05_2005_cm_uemoa.pdf

[1088] Dactyl.

[1089] Directive n° 06/2006/CM/UEMOA du 23 mars 2006 portant organisation du cadre général de coopération entre les autorités nationales de régulation en matière de télécommunications. (*Cf.* http://www.uemoa.int/sites/default/files/bibliotheque/directive_06_2006_cm_uemoa.pdf).

[1090] Règlement n° 02/2005/CM/UEMOA du 4 juillet 2005 portant harmonisation de la réglementation pharmaceutique dans l'espace UEMOA. (*Cf.* http://www.uemoa.int/sites/default/files/bibliotheque/pages_-_regl_02_2005_cm.pdf).

[1091] Article 101 du Traité de l'UEMOA.

[1092] *Cf.* http://www.uemoa.int/sites/default/files/bibliotheque/pages_-_protocole_additionnel_ii.pdf

[1093] Préambule du protocole additionnel n° II du Traité de l'UEMOA relatif aux politiques sectorielles de l'UEMOA.

relatif aux politiques sectorielles identifie sept secteurs[1094] devant faire l'objet de politiques communes au sein de l'UEMOA.

a. Le secteur du développement des ressources humaines

434. La politique sectorielle dans le secteur du développement des ressources humaines est stipulée aux articles 1 à 4 du protocole additionnel n° II du Traité de l'UEMOA. Elle vise à rationaliser et à améliorer les performances de l'enseignement supérieur et de la formation professionnelle au sein de l'espace UEMOA. Dans le cadre de la satisfaction de cet objectif, l'UEMOA a procédé à l'instauration de l'égalité de traitement des étudiants ressortissants de l'Union[1095], à l'instauration d'une période unique de tenue du baccalauréat dans les États membres[1096] et à l'institutionnalisation du système « licence, master, doctorat » (LMD) comme cadre de référence des diplômes d'enseignement supérieur délivrés par ses États membres[1097]. L'UEMOA a de plus mis en place un programme d'appui et de développement des centres d'excellence régionaux qui vise à « rentre disponible dans l'espace, un ensemble d'institutions de formation et de recherche de haut niveau, conformes aux standards internationaux et capables de répondre aux besoins de disponibilité d'une main-d'œuvre hautement qualifiée »[1098].

b. Le secteur de l'aménagement des territoires

435. La politique sectorielle dans le secteur de l'aménagement des territoires vise à permettre l'harmonisation des plans nationaux d'infrastructures en vue de l'équilibre des différentes composantes du territoire communautaire et le désenclavement des zones concernées[1099]. Dans le cadre de cette politique, l'UEMOA a mis en place divers

---

[1094] Ces secteurs sont loin d'être limitatifs. L'article 24 du Protocole additionnel n° II du traité de l'UEMOA relatif aux politiques sectorielles de l'UEMOA permet d'instituer des politiques sectorielles dans tout autre secteur nécessaire à la réalisation des objectifs de l'UEMOA. De ce fait, des politiques sectorielles ont été adopté dans d'autres secteurs notamment la santé, l'artisanat, la pêche.

[1095] Directive n° 01/2005/CM/UEMOA du 16 septembre 2005 relative à l'égalité de traitement des étudiants ressortissants de l'UEMOA, dans la détermination des conditions et des droits d'accès aux institutions publiques d'enseignement supérieur des États membres de l'Union. (*Cf.* http://www.uemoa.int/sites/default/files/bibliotheque/pages_-_dir_01_2005_cm.pdf).

[1096] Directive n° 02/2007/Cm/UEMOA du 4 juillet 2007 portant instauration d'une période unique de la tenue du baccalauréat dans les États membres de l'Union. (*Cf.* http://www.uemoa.int/sites/default/files/bibliotheque/directive_02-2007-cm-uemoa_portant_instauration_periode_unique_baccalaureat.pdf).

[1097] *Directive* n° 03/2007/CM/*UEMOA* du 04 juillet 2007 portant adoption du système Licence, Master, Doctorat (LMD).
(*Cf.* http://www.uemoa.int/sites/default/files/bibliotheque/directive_03-2007-cm-uemoa_portant_adoption_lmd.pdf).

[1098] SAWADOGO Fatimata., *op. cit.*, p. 100.

[1099] Articles 5 et 6 du Protocole additionnel n° II du Traité de l'UEMOA.

programmes[1100] visant à « bâtir à terme, dans la complémentarité un espace plus cohérent, plus solidaire, plus attractif et compétitif avec un marché régional ou chaque État optimise sa capacité à garantir à ses citoyens un niveau de vie satisfaisant »[1101].

c. Le secteur des transports et des télécommunications

436. Les politiques sectorielles dans ce secteur sont prévues aux articles 7 et 8 du protocole additionnel n° II du Traité de l'UEMOA. Elles visent à améliorer les infrastructures et les systèmes de transports et de télécommunications reliant les États membres. Au titre de ces politiques, l'UEMOA, à titre indicatif et donc non exhaustif, a mis en place un «*programme d'actions communautaires des infrastructures et du transport routier pour améliorer le niveau de service du réseau routier communautaire structurant en vue de promouvoir les échanges commerciaux dans les corridors d'intégration dans l'espace CEDEAO/UEMOA* »[1102] et développée un « projet de développement d'un marché intégré des télécommunications pour favoriser le développement équilibré du territoire communautaire en matière de télécommunications/TIC »[1103].

d. Le secteur de l'environnement

437. Les politiques communes en matière d'environnement sont stipulées aux articles 9 à 12 du protocole additionnel n° II du Traité de l'UEMOA. Elles visent à « inverser les tendances lourdes de dégradation et de réduction des ressources naturelles »[1104] au sein de l'espace UEMOA. Plusieurs programmes ont été menés au sein de l'UEMOA au titre de cette politique. Notamment le programme régional de lutte contre l'érosion côtière qui vise l'atténuation des conséquences économiques, environnementales, sociales et culturelles dans les États membres concernés. Plusieurs digues de protection ont été construites dans lesdits États. Cette politique a donné également lieu à la mise en place de « *l'hydraulique villageoise de l'UEMOA qui contribue à l'amélioration de la desserte en eau potable dans les États membres de l'Union. Plusieurs milliers de forages ont été réalisées et ont contribuer à la lutte contre les maladies hydriques et à améliorer la santé humaine et animale* »[1105].

[1100] Au titre de la politique sectorielle communautaire dans le secteur de l'aménagement des territoires, l'UEMOA a mené notamment « *le programme de coopération transfrontalière, le programme paix et sécurité et gestion des migrations, le programme de convergence en matière de décentralisation financière, le programme de jumelage et de coopération entre collectivités territoriales de l'espace UEMOA* » (SAWADOGO Fatimata., *op. cit.*, p. 107).
[1101] SAWADOGO Fatimata., *op. cit.*
[1102] *Ibid.*, p. 108.
[1103] *Ibid.*, p. 113.
[1104] *Ibid.*, p. 90.
[1105] *Ibid.*, p. 91.

e. Le secteur agricole

438. La Politique agricole de l'Union (PAU) a été prévue par protocole additionnel n° II du Traité de l'UEMOA[1106]. L'Acte additionnel n° 03/2001 adopté le 10 décembre 2001 fixe les objectifs et les principes directeurs de cette politique[1107]. Elle vise « *à apporter des solutions aux trois défis majeurs auxquels l'agriculture de la zone UEMOA était confrontée, à savoir : nourrir la population de la région dans un contexte de forte croissance démographique et d'urbanisation ; accroître la production agricole de façon durable par l'intensification et la gestion concertée des ressources naturelles qui constituent désormais des biens publics régionaux menacés par une compétition croissante ; réduire la pauvreté en milieu rural en améliorant le revenu et le statut des agriculteurs* »[1108].

f. Le secteur de l'énergie[1109]

439. La politique énergétique commune, prévue aux articles 17 à 20 du protocole additionnel n° II du Traité de l'UEMOA, vise à la sécurisation des approvisionnements énergétiques des États membres et à la gestion optimale des ressources énergétiques, en systématisant l'interconnexion des réseaux électriques. Dans le cadre de cette politique, les Chefs d'État de l'UEMOA ont mis en place en 2009 une initiative régionale pour l'énergie durable « en vue de contribuer à la résorption du déficit énergétique dans les États membres »[1110]. Un programme régional d'économie d'énergie a donné lieu « *au projet étiquetage des appareils électroménagers dans les États membres de l'UEMOA, au projet de code général d'efficacité énergétique dans les bâtiments neufs de l'UEMOA, à des audits énergétiques dans les industries les plus énergivores de l'Union, à la mise en place d'un système de planification énergétique intégré* »[1111].

g. Le secteur industriel et minier

440. Les politiques sectorielles communes en matière industrielle et minière sont prévues aux articles 21 à 23 du protocole additionnel n° II du Traité de l'UEMOA. Elles visent à favoriser l'émergence d'entreprises performantes, à valoriser les ressources, à intensifier les courants d'échanges intersectoriels et à développer équitablement les différentes régions de

---

1106 Article 13 à 16 du protocole additionnel n° II du Traité de l'UEMOA relatif aux politiques sectorielles de l'UEMOA.

1107 *Cf.* http://www.uemoa.int/sites/default/files/bibliotheque/pages_-_acte_additionnel_03_2001.pdf.

1108 UEMOA. Commission, « Initiative de la Commission en matière de sécurité alimentaire, de peuplement et de marché, Réunion du Groupe de Travail du Secrétariat du Club du Sahel et de l'Afrique de l'Ouest (CSAO/OCDE) sur le programme de travail 2011-2012 », 2011, p. 2.

1109 Article 17 à 20 du protocole additionnel n° II du Traité de l'UEMOA relatif aux politiques sectorielles de l'UEMOA.

1110 SAWADOGO Fatimata., *op. cit.*, p. 96.

1111 *Ibid.*, p. 98.

l'Union. Les politiques sectorielles dans ces domaines ont donné lieu à la mise en place de programme visant, à titre non exhaustif, à promouvoir le secteur privé et la compétitive des entreprises[1112]. Elle a également justifié l'adoption d'un code minier communautaire en 2003[1113].

441. L'UEMOA est pourvue d'institutions lui permettant d'harmoniser les différentes législations ou d'adopter des politiques communes sectorielles. Compte tenu de la diversification des secteurs abordés par les politiques sectorielles, de l'expérience en matière de convergence et de l'intérêt de l'UEMOA pour la question sociale, l'émergence d'un socle de droits sociaux est possible[1114].

SECTION 2. L'AFFIRMATION D'UN SOCLE DE DROITS SOCIAUX

442. La question des droits sociaux n'est pas expressément abordée par le Traité de l'UEMOA. D'une manière générale, « *les institutions ouest-africaines d'intégration économique ont longtemps prôné des démarches d'intégration basées sur la réalisation de projets et programmes communs, le développement des échanges commerciaux, qui suppose des actions d'harmonisation limitées au droit économique, notamment au droit fiscal et douanier. On peut comprendre, dans ces conditions, que ces institutions aient accordé peu d'intérêt au développent de leurs activités dans les domaines* »[1115] des droits sociaux. Toutefois, avec la création du CTDS[1116], l'UEMOA a élargi ses domaines de compétences à des matières sociales.

443. Un tel intérêt pourrait permettre la mise en place d'un socle de droits sociaux au sein de l'UEMOA. La recherche d'un ensemble cohérent de ratifications des normes internationales du travail dans le cadre de l'espace communautaire UEMOA (§ 1) permettrait une meilleure réception des normes internationales du travail au sein de ces espaces. De plus, du fait de son expérience en matière de convergence des législations et des secteurs d'activité au sein de son espace, l'UEMOA pourrait élaborer une déclaration fondamentale de droits sociaux (§ 2).

§ 1. La recherche d'un ensemble cohérent de ratifications

444. La ratification des normes internationales du travail relève de la compétence exclusive des États membres. Toutefois, en vue de réaliser l'intégration dans son espace, et surtout l'intégration sociale, une cohérence dans la ratification des normes internationales du travail peut être envisagée par l'UEMOA. Une telle cohérence des ratifications des normes

---

[1112] *Ibid.*, p. 92.

[1113] *Cf.* http://www.droit-afrique.com/upload/doc/uemoa/UEMOA-Code-minier-communautaire-2003.pdf

[1114] Les « droits sociaux » sont ici entendus au sens des droits du travail et de la sécurité sociale.

[1115] KIEMDE Paul, *op. cit.*, p. 133.

[1116] *Cf. supra* chapitre 1 du présent titre.

internationales du travail serait permise notamment par la préexistence d'un bloc colonial de ratification (A) et devrait identifier les priorités de ratification des normes internationales du travail au sein de la zone UEMOA (B).

A. Le poids du bloc colonial de ratification

445. Les États membres de l'UEMOA, tous membres de l'OIT ont procédé à la ratification de conventions internationales du travail. Toutefois, une analyse des différentes ratifications intervenues révèle l'influence de l'héritage des ratifications coloniales (1). En comparaison les ratifications « post coloniales » semblent bien minimes (2).

1. L'héritage des ratifications coloniales

446. Les États membres de l'UEMOA ont adhéré à l'OIT dès leur accession aux indépendances. En respect de leur obligation vis-à-vis de cette organisation internationale et, plus précisément, aux obligations des États membres quant aux conventions internationales du travail[1117], les États membres de l'UEMOA ont ratifié plusieurs conventions depuis leur indépendance. Toutefois, l'analyse chronologique des différentes ratifications révèle que les mêmes conventions ont été ratifiées par ces États au lendemain de leurs indépendances. Un tel état de fait s'explique par l'histoire coloniale de ces États. En effet, conformément aux dispositions de l'article 35 de la Constitution de l'OIT, les membres de l'OIT possédant des « colonies, possessions ou protectorats ne se gouvernant pas pleinement eux-mêmes » doivent y appliquer sous certaines réserves les mêmes conventions internationales du travail qu'à la métropole.

447. De ce fait, certaines conventions internationales du travail ratifiées par les États colonisateurs furent rendues applicables aux colonies. Ces conventions ont été reconnues applicables sur leurs territoires par les États francophones de l'UEMOA dès leur accession à l'indépendance et leur adhésion à l'OIT[1118]. Ainsi, dès 1960, les États francophones de l'UEMOA avaient une base commune de ratifications. Les normes internationales suivantes leurs étaient applicables[1119] : la convention n° 29 sur le travail forcé ; la convention n° 87 sur la liberté syndicale et la protection du droit syndical ; la convention n° 4 sur le travail de nuit[1120] ; la convention n° 5 sur

[1117] Les obligations des États membres quant aux conventions internationales du travail sont spécifiées à l'article 19 de la Constitution de l'OIT. Il s'agit notamment de l'obligation de soumission des conventions internationales du travail à l'autorité compétente pour adoption.

[1118] *Cf.* not. LEMESLE Raymond, *Le droit du travail en Afrique francophone*, *op. cit.*, p. 50.

[1119] Ces conventions ont été rendues applicables dans ces États aux dates suivantes : le Bénin le 12 décembre 1960, le Burkina Faso et la Côte d'Ivoire le 21 novembre 1960, le Mali le 22 septembre 1960, le Niger le 27 février 1961, le Sénégal le 4 novembre 1960 et le Togo le 7 juin 1960. (https://www.ilo.org/dyn/normlex/fr/f?p=1000:11001:::NO:::).

[1120] Cette convention a été abrogée par la CIT lors de sa 106e session en 2017. (https://www.ilo.org/dyn/normlex/fr/f?p=NORMLEXPUB:12100:0::NO:12100:P12100_INSTRUMENT_ID:312149:NO).

l'âge minimum (industrie)[1121] ; la convention n° 6 sur le travail de nuit des enfants (industrie) ; la convention n° 11 sur le droit d'association (agriculture) ; la convention n° 13 sur la céruse (peinture) ; la convention n° 14 sur le repos hebdomadaire (industrie) ; la convention n° 18 sur les maladies professionnelles[1122] ; la convention n° 26 sur les méthodes de fixation des salaires minima ; la convention n° 33 sur l'âge minimum (travaux non industriels)[1123] ; la convention n° 41 du travail de nuit (femmes)[1124] ; la convention n° 95 sur la protection du salaire. Les dispositions de ces conventions ont été intégrées dans les nouveaux codes du travail [1125] de ces États. Ceux-ci accentuent les similitudes existantes entre les codes du travail de ces États. En sus de ces treize conventions, la convention n° 85 sur l'inspection du travail (territoires non métropolitains) avait été également déclarée applicable sur leur territoire par le Bénin et le Togo dès 1960 à l'OIT.

448. L'influence coloniale s'analyse différemment dans le cas de la Guinée-Bissau. En effet, dans cet État, les normes internationales du travail déclarées applicable au moment de l'adhésion à l'OIT furent celles qui étaient en vigueur dans l'État colonisateur, le Portugal. Ainsi, le 21 février 1977, dans le cadre d'un réel mimétisme, la Guinée-Bissau a reconnu applicable les conventions internationales du travail suivantes sur son territoire : la convention n° 29 sur le travail forcé ; la convention n° 98 sur le droit d'organisation et de négociation collective ; la convention n° 100 sur l'égalité de rémunération ; la convention n° 105 sur l'abolition du travail forcé ; la convention n° 111 concernant la discrimination (emploi et profession) ; la convention n° 81 sur l'inspection du travail ; la convention n° 1 sur la durée du travail (industrie) ; la convention n° 4 sur le travail de nuit[1126] ; la convention n° 6 sur le travail de nuit des enfants (industrie) ; la

---

[1121] Cette convention a fait l'objet d'une dénonciation automatique dès l'adoption de la convention n° 138 de l'OIT sur l'âge minimum.
(https://www.ilo.org/dyn/normlex/fr/f?p=NORMLEXPUB:12100:0::NO:12100:P12100_INSTRUMENT_ID:312283:NO).

[1122] Le Togo n'a pas reconnu la ratification de cette convention.
(https://www.ilo.org/dyn/normlex/fr/f?p=1000:11200:0::NO:11200:P11200_COUNTRY_ID:103050).

[1123] Cette convention a fait l'objet d'une dénonciation automatique dès l'adoption de la convention n°138 de l'OIT sur l'âge minimum.
(https://www.ilo.org/dyn/normlex/fr/f?p=NORMLEXPUB:12100:0::NO:12100:P12100_INSTRUMENT_ID:312283:NO).

[1124] Cette convention a été abrogée par la CIT lors de sa 106e session en 2017.
(https://www.ilo.org/dyn/normlex/fr/f?p=NORMLEXPUB:12100:0::NO:12100:P12100_INSTRUMENT_ID:312186:NO).

[1125] BRONSTEIN Arturo, « En aval des normes internationale du travail : le rôle de l'OIT dans l'élaboration et la révision de la législation du travail » *in* JAVILLIER Jean-Claude (dir.), GERNIGON Bernard (dir.), *Les normes internationales du travail : un patrimoine pour l'avenir. Mélange en l'honneur de Nicolas Valticos,* BIT, 2004, p. 221.

[1126] Cette convention a été abrogée par la CIT lors de sa 106e session en 2017. (https://www.ilo.org/dyn/normlex/fr/f?p=NORMLEXPUB:12100:0::NO:12100:P12100_INSTRUMENT_ID:312149:NO).

convention n° 7 sur l'âge minimum (travail maritime)[1127] ; la convention n° 12 sur la réparation des accidents du travail (agriculture) ; la convention n° 14 sur le repos hebdomadaire (industrie) ; la convention n° 17 sur la réparation des accidents du travail ; la convention n° 18 sur les maladies professionnelles ; la convention n° 19 sur l'égalité de traitement (accidents du travail) ; la convention n° 26 sur les méthodes de fixation des salaires minima ; la convention n° 27 sur l'indication du poids sur les colis transportés par bateau ; la convention n° 45 sur les travaux souterrains (femmes) ; la convention n° 68 sur l'alimentation et le service de table (équipage des navires) ; la convention n° 69 sur le diplôme de capacité des cuisiniers de navire ; la convention n° 73 sur l'examen médical des gens de mer ; la convention n° 74 sur les certificats de capacité de matelot qualifié ; la convention n° 88 sur le service de l'emploi ; la convention n° 89 sur le travail de nuit (femmes) ; la convention n° 91 des congés payés des marins ; la convention n° 92 sur les logements des équipages ; la convention n° 104 sur l'abolition des sanctions pénales (travailleurs indigènes)[1128] ; la convention n° 106 sur le repos hebdomadaire (commerce et bureaux) ; la convention n° 107 relative aux populations aborigènes et tribales ; la convention n° 108 sur les pièces d'identité des gens de mer.

449. Certaines conventions ratifiées par la Guinée-Bissau lors de son adhésion à l'OIT avaient préalablement fait l'objet de ratification par les autres États membres de l'UEMOA lors de leurs adhésions à l'OIT. Ainsi, du fait de l'héritage colonial des États membres de l'UEMOA, un bloc de ratification commune de normes internationales du travail préexiste dans l'espace UEMOA. Toutefois, une confrontation des ratifications des États francophones membres de l'UEMOA et de la Guinée-Bissau révèle que les conventions communes au moment des adhésions à l'OIT sont peu nombreuses[1129]. Ces États ont cependant procédé à des ratifications ultérieures qui ont permis de voir constituer un bloc commun de ratification dans la zone UEMOA.

2. Les ratifications postérieures à indépendance

450. Les États membres de l'UEMOA, surtout les États francophones, ont ratifié plusieurs conventions depuis l'acquisition de leur souveraineté. À

[1127] Cette convention a fait l'objet d'une dénonciation automatique en Guinée-Bissau le 5 mars 2010 dès l'entrée en vigueur de la convention n°138. (https://www.ilo.org/dyn/normlex/fr/f?p=1000:11200:0::NO:11200:P11200_COUNTRY_ID:103065).

[1128] Cette convention a été abrogée par la CIT lors de sa 107e session en 2018. (https://www.ilo.org/dyn/normlex/fr/f?p=NORMLEXPUB:12100:0::NO:12100:P12100_INSTRUMENT_ID:312249:NO).

[1129] En considérant les déclarations de reconnaissance des conventions internationales du travail des États membres de l'UEMOA depuis leurs indépendances et hors les conventions leurs ayant été déclarées applicables, seules quatre conventions ont été reconnues en commun par ces États : la convention (n° 29) sur le travail forcé, la convention (n° 4) sur le travail de nuit, la convention (n° 6) sur le travail de nuit des enfants (industrie) et la convention (n° 26) sur les méthodes de fixation des salaires minima.

l'inverse des autres pays membres de l'UEMOA, la Guinée Bissau n'a procédé qu'à un nombre très limité de ratifications depuis son accession à l'indépendance[1130]. Toutefois, même si ces États ont ratifié plusieurs conventions internationales du travail en commun, ces ratifications ne permettent pas d'élargir considérablement le nombre des ratifications communes des États membres de l'UEMOA. Seules les conventions internationales suivantes ont été ratifiées en commun par tous les États membres de l'UEMOA depuis leurs accessions à l'indépendance : la convention n° 98 sur le droit d'organisation et de négociation collective ; la convention n° 100 sur l'égalité de rémunération ; la convention n° 105 sur l'abolition du travail forcé ; la convention n° 111 concernant la discrimination (emploi et profession) ; la convention n° 138 sur l'âge minimum ; la convention n° 182 sur les pires formes de travail des enfants ; la convention n° 81 sur l'inspection du travail ; la convention n°14 sur le repos hebdomadaire (industrie).

451. Ainsi, seules douze conventions ont été ratifiées en commun par tous les États membres. Ces ratifications communes qui concernent en majorité les conventions fondamentales du travail[1131] permettent d'asseoir au sein de l'espace UEMOA un plancher social pour le monde du travail. La convention de gouvernance relative à l'inspection du travail a également été ratifiée par tous les États membres de l'UEMOA, cela traduit l'importance accordée par ces États à cet organe de contrôle et de régulation. Les conventions techniques ratifiées sont relatives aux conditions de travail[1132] et à la rémunération[1133].

452. Même si le bloc de ratifications communes des États membres de l'UEMOA ne contient pas beaucoup de conventions, plusieurs pays ont procédé à la ratification des mêmes conventions. Certaines conventions internationales du travail ont été ratifiées par sept États[1134], six États[1135], cinq États[1136], quatre États[1137], trois États[1138], deux États[1139], une par un État[1140].

[1130] La Guinée Bissau n'a ratifié que deux conventions depuis son adhésion à l'OIT en 1977. (https://www.ilo.org/dyn/normlex/fr/f?p=1000:11200:0::NO:11200:P11200_COUNTRY_ID:103065).

[1131] Tous les États membres de l'UEMOA ont ratifié sept des huit conventions fondamentales du travail. La convention n° 87 n'a pas été ratifiée par la Guinée-Bissau. (https://www.ilo.org/dyn/normlex/fr/f?p=NORMLEXPUB:11300:0::NO:11300:P11300_INSTRUMENT_ID:312232:NO).

[1132] La convention (n° 4) sur le travail de nuit, la convention (n°6) sur le travail de nuit des enfants (industrie) et la convention (n° 14) sur le repos hebdomadaire (industrie). (*Cf. Annexe :* Tableau des conventions ratifiées par les États membres de l'UEMOA).

[1133] *Cf.* la convention (n° 26) sur les méthodes de fixation des salaires minima. (*Cf. Annexe :* Tableau des conventions ratifiées par les États membres de l'UEMOA).

[1134] La convention (n° 87) sur la liberté syndicale et la protection du droit syndical, la convention (n°144) sur les consultations tripartites relatives aux normes internationales du travail, la convention (n° 5) sur l'âge minimum (industrie), la convention (n° 11) sur le droit d'association (agriculture), la convention (n° 13) sur la céruse (peinture), la convention (n° 33) sur l'âge minimum (travaux non industriels),la convention (n°41) du travail de nuit (femmes)[1134], la convention (n° 95) sur la protection du salaire (non ratifiée par la Guinée Bissau),la convention (n° 18) sur les maladies professionnelles (non ratifiée par le Togo).

[1135] La convention (n° 135) concernant les représentants des travailleurs n'a pas été ratifiée par la Guinée-Bissau et le Togo. La convention (n° 150) sur l'administration du travail n'a pas été ratifiée par la Guinée-Bissau et le Sénégal.
[1136] La convention (n° 122) sur la politique de l'emploi n'a pas été ratifiée par le Bénin, la Côte d'Ivoire et la Guinée Bissau. La convention (n° 19) sur l'égalité de traitement (accidents du travail) n'a pas été ratifié par le Bénin le Niger et le Togo. La convention (n° 161) sur les services de santé au travail a été ratifiée par le Bénin, le Burkina Faso, la Côte d'Ivoire, le Niger et le Sénégal. La convention (n° 187) sur le cadre promotionnel pour la sécurité et la santé au travail a été ratifiée par le Burkina Faso, la Côte d'Ivoire, le Niger et le Togo et le Sénégal.
[1137] À la date du 30 mars 2021, la convention (n° 52) sur les congés payés n'a été ratifiée que par le Burkina Faso, la Côte d'Ivoire, le Mali et le Sénégal. La convention (n° 116) portant révision des articles finals n'a été ratifié que par le Burkina Faso, la Côte d'Ivoire, le Niger et le Sénégal. La convention (n°155) sur la sécurité et la santé des travailleurs a été ratifiée par la Côte d'Ivoire, le Mali, le Niger et le Sénégal. La convention (n° 183) sur la protection de la maternité a été ratifiée par le Bénin, le Burkina, le Niger et le Sénégal.
[1138]À la date du 30 mars 2021, la convention (n° 129) sur l'inspection du travail (agriculture) a été ratifiée par le Burkina Faso, la Côte d'Ivoire et le Togo. La convention (n° 17) sur la réparation des accidents du travail a été ratifiée par le Burkina Faso, la Guinée Bissau et le Mali. La convention (n° 102) concernant la sécurité sociale (norme minimum) a été ratifiée par le Niger, le Sénégal et le Togo. La convention (n° 143) sur les travailleurs migrants (dispositions complémentaires) a été ratifiée par le Bénin, le Burkina Faso et le Togo. La convention (n° 159) sur l'adaptation professionnelle et l'emploi des personnes handicapées a été ratifiée par le Burkina Faso, la Côte d'Ivoire et le Mali.
[1139]À la date du 30 mars 2021, la convention (n° 3) sur la protection de la maternité a été ratifiée par le Burkina Faso et la Côte d'Ivoire. La convention (n° 12) sur la réparation des accidents du travail (agriculture) a été ratifiée par la Guinée Bissau et le Sénégal. La convention (n° 45) des travaux souterrains (femmes) a été ratifiée par la Côte d'Ivoire et la Guinée Bissau. La convention (n°88) sur le service de l'emploi a été ratifiée par la Guinée Bissau et le Mali. La convention (n° 89) sur le travail de nuit (femmes) a été ratifiée par la Guinée Bissau et le Sénégal. La convention (n° 96) sur les bureaux de placement payants a été ratifiée par la Côte d'Ivoire et le Sénégal. La convention (n° 99) sur les méthodes de fixation des salaires minima (agriculture) a été ratifiée par la Côte d'Ivoire et le Sénégal. La convention (n° 101) sur les congés payés agriculture a été ratifiée par le Burkina Faso et le Sénégal. La convention (n° 104) sur l'abolition des sanctions pénales (travailleurs indigènes) a été ratifiée par la Guinée Bissau et le Niger. La convention (n° 117) sur la politique sociale (objectifs et normes de base) a été ratifiée par le Niger et le Sénégal. La convention (n° 131) sur la fixation des salaires minima a été ratifiée par le Burkina Faso et la Niger. La convention (n° 141) sur les organisations de travailleurs ruraux a été ratifiée par le Burkina Faso et le Mali. La convention (n° 142) sur la mise en valeur des ressources humaines a été ratifiée par le Burkina Faso et le Niger. La convention (n° 154) sur la négociation collective a été ratifiée par le Bénin et le Niger. La convention (n° 160) sur les statistiques du travail a été ratifiée par le Bénin et la Côte d'Ivoire. La convention (n°170) sur les produits chimiques ont été ratifié par le Burkina Faso et la Cote d'Ivoire. La convention (n° 181) sur les agences d'emploi privées a été ratifiée par le Mali et le Niger. La convention MLC du travail maritime a été ratifiée par le Bénin et le Togo.
[1140] À la date du 30 mars 2021, La convention (n° 1) sur la durée du travail (industrie), la convention (n° 7) sur l'âge minimum (travail maritime), la convention (n° 27) sur l'indication du poids sur les colis transportés par bateau, la convention (n° 68) sur l'alimentation et le service de table (équipage des navires), la convention (n° 69) sur le diplôme de capacité des cuisiniers de navire, la convention (n° 73) sur l'examen médical des gens de mer, la convention (n° 74) sur les certificats de capacité de matelot qualifié, la convention (n° 91) des congés payés des marins, la convention (n° 92) sur les logements des équipages, la convention (n° 106) sur le repos hebdomadaire (commerce et bureaux), la convention (n° 107) relative aux populations aborigènes et tribales, la convention (n°108) sur les pièces d'identité des gens de mer n'ont été ratifiée que par la Guinée Bissau. La convention (n° 147) n'a été ratifiée que

453. Malgré l'existence du « bloc colonial », on peut difficilement parler d'une uniformité de ratification des normes internationales du travail au sein de l'espace UEMOA. Les ratifications des conventions paraissent disparates et sont fonctions des besoins de chaque État. De ce fait, la recherche d'une cohérence des ratifications semble devoir préalablement passer par l'identification des priorités de ratification au sein de cet espace sous régional.

B. L'identification des priorités de ratifications

454. Les États membres de l'UEMOA ont ratifié plusieurs conventions internationales du travail. Toutefois, s'il est vrai « qu'il est nécessaire de rendre effectives les conventions déjà ratifiées avant de ratifier de nouvelles conventions »[1141], la volonté de réaliser un développement durable et inclusif manifesté par l'UEMOA nécessite la ratification de certaines conventions internationales du travail. Ainsi, aussi bien les programmes de développement des États (1) que les besoins de l'UEMOA (2) doivent être pris en considération pour la ratification des conventions internationales du travail.

1. La prise en considération des programmes de développement des États

455. Les États membres de l'UEMOA adoptent régulièrement des programmes ou plans nationaux de développement qui présentent les axes prioritaires de ces différents États en matière de développement économique et social sur leur territoire. Ils sont prévus pour une durée limitée et identifient les secteurs prioritaires de développement économique et social en même temps qu'ils établissent la démarche à suivre pour parvenir à ce développement. Des programmes ou plans de développement sont en cours d'exécution dans les différents États membres de l'UEMOA[1142].

---

par le Bénin. La convention (n°97) sur les travailleurs migrants et la convention (n°132) sur les congés payés n'ont été ratifiées que par le Burkina Faso. La convention (n°110) sur les plantations, la convention (n°133) sur le logement des équipages (dispositions complémentaires), la convention (n°136) sur le benzène et la convention (n°171) sur le travail de nuit n'ont été ratifiées que par la Côte d'Ivoire. La convention (n°151) sur les relations de travail dans la fonction publique n'a été ratifiée que par le Mali. La convention (n°65) sur les sanctions pénales (travailleurs indigènes), la convention (n°119) sur la protection des machines, la convention (n°148) sur le milieu de travail (pollution de l'air, bruit et vibrations), la convention (n°156) sur les travailleurs ayant des responsabilités familiales et la convention (n°158 sur le licenciement) n'ont été ratifiées que par le Niger. La convention (n°10) sur l'âge minimum (agriculture), la convention (n°120) sur l'hygiène (commerce et bureaux). La convention (n°121) sur les prestations en cas d'accidents du travail et de maladies professionnelles, la convention (n°125) sur les brevets de capacité des pêcheurs et la convention (n°188) sur le travail dans la pêche n'ont été ratifiées que par le Sénégal.

[1141] *Cf.* Monsieur HIEN, Secrétaire général de la Confédération nationale des travailleurs du Burkina Faso, entretien réalisé le 16 janvier 2015.

[1142] *Cf.* Le Plan national de développement 2016-2025 du Bénin (https://plan.gouv.bj/wp-content/uploads/2019/01/MPD_Plan-National-D%C3%A9veloppement_2018-2025_version-edite-.pdf) ; le Plan national de développement économique et social 2016-2020 du Burkina Faso (http://cns.bf/IMG/pdf/pndes_2016-2020-4.pdf) ; le Plan national de développement

456. Ces différents programmes nationaux de développement ne font pas expressément référence aux normes internationales du travail. Toutefois, certains secteurs jugés prioritaires pour le développement économique et social concernent des domaines ayant trait aux normes internationales du travail. La ratification et l'application de ces conventions permettraient à ces États de réaliser pleinement leur objectif de développement économique et social.

457. Les différents programmes ambitionnent de promouvoir la bonne gouvernance administrative. Cependant, en la matière, les conventions de gouvernance de l'OIT sont « considérées comme étant les instruments les plus significatifs au regard de la gouvernance »[1143]. Ces conventions « qualifiées d'instruments prioritaires par le BIT »[1144] traitent du tripartisme[1145], de la politique de l'emploi[1146] et de l'inspection du travail[1147]. Elles ne font pas l'objet de ratifications communes au sein de ces États. À la date du 30 mars 2021, seuls le Burkina Faso et le Togo ont ratifié les quatre conventions dites de gouvernance. Les programmes de développement des autres États membres de l'UEMOA soulevant la question de la bonne gouvernance, il apparait important qu'ils procèdent à leur ratification. De telles ratifications permettraient de rapprocher les différentes législations des États membres de l'UEMOA en matière de bonne gouvernance institutionnelle.

458. Les différents programmes de développement ont relevé la question de la « démographie galopante dans un contexte de rareté des ressources »[1148], la situation de l'emploi y paraît préoccupante du fait de la prédominance du secteur informel. Aussi, ces différents États ambitionnent de « transformer structurellement l'économie pour une croissance forte, durable, résiliente, inclusive, créatrice d'emplois décents pour tous et induisant l'amélioration du bien-être social »[1149]. Une telle ambition de

---

2016-2020 de la Côte d'Ivoire (http://www.plan.gouv.ci/accueil/odd/3) ; le Plan de développement économique et social 2017-2021 du Niger (https://www.undp.org/content/dam/niger/docs/UNDP-NE-PDES%202017-2021.pdf) ; le Plan Sénégal émergent 2014-2018 (https://www.sec.gouv.sn/sites/default/files/Plan%20Senegal%20Emergent_0.pdf) ; le Plan national de développement 2018-2022 du Togo (https://www.togofirst.com/media/attachments/2019/04/02/-pnd-2018-2022.pdf).

[1143] CIT, Déclaration de l'OIT sur la justice sociale pour une mondialisation équitable, juin 2008, p. 15.

[1144] BIT, Les règles du jeu : une brève introduction aux normes internationales du travail, BIT, 2014, p. 16.

[1145] La convention n° 144 sur les consultations tripartites relatives aux normes internationales du travail. (https://www.ilo.org/dyn/normlex/fr/f?p=1000:12000:::NO:::)

[1146] La convention n° 122 sur la politique de l'emploi. (https://www.ilo.org/dyn/normlex/fr/f?p=1000:12000:::NO:::).

[1147] La convention n° 81 sur l'inspection du travail et la convention n° 129 sur l'inspection du travail (agriculture). (https://www.ilo.org/dyn/normlex/fr/f?p=1000:12000:::NO:::).

[1148] NIGER. Ministère du Plan, Plan de développement économique et social 2017-2021 : un Niger renaissant pour un peuple prospère, 2017, p. 41. (https://www.undp.org/content/dam/niger/docs/UNDP-NE-PDES%202017-2021.pdf).

[1149] Plan national de développement économique et social 2016-2020 du Burkina Faso, p. 29. (http://cns.bf/IMG/pdf/pndes_2016-2020-4.pdf).

création d'emplois décents pour tous nécessiterait que la législation du travail puisse pleinement être applicable dans l'économie aujourd'hui informelle. En outre, même si les normes internationales du travail ont vocation à s'appliquer à tous les secteurs d'activités, la convention n° 189 sur les travailleuses et travailleurs domestiques adoptée en 2011 concerne un secteur d'activité majoritairement informelle au sein des États membres de l'UEMOA. De ce fait, la ratification de cette convention[1150] par ces États constituerait un progrès en termes d'amélioration de la règlementation et d'amélioration des conditions d'emploi et de travail au sein de l'espace UEMOA.

459. La volonté de promouvoir un développement humain durable est présente dans tous les programmes nationaux de développement. Si une telle promotion passe par la satisfaction des besoins sociaux et implique « la concrétisation de l'éducation de qualité pour tous, la prise en charge de la santé de la mère et de l'enfant et aussi de rendre accessibles aux populations nécessiteuses des modules de formation professionnelle en adéquation avec les besoins du marché de l'emploi »[1151], il semblerait que la question de la protection sociale y occupe une place importante.

460. Dans ces programmes, « l'approfondissement et l'élargissement de la protection sociale visent à assurer une plus forte inclusion en permettant l'accès des populations aux services essentiels et à la prise en charge des groupes les plus vulnérables »[1152]. Cependant, l'octroi d'une couverture sociale aux populations est également une préoccupation de l'OIT. Pour garantir une telle couverture sociale, celle-ci a adopté des instruments internationaux dont l'application devrait permettre aux États de mieux assurer la couverture sociale de leurs populations. Les normes internationales du travail pertinent relatives à la protection sociale sont la convention n° 102 concernant la sécurité sociale (norme minimum) ; la recommandation n° 202 sur les socles de protection sociale ; la convention n° 118 sur l'égalité de traitement (sécurité sociale) ; la convention n° 157 sur la conservation des droits en matière de sécurité sociale[1153]. Une seule de ces conventions a fait l'objet de ratification par quatre pays de l'UEMOA[1154]. La ratification de ces différentes conventions devrait permettre à ces États de réaliser plus facilement leur plan de développement.

461. S'il est vrai qu'en matière de ratification les États restent souverains, les différents programmes de développement pourraient inciter ceux-ci à ratifier des certaines conventions internationales du travail dans la zone

---

[1150] Il convient de rappeler qu'aucun État membre de l'UEMOA n'a pour le moment procédé à la ratification de cette convention.

[1151] Plan « Sénégal émergent » 2014-2018, 2014, p. 47. (https://www.sec.gouv.sn/sites/default/files/Plan%20Senegal%20Emergent_0.pdf).

[1152] *Idem.*

[1153] *Cf.* https://www.ilo.org/global/standards/subjects-covered-by-international-labour-standards/social-security/lang--fr/index.htm

[1154] A la date du 30 mars 2021, la convention n° 102 concernant la sécurité sociale (norme minimum) a été ratifiée par le Benin, le Niger, le Sénégal et le Togo. (https://www.ilo.org/dyn/normlex/fr/f?p=NORMLEXPUB:11300:0::NO:11300:P11300_INSTRUMENT_ID:312247:NO).

UEMOA. De telles ratifications contribueraient à élargir le socle de ratification préexistant au sein de cet espace sous régional. Cependant, au regard des besoins propres de l'UEMOA, des ratifications de certaines conventions internationales du travail par les États membres pourraient également être nécessaires.

2. La prise en considération des besoins de l'Union

462. L'un des objectifs de l'UEMOA est de « créer entre les États membres un marché commun basé sur la libre circulation des personnes, des biens, des services, des capitaux et le droit d'établissement des personnes exerçant une activité indépendante ou salariée »[1155]. Ce principe de libre circulation implique de permettre réellement la mobilité des travailleurs. Les normes internationales du travail ont vocation à s'appliquer à tous les travailleurs. Par conséquent, les travailleurs en mouvement sont concernés par ces normes. Pour cette catégorie de travailleur, l'OIT a adopté des conventions internationales du travail spécifiques. Ces conventions relatives aux travailleurs migrants visent à sauvegarder la dignité de ceux-ci. Le terme « travailleur migrant » désigne, on le sait, selon l'OIT « une personne qui émigre d'un pays vers un autre en vue d'occuper un emploi autrement que pour son propre compte »[1156].

463. Le contenu de la libre circulation prônée par l'UEMOA « comprend la liberté de déplacement des travailleurs (salariés ou non-salariés) la liberté d'établissement et la libre prestation des services »[1157]. Les travailleurs déplacés rentrent dans la catégorie des travailleurs migrants telle que définie par l'OIT. Faire bénéficier à ces travailleurs de la protection prévue par les normes internationales du travail améliorerait leurs conditions de travailleurs au sein de l'UEMOA. La ratification des conventions internationales du travail spécifiques aux travailleurs migrants répondrait aux besoins de l'UEMOA de réaliser la libre circulation.

464. En matière de travailleurs migrants, les normes spécifiques suivantes ont été adoptées : la convention n° 21 sur l'inspection des émigrés ; la convention n° 48 sur la conservation des droits à pension des migrants ; la convention n° 97 sur les travailleurs migrants ; la recommandation n° 86 sur les travailleurs migrants ; la convention n° 143 sur les travailleurs migrants (dispositions complémentaires) ; la recommandation n° 100 sur la protection des travailleurs migrants (pays insuffisamment développés) ; la recommandation n° 151 sur les travailleurs migrants[1158].

465. Ces conventions qui répondent à une préoccupation de l'UEMOA ont été diversement ratifiées par les États membres. La convention n° 97 sur

---

1155 Article 4-c du Traité de l'UEMOA.

1156 Article 11 de la convention OIT n° 97 sur les travailleurs migrants. (https://www.ilo.org/dyn/normlex/fr/f?p=NORMLEXPUB:12100:0::NO:12100:P12100_INSTRUMENT_ID:312242:NO).

1157 KIEMDE Paul, « Intégration régionale et harmonisation du droit social en Afrique : problèmes et perspectives », *Revue Burkinabé de Droit*, n° 39-40, 2001, p. 137.

1158 *Cf.* https://www.ilo.org/global/topics/labour-migration/standards/lang--fr/index.htm

les travailleurs migrants n'a été ratifiée que par un État de l'espace UEMOA, le Burkina Faso[1159]. La convention n° 143 sur les travailleurs migrants (dispositions complémentaires) qui a été ratifiée par trois États de l'UEMOA (le Bénin, le Burkina Faso et le Togo) a connu plus de succès[1160]. Il paraît important du fait des objectifs de l'UEMOA de sensibiliser les États membres sur le rôle que pourraient jouer ces conventions internationales du travail relatives aux travailleurs migrants. Une telle sensibilisation devrait susciter plus d'engouement de la part de ces États pour la ratification de ces diverses conventions.

466. De plus, l'UEMOA conscient que « la sécurité sociale quelle que fût sa forme a été l'unique instrument capable de combattre la misère née de l'industrialisation dans les pays européens »[1161] a porté une attention particulière à la question à travers la mise en place d'un cadre règlementaire communautaire régissant la mutualité sociale. En effet, « de par son rôle dans la prévention de la vulnérabilité et dans la lutte contre la pauvreté, la sécurité sociale est devenue une composante indispensable de la politique sociale du fait qu'elle contribue à la dignité humaine, à l'équité et à la justice sociale »[1162]. De ce fait, en vue de réaliser l'intégration économique, l'UEMOA a procédé à l'adoption de plusieurs instruments juridiques relatifs à la mutualité sociale. Au titre de ses instruments juridiques, on a : le règlement n° 03/2012/CM/UEMOA portant adoptions du plan comptable des mutuelles sociales au sein de l'UEMOA du 10 mai 2012[1163] ; le règlement n° 07/2009/CM/UEMOA portant règlementation de la mutualité sociale au sein de l'UEMOA du 26 juin 2009[1164].

467. Ces instruments répondent à la préoccupation relative à la protection sociale. De ce fait, la ratification et l'application des conventions internationales du travail relatives à la protection sociale permettraient aux États d'octroyer une protection sociale optimale à leurs populations. Les différents besoins sociaux s'exprimant au sein de l'UEMOA pourraient conduire, par ailleurs, cette organisation sous régional à adopter une déclaration de droits sociaux fondamentaux.

§ 2. La possibilité d'une Déclaration de droits sociaux fondamentaux de l'UEMOA

468. Depuis l'avènement des indépendances, le droit du travail des États membres a subi des influences diverses. Même si l'on peut relever un rapprochement entre les différentes évolutions, celles-ci ont été réalisées

---

1159 À la date du 30 mars 2021.

1160 *Idem.*

1161 UEMOA. Commission, Étude sur les systèmes de protection sociale dans les États membres de l'UEMOA : état des lieux et propositions d'actions communautaires, 2010, p. 5.

1162 *Idem.*

1163 http://www.izf.net/sites/default/files/MaJ2015/uemoa/R%C3%A8glement%202012/Reglement_03_2012_CM_UEMOA.PDF

1164 Non publié.

souverainement par chaque État. Certains droits sociaux semblent toutefois communs à ces États et mériteraient de faire l'objet d'une prise en considération communautaire. Les structures et mécanismes de l'intégration économique constitueraient alors une opportunité pour « la reconnaissance d'un ensemble de normes fondamentales en matière sociale »[1165] au sein de l'espace UEMOA. Cette reconnaissance pourrait se matérialiser par l'adoption au sein de l'UEMOA d'une Déclaration de droits sociaux fondamentaux dont le contenu (A) et l'effet juridique (B) méritent d'être déterminés.

A. La question du contenu de la Déclaration

469. Les Constitutions des différents États membres de l'UEMOA reconnaissent à leurs populations des droits inaliénables et imprescriptibles que ces États ont l'obligation de respecter, de garantir et de protéger. Au sein des États membres de l'UEMOA, les droits reconnus par les Constitutions sont sensiblement les mêmes. Il s'agit principalement de la reconnaissance de la dignité humaine[1166] et de l'égalité des citoyens[1167], de l'affirmation du droit du travail et à la formation professionnelle[1168], de la prohibition de toute discrimination et du travail forcé[1169], de la reconnaissance du droit de grève et du droit syndical[1170].Ces droits inaliénables contiennent des droits sociaux et « il s'avère indispensable que l'individu retrouve ses droits fondamentaux, d'après lesquels ses actes juridiques sont évalués, non seulement dans les constitutions de son pays d'origine, mais également directement dans un catalogue du droit primaire communautaire »[1171].

470. L'intérêt de l'adoption d'une Déclaration des droits sociaux fondamentaux au sein de l'espace de l'UEMOA tient au fait que des dispositions évidentes, notamment compte des droits fondamentaux

---

[1165] PORTA Jérôme, « Les droits sociaux fondamentaux à l'épreuve du pluralisme », *in* JEAMMAUD Antoine, LE FRIANT Martine, LOKIEC Pascal, WOLMARK Cyril (coord.), *À droit ouvert. Mélanges en l'honneur d'Antoine Lyon-Caen,* Paris, Dalloz, 2018, p. 791.

[1166] Reconnu principalement dans les préambules des différentes Constitutions des États membres de l'UEMOA.

[1167] Article 26 de la Constitution béninoise, article 1er de la Constitution burkinabée, article 4 de la Constitution ivoirienne, article 2 de la Constitution malienne, article 10 de la Constitution nigérienne, article 7 de la Constitution sénégalaise et article 11 de la Constitution togolaise.

[1168] Article 30 de la Constitution béninoise, article 19 de la Constitution burkinabée, article 9 de la Constitution ivoirienne, article 17 de la Constitution malienne, article 33 de la Constitution nigérienne, article 25 de la Constitution sénégalaise et article 37 de la Constitution togolaise.

[1169] Article 19 de la Constitution burkinabée, article 14 de la Constitution ivoirienne, article 14 de la Constitution nigérienne, article 25 de la Constitution sénégalaise et article 37 de la Constitution togolaise.

[1170] Article 31 de la Constitution béninoise, article 22 de la Constitution burkinabée, article 17 de la Constitution ivoirienne, articles 20 et 21 de la Constitution malienne, article 34 de la Constitution nigérienne, article 25 de la Constitution sénégalaise et article 39 de la Constitution togolaise.

[1171] UE. Parlement Européen., Droit sociaux fondamentaux en Europe, Document de Travail, 1999, p. 8. (http://www.europarl.europa.eu/workingpapers/soci/pdf/104_fr.pdf).

reconnus constitutionnellement, devront y figurer. Ces dispositions évidentes sont d'autant plus nécessaires que les différents codes du travail des États membres reconnaissaient déjà les mêmes droits fondamentaux au travail. Au sein de l'UEMOA, du fait de la similarité des droits inaliénables, des rapprochements des codes du travail, de l'existence d'un socle de ratification des normes internationales du travail, des droits sociaux reconnus par les États mériteraient d'être prise en considération dans le cadre de l'adoption d'une Déclaration des droits sociaux fondamentaux. Certaines dispositions des normes internationales du travail peuvent par ailleurs être incorporées dans cette Déclaration pour tenir compte des besoins spécifiques de l'organisation sous régional. Cela permettrait d'ériger une planche commune en matière sociale au sein de cet espace d'intégration sous régional. Les principales dispositions d'une telle « Déclaration » pourraient être les suivantes :

1. De la libre circulation des personnes et de la liberté de travailler

471. La libre circulation des personnes étant « la forme achevée de l'intégration juridique (…) les règles du droit social doivent être conçues de manière à consacrer, sur le plan régional, le libre accès à l'emploi de tous les ressortissants des États concernés par l'intégration économique »[1172]. De ce fait, la Déclaration des droits fondamentaux devrait reconnaitre la liberté de circulation des travailleurs au sein des États membres de l'UEMOA. Cette liberté impliquerait le droit pour tout ressortissant de l'UEMOA, de chercher, de travailler ou de s'établir librement dans n'importe quel pays de l'espace UEMOA sous réserve des justifications d'ordre public et de sécurité publique.

472. La liberté de travailler impliquerait de plus que tous les travailleurs (nationaux ou ressortissant d'un autre État membre de l'UEMOA) soient égaux en matière d'accès au travail et bénéficient des mêmes droits en termes de rémunération, de condition de travail, de rémunération et de protection sociale.

473. Pour faciliter cette liberté de travailler au sein de l'UEMOA, la Déclaration des droits fondamentaux pourrait contenir des dispositions qui engageraient chaque État à protéger les travailleurs migrants, à se doter de service gratuit chargé d'aider les travailleurs migrants ou les travailleurs susceptibles de migrer et de leur fournir des informations exactes conformément aux dispositions de la convention n° 97 sur les travailleurs migrants de l'OIT. En outre, compte tenu de l'influence de la conception traditionnelle du travail au sein des États de l'espace UEMOA, la formalisation des contrats de travail surtout ceux des travailleurs migrants devrait être affirmée.

[1172] ISSA-SAYEG Joseph., « Questions impertinentes sur la création d'un droit social régional dans les États africains de la zone franc », *Bulletin de droit comparé du travail et de la sécurité sociale*, 1999, p.181.

2. Du salariat

474. Le salaire est « *la rémunération ou les gains susceptibles d'être évalués en espèces et fixés par accord ou par la législation nationale, qui sont dus en vertu d'un contrat de louage de services, écrit ou verbal, par un employeur à un travailleur, soit pour le travail effectué, soit pour les services rendus et devant être rendus* »[1173]. Le salaire constitue la contrepartie de la prestation financière. De ce fait, en vue d'établir une égalité entre tous les travailleurs de l'espace UEMOA, le travail devrait y être équitablement rémunéré et les systèmes de rémunération en vigueur dans ces États doivent prévoir des taux de salaires minima équitables[1174].

475. De plus, conformément aux dispositions des différents codes du travail des États membres de l'UEMOA, la Déclaration des droits sociaux fondamentaux pourrait stipuler que le salaire devra être payé en monnaie ayant cours légal selon une périodicité régulière. Si le paiement en nature est prévu, celui-ci doit être juste. Aucune restriction à la liberté du travailleur de disposer à son gré de son salaire ne devrait être possible.

476. Dans une logique de protection du salarié, la retenue ou la saisie de salaire doit veiller à permettre de percevoir une rémunération lui permettant de continuer à subvenir à son entretien et à celui des membres de sa famille qui sont à sa charge. La priorité devrait en outre être accordée au versement des salaires lors de la liquidation des actifs en cas d'insolvabilité de l'employeur[1175].

3. De la protection de l'emploi

477. Il devrait être rappelé que les relations de travail sont soumises à la législation de travail nationale des États membres et donnent lieu à un engagement de travail à durée déterminée ou indéterminée. Les salariés devraient avoir droit à la formation professionnelle pour améliorer leur compétence.

478. Le contrat de travail devrait cesser du fait du licenciement, de la démission, de l'atteinte de l'âge de la retraite, du décès du travailleur, de l'accord des parties, de la survenance du terme du contrat à durée déterminée.

479. Tout licenciement devrait être motivé au regard de la personne du salarié (aptitude, insuffisance professionnelle ou conduite fautive) ou des nécessités de l'entreprise (motif économique) et être subordonné au respect d'une période de préavis. Le licenciement, à l'exception des licenciements pour faute grave, devrait donner lieu à la perception d'une indemnité qui serait fonction de l'ancienneté du salarié. Il devrait être rappelé que la

---

[1173] Article 1er de la convention n° 95 sur la protection salariale de l'OIT. (https://www.ilo.org/dyn/normlex/fr/f?p=NORMLEXPUB:12100:0::NO:12100:P12100_INSTRUMENT_ID:312240:NO).

[1174] La prévision d'un système de salaires minima permettrait de protéger les salariés de la zone UEMOA contre les salaires excessivement bas et serait conforme aux dispositions de la convention (n° 131) sur la fixation des salaires minima.

[1175] Conformément aux dispositions de la convention (n° 95) sur la protection de salaire.

démission du salarié doit être expressément exprimée par celui-ci et doit prendre effet à l'issue d'une période de préavis.

4. De la protection des travailleurs

480. Du fait du passé colonial des États membres de l'UEMOA et au regard de la convention n° 29 de l'OIT sur le travail forcé, la Déclaration des droits sociaux fondamentaux de l'UEMOA devrait interdire tout travail forcé et inciter chaque État à œuvrer pour mettre fin au travail forcé ou obligatoire ou à toute forme de pratique pouvant entrainer la servitude d'un être humain au sein et à l'extérieur de son territoire national.

481. De plus, le travail des enfants devrait être interdit et les pires formes de travail réprimées au sein des États membres de l'UEMOA, conformément aux dispositions de la convention n° 182 de l'OIT sur les pires formes de travail des enfants. Il devrait être stipulé que des mesures doivent être prises par chaque État pour lutter, notamment, contre l'utilisation des enfants en tant que travailleurs domestiques, et que les États rendent obligatoire la scolarisation des enfants, mais surtout instituent la gratuité des systèmes éducatifs. En respect des dispositions de la convention n° 138 de l'OIT sur l'âge minimum, « l'âge minimum d'admission au travail ne devra pas être inférieur à l'âge auquel cesse la scolarité obligatoire, ni en tout cas à quinze ans »[1176]. Les travailleurs de moins de dix-huit ans ne devraient pas exercer un emploi qui « par sa nature ou les conditions dans lesquelles il s'exerce, est susceptible de compromettre la santé, la sécurité ou la moralité »[1177]. Pour faire face à la situation des enfants des rues dans ces États, des programmes de réintégrations dans le système éducatif ou de formations professionnelles devraient être prévus par les États.

482. De plus, en vue de promouvoir une meilleure intégration des travailleurs handicapés, les différents États membres devraient promouvoir des politiques de discriminations positives facilitant le recrutement de ceux-ci. Ces politiques de discriminations positives pourraient être étendues aux femmes pour favoriser l'égalité d'accès des sexes au milieu professionnel. Le droit de tous et de toutes d'accéder à l'enseignement général et à la formation professionnelle devrait être affirmé. L'égalité des sexes suppose que les femmes enceintes ne fassent l'objet d'aucune discrimination à l'accès à l'emploi et que l'état grossesse ne soit aucunement un motif de licenciement.

483. La protection des travailleurs impliquerait l'interdiction de toute forme de discrimination «*fondée sur la race, la couleur, l'ethnie, le sexe, la religion, l'opinion politique, l'ascendance nationale ou l'origine sociale, qui ont pour effet de détruire ou d'altérer l'égalité des chances ou de traitement*

[1176] Article 2-3 de la convention n° 138 de l'OIT sur l'âge minimum. (https://www.ilo.org/dyn/normlex/fr/f?p=NORMLEXPUB:12100:0::NO:12100:P12100_INSTRUMENT_ID:312283:NO).
[1177] Article 3-1 de la convention n° 138 précitée.

en matière d'emploi ou de profession»[1178]. Une égalité de traitement et de chance dans tous les États membres devrait être proclamée, d'une part entre les travailleurs nationaux et les travailleurs originaires d'un État membre de l'UEMOA, d'autre part entre les hommes et les femmes en matière d'accès au travail, de rémunération, de condition de travail, d'évolution de carrière et de protection sociale. Le droit au respect de la dignité des travailleurs et des travailleuses devrait être affiché. De ce fait, ceux-ci devraient notamment avoir droit à des horaires de travail et un temps de repos protégeant leurs capacités physiques et mentales et leur permettant d'avoir une vie personnelle.

5. De la santé et de la sécurité au travail

484. Tous les travailleurs et travailleuses devraient se voir reconnus le droit à la protection de leur santé et de leur sécurité au travail. L'obligation de tout employeur de prendre toutes les mesures utiles prévues par la législation relative à la santé et à la sécurité au travail devrait être rappelée, les travailleurs étant notamment informés des risques sanitaires et sécuritaires encourus dans l'exercice de leurs fonctions. Des formations en matière de santé et de sécurité devraient être proposées aux travailleurs et des moyens de protections mis à leur disposition dès leur embauche et au cours de leur carrière.

485. Tout travailleur devrait bénéficier d'une visite médicale annuelle. L'inaptitude d'un travailleur à exercer ses fonctions de fait de sa santé devrait donner lieu à une réaffectation à un emploi compatible avec sa santé. De même, en cas d'accident ou de maladie de travail, le contrat de travail devrait être maintenu durant la période de soins. Le travailleur devrait bénéficier d'un reclassement à son ancien poste ou à un poste adapté à ses capacités à son retour des soins. En cas d'impossibilité de reclassement, le licenciement du travailleur devrait donner lieu à une perception d'une indemnité de dommages et intérêt. De façon plus générale, il serait rappelé que les travailleurs doivent pouvoir exécuter leur contrat de travail sans aucune crainte de menaces ou d'agressions physiques ou morales.

6. De la protection sociale

486. Du fait des besoins des États et de l'UEMOA, la protection sociale devrait être un droit reconnu par tous les États membres de l'UEMOA. La Déclaration des droits sociaux fondamentaux devrait reconnaitre le droit à tout travailleur de l'UEMOA de bénéficier d'une protection sociale. En fonction des différentes législations et des pratiques nationales, l'accès de tous aux soins médicaux devrait être impérativement reconnu. Les populations doivent avoir un accès équitable à des services de santé de

---

[1178] Article 1-a de la convention n° 111 de l'OIT concernant la discrimination (emploi et profession).
(https://www.ilo.org/dyn/normlex/fr/f?p=NORMLEXPUB:12100:0::NO:12100:P12100_INSTRUMENT_ID:312256:NO).

qualité suffisante pour être efficace sans être exposés à des difficultés financières. Les conditions d'accès aux soins médicaux doivent être les mêmes pour les ressortissants nationaux et les ressortissants d'un État de l'UEMOA.

487. Outre l'accès aux soins médicaux, la garantie de perceptions de ressources suffisantes devrait être prévue dans le cadre de ladite « Déclaration », notamment pour les personnes âgées et en cas de chômage, de maladie, d'invalidité, d'accident du travail et de maladie professionnelle, de maternité ou de disparition du soutien de famille. Les différents régimes de sécurité sociale des États membres devraient établir une coordination pour permettre la portabilité des droits à une perception de ressources suffisantes pour les travailleurs migrants[1179]. Ceux-ci ou leurs ayants droit pourraient ainsi conserver dans leur pays d'origine les droits acquis dans le pays d'emploi.

7. Des relations collectives de travail

488. Compte tenu de l'importance accordée au dialogue social par l'UEMOA, la Déclaration des droits fondamentaux devrait reconnaitre le droit de tous les travailleurs et employeurs de constituer et de s'affilier librement à des organismes syndicaux et patronaux. Aucune discrimination du fait de l'appartenance à un organisme syndical ou patronal ne devrait être tolérée. Les organismes syndicaux et patronaux doivent être totalement libres, ils « doivent bénéficier d'une protection adéquate contre tous actes d'ingérence des unes à l'égard des autres, soit directement, soit par leurs agents ou membres, dans leur formation, leur fonctionnement et leur administration »[1180]. Les organisations syndicales et patronales doivent pouvoir librement négocier et conclure des accords collectifs. Certains accords pourraient être discutés au niveau communautaire, par exemple dans le cadre du CTDS.

489. Le droit de grève devra être reconnu à tous les travailleurs et exercer conformément aux dispositions des législations nationales ou des conventions collectives. Des limitations du droit de grève pourraient être prévues pour certaines catégories de travailleurs intervenants dans des services publics ou regardés comme « essentiels ». Les États membres devraient par ailleurs disposer d'institutions et de procédures facilitant la prévention et la résolution des conflits collectifs.

490. Ces droits, qui seraient les droits minimums applicables en matière sociale au sein de l'espace UEMOA, ne sauraient toutefois être appréhendés indépendamment des effets juridiques qu'ils devraient produire.

[1179] Il s'agirait en l'espèce d'une migration intracommunautaire.

[1180] Article 2-1 de la convention n° 98 de l'OIT sur le droit d'organisation et de négociation collective.

B. La question de l'effet juridique de la Déclaration

491. S'interroger sur l'effet juridique de la Déclaration nécessite de connaître le rang de celui-ci dans le droit communautaire de l'UEMOA. De prime abord, la Déclaration des droits fondamentaux serait à l'instar du « droit de l'intégration économique, un droit spécifique aux confins du droit international et du droit interne, du droit institutionnel qui s'apparente au droit public et du droit matériel qui s'inspirerait essentiellement du droit privé »[1181]. Toutefois, la connaissance du caractère juridique de celle-ci (1) aiderait à mieux appréhender un éventuel contentieux. Cela permettrait également de permettre de préciser le juge qui serait compétent pour résoudre un tel contentieux (2).

1. Le caractère juridique de la Déclaration

492. La primauté de l'ordre juridique communautaire[1182] est reconnue au sein des États membres de l'UEMOA « à l'instar des États membres de l'Union européenne »[1183]. Au-delà de cette reconnaissance, « la conception juridique de l'organisation politique monétaire s'est inspirée des principes qui ont prévalu au sein des communautés européennes »[1184]. Ainsi, tout comme dans la communauté européenne, une hiérarchie peut être établie entre les normes juridiques communautaires au sein de l'UEMOA. Bien que « la hiérarchie des normes communautaires ne soit pas expressément établie par les textes communautaires de l'UEMOA »[1185], leur examen permet de constater la supériorité des « normes conventionnelles sur les normes institutionnelles »[1186].

493. Au sein de l'espace UEMOA, « on peut sans forcer les traits faire le parallèle avec les droits qui s'inspirent très largement de celui de l'Union européenne »[1187] et dégager la hiérarchie suivante : « au sommet se situe le droit primaire (traités fondateurs et traités d'adhésion) ; ensuite viennent les principes généraux du droit ; puis suivent les accords internationaux conclus par l'Union ; enfin vient le droit dérivé, avec dans l'ordre les mesures d'ordre général (règlements et directives) et les mesures d'exécution »[1188].

494. La précision de la hiérarchie des normes communautaires au sein de l'UEMOA revêt une importance quant à la question des effets juridiques

---

[1181] KAMTO Maurice, « Les cours de justice des communautés et des organisations d'intégration économiques africaines », *African yearbook of international law,* 1999, p. 129.

[1182] Le préambule du Traité de l'UEMOA précise que les États membres sont *« désireux de compléter à cet effet l'Union Monétaire Ouest Africaine (UMOA) par de nouveaux transferts de souveraineté et de transformer cette Union en Union Économique et Monétaire Ouest Africaine (UEMOA), dotée de compétences nouvelles »*.

[1183] VAUD Pierre, *op. cit.*, p. 15.

[1184] MBACKE Mouhamadou Moctar., *op. cit*, p. 18.

[1185] *Idem.*

[1186] Ces termes sont repris de la classification normative retenue par Pierre-Yves MONJAL, (*Cf. Recherches sur la hiérarchie des normes communautaires*, LGDJ, 2000, p. 17).

[1187] SAWADOGO Filga Michel, « Les conflits entre normes communautaires : aspects positifs et prospectifs » *in* FAU-NOUGARET Matthieu (dir.), *La concurrence des organisations régionales en Afrique,* L'Harmattan, 2012, p. 287.

[1188] *Idem.*

dans la mesure ou le rang de la norme permet de déduire de sa force juridique. De façon générale, une Déclaration est un « acte solennel par lequel une autorité élevée, généralement une assemblée constituante, énonce quelques grands principes politiques et sociaux »[1189]. Elle est généralement considérée comme un acte juridique non exécutoire, « une simple proclamation de caractère moral »[1190] même si elle peut avoir « une force juridique de règle constitutionnelle écrite »[1191]. Au sein de l'UEMOA, la Déclaration en elle-même ne serait pas de nature exécutoire et il ne serait pas possible de recourir aux voies d'exécution forcée pour faire exécuter leurs dispositions. Toutefois, les principes généraux et les droits fondamentaux sont de natures contraignantes. Leur application est obligatoire.

495. De ce fait, même si on peut considérer que ce type de Déclaration des droits sociaux fondamentaux « s'inscrit dans la pratique des vœux, de ces souhaits exprimés par les organisations, mais dont la réalisation repose sur la bonne volonté des États pris individuellement »[1192], on ne peut pas nier le caractère fondamental des droits affirmés. En effet, les droits fondamentaux « s'apparentent à la Déclaration Universelle des Droits de l'Homme dont personne aujourd'hui ne conteste sérieusement la nature proprement juridique »[1193]. Ce sont des droits de nature exécutoire qui « sont par définition applicables indépendamment de la situation nationale des États et des obstacles empiriques »[1194]. Le caractère fondamental des droits permettrait de conférer à une Déclaration des droits sociaux fondamentaux au sein de l'UEMOA une force juridique obligatoire.

496. La hiérarchisation interne des normes communautaires a de plus un impact sur le droit interne des États membres de l'UEMOA. L'article 6 du Traité de l'UEMOA dispose en effet que, « *les actes arrêtés par les organes de l'Union pour la réalisation des objectifs du présent Traité et conformément aux règles de procédures instituées par celui-ci, sont appliquées dans chaque État membre nonobstant toute législation nationale contraire, antérieure ou postérieure* ». Le caractère de normes communautaires qui serait conféré à une Déclaration des droits sociaux fondamentaux de l'UEMOA produirait par conséquent des conséquences juridiques.

497. En effet, les normes communautaires sont soumises à des caractéristiques dont ne serait pas exempte ladite Déclaration des droits sociaux fondamentaux. Ces caractéristiques se présentent comme suit : l'applicabilité directe de la norme dans le territoire des États membres « dès que les instances compétentes de l'organisation le publient ou notifient les décisions aux destinataires »[1195] ; le caractère obligatoire de la norme « pour

---

1189 CORNU Gérard., *Vocabulaire juridiques*, 11ème édition, PUF, 2016.
1190 *Idem.*
1191 *Idem.*
1192 DUPLESSIS Isabelle, « La déclaration de l'OIT relative aux droits fondamentaux au travail : Une nouvelle forme de régulation efficace ? », *Relations industrielles*, n° 59(1), 2004, p. 58.
1193 *Ibid.* p. 59.
1194 *Idem.*
1195 MBACKE Mouhamadou Moctar, *op. cit.*, p. 21.

les États membres, leurs administrations, leurs institutions judiciaires et parlementaires et mêmes pour leurs démembrements décentralisés, auxquels il s'impose comme norme juridique autonome et supérieure »[1196]. Ce caractère obligatoire de la norme communautaire correspond au principe de primauté qui « implique que les États ne peuvent en aucun cas faire prévaloir les dispositions de leur droit national même constitutionnel sur cet ordre juridique communautaire autonome, qu'ils ont accepté en signant le traité de l'Union »[1197]. Elle traduit le principe d'intégration de la norme communautaire dans l'ordre juridique interne des États membres.

498. Du fait de son caractère de norme communautaire de l'UEMOA, les dispositions de la Déclaration des droits sociaux fondamentaux seraient applicables directement au sein des États membres de l'UEMOA, elle aurait un caractère obligatoire et devrait être intégrée dans l'ordre juridique des États membres. Ces conséquences d'une Déclaration des droits sociaux fondamentaux à l'égard des États membres peuvent toutefois donner lieu à des actions judiciaires. Ceci impliquerait alors de savoir quel serait le juge compétent.

2. Le choix du juge compétent

499. La Déclaration des droits sociaux fondamentaux de l'UEMOA serait une norme communautaire ayant pour vocation de s'appliquer au sein des États membres. Du fait des principes d'applicabilité directe, de primauté et d'intégration, cette Déclaration devrait « s'incorporer au droit interne de chaque État pour en constituer une source de droit et un ordre juridique complémentaire »[1198]. Elle devrait s'appliquer par conséquent uniformément au niveau des juridictions nationales et sur les territoires des États membres de l'UEMOA. Du fait du principe de l'applicabilité directe, « *tout acte juridique communautaire, publié au bulletin officiel de l'Union, peut être invoqué directement par les administrés des États membres (…) devant toute juridiction nationale des États membres, sans que ce texte ait besoin de procédure constitutionnelle de réception dans le droit interne de l'État d'application* »[1199].

500. De plus, le principe d'intégration suppose que la Déclaration des droits sociaux fondamentaux en tant que norme communautaire obligatoire puisse être « *invoqué par tout justiciable (personne physique ou morale) des juridictions nationales, comme partie intégrante du patrimoine juridique des États membres, tenus de les considérer comme source de leur droit interne au même titre que le droit commun* »[1200]. Une telle invocation se fait devant les juges nationaux qui « sont réputés être les juges de droit commun dans l'application du droit communautaire »[1201].

1196 *Ibid.*, p. 22.
1197 *Idem.*
1198 *Idem.*
1199 *Ibid.*, p. 21.
1200 *Ibid.* p. 22.
1201 *Idem.*

501. Les juges nationaux des États membres pourraient ainsi être compétents pour connaitre des litiges relatifs à la Déclaration des droits sociaux fondamentaux de l'UEMOA. Ils pourraient connaitre des recours de particuliers dirigés contre l'État membre de l'UEMOA dont ils sont ressortissants dans l'hypothèse d'une invocabilité verticale. Ils pourraient également connaitre des recours contre un particulier intentés contre un autre particulier dans l'hypothèse d'une invocabilité horizontale.

502. Cette compétence du juge national concernant la Déclaration des droits sociaux fondamentaux serait toutefois subordonnée au contrôle de la Cour de Justice de l'UEMOA conformément à l'article 12 du protocole additionnel n° 1 relatif aux organes de contrôle de l'UEMOA[1202]. Du fait de leur compétence en matière de contentieux de ladite Déclaration les juges communautaires pourraient connaitre des recours préjudiciels d'un juge national. Ils statueront sur cette base et à la demande des juges nationaux lorsque les juridictions nationales seront appelées à connaître des questions relatives à la légalité et l'interprétation de la Déclaration conformément aux dispositions de l'article 12 du protocole additionnel n° 1 précité. Toutefois, lorsqu'une question de même nature sera soulevée devant une juridiction nationale statuant en dernier ressort, la soumission à la Cour de justice de l'UEMOA de la question préjudicielle ne sera plus une faculté, mais une obligation : la juridiction nationale en question sera obligée de saisir la Cour conformément aux dispositions de l'article 15-6 du Règlement de la procédure de la Cour de justice de l'UEMOA[1203]. L'attribution de telles compétences permettra aux juges nationaux de statuer dans les litiges relatifs au droit communautaire au niveau national avec l'assistance de la Cour de Justice. Ainsi, les juges nationaux compétents en matière de litiges relatifs à la Déclaration des droits sociaux fondamentaux pourraient bénéficier d'une assistance de la Cour de Justice de l'UEMOA en cas de recours préjudiciel.

503. De plus, le caractère obligatoire de la Déclaration permettra aux États membres, aux Conseils et à la Commission de l'UEMOA, de former des recours pour l'appréciation de sa légalité. Ce recours en appréciation de la légalité relèverait exclusivement de la compétence des juges

---

[1202] Selon les dispositions de cet article, « *la Cour de Justice statue à titre préjudicionnel sur l'interprétation du Traité de l'Union, sur la légalité et l'interprétation des actes pris par les organes de l'Union, sur la légalité et l'interprétation des statuts des organismes crées par un acte du Conseil, quand une juridiction nationale ou une autorité à fonction juridictionnelle est appelée à en connaître à l'occasion d'un litige. Les juridictions nationales statuant en dernier ressort sont tenues de saisir la Cour de Justice. La saisine de la Cour de Justice par les autres juridictions nationales ou les autorités à fonction juridictionnelle est facultative* ».

[1203] Selon les dispositions de cet article, « *Lorsqu'un problème d'interprétation du Traité de l'Union, de la légalité et d'interprétation des actes pris par les organes de l'Union, de la légalité et d'interprétation des statuts des organismes créés par acte du Conseil, se pose devant une juridiction nationale dont les décisions sont susceptibles de recours, cette juridiction peut, si elle l'estime nécessaire, poser des questions préjudicielles à la Cour. Lorsqu'une question de même nature est soulevée devant une juridiction nationale statuant en dernier ressort, celle-ci est obligée de saisir la Cour* ».

communautaire conformément aux dispositions de l'article 15-2 du Règlement de la procédure de la Cour de justice de l'UEMOA[1204].

[1204] Selon les dispositions de cet article, « *Le recours en appréciation de la légalité est dirigé contre les actes communautaires obligatoires ; les règlements, les directives ainsi que les décisions individuelles prises par le Conseil et la Commission. Ce recours est ouvert à toute personne physique ou morale, contre tout acte d'un organe de l'Union faisant grief. Les États membres, le Conseil et la Commission peuvent former un recours en appréciation de la légalité contre les règlements, directives et décisions. Le recours en appréciation de la légalité doit être formé dans un délai de deux (2) mois, à compter de la publication de l'acte, de sa notification au requérant ou, à défaut, du jour où celui-ci en a eu connaissance* ».

CONCLUSION DU TITRE II

504. L'UEMOA poursuit « une vaste entreprise d'intégration économique qui doit conduire à la libre circulation des personnes, des biens, des services et des capitaux »[1205]. Elle a été constituée par des États membres partageant initialement la même langue, la même monnaie et ayant pendant longtemps partagé un même droit positif. Cette organisation régionale dont les États membres rencontrent des difficultés dans la réception des normes internationales du travail ne manque toutefois pas d'atouts précisément dans la perspective d'une amélioration de cette réception. Elle offre en effet un cadre idéal permettant un diagnostic communautaire des difficultés de réception des normes internationales du travail et permettant leur prise en considération régionale en vue de l'amélioration des moyens d'une réception plus effective.

505. L'intégration économique de ces États s'accompagne d'une intégration juridique dans les domaines économiques et des politiques sectorielles. La solidité des institutions communautaires a permis à l'UEMOA d'intervenir dans divers domaines. En matière sociale, l'expérience communautaire, favorisée par la similitude des textes nationaux, l'existence d'un bloc de ratification commun et les besoins sociaux de l'Union, postule l'affirmation d'un socle de droit social au sein de cet espace d'intégration.

[1205] ISSA-SAYEGH Joseph, « L'intégration juridique des États africains dans la zone franc », *op. cit.*, p. 5.

CONCLUSION DE LA PREMIÈRE PARTIE

506. L'intégration économique au sein de l'UEMOA consiste à un rapprochement des États membres visant à supprimer toutes les entraves à la liberté de circulation des biens, des services, des capitaux et des facteurs de production et favoriser ainsi les échanges. Elle a de prime abord priorisé les domaines économiques avec l'adoption d'actes juridiques de libéralisation économique. Toutefois, dans l'optique de la réalisation d'un marché commun, des domaines supplémentaires tels que le domaine social ont été pris en considération dans le processus d'intégration de cette organisation.

507. La suppression des entraves à la libre circulation des personnes suppose une appréhension communautaire du droit du travail. Toutefois, même si cette question fait l'objet de réglementations dans les États membres, elle n'est pas explicitement abordée par l'UEMOA. Celle-ci dans le désir d'instaurer la paix sociale a procédé à la création d'un organe consultatif compétent dans les domaines ayant un impact social et agissant pour la promotion du dialogue social au sein de cet espace. Dès lors que les États membres de l'UEMOA sont tous membres d'une organisation internationale œuvrant pour l'amélioration des conditions de travail, l'OIT, la question de l'influence de cette organisation régionale sur la réception des normes internationales apparaît pertinente.

508. La constitution de cette organisation régionale n'impacte toutefois pas sensiblement la réception des normes internationales du travail du fait de l'interventionnisme prédominant des États. Cependant, cette constitution offre une opportunité pour l'amélioration de la réception de ces normes. Elle offre un cadre pour l'action et permet la détection régionale des difficultés rencontrées par ces États, ainsi qu'une intervention régionale pour améliorer les conditions de travail.

509. Même si cette question n'est pas prise en considération par l'UEMOA, l'existence d'une base commune de droits sociaux dans les États membres ouvre la voie à une convergence sociale et à l'affirmation d'un socle de droit social au sein de cet espace.

DEUXIÈME PARTIE

L'impact potentiel de la réception des normes internationales du travail sur l'intégration économique

510. Depuis leur accession à l'indépendance, « les États africains ont souscrit à l'idée de l'intégration régionale »[1206]. Le processus d'intégration y fut favorisé par « *le rêve panafricain porté par les plus grandes figures des luttes de libération nationale et incarné par la création de l'Organisation de l'Unité Africaine (OUA) en 1963, et la reconnaissance d'un principe de réalité voulant que l'on se préoccupe de la coopération au sein des différentes régions du continent* »[1207]. Ce processus répondait à la « nécessité d'une coopération régionale entre les nouveaux États, parfois très proches sinon étroitement liées par la géographie, l'histoire et la culture »[1208]. Sous l'égide de l'OUA[1209], plusieurs organisations furent ainsi créées sur le continent africain[1210].

511. L'engouement des États africains pour l'intégration régionale explique qu'il existe aujourd'hui « davantage d'organisations régionales en Afrique que sur tout autre continent »[1211]. Ces organisations d'intégration, qui avaient pour « but d'accélérer l'unification dans tous les domaines »[1212], ont trouvé racines « dans le mouvement panafricain pour les valeurs

1206 Nations Unies, *Le développement économique en Afrique : renforcer l'intégration économique régionale pour le développement en Afrique*, rapport 2009, p. 8.
1207 DIOUF Abdou, « Afrique : l'intégration régionale face à la mondialisation », *Politique étrangère*, 2006, p. 786.
1208 DOUMBÉ-BILLÉ Stéphane, « La multiplication des organisations régionales en Afrique : concurrence ou diversification ? », *in* FAU-NOUGARET Matthieu (dir.), *La concurrence des organisations régionales en Afrique*, L'Harmattan, 2012, p. 28.
1209 L'OUA est une organisation d'intégration continentale créée par 32 États africains indépendants en 1963. Elle a été dissoute en 2002 et a été remplacée par l'Union Africaine (UA) dont sont membres tous les États du continent africain (https://au.int/fr/apercu).
1210 À titre illustratif, « entre les années 1960 et les années 1980, il y a eu plus de 200 initiatives intergouvernementales de coopérations économiques multisectorielles et plus de 120 initiatives bilatérales ou multinationales pour des secteurs uniques ». (*Cf. not.* GBAGUIDI Ochozias, « Cinquante ans d'intégration régionales en Afrique : un bilan global », *Techniques financières et développement*, n°111, 2013, p. 49).
1211 Nations Unies, *Le développement économique en Afrique : renforcer l'intégration économique régionale pour le développement en Afrique*, *op. cit.*, p. 8.
1212 DIOUF Abdou, *op. cit.*, p. 787.

partagées, l'autonomie collective pour le développement et l'indépendance économique »[1213].

512. À la vue de la diversité des accords régionaux existant sur le continent africain, l'OUA qui ambitionnait de « devenir une union économique et monétaire avec libre circulation des biens et des facteurs de productions »[1214], a opté pour la reconnaissance des organisations régionales susceptibles de lui permettre d'atteindre son objectif. En effet, dès 1994, un Traité a été adopté à Abuja par les États membres de l'OUA en vue d'instituer une Communauté Économique Africaine (CEA)[1215]. Ce Traité qui traduisait une volonté d'intégration continentale, précisait les objectifs de la CEA[1216] qui devrait être mis en place sur le continent africain à l'horizon 2027. « Cette dernière est censée se réaliser en six étapes jusqu'en 2027 et inclure un rapprochement des cinq grandes régions africaines »[1217]. L'article 6 du Traité d'Abuja définissait une feuille de route de réalisation de l'intégration continentale[1218].

513. En vue de concrétiser cette intégration continentale, huit Communautés Économiques Régionales (CER) ont formellement été reconnues par l'Union Africaine le 31 mars 2006[1219]. Il s'agit de l'Union du

---

[1213] GBAGUIDI Ochozias, « Cinquante ans d'intégration régionales en Afrique : un bilan global », *Techniques financières et développement,* n°111, 2013, p. 49.

[1214] MAMATY Isabelle, SALMON Jean-Michel, DIOULO Jean-Marc, DE BIOLLEY Tanguy, ANGELO Lucia, *L'appui à l'intégration régionale en Afrique : quels enjeux pour les partenaires au développement?*, Rapport du Ministère des affaires étrangères françaises, 2012, p.14.

[1215] Traité d'Abuja adopté le 3 juin 1991 et entré en vigueur le 12 mai 1994. (http://cdi.lyon3.free.fr/doc/CEATraite%20abuja%201991.pdf).

[1216] En vertus des dispositions de l'article 4 du Traité d'Abuja, « *les objectifs de la Communauté sont les suivants : (a) promouvoir le développement économique, social et culturel ainsi que l'intégration économique africaines en vue d'accroitre l'autosuffisance économique et favoriser un développement endogène et auto-entretenu ; (b) créer, à l'échelle continentale, un cadre pour le développement, la mobilisation et l'utilisation des ressources humaines et matérielles de l'Afrique en vue d'un développement auto-suffisant ; (c) promouvoir la coopération et le développement dans les domaines de l'activité humaine en vue d'élever le niveau de vie des peuples africaine, de maintenir et promouvoir la stabilité économique, d'instaurer des relations étroites et pacifiques entre les États membres et de contribuer au progrès, au développement et à l'intégration économique du Continent ; et (d) coordonner et harmoniser les politiques entre les communautés économiques existantes et futures en vue de la mise en place progressives de la communauté* ».

[1217] MAMATY Isabelle, SALMON Jean-Michel, DIOULO Jean-Marc, DE BIOLLEY Tanguy, ANGELO Lucia, *op. cit.*, p. 14.

[1218] Selon la feuille de route de la CEA définie par l'article 6 du Traité d'Abuja, les différentes étapes de sa réalisation sont : « *1er étape : renforcer les CER existantes et en établir de nouvelles dans les régions ou elles n'existent pas (en 1999), 2e étape : veiller à consolider chaque CER (élimination progressive des obstacles tarifaires et non tarifaires) et harmonisation entre les CER (en 2007), 3e étape :établir des zones de libre-échange et une union douanière dans chaque CER (en 2017), 4e étape : coordonner et harmoniser les systèmes tarifaires et non tarifaires parmi les CER dans le but de créer une union douanière continentale (en 2019), 5e étape : créer un marché commun africain (en 2023), 6e étape : établir une CEA, y compris une union monétaire africaine et un parlement panafricain (en 2028)* ».

[1219] Union Africaine, Décision relative au moratoire sur la reconnaissance des Communautés économiques régionales (CER) du 31 mars 2006.

Maghreb Arabe (UMA)[1220], de la Communauté économique des États d'Afrique de l'Ouest (CEDEAO)[1221], de la Communauté de l'Afrique de l'Est (CAE)[1222], de l'Autorité Intergouvernementale pour le Développement (IGAD)[1223], de la Communauté de Développement de l'Afrique Australe (SADC)[1224], du Marché Commun de l'Afrique de l'Est et de l'Afrique Australe (COMESA)[1225], de la Communauté Économique des États d'Afrique Centrale (CEEAC)[1226] et la Communauté des États Sahélo-Sahariens (CEN-SAD)[1227].

514. Les États de l'Afrique de l'Ouest, du Centre, de l'Est, du Sud et du Maghreb sont respectivement membres de ces CER. Les objectifs poursuivis par ces CER sont de rendre possible l'établissement de la CEA et d'asseoir l'intégration continentale. Toutefois, une analyse de l'évolution de ces différents CER révèle que celles-ci sont fortement dépendantes de leurs objectifs initiaux (Titre 1). Par ailleurs, du fait de la mondialisation, les domaines d'activités de l'intégration régionale ont évolué et concernent de plus en plus entre autres « les flux de capitaux et de travailleurs »[1228]. De nouveaux domaines doivent par conséquent être appréhendés par ces différents CER.

(https://au.int/sites/default/files/decisions/9555-assembly_fr_01_july_03_july_2006_auc_seventh_ordinary_session_decisions_declarations_0.pdf).

1220 L'UMA est une organisation économique et politique fondée le 17 février 1989 ayant pour États membres l'Algérie, la Lybie, la Mauritanie, le Maroc et la Tunisie. (https://maghrebarabe.org/fr/historique/).

1221 La CEDEAO est une organisation intergouvernementale ouest-africaine créée le 28 mai 1975 dont les États membres sont : le Bénin, le Burkina Faso, le Cap-Vert, la Côte d'Ivoire, la Gambie, le Ghana, la Guinée, la Guinée Bissau, le Libéria, le Mali, la Mauritanie, le Niger, le Nigéria, le Sénégal, la Sierra Léone et le Togo. (https://www.ecowas.int/?lang=fr).

1222 La CAE qui a pour États membres le Burundi, le Kenya, l'Ouganda, le Rwanda, le Soudan du sud et la Tanzanie. Créée en 1967 avant de s'effondrer en 1977, elle a été rétablie le 7 juillet 2000. (https://www.eac.int/).

1223 L'IGAD a été créée en janvier 1986 et a pour État membres : Djibouti, Erythrée, Ethiopie, Kenya, Somalie, Soudan, Soudan du Sud et Ouganda (https://igad.int/).

1224 La SADC qui a été créée le 17 août 1992, a pour États membres : l'Angola, le Botswana, l'Union des Comores, la République Démocratique du Congo, le Lesotho, Madagascar, le Malawi, l'Île Maurice, le Mozambique, la Namibie, les Seychelles, l'Afrique du Sud, l'Eswatini (ex Swaziland), la Tanzanie, la Zambie et le Zimbabwe. https://www.sadc.int/).

1225 La COMESA, créée le 8 décembre 1994, a pour États membres : le Burundi, l'Union des Comores, la République démocratique du Congo, Djibouti, l'Égypte, l'Érythrée, l'Éthiopie, le Kenya, la Libye, le Madagascar, la Malawi, le Rwanda, les Seychelles, la Somalie, le Soudan, le Swaziland, la Tunisie, l'Ouganda, la Zambie et le Zimbabwe (https://www.comesa.int/).

1226 La CEEAC a été créée le 18 octobre 1983. Les États membres sont : l'Angola, le Burundi, le Cameroun, la République Centrafricaine, la République du Congo, la République démocratique du Congo, le Gabon, la Guinée équatoriale, le Tchad, Sao Tomé et Principe et le Rwanda. (http://ceeac-eccas.org/index.php/fr/).

1227 La CEN-SAD a été créée le 4 février 1998. Les États membres sont : le Bénin, le Burkina Faso, l'Union des Comores, la République Centrafricaine, le Cap-Vert, la Côte d'Ivoire, Djibouti, l'Égypte, l'Érythrée, la Gambie, le Ghana, la Guinée, la Guinée Bissau, le Libéria, la Libye, le Mali, le Maroc, la Mauritanie, le Niger, le Nigéria, le Kenya, Sao Tomé et Principe, le Sénégal, la Sierra Leone, la Somalie, le Soudan, le Tchad, le Togo et la Tunisie.

1228 HUGON Philippe (dir.), *Analyse comparative des processus d'intégration économique régionale*, Étude du ministère des affaires étrangères française, 2001, p. 10.

515. Concernant les flux des travailleurs, l'OIT a développé une importante législation dont la vocation est d'améliorer les conditions des travailleurs au niveau international. Ces normes qui posent des standards minima ne sont pas antinomiques avec le processus d'intégration économique défendu sur le continent africain. Elles peuvent au contraire contribuer à améliorer l'intégration économique (Titre 2).

TITRE 1

La dépendance par rapport aux objectifs poursuivis

516. « La quasi-totalité des pays en développement est engagée dans des processus d'intégration régionale dont les formes vont des coopérations sectorielles jusqu'aux unions politiques avec transfert de souveraineté »[1229]. Les processus d'intégration sont à la fois économiques, politiques et culturels et traduisent à des degrés divers, une volonté politique.

517. Dans ces économies en développement, l'intégration régionale « *se caractérise par une intensification des mouvements d'échange avec la suppression des obstacles internes (zone de libre-échange), un tarif extérieur commun (union douanière) et avec une mobilité des facteurs (marché commun). Elle se caractérise par une coordination des politiques économiques ou sociales (union économique), par des projets de coopération mis en place par des acteurs (coopération régionale ou fonctionnelle), par des interdépendances entre les économies conduisant à des convergences économiques (intégration des marchés et coopération institutionnelles), par la mise en place de règles ou de transferts de souveraineté munis de structures institutionnelles (intégration institutionnelle ou régionalisme fédérateur), par des relations internationalisées au sein des réseaux ou des firmes (intégration productive ou réticulaire) et par des effets d'agglomération et infrastructures interconnectantes au sein de territoires transnationaux* »[1230].

518. À l'instar des autres pays en développement, tous les États africains sont engagés dans le processus de l'intégration régionale. Celle-ci a été envisagée dès « le début du processus de décolonisation dans les années 60 (…) comme un volet important de la stratégie de développement de l'Afrique »[1231]. Bien que l'intégration régionale ait plusieurs dimensions et puisse être « commerciale, financière, monétaire, économique par la convergence de la croissance, sectorielle, institutionnelle par les règles et les normes et politique et culturelle »[1232], les différents CER en Afrique ont visé

[1229] HUGON Philippe (dir.), *op. cit.*, p. 7.
[1230] *Idem.*
[1231] Nations Unies, *Le développement économique en Afrique : renforcer l'intégration économique régionale pour le développement en Afrique*, *op. cit.*, p. 8.
[1232] HUGON Philippe (dir.), *op.cit.*, p. 8.

à promouvoir la coopération technique et politique : « *ces accords africains avaient généralement pour objectifs de : (a) promouvoir la croissance du commerce intra régionale en éliminant les obstacles tarifaires et non tarifaires ; (b) de renforcer le développement régional, à travers la promotion de secteurs économiques, les infrastructures régionales et le lancement de grands projets dans le secteur manufacturier ; (c) d'éliminer les obstacles à la libre circulation des facteurs de production ; et (d) de promouvoir la coopération monétaire* »[1233].

519. Le développement économique semble être l'objectif initialement poursuivi par ces différents accords. Ainsi, il est vrai que « depuis l'entrée en vigueur du Traité d'Abuja instituant la CEA qui a jeté de nouvelles fondations pour l'intégration de l'Afrique, avec les CER comme pierre angulaire, l'Afrique a enregistré des progrès considérables dans le processus d'intégration »[1234].

520. Toutefois, à bien des égards, l'Afrique est « la région où les processus d'intégration et de régionalisation sont les plus embryonnaires »[1235]. Un tel paradoxe s'explique par la lente intégration des domaines autres qu'économiques. L'intégration sociale, par exemple, peine à être effective au sein de ces CER (Chapitre 1) de même que dans des organisations d'intégration sous régionales comme l'UEMOA (Chapitre 2).

[1233] Nations Unies, *Le développement économique en Afrique : renforcer l'intégration économique régionale pour le développement en Afrique*, *op. cit.*, p. 9.
[1234] GBAGUIDI Ochozias, *op. cit.*, p. 49.
[1235] DIOUF Abdou, « Afrique : l'intégration régionale face à la mondialisation », *op. cit.*, p. 786.

CHAPITRE 1

La question sociale dans les projets d'intégration en Afrique

522. Les États africains partagent leurs frontières en moyenne avec quatre autres États. Du fait de la segmentation des économies africaines et des barrières physiques qui empêchent certains États de participer pleinement à l'économie régionale, ceux-ci ont dès leur accession à l'indépendance procédé à la conclusion d'accords régionaux. Si le « processus d'intégration régionale des années soixante se caractérisait principalement par un repli sur soi, concrétisé par l'adoption de stratégies de substitutions des importations »[1236], le phénomène d'intégration se caractérise depuis les années quatre-vingt-dix par « un contexte de mondialisation »[1237]. De ce fait, bien que le concept d'intégration régionale « fasse souvent référence à l'aspect économique »[1238], l'intégration régionale couvre de plus en plus plusieurs secteurs « aussi bien au niveau économique qu'au niveau de la sécurité régionale, des droits de l'homme, de l'éducation, de la santé, de la recherche, de l'environnement »[1239], du travail, etc.

523. Les domaines d'intégration ont progressivement évolué sur le continent africain. La volonté de procéder au développement économique des États a conduit les CER à occulter dans un premier temps la question sociale dans leurs projets d'intégration (Section 1). Toutefois, la mondialisation impliquant une ouverture des CER pour une meilleure intégration au marché mondial, elle a imposé la prise en considération de questions sociales au sein des CER ; ce qui explique l'inclusion progressive de matières sociales dans les projets de développement sur le continent africain (Section 2).

[1236] MAMATY Isabelle, SALMON Jean-Michel, DIOULO Jean-Marc, DE BIOLLEY Tanguy, ANGELO Lucia., *op. cit.*, p. 12.
[1237] *Idem.*
[1238] *Idem.*
[1239] *Idem.*

SECTION 1. L'OCCULTATION DE LA QUESTION SOCIALE DANS LES ESPACES FAIBLEMENT INTÉGRÉS

524. Les organisations d'intégration régionale du continent africain poursuivent majoritairement des objectifs économiques. Les CER ont des degrés d'intégration économique différentes[1240] comme le démontre le tableau ci-dessous de l'état de l'intégration économique régionale en Afrique par CER[1241].

Communauté économique régionale	Zone de libre-échange	Union douanière	Marché Unique	Union économique et monétaire
CAE	OUI	OUI	OUI	NON
COMESA	OUI	NON	NON	NON
CEDEAO	OUI	OUI	NON	NON
SADC	OUI	NON	NON	NON
CEEAC	OUI	NON	NON	OUI
CEN-SAD	NON	NON	NON	NON
IGAD	NON	NON	NON	NON
UMA	NON	NON	NON	NON

525. Malgré ces différences de degrés d'intégration, les objectifs poursuivis par ces CER satisfont à la stratégie de développement (§ 1) du continent africain. Toutefois, depuis leur création, du fait de la persistance de certains obstacles (§ 2), ces CER peinent à réussir leur intégration.

§ 1. La recherche prioritaire du développement économique

526. Sur le continent, « l'intégration régionale se présente comme une solution pour les pays africains de renforcer leurs liens socio-économiques et politiques en vue de relever les défis du commerce et du développement »[1242]. Un intérêt particulier est porté aux échanges commerciaux dans les différents accords régionaux dans l'optique de développer le commerce en Afrique et de rendre ce continent plus compétitif sur le plan international (A). Cet objectif de compétitivité explique, par ailleurs, les différentes initiatives adoptées au niveau continental pour attirer les investisseurs sur le continent (B).

[1240] Sur les degrés d'intégration (*Cf. supra.* Partie I, Titre 1, Chapitre 1*).*

[1241] Nations Unies. Commission économique pour l'Afrique, *État de l'intégration régionale en Afrique VIII : vers la réalisation de la zone de libre-échange continentale*, 2017, p. 17. (https://www.uneca.org/fr/publications/%C3%A9tat-de-l%E2%80%99int%C3%A9gration-r%C3%A9gionale-en-afrique-viii).

[1242] COULIBALY Massa, TRAORÉ Ousmane, « Perceptions populaires de l'intégration régionale en Afrique », *Les cahiers de l'intégration de l'UEMOA*, 2018, p. 73.

A. La volonté affichée de libéralisation du commerce

527. Les échanges commerciaux ont une réelle importance dans les processus d'intégration régionale en Afrique. Du fait de « *la conviction, désormais largement répandue en Afrique, selon laquelle le commerce peut, sous certaines conditions, jouer un rôle positif dans la création des richesses et la lutte contre la pauvreté, l'existence d'une relation entre l'élimination des restrictions au commerce et l'augmentation du progrès économique et social est désormais admise* »[1243]. Les espaces d'intégration tentent par conséquent de développer le commerce intra-africain (1) et d'intégrer l'Afrique dans le commerce mondial (2).

1. L'approfondissement du commerce intra-africain

528. Tous les États africains formulent des politiques commerciales dans le cadre de leurs objectifs nationaux de développement. Toutefois, à cause de la mondialisation, « aucun pays ne peut aujourd'hui évoluer en dehors de lui »[1244]. Ainsi, les États africains ont multiplié très tôt des tentatives de rapprochement de leurs économies. Ces tentatives de rapprochement impulsées par les colonisateurs se sont poursuivies jusqu'aux indépendances sur le continent africain. À titre illustratif, concernant l'Afrique orientale, « *l'administration coloniale britannique a multiplié très tôt les tentatives de rapprochement entre le Kenya et l'Ouganda : signature d'un accord douanier entre l'Ouganda et la Tanzanie en 1900, rationalisation régionale des infrastructures (chemin de fer, ports), mise en place de l'East African Currency Board en 1905 pour émettre une monnaie commune aux deux pays, création d'une monnaie d'une union douanière en 1907 avec un tarif extérieur commun. (…) Cette intégration "exogène" s'est poursuivie jusqu'aux indépendances par la création de plusieurs institutions à vocation régionales : conseil économique commun en 1940, l'East African High Commission (EAHC) en 1948 qui a contribué à la mise en place de services communs dans les domaines des transports, les communications, les postes…* »[1245].

529. Ces différentes tentatives ont « aidé à donner une certaine cohérence à ces espaces et à développer le sentiment selon lequel une intégration de ses économies serait profitable à tous »[1246]. Ce sentiment fut conforté par le fait que sur le plan théorique, l'intégration promettait d'assurer une plus grande prospérité aux États membres de ces différentes organisations, notamment au travers de « l'augmentation des échanges, qui permet la spécialisation et la localisation de la production là où elle est effectuée de la manière la plus performante et l'augmentation de la taille des marchés qui permet la

---

[1243] DIEYE Cheikh Tidiane, « L'Afrique et le chevauchement des accords régionaux », *Revue interventions économiques,* [En ligne], 2016, [Consulté le 13 octobre 2018].

[1244] DIOUF Abdou, *op. cit.,* p. 786.

[1245] LÉON Alain, « L'Afrique orientale : asymétrie sous régionales et recompositions spatiales » *in* HUGON Philippe (dir.), *Les économies en développement à l'heure de la régionalisation*, Karthala, 2002, p. 191.

[1246] *Idem.*

réalisation d'économie d'échelle, l'intensification de la concurrence (baisse des prix et incitation à l'innovation) »[1247].

530. De plus, loin de toute initiative gouvernementale, les populations des États africains avaient procédé, compte tenu de la similitude de leurs systèmes socioculturels et des échanges commerciaux, à la réalisation d'une intégration de fait. En effet, ceux-ci s'« *adaptant aux besoins actuels d'anciens réseaux commerciaux précoloniaux cassés par les frontières issues de la colonisation, répondant rapidement aux signaux engendrés par les évolutions contemporaines, elles ont créé progressivement des zones d'intégration transfrontalières informelles, réalisant entre les pays des échanges intenses que ne reflètent pas les statistiques officielles* »[1248]. En Afrique de l'Ouest, par exemple, les populations de la « zone de Sikasso[1249]-Korhogo[1250]-Bobo Dioulasso[1251] : à cheval sur trois pays, entièrement situés en zone soudano-sahélienne, ayant le coton pour culture commerciale dominante, enclavée et jouissante d'une véritable unité culturelle »[1252], ont créées une zone de solidarité et réussi une intégration de fait.

531. Ainsi, bien que l'intégration régionale en Afrique ne concerne pas exclusivement le commerce, les organisations d'intégration régionale en Afrique, conscientes de l'existence de zones d'intégration transfrontalières informelles, se sont dotées de dispositions visant à formaliser les échanges commerciaux au sein de ces différents espaces d'intégration. On considère en effet que « l'intégration régionale offre un cadre qui permet de surmonter les obstacles au commerce intra-africain et que la suppression de ces obstacles créerait des marchés régionaux plus vastes permettant de réaliser des économies d'échelle, de soutenir les systèmes de production et de marché et de renforcer les compétitivités de l'Afrique »[1253].

532. De plus, « certaines caractéristiques propres aux pays africains y ont également contribué : l'étroitesse des économies nationales, la fragmentation des marchées et les difficultés d'accès à des débouchés maritimes ont incité quelques-uns à militer pour l'intégration »[1254]. L'établissement d'une zone de libre-échange a été réussi dans presque toutes les régions[1255]. Conformément aux différents traités fondateurs de ces CER, ceux-ci ambitionnent d'éliminer les barrières tarifaires et non tarifaires et de faciliter la circulation des services, des biens et des capitaux entre États membres[1256].

[1247] GBAGUIDI Ochozias, *op. cit.*, p. 51.
[1248] DIOUF Abdou, *op. cit.*, p. 790.
[1249] Sikasso est une ville du Mali située près de la frontière Burkinabé.
[1250] Korhogo est une ville du nord de la Côte-d'Ivoire.
[1251] La ville de Bobo Dioulasso est située au sud du Burkina Faso.
[1252] DIOUF Abdou, *op. cit.*, p. 51.
[1253] GBAGUIDI Ochozias, *op. cit.*, p. 52.
[1254] BAFD, OCDE, PNUD, *Perspective économique en Afrique 2017 : entrepreneuriat et industrialisation*, 2017, p. 93.
[1255] En Afrique, en 2016 sur les huit CER, cinq (CEA, COMESA, SADC, CEDEAO, CEEAC) avaient réalisé une zone de libre-échange. (*Cf. not.* Nations Unies. Commission économique pour l'Afrique, *État de l'intégration régionale en Afrique VIII : vers la réalisation de la zone de libre-échange continentale*, 2017, p. 17).
[1256] Article 2 du Traité de Marrakech du 17 février 1989 instituant l'UMA, article 7-1(c) du Traité du 30 novembre 1999 instituant la CEA, article 4-1(a) du Traité du 5 novembre 1993

533. Différentes mesures ont ainsi été adoptées au sein de ces CER en vue de leur permettre d'atteindre cet objectif. À titre illustratif, en vue de favoriser le commerce, « *la COMESA a procédé à l'harmonisation des réglementations et des normes de transport, à la création d'un guichet virtuel de facilitation du commerce (COMESA Virtual Trade Facilitation System), à l'introduction d'un régime d'assurance et à l'adoption du régime harmonisé du cautionnement douanier* »[1257].

534. Les différentes dispositions des CER ont permis d'augmenter les échanges commerciaux intra-africains, ceux-ci restent cependant encore faibles. À titre illustratif, le pourcentage des exportations totales de ces CER se présentait entre 2012 et 2015 comme suit [1258]:

	Part dans les exportations à destination des					
	Pays membres de la CER		**Pays africains n'appartenant pas à la CER**		**Autres pays en dehors du continent africain**	
Communauté économique régionale	**2012**	**2015**	**2012**	**2015**	**2012**	**2015**
SADC	17.3	19.5	2.3	2.7	80.4	77.8
CAE	19.7	18.1	13.9	15.2	66.4	66.6
CEDEAO	7.6	12.1	5.0	6.3	87.4	81.6
IGAD	14.4	12.0	12.8	14.2	72.8	73.8
COMESA	7.6	11.7	3.4	5.6	89.0	82.7
CEN-SAD	6.8	10.4	3.1	4.7	90.1	84.9
UMA	2.1	3.4	1.3	2.7	96.6	93.9
CEEAC	0.8	1.5	4.1	4.9	95.1	93.6

535. Malgré la faiblesse du commerce intra-africain, l'élimination des restrictions tarifaires dans les échanges est une préoccupation continentale. Ainsi, en 2015, un accord commercial tripartite visant à promouvoir l'intégration régionale, le développement des infrastructures et l'industrialisation a été signé entre les CER suivants : le COMESA, la CAE et la SADC[1259] : « les retombées possibles de la suppression des droits de douane au sein de ce méga bloc commercial (qui concentre au bas mot plus de la moitié des pays du continent) pourraient représenter une hausse des échanges intra régionaux proches de 30 % »[1260].

instituant la COMESA, article 4-2 du Traité du 18 octobre 1993 instituant la CEEAC, Article 5-2(d) du Traité du 17 aout 1992 instituant la SADC et article 3-2(d) du Traité révisé du 24 juillet 1993 de la CEDEAO.

1257 BAFD, OCDE, PNUD, *op. cit.*, p. 95.

1258 BAFD, OCDE, PNUD, *op. cit.*, p. 94.

1259 Traité de libre-échange entre la COMESA, LA CAE et la SADC du 10 juin 2015. (*Cf.* https://www.eac.int/documents/category/comesa-eac-sadc-tripartite).

1260 BAFD, OCDE, PNUD, *op. cit.*, p. 98.

536. Dans cette même optique, les États africains ont procédé dans le cadre de l'Union Africaine à la signature d'un accord prévoyant la mise en place d'une zone de libre échange continentale le 21 mars 2018[1261]. Cet accord est une étape importante pour le développement économique du continent africain ; il devrait permettre d'augmenter considérablement le commerce intra-africain. En effet, cette zone de libre-échange « vise à libéraliser les échanges entre les pays sur toute l'étendue du continent et à faire fond sur les succès considérables déjà obtenus au sein des communautés économiques régionales (CER) »[1262]. Ainsi, elle « *devrait faciliter les échanges intra-africains, favoriser des chaînes de valeur régionale propices à l'intégration dans l'économie mondiale, ainsi que dynamiser l'industrialisation, la compétitivité et l'innovation, contribuant ainsi au progrès et au développement socio-économiques de l'Afrique* »[1263].

537. Le nouveau concept de régionalisme en Afrique « va plus loin que la simple suppression des droits de douane puisqu'il s'agit, plus largement, de réduire les coûts administratifs et de transaction et de remédier à la fragmentation des marchés »[1264]. Cette nouvelle dimension de l'intégration devrait permettre d'intensifier les échanges interafricains et faciliter l'intégration du commerce africain au commerce mondial.

2. L'intégration de l'Afrique dans le commerce mondial

538. On a souvent affirmé « à tort, que l'Afrique est peu intégrée au commerce mondial. (…) En vérité, l'Afrique souffre moins d'un déficit d'intégration que d'une mauvaise intégration dans l'économie mondiale »[1265]. Du point de vue des échanges internationaux, l'Afrique dès la période coloniale a eu un statut de fournisseur de produits de base. En effet, « *constatant que la quasi-totalité de la population africaine est rurale et souhaitant une division internationale de la production qui se caractérise aujourd'hui par une inégalité de développement de plus en plus croissante, les colonisateurs ont mis en place en Afrique un système d'organisation économique et sociale qui fait de l'Afrique le grenier naturel de matière première agricole ou minière* »[1266].

539. De nos jours, à quelques exceptions près, « l'Afrique subsaharienne continue à être confinée dans le rôle de productrice et d'exportatrice de

---

[1261] https://au.int/sites/default/files/treaties/36437-treaty-consolidted_text_on_cfta_-_fr.pdf ; L'accord portant création de la zone de libre-échange continentale est entrée en vigueur le 30 mai 2019 (https://www.bbc.com/afrique/region-48476768), (https://au.int/fr/treaties/accord-etablissant-la-zone-de-libre-echange-continentale-africaine).

[1262] Nations Unies. Commission économique pour l'Afrique, *État de l'intégration régionale en Afrique VIII : vers la réalisation de la zone de libre-échange continentale*, *op. cit.*, p. 11.

[1263] *Idem.*

[1264] BAFD, OCDE, PNUD, *op. cit.*, p. 97.

[1265] DIEYE Cheikh Tidiane, « L'Afrique et le chevauchement des accords régionaux », *op. cit.*

[1266] NGOM NGOUDI Prosper, « La réussite de l'intégration économique en Afrique », *Présence Africaine*, 1971, p. 9.

matières premières minières et agricoles non transformées »[1267]. Dans la plupart des pays africains, les produits de base non transformés assurent l'essentiel des recettes d'exportation. À titre illustratif, « 26 % environ des pays africains dépendent d'un ou deux produits de base pour au moins 75 % de leurs exportations, le panier s'élargissant jusqu'à cinq produits pour environ 60 % d'entre eux »[1268]. L'industrialisation qui devrait permettre aux pays africains de mieux s'intégrer dans l'économie mondiale peine à voir le jour dans la plupart d'entre eux.

540. Les organisations régionales africaines permettent aux États africains de « renforcer les capacités de faire face à la concurrence mondiale et confère une plus large capacité dans les négociations internationales »[1269]. La coopération qu'elle impose entre les États membres « aurait pour incidence de renforcer leur pouvoir de négociation et d'améliorer leur image »[1270]. Ce renforcement de leurs pouvoirs de négociation explique d'ailleurs le rôle des CER dans la conclusion des accords internationaux. D'une manière générale, « les pays d'Afrique subsaharienne exportent largement vers l'Europe »[1271]. Enfin de définir les relations commerciales entre les pays africains et les pays européens, des accords ont été conclus entre les différentes parties. Il s'agit notamment des accords de partenariats économiques entre les pays africains, du pacifique et des caraïbes (ACP) et l'Union européenne[1272].

541. À la suite de ces accords, « des mesures ont été prises pour redéfinir les relations commerciales entre les pays ACP et l'UE d'une manière qui soit à la fois compatible avec les prescriptions de l'OMC et plus propice au développement économique »[1273]. Ces mesures ont donné lieu à des négociations, entre l'UE et les CER, d'accords de partenariat économique. Ceux-ci visent à développer le libre-échange entre les pays européens et les pays membres des CER concernées. Ils permettent aux États africains d'accéder au marché commercial européen. Au titre des accords entre l'UE et les régions africaines, on peut ainsi citer : l'accord de partenariat économique entre l'UE et l'Afrique de l'Ouest[1274], l'accord de partenariat

---

1267 DIOUF Abdou, « Afrique : l'intégration régionale face à la mondialisation », *op. cit.,* p. 789.

1268 BAFD, OCDE, PNUD, *op. cit.,* p. 85.

1269 BARICAKO Joseph, DAGBA NDONGO Gaston Xavier, « Intégration régionale et croissance : le cas de l'Afrique centrale », *African development review,* 2014, p. 34.

1270 *Idem.*

1271 NU, *Le développement économique en Afrique : renforcer l'intégration économique régionale pour le développement en Afrique*, *op. cit.,* p. 55.

1272 *Cf.* Les conventions de Yaoundé de 1963 et de 1969, les conventions de Lomé de 1975, de 1979, de 1984 et 1995 et l'accord de Cotonou du 23 juin 2000. (http://www.acp.int/fr/content/traites-et-accords).

1273 NU, *Le développement économique en Afrique* : *renforcer l'intégration économique régionale pour le développement en Afrique*, *op. cit.,* p. 55.

1274 https://www.tresor.economie.gouv.fr/Ressources/15206_accord-de-partenariat-economique-ue-afrique-de-l-ouest.

l'UE et l'Afrique de l'Est[1275] et l'accord de partenariat entre l'UE et l'Afrique australe[1276].

Outre ces accords avec l'UE, les organisations régionales africaines négocient des accords commerciaux avec d'autres régions du monde. À ce titre, la COMESA[1277], la CAE[1278] et la CEDEAO[1279] sont respectivement parvenus à conclure des accords commerciaux avec les États-Unis d'Amérique. Ces accords ont une composante sur l'investissement et prouvent que les CER sont aussi amenées à jouer un rôle dans ce sens.

B. L'objectif d'attraction des investisseurs

542. Le commerce et l'investissement sont « les deux faces d'une même réalité économique »[1280] nécessaires au développement d'un État. Ils jouent un rôle capital en matière d'intégration régionale, car « *le développement de l'investissement et du commerce est la principale raison pour laquelle les États décident de former des blocs économiques régionaux. En effet, l'expansion des marchés consécutive à la création de blocs économiques suscite davantage de commerce, ce qui exige davantage d'investissement* »[1281]. Dans une telle perspective, les États africains ont pris des initiatives aussi bien au niveau régional (1) que continental (2) en faveur du développement de l'investissement.

1. Les prises en considération régionales

543. Le continent africain regroupe plusieurs États aux économies divergentes. Pareille divergence peut constituer un frein au développement du continent dès lors qu'il paraît « difficile d'attirer des investisseurs dans un continent ou les marchés sont morcelés »[1282]. Ainsi donc, l'homogénéité des marchés instaurée dans le cadre d'une intégration économique permettrait l'attrait des investisseurs sur le continent. La création d'un environnement économique favorable aux affaires au sein de zones d'intégration

---

[1275] https://www.tresor.economie.gouv.fr/Ressources/15202_accord-de-partenariat-economique-ue-afrique-de-l-est

[1276] https://www.tresor.economie.gouv.fr/Ressources/15203_accord-de-partenariat-economique-ue-afrique-australe.

[1277] Accord entre le Gouvernement des États Unis d'Amérique et le COMESA relatif au développement des relations de commerce et d'investissement du 29 octobre 2001. (https://ustr.gov/sites/default/files/uploads/agreements/tifa/asset_upload_file563_7723.pdf).

[1278] Accord sur le commerce et sur l'investissement entre la CAE et le Gouvernement des États Unis d'Amérique du 16 juillet 2008. (https://ustr.gov/sites/default/files/uploads/agreements/tifa/asset_upload_file413_15020.pdf).

[1279] Accord-cadre sur le commerce et les investissements entre le Gouvernement des États Unis d'Amérique et la CEDEAO du 5 aout 2014. (https://ustr.gov/sites/default/files/files/agreements/tifa/U.S.%20Economic%20Community%20of%20West%20African%20States%20TIFA%20French.pdf).

[1280] NU, *Le développement économique en Afrique : renforcer l'intégration économique régionale pour le développement en Afrique*, *op. cit.*, p. 61.

[1281] *Idem.*

[1282] DIOUF Abdou, *op. cit.*, p. 796.

emporterait, notamment, « la diminution des risques de change et des risques politiques protectionnistes qui seraient favorables à l'investissement »[1283].

544. De ce fait, la majorité des traités des CER, outre les dispositions en faveur du développement du commerce, contiennent des dispositions relatives au développement et à la protection de l'investissement considérée comme un domaine nécessitant une coopération au sein de ces différentes zones d'intégration[1284]. L'harmonisation des marchés instaurés par les différentes CER s'est concrétisée par un accroissement des investissements au sein des États africains. Cette croissance, quoique modeste, est indéniable dans les courants d'investissement intra-africain car la mobilisation des ressources financières en Afrique pour investir dans d'autres États du continent a progressivement évolué depuis le début des années 2000. À titre illustratif, « au cours de la période 2002-2004, l'investissement direct étranger intra-africain était estimé seulement à 2 milliards de dollars par an en moyenne. En 2007, les investissements intra-africains s'élevaient à 6 milliards de dollars par an »[1285].

545. Ces investissements intrarégionaux proviennent essentiellement des États africains les plus développés. En 2015-2016 par exemple, « le Kenya, Maurice et le Nigeria ont fortement contribué aux investissements intra-africains avec respectivement 51, 18 et 22 nouveaux projets »[1286]. Les États investissent majoritairement au sein des autres États membres d'une même CER qu'eux. En Afrique Australe par exemple, « l'Afrique du Sud reste une grande source d'investissement direct étranger et occupe le premier rang pour les projets nouveaux. En 2015-2016, ses investissements sont ressortis de 3 milliards USD pour financer quelque 60 projets »[1287].

546. Ainsi, l'harmonisation des marchés a permis la mobilité des capitaux entre pays africains et l'attrait d'investisseurs d'autres zones d'intégration économique. A titre indicatif, le Maroc qui est le premier « investisseur intra-africain avec environ 8 milliards USD d'investissements annoncés en 2015-16 » a investi majoritairement en Afrique de l'Est, en Éthiopie, pour plus de 3 milliards d'USD, et en Afrique de l'Ouest, en Côte d'Ivoire, pour 2,7 milliards UDS »[1288].

547. Outre ces investissements intra régionaux dont les États sont les auteurs, les organisations d'intégration régionales ont mis en place des mesures ayant pour objectifs de protéger et de favoriser les investissements interrégionaux. En effet, la majorité des institutions communautaires régionales se sont dotées de banques régionales de développement qui investissent au sein de leurs États membres *via* le financement des projets nationaux. La CEDEAO s'est ainsi dotée d'une Banque d'investissement et

---

[1283] GBAGUIDI Ochozias, *op. cit.*, p. 51.

[1284] Article 158 à 162 du Traité de la COMESA, article 79 et 80 du Traité de la CEA, article 21 du Traité de la SADC, article 53 du Traité de la CEDEAO.

[1285] NU, *Le développement économique en Afrique : renforcer l'intégration économique régionale pour le développement en Afrique*, *op. cit.*, p. 62.

[1286] BAFD, OCDE, PNUD, *op. cit.*, p. 56.

[1287] *Idem.*

[1288] *Idem.*

de développement de la CEDEAO (BIDC)[1289]. Au sein de la CEA, on relève l'existence de la Banque de développement est-africaine (BDEA)[1290], tout comme au niveau de la COMESA, de la Banque du commerce et de développement de l'Afrique de l'Est et du Sud (PTA Bank)[1291].

548. L'intégration régionale favorise l'investissement intra régional, toutefois, l'Afrique a toujours compté sur les investissements venus de l'extérieur. De ce fait, les organisations d'intégration économique en Afrique œuvrent dans le but d'attirer des investisseurs hors le continent. Ainsi, les accords de partenariat économiques conclus entre les différents CER et l'UE contiennent des mesures d'accompagnement de ces CER. Ces derniers équivalents à un investissement de l'UE dans les États membres des CER.

549. De plus, du fait de l'indissociabilité du commerce et de l'investissement, les accords de coopération conclus entre les CER et les États-Unis d'Amérique sont des accords sur le commerce et l'investissement[1292].

550. La recherche d'investisseurs étrangers apparaît aujourd'hui prioritaire dans toutes les organisations régionales et conduit souvent les États à adopter des politiques diplomatiques communes. À titre d'exemple, la rupture des relations diplomatiques entre le Burkina Faso et la Chine Taiwan a été une des conditions posées par la Chine Populaire pour l'octroi de financement chinois au G5-Sahel[1293]. La croissance de l'investissement qui est une réalité indispensable au développement de l'Afrique a été pris en considération sur le plan continental.

2. La prise en considération continentale

551. Le développement du continent est l'un des objectifs poursuivis par l'UA. Ainsi, à la suite de l'adoption du Traité d'Abuja établissant la CEA qui a engagé le continent sur la voie de l'intégration régionale, les États membres de l'UA ont envisagé des programmes de développement continental ayant une base régionale. En juillet 2001 ils ont adopté un

---

1289 La BIDC a été créée par la CEDEAO en 2003 (http://www.bidc-ebid.org/francais/presentation/).

1290 La BDEA a été créée en 1967 (http://eadb.org/about-us/history/).

1291 La PTA Bank a été créée par la COMESA en 1985 (https://www.tdbgroup.org/).

1292 Accord entre le Gouvernement des États Unis d'Amérique et le COMESA relatif au développement des relations de commerce et d'investissement du 29 octobre 2001. (https://ustr.gov/sites/default/files/uploads/agreements/tifa/asset_upload_file563_7723.pdf).

1292 Accord sur le commerce et sur l'investissement entre la CAE et le Gouvernement des États Unis d'Amérique du 16 juillet 2008. (https://ustr.gov/sites/default/files/uploads/agreements/tifa/asset_upload_file413_15020.pdf).

1292 Accord-cadre sur le commerce et les investissements entre le Gouvernement des États Unis d'Amérique et la CEDEAO du 5 aout 2014. (https://ustr.gov/sites/default/files/files/agreements/tifa/U.S.%20Economic%20Community%20of%20West%20African%20States%20TIFA%20French.pdf).

1293 Le G5-Sahet est un cadre institutionnel de coordination et de suivi de coopération régionale en matière de politique de développement et de sécurité. Il a été créé le 16 février 2014 par les cinq États du Sahel que sont : la Mauritanie, le Mali, le Burkina Faso, le Niger et le Tchad.

instrument[1294], le Nouveau Partenariat pour le Développement en Afrique (NEPAD)[1295], qui se veut « l'instrument économique de la nouvelle Union africaine »[1296]. Il s'agit d'un partenariat « basé sur un programme de développement économique et social de l'Afrique avec la communauté internationale »[1297].

552. Cet instrument « s'inscrit sans complexe dans la logique d'une mondialisation dont l'Afrique voudrait enfin profiter »[1298]. Ce nouveau partenariat a « pour objet, au moyen d'investissement massif dans des projets de structures fondamentales et de développement humain, de résorber à terme des gaps fondamentaux qui séparent l'Afrique du monde développé »[1299]. Il « entend s'appuyer sur la détermination des Africains à s'extirper, ainsi que leur continent et par eux-mêmes, du malaise du sous-développement et de l'exclusion d'une planète en cours de mondialisation »[1300]. Il ambitionne de « réduire de façon draconienne la dépendance à l'égard de l'aide et de se tourner vers des ressources plus proches pour financer le développement du continent »[1301].

553. L'idée des créateurs du NEPAD est de « penser le développement non pas à partir des États, mais des cinq grandes zones régionales en partant de l'idée que l'échelle régionale offre des marchés plus vastes et plus porteurs »[1302]. Ce pourquoi, « les objectifs fondamentaux du NEPAD sont de fournir au niveau régional les biens publics essentiels (transports, énergie, eau, technologies de l'information et de la communication, lutte contre les maladies, préservation de l'environnement et développement des capacités de recherche au niveau régional), ainsi que de promouvoir le commerce et les investissements intra-africains »[1303]. En ce sens, le NEPAD rompt avec la notion du développement « endogène et autocentré »[1304] du continent en prônant « l'ouverture de l'Afrique au reste du monde, le recours aux

---

[1294] Cet instrument découle de la fusion du Programme de renaissance de l'Afrique pour le millénaire et du Plan OMEGA.

[1295] Il a initialement été adopté lors du 37ème Sommet de l'OUA à Lusaka en Zambie en juillet 2001 sous le nom de « Nouvelle initiative pour l'Afrique » avant d'être rebaptisé NEPAD en octobre 2001.

[1296] DIOUF Abdou, « Afrique : l'intégration régionale face à la mondialisation », *op. cit.*, p. 792.

[1297] EYENE MBA Jean-Rodrigue-Elisée, *L'Afrique sur le chemin de la croissance et de l'évolution 1 : les défis du NEPAD*, L'Harmattan, 2003, p. 202.

[1298] DIOUF Abdou, *op. cit.*, p. 792.

[1299] WADE Abdoulaye, « Le financement entre récession économique et crise des projets politiques », *in* BEN HAMMOUDA (dir.), KASSÉ Moustapha (dir.), *Le NEPAD et les enjeux du développement en Afrique*, Maisonneuve & Larose, 2002, p. 9.

[1300] HUGON Phillipe, « Le NEPAD entre partenariat et gestion des conflits », *Politique étrangère*, n° 2, 2003, p. 336.

[1301] AMOAKO K. Y, « Le nouveau partenariat pour le développement de l'Afrique (NEPAD) : pour faire la différence », *in* BEN HAMMOUDA (dir.), KASSÉ Moustapha (dir.), *op. cit.*, p. 19.

[1302] MOUNDOUNGA MOUITY Patrice, *Le NEPAD : histoire, défis et bilan 10 ans après*, L'Harmattan, 2013, p.261.

[1303] NU, *Le développement économique en Afrique : renforcer l'intégration économique régionale pour le développement en Afrique, op. cit.*, p.10.

[1304] DIOUF Abdou, *op. cit.*, p. 792.

investissements privés étrangers pour financer le développement et la réduction de la sphère d'action de l'État comme coauteur du développement »[1305]. L'idée est de rationaliser le cadre institutionnel en vue d'une intégration économique, à travers des projets communs compatibles avec les programmes de développement intégré aux niveaux national et régional, et d'harmoniser les politiques et les pratiques sur le plan économique ainsi qu'en matière d'investissement.

554. La première étape de la mise en œuvre du NEPAD fut « expérimentale, permettant aux gouvernements, aux organisations régionales et aux donateurs étrangers d'essayer de nouvelles méthodes pour lutter contre la misère, pour consolider les économies fragiles et renforcer les systèmes politiques chancelants »[1306]. À l'issue de cette phase de stabilisation des institutions politiques et des organisations de développement, le NEPAD a mené avec succès plusieurs projets de développement sur le continent grâce à « la mobilisation croissante des ressources nationales (...) et à la contribution des partenaires non africains »[1307]. À titre illustratif, en matière de compétence et d'emploi des jeunes, « *pour favoriser l'autonomisation des femmes dans l'agriculture et l'agro-business, l'Agence de planification et de coordination du NEPAD avec le soutien du gouvernement allemand, a finalisé un plan pour mettre en œuvre le projet d'enseignement et de formation professionnels et techniques agricoles pour les femmes. En 2016, un total de 309 femmes au Bénin, 330 au Ghana, et 441 au Kenya ont été formées aux nouvelles approches dans les chaînes d'approvisionnement. Près de 245 jeunes ont été formés au Ghana, 11 au Bénin, 159 au Burkina Faso, 305 au Kenya* »[1308].

555. Malgré les réussites du NEPAD, les États membres de l'UA ont procédé à une réforme institutionnelle de cette institution lors de la 31ème session ordinaire de la Conférence des Chefs d'États et de Gouvernements de l'UA en juillet 2018. Le NEPAD a ainsi été transformé en « Agence de développement de l'Union africaine ». Cette transformation vise à doter l'UA d'une institution « qui gère les processus de mise en œuvre des projets liés au développement »[1309] en intensifiant les structures de financement interne. En effet, selon Monsieur Ibrahim Hassane MAYAKI[1310], « jusqu'à présent, 80 % des financements provenaient des bailleurs de fonds. Ce taux va changer. L'UA va accorder dix fois plus de financement qu'elle ne le faisait »[1311]. Un tel accroissement des financements internes devrait permettre « désormais davantage d'autonomie pour décider des priorités et

---

1305 *Idem.*

1306 HARSCH Ernest, « NEPAD : le temps de l'action », *Afrique renouveau,* 2010, p. 21.

1307 *Idem.*

1308 NEPAD, « Rapport annuel 2016 : accélérer la mise en œuvre de l'agenda 2063 », 2016, p. 14.

1309 THOMAS David, « Le nouveau rôle du NEPAD », *African businness- Le magazine des dirigeants africain,* 2018, p. 30.

1310 À la 30 aout 2019, Ibrahim Hassane MAYAKI est le Secrétaire exécutif de l'Agence de développement de l'UA.

1311 THOMAS David, *op. cit.,* p. 31.

des activités »[1312]. Cet accroissement des financements internes répond à l'objectif initial du NEPAD en ce sens qu'il permettrait d'aider les États africains à « s'extirper eux-mêmes du malaise du sous-développement »[1313]. L'UA appréhende ainsi l'investissement comme un élément essentiel du développement du continent et privilégie l'investissement intercontinental.

556. Le développement de l'investissement intercontinental dans les projets de développement est une ambition largement défendue par l'UA. En effet, l'accord portant création de la zone de libre-échange continentale dont l'un des objectifs est de « contribuer à la circulation des capitaux et des personnes physiques et de faciliter les investissements en s'appuyant sur les initiatives et les développements dans les États partis et les CER »[1314], encourage les États parties à « coopérer en matière d'investissement »[1315] en entreprenant des négociations dans ce domaine[1316]. L'UA s'est engagée dans un processus d'intégration pour parvenir au développement du continent africain, toutefois, une telle intégration fait face à de nombreux défis.

§ 2. La permanence de freins aux processus d'intégration sur le continent africain

557. L'intégration régionale est perçue sur le continent africain comme un processus indispensable au développement. L'ensemble des États africains ont adhéré à des organisations d'intégration aussi bien avant qu'après leurs accessions à l'indépendance. Ces organisations, aux objectifs divers, ont été confrontées à de multiples défis inhérents au continent africain. En effet, depuis les avènements des indépendances, le continent africain a été l'objet de plusieurs conflits (A) ayant retardé la réalisation des objectifs des organisations d'intégration et surtout de ceux des organisations d'intégration régionale. Ces crises ont indéniablement contribué aux ralentissements des projets d'intégration sur le continent africain ; toutefois il apparaît que certaines pratiques des acteurs de ces organisations régionales tendent à ralentir le processus d'intégration régionale (B).

A. La récurrence des conflits

558. Comme l'a souligné Monsieur Annan KOFI[1317], « il n'y a pas de développement sans sécurité, il n'y a pas de sécurité sans développement »[1318]. Ainsi donc, la sécurité serait un préalable au développement d'un État. Or, « depuis la chute du mur de Berlin, les zones de conflits armés s'étendent. Ceux-ci sont particulièrement importants en

---

[1312] *Idem.*
[1313] HUGON Philippe, « Le NEPAD entre partenariat et gestion des conflits », *op. cit.*, p. 336.
[1314] Article 3(c) de l'Accord portant création de la zone de libre-échange continentale. *Op. cit.*
[1315] Article 4(c) de l'Accord portant création de la zone de libre-échange continentale.
[1316] Article 7-1(b) de l'Accord portant création de la zone de libre-échange continentale.
[1317] Mr Kofi Annan fut secrétaire général de l'ONU entre 1997 et 2006.
[1318] NU. Secrétariat général, « Dans une liberté plus grande : développement, sécurité et respect des droits de l'homme pour tous », rapport assemblée générale, 2005, p. 6.

Afrique »[1319]. En effet, les États africains ont été confrontés à des crises de plusieurs ordres depuis leurs accessions aux indépendances qui justifient que le continent africain soit qualifié de « continent des conflits, de l'urgence et des tsunamis silencieux »[1320]. Ces crises ont incontestablement contribué au ralentissement du développement des États africains (1). Pour y remédier, les organisations d'intégration régionale africaine mènent des actions en faveur du maintien de la paix (2).

1. L'impact des conflits sur le développement

559. Les États africains ont été l'objet de plusieurs crises depuis leur décolonisation. Les conflits armés[1321] sont récurrents sur le continent et touchent toutes les régions. À titre illustratif, « entre 1970 et 2002, l'Afrique a été le théâtre de 35 guerres dont une grande majorité était des conflits internes. En l'an 2003, 20 % de la population africaine et 15 pays étaient concernés par la guerre »[1322]. Plus spécifiquement, « entre 1990 et 2006, dix-neuf conflits majeurs ont été localisés dans dix-sept pays »[1323].

560. Ces conflits armés résultent de l'enchevêtrement de plusieurs facteurs. Ces facteurs peuvent être d'ordre religieux. « Si les conflits internes au Soudan, au Nigeria, voire entre l'Érythrée et l'Éthiopie, peuvent être considérés en partie comme des conflits entre chrétiens et musulmans »[1324], le facteur religieux des conflits s'est accentué en Afrique avec l'avènement du terrorisme international. En effet, l'Afrique, relativement épargnée jusqu'à là, est même devenue le *« nouvel eldorado du terrorisme international suite au "printemps arabe" qui a conduit au début de l'année 2011 au basculement de certains pays arabes tels que la Tunisie et l'Égypte dans des troubles internes sévères, et d'autres tels que la Libye dans des conflits armés internes »*[1325].

561. Ces conflits armés peuvent également résulter de « déchirures ethnique ou sociopolitique qui sont particulièrement évidentes dans les pays tels que le Liberia, la Sierra Leone, le Nigeria, le Soudan et plus récemment en Côte d'Ivoire »[1326]. Sur le plan politique par exemple, « l'inégalité d'accès

---

1319 HUGON Philippe, « Les conflits armés en Afrique : mythes et limites de l'analyse économique », *Tiers-Monde,* 2003, p. 829.

1320 HUGON Philippe, « Conflits armés, insécurité et trappes à pauvreté en Afrique », *Afrique contemporaine,* 2006, p. 33.

1321 Un conflit armé peut être défini comme « un affrontement armé entre deux ou plusieurs États, ou des hostilités armés au sein d'un État entre les forces armés du gouvernement et des forces armés dissidentes ou des groupes armés rebelles, ou uniquement entre des groupe armés ». (DAVID Éric., *Principe de droit des conflits armés*, Bruylant, 2002, p. 69).

1322 HUGON Philippe, « Les conflits armés en Afrique : mythes et limites de l'analyse économique », *Tiers-Monde,* 2003, p. 829.

1323 HUGON Philippe, « Conflits armés, insécurité et trappes à pauvreté en Afrique », *Afrique contemporaine,* 2006, p. 37.

1324 *Idem.*

1325 AIVO Gérard, « L'impact des conflits armés et du terrorisme sur le développement socio-économique de l'Afrique », *Annuaire africain de droit international online,* volume 21, 2016, [En ligne].

1326 COULIBALY Massa, TRAORÉ Ousmane, *op. cit.,* p. 74.

aux postes de responsabilité ou aux services de base et la compétition pour le pouvoir et ses ressources créent des tensions entre groupes sur des bases identitaires, notamment ethnolinguistiques »[1327].

562. D'une manière générale, « *à quelques exceptions près, il apparaît que ce sont des pays dotés d'importantes ressources naturelles comme la République démocratique du Congo (RDC), l'Angola, la Sierra Leone, le Congo-Brazzaville, le Nigeria, le Soudan et le Sud-Soudan ou des pays ayant un fort potentiel de développement en raison des ressources agricoles, comme la Côte d'Ivoire (premier producteur mondial de cacao), qui sont les plus touchés par l'instabilité et l'insécurité* »[1328]. Les conflits dans ces États à forts potentiels économiques freinent leur propre développement mais aussi celui des États de la même région dès lors qu'en Afrique, « la plupart des conflits ont une dimension régionale. Ils sont intra nationaux et transfrontaliers par le biais des États, des milices se déversant des pays voisins et des contagions régionales de groupes ethniques à cheval sur plusieurs pays »[1329]. De ce fait, l'impact des crises est palpable non seulement dans les États en cause, mais également dans leurs régions respectives.

563. L'instabilité due aux conflits armés en Afrique entrave le développement économique des États. Ces conflits occasionnent en effet la destruction de biens : « ceux sont notamment des habitations, des entreprises, des institutions administratives, des infrastructures routières, des industries, des champs, des villes et des villages entiers »[1330]. Les coûts de la reconstruction de ces biens sont très souvent élevés pour les États victimes de ces crises et contribuent à les appauvrir.

564. De plus, les pays « *minés par la guerre, économiquement exsangues sont presque systématiquement obligés de s'endetter auprès des institutions financières internationales telles que la Banque mondiale, le Fonds monétaire international, la Banque africaine de développement ou de solliciter l'aide internationale auprès de l'ONU, de l'Union européenne ou de certains pays occidentaux* »[1331] pour la reconstruction de leurs États. Toutefois, « ces ressources sont difficilement mobilisables ou ne le sont que partiellement »[1332], ce qui ralentit la reconstruction des pays en cause. Les coûts de la reconstruction suscités par la crise malienne, par exemple, ont été évalués à 4,34 milliards d'euros en 2013. Ce montant étant excessif pour les ressources de l'État, le pays a organisé le 13 mai 2013 une conférence internationale des donateurs pour la reconstruction et le développement du Mali à Bruxelles qui lui a permis de récolter 3 250 milliards d'euros[1333].

565. De plus, les actes terroristes perpétrés sur le continent africain impactent fortement l'économie des États, dès lors notamment qu'ils

---

[1327] HUGON Philippe, *op. cit.*, p. 36.
[1328] AIVO Gérard, *op. cit.*, p. 275.
[1329] HUGON Philippe, *op. cit.*, p. 37.
[1330] AIVO Gérard., *op. cit.*, p. 276.
[1331] AIVO Gérard., *op. cit.*, p. 277.
[1332] *Idem*
[1333] https://europa.eu/rapid/press-release_IP-13-429_fr.htm.

interviennent souvent dans des lieux touristiques[1334]. Cela « entraine un manque à gagner financier très important »[1335] et entrave la croissance économique de ces États ou le tourisme occupe une place importante dans le développement économique.

566. Ces conflits, outre les effets négatifs sur le développement économique, influent sur le développement social. Ils impactent le bien-être des populations notamment en mettant en cause leurs moyens de subsistance. En effet, la « principale conséquence sociale des conflits, est l'impossibilité ou la difficulté pour les citoyens de vaquer à leurs occupations quotidiennes génératrices de revenus, ce qui entraine l'augmentation, d'une part du chômage et de la pauvreté, et d'autre part de la criminalité »[1336]. Cet impact social est d'autant plus problématique qu'en Afrique les populations sont massivement concernées par les crises. À titre illustratif, *« en 2006, l'ONU révélait que près de 80 % de la population de l'Afrique de l'Est avait été concernée par un conflit majeur depuis 1963. Pour la même période, 73 % de la population en Afrique centrale, 64 % de la population en Afrique occidentale, 51 % de la population en Afrique du Nord et 29 % de la population en Afrique australe ont été concernés par un conflit majeur »*[1337]. Une telle incidence des conflits sur le développement des États explique l'intérêt porté par les organisations d'intégration régionale au maintien de la paix dans leurs régions respectives.

2. Le rôle des organisations d'intégration dans le maintien de la paix

567. Dès leur accession aux indépendances, les États africains ont fait de la recherche de la sécurité à l'échelle régionale une composante essentielle du développement du continent. Ainsi, l'OUA s'est-elle intéressée à la sécurité collective du continent en instituant deux organes compétents en matière de maintien de la paix[1338]. Toutefois, malgré l'existence de ces organes compétents en matière de maintien de la paix et des efforts de

---

[1334] A titre illustratif, en 2012 au Mali, les groupes terroristes ont procédé en 2012 à la destruction de monuments historiques dans le nord du pays ; au Kenya une attaque terroriste a été perpétrée contre le centre commercial « Mall Westgate » le 21 septembre 2013 et a fait 67 morts. En Égypte, une attaque terroriste perpétrée près du site des pyramides de Gizeh le 29 décembre 2018 s'est soldée notamment par la mort de trois touristes.

[1335] AIVO Gérard, *op. cit.,* p. 278.

[1336] *Ibid.,* p. 284.

[1337] MÉRINO Mathieu, « L'intégration régional « par le bas », force de l'East African Community (EAC) », *Géoéconomie,* 2011, p. 137.

[1338] L'article 2-c de la Charte constitutive de l'OUA, institue une « commission de défense » en précisant que les États membres de l'OUA ont entre autres l'objectif de défendre leur souveraineté, leur intégrité et leur indépendance. En vertu de l'article 19 de la Charte constitutive de l'OUA qui crée une « commission de médiation, de conciliation et d'arbitrage », les États membres s'engageaient à régler leurs différends par des voies pacifiques.

l'OUA[1339], « les traitements des questions de la sécurité à l'échelle du continent ont été un échec »[1340].

568. Face à cet échec à l'échelle continentale, les CER se sont engagées dans des tentatives de sécurisation. En ce sens, « la CEDEAO a été la première organisation régionale à prendre en main ses propres responsabilités en matière de la sécurité »[1341]. Cela s'est traduite par l'adoption le 22 avril 1978 à Lagos au Nigeria d'un protocole de non-agression ainsi que le 29 mai 1981 à Freetown en Sierra Leone d'un protocole d'assistance mutuelle en matière de défense par les États membres de la CEDEAO. Sur la base du protocole d'assistance mutuelle en matière de défense, la CEDEAO a créé une force régionale de maintien de la paix dénommée *Economic Community of West African States Cease-fire Monitoring Group* (ECOMOG)[1342]. Celle-ci est intervenue notamment au Liberia lors de la guerre en 1990, en Sierra Leone en 1997, en Guinée Bissau en 1999 et plus récemment en Gambie en 2017. Pareille approche régionale de la paix et de la sécurité, s'est généralisée à toutes les régions du continent africain, les différentes CER se dotant de mécanisme de sécurité[1343].

569. Concernant l'Afrique de l'Ouest, afin de mieux asseoir son approche régionale de la paix, les États membres de la CEDEAO ont procédé le 10 décembre 1999 à l'adoption d'un protocole relatif au mécanisme de prévention, de gestion, de réglementation des conflits, de maintien de la paix et de la sécurité[1344]. L'efficacité de ce protocole a été renforcée le 21 décembre 2001 par l'adoption par les États membres de la CEDEAO du protocole sur la démocratie et la bonne gouvernance[1345]. Ce protocole additionnel vise à compléter le protocole relatif au mécanisme de prévention, de gestion, de réglementation des conflits, de maintien de la paix et de la

---

[1339] En matière de régionalisation de la paix et de la sécurité continentale, les actions réussies par l'OUA furent les interventions militaires en 1978 dans la région du Shaba (ex-Zaïre) et en 1981 au Tchad.

[1340] MESSE MBEGA Christian, *La Communauté Économique des États de l'Afrique Centrale (CEEAC) : quelle politique de sécurité pour une organisation régionale à vocation économique ?*, Thèse de doctorat, Géographie, Université de Reims, Champagne-Ardenne, 2015, 388 p.

[1341] *Ibid.*, p. 200.

[1342] Brigade de surveillance du cessez-le-feu de la CEDEAO.

[1343] A titre illustratif, les États membres de l'IGAD se sont dotés le 9 janvier 2002 d'un mécanisme d'alerte rapide et de réaction aux conflits (*Conflict Early Warning and Response Mechanism* ou CEWARN). La CEN-SAD a adopté successivement le 5 février 2000 à N'Ndjamena une Charte sur la sécurité de la Communauté, le 15 mai 2004 à Bamako un Protocole sur le mécanisme de prévention, de gestion et de règlement des conflits. La SADC a mis en place en août 2001 un mécanisme de gestion des crises et a adopté le 3 mars 2004 un protocole sur la coopération en matière de politique, de défense et de sécurité. La CAE n'a pas développé de politique spécifique de prévention des conflits mais l'article 124 de son Traité « *invite les États membres à développer des actes de coopération en matière de paix et de sécurité. Il en est de même pour la COMESA dont l'article 3.d du Traité promeut « la promotion de la paix, de la sécurité et de la stabilité parmi les États membres, afin d'accroitre le développement économique de la région* ».

[1344] Protocole relatif au Mécanisme de prévention, de gestion, de règlement des conflits, de maintien de la paix et de la sécurité, 10 décembre 1999 (Dactyl).

[1345] http://proadiph.org/Protocole-de-la-CEDEAO-A-SP1-12-01.html

sécurité « dans le domaine de la prévention des crises intérieures, de la démocratie, de la bonne gouvernance, de l'État de droit, des droits de la personne »[1346].

570. Ce droit communautaire de la prévention des conflits dans l'espace CEDEAO a été enrichi par l'adoption du règlement MSC/REG.1/10/08 portant cadre de prévention des conflits du 16 janvier 2008. Celui-ci est axé sur la prévention opérationnelle et structurelle des conflits et « *vise à renforcer les bases de la sécurité humaine en Afrique de l'Ouest en créant au sein de son système et des États membres, un espace d'interaction coopérative dans la région et avec les partenaires extérieurs afin d'inscrire la prévention et l'édification de la paix parmi les priorités de l'agenda politique des États membres, de manière à impulser une action multidimensionnelle en vue d'atténuer ou d'éliminer les menaces potentielles et réelles à la sécurité humaine dans un cadre institutionnel* »[1347].

571. Grâce à ce cadre normatif de prévention, la CEDEAO mène des actions par le biais d'initiatives de diplomatie préventive telle que des missions d'information, mais aussi de diplomatie d'apaisement, de pression diplomatique et de médiation[1348]. Ce cadre normatif a permis également à la CEDEAO de contenir des conflits dans sa région *via* sa force régionale de maintien de la paix[1349].

572. En ce qui concerne l'Afrique centrale, c'est en 1999 que les États membres de la CEEAC ont décidé de mettre en place un mécanisme de prévention, de gestion et de résolution des conflits. En effet, afin d'atteindre les objectifs de l'article 4 du Traité instituant la CEEAC[1350], les États membres ont décidé de la création d'un Conseil de paix et de sécurité de l'Afrique centrale (COPAX) par décision n° 001/Y/Févr. du 25 février 1999[1351]. Toutefois, « contrairement au mécanisme de prévention de la CEDEAO, le mécanisme de prévention de la CEEAC peine à être pleinement effectif »[1352].

[1346] CEDEAO, *Protocole sur la démocratie et la bonne gouvernance additionnel au protocole relatif au mécanisme de prévention, de gestion, de règlement des conflits, de maintien de la paix et de la sécurité,* Dakar, 21 décembre 2001, p. 1.

[1347] LAWOGNI-AKOGOU Athanase, « La codification et le développement progressif du droit de la prévention des conflits armés internes en Afrique de l'ouest », *Journal of sustainable development law and policy,* vol 1, 2013, p. 180.

[1348] La CEDEAO a initié des actions politiques et diplomatiques pour un retour à la normale notamment en Guinée Conakry en 2007, en Guinée Bissau en 2000, 2003, 2017, au Burkina Faso en 2015, au Togo en 2016.

[1349] Les forces d'interventions de la CEDEAO sont notamment intervenues au Libéria en 1990, en Sierra Léone en 1997, en Côte d'Ivoire en 2003, en Guinée Bissau en 2012, au Mali en 2013 et en Gambie en 2017.

[1350] L'article 4 du Traité de la CEEAC stipule que « le but de la communauté est de promouvoir et de renforcer une coopération et un développement équilibré et auto-entretenu dans les domaines de l'activité économique et sociale ».

[1351] Même si la décision de créer cet organe a été prise en 1999, ce n'est que le 24 février 2000 que le COPAX a été mis en œuvre à travers l'adoption par les États membres de la CEEAC du protocole relatif au COPAX.

[1352] BITIÉ Abdoul Kader, *L'approche contemporaine de la prévention des conflits en Afrique,* Thèse de doctorat, droit, Université de Bordeaux, 2016, p. 217.

573. D'une manière générale, les mécanismes de prévention de conflit des différentes CER sont confrontées à des difficultés telles que « la faiblesse des financements (...) et le fait que les besoins urgents sont plus ciblés sur les problèmes alimentaires des États membres que sur la prévention des conflits violents »[1353]. Au-delà des difficultés rencontrées dans le maintien de la paix, les projets d'intégration eux même rencontrent des résistances sur le continent africain.

B. Les résistances aux projets d'intégration

574. À la suite de l'acte constitutif de l'UA qui « considère l'intégration régionale comme une des clés de l'unité du continent et de son développement (...) plusieurs initiatives ont été prises conformément au Traité d'Abuja afin d'attendre une intégration totale »[1354]. Par contre, les divers CER mis en place ont été confrontés à des difficultés causées aussi bien par les États membres (1) que par leur diversité (2).

<u>1. Les résistances étatiques</u>

575. Les États africains sont tous membres de communautés économiques régionales. Ces appartenances sont fonction de la situation géographique de chaque État. Toutefois, du point de vue économique, il existe des disparités au sein de chaque région. Ainsi, les différentes communautés économiques sont marquées par des niveaux de développement et des potentialités économiques très variables.

576. Les disparités économiques sont « sources de divergence lorsqu'il s'agit de déterminer définitivement les modalités d'intégration régionale dans les domaines commercial et économique »[1355]. Du fait de leurs statuts de leader économique de la région concernée, les États les plus économiquement développés entendent orienter les modalités d'intégration des différentes communautés dont ils sont membres. De ce fait, « le très réel processus de régionalisation de l'Afrique s'organise autour des pays les plus puissants »[1356]. À titre illustratif, en Afrique de l'Est, le Kenya longtemps considéré comme le leader économique de la CAE, « milite fortement en faveur de l'intégration sur laquelle repose l'expansion de son commerce extérieur et donc le développement de son économie nationale »[1357].

577. Les États africains sont généralement responsables de l'écart existant entre les objectifs fixés à l'organisation et les réalisations effectives de celle-ci. En effet, pour certains États, « l'intégration semble se résumer à une suite de résolutions et accords prometteurs qui sont peu ou pas du tout mis en pratique »[1358]. Malgré l'existence des dispositions communautaires,

---

[1353] *Ibid.*, p. 220.

[1354] BARICAKO Joseph, DAGBA NDONGO Gaston Xavier, « Intégration régionale et croissance : le cas de l'Afrique centrale », *African development review*, 2014, p. 33.

[1355] MÉRINO Mathieu., *op. cit.*, p. 139.

[1356] DIOUF Abdou, *op. cit.*, p. 793.

[1357] MÉRINO Mathieu, *op. cit.*, p. 140.

[1358] BARICAKO Joseph, DAGBA NDONGO Gaston Xavier, *op. cit.*, p. 34.

ces États peinent à abandonner leurs prérogatives dans certains domaines : « la meilleure preuve de cette résistance est donnée par les alliances internationales que les États contractent sans tenir compte de leurs obligations régionales. »[1359]. Dans le cadre de l'intégration à l'Europe des pays méditerranéens, l'UE a procédé par exemple à la signature d'accords de libre-échange avec l'Égypte, la Tunisie, l'Algérie et le Maroc, « sans qu'aucun d'entre eux ne se préoccupe de ses engagements panafricains. Fait peut-être plus préoccupant, chacun d'eux a fait cavalier seul face à l'UE, affaiblissant considérablement son pouvoir de négociation »[1360].

578. Ce refus de consentir à l'abandon de souveraineté est également perceptible en matière de circulation des populations au sein des différentes régions. La libre circulation des personnes est un des principes prônés par les différentes CER. Mais, de façon générale, « tous les pays africains souffrent d'entraves à l'intégration socio-économique concernant plus particulièrement la libre-circulation des personnes et des biens »[1361]. En Afrique centrale par exemple, bien que le Gabon et la Guinée Équatoriale soient membres de plusieurs organisations d'intégration prônant la libre circulation des personnes et des biens, ces deux pays peinent à rendre ce principe effectif. « *Trois mythes tenaces paraissent sous-tendre la forte réticence de ces deux États à "ouvrir" largement leurs frontières aux flux migratoires étrangers, qu'ils soient intracommunautaires ou non, de même que l'attitude ouvertement xénophobe de leurs populations respectives à l'égard des frères de la sous-région* »[1362]. Le Gabon a longtemps exigé l'obtention d'un visa aux populations des États membres de ces organisations d'intégration[1363] avant de supprimer l'exigence des visas pour les ressortissants des pays membres de la Communauté Économique et Monétaire d'Afrique centrale (CEMAC) depuis le 19 octobre 2017[1364].

579. Outre ces résistances inhérentes aux prérogatives étatiques, les processus d'intégration des CER sont souvent handicapés par les tensions diplomatiques existantes entre les différents États membres qui empêchent la réalisation des objectifs de ces organisations d'intégration. À titre illustratif, l'UMA ne parvient pas à concrétiser son intégration du fait du contentieux diplomatique sur le Sahara existant entre le Maroc et l'Algérie[1365]. Si ces différents facteurs freinant l'aboutissement des processus d'intégration sont du fait des États, il faut retenir que d'autres facteurs résultent des organisations d'intégration elles-mêmes.

[1359] DIOUF Abdou, *op. cit.,* p. 795.
[1360] *Idem.*
[1361] COULIBALY Massa, TRAORÉ Ousmane, *op. cit.,* p. 74.
[1362] LOUNGOU Serge, « La libre circulation au sein de l'espace de la CEMAC : entre mythes et réalités », *Belgeo,* 2010, [en ligne], 2010, [consulté le 30 novembre 2018]
[1363] LA CEEAC et la CEMAC.
[1364] https://www.jeuneafrique.com/485707/politique/le-gabon-supprime-les-visas-pour-les-ressortissants-dafrique-centrale/
[1365] LABARONNE Daniel, « Les difficultés de l'intégration économique régionale des pays maghrébins », *Monde en développement,* n° 163, 2013, p. 104.

2. Les rivalités entre les organisations d'intégration

580. L'intégration régionale en Afrique se caractérise par l'existence d'une multitude d'organisations d'intégration continentales, régionales, sous régionales, sectorielles et commerciales. Toutefois, les objectifs poursuivis par ces différentes organisations apparaissent souvent très similaires, ce qui entraine un chevauchement des compétences de ces organisations au sein d'une même région. Pour ce qui concerne par exemple l'Afrique de l'Ouest, on retrouve une organisation d'intégration régionale en la qualité de la CEDEAO et une organisation d'intégration sous régionale en la qualité de l'UEMOA qui ont des objectifs et des processus d'intégration très voisins.

581. Ce chevauchement des compétences empêche la réalisation efficiente des objectifs de ses organisations. Sur le plan commercial par exemple, « *de par leur simultanéité et leur chevauchement, les négociations associées aux arrangements commerciaux posent des questions liées d'une part à la capacité de ses organisations à élaborer et conduire durablement des politiques de développement inclusives et participatives et à tirer de celles-ci les stratégies et éléments constitutifs de leurs positions dans diverses enceintes de négociation et d'autre part aux questions de cohérence, de complémentarité et de compatibilité entre les objectifs, les modalités, ainsi que les stratégies de développement inscrites dans ces négociations et les objectifs et stratégies de développement nationaux et régionaux des États* »[1366].

582. La réalisation des objectifs de ces organisations d'intégration souffre également de la multi appartenance des États africains à ces organisations. Concernant les CER, sur les cinquante-quatre États africains, trente-trois « sont membres de deux groupements régionaux, huit sont membres de trois regroupements régionaux, douze sont membres d'un groupement et un État étant membre de quatre groupements régionaux »[1367]. Ces multi-appartenances « à l'intérieur d'une même région brouillent quelque peu les objectifs d'intégration et induit une concurrence contre-productive entre pays et entités »[1368].

583. Ces multi-appartenances des États aux organisations d'intégration créent en effet des tensions au sein des organisations et constitue un obstacle à l'approfondissement de l'intégration régionale. En Afrique de l'Est par exemple, « l'appartenance de la Tanzanie à la SADC et son souhait que le Kenya et l'Ouganda l'y rejoignent créent des tensions réelles entre les membres de la CEA »[1369].

584. Des rivalités peuvent exister au sein d'une même région, entre organisation régionale et organisation sous régionale concernant plusieurs domaines d'intégration. Sur le plan sécuritaire par exemple, en Afrique centrale, la CEMAC et la CEEAC se concurrencent. En effet, bien que

---

[1366] DIEYE Cheikh Tidian., « L'Afrique et le chevauchement des accords régionaux », *Revue interventions économiques,* [En ligne].

[1367] NU. Commission économique pour l'Afrique, État de l'intégration régionale en Afrique VIII : vers la réalisation de la zone de libre-échange continentale, 2017, p. 18.

[1368] *Idem.*

[1369] MÉRINO Mathieu, *op. cit.,* p. 141.

« l'ONU et l'UA aient reconnu la compétence exclusive de la CEEAC en matière de sécurité en Afrique centrale, la généralisation des conflits et surtout la situation de plus en plus préoccupante en République d'Afrique centrale en 2002, va pousser les chefs d'État de la CEMAC à se substituer à la CEEAC sur les questions de sécurité »[1370].

585. Ces différentes difficultés retardent le processus d'intégration en Afrique, mais cela ne paraît pas constituer un empêchement pour l'inclusion des questions sociales dans les projets d'intégration en Afrique.

SECTION 2. L'INCLUSION DE LA QUESTION SOCIALE DANS LES PROJETS DE DÉVELOPPEMENT RÉGIONAL

586. Les questions relatives au développement humain ne sont pas en marge des objectifs des CER en Afrique. En effet, ces différents CER ambitionnent « d'élever le niveau de vie de leurs populations »[1371]. Cette élévation du niveau de vie des populations implique pour ces CER l'adoption et la mise en œuvre de dispositions qui leur permettraient d'améliorer les conditions de vie des populations. De fait, l'intégration défendue par les CER n'est pas exclusivement économique, mais également sociale[1372].

587. Toutefois, les différents défis rencontrés par les CER n'ont pas permis à ceux-ci de procéder à une parfaite intégration sociale au sein de leurs territoires. Les questions sociales sont appréhendées différemment au sein de ces CER. Certaines CER, comme la SADC, y accordent une attention particulière, et peut paraitre être en avance (§ 1). À l'inverse, même si l'intégration sociale est envisagée dans les autres CER, le processus peine à évoluer et se situe malheureusement à un stade embryonnaire (§ 2).

§ 1. L'exemple de la Communauté de développement de l'Afrique australe

588. Initialement créée en tant que conférence de coordination pour le développement de l'Afrique australe (SADCC) en 1980, la SADC a été transformée en une communauté de développement en 1992. C'est une organisation intergouvernementale regroupant seize États membres de l'Afrique australe[1373] à multi influences coloniales[1374]. Elle ambitionne

---

[1370] MESSE MBEGA Christian, *op. cit.*, p. 201.

[1371] Article 1 du Traité de la CEDEAO, article 3-b du Traité de la COMESA, article 4 du Traité de la CEEAC, article 5(3) -b du Traité de la CEA, article 5(1) -a du Traité de la SADC.

[1372] Article 3-e du Traité de la CEDEAO, article 5(1) -a du Traité de la SADC, article 3 du Traité de l'UMA, article 4 du Traité de la CEEAC, article 3(3) -f du Traité de la CEA et article 4-6 du Traité de la COMESA.

[1373] Les États membres de la SADC sont : l'Angola, le Botswana, l'Union des Comores, la République Démocratique du Congo, le Lesotho, Madagascar, le Malawi, l'Île Maurice, le Mozambique, la Namibie, les Seychelles, l'Afrique du Sud, l'Eswatini, la Tanzanie, la Zambie et le Zimbabwe.

garantir : le bien-être économique, l'amélioration du niveau et la qualité de vie, la liberté et la justice sociale, ainsi que la paix et la sécurité de la population de l'Afrique australe [1375].

589. L'intégration de la SADC qui ne se cantonne pas à une intégration des domaines économique, mais « engendre de réelles dynamiques d'intégration »[1376], apparaît comme l'une des « plus prometteuses »[1377] du continent africain. La volonté d'élever le niveau de vie des 345 millions d'habitants[1378] de cet espace régional a en effet incité la SADC à procéder à l'harmonisation des textes juridiques en matière sociale (A) ainsi qu'à l'intégration des valeurs défendues par les normes internationales du travail dans son processus d'intégration (B).

A. Les réussites de l'harmonisation juridique en matière sociale

590. Le développement humain occupe une place prépondérante dans les objectifs du Traité fondateur de la SADC[1379]. Les États membres ont ainsi opté pour une réglementation de la question sociale au sein de leur zone d'intégration en procédant à l'adoption d'une Charte des droits sociaux fondamentaux (1) et à la codification au niveau régional de certains droits sociaux (2).

1. L'adoption d'une charte des droits sociaux fondamentaux

591. Dans le cadre du processus d'intégration de la SADC, les États membres ont procédé à l'établissement d'une base juridique dans plusieurs domaines d'intégration. Du point de vue de l'intégration sociale, les États

---

[1374] Les États membres sont d'anciennes colonies britanniques, françaises et portugaises. Celle-ci créée sous la période de l'apartheid semble traduire la volonté des États membres des pays de l'Afrique australe de réduire leur dépendance économique vis à vis de l'Afrique du sud.

[1375] SADC, Directorate of human and social development, « Capacity building in open and distance learning (ODL) project: an information, education and comunication strategy for open and distance learning », 2009, p. 6.

[1376] *Idem.*

[1377] DIOUF Abdou, *op cit,* p. 793.

[1378] SADC, Facts & figures, [en ligne], [Consulté le 1 avril 2021].

[1379] Selon l'article 5-1 du Traité instituant la SADC, « *les objectifs de la SADC seront les suivants: (a) réaliser le développement et la croissance économique, améliorer la qualité de la vie de la population de l'Afrique australe et soutenir les personnes socialement défavorisées par le biais de l'intégration régionale; (b) développer des valeurs politiques, des systèmes et des institutions communs; c) promouvoir et défendre la paix et la sécurité; d) développement autonome sur la base de l'autonomie collective et de l'interdépendance des États membres; e) assurer la complémentarité entre les stratégies et les programmes nationaux et régionaux; (f) promouvoir et maximiser l'emploi productif et l'utilisation des ressources de la région; g) parvenir à une utilisation durable des ressources naturelles et à une protection efficace de l'environnement; h) renforcer et consolider les affinités historiques, sociales et culturelles et les liens de longue date existant entre les habitants de la région* ».

membres ont choisi l'harmonisation juridique des droits en adoptant le 1er août 2003 une Charte des droits sociaux fondamentaux[1380].

592. La Charte des droits sociaux fondamentaux de la SADC a été adoptée en conformité avec l'article 5 du Traité instituant la SADC[1381]. Elle comprend dix-huit articles et « vise à fournir un cadre pour les normes de travail régionales »[1382]. Dans l'optique de faciliter sa mise en œuvre, la Charte des droits sociaux fondamentaux de la SADC oblige les États membres à créer un environnement propice à la réalisation de ses objectifs[1383]. Les principaux objectifs de cette Charte des droits sociaux fondamentaux de la SADC sont les suivants : « *1.Assurer le maintien de la structure tripartite des trois partenaires sociaux, à savoir : les gouvernements, les organisations d'employeurs et les organisations de travailleurs ; 2. Promouvoir la formulation et l'harmonisation des politiques et des programmes juridiques, économiques et sociaux contribuant à la création d'emplois productifs et générant des revenus dans les États membres ; 3. Promouvoir des politiques, des pratiques et des mesures en matière de travail facilitant la mobilité de la main-d'œuvre, supprimant les distorsions des marchés du travail, renforçant l'harmonie industrielle et augmentant la productivité, dans les États membres ; 4. Fournir un cadre de coopération régionale pour la collecte et la diffusion d'informations sur le marché du travail ; 5. Promouvoir la mise en place et l'harmonisation des régimes de sécurité sociale ; 6. harmoniser les réglementations relatives aux normes de santé et de sécurité sur les lieux de travail de la région ; et 7. Promouvoir le développement des capacités institutionnelles ainsi que des compétences professionnelles et techniques dans la région* »[1384].

593. Ces objectifs défendus par la Charte des droits sociaux fondamentaux de la SADC sont semblables aux droits sociaux fondamentaux défendus sur le plan international. Cette Charte « *incarne la reconnaissance par les gouvernants, les travailleurs et les employeurs de l'universalité et de l'indivisibilité des droits fondamentaux de l'homme proclamés dans des instruments tels que la Déclaration universelle des droits de l'homme des Nations Unies, la charte africaine des droits des hommes et des peuples, la*

[1380] Charte des Droits sociaux fondamentaux de la SADC du 1er aout 2003. (https://www.sadc.int/files/6613/5292/8383/Charter_of_the_Fundamental_Social_Rights_in_SADC2003.pdf).

[1381] En vertu de l'article 5 du Traité instituant la SADC, « *2. Afin de réaliser les objectifs énoncés au paragraphe 1 du présent article, la SADC: a) harmonisera ses politiques et ses plans politiques et socio-économiques; b) encourager les habitants de la région et leurs institutions à prendre des initiatives pour développer des liens économiques, sociaux et culturels dans la région et à participer pleinement à la mise en œuvre des programmes et projets de la SADC; d) élaborer des politiques visant à éliminer progressivement les obstacles à la libre circulation des capitaux, de la main-d'œuvre, des biens et services, et des habitants de la région en général, entre les États membres; e) promouvoir le développement des ressources humaines; h) promouvoir la coordination et l'harmonisation des relations internationales des États membres* ».

[1382] SMIT Paul, "Transnational labour relations: a dream or possibility in SADC?", *Africain journal of international and comparative Law*, 2014, p. 456.

[1383] Article 2-2 de la Charte des droits sociaux fondamentaux de la SADC.

[1384] Article 2-1 de la Charte des droits sociaux fondamentaux de la SADC.

constitution de l'OIT, la Déclaration de Philadelphie et d'autres instruments internationaux pertinents »[1385]. Les droits sociaux proclamés dans cette Charte de la SADC sont considérés comme « des droits universels et fondamentaux »[1386] qui doivent être respectés dans chaque État membre.

594. Une importance particulière est accordée par la Charte aux normes internationales du travail. En effet, son article 5 établit une liste prioritaire de conventions internationales de travail qui doivent être adoptées et appliquées par les États membres. Cette liste comprend « les conventions relatives à l'abolition du travail forcé (conventions n° 29 et n° 105), à la liberté d'association et aux négociations collectives (convention n° 87 et n° 98), à l'élimination de la discrimination dans l'emploi (conventions n° 100 et n° 111) et à l'âge minimum d'entrée au travail (convention n° 138) »[1387]. Cette liste de conventions retenues par la Charte correspond à celle des conventions fondamentales de l'OIT[1388] qui ont toutes été ratifiées par l'ensemble des États membres de la SADC. Cela « renforce les normes internationales du travail de l'OIT en tant que base et source d'inspiration pour la vision régionale »[1389] du travail.

595. La Charte des droits sociaux fondamentaux de la SADC, outre l'obligation de ratifier et d'appliquer certaines conventions de l'OIT, met l'accent sur la liberté d'association et les négociations collectives[1390], l'égalité de traitement entre hommes et femmes[1391], la protection des enfants et des jeunes[1392], la protection des personnes vulnérables comme les personnes âgées[1393] et les handicapés[1394], la protection sociale[1395], les conditions de travail[1396], la santé et la sécurité au travail[1397], l'information, la consultation et la participation des travailleurs[1398], la rémunération[1399], l'éducation et la formation[1400].

596. Les droits prônés par cette Charte de la SADC doivent permettre « de faciliter l'accroissement des possibilités d'emploi et de générer des revenus, d'adopter des normes du travail propices à un environnement de marché du travail et d'améliorer la productivité et les relations de travail

---

1385 Article 3-1 de la Charte des droits sociaux fondamentaux de la SADC.
1386 *Idem.*
1387 Article 3-1 de la Charte des droits sociaux fondamentaux de la SADC.
1388 Il convient toutefois de retenir que la Convention n°182 de l'OIT sur les pires formes de travail des enfants ne fait pas partie de la liste des conventions prioritaires retenue par la Charte des droits sociaux fondamentaux de la SADC bien que celle-ci soit une convention fondamentale de l'OIT.
1389 SADC, *Decent work programme 2013-2019: Promoting decent work for all in the SADC région*, 2013, p. 15.
1390 Article 4 de la Charte des droits sociaux fondamentaux de la SADC.
1391 Article 6.
1392 Article 7.
1393 Article 8.
1394 Article 9.
1395 Article 10.
1396 Article 11.
1397 Article 12.
1398 Article 13.
1399 Article 14.
1400 Article 15.

dans la région »[1401]. Toutefois, même si la Charte impose aux États membres de soumettre régulièrement un rapport au secrétariat de la SADC sur l'application des différentes dispositions adoptées[1402], on peut déplorer l'absence de force contraignante dans cette Charte. En effet, « la Charte des droits sociaux fondamentaux de la SADC ne précise pas ce que l'on entend par rapport régulier ni quelles mesures peuvent être pris à l'encontre d'un État membre qui ne met pas en œuvre la Charte »[1403].

597. Malgré ces absences de contrainte, les droits prônés par la Charte des droits sociaux fondamentaux de la SADC requièrent une importance particulière au sein de cette région justifiant la codification de certains d'entre eux.

2. La codification de certains droits sociaux

598. La prise en considération des droits sociaux est l'un des éléments essentiels de l'intégration de la SADC. De ce fait, le processus d'intégration conçu par cette organisation sous régionale a abouti à une législation régionale sur des sujets ayant des connotations sociales. Le besoin de l'amélioration des conditions de vie des populations de cette région a conduit cette organisation à procéder à la codification de certains droits. Une telle codification régionale « a pour objectif d'améliorer la coordination, la convergence et l'harmonisation des droits sociaux dans la région »[1404].

599. La codification des droits sociaux a concerné dans un premier temps le travail des enfants. En effet, « enfin de renforcer l'approche régionale de lutte contre le travail des enfants »[1405], les États membres de la SADC ont adopté le 1er août 2000 un Code de conduite sur le travail des enfants[1406]. Ce Code sur le travail des enfants de la SADC a été conçu en huit points comme un guide qui « fournira aux États membres des lignes directrices sur la lutte contre le travail des enfants »[1407].

600. Le Code de conduite sur le travail des enfants de la SADC, à vocation régionale, tient compte des instruments internationaux relatifs au travail des enfants et particulièrement de ceux de l'OIT. En effet, « il s'associe aux propositions de l'OIT sur les actions nationales sur le travail des enfants »[1408], recommande aux États membres de la SADC de ratifier et de mettre en place les instruments internationaux traitant du problème du travail des enfants. Les instruments internationaux particulièrement visés par le Code de conduite sont « la convention n° 138 de l'OIT sur l'âge

---

[1401] SADC, *Decent work programme 2013-2019: Promoting decent work for all in the SADC région*, 2013, p. 34.
[1402] Article 16 de la Charte des droits sociaux fondamentaux de la SADC.
[1403] SMIT Paul, *op. cit.*, p. 458.
[1404] SADC, *Decent work program 2013-2019: Promoting decent work for all in the SADC region*, 2013, p.20.
[1405] Préambule de Code de conduite sur le travail des enfants de la SADC.
[1406] Code de conduite sur le travail des enfants de la SADC. (https://www.sadc.int/files/9713/5293/3508/Code_of_Conduct_Child_Labour.pdf).
[1407] *Idem.*
[1408] *Idem.*

minimum, la recommandation n° 146 de l'OIT sur l'âge minimum, la convention n° 182 de l'OIT sur l'élimination des pires formes de travail des enfants, la convention des Nations Unies sur les droits de l'enfant et la Charte africaine des droits et du bien-être de l'enfant »[1409].

601. Le Code de conduite sur le travail des enfants de la SADC impose par ailleurs aux États membres d'établir une politique nationale claire en faveur de l'élimination du travail des enfants[1410]. De plus, en vertu de ce Code de conduite, les États membres doivent mettre en place des programmes d'action en faveur de l'élimination du travail des enfants[1411] impliquant : d'établir des bases de données détaillées et fiables sur la nature et l'ampleur du travail des enfants[1412], d'adopter une législation efficace sur le travail des enfants et de renforcer les structures de contrôle[1413]. Ce Code identifie les raisons pouvant aboutir au travail des enfants et donne des solutions pour y remédier. Cela explique pourquoi les programmes d'actions préconisées par le Code doivent de plus comporter des mesures en faveur de l'éducation et de la formation[1414], de la santé, du bien-être et de la protection sociale[1415] des enfants. De plus, dans le cadre de ces programmes d'action en faveur de l'élimination du travail des enfants, les États doivent mener des campagnes de sensibilisations[1416] contre le travail des enfants et élaborer des stratégies de réduction de la pauvreté visant à éliminer le travail des enfants[1417].

602. L'élimination du travail des enfants envisagée par le Code de conduite implique les acteurs du monde du travail. En effet, si les mesures précédemment définies par ce Code doivent être appliquées par les États, les employeurs et les travailleurs sont aussi concernés par l'élimination du travail des enfants. Les employeurs doivent ainsi « *collaborer avec les gouvernements pour identifier et surveiller le travail des enfants dans les industries. Et les organisations d'employeurs devraient aider les entreprises à formuler des politiques sur le travail des enfants et fournir des conseils techniques et un appui à la mise en œuvre de ces politiques* »[1418]. Le rôle des travailleurs dans l'élimination du travail des enfants consiste à « *lancer des campagnes de sensibilisation sur l'ampleur du problème auprès d'un large éventail de personnes et d'institutions ; à mettre en place des systèmes de microcrédit pour les familles pauvres afin d'empêcher les jeunes enfants de travailler et de les placer à l'école ; et à l'inclusion de clauses dans les conventions collectives interdisant le travail des enfants* »[1419].

[1409] Section 2 du Code de conduite sur le travail des enfants de la SADC.
[1410] Section 3.
[1411] Section 4.
[1412] Section 4-1.
[1413] Section 4 -2.
[1414] Section 4-3.
[1415] Section 4-4.
[1416] Section 4-5.
[1417] Section 4-6.
[1418] Section 5.
[1419] Section 6.

603. Le Code donne des lignes de conduite aux acteurs tripartites du monde du travail en vue d'éliminer le travail des enfants dans cette région. Toutefois, pour une meilleure effectivité de ce code, le département emploi et travail de la SADC a été doté de certaines prérogatives. En effet, il appartient à ce département de : « *i. Exhorter les États membres à ratifier et à mettre en œuvre les instruments internationaux relatifs au travail des enfants ; ii. Mobiliser des ressources financières et humaines pour mener à bien les programmes régionaux sur le travail des enfants ; iii. Mettre en place un mécanisme d'échange d'informations et de suivi sur la législation et les politiques relatives au travail des enfants au sein de la SADC ; iv. Mener des programmes complets de sensibilisation sur l'implication du VIH/sida sur le travail des enfants, conformément au code de conduite régionale en vigueur sur le VIH/sida ; v. Exhorter les États membres à faire rapport à l'Organisation internationale du Travail sur leurs efforts pour concrétiser les principes et droits fondamentaux au travail, en particulier l'élimination effective du travail des enfants* »[1420]. L'élimination du travail des enfants requiert certes l'implication des acteurs étatiques du monde du travail des États membres de la SADC, mais cette organisation régionale se réserve le droit d'inciter les États membres à agir et à mener des actions en faveur de cette élimination.

604. Ces dispositions régionales ont incité les États membres de la SADC à mettre à jour leurs dispositions nationales relatives à l'élimination du travail des enfants conformément aux instruments internationaux et surtout des normes internationales du travail relatives au travail des enfants[1421]. Toutefois, si l'on peut reconnaître à la SADC le mérite d'avoir légiféré sur une problématique du droit du travail, force est de constater que cette législation régionale n'a pas entrainé l'élimination du travail des enfants dans cette région. En effet, la question du travail des enfants y demeure une réalité, singulièrement dans l'agriculture. À titre illustratif, en Malawi et en Zambie les populations vivant de la culture du Tabac sont toujours confrontées au travail des enfants[1422].

605. Forte de son expérience de codification dans le domaine social, la SADC a procédé dans un second temps à l'adoption d'un Code de la sécurité sociale le 1er janvier 2008[1423]. Ce Code de la sécurité sociale de la SADC a été adopté en conformité avec « *les objectifs énoncés à l'article 5 du traité de la SADC, les dispositions de la charte des droits sociaux fondamentaux de la SADC et les orientations stratégiques définies dans le Plan de développement de la stratégie indicative régionale* »[1424]. Le Code de la sécurité sociale de la SADC structuré en vingt et un chapitres ambitionne de

---

[1420] Section 7.

[1421] Tous les États membres de la SADC ont ratifié la convention n°138 de l'OIT sur l'âge minimum et la convention n°182 de l'OIT sur l'élimination des pires formes de travail des enfants.

[1422] OIT. IPEC+, Mise en œuvre du programme phare mondial : vers un monde libre de travail des enfants et de travail forcé, 2018, 15 p.

[1423] Code de la sécurité sociale de la SADC. (https://www.sadc.int/files/2513/5843/3198/Code_on_Social_Security_in_SADC.pdf).

[1424] Préambule du Code de la sécurité sociale de la SADC.

« présenter le cadre politique dans lequel la composante de la sécurité sociale du programme du travail décent de la SADC sera exécutée »[1425].

606. Le but du Code de la sécurité sociale de la SADC est de fournir une orientation stratégique, y compris des lignes directrices, un ensemble de principes et de normes, un cadre de suivi et un instrument de coordination, d'harmonisation et de convergence de la sécurité sociale[1426]. Afin d'atteindre cet objectif, le Code incite les États membres à « établir et maintenir un système de sécurité sociale et à élever progressivement leur système de sécurité sociale à un niveau plus élevé »[1427]. Les normes internationales du travail relatives à la sécurité sociale ont été retenues comme références par le Code de la sécurité sociale de la SADC. En effet, selon ce code, chaque État membre *« devrait maintenir son système de sécurité sociale à un niveau satisfaisant, au moins égal à celui requis pour ratification de la Convention de l'Organisation internationale du Travail (OIT) concernant les normes minimales de sécurité sociale n° 102 »*[1428].

607. Le droit à la sécurité sociale est reconnu dans ce Code pour toute personne résidant dans la région de la SADC[1429], de même que le droit à l'assurance sociale[1430] et à l'assistance sociale[1431]. Ce Code garantit également d'autres éventualités, telles que les soins de santé[1432], la maternité et la paternité[1433], les prestations de décès et de survivants[1434], la retraite et la vieillesse[1435], le chômage et le sous-emploi[1436], les accidents du travail et les maladies professionnelles[1437]. Ce Code garantit aussi la protection sociale à certaines catégories de personnes particulièrement vulnérables, telles que les femmes[1438], les personnes handicapées[1439], les familles[1440], les enfants et les jeunes,[1441] ainsi que les migrants, les travailleurs étrangers et les réfugiés[1442]. Enfin, le Code de la sécurité sociale de la SADC protège d'autres aspects des droits sociaux tels que les droits à la santé, à l'éducation, aux transports, au logement, à l'eau, à la santé et à l'électricité[1443]. La prévention et

---

1425 SADC, *Decent work program 2013-2019: Promoting decent work for all in the SADC region*, 2013, p. 20. (https://www.sadc.int/files/5014/6194/0315/SADC_Decent_Work_Programme_30513_JTM.pdf).
1426 Article 3 du Code de la sécurité sociale de la SADC.
1427 Article 4.
1428 *Idem.*
1429 *Idem.*
1430 Article 5 du Code sur la sécurité sociale de la SADC.
1431 Article 6.
1432 Article 7.
1433 Article 8.
1434 Article 9.
1435 Article 10.
1436 Article 11.
1437 Article 12.
1438 Article 13.
1439 Article 14.
1440 Article 15.
1441 Article 16.
1442 Article 17.
1443 Article 20.

l'intégration sont également incorporées en tant qu'élément essentiel de la sécurité sociale, parallèlement au paiement des prestations[1444].

608. Le Code de la sécurité sociale de la SADC a la particularité de tenir compte des réalités de la région. Il garantit, par exemple, des droits en cas de conflits politiques ou de catastrophes naturelles[1445]. De plus, il recourt à des concepts et des principes qui reflètent la réalité de la région de la SADC et qui sont flexibles[1446]. Par exemple, « *il souligne l'importance de la solidarité et de la redistribution en tant que composantes essentielles d'un système de sécurité sociale visant à instaurer plus d'équilibre entre les riches et les pauvres. S'il reconnaît en outre que l'État n'est pas en mesure, à lui seul, de répondre pleinement aux besoins de sécurité sociale des populations de la SADC. Il souligne l'importance d'une approche multi acteurs. Il intègre également le principe de la géométrie variable, c'est-à-dire le principe selon lequel un groupe d'États membres pourrait progresser plus rapidement dans certaines activités et les expériences acquises seraient reproduites dans d'autres États membres. Le Code reconnaît en outre le rôle important joué par les formes informelles de sécurité sociale, ainsi que le fait que la notion de "famille", au moins dans le contexte africain, inclut la famille élargie* »[1447].

609. Ces différentes codifications visent à harmoniser les droits sociaux régionaux afin d'améliorer la qualité de vie des populations de la région. Mais outre ces droits spécifiques codifiés, des droits sociaux ont également fait l'objet de réglementation par la SADC.

B. L'intégration des normes internationales du travail dans le processus d'intégration

610. L'un des objectifs de la SADC est de « réaliser le développement et la croissance économique, réduire la pauvreté, améliorer le niveau et la qualité de vie des habitants de l'Afrique australe et soutenir les personnes socialement défavorisées grâce à l'intégration régionale »[1448]. Dans la réalisation de cet objectif, la SADC s'est attelée à constituer un cadre normatif régional ayant pour but d'octroyer des droits et de protéger certaines catégories de population. Si la problématique du travail des enfants et de la sécurité sociale a fait l'objet d'une codification, d'autres problématiques ont été appréhendées différemment. En effet, le droit communautaire de la SADC a également trait à des problématiques sociales. Les valeurs que l'on retrouve dans les normes internationales du travail ont ainsi fait l'objet d'une appréhension régionale de la part de la SADC (1).

[1444] Article 19.
[1445] Article 18.
[1446] Article 2 du code sur la sécurité sociale de la SADC.
[1447] OLIVIER Marius, *Regional Overview of Social Protection for Non-Citizens in the Southern African Development Community (SADC), Social Protection discussion paper*, World Bank. [En ligne], [Consulté le 10 décembre 2018].
[1448] Article 5 du Traité de la SADC.

611. La prise en considération des thématiques défendues par l'OIT confirme l'influence de cette organisation internationale sur le plan régional. Cette influence est d'autant plus perceptible au sein de la SADC que celle-ci accorde une place primordiale au tripartisme (2), l'une des valeurs également défendues par l'OIT.

1. La règlementation juridique de thématiques sociales

612. Dans le cadre de son processus d'intégration, la SADC a adopté un cadre normatif régional visant à améliorer le niveau de vie des populations de sa région. En vue de se conformer à l'article 6 de son Traité interdisant toute forme de « discrimination en raison du sexe, de la religion, des opinions politiques, de la race, de l'origine ethnique, de la culture ou du handicap », la SADC a adopté des normes visant à établir l'égalité. Cette thématique de l'égalité abordée au niveau régional rejoint les valeurs d'égalité et de non-discrimination défendues par les normes internationales du travail[1449].

613. La SADC consciente que les « objectifs visant à approfondir l'intégration régionale et à renforcer la construction de communautés ne peuvent être atteints qu'en éliminant les inégalités de genre et la marginalisation des femmes dans la région de la SADC »[1450], a apporté une attention particulière à la question de l'égalité des sexes dans son processus d'intégration.

614. Une Déclaration sur l'égalité des sexes et le développement a dans un premier temps été signée le 8 septembre 1997 par la SADC[1451]. Cette Déclaration qui reconnaît l'égalité des sexes comme un droit fondamental[1452], engage les États membres de la SADC à « *atteindre au moins 30 % de femmes dans les structures politiques et décisionnelles d'ici à 2005, réformer les lois et les pratiques sociales discriminatoires, promouvoir le plein accès des femmes aux ressources productives telles que la terre, les marchés de l'élevage, le crédit, la technologie moderne, l'emploi formel, une éducation de qualité, la reproduction et d'autres services de santé, avoir une approche intégrée pour traiter le problème de la violence à l'égard des femmes, la culture et l'égalité des sexes dans la SADC et le respect des droits humains de la femme, et à faciliter la réalisation de l'égalité des sexes dans l'accès aux structures économiques et le contrôle des ressources* »[1453]. Un additif sur la prévention et l'élimination de la

[1449] Notamment la convention n° 100 de l'OIT sur l'égalité de rémunération, la convention n° 111 de l'OIT concernant la discrimination (emploi et profession) et la Convention n° 156 de l'OIT sur les travailleurs ayant des responsabilités familiales.
[1450] SADC, *Gender.*, [En ligne], [Consulté le 27 novembre 2018].
[1451] Déclaration sur l'égalité des sexes et le développement de la SADC du 8 septembre 1997. (https://www.sadc.int/files/7613/5292/8380/Declaration_on_Gender__Development_1997.pdf).
[1452] Section B-i) de la Déclaration sur l'égalité des sexes et le développement de la SADC.
[1453] Section H de la Déclaration sur l'égalité des sexes et le développement de la SADC.

violence à l'égard des femmes et des enfants a été rajouté à cette Déclaration en septembre 1998[1454].

615. À la suite de cette Déclaration, la SADC a adopté en 2007 une politique régionale sur l'égalité des sexes qui entend « *donner des directives pour institutionnaliser et opérationnaliser l'égalité des sexes en tant que stratégie de développement essentielle pour parvenir à l'égalité des sexes, à l'équité et au renforcement du pouvoir des femmes dans les États membres de la SADC et dans l'ensemble de la région* »[1455].

616. Outre ces documents législatifs, la SADC a procédé à l'adoption d'un Protocole sur l'égalité des sexes et le développement le 17 août 2008[1456]. Ce protocole a pour objectif de « *prévoir l'autonomisation des femmes, d'éliminer la discrimination et de réaliser l'égalité et l'équité entre les hommes et les femmes grâce à l'élaboration et à la mise en œuvre d'une législation, de politiques, de programmes et de projets tenant compte de la problématique hommes-femmes* »[1457].

617. L'adoption de ces différents instruments régionaux démontre la volonté de la SADC de permettre aux hommes et aux femmes d'être des participants et bénéficiaires égaux du développement régional. Une telle volonté justifie par ailleurs l'adoption par la SADC de directives sur la budgétisation favorable à l'égalité des sexes le 11 juin 2015. Ces directives « *sont conçues dans le but de constituer un cadre de référence commun des états membres de la SADC pouvant faciliter le développement des bonnes pratiques dans la gestion des finances publiques qui assurent que les budgets nationaux s'occupent réellement des priorités et des engagements en faveur de l'égalité des sexes* »[1458].

618. Le cadre normatif relatif à l'égalité des sexes est assez conséquent au sein de la SADC. Toutefois, une autre thématique défendue par l'OIT, la migration des travailleurs[1459], a également été appréhendée dans le processus d'intégration.

619. Le Traité de la SADC incite en effet cette organisation régionale à « *élaborer des politiques visant à éliminer progressivement les obstacles à la libre circulation des capitaux, de la main-d'œuvre, des biens et des services, ainsi que de la population de la région en général, entre les États membres* »[1460]. Cet article qui prône le principe de la libre circulation mentionne la migration intra régionale de la main d'œuvre. Cette prise en considération de la migration dans le Traité s'explique par le fait que dans

---

[1454] Addendum on the Prevention and Eradication of Violence Against Women and Children. (Dactyl).

[1455] Article 3.1.3 de la Politique de la SADC sur l'égalité des sexes.

[1456] SADC Protocol on gender and development. (https://extranet.sadc.int/files/2112/9794/9109/SADC_PROTOCOL_ON_GENDER_AND_DEVELOPMENT.pdf).

[1457] SADC, *Capacity building in open and distance learning project: an information, education and communication strategy for open and distance learning*, 2009, p. 10.

[1458] Section 1.2 des Directives sur la budgétisation favorable à l'égalité des sexes.

[1459] La question de la migration des travailleurs est appréhendée par les conventions n° 97, n° 143, n° 181 de l'OIT.

[1460] Article 5-2(d) du Traité de la SADC.

cette région de l'Afrique australe, « *la migration de la main-d'œuvre a toujours été un élément central de la mobilité transfrontalière, comprenant principalement le mouvement des travailleurs peu qualifiés. Les migrations qualifiées au sein de la région de la SADC se sont accélérées depuis le début des années 90, vers les pays hors du continent, ainsi qu'entre les pays de la région* »[1461].

620. Le Traité de la SADC mentionne certes la circulation de la main d'œuvre, mais l'instrument de la SADC le plus significatif en matière de la libre circulation des personnes est le Protocole sur la facilitation et les mouvements des personnes adopté le 18 août 2005[1462]. Ce Protocole ambitionne de développer des politiques qui permettraient d'éliminer progressivement les obstacles à la libre circulation des personnes dans la région principalement entre les frontières des États membres[1463]. L'objectif principal du Protocole sur la facilitation et les mouvements des personnes de la SADC est de faciliter l'entrée, la résidence ainsi que l'établissement de tout citoyen d'un État membre dans un autre État membre de la SADC[1464]. Ce Protocole traduit la volonté des États membres de la SADC « de sceller leurs frontières et d'empêcher les entrées indésirables sur leurs territoires nationaux »[1465].

621. Le Protocole sur la Facilitation et les mouvements des personnes de la SADC préconise l'harmonisation des législations internes des États membres en matière de libre circulation des personnes[1466]. Cependant, le fait que ce Protocole encourage les États membres de la SADC à conclure parallèlement des accords bilatéraux sur la libre circulation des personnes[1467] semble constituer un obstacle à l'effectivité d'une telle harmonisation juridique. En effet, « cette position pourrait compromettre de nouvelles chances d'harmonisation régionale en créant une multiplicité de régimes différents sans mécanismes intégrés permettant de réduire les écarts de salaires et d'autres disparités entre les pays »[1468].

622. En dépit de cette insuffisance du Protocole sur la facilitation et les mouvements des personnes de la SADC, la protection des travailleurs migrants est intégrée dans d'autres textes de la SADC. En l'occurrence, en matière de protection sociale, l'article 17 du Code sur la sécurité sociale de la SADC incite les États membres de la SADC à œuvrer en faveur de la libre

---

[1461] SADC, *Decent work program 2013-2019: Promoting decent work for all in the SADC region*, *op. cit.*, p. 26.
[1462] SADC Protocol on Facilitation and Movement of Persons. (https://www.sadc.int/files/9513/5292/8363/Protocol_on_Facilitation_of_Movement_of_Persons2005.pdf).
[1463] Article 2 du Protocole sur la facilitation et les mouvements des personnes de la SADC.
[1464] Article 3.
[1465] OUCHO John, CRUSH Jonathan, « *Contra free movement: South Africa and SADC migration Protocols* », *Africa Today*, 2001, p. 154.
[1466] Article 7 du Protocole sur la facilitation et les mouvements des personnes de la SADC.
[1467] Article 13.
[1468] WA KABWE- SEGATTI Aurelia, « Regional integration policy and migration reform in SADC countries: an institutional of overview of power relations », *African yearbook of international law*, 2010, p. 61.

circulation des personnes et de réduire progressivement les contrôles sur l'immigration. Le même article octroie les mêmes droits aux résidents et aux travailleurs migrants en matière de sécurité sociale dans les États d'accueil membres de la SADC.

623. Le processus d'intégration de la SADC comporte un volet social qui rejoint les valeurs universelles prônées par l'OIT semblant ainsi conférer à cette organisation internationale un rôle d'influenceur des organisations régionales. Cette influence de l'OIT paraît particulièrement caractérisée auprès de la SADC du fait du rôle accordé au tripartisme dans cette organisation régionale.

2. L'application du tripartisme

624. La formulation des normes et des politiques traitant des questions du travail est fondée au sein de l'OIT par le principe du tripartisme qui implique le dialogue et la coopération entre gouvernements, employeurs et travailleurs. Ce dialogue entre les partenaires sociaux, institué au niveau international, « est également important à l'échelon national ou grâce à des consultations tripartites régulières, les gouvernements peuvent s'assurer que les normes de l'OIT sont élaborées, appliquées et contrôlent avec la participation des employeurs et des travailleurs »[1469]. Des structures nationales de dialogue social existent par ailleurs dans chaque État membre de la SADC. Cependant, dans le cadre de son processus d'intégration, la SADC a jugé opportun d'instituer un cadre de dialogue tripartite régional[1470].

625. Le dialogue social de la SADC revêt la forme d'une consultation officieuse entre partenaires sociaux. Le dialogue social tripartite a lieu dans le cadre du Comité des ministres de l'Emploi et du Travail et des Partenaires sociaux de la SADC. Ce Comité est l'organe permanent chargé des questions du travail et de l'emploi au sein de la SADC. De ce fait, ce comité est composé des ministres responsables de l'Emploi et du Travail, de représentants des organisations régionales d'employeurs[1471] et de travailleurs[1472].

626. Au sein de la SADC, le dialogue se déroule essentiellement au sein de ce comité « *dans le secteur de l'emploi et de la main-d'œuvre sur une base tripartite, les trois partenaires sociaux participant aux réunions sectorielles. Les rapports présentés à la réunion annuelle du comité doivent avoir fait l'objet de consultations nationales avec les partenaires sociaux de chacun des États membres* »[1473]. Grâce à un tel système, la SADC a pu

---

[1469] BIT, *Les règles du jeu : une brève introduction aux normes internationales du travail*, BIT, 2014, p. 40.

[1470] SADC, *Decent work program 2013-2019: Promoting decent work for all in the SADC region*, *op. cit.*, p. 29.

[1471] Au sein de la SADC, l'organisation régionale au titre des employeurs est le Groupe des employeurs de la SADC (SEG).

[1472] Au sein de la SADC, l'organisation régionale au titre des travailleurs est le Conseil de coordination des syndicats d'Afrique australe (SATUCC),

[1473] OZAKI Muneto, RUEDA-CATRY Marleen, « Le dialogue social : un aperçu international », *Education ouvrière,* n° 120, 2000, p. 7.

réaliser plusieurs avancées en matière de dialogue social, notamment en instituant l'implication des partenaires tripartites dans l'adoption des dispositions législatives en matière de travail et de main d'œuvre. « *L'un des résultats les plus notables obtenus dans le domaine du travail par la SADC, à savoir le code sur le VIH/SIDA*[1474]*, comporte également une composante relative au dialogue social, qui vise à assurer la mise au point par les États membres de la SADC de codes nationaux tripartites sur le SIDA et l'emploi dont la législation tienne compte* »[1475].

627. Le processus d'intégration de la SADC semble avoir réussi à intégrer des valeurs sociales et plus particulièrement des valeurs contenues dans des normes internationales du travail. Une telle considération des valeurs sociales semble être différente au sein des autres organisations d'intégration du continent africain.

§ 2. Les prises en considération embryonnaires de la question sociale

628. « L'OIT, appuyée par la Commission mondiale sur la dimension sociale de la globalisation[1476], a retenu l'intégration régionale comme pierre angulaire potentielle pour une mondialisation plus juste »[1477]. De ce fait, l'OIT s'est évertuée à accompagner les différentes régions du monde à l'adoption d'au « moins une déclaration sous régionale ou régionale concernant les droits sociaux »[1478]. Toutefois, « la promotion de l'emploi et la lutte contre la pauvreté constituent un défi majeur pour le monde d'aujourd'hui »[1479]. Compte tenu de la corrélation existante entre pauvreté et emploi, les organisations d'intégration du continent africain ont essayé de se doter de politiques sociales en sus des différentes déclarations de droits sociaux. Des tentatives d'harmonisation des droits sociaux ont ainsi été perçues au plan régional et sous régional (A) à côté d'initiatives à caractère continental (B).

A. Les tentatives d'harmonisation régionale

629. L'importance accordée aux questions sociales dans les processus d'intégration diffère selon les organisations régionales en Afrique. Certaines

---

[1474] Le Code de conduite sur le VIH/SIDA et l'emploi de la SADC a été adopté en 1997.

[1475] OZAKI Muneto, RUEDA-CATRY Marleen., *op. cit.*, p. 7.

[1476] Cette commission a été instituée par l'OIT en février 2002. Il s'agit d'un organe indépendant qui a été créé pour répondre aux besoins de tous ceux qui doivent faire face aux changements sans précédent que la mondialisation a introduits dans leur vie et dans celle de leurs familles ainsi que dans la société. (*cf.* *https://www.ilo.org/public/french/wcsdg/#:~:text=Il%20s'agit%20d'un,ainsi%20que%20dans%20la%20soci%C3%A9t%C3%A9.*)

[1477] THOUVENIN Jean-Marc (dir.), TREBILCOCK Anne (dir), *Le droit international social, Droits économiques, sociaux et culturels*, Bruyant, 2013, p. 372.

[1478] *Idem.*

[1479] KHABO Fumane'Malebona, *Collective bargaining and labour disputes resolution: is SADC meeting the challenge?*, Harare, ILO, 2008, p. 1.

organisations comme la CEDEAO multiplient les initiatives en faveur d'une intégration sociale (1) alors que d'autres organisations comme la CEMAC peinent à l'envisager (2).

1. Les efforts de la CEDEAO

630. La Communauté Économique des États de l'Afrique de l'Ouest (CEDEAO) est une organisation régionale crée en 1975 qui regroupe quinze États de l'Afrique de l'Ouest à savoir le Bénin, le Burkina Faso, le Cap-Vert, la Côte d'Ivoire, la Gambie, le Ghana, la Guinée-Bissau, la Guinée, le Liberia, le Mali, le Niger, le Nigeria, le Sénégal, la Sierra Leone et le Togo. Cette organisation a pour mission de « *de promouvoir l'intégration africaine dans tous les domaines de l'activité économique, notamment l'industrie, les transports, les télécommunications, l'énergie, l'agriculture, les ressources naturelles, le commerce, les questions monétaires et financières, les questions sociales et culturelles* »[1480].

631. La CEDEAO poursuit comme objectif la « réalisation d'un marché commun à travers la suppression entre les États membres des obstacles à la libre circulation des personnes, des biens, des services et des capitaux ainsi qu'aux droits de résidence et d'établissement »[1481]. Si la libre circulation des personnes et des biens « n'induit pas directement une harmonisation du droit du travail, elle en est l'antichambre »[1482]. Elle « révèle être l'une des finalités du long processus de construction d'ensemble communautaire »[1483] de la CEDEAO. Une telle finalité s'explique par le fait que la libre circulation « *est non seulement un but en soi, mais soutient également d'autres aspects de l'intégration régionale, tels que le commerce des services, car elle permet aux prestataires de services de fournir des services sur site (par exemple dans le cas de services commerciaux) et aux bénéficiaires de se rendre auprès des prestataires l'étranger (éducation, soins médicaux ou tourisme, etc.)* »[1484].

632. La CEDEAO, pour atteindre une telle finalité, a mis en place un cadre juridique propice à la libre circulation des personnes, au droit d'établissement et de résidence au sein de son espace. En effet, en prenant en considération le « phénomène migratoire, très ancré dans la culture des peuples de l'aire géographique que couvre la CEDEAO »[1485], le Traité de la CEDEAO accorde aux citoyens de cet espace d'intégration « le droit

---

[1480] THOUVENIN Jean-Marc, TREBILCOCK Anne (dir), *op. cit.*, p. 383.

[1481] Article 3-2(d)(iii) du Traité révisé de la CEDEAO.

[1482] TCHAKOUA Jean-Marie, « L'harmonisation du droit du travail dans le cadre de l'OHADA : la mesure d'un changement en perspective », *Ohadata D-10-29*, p. 5.

[1483] ZOGO NKADA Simon-Pierre, « La libre circulation des personnes : réflexion sur l'expérience de la CEMAC et de la CEDEAO », *Revue internationale économique*, 2011, p. 117.

[1484] NU. Commission économique pour l'Afrique, *État de l'intégration régionale en Afrique VII : innovation, compétitive et intégration régionale*, 2016, p. 30. (https://www.uneca.org/sites/default/files/PublicationFiles/aria7_french_rev30march.pdf).

[1485] ZOGO NKADA Simon-Pierre, *op. cit.*, p. 123.

d'entrée, de résidence et d'établissement »[1486] en renvoyant la mise en œuvre à des protocoles. Dès 1979, un Protocole sur la libre circulation des personnes et le droit de résidence et d'établissement fut adopté au sein de la CEDEAO[1487]. Un droit d'entrée sans visa pour une durée de 90 jours est garanti par les ressortissants des États membres de la communauté dans tout pays membre de la CEDEAO. Une telle disposition, instaurée dès la création de la CEDEAO, « sert d'exemple aux Commissions économiques régionales africaines »[1488]. Outre ces dispositions en faveur de la libre circulation des personnes au sein de la l'espace CEDEAO, les Chefs d'États membres de la CEDEAO ont convenu, pour faciliter les mouvements des populations, de l'instauration d'un document de voyage communautaire au sein de cet espace. Ainsi ont été institués une carte de résidence des États membres[1489] et un passeport CEDEAO[1490].

633. Les questions sociales sont une composante du processus d'intégration de la CEDEAO. À cet effet, le Traité de la CEDEAO affirme la volonté de cette organisation régionale d'œuvrer à une harmonisation dans le domaine social[1491]. Un projet de directive sur les normes minimales pour l'harmonisation des lois du travail des États membres est en cours d'adoption au sein de la CEDEAO[1492]. Ce projet qui a été adopté le 23 juillet 2019 par le Conseil des Ministres du travail des États membres de la CEDEAO[1493] serait applicable après la confirmation de la Conférence des Chefs d'États et de Gouvernement.

634. En sus de sa volonté d'harmonisation du domaine social, la CEDEAO œuvre de plus en plus en faveur du tripartisme dans sa zone. En l'occurrence, l'adoption le 21 décembre 2001 du Protocole sur la démocratie et la bonne gouvernance[1494] « dénote l'engagement de la communauté à renforcer la participation sociale dans la sous-région »[1495]. Cet engagement s'est traduit par la création d'un Forum du dialogue social tripartite au sein

---

[1486] Article 59 du Traité révisé de la CEDEAO.

[1487] https://www.ilo.org/dyn/natlex/docs/ELECTRONIC/39769/114931/F1913314371/ORG-39769.pdf.

[1488] ADEPOJU Aderanti, « Les migrations en Afrique de l'ouest dans le contexte du Protocole sur la libre circulation et l'approche commune de la CEDEAO », *in* TRÉMOLIÈRES Marie., *Les enjeux régionaux des migrations ouest-africaines : perspectives africaines et européenne,* OCDE/CSAO, 2009, p.18.

[1489] Décision A/DEC.2/5.90 du 30 mai 1990 portant institution d'une carte de résidence des États Membres (dactyl).

[1490] Décision A/DEC. 1/5/2000 portant institution du passeport CEDEAO (dactyl).

[1491] Selon l'article 61-2 (b) du Traité révisé de la CEDEAO, « les États membres s'engagent à harmoniser leurs législations du travail et leurs régimes de sécurité sociale ».

[1492] Pour plus de précision sur le contenu de ce Projet. (*Cf.* AUVERGNON Philippe, « Présentation annotée du projet de Directive d'harmonisation du droit du travail dans l'espace de la Communauté économique des États d'Afrique de l'Ouest (CEDEAO) », *Forum tripartite du dialogue social de la Communauté économique des États de l'Afrique de l'Ouest*, 2017, Conakry, Guinée. ⟨halshs-01667171⟩).

[1493] https://www.ecowas.int/ecowas-minister-adopt-recommendations-on-decent-work-and-harmonisation-of-labour-laws-for-the-region/.

[1494] https://www.eisa.org.za/pdf/ecowas2001protocol1.pdf

[1495] THOUVENIN Jean-Marc (dir.), TREBILCOCK Anne (dir)., *op cit.,* p. 383.

de la CEDEAO en 2013[1496]. Cette structure tout comme le CTDS de l'UEMOA, répond à « un souci de démocratisation du régionalisme, d'implication de la société dans les processus d'intégration et de construction d'un consensus social »[1497]. Si plusieurs dispositions de la CEDEAO sont en faveur de l'intégration sociale toutefois, d'autres organisations du continent africain s'intéressent à cette question.

2. Les balbutiements de la CEMAC

635. L'idée d'une intégration des futurs États membres de la CEMAC a été lancée dès la sortie de la période coloniale. En effet, dès le 29 juin 1959, les anciennes colonies de l'Afrique-Équatoriale Française (AEF)[1498] devenues autonomes ont procédé à la mise en place de l'Union Douanière Équatoriale (UDE). La nécessité de réaliser une « meilleure intégration des États concernés avec en point de mire, et au-delà de la simple union douanière, la réalisation d'un marché commun de l'Afrique centrale »[1499], a donné lieu à la transformation le 8 décembre 1964 de l'UDE[1500] en Union Douanière et Économique de l'Afrique Centrale (UDEAC). Les réajustements structurels instaurés par l'UDEAC[1501] ont conduit à sa mutation le 16 mars 1994 en Communauté Économique et Monétaire de l'Afrique centrale (CEMAC)[1502].

636. La Communauté Économique et Monétaire de l'Afrique centrale (CEMAC) est une organisation intergouvernementale qui a pour mission essentielle « la promotion d'un développement harmonieux de ses pays membres dans le cadre d'un marché commun »[1503]. Deux unions distinctes rattachées à la CEMAC ont été mises en place en vue de la promotion d'un tel développement[1504]. Il s'agit de l'Union Économique de l'Afrique Centrale (UEAC) et de l'Union Monétaire de l'Afrique Centrale (UMAC). L'objectif visé est « la réaction d'un marché commun fondé sur la libre circulation des biens, des services, des capitaux et des personnes ainsi que sur l'harmonisation des politiques nationales globales et sectorielles »[1505].

1496 *Cf.* Règlement c/reg13/06/13 portant création du forum régional du dialogue social tripartite de la CEDEAO (https://www.ecowas.int/wp-content/uploads/2015/02/13Social_Tripartite.pdf).

1497 AUVERGNON Philippe, Quenum Bertin (coll.), OLAYEMI Olatunde (coll.), *Harmonisation du droit du travail au sein de la Communauté économique des États d'Afrique de l'Ouest : défis et perspectives*, rapport BIT, Dakar, 2016, p. 3.

1498 Il s'agit en l'espèce du Gabon, du Congo, de la République Centrafricaine et du Tchad.

1499 MOUANGUE KOBILA James, DONFACK SOKENG Léopold, « La CEMAC : à la recherche d'une nouvelle dynamique de l'intégration en Afrique centrale », African *Yearbook of international law,* 1999, p. 67.

1500 Le Cameroun a adhéré à l'UDE en juin 1961. (http://www.cemac.int/Histoire)

1501 La Guinée équatoriale, ancienne colonie espagnole, a adhéré à l'UDEAC le 24 août 1983. (http://www.cemac.int/Histoire).

1502 http://www.cemac.int/Histoire

1503 Article 1 du Traité constitutif de la CEMAC.

1504 Article 2.

1505 MOUANGUE KOBILA James, DONFACK SOKENG Léopold, *op. cit.,* p. 72.

637. La question de la liberté de circulation des personnes n'est pas abordée dans le Traité instituant la CEMAC[1506], mais « la création d'un marché commun fondé sur la libre circulation des biens, des services, des capitaux et des personnes »[1507] constitue l'un des objectifs de l'UEAC. La libre circulation des personnes a été proposée dans le cadre de la CEMAC[1508] le 29 juin 2005 à travers l'adoption de l'acte additionnel sur la libre circulation des personnes[1509]. Ce dernier, prévoyant un régime dérogatoire pour le Gabon et la Guinée Équatoriale[1510], a rencontré dans son application des résistances de la part des États membres. Dans l'optique de venir à bout de ses résistances, « *dès janvier 2013, l'équipe dirigeante de la Commission a fait de la libre circulation des personnes une des grandes priorités de son action. Elle s'est donnée comme mission dans ce domaine, l'information et la sensibilisation des acteurs politiques, des administrations nationales et des acteurs non étatiques* »[1511]. Ces efforts se sont soldés par la conclusion le 25 juin 2013 par les Chefs d'États membres de la CEMAC d'un accord portant suppression des visas pour les ressortissants de la CEMAC circulant dans cette espace d'intégration[1512].

638. Cet accord sur la libre circulation des personnes au sein de la CEMAC a été définitivement acté par tous les États membres de la CEMAC en fin octobre 2017. Malgré cet état de fait, la question de la libre circulation des personnes dans la zone CEMAC fait toujours l'objet de désaccord entre les États membres ; désaccord entretenu par des « pratiques exclusives entravant particulièrement la libre circulation des personnes ainsi que le droit

---

[1506] Il faut toutefois rappeler que la libre circulation des personnes au sein de cette zone d'intégration avait été a été décidée au travers de l'acte n° 1/72-UDEAC-70-A du 22 décembre 1972 portant adoption de la Convention commune sur la libre circulation des personnes et le droit d'établissement en UDEAC.

[1507] Article 2 de la convention régissant l'UEAC.

[1508] Avant l'adoption de cet acte additionnel, les textes juridiques applicables dans la zone relatif à la libre circulation des personnes étaient : l'Acte N°1/72-UDEAC-70-A du 22 décembre 1972 portant adoption de la Convention commune sur la libre circulation des personnes et le droit d'établissement en UDEAC ; l'accord de Coopération en matière de Police criminelle entre les États de l'Afrique Centrale du 29 avril 1999 ; l'accord d'extradition entre les États membres de la CEMAC du 28 janvier 2004 ; l'accord de Coopération judiciaire entre les États membres de la CEMAC ; le Pacte de non-agression, de Solidarité et d'Assistance mutuelle entre les États de la CEMAC du 28 janvier 2004 ; la convention relative à la lutte contre le terrorisme en Afrique Centrale du 28 janvier 2004. (*Cf. not.* CEMAC, « Vers une intégration accélérée pour une CEMAC émergente : renouveau communautaire 2012-2017 », 2012, p. 6).

[1509] Acte additionnel n° 08/C.E.M.A.C. – CEE – 05 du 29 juin 2005 relatif à la circulation des personnes, (dactyl).

[1510] L'article 5 de l'acte additionnel n° 08/C.E.M.A.C. – CEE – 05 du 29 juin 2005 relatif à la circulation des personnes précise que ses dispositions sont d'application immédiate pour les quatre États membres (Cameroun, Congo, Centrafrique, Tchad) qui sont ouvert à la libre circulation et progressivement pour ces deux autres États membres.

[1511] CEMAC, « Vers une intégration accélérée pour une CEMAC émergente : renouveau communautaire 2012-2017 », 2012, p. 6.

[1512] Acte additionnel n°01/13-CEMAC-070 U- CCE-SE du 25 juin 2013 portant suppression du visa pour tout ressortissant de la CEMAC circulant dans l'espace communautaire. (http://www.cemac.int/sites/default/files/ueditor/55/upload/file/20181012/1539326758512385.pdf).

de résidence et d'établissement »[1513]. À titre illustratif, la Guinée Équatoriale a fait l'objet d'une tentative de coup d'État le 24 décembre 2017. À la suite de cette tentative de coup d'État, la Guinée Équatoriale qui a désigné des ressortissants centrafricains et tchadiens responsables a décidé de restituer l'exigence de visa pour les ressortissants de ces États membres de la CEMAC. Une telle décision porte malheureusement préjudice à l'effectivité de la libre circulation des personnes au sein de la CEMAC.

639. Outre les efforts consentis en faveur de la réalisation de la libre circulation, « *les ministres du Travail et les représentants des organisations des employeurs et des travailleurs des États membres et la CEMAC ont adopté une Déclaration en septembre 2000, connue sous le nom de Déclaration de Bangui qui demande aux instances compétentes de la CEMAC de s'assurer que les réunions sous régionales des ministres chargés des finances des pays membres soient accompagnées par la réunion technique des responsables du dialogue social. À cet effet, la CEMAC prévoit de créer une structure tripartite sous régional sur le dialogue social avec la participation de l'Union des Patronats d'Afrique centrale (UNIPACE) et celle de l'Organisation Syndicale des Travailleurs de l'Afrique Centrale (OSTAC)* »[1514].

B. Les tentatives d'harmonisation des États de la zone franc

640. L'objectif d'harmonisation et de régionalisation du droit social tient une place importante dans le processus de développement des États utilisant le franc CFA. Une telle importance explique que ces États, outre leur appartenance respective à des organisations régionales et à des organisations sous régionaux, aient constitué deux organisations d'intégration régionale devant œuvrer en faveur de l'harmonisation du droit social. L'Organisation pour l'Harmonisation en Afrique du Droit des Affaires (OHADA) et la Conférence Interafricaine de la Prévoyance sociale (CIPRES) ont en effet été créées en vue de permettre l'harmonisation du droit social en Afrique et « de donner confiance aux entrepreneurs, et donc de promouvoir la croissance économique et le développement durable »[1515]. Ces organisations agissent respectivement en faveur d'une harmonisation du droit du travail (1) et du droit de la sécurité sociale (2) au sein de leurs États membres.

1. Le projet pendant d'acte uniforme « OHADA »

641. « La perspective de doter la zone franc d'un outil efficace de régulation et de réglementation des règles de droit »[1516] a conduit les États membres à envisager l'élaboration d'un instrument juridique d'envergure

[1513] LOUNGOU Serge, « La libre circulation au sein de l'espace de la CEMAC : entre mythes et réalités », *Belgeo,* [en ligne], [consulté le 30 novembre 2018].
[1514] THOUVENIN Jean-Marc (dir.), TREBILCOCK Anne (dir), *op. cit.,* p. 384.
[1515] *Ibid.,* p. 386.
[1516] BELLO Ahmed, « Pourquoi faut-il adopter le projet d'acte uniforme de l'OHADA relatif au droit du travail ? », *Revue de droit uniforme africain,* 2011, p. 3.

dont « l'objet principal était d'homogénéiser les dispositions juridiques existantes à l'échelle africaine »[1517]. L'Organisation pour l'Harmonisation en Afrique du Droit des Affaires (OHADA) fut créée le 17 octobre 1993 à Port-Louis en Ile Maurice à cet effet. Elle poursuit une œuvre d'intégration juridique entre les pays qui en sont membres et a pour objectif de faciliter des échanges et des investissements par la garantie de la sécurité juridique et judiciaire des activités des entreprises[1518].

642. L'OHADA qui « est présentée comme un véritable instrument de révolution juridique dans le domaine du droit des affaires »[1519], regroupe dix-sept États membres[1520] et a pour principaux organes le Conseil des ministres qui détient le pouvoir de décision et le pouvoir normatif, la Cour commune de justice et d'arbitrage (CCJA) qui est l'organe judiciaire, le Secrétariat qui est l'organe exécutif et l'École Régionale Supérieure de la Magistrature (ERSUMA)[1521]. L'OHADA a pour objectif d'*« harmoniser le droit des affaires dans les États partis par l'élaboration et l'adoption de règles communes simples, modernes et adaptées à la situation de leurs économies, par la mise en œuvre de procédures judiciaires appropriées, et par l'encouragement au recours à l'arbitrage et pour le règlement des différends contractuels »*[1522].

643. Contrairement à sa dénomination, l'OHADA ne met pas en place une « technique d'harmonisation, mais d'unification »[1523]. Les actes pris pour l'adoption des règles communes sont qualifiés d'« actes uniformes »[1524] et sont directement applicables et obligatoires dans les États partis, nonobstant toute disposition contraire de droit interne, antérieur ou postérieur[1525]. L'unification voulue par l'OHADA « porte sur l'ensemble des situations de sorte que les règles matérielles uniformes prennent la place du droit interne de chacun des États qui est alors abrogé »[1526]. Plusieurs actes uniformes ont été adoptés par l'OHADA en vue d'atteindre ses objectifs.[1527] Toutefois,

---

[1517] *Idem.*

[1518] http://www.ohada.com/accueil.html

[1519] THOUVENIN Jean-Marc, TREBILCOCK Anne (dir), *op. cit.*, p. 386.

[1520] L'OHADA fut créée par 14 États de la Zone Franc : le Bénin, le Burkina Faso, le Cameroun, la République Centrafricaine, le Congo, la Cote d'Ivoire, le Gabon, la Guinée Bissau, la Guinée Équatoriale, le Mali, le Niger, le Sénégal, le Tchad et le Togo. Les Comores, la Guinée Conakry et la République Démocratique du Congo ont adhéré postérieurement à l'OHADA.

[1521] Article 3 du Traité relatif à l'harmonisation en Afrique du droit des affaires.

[1522] Article 1 du Traité relatif à l'harmonisation en Afrique du droit des affaires.

[1523] ISSA-SAYEG Joseph., LOHOUES-OBLE Jacqueline, *OHADA, Harmonisation du droit des affaires*, Bruylant, 2002, p. 93.

[1524] Article 5 du Traité relatif à l'harmonisation en Afrique du droit des affaires.

[1525] Article 10.

[1526] MEYER Pierre, « Le droit OHADA et le droit international privé : les règles d'application du droit uniforme », *Uniform law review,* 2018, p.101.

[1527] À la date du 20 septembre 2019, l'OHADA a adopté les actes uniformes suivants : acte uniforme relatif à la médiation, acte uniforme relatif au droit de l'arbitrage, acte uniforme relatif au droit comptable et à l'information financière, acte uniforme portant organisation des procédure collectives d'apurement au passif, acte uniforme relatif au droit des sociétés coopératives, actes uniformes relatif aux contrats de transports de marchandises par route, acte uniforme portant organisation des procédure simplifiées de recouvrement et de voies

conformément aux dispositions du Traité révisé de l'OHADA[1528], d'autres droits comme le « droit du travail » devraient également faire l'objet d'un acte uniforme.

644. Pour certains, l'adoption d'un acte uniforme OHADA sur le droit du travail « constituerait à la fois une nécessité, mais aussi une solution à certaines difficultés pratique »[1529] dans la mesure ou l'adoption « d'un tel acte uniforme permettrait d'imposer aux tribunaux et aux justiciables sur le territoire des États partis des règles intangibles, et donc une prévisibilité des risques juridiques »[1530]. Outre cet apport de sécurité juridique, l'adoption d'un acte uniforme relatif au droit du travail revêtirait une dimension sociale, car il permettrait de consolider « les droits essentiels des travailleurs pour créer des conditions d'un progrès social »[1531]. Conscient de cet état de fait, les États membres de l'OHADA ont envisagé l'adoption d'un acte uniforme portant droit du travail.

645. Le Conseil des ministres de l'OHADA a décidé de l'harmonisation du droit du travail en mars 1999[1532] ; mais, du fait « du caractère délicat et complexe du sujet, le Conseil des ministres avait instruit le secrétariat permanent d'associer étroitement au processus d'harmonisation les ministres chargés du travail et les partenaires sociaux des États partis »[1533]. En février 2002[1534], le Conseil des ministres de l'OHADA a donné son accord pour la rédaction d'un avant-projet d'acte uniforme portant droit du travail. « L'opportunité d'ouvrir un tel chantier n'ayant pas suscité de véritable

d'exécution, acte uniforme portant organisation et harmonisation des comptabilités des entreprises, acte uniforme relatif au droit de l'arbitrage, acte uniforme portant organisation des sûretés, actes uniforme relatif au droit des sociétés commerciales et groupement d'intérêt économique, acte uniforme relatif au droit commercial général. (http://www.ohada.com/actes-uniformes.html).

[1528] Article 2 du Traité OHADA révisé relatif à l'harmonisation en Afrique du droit des affaires.

[1529] REIS Patrice, « Le droit du travail dans le droit OHADA », *Revue de l'ERSUMA,* 2012, p. 1.

[1530] *Idem.*

[1531] KIRSCH Martin, « Un évènement capital pour le droit du travail en Afrique : l'examen d'un avant-projet d'acte uniforme de l'OHADA », *Droit africain du travail-TPOM,* 2003, p. 124.

[1532] Préalablement à cette décision, un séminaire organisé en 1997 sous l'égide du BIT et de la Banque mondiale avait permis un premier repérage des problèmes susceptibles d'être soulevés par l'adoption d'un acte uniforme sur le droit du travail en Afrique. (BELLO Ahmed, « Pourquoi faut-il adopter le projet d'acte uniforme de l'OHADA relatif au droit du travail ? », *Revue de droit uniforme africain,* n°005, 2011, p. 5).

[1533] AZOGOH-KOUADIO., « Le projet d'acte uniforme OHADA portant droit du travail », Mémoire de Master 2, Droit, Université Bordeaux IV-Montesquieu, 2008, p. 14.

[1534] Le du BIT avait demandé en février 2001 au Professeur Jean-Marc BÉRAUD une « Étude préalable à l'adoption d'un Acte uniforme en Droit du travail dans le cadre de l'OHADA ». Cette étude comparative des législations du travail de travail en vigueur dans les États membres de l'OHADA a donné lieu à des propositions en vue d'une législation uniforme en droit du travail.(https://biblio.ohada.org/pmb/opac_css/index.php?lvl=notice_display&id=719).

contestation »[1535], la première version du projet fut élaborée début 2003 « par l'expert retenu par l'OHADA afin de servir de base aux réunions d'ateliers sous régionaux, après quoi le même consultant à produit en juin 2004 un « avant-projet d'Acte uniforme portant droit du travail », envoyé en avril 2005 aux États parties en vue de recueillir leur observations »[1536]. Cet avant-projet a donné lieu à des amendements[1537] qui ont permis aux « commissions nationales de s'accorder sur toutes les dispositions, pour enfin permettre au conseil des ministres de l'OHADA de l'adopter le moment venu »[1538].

646. Le projet d'acte uniforme OHADA relatif au droit du travail sur lequel se sont accordées les commissions nationales en octobre 2010 compte deux cent quatre-vingt-trois articles. « Il poursuit les objectifs reconnus au droit du travail que sont la garantie de la sécurité des travailleurs et des entreprises, et se veut être un creuset de confiance pour l'économie des États membres, afin d'attirer les investisseurs étrangers »[1539]. Ce projet d'acte uniforme conserve les thématiques fondamentales du droit du travail comme les droits fondamentaux[1540], le contrat de travail[1541], les conditions de travail[1542], la santé et la sécurité au travail[1543], la représentation du personnel et le droit syndical,[1544] les conventions et accords collectifs[1545], les conflits du travail[1546], les organismes et moyens d'exécution[1547] ainsi que les dispositions pénales[1548].

647. Malgré l'existence de ce projet d'acte uniforme relatif au droit du travail, l'uniformisation du droit du travail dans le cadre de l'OHADA

[1535] MINET Georges, VARGHA Corinne, « Perspectives du droit du travail en Afrique : entre la voie de l'OHADA et les recommandations de la Banque Mondiale », *Éducation ouvrière,* n°143-144, 2006, p.77.

[1536] AUVERGNON Philippe, « Des esprits présents dans le projet d'acte uniforme OHADA portant droit du travail », *in* AUVERGNON Philippe, BOKALLI Victor- Emmanuel *et alii* (dir.), *De l'esprit du droit africain, Mélange en l'honneur de Paul Gérard POUGOUÉ,* Wolters Kluwer 2014, p. 116.

[1537] La première version de l'avant-projet d'acte uniforme portant droit du travail élaboré en juin 2004 et soumise aux États parties pour observation en avril 2005 comprenait 480 articles. Du fait des critiques, un comité technique indépendant fut chargé de relire et simplifié l'avant-projet d'acte uniforme portant droit du travail en 2006. Une seconde version « allégée » fut ainsi élaborée en 2006 et envoyée aux États pour observations en 2007. Suite à la réception des observations des États membres, les commissions nationales tripartites, les ministères du Travail et de la Justice des États membres ainsi qu'un certain nombre d'experts de l'OHADA et du BIT se sont réunis en octobre 2010 pour une relecture de l'avant-projet.

[1538] BITSAMANA Hilarion Alain, *L'ineffectivité du droit du travail à l'orée de la réforme OHADA*, Thèse de doctorat, droit, Université Côte d'Azur, 2018, p. 22.

[1539] SANGARE Yacouba, *Les sanctions en droit du travail : étude comparative entre le droit français et le droit malien du travail*, Thèse de doctorat, droit, Université de Cergy-Pontoise, 2012, p.17.

[1540] Titre I du projet d'acte uniforme OHADA relatif au droit du travail.

[1541] Titre II du projet d'acte uniforme.

[1542] Titre III du projet d'acte uniforme OHADA relatif au droit du travail.

[1543] Titre IV du projet.

[1544] Titre V du projet.

[1545] Titre VI du projet.

[1546] Titre VII du projet.

[1547] Titre VIII du projet.

[1548] Titre IX du projet.

piétine depuis plus de dix ans. Ceci prouve que « le droit du travail serait de ces matières qu'on n'uniformise pas sans risque »[1549]. Sur le plan politique, les difficultés d'adoption de cet acte uniforme peuvent s'expliquer par le fait que les États peinent à abandonner leur souveraineté en matière de droit du travail et surtout « en raison de l'opposition de certains États de l'Afrique centrale à ses dispositions concernant la liberté de circulation des travailleurs et la liberté d'organisation syndicale »[1550]. Le droit national du travail étant une « variable d'incitation à l'investissement, il est possible d'envisager que les États souhaitent garder une maîtrise "individuelle" de l'évolution de leurs droits du travail »[1551]. Sur le plan pratique, bien que l'OHADA ait été constitué par les États de la zone franc, elle regroupe en son sein des États de l'Afrique de l'Ouest et de l'Afrique centrale marqués par une relative diversité linguistique[1552]. Même si ces États partagent une certaine identité de leurs législations sociales les perspectives d'unification semblent plus délicates. Du fait de ces causes de blocages à l'adoption de l'acte uniforme relatif au droit du travail, le droit du travail apparaît aujourd'hui comme le parent pauvre de l'OHADA. Même si l'OHADA continue d'affirmer que le projet d'acte uniforme relatif au droit du travail puisse être adopté[1553], la dernière réforme de la législation béninoise[1554] faisant du droit du contrat du travail un avantage compétitif s'éloigne des dispositions de cet acte uniforme. Cela semble sonner bel et bien la fin de celui-ci[1555].

2. La question du droit de la sécurité sociale

648. Le Traité de l'OHADA n'inclut pas la sécurité sociale parmi les droits devant faire l'objet d'un acte uniforme. Toutefois, la sécurité sociale a également fait « *l'objet d'une harmonisation qui s'est traduite, non par un droit uniforme ni même une harmonisation des règles de fond des différentes législations, mais par une coordination de celles-ci (pour éviter les doubles emplois ou lacunes) et une coopération des organisations de sécurité*

[1549] TCHAKOUA Jean-Marie, *op. cit.,* p. 2.

[1550] AUVERGNON Philippe., « Mythe d'un autre droit et nécessité d'adaptations des droits du travail en Afrique subsaharienne », *in* JEAMMAUD Antoine, LE FRIANT Martine, LOKIEC Pascal, WOLMARK Cyril (coord.), *À droit ouvert : mélanges en l'honneur d'Antoine Lyon-Caen,*Dalloz, 2018, p. 70.

[1551] PANIER Élise, *L'État et les relations de travail au Togo,* Thèse de doctorat, droit, Université Bordeaux IV-Montesquieu, 2012, p. 56.

[1552] L'OHADA compte en son sein des États de langue française, un État de langue lusophone (la Guinée Bissau), un État de langue hispanique (la Guinée équatoriale), un État de langue partiellement anglophone (Le Cameroun).

[1553] Contribution de Mr. SOSSA Dorothé, secrétaire permanent de l'OHADA. (*Cf. not.* SOSSA Dorothé, « Dialogue social : analyse et point de vue de l'OHADA », *in* AUVERGNON Philippe (dir.), KÉNOUKON Chrystal (dir.), *Dialogue social dans les pays de l'espace OHADA et ailleurs dans le monde : la part du droit,* L'Harmattan, 2018, p. 120).

[1554] La loi n° 2017-05 du 29 aout 2017 fixant les conditions et la procédure d'embauche, de placement de la main d'œuvre et de résiliation du contrat de travail.

[1555] Pour plus de précisions. (*Cf. not.* AUVERGNON Philippe, « Mythe d'un autre droit et nécessité d'adaptations des droits du travail en Afrique subsaharienne », *op. cit.,* p. 71).

sociale »[1556]. La coordination des législations de sécurité sociale « concerne essentiellement la protection des travailleurs étrangers et des travailleurs migrants dont la carrière peut se trouver, par suite de déplacement, soumise à deux ou plusieurs législations et dont la protection peut être mise en défaut »[1557].

649. En Afrique subsaharienne, l'intégration juridique en matière de sécurité sociale s'est surtout réalisée au travers de deux instruments juridiques. Dans un premier temps, une Organisation Commune Africaine, Malgache et Mauricienne (OCAM) fut créée en septembre 1961[1558] et est intervenue « plus spécialement dans le domaine économique, social, technique et culturel »[1559].

650. Sur le plan social, la sécurité sociale des travailleurs migrants constituait une des préoccupations majeures de l'OCAM qui procéda à la conclusion de conventions pour faciliter le service des prestations des travailleurs migrants. Bien que cette organisation ait été dissoute en 1986, *« elle a légué à certains des membres les conventions signées par eux sous son égide, telles que : la convention générale relative à la situation des personnes et aux conditions d'établissement*[1560] *selon laquelle les ressortissants de chaque État signataire bénéficient sur le territoire des autres parties, de la législation sociale dans les mêmes conditions que les nationaux ; et la convention générale de sécurité sociale*[1561] *poursuivant un objectif de coordination des systèmes de sécurité sociale et un objectif de coopération entre les organismes de sécurité sociale* »[1562]. La convention générale de sécurité sociale par exemple n'engage qu'une partie des États anciennement partis à l'OCAM[1563] et s'avère très peu appliquée en raison

[1556] ISSA-SAYEGH Joseph, « La problématique de la construction d'un droit du travail régional dans les pays africains de la zone franc », Communication au séminaire ORAF/CFDT/UGT-CI (Abidjan mai-juin 1995) sur le thème « La dimension sociale de l'intégration régionale des pays africains de la zone franc. L'harmonisation du droit du travail comme facteur de progrès social », ohada *D-02-26.* p. 4.

[1557] OIT. Commission consultative africaine, « Harmonisation des systèmes de sécurité sociale des pays d'Afrique », Rapport 6ème session, 1975, p. 5.

[1558] Initialement dénommé l'Union Africaine et Malgache (UAM), elle a été transformée en OCAM en février 1965. L'OCAM avait pour État membre : le Cameroun, La République Centrafricaine, la République populaire du Congo, la Côte d'Ivoire, le Dahomey (actuel Bénin), la Haute Volta (actuel Burkina Faso), la République Malgache, île Maurice, le Niger, le Rwanda, le Sénégal, le Tchad, le Togo et le Zaïre (actuel République Démocratique du Congo).

[1559] TALL A. B, « L'organisation commune africaine, malgache et mauricienne », *Journal of african law,* vol. 16, n°3, 1972, p. 306.

[1560] Signée à Tananarive le 8 septembre 1962, modifiée à Kinshasa le 28 janvier 1965 et à Kigali le 10 février 1977.

[1561] Signée à Fort-Lamy le 29 juin 1971 et modifiée à Kigali le 10 février 1977.

[1562] ISSA-SAYEG Joseph, « Questions impertinentes sur la création d'un droit social régional dans les États africains de la zone franc », *Bulletin de droit comparé du travail et de la sécurité sociale*, 1999, p. 177.

[1563] Sur les quinze États signataires de la convention, seul les huit États suivant ont ratifié la convention générale de sécurité sociale : le Bénin, le Burkina Faso, le Congo, le Niger, la République Centrafricaine, le Sénégal, le Tchad et le Togo.

des dispositions protectrices[1564]. Cela s'explique par « l'absence d'institution assurant la promotion de ses normes auprès des migrants, des employeurs et des services étatiques, et compte tenu de la faiblesse des structures administratives de contrôle et de répression »[1565].

651. À la suite de la dissolution de l'OCAM, les États de la zone francs ont créé une organisation de coopération visant à faciliter la gestion des organismes de prévoyance sociale. Cette institution dénommée « Conférence Interafricaine de Prévoyance sociale » (CIPRES) a été créée le 21 septembre 1993 et regroupe seize États de la zone franc[1566].

652. La CIPRES a pour objectif de « *promouvoir la prévoyance sociale et soutenir les actions visant à son extension dans les États membres ; fixer les règles communes de gestion applicables aux Organismes de Prévoyance sociale ; instituer un contrôle permanent de la gestion des Organismes de Prévoyance sociale en vue de rationaliser leur fonctionnement pour mieux garantir les intérêts des assurés sociaux y compris ceux des travailleurs migrants ; instituer un système d'appui-conseil et d'assistance aux Organismes de Prévoyance sociale des États membres ; réaliser des études et élaborer des propositions tendant à l'harmonisation des dispositions législatives et règlementaires applicables au secteur de la Prévoyance sociale ; faciliter la mise en œuvre, par des actions spécifiques au niveau régional, d'une politique de formation initiale et permanente des cadres et techniciens des Organismes de Prévoyance sociale dans les États membres* »[1567].

653. La CIPRES est une institution technique ayant des compétences restreintes. Ces dernières en matière d'harmonisation de législations et des régimes de sécurité sociale se limitent à réaliser des études et à élaborer des propositions. L'inspection régionale de la prévoyance qui assure le rôle de secrétariat permanent de la CIPRES est également chargée de l'élaboration « des études et des propositions tendant à l'harmonisation des dispositions législatives et règlementaires applicables aux organismes de prévoyance

[1564] En vertu des dispositions de l'article 2 de la convention de l'OCAM, celle-ci couvre toutes les dispositions relatives aux branches de sécurité sociale, notamment les prestations d'invalidité, de vieillesse et de survivants, les prestations d'accidents du travail et de maladies professionnelles, les prestations familiales et de maternité, les prestations de maladie, toutes les législations nationales modificatives ou compétitives et tous les régimes de sécurité sociale qui viendraient à être créés. Une telle couverture s'applique selon les dispositions de l'article 4 de la convention de l'OCAM aux travailleurs salariés ou assimilés ressortissants d'une partie contractante ainsi qu'aux membres de leurs familles et à leurs survivants.

[1565] KIEMDE Paul, *Droit du travail et de la sécurité sociale*, Précis de droit burkinabé, 2006, p. 602.

[1566] Les États membres de la CIPRES sont : le Bénin, le Burkina Faso, le Cameroun, les Comores, le Congo, la Côte d'Ivoire, le Gabon, la Guinée équatoriale, la République centrafricaine, la République Démocratique du Congo, la République du Madagascar, le Mali, le Niger, le Sénégal, le Tchad et le Togo.

[1567] Article 1 du Traité de la CIPRES.

sociale »[1568]. Les États membres de la CIPRES ont arrêté les orientations générales de cette organisation en adoptant « les textes relatifs à l'harmonisation des législations nationales en juin 2003 »[1569].Au total, l'ensemble des dispositions relatives au cadre juridique et institutionnel[1570] ainsi que celle ayant trait à la gestion technique des risques gérés[1571] ont été harmonisées.

654. En ce qui concerne la protection des travailleurs migrants, le Conseil des ministres de la CIPRES a procédé à la signature d'une convention multinationale de sécurité sociale en février 2006[1572]. Cette convention qui vise les prestations[1573] des travailleurs migrants des États membres a pour but de « garantir une application équitable et conjointe des législations nationales et d'établir entre elles, les relations et les ajustements nécessaires pour assurer, aux travailleurs concernés, une continuité satisfaisante de protection sociale »[1574].

1568 ONANA ETOUNDI Félix, « Les expériences d'harmonisation des lois en Afrique », *Revue de l'ERSUMA : Droit des affaires-Pratique professionnelle,* 2012, [en ligne], [consulté le 6 janvier 2019].

1569 CIPRES, « *La CIPRES 20 ans après »,* [en ligne], [consulté le 6 janvier 2019].

1570 Recommandation n° 22/CM/CIPRES Portant Cadre Juridique et Institutionnel des Organismes de Prévoyance Sociale des États membres de la CIPRES. *(cf. http://www.lacipres.org/documentation/article/recommandation-no-22-cm-cipres).*

1571 Recommandation N°25/CM/CIPRES le 23 février 2005 pour ce qui est des dispositions applicables à la gestion technique des branches dans les OPS des Etats membres de la CIPRES.

1572 Convention multilatérale de sécurité sociale de la Conférence interafricaine de prévoyance sociale (CIPRES), du 27 février 2006.
(https://www.ilo.org/dyn/natlex/docs/ELECTRONIC/99191/118290/F-151911049/INT-99191.pdf).

1573 Les prestations de vieillesse, d'invalidité et de survivants, les prestations d'accidents du travail et des maladies professionnelles, les prestations familiales et de maternité et les prestations de maladie sont concernées par la convention multilatérale de sécurité sociale de la CIPRES.

1574 CIPRES, *op. cit.*

CHAPITRE 2

La question sociale en marge du progrès de l'UEMOA

655. L'UEMOA apparaît comme l'une des organisations qui est en passe de réussir son processus d'intégration économique. Les mesures prises par cette organisation ont permis des progrès en faveur de l'institution d'un marché commun, mais toutefois n'ont pas permis d'améliorer les indices de développement humain des populations[1575]. Ces indices de développement humain des États membres demeurent en effet faibles, même si l'on peut constater une évolution depuis l'institution de l'UEMOA.

	Index des indices de développement humain entre 1990 et 2020	
	1990	2020
BENIN	0,348	0,545
BURKINA FASO		0,452
CÔTE D'IVOIRE	0,388	0,538
GUINÉE BISSAU		0,48
MALI	0,231	0,434
NIGER	0,21	0,394
SENEGAL	0,367	0,512
TOGO	0,405	0,515

Source: Table 2 - Human development index trends, 1990-2020; Human development indices and indicator, United Nation Development Programme, 2020 Statistical Update. (http://hdr.undp.org/en/countries).

656. La non-inclusion des questions sociales dans le processus d'intégration de l'UEMOA peut expliquer l'état du développement humain dans cet espace (Section 1). Cependant, comme l'a rappelé Monsieur Cheik

[1575] L'indice de développement humain est utilisé par les Nations Unies pour mesurer le niveau de développement des pays. Il intègre des données qualitatives et quantitatives et se présente comme un nombre compris entre 0 et 1. Plus il se rapproche de 1, plus le niveau de développement du pays est élevé. (*Cf.* https://www.ined.fr/fr/lexique/indice-de-developpement-humain/).

Hadjibou SOUMARE[1576], « si le marché commun est la vocation originelle de l'UEMOA, assurer le bien-être des populations en est la finalité »[1577]. De ce fait, même si les premières mesures de l'UEMOA ont été de nature purement économique, l'UEMOA semble de plus en plus s'orienter vers une intégration globale. De ce fait, aussi bien des mesures économiques que sociales sont prises par cette institution (Section 2).

SECTION 1. UN OUBLI INITIAL PRÉOCCUPANT DU DÉVELOPPEMENT HUMAIN

657. L'UEMOA a été initialement conçue pour répondre à des impératifs économiques. Le Traité constitutif de l'UEMOA a certes posé les bases d'une politique régionale s'articulant, entre autres, autour de « la résorption des disparités de développement »[1578] ; mais le processus d'intégration est davantage orienté vers un développement économique avec « la priorité mise sur l'environnement institutionnel et judiciaire (intégration par les règles, autonomie du pouvoir monétaire et judiciaire vis-à-vis du pouvoir politique nationale, harmonisation du droit), sur la constitution d'un espace financier commun grâce à l'uniformisation du droit et d'un espace commercial »[1579].

658. Si le processus d'intégration de l'UEMOA semble réussir sur certains points, il n'a malheureusement pas permis aux États membres de ne plus figurer parmi les États les plus pauvres de la planète. Si on se réfère à la pauvreté monétaire, elle apparaît particulièrement désastreuse pour les populations qui semblent de plus en plus vulnérables (§ 1) et sont confrontées à des difficultés pour accéder à l'emploi (§ 2).

§ 1. La vulnérabilité persistance des populations

659. Les États membres de l'UEMOA sont parmi les États les plus pauvres au monde. Cette pauvreté se répercute sur le niveau de vie des populations. En effet, la pauvreté étant « un phénomène social dont la manifestation la plus générale est le dénuement profond associé à un état de manque et de privation relatif à un ensemble de besoins fondamentaux »[1580], le bien-être de la personne paraît important pour juger ce phénomène. Au

---

[1576] Cheik Hadjibou SOUMARE fut Président de la Commission de l'UEMOA de 2011 à 2017.

[1577] UEMOA. Commission, « UEMOA 2011-2016 : une nouvelle dynamique de l'intégration », 2016, p. 6.

[1578] IBRIGA Luc Marius, « L'UEMOA : une nouvelle approche de l'intégration économique régionale en Afrique de l'Ouest », *African yearbook of international law,* 1998, p. 34.

[1579] HUGON Philippe, « Régionalisation en Afrique subsaharienne et en Asie du sud-est », *Afrique Contemporaine,* 1995, p. 96.

[1580] DJOKE Kossi Agbéviadé, DJADOU Ayawo, D'ALMEIDA Amélé, RUFFINO Rachidatou, « Profil de la pauvreté infantile dans les pays de l'UEMOA : une analyse comparative basée sur l'approche multidimensionnelle de la pauvreté », PEP *working paper serie*, [en ligne], 2009, [Consulté le 05 jan 2019].

sein des États membres de l'UEMOA, les différentes populations sont confrontées à une constance de phénomènes sociaux qui contribuent à affaiblir les indicateurs sociaux et à accentuer leur vulnérabilité (A). Outre la faiblesse des indicateurs sociaux de la région, de nouveaux défis sont également la cause de la vulnérabilité de ces populations (B).

A. La faiblesse des indicateurs sociaux

660. Les populations des États membres de l'UEMOA sont confrontées à certaines difficultés sociales qui réduisent leur accès aux « besoins fondamentaux ». Ces difficultés qui ont des origines souvent naturelles peuvent expliquer l'existence d'indicateurs d'insécurité sociaux dans la région (1), même si des facteurs humains doivent être pris en considération, notamment concernant l'accessibilité des populations aux infrastructures de base (2).

1. L'existence d'indicateurs d'insécurité sociaux

661. Les États membres de l'UEMOA, à l'instar des autres États de l'Afrique subsaharienne, « subissent des pathologies transmises à l'homme, à l'animal et aux plantes par des insectes, des virus et bien d'autres vecteurs »[1581]. L'existence de ces pathologies explique par ailleurs que « la lutte contre les grandes endémies, les pratiques d'éradications des vecteurs, la prévention des contaminations, les campagnes de vaccination aient été un objectif majeur de l'administration coloniale à l'échelle régionale »[1582].

662. Dès leur accession à l'indépendance, les États membres ont adopté des politiques sanitaires visant à éradiquer ces maladies tropicales. Ces différentes politiques nationales combinées aux actions internationales[1583] et surtout manifestée par les objectifs du millénaire[1584] de lutter contre certaines maladies tropicales[1585] ont permis de réduire le taux de prévalence de certaines maladies au sein de ces États.

663. Toutefois, malgré ces efforts nationaux et internationaux, certaines maladies tropicales comme le paludisme continuent à avoir des taux de

---

[1581] Club du Sahel et de l'Afrique de l'Ouest/ OCDE, « L'Afrique de l'Ouest : une région en mouvement, une région en mutation, une région en voie d'intégration », Document de travail, 2007, p. 49. (https://www.oecd.org/fr/csao/publications/38512130.pdf)

[1582] *Idem.*

[1583] Dans l'optique d'améliorer les perspectives d'avenir et la santé futures, l'OMS adopte des programmes stratégiques de santé pour tous. (https://www.who.int/fr/about/what-we-do/who-brochure).

[1584] L'objectif n° 6 du Millénaire pour le développement et l'après 2015 avait pour objectif de combattre le VIH/SIDA, le paludisme et d'autres maladies.

[1585] Selon l'OMS, les maladies tropicales sont les maladies que l'on rencontre seulement ou principalement sous les tropiques. En pratique, on se réfère aux maladies infectieuses qui sévissent sous des climats chauds et humides, telles que le paludisme, la leishmaniose, la schistosomiase, l'onchocercose, la filariose lymphatique, la maladie de Chagas, la trypanosomiase africaine ou la dengue. (https://www.who.int/topics/tropical_diseases/fr/).

prévalence élevés au sein de ces États[1586]. Même si ces maladies ne sont pas spécifiques à cette zone d'intégration, les conditions climatiques et les conditions de vie des populations favorisent leur propagation. Certaines maladies persistent au sein des populations surtout du fait de l'inaccessibilité à des besoins fondamentaux. Tel est le cas des pathologies liées à la salubrité de l'eau. À titre illustratif, au cours de l'année 2017, « environ 2035 cas d'hépatite E ont été enregistrés dans la région de Diffa au Niger »[1587]. Cette maladie se transmet principalement par l'eau contaminée ; elle sévit souvent dans les régions où l'accès à l'eau potable est limité ou intermittent[1588].

664. Sur le plan sanitaire, la vulnérabilité des populations des États membres de l'UEMOA résulte certes de l'insécurité sanitaire inhérente aux facteurs naturels de la région, mais les difficultés d'accessibilité aux soins de santé des populations contribuent fortement à une telle vulnérabilité : « les pays de la région ne sont pas en mesure de fournir les infrastructures, le personnel et les produits nécessaires pour les services de santé »[1589]. De plus, la couverture santé demeure encore problématique. À titre illustratif, selon l'OMS, moins de 40 % de la population de l'UEMOA bénéficiait d'une couverture des soins[1590] en 2017[1591].

665. Outre cette insécurité sanitaire, les populations des États membres de l'UEMOA sont confrontées à une insécurité alimentaire. Ces populations ont en effet des difficultés à accéder à tout moment, au moyen du revenu ou de la production, à des aliments nutritifs de qualité pour une vie saine et active. Cela explique que les taux de prévalence de la sous-alimentation ne soient pas négligeables bien que cela varie selon les pays.

[1586] Selon le rapport « *World Heath statistics 2018 : monitoring Heath for the SGGs* » de l'OMS, les indices du paludisme pour 1000 habitants sont : Sénégal 49, Guinée Bissau 73, Côte d'Ivoire 223.2, Bénin 297.3, Togo 360.4, Niger 378.5, Burkina Faso 423.3 et Mali 459.7.

[1587] NU. Conseil de sécurité, « Rapport du secrétaire général sur les activités du bureau des Nations Unies pour l'Afrique de l'ouest et du sahel », 2017, p.6.

[1588] https://www.who.int/features/factfiles/hepatitis-e/fr/

[1589] OMS, « État de la santé dans la région africaine de l'OMS : analyse de la situation sanitaire, des services et des systèmes de santé dans le contexte des objectifs de développement durable »,2018, p.16.
(https://www.afro.who.int/sites/default/files/2018-08/Etat%20de%20la%20sante%20Region%20africaine%20de%20l%20OMS.pdf).

[1590] Couverture des services de santé essentiels est définie en l'espèce comme la couverture moyenne des services essentiels sur la base d'interventions traceurs comprenant la santé génésique, la santé de la mère, du nouveau-né et de l'enfant, les maladies infectieuses, les maladies non transmissibles et la capacité et l'accès aux services de la population en général et des plus défavorisées. (OMS, *World Heath statistics 2018: monitoring Heath for the SGGs*, *op. cit.*, p. 37).

[1591] Selon l'OMS, les indices de couverture aux services de santé essentiels des États membres de l'UEMOA se présentaient comme suit en 2018 : Côte d'Ivoire 44, Togo 42, Bénin et Sénégal 41, Burkina Faso et Guinée Bissau 39, Niger 33 et Mali 32. (OMS, *World Heath statistics 2018: monitoring Heath for the SGGs*, 2018, p. 37.
(https://apps.who.int/iris/bitstream/handle/10665/272596/9789241565585-eng.pdf?ua=1).

	BENIN	BURKINA FASO	CÔTE D'IVOIRE	GUINEE BISSAU	MALI	NIGER	SENEGAL	TOGO
Prévalence de la sous-alimentation de la population totale 2017-2019 (%)	7,4	19,2	19,9		5,1		9,4	20,7
Prévalence de l'insécurité alimentaire grave population totale 2017-2019 (%)		13,9					16,7	

Source : Rapport FAO sur « L'État de la sécurité alimentaire et de la nutrition dans le monde 2020 ». (http://www.fao.org/3/ca9692en/ca9692en.pdf) .

666. D'une manière générale, « une augmentation de l'insécurité alimentaire a été observée dans presque toutes les sous-régions d'Afrique avec une hausse significative en Afrique de l'Ouest »[1592]. Toutefois, au sein des États membres de l'UEMOA, la persistance de l'insécurité alimentaire est liée « à la faible diversification de l'agriculture, aux modes de production caractérisés par une quasi-absence de la mécanisation et de l'irrigation, à une faible intensification des pratiques culturales »[1593], ainsi qu'à la « hausse des prix des aliments et à un ralentissement de la croissance du produit intérieur brut (PIB) réel par habitant »[1594].

667. Les aléas climatiques tels que les sécheresses et les inondations ont également une incidence sur la vulnérabilité des populations. Au sein des États membres de l'UEMOA, « 13 % du total des terres arables sont cultivés de façon permanente »[1595]. L'agriculture d'exportation et l'agriculture de substance sont combinées au sein de cet espace et participe à la couverture alimentaire des États. Dans un tel contexte, « l'influence du climat sur la production et les moyens d'existence est à la fois la plus marquée et la plus complexe »[1596].

2. L'insatisfaction des besoins essentiels

668. La pauvreté d'une population peut être déterminée au travers de la capacité de celle-ci à satisfaire ses « besoins essentiels tels que la sécurité alimentaire, l'eau potable, l'installation d'assainissement, l'électricité, la

---

[1592] FAO, FIDA, OMS, PAM, UNICEF, « L'État de la sécurité alimentaire et de la nutrition dans le monde 2018. Renforcer la résilience face aux changements climatiques pour la sécurité alimentaire et la nutrition » 2018, p. 3. (http://www.fao.org/3/i9553fr/i9553fr.pdf).

[1593] BCEAO, « Rapport sur la situation de la pauvreté dans les pays de l'UEMOA », 2012, p. 13. (https://www.bceao.int/sites/default/files/2017-12/rapport_sur_la_situation_de_la_pauvrete_dans_les_pays_de_l_uemoa.pdf)

[1594] FAO, FIDA, OMS, PAM, UNICEF, *op. cit.*, p. 3.

[1595] BEKE Tite Ehuitché, « Échanges agricoles intra zone et sécurité alimentaire dans l'espace UEMOA : une analyse par le modèle de gravité », *Les cahiers de l'intégration de l'UEMOA*, 2018, p. 7.

[1596] FAO, FIDA, OMS, PAM, UNICEF, *op. cit.*, p. 49.

santé, l'instruction et l'information »[1597]. L'intérêt de la question de l'approvisionnement en eau, par exemple, tient au fait que l'eau peut être source de maladie pour les populations si celle-ci n'est pas saine : « il est reconnu qu'une eau insalubre, parce que contaminée par des matières chimiques ou physiques est un vecteur potentiel de maladies graves comme la diarrhée, le choléra et la fièvre typhoïde »[1598]. La source de l'eau utilisée est par conséquent importante.

669. L'accès à l'eau potable est apprécié à travers la proportion des ménages qui utilisent l'eau provenant du robinet, des puits protégés et des forages considérés comme potables. « Dans la plupart des pays de l'Union, le secteur de l'eau potable permet l'alimentation des populations, à travers des technologies, telles que l'hydraulique urbaine, l'hydraulique villageoise et l'hydraulique villageoise améliorée »[1599]. Dans cette zone d'intégration, l'accessibilité des populations à l'eau potable progresse aussi bien en milieu urbain qu'en milieu rural. En effet, entre 2000 et 2015, la proportion des populations de l'UEMOA ayant accès à l'eau potable est passée de 53 à 65 %[1600]. Toutefois, la couverture d'eau potable demeure insuffisante dans certains États comme le Burkina Faso et le Niger où la moitié de la population peine à accéder à l'eau potable. De façon générale, l'accès à l'eau potable paraît inégal au sein de l'UEMOA, les populations en zone urbaine y ayant plus facilement accès que celles présentes en zone rurale.

	% De la population ayant accès à l'eau potable					
	NATIONAL		ZONE RURALE		ZONE URBAINE	
	2000	###	2000	2015	2000	2015
BENIN	60	67	50	60	76	77
BURKINA FASO	47	54	41	43	75	79
CÔTE D'IVOIRE	72	73	57	54	91	89
GUINÉE BISSAU	53	69	41	54	73	85
MALI	49	74	39	63	74	91
NIGER	38	46	28	36	88	89
SENEGAL	62	75	42	63	91	91
TOGO	45	63	30	45	78	90

Source: WHO, UNICEF, « Progress on drinking water, sanitation and hygiene », 2017.

[1597] DJOKE Kossi Agbéviadé, DJADOU Ayawo, D'ALMEIDA Amélé, RUFFINO Rachidatou, *op. cit.*

[1598] Ministère de l'économie et des finances du Sénégal, « Deuxième enquête de suivi de la pauvreté au Sénégal (ESPS-II) », 2011, rapport de l'agence nationale de la statistique et de la démographie, p. 19.

[1599] BCEAO, *op. cit.*, p. 14.

[1600] WHO, UNICEF, « *Progress on drinking water, sanitation and hygiene: update and SGS baseline* », 2017, p. 54. (https://apps.who.int/iris/bitstream/handle/10665/258617/9789241512893-eng.pdf?sequence=1).

670. Outre ces disparités rencontrées dans l'accessibilité à l'eau potable pourtant absolument nécessaire à la bonne santé de cette population, on peut également déplorer le faible taux de couverture en électricité de cette population. D'une manière générale, la proportion des populations de l'UEMOA bénéficiant de l'électricité a légèrement augmenté au cours des vingt-cinq dernières années, passant de 9,25 à 37,78 %, comme le démontre le tableau suivant :

	% De la population ayant accès à l'électricité	
	ANNÉE	
	1990	2018
BENIN	7.31	41.5
BURKINA FASO	2.61	14.4
CÔTE D'IVOIRE	36.66	67.00
GUINÉE BISSAU	0.01	28.7
MALI	0.01	50.9
NIGER	2.29	17.6
SENEGAL	25.13	67
TOGO	0.01	51.3

Sources : Données Banque Mondiale 2018.
(https://donnees.banquemondiale.org/indicator/EG.ELC.ACCS.ZS).

671. Cette faible couverture électrique est plus criarde dans les pays les plus pauvres de l'Union comme le Burkina Faso et le Niger où moins d'un quart de la population a accès à l'électricité. Les disparités économiques des États membres paraissent jouer un rôle important dans la satisfaction des besoins essentiels des populations de l'UEMOA. La vulnérabilité des populations membres de l'UEMOA semble s'accentuer selon l'État de cette population. La satisfaction des besoins essentiels est plus avancée au sein des populations des États les plus riches de l'UEMOA.

B. L'émergence de nouveaux défis

672. L'UEMOA fait face à de nouveaux défis qui sont sources de pauvreté. L'évolution démographique (1) ainsi que la dégradation de la sécurité (2) ont engendré des situations qui accentuent la vulnérabilité des populations de cette espace d'intégration.

1. Les conséquences de l'évolution démographique

673. Depuis leur accession aux indépendances, les États de l'Afrique de l'Ouest connaissent « un taux d'accroissement naturel particulièrement fort de la population, de l'ordre de 2 à 3 % par an selon les pays »[1601].

[1601] DENIS Éric, MORICONI-EBRARD François, HARRE-ROGER Dominique, THIAM Ousmane, SÉJOURNÉ Marion, CHATEL Catherine, « Africapolis, Dynamique de

Concernant les États membres de l'UEMOA, le taux de croissance démographique annuel moyen était de l'ordre de « 2,7 % pendant un demi-siècle »[1602]. Cela a engendré une multiplication de la population de cette zone d'intégration par quatre[1603] entre les années 1950 et 2000. Ce taux de croissance démographique est resté sensiblement constant au-delà des années 2000 en étant toutefois « largement supérieur à 2 % dans la plupart des pays de l'UEMOA entre 2010 et 2015 »[1604]. Une telle croissance explique que la population de l'UEMOA soit en 2020 de 123 600 000 habitants.

674. Cet essor démographique de la zone UEMOA s'est traduit par une forte urbanisation des États[1605]. Ce phénomène d'urbanisation, touche tout le continent africain dans lequel « la part des citadins s'est rapidement accrue, pour passer de 14 % en 1950 à 40 % en 2018 »[1606]. L'expansion des villes africaines qui représentent « une croissance de quinze à dix-huit millions de personnes par an s'explique par les perspectives d'opportunités économiques, les déplacements liés aux conflits et les pressions environnementales dans les zones rurales »[1607]. Au sein de l'espace UEMOA, l'urbanisation est fortement caractérisée par des migrations de population. Dans l'espoir d'améliorer leurs conditions de vie, les populations de la zone UEMOA se déplacent de leur pays d'origine vers les États voisins, surtout vers les États les plus riches. De ce fait, certaines villes d'immigration de l'espace UEMOA ont connu de fortes croissances urbaines. À titre illustratif, en Côte d'Ivoire, la ville d'Abidjan a connu une croissance urbaine de 3,9% entre 1980 et 2010 avec une population qui est passée respectivement de 1 251 272 habitants à 3 967 000 habitants[1608].

675. La croissance urbaine au sein de l'UEMOA s'explique également par l'exode rural ou les migrations intra-rurales. Les déplacements des populations de zones rurales vers les zones urbaines expliquent, par exemple, qu'une ville comme Ouagadougou au Burkina Faso soit passée

l'urbanisation, 1950-2020 : approche géostatistique. Afrique de l'Ouest ». Rapport Agence Française de Développement, [en ligne], 2008, [Consulté le 05 jan 2019].

1602 *Idem.*

1603 Selon les résultats du rapport sur la « Dynamique de l'urbanisation, 1950-2020 : approche géostatistique. Afrique de l'Ouest », entre 1950 et 2000, les populations des États membres de l'UEMOA ont respectivement été multipliées ainsi : Bénin x 4.2, Burkina Faso x 3.6, Côte d'Ivoire x 6.1, Guinée Bissau x 2.3, Mali x 3.0, Niger 4.6, Sénégal 4.7, Togo 4.0. (DENIS Éric, MORICONI-EBRARD François, HARRE-ROGER Dominique, THIAM Ousmane, SÉJOURNÉ Marion, CHATEL Catherine, *op.cit.).*

1604 GUEYE Fatou, MBAYE Ahmadou Aly, « Interaction entre le formel et l'informel et leurs implications sur le marché du travail en Afrique de l'ouest : cas du Bénin et du Sénégal », *Les cahiers de l'intégration de l'UEMOA*, 2018, p. 54.

1605 L'urbanisation apparaît comme un processus de concentration d'une population plus ou moins forte numériquement sur un espace restreint.

1606 SÈNE Abdourahmane Mbade, « L'urbanisation de l'Afrique : davantage de bidonvilles ou des villes intelligentes ? », *Revue population et avenir*, n°739, 2018, p. 14.

1607 COMMINS Stephen, « Fragilité urbaine et sécurité urbaine en Afrique », *Bulletin de la sécurité africaine,* 2011, p. 11.

1608 OCDE, « L'urbanisation des pays de l'Afrique de l'Ouest : 1950-2010. Africapolis I, mise à jour 2015 », 2016, p. 42.

d'une population de 856 000 habitants en 2001[1609] à plus de 2 millions d'habitants en 2017[1610].

676. Cette croissance urbaine s'effectue malheureusement hors de toute véritable politique de planification urbaine. Elle se caractérise par une « concentration excessive des populations dans des grandes agglomérations qui continuent de s'étendre, sans intégration dans un réseau urbain cohérent et harmonieux »[1611]. L'accroissement de la population dans les différentes villes de l'UEMOA n'a en effet pas été consécutif à un accroissement des capitaux qui permettrait une amélioration des conditions de vie des populations. En effet, à l'inverse des autres régions du monde ou « l'urbanisation a suivi la création d'emplois, née de l'augmentation des investissements, au sein de ces États, ce dernier a toujours souffert d'un manque de capitaux »[1612]. De ce fait, la proportion des personnes ayant accès aux services essentiels au sein de ses villes n'a pas suivi l'essor du taux d'urbanisation.

677. Dans l'espace UEMOA, les villes sont généralement constituées par des quartiers résidentiels qui contrastent « avec les quartiers d'habitat spontané (bidonvilles) et les anciens quartiers insalubres et surpeuplés »[1613] ou les populations vivent « sans infrastructures adéquates ni accès aux services de base »[1614]. La majorité des populations citadines de l'UEMOA vivent dans des quartiers précaires. À titre illustratif, en 2014, 65,8 % de la population urbaine vivaient dans des quartiers précaires au Burkina Faso. Il en était de même pour 54 % de la population urbaine ivoirienne, 39,4 % de la population urbaine sénégalaise et 51,2 % de la population togolaise[1615].

678. Cette concentration des populations citadines dans les quartiers non résidentiels accentue la vulnérabilité de ces populations. En effet, au sein de ces quartiers, les investissements « dans les bâtiments et dans les infrastructures complémentaires tels que les routes, l'assainissement, l'éclairage public, l'électricité, l'eau, ainsi que le maintien de l'ordre, l'élimination des déchets et l'accès aux soins »[1616] sont presque inexistants. De plus, les populations y sont plus particulièrement confrontées à la pauvreté, car à l'inverse des populations des zones rurales, celles-ci *« dépendent davantage des revenus monétaires et des marchés, notamment en termes d'alimentations et sont par conséquent plus vulnérables aux fluctuations des prix des denrées contrairement aux ménages ruraux qui*

[1609] UEMOA, « L'emploi, le chômage et les conditions d'activité dans les principales agglomérations de sept États membres de l'UEMOA : Principaux résultats de l'enquête 1-2-3 de 2001-2002 réalisés par les instituts nationaux de statistique des États membres », 2002, p. 7.

[1610] LALL Somik, HENDERSON J. Vernon, VENABLES Anthony, « *Africa's cities: opening doors to the world* », rapport Banque Mondiale, 2017, p. 33.

[1611] TOURÉ Moriba, « Croissance rapide de la population, urbanisation et migration en Afrique », *Revue africaine de développement,* 1992, p. 245.

[1612] COMMINS Stephen, *op. cit.,* p. 3.

[1613] TOURÉ Moriba, *op. cit.,* p. 246.

[1614] LALL Somik, HENDERSON J. Vernon, VENABLES Anthony, *op. cit.,* p. 38.

[1615] *Ibid.,* p.39.

[1616] *Ibid.,* p. 41.

disposent de la capacité de produire certains aliments dont ils ont besoin en période de choc économique et d'augmentation des prix »[1617].

679. Au sein des États membres de l'UEMOA, 44,86 % de la population à moins de quinze ans[1618]. Celle-ci est confrontée à des difficultés d'accès au système éducatif d'autant plus qu'au sein des quartiers précaires des zones urbaines, « les programmes éducatifs sont souvent sous-financés, ce qui limite les opportunités d'apprentissage et d'obtention des aptitudes nécessaires à un emploi à long terme »[1619].

680. Ces différentes situations vécues par les populations en milieu urbain accentuent leur vulnérabilité et peuvent être source de frustration, contribuant par là-même à l'accentuation de l'insécurité dans cette zone.

2. L'accroissement des sources d'insécurité

681. Depuis leur accession aux indépendances, les États membres de l'UEMOA ont été confrontés à des situations qui ont mis en péril la stabilité de la sécurité de la région. Jusqu'aux années 1990, la sécurité de la région a été perturbée par un grand nombre de coups d'État militaires au sein des États membres de l'UEMOA. Les conflits avaient un caractère interne et n'impactaient pas les États voisins, même si la région a connu deux guerres dont les combats ont duré moins d'une semaine, d'une part entre le Burkina Faso et le Mali en avril 1985, d'autre part entre le Sénégal et la Mauritanie en avril 1989. Cet espace d'intégration a également été marqué par deux guerres civiles après les années 1990, en Guinée-Bissau (1998-1999) et en Côte d'Ivoire (2002-2007 puis 2010-2011) qui ont eu de graves conséquences sur les populations.

682. Depuis le début du nouveau millénaire, « les guerres civiles se font beaucoup plus rares et les violences politiques de grande ampleur semblent prendre fin »[1620]. Ainsi, aussi bien la Guinée-Bissau que la Côte d'Ivoire sont parvenues à mettre fin à la guerre civile et à organiser des élections. Toutefois, malgré l'atténuation de ces conflits, les populations de la zone UEMOA restent confrontées à une insécurité grandissante.

683. Les sources d'insécurité au sein de l'espace UEMOA semblent vastes. Au sein des États membres de l'UEMOA, les conflits peuvent avoir une connotation politique et être provoqués par les processus électoraux, surtout des élections présidentielles. Les violences consécutives à ces conflits peuvent entraîner de graves conséquences pour la population dans la mesure où elles peuvent être la cause de plusieurs décès. Les violences électorales interviennent particulièrement dans les situations où le président en exercice ayant épuisé le nombre de mandats constitutionnels dont il peut se prévaloir, envisage une modification constitutionnelle en vue de pouvoir se représenter. Un exemple dans cette région fut celui des élections

---

[1617] COMMINS Stephen, *op. cit.*, p. 4.
[1618] Statistique UEMOA 2018.
[1619] COMMINS Stephen, *op. cit.*, p. 4.
[1620] STRAUS Scott, « Wars do end ! Changing patterns of political violence in sub-sahara africa », *African Affairs,* 2012, p. 182.

présidentielles de 2014 au Burkina Faso où une insurrection populaire, ayant entrainé la mort de 24 burkinabé, a eu lieu après que Blaise Compaoré le Président d'alors ait manifesté le désir de modifier la Constitution pour se représenter aux élections présidentielles après vingt-sept ans passés au pouvoir.

684. À côté de cette source d'insécurité à connotation politique, de nouvelles formes d'insécurité ont émergé au sein de l'espace UEMOA. En effet, une nouvelle « génération de menaces remplace progressivement les conflits classiques à grande échelle et les guerres civiles moins répandues et moins intenses »[1621]. En Afrique de l'Ouest, le trafic de drogue constitue une des menaces sécuritaires importantes. Son ampleur « dans la région a été révélée entre 2005 et 2007 par la saisie de plusieurs cargaisons contenant des tonnes de cocaïne en provenance d'Amérique du Sud et à destination de l'Europe »[1622]. La région semble être devenue la nouvelle route de transit de la drogue sud-américaine vers l'Europe du Sud. Au sein de l'UEMOA, le trafic de drogue concerne particulièrement la Guinée-Bissau ainsi que des États sahéliens comme le Mali et le Niger. À titre illustratif, l'Office des Nations Unies contre la drogue et le crime (ONUDC) a indiqué plusieurs saisies de drogues, notamment plusieurs cargaisons de cocaïne entre la frontière du Mali et du Niger en septembre 2017[1623].

685. La propagation du trafic de drogue dans ces États de l'espace UEMOA a de nombreuses répercussions négatives. En effet, outre le risque que ce trafic engendre un problème de santé publique en favorisant la consommation locale de la drogue, il peut également induire une instabilité économique et politique pouvant affaiblir un ou des pays. Sur le plan politique, ce trafic est une menace pour l'intégrité des institutions étatiques, car les barons de la drogue sont susceptibles de corrompre des représentants de gouvernements et, notamment, des agents de police afin que ceux-ci leur garantissent des passages sécurisés. En Guinée-Bissau, par exemple, la « corruption s'est intensifiée avec l'explosion des flux de stupéfiants »[1624] et semble s'étendre au domaine politique, car dans ce pays, « des barons de la drogue soutiennent des partis politiques rivaux ou des candidats à des

---

[1621] MARC Alexandre, VERJEE Neelam, MOGAKA Stephen, « Relever les défis de la stabilité et de la sécurité en Afrique de l'Ouest », Résumé, rapport Banque mondiale et Agence française de Développement, 2015, p. 11. (https://openknowledge.worldbank.org/bitstream/handle/10986/22033/210464FrSum.pdf?sequence=5).

[1622] *Ibid.*, p. 12.

[1623] NU. Conseil de sécurité, « Rapport du secrétaire général sur les activités du bureau des Nations Unies pour l'Afrique de l'ouest et du sahel », 2017, p. 5. (https://undocs.org/fr/S/2017/1104).

[1624] O'REGAN Davin, THOMPSON Peter, « Progrès en matière de stabilité et de réconciliation en Guinée-Bissau : enseignement tiré du premier narco-État d'Afrique », rapport spécial du Centre d'étude stratégique de l'Afrique, 2013, p. 19. (https://africacenter.org/wp-content/uploads/2016/06/ASR02FR-Progr%C3%A8s-en-mati%C3%A8re-de-stabilit%C3%A9-et-de-r%C3%A9conciliation-en-Guin%C3%A9e-Bissau-Enseignements-tir%C3%A9s-du-premier-narco-%C3%89tat-d%E2%80%99Afrique.pdf) .

élections nationales légitimes en vue d'affecter les résultats du scrutin et/ou de contrôler les institutions publiques "élues" »[1625].

686. À côté du trafic de drogue, le nouveau défi sécuritaire de l'espace UEMOA est l'extrémisme religieux et le terrorisme[1626]. Des groupes fanatiques s'en prennent de plus en plus violemment aux populations dans le sahel dans l'espace UEMOA[1627]. La montée de l'extrémisme violent a débuté dans l'espace UEMOA avec l'occupation de la partie malienne du Sahel en 2012 par le mouvement national de libération de l'Azawad (MNLA). Ce groupe composé de façon dominante de Touaregs, revendiquait l'indépendance du nord Mali. Face aux exactions de ce groupe, le Mouvement pour l'unicité du jihad en Afrique de l'Ouest (MUJAO) a vu le jour. Le MUJAO « affichant une ambition politique fédératrice et multiethnique a notamment bénéficié de nombreuses recrues en provenance du centre et du nord Mali et du Niger, dont particulièrement des milices communautaires peules d'autodéfense »[1628]. Le MUJAO s'est illustré au cours de 2013 et 2014, par des séries d'attaques meurtrières contre les forces armées maliennes et internationales, ainsi que contre des cibles civiles. À partir de janvier 2015, « l'insécurité a commencé à se propager au centre du pays, puis aux pays limitrophes »[1629].

687. Une stigmatisation des Peuls s'est développée dans les différents États en raison de la propagation de l'insécurité dans la région, ceci d'autant plus qu'à compter de janvier 2016, les différentes provinces sahéliennes du Burkina Faso ont fait l'objet d'attaques perpétrées, dans la plupart des cas, par des combattants peuls[1630]. Ainsi, les populations aussi bien que les forces de l'ordre ont tendance à faire « l'amalgame entre appartenance ethnique et alignement idéologique en soupçonnant la communauté peule dans son ensemble de complicité avec les islamistes »[1631]. À titre illustratif, en représailles à des attaques djihadistes survenues le 1er janvier 2019 dans un village burkinabé des groupes d'autodéfense s'en sont pris à un village peul

---

[1625] SOUARÉ Issaka, « A critical assessment of security challenges in west Africa », Situation report, Institute for security study, 2010, p. 9. (https://www.africaportal.org/publications/a-critical-assessment-of-security-challenges-in-west-africa/).

[1626] La question du terrorisme à été abordé précédemment dans cette étude en se référant aux conséquences de celle-ci sur le développement économique des États membres de l'UEMOA. (*Supra.* Partie I). Le terrorisme est appréhendé dans ce raisonnement sous l'angle des causes et des conséquences de celui-ci sur le développement humain des habitants de l'espace UEMOA.

[1627] Dans l'espace UEMOA, le Sahel concerne des régions du Burkina Faso, du Mali et du Niger. Les mêmes groupements socioprofessionnels et ethniques se retrouvent dans cette région avec une forte présence de Peuls.

[1628] RAINRI Lucas, « Si les victimes deviennent bourreaux : facteurs contribuant à la vulnérabilité et à la résilience à l'extrémisme violent au sahel central », rapport International alert, p.10. (https://www.international-alert.org/sites/default/files/Sahel_ViolentExtremismVulnerabilityResilience_FR_2018.pdf).

[1629] *Ibid.*, p. 11.

[1630] Le groupe djihadiste Ansarul islam qui sévit au Burkina Faso a été créé dans la région du Sahel burkinabé par Malam Ibrahim Dicko et recrute en premier lieu parmi les populations peules. (RAINRI Lucas, *op. cit.*, p.12).

[1631] RAINRI Lucas, *op. cit.*, p. 10.

et ont causé la mort de plusieurs dizaines de personnes[1632]. Les Peuls font également de plus en plus l'objet d'exactions au Mali ou des groupes d'autodéfense ont également attaqué un village peul en mars 2019 causant la mort de plus d'une centaine de personnes[1633]. La question du terrorisme dans la région fait émerger une question de violence interethnique et rend vulnérable une partie de la population des régions concernées.

688. Le terrorisme est le défi sécuritaire le plus important auquel la zone UEMOA est aujourd'hui confrontée. Il existe toutefois un lien évident entre pauvreté des populations et prolifération du terrorisme. Les populations du Sahel font partie des plus pauvres de la zone UEMOA. À titre illustratif, la région du Sahel du Burkina Faso à partir de laquelle a émergé le groupe djihadiste Ansarul islam, a un taux de pauvreté de 21 %[1634]. Cette région fait face à une « faiblesse des infrastructures, routière en particulier, à un nombre limité de centre de santé et d'écoles, à un manque d'eau et d'électricité »[1635] rendant « tous les indicateurs rouges »[1636].

689. De plus, à l'instar des populations du reste de la région, « les populations du Sahel, et la jeunesse en particulier, sont très largement affectées par le chômage, le sous-emploi, et la pauvreté en général. De ce fait, les mobiles purement économiques, "l'appât du gain", sont souvent évoqués pour expliquer l'adhésion opportuniste aux groupes extrémistes violents »[1637]. La question de l'emploi[1638] semble donc être au centre des sources de vulnérabilité des populations de la zone UEMOA.

§ 2. La rareté des emplois qualifiés

690. La quasi-totalité des Constitutions des pays membres de l'UEMOA reconnaît à leur citoyen le droit de prétendre à un emploi[1639]. Une telle reconnaissance s'explique par le fait que l'emploi est la pierre angulaire du développement économique et social. En effet, dans tous les pays du monde, « les gens affirment que l'emploi a une importance qui va au-delà des revenus qu'il procure. Les emplois peuvent refléter l'identité, le statut et la

---

[1632] http://www.rfi.fr/afrique/20190105-burkina-faso-affrontements-intercommunautaires-yirgou-ouedraogo-depute

[1633] https://www.rtl.fr/actu/international/mali-massacre-dans-un-village-peul-au-moins-160-morts-7797294270

[1634] Burkina Faso. Institut national de la statistique et de la démographie, « Profil de pauvreté et d'inégalité. Enquête multisectorielle continue (EMC) 2014 », 2015, [en ligne].

[1635] International Crisis Group, « Nord du Burkina Faso : ce que cache le djihad », rapport Afrique, 2017, p. 7. (https://www.crisisgroup.org/fr/africa/west-africa/burkina-faso/254-social-roots-jihadist-violence-burkina-fasos-north).

[1636] *Idem.*

[1637] RAINRI Lucas, *op. cit.*, p. 16.

[1638] L'emploi est perçu en l'espèce, selon l'approche de la Banque mondiale dans son rapport mondial sur le développement 2013, comme « tout activité génératrice de revenus réels ou imputés sous forme monétaire, ou en nature, formels ou informels ». (*Cf. not. Banque Mondiale, « Rapport sur le développement dans le monde : emplois », 2013, 49 p. http://siteresources.worldbank.org/EXTNWDR2013/Resources/8258024-1320950747192/8260293-1322665883147/Overview_French.pdf*).

[1639] Article 25 de la Constitution du Sénégal.

confiance en soi ; ils peuvent contribuer à la satisfaction globale d'un individu dans sa vie »[1640].

691. Cette importance de l'emploi explique que les États s'engagent aussi bien sur le plan national qu'international à promouvoir l'emploi sur leur territoire. Outre le droit à l'emploi reconnu constitutionnellement, les États membres de l'UEMOA adoptent des politiques d'emplois visant à améliorer et augmenter les emplois. De plus, sur le plan international, la majorité de ces États ont ratifié la convention n° 122 de l'OIT sur la politique de l'emploi[1641] et se sont engagés à formuler et à appliquer une « politique active visant à promouvoir le plein emploi, productif et librement choisi »[1642]. Les États membres de l'UEMOA ont également adhéré au Pacte mondial pour l'emploi de l'OIT[1643].

692. Toutefois, malgré l'existence de ces instruments juridiques, la question de l'emploi constitue toujours une préoccupation au sein des États membres de l'UEMOA. En effet, l'accès à l'emploi formel demeure difficile (A) alors que l'économie informelle continue de croitre (B).

A. Les difficultés d'accès au travail formel

693. Le travail formel exécuté dans des structures économiques institutionnalisées concerne aussi bien le secteur public que le secteur privé. Au sein des États membres de l'UEMOA, l'emploi formel concerne une minorité de la population active[1644]. Cette faible proportion de la formalisation de l'emploi peut s'expliquer par des difficultés liées à la formation des demandeurs d'emploi (1) ainsi que par les modalités d'accès à ces emplois (2).

1. La problématique de la formation

694. En Afrique subsaharienne, « l'éducation est souvent considérée comme le principal instrument de la lutte contre la pauvreté, pouvant aider les individus à accéder à de meilleurs emplois et, par conséquent accroître

---

[1640] FILMER Deon, Fox Louis, « Forum pour le développement de l'Afrique : l'emploi des jeunes en Afrique subsaharienne », rapport Agence française de développement et Banque mondiale, 2014, p. 5. (https://issuu.com/objectif-developpement/docs/emploidesjeunesenafsubsaharienne).

[1641] La convention n° 122 de l'OIT sur la politique de l'emploi a été ratifiée respectivement par le Burkina Faso, le Mali, le Niger, le Sénégal et le Togo.

[1642] Article 1-1 de la convention n° 122 de l'OIT sur la politique de l'emploi.

[1643] Le Pacte Mondial pour l'emploi a été adopté à l'unanimité par la CIT en juin 2009. Il s'agit selon l'OIT d'un « ensemble équilibré et réaliste de mesure que les pays avec l'appui d'institutions régionales ou multilatérales, peuvent adopter afin d'atténuer l'impact de la crise et accélérer le redressement du marché de l'emploi ». (https://www.ilo.org/jobspact/about/lang--fr/index.htm).

[1644] Par « population active », on entend le nombre d'individus qui sont soit au travail, soit en chômage, dans l'effectif de la population âgée de 15 ans et plus.

leur revenu »[1645]. Au sein de ces États, les offres d'emploi proposées émanent généralement du secteur formel et sont pourvues par des travailleurs instruits. À titre illustratif, au Burkina Faso, en 2014 « 84,5 % des jeunes de niveau supérieur qui travaillent sont dans le secteur moderne, contre 50,4 % pour les jeunes de niveau secondaire 2d cycle, 19,3 % pour ceux de niveau secondaire 1er cycle, 9,1 % pour le niveau primaire et 1,6 % pour ceux qui non jamais été à l'école »[1646]. Au sein des États membres de l'UEMOA, les emplois formels étant exercés en conformité avec le cadre légal[1647] et offrant une protection[1648] aux différents partis du contrat de travail, sont perçus comme permettant d'améliorer les conditions des vies et sont prisés par les travailleurs instruits[1649].

695. Comme tous les pays de l'Afrique subsaharienne, il existe une forte corrélation entre niveau d'instruction et accessibilité à l'emploi formel au sein des États membres de l'UEMOA. À l'instar des autres États, « l'éducation et la formation y sont indispensables à l'entrée sur le marché du travail puisqu'elles favorisent la productivité et l'employabilité potentielles »[1650]. Ainsi, en 2004, une enquête sur les sept villes des États membres de l'UEMOA[1651] révélait que le niveau d'instruction revêt un caractère primordial dans la formalisation des relations du travail. En effet, « le niveau d'instruction des salariés du secteur public était de 11,2 années d'études scolaires réussies en moyenne sur la région. Les employés du secteur privé formel avaient en moyenne 8,2 années d'études scolaires réussies »[1652].

696. Les niveaux d'instruction des États membres de l'UEMOA ont longtemps été relativement faibles. Du fait de l'importance affirmée de l'éducation, « en tant que composante intrinsèque du développement et du bien-être des populations »[1653], les États membres de l'UEMOA adoptent régulièrement des mesures visant à permettre une meilleure accessibilité du système éducatif par leurs populations. À titre illustratif, la Guinée Bissau a

---

1645 KUÉPIÉ Mathias, NORDMAN Christophe, ROUBAUD François, « Éducation et marchés du travail » *in* DE VREYER Philippe, ROUBAUD François., *Les marchés du travail en Afrique subsaharienne*, IRD/AFD, 2013, p. 177.

1646 OIT, « Cartographie et diagnostic de l'emploi des jeunes au Burkina Faso », 2014, p. 26. (https://www.ilo.org/wcmsp5/groups/public/---africa/---ro-addis_ababa/---sro-dakar/documents/publication/wcms_339497.pdf).

1647 Selon l'OIT, les relations de travail formelles sont exercées en conformité avec les législations des matières fiscale, de sécurité sociale et du travail. (*Cf. not.* OIT.CIT, « La transition de l'économie informelle vers l'économie formelle », rapport V (1), 103e session 2014, p. 25).

1648 La formalisation de la relation du travail ouvre droit à une protection juridique et à l'accès à la protection sociale de l'employeur et du travailleur.

1649 BRILLEAU Alain, ROUBAUD François, TORELLI Constance, « L'emploi, le chômage et les conditions d'activités dans les principales agglomérations de sept États membres de l'UEMOA : principaux résultats de la phase 1 de l'enquête 1-2-3 de 2001-2002 », Document de travail IRD, 2004, p. 3.

1650 OIT, « Diagnostic sur l'emploi des jeunes au Sénégal : étude réalisée dans le cadre de l'initiative conjointe pour l'emploi des jeunes en Afrique », 2014, p. 19.

1651 Exception faite de la Guinée Bissau.

1652 BRILLEAU Alain, ROUBAUD François, TORELLI Constance, *op. cit.*, p. 25.

1653 KUÉPIÉ Mathias, NORDMAN Christophe, ROUBAUD François, *op. cit.*, p. 177.

adopté un plan d'action pour l'amélioration du secteur éducatif notamment pour les années 2017-2025[1654].

697. Si ces différentes mesures ont eu le mérite d'augmenter les taux de scolarisation dans ces États, cette croissance s'est plus traduite dans l'éducation de base[1655]. La déscolarisation reste assez importante au sein des populations surtout au niveau du cycle secondaire, ce qui réduit considérablement la proportion de la population ayant atteint le niveau supérieur. À titre illustratif, au titre de l'année scolaire 2015-2016, les taux de scolarisation au sein des États membres de l'UEMOA se traduisaient comme suit :

	Taux de passage effectif de l'enseignement primaire au prenier cycle du sécondaire (%)	Taux de scolarisation brut dans l'ensemble de l'enseignement secondaire (%)
	Année scolaire 2015-2016	
BENIN	88	57
BURKINA FASO	77	34
CÔTE D'IVOIRE	93	44
GUINÉE BISSAU		
MALI	78	41
NIGER	58	21
SENEGAL	90	50
TOGO	85	

Source: UNESCO, Global education monitoring report 2017/8. Accountability in education: Meeting our commitments, 2017, p.326.

698. L'intérêt de l'instruction de la population réside dans le fait que celle-ci permet aux demandeurs d'emploi d'être compétents et d'espérer accéder à « de bons emplois ou à des métiers solides sans être confrontés à la précarité et à l'insuffisance de leurs revenus, à de longues périodes de chômage et à des conditions de vie médiocres »[1656]. Le système éducatif des États membres de l'UEMOA donne une priorité à l'enseignement général qui conduit à l'université au détriment de l'enseignement professionnel qui permet de se former à un métier dès le secondaire. Une telle priorisation de l'enseignement général a un impact sur l'accessibilité à l'emploi, dès lors que c'est la formation technique et professionnelle qui offre plus de

---

[1654] https://planipolis.iiep.unesco.org/sites/planipolis/files/ressources/guinea-bissau-esp-2017-2025.pdf

[1655] Selon l'UNESCO, le taux brut de scolarisation à l'enseignement primaire en 2015 était de 128.98 % au Benin, 87.99% au Burkina Faso, 93.63% en Côte d'Ivoire, 75.79% au Mali, 72.5 % au Niger, 82.17% au Sénégal et 121.8% au Togo. Ce même taux était de 113.65% en Guinée Bissau en 2010. (https://fr.unesco.org/countries).

[1656] INOUE Keiko, DI GROPELLO Emanuela, TAYLOR Yesim Sayin, GRESHAM James, « Les jeunes non scolarisés et déscolarisés d'Afrique subsaharienne : politiques pour le changement », rapport de la Banque mondiale, 2015, p. 19. (https://openknowledge.worldbank.org/bitstream/handle/10986/21554/9781464806889.pdf?sequence=5).

possibilités d'emplois. Au Burkina Faso, par exemple, en 2014 « 48 % des jeunes qui avaient bénéficié d'une formation technique et professionnelle étaient employés dans le secteur moderne, contre 12,5 % pour les jeunes qui n'avaient bénéficié que de l'enseignement général »[1657]. La proportion des élèves suivant un enseignement professionnel dès le secondaire reste relativement faible au sein des États membres de l'UEMOA. À titre illustratif, au cours de l'année 2015-2016, le pourcentage des jeunes âgées entre 15 et 24 ans ayant suivi des cours dans l'enseignement technique et professionnel[1658] était de 1 % pour le Bénin, 0,8 % pour le Burkina Faso, 4 % pour le Mali, 0,9 % et pour le Niger[1659].

699. Un tel état de fait pose la question de l'employabilité[1660] des demandeurs d'emploi au sein de l'espace UEMOA. Le niveau d'employabilité d'une population traduit l'état de l'adéquation entre le profil de formation de cette population avec les besoins en compétence de son environnement économique. Du fait du type de formations privilégiées au sein de ces États, le niveau d'employabilité reste faible. La majorité de la population active instruite ayant reçu une formation générale, les demandeurs d'emploi « ne disposent pas nécessairement des compétences requises pour saisir les opportunités existantes »[1661]. Au Burkina Faso notamment, en 2014 on constatait que « seulement 4,5 % de la population de 16 à 64 ans avait bénéficié d'enseignement et de formation techniques et professionnels dont 6,3 % d'hommes et 3,1 % de femmes. Aussi 21,6 % de la population en âge de travailler a bénéficié d'un enseignement général »[1662]. Outre la faiblesse et l'inadéquation de la formation, les modalités d'accès aux emplois formels peuvent également être source de difficulté.

2. Les modalités d'accès aux emplois formels

700. Au sein des États membres de l'UEMOA, le secteur public a longtemps été le principal pourvoyeur de l'emploi formel. Les mesures prises par ces États au lendemain des indépendances pour « garantir la satisfaction adéquate des besoins pressants des populations et asseoir les bases du développement économique »[1663], ont eu pour conséquence d'accroitre considérablement les effectifs des différentes administrations. Au

---

1657 OIT, « Cartographie et diagnostic de l'emploi des jeunes au Burkina Faso », 2014, p. 27.

1658 Ce pourcentage inclût les cours suivis aussi bien au niveau secondaire qu'universitaire.

1659 UNESCO, "*Global education monitoring report 2017/8. Accountability in education: Meeting our commitments*", 2017, p. 338.

1660 L'employabilité d'un individu revêt trois dimensions qui sont : la possibilité de s'insérer dans une entreprise qui a besoin de compétence, la possibilité d'être plus efficace et plus productif dans l'exercice d'un emploi et la possibilité d'être plus efficace et plus productif dans l'exercice d'un emploi.

1661 OIT, « Diagnostic sur l'emploi des jeunes au Sénégal : étude réalisée dans le cadre de l'initiative conjointe pour l'emploi des jeunes en Afrique », *op. cit.*, p. 19.

1662 OIT, « Cartographie et diagnostic de l'emploi des jeunes au Burkina Faso », 2014, p. 17.

1663 OUMAROU Moussa, *Réformes de l'administration publique des pays membres de l'UEMOA : impacts et perspectives,* 2009, p. 3.

Sénégal, par exemple, « l'emploi dans le secteur public a triplé entre 1957 et 1989 »[1664]. Un tel accroissement des effectifs est allé de pair avec l'augmentation de la part des ressources financières consacrées au fonctionnement du secteur public au sein de ces États[1665]. Pour faire face à la crise financière du début des années 1990, les États membres de l'UEMOA, encouragés par les institutions de Bretton Woods au travers des programmes d'ajustement structurel, ont entamé des réformes qui ont, entre autres choses, entrainé une réduction du nombre d'employés de la Fonction publique[1666]. Du fait de ces réformes, le secteur public a perdu progressivement sa fonction de pourvoyeur principal d'emplois formel. À titre illustratif, en 2004, les emplois formels étaient occupés dans le secteur privé par 14,2 % des actifs contre 8,4 % d'emplois occupés par les actifs dans le secteur public au sein de l'UEMOA[1667].

701. Toutefois, malgré la réduction du nombre d'emplois à pourvoir au sein du secteur public, la scolarisation semble revêtir un caractère primordial pour la population active au sein de l'UEMOA. L'emploi salarié est « recherché pour la sécurité qu'il est censé procurer en termes d'emploi et de salaire »[1668]. Il est perçu comme étant gage de stabilité et de protection sociale, notamment en termes de sécurité de perception d'un salaire et de protection sociale, singulièrement de bénéfice d'une retraite. Une telle perception est plus ancrée pour ce qui concerne les emplois dans le secteur public et explique que ce secteur d'activité demeure le plus convoité par les demandeurs d'emploi. Au Sénégal, par exemple, en 2014 « près de 24 % des jeunes demandeurs avaient déclaré avoir cherché de l'emploi dans le secteur public, 13 % dans les grandes sociétés privées et 5 % dans les petites et moyennes entreprises privées »[1669].

702. Le secteur public attire une grande proportion des travailleurs instruits. En effet, l'enquête sur la situation de l'emploi dans sept villes de l'UEMOA a permis de révéler que « les employés du secteur public étaient d'une qualification supérieure à l'ensemble de la population active. Bien que le secteur public ne comptât que 8,4 % des actifs occupés. 61 % des cadres supérieurs appartenaient à ce secteur, comme 57 % des cadres moyens »[1670].

703. L'inscription à un concours de la Fonction publique constitue ainsi l'un des moyens utilisés au sein de l'UEMOA pour obtenir un emploi.

[1664] *Ibid.*, p. 8.

[1665] A ce propos, il convient de rappeler à titre illustratif qu'« au Bénin, quand éclata la crise financière et les problèmes budgétaires qui en ont découlé, la masse salariale représentait 107 % des recettes fiscales du pays ». (*Cf.* OUMAROU Moussa., *Réformes de l'administration publique des pays membres de l'UEMOA : impacts et perspectives,* 2009, p. 9).

[1666] Au titre des réformes de l'administration publique, les États ont procédé entre autres à l'élimination des « travailleurs fantômes », à l'interruption de l'embauche automatique des diplômés de l'enseignement secondaire et /ou universitaire ainsi qu'à l'instauration de concours pour l'attribution des postes vacants ainsi qu'à l'abaissement de l'âge de la retraite.

[1667] BRILLEAU Alain, ROUBAUD François, TORELLI Constance, *op. cit.*, 25.

[1668] *Ibid.*, p. 21.

[1669] OIT, « Diagnostic sur l'emploi des jeunes au Sénégal : étude réalisée dans le cadre de l'initiative conjointe pour l'emploi des jeunes en Afrique », *op. cit.*, p. 11.

[1670] BRILLEAU Alain, ROUBAUD François, TORELLI Constance, *op. cit.*, p. 25.

Malheureusement, le nombre de postes proposés par les différentes administrations publiques s'avère insuffisant pour absorber le nombre de diplômés à la recherche d'emplois. Mais les avantages existant dans les emplois du secteur public sont « si élevés qu'il est rationnel pour des individus d'intégrer la file d'attente à l'entrée du secteur »[1671]. Ainsi, le niveau d'instruction n'apparaît plus être une garantie suffisante pour l'obtention d'un emploi dans le secteur public. L'instauration des concours dans la Fonction publique limite en effet le nombre de diplômés pouvant accéder annuellement aux postes vacants de l'administration. Cela explique surement que l'« on assiste à une explosion du nombre de jeunes très qualifiés qui ne parviennent pas à trouver du travail dans le secteur formel correspondant à leur qualification »[1672].

704. Compte tenu des difficultés d'accession aux emplois publics, « la mobilisation du réseau des solidarités familiales est l'option privilégiée des chômeurs dans leur recherche d'emploi »[1673] au sein de l'UEMOA. Au Bénin, par exemple, en 2013, « la méthode la plus utilisée par plus de 55 % des jeunes employés et chômeurs était la recherche d'emploi par des amis, la famille et les collègues »[1674]. Cependant, la mobilisation du réseau de solidarité concerne essentiellement le secteur privé formel. L'accès à l'emploi dans le secteur public étant subordonné à l'obtention d'un concours, il apparaît difficile d'y être intégré grâce au « concours » d'une tierce personne.

705. De son côté, le secteur privé parvient difficilement à absorber la totalité des demandeurs d'emploi. Une bonne partie des demandeurs d'emploi échappe au secteur formel. Bien qu'il existe plusieurs entreprises au sein de chaque État membre de l'UEMOA, ceux-ci échappent à la formalisation[1675]. Plusieurs entreprises privées consentent à l'enregistrement[1676], mais n'arrivent pas à respecter certains critères de la formalisation tel que l'accès des travailleurs à un système de protection sociale. Ceci tend à rendre vulnérables les travailleurs de ces entreprises car bien qu'étant employés dans des entreprises du secteur formel, ces

---

[1671] KUÉPIÉ Mathias, NORDMAN Christophe, ROUBAUD François, *op. cit.*, p. 177.

[1672] *Idem.*

[1673] BRILLEAU Alain, ROUBAUD François, TORELLI Constance, *op. cit.*, p. 21.

[1674] OIT, « Transition vers le marché du travail des jeunes femmes et hommes au Bénin », 2013, p. 44.

[1675] La formalisation de l'entreprise désigne au sens de l'OIT, « le processus dans lequel les entreprises s'engagent lorsqu'elles formalisent leurs activités. Ce processus revêt les dimensions suivantes : enregistrement et obtention d'une autorisation d'exercer auprès des autorités nationales, régionales et municipales ; accès à un système de protection sociale pour le propriétaire de l'entreprise et de ses employés ; mise en conformité avec le cadre légal, y compris la législation en matière fiscale, de sécurité sociale et du travail ». (https://www.ilo.org/wcmsp5/groups/public/---ed_emp/---emp_ent/---ifp_seed/documents/publication/wcms_549522.pdf).

[1676] Il convient de rappeler que la plupart des études sur la région ouest africaine considèrent que les entreprises informelles sont celles qui ne sont pas enregistrées ou ne tiennent pas de comptabilité précise. (*Cf. not.* BAD, « Perspectives économiques en Afrique de l'ouest : évolution macroéconomique et pauvreté, inégalité et emploi. Marché du travail en Afrique de l'Ouest », 2018, p. 32).

travailleurs n'ont pas accès à la protection sociale qui devrait en découler. À titre illustratif, au Burkina Faso, en 2014, « dans le privé moderne, 86 % des jeunes qui y travaillaient n'avaient pas accès à la sécurité sociale »[1677]. Ainsi donc, même dans le secteur privé certains travailleurs ne bénéficient pas d'une protection. Cela a pour conséquence d'entrainer une « informalisation » du secteur formel.

B. La prépondérance de l'économie informelle

706. Au sein des États membres de l'UEMOA, le secteur formel ne parvient pas à absorber la totalité des travailleurs. À titre illustratif, en 2011, 94,5 % des travailleurs béninois et 86,4 % des travailleurs nigériens relevaient du secteur informel. Il en était de même pour 90,4 % des travailleurs sénégalais en 2015 ainsi que pour 87,7 % des travailleurs ivoiriens, 90,5 % des travailleurs maliens et 91,8 % des travailleurs togolais en 2016[1678]. De telles proportions de travailleurs « informels » peuvent s'expliquer par le contexte socio-économique des États membres de l'UEMOA (1) et sont source d'accentuation de la vulnérabilité des travailleurs au sein de cet espace (2).

1. Une adaptation au contexte socio-économique

707. La notion d'informalité fut débattue par les économistes dès les années 1950[1679] avant d'être officiellement reconnue par l'OIT en 1972[1680]. La compréhension de l'informalité au sein de l'OIT a évolué en passant du concept de *« secteur informel »*[1681] *à celui de « d'économie informelle »*[1682].

[1677] OIT, « Cartographie et diagnostic de l'emploi des jeunes au Burkina Faso », *op. cit.*, p. 27.

[1678] Sources : Statistiques du travail de l'OIT. ILOSTAT {en ligne}, {consulté le 15 mars 2019}.

[1679] Les théories économiques soutenues entre autres par Arthur Lewis croyaient que le « secteur traditionnel » considéré comme marginal et sans lien avec l'économie formelle ou le développement capitaliste moderne, constitué d'une abondante main d'œuvre excédentaire dans les pays en développement et incluant les petits commerçants, les petits exploitants et les travailleurs précaires, serait progressivement absorbés par le secteur industriel moderne à mesure que les économies se développeraient. (*Cf. not.* OIT, « Économie informelle et travail décent : Guide de ressources sur les politiques. Soutenir les transitions vers la formalité », rapport du département des politiques de l'emploi, 2013, p. 21).

[1680] Au début des années 1970, l'anthropologue Keith Hart observa, à partir de ses recherches sur le Ghana, que non seulement le « secteur informel » avait persisté, mais qu'il s'était également développé. Le terme « secteur informel » fut universellement accepté après que l'OIT y ait eu recours pour analyser les activités économiques au Kenya pour une mission du BIT sur l'emploi menée en 1972 par un certain nombre de spécialistes. L'équipe du BIT analysa systématiquement ces activités, en faisant remarquer qu'elles n'étaient pas reconnues, pas enregistrées, pas protégées et pas réglementées. Ils observèrent que le « secteur informel » incluait un éventail d'activités allant du travail marginal pour survivre aux entreprises rentables. (*Cf. not.* OIT, « Économie informelle et travail décent : Guide de ressources sur les politiques. Soutenir les transitions vers la formalité », rapport du département des politiques de l'emploi, *op. cit.,* p. 21).

[1681] Lors de la 15e Conférence des statisticiens du marché du travail en 1993, l'OIT avait précisé que le « secteur informel » se referait à toutes les entreprises répondant à la taille et

Au sens de l'OIT, l'expression économie informelle « désigne toutes les activités économiques des travailleurs et des unités économiques qui - en droit ou en pratique - ne sont pas couvertes ou sont insuffisamment couvertes par des dispositions formelles »[1683]. Les activités du « secteur informel » « *n'entrent pas dans le champ d'application de la loi, ce qui signifie que ces travailleurs et unités opèrent en marge de la loi ; ou bien ils ne sont pas couverts dans la pratique, ce qui signifie que la loi ne leur est pas appliquée alors même qu'ils opèrent dans le cadre de la loi ; ou bien encore la loi n'est pas respectée parce qu'elle est inadaptée, contraignante ou qu'elle impose des charges excessives* »[1684].

708. Bien qu'étant difficilement appréhendées par la loi, les activités informelles « ne désignent pas les activités illicites »[1685]. Les activités informelles peuvent être cachées tout comme les activités illicites, mais pas avec la même ampleur. Elles permettent de produire des biens et des services qui ne diffèrent pas des biens et services produits dans le secteur formel. Les activités informelles sont « surtout fonction du type d'organisation que mène l'activité. Elles ne sont pas perçues avec la même désapprobation sociale et ne sont pas exposées aux mêmes risques de poursuites judiciaires »[1686].

709. Grâce à une telle catégorisation de l'économie informelle, une liste des catégories d'emplois informels fut établie en 2003 lors de la 17e Conférence internationale des Statisticiens du Travail (ICLS). Selon cette liste, les emplois informels comprennent : « i. *Les travailleurs à leur compte (indépendants sans employés) dans leur propre entreprise du secteur informel ; ii. Les employeurs (indépendants avec des employés) dans leur propre entreprise du secteur informel ; iii. Les travailleurs familiaux contribuant, quel que soit le type d'entreprise ; iv. Les membres de coopératives informelles de producteurs (non établies en tant qu'entités juridiques) ; v. Les employés occupant un emploi informel tel que défini par la relation de travail (selon la loi ou en pratique, emplois non soumis au droit national du travail, à l'imposition sur le revenu, à la protection sociale ou ne donnant pas droit à des prestations d'assurance-emploi, congés annuels ou de maladie payés, etc. ; vi. Les travailleurs à leur compte*

aux critères d'enregistrement. « L'emploi informel » incluait les employés du secteur informel. (Résolution concernant les statistiques de l'emploi dans le secteur informel, adoptée par la 15e Conférence Internationale des Statisticiens du Travail, Genève, 1993. http://www.ilo.org/wcmsp5/groups/public/---dgreports/---stat/documents/normativeinstrument/wcms_087485.pdf).

[1682] Le terme « économie informelle » a été proposé à la place du terme « secteur informel » par la Résolution de l'OIT concernant le travail décent et l'économie informel de 2002. (https://www.ilo.org/public/french/standards/relm/ilc/ilc90/pdf/pr-25res.pdf).

[1683] Article 2 (a) de la recommandation n° 204 de l'OIT sur la transition de l'économie informelle vers l'économie formelle.

[1684] Résolution de l'OIT concernant le travail décent et l'économie informel.

[1685] Article 2 (b) de la recommandation n°204 de l'OIT sur la transition de l'économie informelle vers l'économie formelle.

[1686] BENJAMIN Nancy, MBAYE Ahmadou Aly et al, *Les entreprises informelles de l'Afrique de l'ouest francophone : taille, productivité et institutions,* Montreuil, Agence française de développement/ Banque mondiale, 2012, p. 20.

engagés dans la production de biens exclusivement destinés à une utilisation finale par leur ménage ».

710. Au sein des États membres de l'UEMOA, « l'économie formelle se réduit à des secteurs dépendants de quelques produits primaires, alors que le plus gros du PIB et de l'emploi provient du secteur informel »[1687]. À titre illustratif, en 2015, l'économie informelle « représentait plus de la moitié du PIB et plus de 90% de l'emploi, avec des pics atteignant 70 % du PIB et plus de 95 % de l'emploi total au Benin »[1688]. L'économie informelle concerne « un ensemble d'activités très disparates quant à la nature des biens et services offerts, à la quantité et à la qualité du capital technique et humaine nécessaire et au mode de fonctionnement »[1689]. En 2011, par exemple, on constatait que les activités informelles au sein de l'UEMOA étaient en général spécialisées dans le tertiaire et dans les activités demandant peu de capital et de travail qualifié. 45 % des travailleurs informels exerçaient dans la branche « commerce » avec une prépondérance pour la vente de détail hors magasin et la vente au détail de carburant. 28 % des activités informelles étaient exercées dans le cadre d'unité de production informelle industrialisée dont le secteur manufacturier (confection et activité de transformation) occupait une place importante. 26 % des activités informelles étaient exercées pour le compte d'unité de production informelle de service fortement dominée par les autres services (coiffure et autres services personnels, lavage et nettoyage de vêtement, location, tradipraticien, etc.), la restauration, la réparation, le transport et la communication (taxis, manutention, télé centre)[1690].

711. La prépondérance de l'économie informelle au sein des États de l'UEMAO peut s'expliquer par l'insuffisance d'emplois formels, car comme dans la plupart des pays en développement, « le problème de l'emploi informel tient pour l'essentiel de l'incapacité de créer suffisamment d'emplois pour une main-d'œuvre croissants »[1691]. L'emploi informel est également la résultante du niveau d'instruction de la population. En effet, au sein de ces États, « *l'une des caractéristiques communes aux travailleurs du secteur informel est, semble-t-il, que leur niveau d'instruction est particulièrement faible par rapport à celui des travailleurs du secteur moderne. C'est comme si, n'étant pas à même de trouver un emploi dans le secteur moderne, les moins instruits, les analphabètes, les individus qui ont*

[1687] *Ibid.,* p. 56.

[1688] GUEYE Fatou, MBAYE Ahmadou Aly, « Interaction entre le formel et l'informel et leurs implications sur le marché du travail en Afrique de l'Ouest : cas du Bénin et du Sénégal », *Les cahiers de l'intégration de l'UEMOA*, 2018, p. 50.

[1689] LACHAUD Jean-Pierre., « Le secteur informel urbain et le marché du travail en Afrique du sud du Sahara », *in* TURNHAM David, SALOME Bernard, SCHWARZ Antoine, *Nouvelles approches du secteur informel*, OCDE, 1990, p. 135.

[1690] DJADÉ Komi, *L'économie informelle en Afrique subsaharienne,* L'Harmattan, 2011, p. 23.

[1691] LAPEYRE Fréderic, LEMAÎTRE Andreia, « Vers une meilleure compréhension des logiques de l'économie informelle », *in* LAPEYRE Fréderic (dir.) et LEMAÎTRE Andreia (dir.), *Politique publiques et pratiques de l'économie informelle en Afrique subsaharienne,* Academia-l'Harmattan/ OIT, 2014, p. 15.

abandonné l'école en cours de route n'avaient d'autres perspectives que de rechercher un emploi dans le secteur informel»[1692]. Les femmes sont particulièrement concernées par les emplois informels au sein de l'espace UEMOA du fait de leur « accès limité à l'éducation et de l'inadéquation entre les compétences des femmes avec celles exigées sur le marché du travail »[1693]. À titre illustratif, la proportion de femmes dans les emplois non agricoles du « secteur informel » en Côte d'Ivoire s'élevait à 82,8 % en 2015[1694].

712. L'économie informelle au sein de l'UEMOA est massivement composée de micro-unité et d'auto-emploi et encouragé pas le milieu social. En effet, en Afrique subsaharienne, la principale source de financement d'une activité informelle reste de très loin l'épargne, le don ou l'héritage. L'entrée dans le secteur informel ne nécessite pas beaucoup de capital humain et l'aide d'un proche pour entreprendre une activité informelle demeure au sein des sociétés africaines une contribution à l'autonomie financière de celui-ci. Ce système d'entraide, par devoir de solidarité, contribue à accroitre la part des activités informelles au sein des États de la zone UEMOA. Ainsi, le don ou l'héritage représentaient 65 % des sources de financement des activités informelles à Dakar et 95 % des sources de financement à Ouagadougou en 2011[1695].

713. Si exercer dans l'économie informelle semble être la seule alternative pour une majorité des travailleurs au sein de l'UEMOA, la persistance des emplois informels peut également être expliquée par le fait que ces emplois sont de plus en plus liés aux emplois formels. En effet, dans l'espace UEMOA, le « secteur formel » et le « secteur informel » entretiennent des relations de complémentarité notamment « *dans des secteurs comme celui du commerce, du transport, du bâtiment et des travaux publics, etc., on a des échanges très soutenus entre le formel et l'informel. Des relations de sous-traitance existent, mais elles sont confinées dans un champ assez réduit, comme celui des travaux publics et des services portuaires et de dédouanement* »[1696].

714. Les travailleurs du secteur formel contribuent de même à la prépondérance de l'économie informelle au sein de l'espace UEMOA en exerçant des activités secondaires à caractères informel. En 2011 par exemple, « entre 74 et 88 % des personnes dirigeaient une unité de production informelle comme activité secondaire »[1697] dans l'espace UEMOA. La grande proportion de l'économie informelle dans l'espace

---

[1692] KING Kenneth, « L'émergence de tendances récentes en Afrique : un schéma pour de nouvelles approches », *in* TURNHAM David, SALOME Bernard, SCHWARZ Antoine, *Nouvelles approches du secteur informel,* OCDE, 1990, p. 229.

[1693] PNUD, « Rapport sur le développement humain en Afrique 2016 : accélérer les progrès en faveur de l'égalité des genres et de l'autonomisation des femmes en Afrique », 2016, p. 73. (https://www.undp.org/content/undp/fr/home/librarypage/hdr/2016-africa-human-development-report.html).

[1694] *Ibid.*, p. 72.

[1695] DJADÉ Komi, *op. cit.,* p. 27.

[1696] GUEYE Fatou, MBAYE Ahmadou Aly, *op. cit.,* p. 69.

[1697] DJADÉ Komi, *op. cit.,* p. 23.

UEMOA apparaît problématique dans la mesure où les travailleurs y sont exclus des systèmes de protection.

2. Une exclusion des systèmes de protection

715. L'emploi informel représente un défi au sein de l'espace UEMOA, car d'une manière générale il est associé à la précarité. La plupart des travailleurs informels connaissent en effet des conditions de vie et de travail marquées par des niveaux de vulnérabilité très élevés. Ces travailleurs doivent faire face à des conditions de travail plus dangereuses et plus précaires. Leurs activités sont souvent exercées dans un environnement de travail inadéquat. Au sein de l'UEMOA, par exemple au cours de l'année 2011, « moins de 22 % des unités de production informelle disposaient d'un local spécifique pour leur activité, 31 % exerçaient à domicile ou chez les clients et 47 % ne possédaient pas de local »[1698].

716. Les revenus des travailleurs engendrés par les activités informelles sont plus incertains, moins réguliers et moins élevés par rapport aux revenus des travailleurs de l'économie formelle. L'emploi informel ne permet généralement pas une stabilité des revenus comparativement à l'emploi formel. De plus, si dans le secteur formel, la rémunération est fixée selon un modèle européen à la suite de négociation collective signée entre l'État, les syndicats et le patronat, il n'en est pas de même dans le secteur informel où le salaire est fixé directement par l'employeur et échappe à la règlementation. Ce salaire convenu entre les parties au contrat du travail désavantage le plus souvent les travailleurs informels qui ont généralement des niveaux de rémunération faible et des avantages limités. À titre illustratif, en 2012, « à Dakar, seuls 2 % des employés du formel étaient payés à un niveau inférieur ou égal au SMIG, alors que pour le petit formel, cette part atteint 41 %. Pour Ouagadougou et Cotonou, on avait respectivement 40 et 66 % et 24 et 66 % »[1699].

717. Les normes légales régissant les conditions de travail s'appliquent difficilement dans les activités informelles. Les questions relatives à la durée du travail ou à la représentation syndicale par exemple n'y ont pas cours. Les travailleurs du secteur informel sont astreints à des heures de travail plus longues. En 2011, bien que les horaires hebdomadaires légaux de travail aient été de 40 heures, les actifs du secteur informel à Abidjan et Bamako travaillaient respectivement 42 et 43,7 heures par semaine. À Cotonou, Dakar, Niamey et Lomé, on travaillait en moyenne 7 à 8 heures de plus dans le secteur informel par rapport à la normale. Ouagadougou constituait un cas particulier, on y travaillait en moyenne jusqu'à 55 heures par semaine dans le secteur informel[1700].

718. La situation professionnelle des travailleurs de l'économie informelle est souvent ambiguë ou dissimulée du point de vue contractuel. Cela accentue leur vulnérabilité et les exclut de toute protection légale alors

[1698] DJADÉ Komi, *op. cit.,* p. 24.
[1699] BENJAMIN Nancy, MBAYE Ahmadou Aly *et alii*, *op. cit.,* p. 84.
[1700] DJADÉ Komi, *op. cit.,* p. 26.

que le droit du travail doit leur être applicable du fait de leur situation de subordination. De plus, « *leur vulnérabilité physique et financière est accrue du fait même qu'ils travaillent dans l'économie informelle, laquelle est soit exclue, soit hors de portée des régimes de sécurité sociale et des dispositions législatives régissant la sécurité et la santé, la maternité et d'autres domaines de protection sociale* »[1701].

719. Si les dispositions légales ne sont pas parfaitement appliquées dans l'économie informelle, « les concepts de durée du travail, de congés maladie, et de réparation d'accident du travail n'y sont pas méconnus »[1702]. Les relations de travail dans l'économie informelle sont régies par des procédures non judiciaires dont « la violation est sanctionnée par la profession à travers divers mécanismes d'intermédiation, de pressions, voire des formes d'amendes »[1703]. À titre illustratif, le Professeur Ousmane Oumarou SIDIBE rappelle que dans les usages de certaines professions anciennes comme les maçons dans le nord du Mali, dans le cadre de la résolution d'un litige du travail, les maîtres maçons peuvent imposer à un membre de la profession le paiement des droits d'un salarié, mais y ajouter un montant qu'on pourrait qualifier d'amende dont le montant est versé dans une caisse de la profession pour financer ses activités[1704]. Le travail dans l'activité informelle est régi essentiellement par la loi de l'employeur et quelques fois par des règles collectives sécrétées au sein de certains secteurs.

720. Les différentiations existantes entre travailleurs de l'économie informelle et de l'économie formelle contribuent à accentuer la pauvreté d'une majorité des travailleurs au sein de l'espace UEMOA. En effet, les travailleurs de l'économie informelle sont relativement plus pauvres que ceux de l'économie formelle aussi bien sur le plan monétaire que non monétaire. Du point de vue de la pauvreté monétaire, les dépenses par habitant des travailleurs du secteur informel sont bien en deçà de ceux du secteur formel. Au Burkina Faso par exemple, en 2011 les dépenses annuelles moyennes des travailleurs du secteur formel étaient à 580 935 F CFA[1705] et ceux des travailleurs informels à 155 913 F CFA[1706], soit un écart de quatre fois supérieur[1707]. Du point de vue de la pauvreté non monétaire, la satisfaction des besoins fondamentaux est moins souvent atteinte par les travailleurs du secteur informel. À titre illustratif, en 2011, au Sénégal, 76,9 % des ménages exerçant dans l'économie formelle avaient accès à

[1701] OIT, «*Decent work and the transition to formalization: recent trends, policy debates and good pratices* », rapport du colloque interrégional tripartite sur l'économie informelle : permettre une transition vers la formalisation, 27-29 novembre 2007, 2008, p. 3.

[1702] SIDIBE Ousmane Oumarou, « À la recherche de « l'esprit du droit africain » : quelques réflexions basées sur l'analyse de la prévention et la réparation des accidents du travail dans l'économie informelle au Mali », *in* AUVERGNON Philippe, BOKALLI Victor- Emmanuel *et alii* (dir.), *De l'esprit du droit africain, Mélange en l'honneur de Paul Gérard POUGOUÉ*, Wolters Kluwer, 2014, p. 653.

[1703] *Idem.*

[1704] *Idem.*

[1705] Soit l'équivalent de 885,57 €.

[1706] Soit l'équivalent de 238,15 €.

[1707] BENJAMIN Nancy, MBAYE Ahmadou Aly et al., *op. cit.*, p. 84.

l'électricité contre 26 % des ménages exerçant dans l'économie informelle. Pour la même période, au Bénin, 24 % des ménages exerçant dans l'économie formelle disposaient d'une source d'approvisionnement d'eau potable (robinet) contre 6 % des ménages exerçant dans l'économie informelle[1708]. Cette persistance de la vulnérabilité des populations explique la prise en considération progressive du développement humain au sein de l'UEMOA.

SECTION 2. UNE PRISE EN CONSIDÉRATION PROGRESSIVE DU DÉVELOPPEMENT HUMAIN

721. La question du bien-être des populations s'est progressivement posée dans le cadre du processus d'intégration de l'UEMOA. Une telle préoccupation peut s'expliquer par le fait que le bien-être de la population est une condition indispensable au développement d'un État. Cependant, l'influence des organisations internationales (§ 1) peut également expliquer les activités de l'UEMOA en faveur du développement humain de ses populations (§ 2).

§ 1. L'influence des organisations internationales et régionales

722. Les organisations depuis leur création ont participé à la construction dans les domaines de maintien de la paix, de développement économique, de la stabilité financière, du respect des droits de l'homme, etc. L'UEMOA en tant qu'organisation n'a pas adhéré à ces organisations régionales et internationales, cependant ces États membres sont partis à plusieurs organisations internationales et régionales pour lesquelles le développement humain paraît primordial. Les mesures prises au sein de ses organisations (A) de même que les actions menées par celles-ci au sein de l'espace UEMOA (B), ont incontestablement contribué à l'évolution de la prise de considération du développement humain au sein de cet espace d'intégration sous régional.

A. L'impact des organisations à compétence générale

723. Les organisations internationales semblent de plus en plus prendre en considération le bien-être des populations. En effet, les besoins des êtres humains demeurent au cœur des objectifs de la majorité des organisations internationales et explique l'évolution de la notion de développement sur le plan international (1) de même que l'inclusion des questions sociales dans le processus régional de développement du continent africain (2).

[1708] BENJAMIN Nancy, MBAYE Ahmadou Aly et al., *op. cit.,* p. 87.

1. L'évolution de la conception du développement sur le plan international

724. Sur le plan international, les États membres de l'UEMOA ont tous adhéré à l'Organisation des Nations Unies (ONU) dont l'un des objectifs est de « *réaliser la coopération internationale en résolvant les problèmes internationaux d'ordre économique, social, intellectuel ou humanitaire, en développant et en encourageant le respect des droits de l'homme et des libertés fondamentales pour tous, sans distinctions de race, de sexe, de langue ou de religion* »[1709]. Dès sa mise en place, cette organisation s'est évertuée à mener des actions aussi bien en faveur du maintien de la paix[1710], du développement économique et social[1711], des droits de l'homme[1712], de l'environnement[1713], etc.

725. Avec la vague de décolonisation des années 1960, la problématique du développement comme une question mondiale s'est posée dans la mesure où « les mouvements d'émancipation des peuples colonisés ou quasi colonisés ont fait du développement une revendication des pays pauvres »[1714]. Pour faire face à de telles revendications, le concept de sous-développement et la thèse du rattrapage ont fait leur apparition. Ils étaient destinés à « justifier la mise en place de politique mise en place envers les pays en sous-développement »[1715].

726. La crise économique et financière des années 1980 « a consacré les institutions de Bretton Woods comme des acteurs incontournables du développement dans les pays de l'Afrique subsaharienne »[1716]. Cependant,

---

[1709] Article 1(3) de la Charte des Nations Unies.

[1710] L'ONU déploie des missions de maintien de la paix et de la sécurité pour aider les pays en conflits à créer des conditions de retour à une paix durable. Une mission de maintien de la paix est actuellement en cours au sein de l'espace UEMOA. Pour faire face à la crise malienne de 2012, une mission multidimensionnelle intégrée des Nations Unies pour la stabilisation au Mali (MINUSMA) a été créée par le Conseil de sécurité le 25 avril 2013. Cette mission appui le processus politique du Mali et y effectue un certain nombre de tâches d'ordre sécuritaire. (https://minusma.unmissions.org/%C3%A0-propos).

[1711] Du point de vue économique et social, l'ONU a été par exemple à la base de la création du Fonds internationale du développement agricole (FIDA) en 1974. Ce fonds œuvre en Afrique de l'Ouest en faveur de l'accroissement de la production rurale et appuie des initiatives proposantes entre autres, des formations, soutenant l'entreprenariat et stimulant la création d'emplois décents agricoles ou non. Ce fonds soutient depuis 2017 un programme d'appui au développement des filières agricoles en Côte d'Ivoire. (https://www.ifad.org/fr/web/operations/project/id/2000001058).

[1712] L'ONU a adopté la Déclaration universelle des droits de l'homme le 10 Décembre 1948.

[1713] L'ONU élabore des conventions internationales et des plans d'actions qui contribuent à la préservation de l'environnement. Telle est le cas de la Convention de Stockholm sur les polluants organiques persistants signée en 2001 dont sont partis tous les États membres de l'UEMOA qui vise à éliminer certains des produits chimiques les plus dangereux (https://treaties.un.org/doc/Treaties/2001/05/20010522%2012-55%20PM/Ch_XXVII_15p.pdf).

[1714] FREYSSINET Jacques, *Le concept de sous-développement,* vol 1, Mouton, 1966, p. 2.

[1715] KEITA Diene, *Droit international et développement durable en Afrique. Le bilan mitigé des OMD et des partenariats pour le développement,* Thèse de doctorat, droit, Université Paris 1-Panthéon Sorbonne, 2014, p. 13.

[1716] *Ibid.,* p. 16.

face aux échecs des programmes d'ajustement structurel et aux résultats mitigés des différentes initiatives adoptées par les institutions internationales[1717], la « lutte contre la pauvreté est devenue le nouveau cheval de bataille depuis les années 1990 »[1718]. Dans une telle perspective, l'ONU s'est attachée à œuvrer en faveur d'un progrès social, et a pris des dispositions visant à améliorer les conditions de vie, les compétences et le potentiel humain partout dans le monde.

727. L'Assemblée générale des Nations Unies adopta ainsi le 8 septembre 2000 une Déclaration du Millénaire. Cette dernière adoptée par 189 États énonce huit objectifs du millénaire pour le développement, assortis de dix-huit cibles à atteindre dans des délais précis jusqu'en 2015. Huit objectifs du millénaire incitaient ainsi les États et la communauté internationale à : réduire l'extrême pauvreté et la faim, assurer l'éducation primaire universelle, promouvoir l'égalité des sexes et l'autonomisation des femmes, réduire la mortalité infantile, améliorer la santé maternelle, combattre le VIH/SIDA, le paludisme et d'autres maladies, assurer un environnement durable et mettre en place un partenariat mondial pour le développement. Ces objectifs qui indiquaient la voie à suivre sur le plan national et international pour faire reculer l'extrême pauvreté, devaient permettre « de mesurer les progrès accomplis dans la lutte contre la pauvreté, la faim, la maladie, l'absence de logements adéquats et l'exclusion tout en promouvant l'égalité des sexes, la santé, l'éducation et le respect de l'environnement »[1719].

728. Les objectifs du « Millénaire pour le développement » ont établi un horizon de développement mondial et ont été pris en considération par les organisations d'intégration pour la réalisation de leur développement. L'UEMOA par exemple a adopté en 2009 un programme indicatif régional de développement urbain[1720] visant spécifiquement à « améliorer les conditions et le cadre de vie des populations au sein de l'Union dans l'optique de l'atteinte des objectifs du millénaire pour le développement »[1721].

729. Malgré la volonté affichée par la Déclaration du millénaire de répondre aux besoins spéciaux de l'Afrique et l'intégration des objectifs du millénaire pour le développement dans les processus d'intégration sur le continent africain, l'Afrique subsaharienne est l'une des parties du monde qui n'a pas réussi à atteindre certains objectifs du millénaire pour le développement. À titre illustratif, l'objectif de réduire l'extrême pauvreté et la faim impliquait « d'assurer le plein emploi et la possibilité pour chacun, y compris les femmes et les jeunes de trouver un travail décent et

---

[1717] Il convient de rappeler que suite à l'échec des programmes d'ajustement structurel, les institutions de Bretton Woods ont lancé en 1996, l'initiative des pays pauvres très endettés (PPTE). Il s'agit d'une initiative d'allègement de la dette insoutenable de certains pays.

[1718] KEITA Diene, *op. cit.*, p. 17.

[1719] NU. Secrétariat générale, « Passer à l'action pour réaliser les objectifs du millénaire pour le développement », note d'information du secrétaire général, 2008, p. 2.

[1720] http://www.uemoa.int/sites/default/files/bibliotheque/decision_01_2009_cm_uemoa.pdf

[1721] Article 2 de la décision n° 01/2009/CM/UEMOA portant adoption du programme indicatif régional de développement urbain des États membres de l'UEMOA.

productif »[1722]. Concernant les États d'Afrique subsaharienne, le taux d'emploi de l'ensemble de la population est passé de 63 % en 1991 à 65 % en 2015[1723].

730. Au terme de l'échéance fixée pour la réalisation des objectifs du millénaire pour le développement, 193 États ont adopté au sein de l'ONU un programme[1724] de développement durable[1725] à l'horizon 2030. Ce programme est axé sur les trois éléments interdépendants du développement durable que sont la croissance économique, l'inclusion sociale et la protection de l'environnement. Fort de l'expérience des objectifs du millénaire, le programme pour le développement durable a fixé dix-sept objectifs devant permettre d'accentuer les efforts mondiaux de développement entre 2015 et 2030. En vertu de ce programme, les États membres de l'ONU et la communauté internationale se sont engagés à œuvre pour : éliminer l'extrême pauvreté et la faim ; éliminer la faim, assurer la sécurité alimentaire, améliorer la nutrition et promouvoir l'agriculture durable ; permettre à tous de vivre en bonne santé et promouvoir le bien-être de tous à tout âge ; assurer l'accès de tous à une éducation de qualité, sur un pied d'égalité et promouvoir les possibilités d'apprentissage tout au long de la vie ; parvenir à l'égalité des sexes et autonomiser toutes les femmes et les filles ; garantir l'accès de tous à l'eau et à l'assainissement et assurer une gestion durable des ressources en eau, garantir l'accès de tous à des services énergétiques fiables, durables et modernes, à un coût abordable ; promouvoir une croissance économique soutenue, partagée et durable, le plein emploi productif et un travail décent pour tous ; bâtir une infrastructure résiliente, promouvoir une industrialisation durable qui profite à tous et encourager l'innovation ; réduire les inégalités dans les pays et d'un pays à l'autre ; faire en sorte que les villes et les établissements humains soient ouverts à tous, sûrs, résilients et durables ; établir des modes de consommation et de production durables ; prendre d'urgence des mesures pour lutter contre les changements climatiques et leurs répercussions ; conserver et exploiter de manière durable les océans, les mers et les ressources marines aux fins du développement durable ; préserver et restaurer les écosystèmes terrestres en veillant à les exploiter de façon durable, gérer durablement les forêts, lutter contre la désertification, enrayer et inverser le processus de dégradation des sols et mettre fin à l'appauvrissement de la biodiversité ; promouvoir l'avènement de sociétés pacifiques et ouvertes à tous aux fins du développement durable, assurer l'accès de tous à la justice et mettre en place,

---

[1722] Cible 1.B des objectifs du millénaire pour le développement.

[1723] NU, « Objectifs du millénaire pour le développement : rapport 2015 », 2015, p.17. (https://www.un.org/fr/millenniumgoals/reports/2015/pdf/rapport_2015.pdf)

[1724] Le programme adopté en septembre 2015 s'intitule « Transformer notre monde : le programme de développement durable à l'horizon 2030 ». (https://unctad.org/meetings/fr/SessionalDocuments/ares70d1_fr.pdf).

[1725] Selon la définition adoptée par le programme, le développement durable est un développement qui répond aux besoins du présent sans compromettre la capacité des générations futures de réponse aux leurs. (https://www.un.org/sustainabledevelopment/fr/development-agenda/).

à tous les niveaux, des institutions efficaces, responsables et ouvertes à tous ; établir des partenariats pour la réalisation des objectifs.

731. Ces objectifs répondent aux défis mondiaux et couvrent des domaines plus vastes que ceux des objectifs du millénaire. Ils incluent aussi bien les inégalités, les emplois décents, les villes et les établissements humains, l'industrialisation, que le climat, la dégradation de l'environnement, l'écosystème, la paix et la justice.

732. Au travers de ces objectifs, le développement passe par l'éradication de la pauvreté. Cette dernière, même si elle nécessite un renforcement de la croissance économique, ne saurait se réaliser sans la mise en place de stratégies répondant à des besoins sociaux tels que l'éducation, la santé, la protection sociale ou les possibilités d'emplois. Les questions sociales sont ainsi devenues partie intégrante des projets de développement.

2. L'inclusion du social dans la conception du développement du continent africain

733. Les questions sociales figuraient parmi les préoccupations des dirigeants africains dès les années 1960. De ce fait, ceux-ci dans leur volonté de réaliser l'intégration du continent africain ont constitué l'Organisation de l'Unité africaine (OUA) dont l'un des objectifs est de « coordonner et d'intensifier leur coopération et leurs efforts pour améliorer les conditions de vie des peuples d'Afrique »[1726]. Les questions sociales sont une partie intégrante de l'intégration du continent africain. Ainsi, en 2000 l'Union africaine (UA) succédant à l'OUA a affirmé avoir pour objectif d' *« (c) accélérer l'intégration politique et socio-économique du continent ; (h) promouvoir et protéger les droits de l'homme et des peuples conformément à la charte africaine des droits de l'homme et des peuples et aux autres instruments pertinents relatifs aux droits de l'homme ; (j) promouvoir le développement durable aux plans économiques, social et culturel, ainsi que l'intégration des économies africaines ; (k) promouvoir la coopération et le développement dans tous les domaines de l'activité humaine en vue de relever le niveau de vie des peuples africains ; (n) œuvrer de concert avec les partenaires internationaux pertinents en vue de l'éradication des maladies évitables et de la promotion de la santé sur le continent »*[1727].

734. Pour permettre le bon fonctionnement de l'UA, l'acte constitutif a convenu de la création d'organes[1728] dont certains œuvrent dans des domaines sociaux. Les comités techniques spécialisés sont des organes de l'UA qui couvrent plusieurs thématiques et « ont pour mission de travailler en étroite collaboration avec les départements de la Commission de l'UA

[1726] Article II-1(b) de la Charte de l'Organisation de l'Union Africaine de 1963.
[1727] Article 3 de l'Acte constitutif de l'Union africaine de 2000.
[1728] L'article 5 de l'acte constitutif de l'OUA stipule que les organes de l'union sont : (a) la Conférence de l'Union ; (b) le Conseil exécutif ; (c) le Parlement panafricain ; (d) la Cour de justice ; (e) la Commission, (f) le Comité des représentants permanents ; (g) les comités techniques spécialisés ; (h) les Comités économique, social et culture ; (i) les institutions financières.

pour veiller à l'harmonisation des projets et des programmes de l'UA, ainsi qu'à la coordination avec les Communautés économiques régionales »[1729]. Plusieurs comités techniques spécialisés existent au sein de l'UA. Ceux-ci œuvrent en faveur du développement du continent Africain, aussi bien sur le plan économique, social que sécuritaire.

735. L'UA s'est dotée sur le plan social de plusieurs comités techniques : un comité technique spécialisé sur le développement social, le travail et l'emploi[1730], un comité technique spécial sur la santé, la population et la lutte contre la drogue[1731], un comité technique spécial sur la jeunesse, la culture et les sports[1732], un comité technique spécial sur l'agriculture, le développement rural, l'eau et l'environnement[1733], un comité technique spécialisé sur l'éducation, la science et la technologie[1734], un comité technique spécialisé sur le genre et l'autonomisation des femmes[1735], et un comité technique spécialisé sur la migration, les réfugiés et les personnes déplacées[1736].

736. Les organes de l'UA agissent en faveur de l'intégration et du développement du continent africain. Toutefois, en vue du développement

---

1729 Union Africaine, *Les Comités techniques spécialisés*, {en ligne}, {consulté le 10 mars 2019}.

1730 Ce comité promeut et développe la coopération entre les pays africains dans les domaines de la protection sociale, du travail, de l'emploi, de la productivité et de la lutte contre la pauvreté. (https://au.int/fr/stc).

1731 Ce comité examine les progrès réalisés dans la mise en œuvre des politiques, stratégies, programmes et décisions du continent dans son secteur. (https://au.int/fr/stc).

1732 Les fonctions de ce comité consistent notamment à examiner les progrès réalisés dans les domaines suivants : la mise en œuvre du Plan d'action de la Décennie pour le développement de la jeunesse 2009-18,; la ratification et l'application de la Charte africaine de la jeunesse, la Charte pour la Renaissance culturelle africaine et le Cadre politique pour le développement durable du sport en Afrique ; la mise en œuvre de l'architecture pour le développement du sport et de la culture en Afrique, l'Institut culturel panafricain et la Commission africaine de l'audiovisuel et du cinéma ; et la mise en œuvre de l'éducation des adultes et de la formation continue.(https://au.int/fr/stc).

1733 Ce comité met l'accent entre autres sur l'accélération du programme pour atteindre la sécurité alimentaire et nutritionnelle ; la lutte contre la pauvreté ; le renforcement du commerce intra africain ; la résistance aux changements climatiques, chocs et catastrophes associés. (https://au.int/fr/stc).

1734 Ce comité travaille entre autres à l'élaboration, à l'adoption et au suivi de la mise en œuvre de la Stratégie continentale de l'éducation pour l'Afrique et de la Stratégie continentale pour l'enseignement et la formation techniques et professionnels; veille à ce que les États membres fournissent des données sur l'éducation à l'Observatoire pour l'éducation en Afrique et à l'Observatoire africain pour la science, la technologie et l'innovation (AOSTI); établit des indicateurs de performance et reçoit des rapports des agences et institutions nationales, régionales et continentales concernées. (https://au.int/fr/stc).

1735 Le rôle de ce comité consiste notamment à plaider en faveur de la ratification et de la mise en œuvre des politiques et instruments de l'UA sur l'égalité des femmes, l'autonomisation et les droits des femmes, de la promotion et de la protection de tous les droits fondamentaux des femmes, de la promotion des pratiques sexo-spécifiques et du respect des engagements envers les droits fondamentaux des femmes. (https://au.int/fr/stc).

1736 Les fonctions de ce comité consistent notamment à renforcer les mécanismes d'intervention humanitaire efficace sur le continent par la création d'une agence humanitaire africaine ; à renforcer la protection et l'assistance aux populations ayant besoin d'aide humanitaire, notamment par la formulation et la mise en œuvre des directives de l'UA ; à renforcer les mesures visant à faire connaître le droit international humanitaire et les principes d'action. (https://au.int/fr/stc).

continental, l'UA « par un alignement étroit sur les priorités régionales, d'une part, et d'autre part, sur le cadre du développement mondial »[1737], a développé une vision et un plan d'action sur cinquante ans pour l'Afrique : l'Agenda 2063. Lors de la cérémonie du cinquantième anniversaire de l'UA en mai 2013, les Chefs d'États africains ont signé une déclaration solennelle qui affirme leur volonté de voir l'Afrique parvenir à un développement économique durable. L'agenda 2063 adopté en janvier 2015 traduit la vision du développement du continent africain pour la période allant de 2013 à 2063. Il s'agit « d'un cadre stratégique pour la croissance inclusive et le développement durable en Afrique, et une stratégie visant à optimiser l'utilisation des ressources au continent au profit de tous les Africains »[1738].

737. L'agenda 2063 repose sur sept aspirations assorties d'objectifs, de domaines prioritaires, de cibles et de stratégies correspondantes. Les domaines prioritaires de cet agenda concernent les trois dimensions du développement durable : l'économie, le social et l'environnement. « *La transformation structurelle, soutenue par l'industrialisation, est au cœur des objectifs et des cibles en matière de développement économique. Les priorités de développement social se concentrent sur la santé, l'éducation, l'eau et l'assainissement, la problématique homme-femme et l'inclusion sociale. Les priorités environnementales sont étayées par des mesures visant à lutter contre le changement climatique et préserver et exploiter les écosystèmes marins et terrestres* »[1739].

738. En vue de permettre une meilleure effectivité, l'agenda 2063 est subdivisé en cinq plans décennaux. Le plan décennal de mise en œuvre en cours pour les années 2014 à 2023 compte vingt objectifs. L'amélioration des conditions de vie des populations africaines constitue l'objectif premier de ce premier plan décennal de l'agenda 2063. Les domaines prioritaires de cet objectif sont l'augmentation des revenus et l'octroi d'un emploi décent ; la lutte contre la pauvreté, les inégalités et la faim, l'instauration de la sécurité sociale pour tous y compris pour les personnes handicapées, la mise en place d'habitats modernes et habitables et services de qualité de base.

739. La prise en considération de problématiques sociales est un préalable inhérent au développement sur le plan continental. L'amélioration des conditions de vies des populations est un but visé dans les stratégies des programmes de développement et cela semble aller de pair avec l'assurance d'un emploi décent. Cette vision du développement apparaît aujourd'hui universelle.

[1737] PNUD, « Renforcement de l'alignement stratégique pour le développement de l'Afrique : enseignements tirés du Programme de développement durable des Nations Unis, de l'Agenda 2063 de l'Union Africaine et des « cinq grandes priorités » de la Banque africaine de développement », note d'information du PNUD sur l'Afrique, vol 1, n°1, 2017, p. 2.

[1738] CEA, UA, BAD, PNUD, « OMD-Agenda 2063/ODD – Rapport de transition 2016 : vers une approche intégrée et cohérente du développement durable en Afrique », 2016, p. 103. (https://au.int/sites/default/files/pages/32828-file-mdg-sdg_transition_report_fr.pdf).

[1739] *Ibid.*, p. 104.

B. Les actions des organes internationaux spécialisées

740. Sur le plan international, l'ONU ne constitue pas le seul organisme qui œuvre en matière de développement et intervient en Afrique. En effet, le système des Nations Unies composé de l'ONU et de nombreux programmes, fonds et institutions spécialisées agissent en ce sens. Ces différents organes interviennent spécifiquement dans des domaines sociaux au sein des États membres de l'UEMOA et tentent de faire reculer la pauvreté des populations de ces États. Leurs actions passent notamment par l'éducation (1) et l'adaptation des compétences (2).

1. La lutte contre la pauvreté par l'éducation

741. L'éducation est l'un des domaines permettant de lutter contre la pauvreté surtout au sein des États membres de l'UEMOA où les systèmes éducatifs rencontrent des difficultés. L'éducation demeure l'un des moyens privilégiés par le système des Nations Unies pour maintenir la paix et lutter contre la pauvreté. L'Organisation des Nations Unies pour l'Éducation, la Science et la Culture (UNESCO) a été spécifiquement créée le 16 novembre 1945 pour « *contribuer au maintien de la paix et de la sécurité en resserrant, par l'éducation, la science et la culture, la collaboration entre nations, afin d'assurer le respect universel de la justice, de la loi, des droits de l'homme et des libertés fondamentales pour tous, sans distinction de race, de sexe, de langue ou de religion* »[1740].

742. Dans la réalisation de ses objectifs, l'UNESCO intervient dans les États en coordination avec l'ONU pour transformer la vie des populations notamment par l'éducation. Au sein des États africains, elle s'efforce en adéquation avec l'objectif numéro quatre de développement durable[1741] et guidé par l'agenda 2063 de l'Union africaine de mettre en place des stratégies et des interventions permettant d'assurer une éducation et des apprentissages équitables et de qualité pour tous tout au long de la vie.

743. Au sein des États membres de l'UEMOA, les actions de l'UNESCO en matière d'éducation visent à garantir « que tous les enfants et tous les jeunes acquièrent des connaissances et des aptitudes et que les jeunes et les adultes continuent d'améliorer leurs compétences tout au long de leur vie »[1742]. L'UNESCO œuvre en tenant compte des besoins de la zone UEMOA. Plusieurs thématiques spécifiques à la région sont incluses dans les domaines d'intervention de l'UNESCO au sein des États de cette zone d'intégration. Les actions de l'UNESCO concernent aussi bien le renforcement des systèmes éducatifs que la promotion des compétences pour

---

[1740] Article 1-1 de l'Acte constitutif de l'UNESCO.

[1741] L'objectif n° 4 de développement durable consiste à : Assurer l'accès de tous à une éducation de qualité, sur un pied d'égalité et promouvoir les possibilités d'apprentissage tout au long de la vie. (https://www.un.org/sustainabledevelopment/fr/education/).

[1742] UNESCO, Bureau multisectoriel régional pour l'Afrique de l'ouest-sahel., Rapport annuel 2018, p.13.
(http://www.unesco.org/new/fileadmin/MULTIMEDIA/FIELD/Dakar/pdf/UNESCODDakarRapportAnnuel2018.pdf).

la vie et le monde du travail. Au cours de l'année 2018 par exemple, l'UNESCO a mis en place des programmes visant à « renforcer les systèmes nationaux d'éducation et d'apprentissage en vue d'assurer des moyens d'existence pacifiques, durables et sains aux populations et aux sociétés »[1743].

744. L'UNESCO a également mis en place des programmes et est intervenue au sein des États de l'espace UEMOA en tenant compte des défis auxquels ceux-ci sont confrontés, comme l'égalité des genres, le terrorisme, l'explosion démographique, la gestion des ressources en eau. En matière de prévention du terrorisme par exemple, l'UNESCO a mis en place au Mali le projet « les jeunes acteurs pour la paix et la réconciliation nationale »[1744] le 29 mars 2018. Ce projet a permis l'élaboration « d'un manuel de formation sur l'éducation à la culture de la paix, la citoyenneté, le civisme, le genre et le trafic illicite (…) et a servi à la formation de 370 jeunes »[1745].

745. L'UNESCO intervient directement au sein des États membres. Toutefois, dans son processus d'intégration, l'UEMOA a conclu le 29 novembre 2006 un accord de coopération avec l'UNESCO. Cet accord prévoit une consultation régulière entre les deux organisations dans plusieurs domaines dont notamment l'éducation[1746]. Outre cet accord de coopération, l'UEMOA a lancé en février 2011 un projet d'appui au développement des TIC pour le renforcement des capacités de mise en œuvre de la reforme Licence-Mastère-Doctorat (LMD) dans les institutions d'enseignement supérieur de l'UEMOA (PADTICE) . Ce projet, coordonné par le bureau de l'UNESCO-Dakar, vise à créer un espace harmonisé de l'enseignement supérieur au sein de cet espace UEMOA. L'UEMOA fait donc appel à l'expertise de l'UNESCO dans des domaines comme celui de l'éducation pour réaliser son intégration.

746. Outre l'UNESCO, le Fonds des Nations Unies pour l'Enfance (UNICEF) a fait également de l'éducation un moyen privilégié pour lutter contre la pauvreté au sein de l'espace UEMOA. L'UNICEF, crée le 11 décembre 1946, protège le droit de chaque enfant à l'éducation en offrant un accès à l'apprentissage aux enfants vulnérables dans le monde et en s'assurant, une fois les enfants scolarisés que leur éducation les prépare de manière adéquate pour l'avenir.

[1743] *Idem.*

[1744] Le projet « les jeunes acteurs pour la paix et la réconciliation nationale » a été mené conjointement avec l'UNICEF et l'Organisation internationale de la migration. (http://www.unesco.org/new/fr/media-services/single-view/news/youth_as_peace_and_national_reconciliation_actors_in_mali_i/).

[1745] UNESCO, Bureau multisectoriel régional pour l'Afrique de l'ouest-sahel, *op. cit.*, p. 17.

[1746] En vertu de l'article 1-2 de l'accord de coopération entre l'UEMOA et l'UNESCO, « *cette coopération s'étend entre autres aux domaines suivantes : (a) l'éducation, (b) les ressources humaines, (c) les sciences fondamentales, l'ingénierie et la technologie, (d) les sciences humaines et sociales, (e) la culture, (f) la communication et l'information, (g) la gestion des ressources naturelles, (h) l'environnement, (i) la culture de la paix, (j) le dialogue des civilisations, (k) la jeunesse et les femmes, (l) l'intégration sous régionale et régionale, (m) la lutte contre la pauvreté, (n) les pandémies et épidémies notamment le VIH/sida* ».

747. Au sein des États membres de l'UEMOA, l'UNICEF agit en faveur de l'augmentation de l'accès à une éducation de base de qualité et à l'amélioration des résultats scolaires, la réduction des disparités de genre et géographiques dans le secteur, le changement de comportement en faveur des pratiques d'assainissement et d'hygiène. À titre illustratif, l'UNICEF contribue au Burkina Faso à la promotion de l'équité dans l'éducation avec le développement, la validation et le soutien à la mise en œuvre de référentiels comme : la stratégie nationale de promotion de l'éducation des filles. Ses actions ont permis en 2016 d'aider 15 000 filles et autres apprenants vulnérables du primaire et post-primaire à poursuivre leurs études[1747].

748. Dans le cadre de ces actions, l'UNICEF œuvre pour l'éradication du travail des enfants ce qui rejoint les idéaux défendus par l'OIT. Les actions de l'UNICEF conduisent notamment à instituer des compagnes de sensibilisations et d'informations pour les populations en général et les acteurs du monde du travail en particulier. En sus de ces actions des institutions des systèmes des Nations Unies en faveur de l'éducation dans l'espace UEMOA, des actions sont également menées pour le renforcement des compétences des populations.

2. La lutte contre la pauvreté par le renforcement des compétences

749. Les États membres de l'UEMOA tout comme les États de l'Afrique subsaharienne souffrent d'un manque de travailleurs disposant de compétences techniques. Un tel état de fait peut s'avérer handicapant dans la mise en place des différentes actions de lutte contre la pauvreté. À titre illustratif, en matière sanitaire, les États membres de l'UEMOA sont, entre autres, confrontés à un déficit de « personnel suffisant, qualifié et techniquement adapté, et à même d'assurer la prestation des services essentiels de santé et connexes requis pour conserver la santé et le bien-être »[1748].

750. Cette insuffisance explique que l'Organisation Mondiale de la Santé (OMS) dans sa mission de diriger et de coordonner la santé mondiale appuie ces États dans le renforcement de leurs capacités nationales par la mise en place d'expertise technique, de fonds pour la formation à la gestion des épidémies et des situations sanitaires d'urgence. Les aides en matière de renforcement des capacités des personnels de santé au sein de ces États peuvent également provenir d'autres institutions du système des Nations Unies. La Côte d'Ivoire, par exemple, bénéficie depuis 2016 d'un « projet swedd » de la Banque mondiale et du Fonds des Nations Unies pour la Population (UNFPA) dont l'une des composantes est de « renforcer les

[1747] https://www.unicef.org/bfa/french/education_12123.html

[1748] OMS. Bureau régional de l'Afrique, « État de la santé dans la région africaine de l'OMS : analyse de la situation sanitaire, des services et des systèmes de santé dans le contexte des objectifs de développement durable », 2018, p. 57. (https://apps.who.int/iris/handle/10665/275278).

capacités afin d'améliorer l'offre en produits et en personnel sanitaire qualifié »[1749].

751. L'aide internationale de ces institutions internationales permet aux États d'améliorer les aptitudes de leurs personnels sanitaires et de rendre ceux-ci plus performants. À titre illustratif, les interventions de l'OMS au Mali au cours des années 2003-2007 ont permis à ce pays de réaliser des « *progrès importants concernant les urgences et catastrophes notamment par la formation du personnel selon l'analyse des besoins du ministère de la Santé, la redéfinition du contenu des formations pour une meilleure adaptation du travail sur le terrain, les formations des spécialistes, et la formation continue lors des séminaires internationaux* »[1750].

752. L'avantage de ces renforcements de capacités est que celles-ci permettent d'orienter les compétences des travailleurs vers les besoins de leurs États pour venir à bout d'une préoccupation spécifique. Toujours en matière de santé, en vue d'améliorer la prise en charge de la malnutrition, l'OMS a procédé au cours de l'année 2018 au Mali « *au renforcement des capacités nationales à travers la formation de 71 agents de santé des districts sanitaires de Yorosso (30) et de Bougouni (41), région de Sikasso, sur les normes de croissance OMS d'une part, mais aussi à travers l'appui technique à la formation de 55 formateurs sur le protocole pris en charge intégrée de malnutrition aiguë* »[1751].

753. Si le renforcement des compétences en matière sanitaire vise à rendre les systèmes de santé efficients, des prises en considérations environnementales ont donné lieu au développement de nouvelles compétences. En effet, pour répondre à des impératifs environnementaux, les États ont opté[1752] pour une « transition vers des économies à faibles émissions de carbone et économes en ressources qui entrainera des changements de structures des professions, certains emplois étant détruits et d'autres, créées pendant la transition »[1753]. Les emplois qui résultent de cette transition sont des emplois décents qualifiés d'emplois verts qui « réduisent la consommation d'énergie et de matières premières, limitent les émissions de gaz à effet de serre, minimisent les déchets et la pollution, protègent et

---

[1749] OMS. Bureau régional de l'Afrique, « Stratégie de coopération de l'organisation mondiale de la santé avec la République de la Côte d'Ivoire 2016-2020 », 2016, p. 87. (https://apps.who.int/iris/bitstream/handle/10665/255020/ccs_civ_2016_2020_fr.pdf;jsessionid=76D4F62DDBA89E7384D1C5498EF503AF?sequence=1).

[1750] OMS. Bureau régional de l'Afrique, « Stratégie de coopération de l'OMS avec les pays, 2008-2013, Mali », 2009, p. 8. (https://apps.who.int/iris/handle/10665/137179).

[1751] OMS. Bureau du Mali, « Le travail de l'organisation mondiale de la santé au Mali », Rapport annuel 2018, p. 28. (https://www.afro.who.int/sites/default/files/2019-01/OMS%20MALI%20Rapport%20annuel%202018.pdf).

[1752] L'objectif à long terme de l'Accord de Paris de 2015 est de contenir la hausse de la température moyenne mondiale au-dessous de 2 °C par rapport aux niveaux préindustriels. L'accord vise à aider les pays à atteindre cet objectif et à renforcer les capacités des sociétés à faire face aux multiples conséquences du changement climatique. (https://ec.europa.eu/clima/policies/international/negotiations/paris_fr).

[1753] OIT, « Emploi et questions sociales dans le monde 2018 : une économie verte et créatrice d'emplois », 2018, p. 54.

restaurent les écosystèmes et permettent aux entreprises et aux communautés de s'adapter au changement climatique »[1754].

754. Les États d'Afrique subsaharienne qui sont particulièrement touchés par les phénomènes climatiques procèdent à une écologisation des emplois pour faire face. Certains États de l'UEMOA tels que « le Burkina Faso, le Mali, le Niger et le Sénégal ont mis en place des programmes de développement ou des stratégies nationales sur le changement climatique qui traitent des questions de travail »[1755]. Des programmes de création d'emplois verts sont également instaurés au sein de certains États avec l'appui d'institutions du système des Nations Unies. À titre illustratif, le Sénégal a lancé avec l'appui du Programme des Nations Unies pour le Développement (PNUD) un « programme d'appui à la création d'opportunité d'emplois verts au Sénégal » qui doit permettre de créer 10 000 emplois entre 2015 et 2020.

755. L'emploi est appréhendé par les différentes institutions internationales comme une réponse aux difficultés sociales. Il est inclus dans les processus de lutte contre la pauvreté de ces institutions au sein de l'UEMOA. Cette considération n'est pas étrangère au processus d'intégration de l'UEMOA qui réalise des progrès en matière sociale.

§ 2. L'incidence des politiques sectorielles communes

756. Dans le cadre de ces politiques sectorielles, l'UEMOA mène des actions qui, combinées aux efforts internes des États membres, changent la vie des populations de cette espace d'intégration. Les politiques sectorielles de l'UEMOA posent la question du développement au travers des indicateurs sociaux et économiques. Le processus d'intégration de l'UEMOA prend en considération les besoins essentiels des populations (A) de même que des facteurs du développement humain (B). Ces considérations des aspects sociaux permettent une meilleure visibilité de l'Union et améliorent la perception de l'intégration au sein de l'UEMOA.

A. L'amélioration des conditions de vie des populations par la satisfaction des besoins essentiels

757. Dans le cadre de son processus d'intégration, l'UEMOA mène par le biais des politiques sectorielles des actions devant permettre l'élimination de la pauvreté au sein de son espace. Ces actions visent aussi bien l'éradication de la pauvreté monétaire que de la pauvreté non monétaire au sein de l'UEMOA. Ainsi, des actions sont-elles entreprises pour l'avènement de la sécurité alimentaire (1) de même que pour l'accès de la population à des services de base (2).

[1754] *Idem.*
[1755] *Ibid.*, p. 87.

1. Les actions en faveur de la sécurité alimentaire

758. L'UEMOA a développé des réponses communautaires pour lutter durablement contre l'insécurité alimentaire. Dès 2001, elle a adopté une politique agricole commune[1756] qui a pour objectif général de contribuer de manière durable à la satisfaction des besoins alimentaires de la population, au développement économique et social et à la lutte contre la pauvreté dans les États membres. Cette politique agricole commune de l'UEMOA s'est donnée pour objectif spécifique de « a) réaliser la sécurité alimentaire, en réduisant la dépendance alimentaire de l'Union et en améliorant le fonctionnement des marchés des produits agricoles ; et b) améliorer les conditions de vie des producteurs, en développant l'économie rurale et en revalorisant leur revenu et leur statut social »[1757].

759. Les interventions de la politique agricole commune de l'UEMOA s'articulent autour de trois grands axes que sont « *l'adaptation des systèmes de production et l'amélioration de l'environnement de la production ; l'approfondissement du marché commun dans le secteur agricole et la gestion des ressources partagées ; l'insertion de l'agriculture de l'Union dans les marchés sous régional et mondiale* »[1758]. La politique agricole commune de l'UEMOA dispose de trois instruments de mise en œuvre à savoir la programmation pluriannuelle des activités, le fonds régional de développement agricole et le système d'information agricole régional.

760. Au titre de l'adaptation des systèmes de production et l'amélioration de l'environnement de la production, plusieurs programmes ont été mis en œuvre[1759]. L'UEMOA a adopté, par exemple pour les années 2016-2025, un Programme communautaire décennal de transformation de l'agriculture pour la sécurité alimentaire et nutritionnelle. Dans le cadre de ce programme, l'UEMOA procède à des interventions structurantes « visant à améliorer la compétitivité et la productivité du secteur agricole en vue de répondre durablement au double besoin de lever les défis liés aux crises alimentaires et à la pauvreté de la région »[1760]. De plus, en vue d'améliorer la compétitivité comparée des grandes filières, l'UEMOA a retenu cinq filières

---

[1756] La Politique agricole commune de l'UEMOA a été adopté le 10 décembre 2001 par l'Acte additionnel n°03/2001 (http://www.uemoa.int/sites/default/files/bibliotheque/pages_-_acte_additionnel_03_2001.pdf).

[1757] Article 3 de l'acte additionnel 03/2001 portant adoption de la politique agricole de l'UEMOA.

[1758] BEKE Tite Ehuitché, « Échange agricoles intra zone et sécurité alimentaire dans l'espace UEMOA : une analyse par le modèle de gravité », *Les cahiers de l'intégration de l'UEMOA*, 2018, p. 6.

[1759] On peut citer entre autres le programme spécial régional pour la sécurité alimentaire mise en œuvre entre 2002 et 2005 avec l'aide de la FAO pour contribuer à l'amélioration de la sécurité alimentaire et à l'augmentation des revenus des communautés rurales dans les États membres de l'UEMOA ; le projet régional de mise en valeur des terres de l'Office du Niger débuté en 2008, la création du Comité consultatif régional des filières agricoles par règlement n° 12/2007.

[1760] UEMOA. Commission, Rapport annuel 2017 sur le fonctionnement et l'évolution de l'Union, 2017, p. 63.

agricoles prioritaires[1761] qui ont fait l'objet d'un plan directeur adopté à travers le règlement n° 06/2007/CM/UEMOA du 6 avril 2007[1762]. Ces filières prioritaires donnent lieu à des programmes d'actions détaillées. À titre illustratif, pour la filière coton, au cours de l'année 2017, la Commission de l'UEMOA a mis en œuvre un projet de compétitivité du coton de l'espace UEMOA dont l'objectif est « d'améliorer la compétitivité de la filière coton ouest-africaine à travers trois axes d'intervention que sont la productivité, le partenariat et le genre »[1763].

761. L'UEMOA a également entrepris plusieurs actions en vue de l'approfondissement du marché commun dans le secteur agricole et la gestion des ressources partagées. L'Union a notamment procédé à ce titre à l'harmonisation des législations pharmaceutiques vétérinaires[1764] et des règlements relatifs aux semences et aux pesticides[1765], au développement de la pêche et de l'aquaculture[1766] et à l'amélioration de la gestion du foncier rural[1767]. En sus de ces actions en faveur de la sécurité alimentaire, l'UEMOA œuvre pour améliorer l'accès de ses populations aux services de base.

2. L'amélioration de l'accès aux services de base

762. L'UEMOA, en vue de réaliser l'intégration de ses États membres, a entamé plusieurs chantiers visant à améliorer les conditions de vie de ses

---

[1761] Les filières agricoles prioritaires de l'UEMOA concernent le riz, le maïs, le « bétail-viande », l'aviculture et le coton. (*Cf. not.* UEMOA. Commission, « Compétitivité des filières agricoles dans l'espace UEMOA : Plan directeur des filières prioritaires », 2007, p. 5).

[1762] http://www.uemoa.int/sites/default/files/bibliotheque/reglement_06_plan_directeur_filieres_agricoles.pdf

[1763] UEMOA. Commission, Rapport annuel 2017 sur le fonctionnement et l'évolution de l'Union, *op. cit.*, p. 63.

[1764] Cette harmonisation vise à assainir le marché communautaire par la réglementation de l'importation, de la distribution en gros et de la détention des médicaments vétérinaires ; mettre en place un système unique de gestion du médicament vétérinaire dans le cadre du marché commun de l'UEMOA avec des systèmes d'octroi et de contrôle des autorisations de mise sur le marché communautaire et faciliter le commerce communautaire des médicaments vétérinaires. (http://www.inter-reseaux.org/IMG/pdf_Depliant_sur_l_haromonisation_de_la_legislation_pharmaceutique_veterinaire_au_sein_de_l_UEMOA.pdf).

[1765] L'harmonisation des règlementations des États membres de l'UEMOA a pour perspective en l'espèce la création et l'approfondissement du marché commun des intrants agricoles.

[1766] Cela concerne notamment l'harmonisation des politiques et stratégies nationales des États membres de l'UEMOA en matière de pêches et d'aquaculture, la mise en place d'un système d'information régional ses pêches, la mise en place d'un projet « développement d'une production de semences améliorées de poissons tilapias du Nil (oreochromis niloticus) et poissons-chats africains (clarias gariepinus) ». (*Cf. not.* UEMOA. Commission, Rapport annuel 2016 sur le fonctionnement et l'évolution de l'Union, 2016, p. 50).

[1767] Par la mise en œuvre d'une feuille de route sur la gestion du foncier rural, l'apport d'appui technique aux réformes foncières rurales des États membres, l'élaboration et la diffusion en 2017 de dix-huit bulletins électroniques d'information sur l'actualité du foncier rural en Afrique de l'ouest. (*Cf. not.* UEMOA. Commission, Rapport annuel 2016 sur le fonctionnement et l'évolution de l'Union, 2016, p. 50).

populations en relevant les indices d'accessibilité aux services de base dans cette zone d'intégration. L'amélioration de la desserte en eau potable au sein de ses États membres a ainsi donné lieu à la mise en œuvre de plusieurs chantiers par l'UEMOA.

763. Dès 2006, la Commission de l'UEMOA a lancé un programme d'hydraulique villageoise dont l'objectif est d'améliorer l'accès à l'eau potable des populations les plus démunies surtout en milieu rural. Ce programme a permis de « réaliser dans les huit pays de l'Union 3 420 forages équipés de pompes manuelles et 30 adductions »[1768] entre 2006 et 2016. Ces forages qui ont été rétrocédés par la Commission de l'UEMOA aux États membres ont permis d'améliorer l'accès en eau potable des populations, notamment celles vivant en milieu rural et ont « contribué à lutter contre les maladies hydriques et à améliorer la santé humaine et animale »[1769].

764. Du fait des difficultés que les populations de l'UEMOA rencontrent encore pour s'approvisionner en eau potable, l'UEMOA avec l'appui financier de la Banque islamique de développement, a lancé une seconde phase du programme régional d'hydraulique villageoise. Cette seconde phase entend améliorer l'accès des populations les plus vulnérables à l'eau et à l'assainissement. Elle devrait permettre de réaliser « (i) 940 forages équipés de pompes à motricité humaine ; (ii) 209 mini adductions d'eau solaires, thermiques et/ou électriques ; (iii) 21 adductions d'eau multi villages ; (iv) 6 postes d'eau autonomes ; (v) 19 250 latrines privées et ; (vi) 720 latrines publiques »[1770]. Cette nouvelle phase du programme d'hydraulique villageoise prévoit également des aménagements hydrauliques multi-usages qui devront permettre « de mettre à la disposition des populations vulnérables notamment les femmes et les jeunes, des plateformes intégrées d'accès à l'eau, ainsi qu'aux aménagements agricoles et piscicoles »[1771].

765. La contribution à l'accessibilité aux services de base est un objectif affiché dans d'autres chantiers mis en œuvre par l'UEMOA. Le développement des infrastructures et des services des transports fait l'objet de plusieurs programmes au sein de l'UEMOA[1772]. Si un tel développement a pour objectif principal de « contribuer au renforcement de l'intégration économique et au désenclavement des États de l'hinterland »[1773], il n'en demeure pas moins que cela « améliore les conditions de vie des populations

[1768] UEMOA, « Programme régional d'hydraulique villageoise : des milliers de forages pour améliorer l'accès à l'eau potable », *Bulletin d'information et de communication du Programme Économique Régionale de l'UEMOA*, n° 1, janvier-juin 2017, p. 11.

[1769] SAWADOGO Fatimata, *De la CEAO à l'UEMOA ou la genèse d'une intégration sous régionale réussie*, L'Harmattan, 2015, p. 91.

[1770] UEMOA. Commission, Rapport annuel 2017 sur le fonctionnement et l'évolution de l'Union, 2017, p. 66.

[1771] *Idem.*

[1772] Les actions de l'UEMOA en la matière ont été mise en œuvre dans le cadre du programme d'actions communautaire des infrastructures et du transport routier.

[1773] UEMOA. Commission, Rapport annuel de la commission sur le fonctionnement et l'évolution de l'Union, 2005, p. 31.

en réduisant les distances de transports pour l'approvisionnement en eau potable »[1774].

766. L'accessibilité des populations aux services de base a également été appréhendée par l'UEMOA au travers du développement du secteur de l'énergie. Une politique énergétique commune fut ainsi adoptée *via* l'acte additionnel[1775] du 19 décembre 2001 avec pour objectifs de « *garantir la sécurité des approvisionnements énergétiques de l'Union ; mettre en valeur et assurer la gestion optimale des ressources énergétiques de l'Union en systématisant l'interconnexion des réseaux électriques et la réalisation des ouvrages communautaires ; promouvoir les énergies renouvelables ; promouvoir l'efficacité énergétique ; et contribuer à la préservation de l'environnement* »[1776].

767. Dans le cadre de l'application de cette politique énergétique commune, l'UEMOA a mise en place plusieurs programmes[1777], parmi lesquels l'initiative régionale pour le développement durable (IRED) mise en œuvre en 2009[1778] pour répondre à la crise énergétique qui sévit au sein des États membres. Plusieurs projets portant, notamment, sur des constructions de centrale et de lignes électriques ainsi que des projets en matière de maitrise et d'économie d'énergie sont réalisés dans le cadre de l'IRED[1779]. À titre illustratif, au cours de l'année 2017, « *pour développer l'offre d'électricité, la Commission de l'UEMOA a assuré, conjointement avec la BOAD, la supervision technique des quatorze (14) projets. (…). Parmi ces projets, six (6) projets portés par le Burkina (1), le Sénégal (1), la Côte d'Ivoire (2) et le Niger (2) sont achevés. Quatre (4) projets prévus au Mali, au Bénin, au Sénégal et au Togo étaient en cours d'exécution. En Guinée-Bissau, un projet était en phase de démarrage des travaux. Les projets restants qui concernent l'interconnexion de réseaux électriques d'États membres étaient en phase de passation des marchés de travaux et de prestations de contrôle* »[1780]. En sus de ces différentes actions qui

---

[1774] *Idem.*

[1775] Acte additionnel n°04/2001 portant adoption de la politique énergétique commune de l'UEMOA. (http://www.uemoa.int/sites/default/files/bibliotheque/pages_-_acte_additionnel_04_2001.pdf).

[1776] Article 1 de l'acte additionnel n°04/2001 portant adoption de la politique énergétique commune de l'UEMOA.

[1777] Dans le cadre de la politique énergétique commune, l'UEMOA a également mise en œuvre un programme régionale d'économie d'énergie, un programme régional de développement des énergies renouvelables et de l'efficacité énergétique (PRODERE).

[1778] Décision n° 06/2009/CM/UEMOA du 25 septembre 2009 portant adoption de la stratégie de l'UEMOA dénommée « initiative régionale pour l'énergie renouvelable » (IRED). (http://www.uemoa.int/sites/default/files/bibliotheque/decision_06_2009_cm_uemoa.pdf).

[1779] L'IRED a pour objectif de « *faire passer le taux d'électrification dans l'UEMOA de 30% en 2008 à 80% en 2020 et 100% en 2030 ; réduire le prix moyen de l'électricité dans l'espace UEMOA à 30 FCFA/k Wh à l'horizon 2030 ; accroître la proportion d'énergies renouvelables et durables dans le parc e production de 36% en 2007 à 82% en 2030* ». (*Cf. not.* SAWADOGO Fatimata, *De la CEAO à l'UEMOA ou la genèse d'une intégration sous régionale réussie,* L'Harmattan, 2015, p. 97).

[1780] UEMOA. Commission, Rapport annuel 2017 sur le fonctionnement et l'évolution de l'Union, 2017, p. 61.

contribuent à améliorer l'accessibilité des populations à certains services de base, l'UEMOA œuvre pour le développement humain.

B. Les avancées de l'intégration en matière de développement humain

768. L'UEMOA ambitionne de contribuer au développement humain de sa zone d'intégration. De ce fait, les organes de l'UEMOA ont doté celle-ci d'un département du développement humain qui oriente, coordonne et supervise les politiques communes de l'UEMOA en la matière. Ce département du développement humain agit notamment en faveur de «*l'amélioration de l'offre d'enseignement supérieur et de la formation professionnelle; la promotion de la recherche; le renforcement des systèmes de santé et de la protection sociale; le développement du marché régional des arts et de la culture; le développement d'une offre touristique compétitive et la promotion du tourisme; l'institutionnalisation de l'approche Genre dans l'Union*»[1781]. Les différentes actions de ce département ont permis d'inclure l'amélioration de l'enseignement, le développement du genre (1) ainsi que le renforcement des systèmes de santé et protection de santé (2) dans le processus d'intégration de la zone UEMOA.

1. Les progrès en matière d'éducation et d'inclusion des genres

769. La contribution de l'UEMOA au développement humain concerne, entre autres, l'amélioration de l'enseignement supérieur. Des réformes communautaires ont visé «une pleine mobilité des étudiants et des enseignants ainsi que le renforcement de la qualité des formations dispensées dans l'espace UEMOA ont été effectuées»[1782].

770. Des programmes et des projets[1783] ont été mis en œuvre pour accompagner ces différentes réformes communautaires. Ces programmes permettent à l'UEMOA d'apporter un appui à l'enseignement supérieur et à la formation professionnelle dans sa zone d'intégration par l'accompagnement des institutions d'enseignement supérieur et le soutien de l'excellence.

771. Cet appui de l'UEMOA s'est traduit, par exemple, par l'adoption d'un programme d'appui et de développement des centres d'excellence

---

[1781] UEMOA., *Département du développement humain (DDH),* {en ligne}, {consulté le 28 mars 2019}.

[1782] SAWADOGO Fatimata., *op. cit.,* p. 99.

[1783] La politique de développement humain de l'UEMOA dans le domaine de l'enseignement supérieur s'est traduite notamment par la mise en œuvre : du projet d'appui à l'enseignement supérieur (PAES), du programme de soutien à la recherche et à l'excellence, du programme de renforcement des TIC au sein des institutions de l'enseignement supérieur des pays membres de l'UEMOA, du projet d'harmonisation du baccalauréat dans les pays membres de l'UEMOA. (*Cf. not.* SAWADOGO Fatimata, *De la CEAO à l'UEMOA ou la genèse d'une intégration sous régionale réussie,* L'Harmattan, 2015, p. 99 et s.)

régionaux (PACER)[1784]. Ce programme vise « à rendre disponible dans l'espace, un ensemble d'institutions de formation et de recherche de haut niveau, conformes aux standards internationaux et capables de répondre aux besoins de disponibilité d'une main-d'œuvre hautement qualifiée dans l'Union »[1785]. Un label « centre d'excellence de l'UEMOA » est octroyé à des institutions remplissant des critères « *basés principalement sur la pertinence des domaines pour l'Union, l'excellence du programme de formation et de recherche (cohérence, pertinence des techniques et modes d'évaluation, rendement de la formation, etc.) ; le caractère régional ; la qualité de l'équipe pédagogique et scientifique ; le fonctionnement de l'institution et son aptitude à développer des partenariats ; la gouvernance (académique, administrative et financière) ; l'employabilité des diplômés et leur suivi ; le rayonnement régional (origine des intervenants et des bénéficiaires, partenariats) et la vision stratégique* »[1786].

772. Dans le cadre du PACER, vingt centres d'excellence ont été labellisés et dix-huit institutions bénéficient du soutien de l'UEMOA pour leur mise en œuvre. Les centres d'excellence de l'UEMOA reçoivent « un appui destiné à les renforcer, notamment sur le plan de la recherche, de la gouvernance, de l'équipement en TIC destiné à améliorer leurs standards d'excellence »[1787]. L'institution du PACER a eu un impact direct sur la jeunesse de l'UEMOA dans la mesure ou « la formation de niveau master et doctorat de haut niveau au sein des centres d'excellence a permis une mobilité plus importante d'une jeunesse à la quête de formations internationalement reconnues au sein de l'UEMOA sans avoir à migrer vers les pays du nord »[1788].

773. Outre les actions en faveur de l'amélioration de l'enseignement supérieur, la contribution de l'UEMOA dans le développement humain s'est également traduite à travers des actions en faveur de la promotion de la femme. Cette promotion a pour objectif « d'institutionnaliser l'approche genre : dans les postes de responsabilités au sein de la commission (stratégie interne) et dans les politiques et programmes (stratégie externe) »[1789]. Dans le cadre de la promotion de la femme au sein de l'espace UEMOA, plusieurs programmes et projets furent également mis en œuvre. À titre illustratif, un réseau des femmes opératrices économiques des États membres de

[1784] Le PACER a été adopté le 27 juin 2002 *via* la décision n° 09/CM/UEMOA portant adoption d'une charte et d'un programme d'appui et de développement des centres régionaux d'excellence au sein de l'UEMOA.
(http://www.uemoa.int/sites/default/files/bibliotheque/pages_-_dec_9_2002_cm.pdf).

[1785] SAWADOGO Fatimata., *op. cit.*, p. 100.

[1786] UEMOA, « Centres d'excellence régionaux de l'UEMOA : 20 institutions de formation et de recherches labellisées », *Bulletin d'information et de communication du Programme Économique Régionale de l'UEMOA*, n°1, janvier-juin 2017, p. 14.

[1787] SAWADOGO Fatimata., *op. cit.*, p. 101.

[1788] UEMOA, « Centres d'excellence régionaux de l'UEMOA : 20 institutions de formation et de recherches labellisées », *Bulletin d'information et de communication du Programme Économique Régionale de l'UEMOA*, n°1, janvier-juin 2017, p. 15.

[1789] SAWADOGO Fatimata., *op. cit.*, p. 118.

l'UEMOA mis en place au cours de l'année 2005 mène des « actions en faveur de la scolarisation des filles et de l'autonomisation des femmes »[1790].

2. Le renforcement des systèmes de santé et protection de santé

774. Le processus d'intégration de l'UEMOA ambitionne d'assurer le bien-être des populations de cette espace. De ce fait, l'UEMOA, tenant compte des dangers qui pèsent sur la santé du fait de la vente illicite de médicament, a jugé nécessaire d'harmoniser en 2010 la réglementation pharmaceutique régionale. Sept textes communautaires relatifs à la réglementation pharmaceutique furent ainsi adoptés[1791] et une cellule pour l'harmonisation de la réglementation et la coopération pharmaceutique a été mise en place[1792].

775. Cette réglementation a été suivie de travaux destinés à accompagner les autorités nationales de règlementations pharmaceutiques pour leur permettre de garantir la mise en œuvre des textes communautaires. À titre illustratif, au cours de l'année 2017, « des travaux ont été menés avec l'OMS et l'Organisation ouest-africaines de la Santé (OOAS) dans le cadre de l'harmonisation de la réglementation des médicaments en Afrique de l'Ouest »[1793].

776. Les mesures en matière de santé de l'UEMOA tiennent compte des préoccupations sanitaires de la région. Ainsi, l'UEMOA consciente des

---

[1790] *Idem.*

[1791] Il s'agit en l'occurrence de : Règlement n°02/2005/CM/UEMOA relatif à l'harmonisation de la réglementation pharmaceutique dans les États membres de L'UEMOA (http://www.uemoa.int/sites/default/files/bibliotheque/pages_-_regl_02_2005_cm.pdf); Règlement n°06/2010/CM/UEMOA relatif aux procédures d'homologation des produits pharmaceutiques à usage humain dans les États membres de l'UEMOA (https://www.izf.net/upload/2011/bulletins/Reg_06_2010_CM_UEMOA.pdf); Décision n° 06/2010/CM/UEMOA portant adoption des lignes directrices pour l'homologation des compléments nutritionnels dans les États membres de l'UEMOA (http://www.uemoa.int/sites/default/files/bibliotheque/dec_06_2010_cm_uemoa.pdf); Décision n° 07/2010/CM/UEMOA portant adoption des lignes directrices pour l'homologation des produits cosmétiques dans les États membres de l'UEMOA (http://www.uemoa.int/sites/default/files/bibliotheque/dec_07_2010_cm_uemoa.pdf); Décision n°08/2010/CM/UEMOA portant adoption du guide de bonnes pratiques de fabrication des produits pharmaceutiques à usage humain dans les États membres de l'UEMOA (http://www.uemoa.int/sites/default/files/bibliotheque/dec_08_2010_cm_uemoa.pdf); Décision n°09/2010/CM/UEMOA portant adoption du guide de bonnes pratiques de distribution et d'importation des produits pharmaceutiques à usage humain dans les États membres de l'UEMOA (http://www.uemoa.int/sites/default/files/bibliotheque/dec_09_2010_cm_uemoa.pdf); Décision n°10/2010/CM/UEMOA portant adoption des lignes directrices pour le contrôle de l'information et la publicité sur les médicaments auprès des professionnels de la sante dans les États membres de l'UEMOA (http://www.uemoa.int/sites/default/files/bibliotheque/dec_10_2010_cm_uemoa.pdf).

[1792] PALGO Diane Horélie, *L'harmonisation du droit pharmaceutique en Afrique de l'Ouest : le cas de l'UEMOA,* Thèse de doctorat, droit privé et sciences criminelles, Université de Bourgogne Franche-Comté, 2018, p. 109.

[1793] UEMOA. Commission, Rapport annuel 2017 sur le fonctionnement et l'évolution de l'Union, 2017, p. 70.

ravages du paludisme a mis en place, au premier trimestre 2011, un projet pilote de lutter contre le paludisme par les bios larvicides. Ce projet, réalisé dans la ville de Ouagadougou, complète les efforts de lutte contre le paludisme de l'État du Burkina Faso et devrait être « étendu à l'ensemble des États membres de l'UEMOA si l'évaluation s'avère concluante »[1794].

777. De plus, compte tenu des dépenses occasionnées par les évacuations sanitaires de certains citoyens dans les pays occidentaux, l'UEMOA a élaboré un projet de mise en place de centres de référence en soin spécialisé médical et chirurgical de haut niveau en vue de réduire les dépenses liées aux évacuations sanitaires. Le projet après avoir identifié certains centres et retenu certaines pathologies, a été « finalisé et présenté à des partenaires en vue d'un financement »[1795] en 2016.

778. En matière de protection sociale, l'UEMOA ambitionne « d'augmenter le nombre de personnes disposant d'une assurance maladie volontaire et d'accompagner les États membres dans la conception et/ou la mise en œuvre de politiques et stratégies nationales d'extension de la couverture du risque maladie au sein de la population »[1796]. L'appui à l'extension de la couverture du risque maladie au sein de l'UEMOA s'est matérialisé par l'adoption en juin 2009 du règlement n° 07/2009/CM/UEMOA sur la mutualité sociale au sein de l'UEMOA[1797]. Les actions de l'UEMOA en matière d'extension de la couverture du risque maladie sont focalisées sur la poursuite et la mise en œuvre de ce règlement communautaire. En 2017 par exemple, « *en ce qui concerne le domaine de la santé et de la protection sociale, la Commission a poursuivi son appui aux États membres dans le cadre de la mise en œuvre du règlement communautaire sur la mutualité sociale. Elle a également apporté un appui technique et financier aux États membres dans le processus d'élaboration des modules de formation sur la surveillance et la réponse aux risques sanitaires transfrontaliers, avec l'appui de l'OOAS, de l'OMS et de l'OIM* »[1798].

[1794] SAWADOGO Fatimata., *op. cit.,* p. 106.

[1795] UEMOA. Commission, Rapport annuel 2016 sur le fonctionnement et l'évolution de l'Union, 2016, p. 57.

[1796] SAWADOGO Fatimata., *op. cit.,* p. 107.

[1797] Dactyl.

[1798] UEMOA. Commission, Rapport annuel 2017 sur le fonctionnement et l'évolution de l'Union, 2017, p. 70.

CONCLUSION DU TITRE I

779. Dès la proclamation des indépendances, les États africains ont mis progressivement en place des organisations de coopération régionales « construites sous le prisme du panafricanisme, considéré comme le stade ultime d'un développement institutionnel »[1799]. Ces organisations se sont initialement préoccupées de développer économiquement leur zone d'intégration avant de s'intéresser à la question d'une intégration sociale. Les actions en faveur d'une intégration sociale sont loin d'être uniformes dans ces organisations et rencontrent des réussites disparates en fonction des organisations.

780. L'inclusion des questions sociales dans les processus d'intégration intervient aujourd'hui aussi bien sur le plan continental que sur le plan régional en Afrique. Les organisations connaissent toutefois des difficultés qui freinent fortement les tentatives de développement économique. Plus particulièrement au sein de l'UEMOA, les conséquences des difficultés sociales handicapent le processus d'intégration. La nécessité d'améliorer les conditions de vie des populations justifie l'action des organisations internationales dans cette zone d'intégration et à inciter l'UEMOA à inclure la lutte contre la pauvreté dans son processus de développement. Les normes internationales du travail semblent être exclues de ce processus de développement alors même que certaines d'entre elles peuvent contribuer à une meilleure intégration économique.

[1799] DOUMBÉ-BILLÉ Stéphane, « La multiplication des organisations régionales en Afrique : concurrence ou diversification ? », *in* FAU-NOUGARET Matthieu (dir.), *La concurrence des organisations régionales en Afrique,* L'Harmattan, 2012, p. 15.

TITRE 2

Les normes internationales du travail piliers de l'intégration économique

781. L'UEMOA a pour ambition de réaliser l'intégration économique de ses États membres à travers le renforcement de la compétitivité des activités économiques. Dans le cadre du processus de réalisation de cette intégration économique, des mesures ont été prises pour favoriser la croissance économique des États membres. Mais, comme l'a rappelé l'ancien Secrétaire général de l'ONU, Monsieur BAN KI-MOON[1800], « l'expérience nous montre que la croissance économique ne suffit pas. Nous devons faire davantage pour permettre aux personnes de s'épanouir »[1801].

782. L'UEMOA, consciente de l'importance de l'épanouissement des personnes et désireuse de contribuer à l'épanouissement des populations de ses États membres, a progressivement amorcé une nouvelle dynamique de l'intégration ayant pour finalité d'assurer le bien-être des populations. Ceci concerne aussi bien le développement économique que le développement social des États membres. À l'instar des préoccupations mondiales, l'approche du développement au sein de l'espace UEMOA intègre les trois composantes du développement durable que sont le développement social, le développement économique et la protection de l'environnement.

783. Le travail, prisme au travers duquel sont appréciés aussi bien le bien-être des populations[1802] que la performance économique[1803], est

---

[1800] M. BAN KI-MOON fut Secrétaire général des Nations Unies du 1er janvier 2007 au 31 décembre 2016.

[1801] Discours de Monsieur BAN KI-MOON lors de la journée mondiale de justice sociale le 20 février 2014.

[1802] Selon l'OIT, « le travail est un trait déterminant de l'existence humaine. C'est le moyen d'entretenir la vie et de combler les besoins fondamentaux. C'est aussi l'activité grâce à laquelle l'individu affirme sa propre identité, tant vis-à-vis de lui-même que de ceux qui l'entoure. Du travail dépendent la capacité d'exercer un choix personnel, le bien-être des familles et la stabilité des sociétés ». (OIT. CIT, « Réduire le déficit du travail décent : un défi mondial », rapport du directeur général, juin 2001, {en ligne}, {consulté le 02 avril 2019}, https://www.ilo.org/public/french/standards/relm/ilc/ilc89/rep-i-a.htm#La%20signification%20du%20travail

[1803] Selon l'OIT, « budget équilibré, ajustement structurel, révolution de l'information, échanges, investissement, économie mondiale : pour beaucoup, ces mots recouvrent des

étroitement inclus dans cette conception du développement. On sait que l'OIT, souhaitant « réunir tous les éléments d'un développement économique et social harmonieux »[1804], s'est appuyé sur le concept de « travail décent » pour soutenir l'avènement d'un développement durable[1805].

784. Le concept de « travail décent » est apparu en 1999[1806] avant d'être institutionnalisé le 10 juin 2008 dans la Déclaration de l'OIT sur la justice sociale pour une mondialisation équitable[1807]. Celle-ci précise que les États devaient « placer le plein emploi productif et le travail décent au cœur des politiques économiques et sociales ». Ceux-ci « *devraient se fonder sur les quatre objectifs stratégiques de l'OIT (…) qui peuvent se décliner comme suit : (i) promouvoir l'emploi en créant un environnement institutionnel et économique durable (…) ; (ii) prendre et renforcer des mesures de protection sociale — sécurité sociale et protection des travailleurs — durables et adaptées aux circonstances nationales (…) ; (iii) promouvoir le dialogue social et le tripartisme (…) ; (iv) respecter, promouvoir et mettre en œuvre les principes fondamentaux au travail, qui revêtent une importance particulière en tant que droits et conditions nécessaires à la pleine réalisation des objectifs stratégiques* »[1808].

785. Le travail décent ainsi formulé présente quatre dimensions fondamentales : l'emploi, les droits des travailleurs, la protection sociale et le dialogue social. Bien que ces dimensions aient été précisées par l'OIT, « le concept de « travail décent » peut apparaître aux premiers abords bien « mollement minimal » ou franchement « attrape-tout » »[1809], il fait « partie de ces grands concepts qui donnent à penser autant qu'ils nous égarent »[1810]. Ce concept qui « demeure parfaitement non défini »[1811], « *résume les*

---

concepts abstraits qui n'ont de sens que dans la mesure où ils influent sur le travail et sur le revenu ». (OIT. CIT. « Réduire le déficit du travail décent : un défi mondial », *op. cit.*).

1804 SERVAIS Jean-Michel, *Les normes internationales du travail*, L.G.D.J, 2004, p. 294.

1805 Il convient de rappeler que l'objectif n°8 des ODD porte sur le travail décent et la croissance économique.

1806 Le Directeur général de l'OIT a indiqué dans son rapport en 1999 que : « *l'OIT cherche à promouvoir un travail décent. Il ne s'agit pas seulement de créer des emplois mais de créer des emplois d'une qualité acceptable. Il ne saurait y avoir de divorce entre le volume de l'emploi et sa qualité. Toutes les sociétés ont une notion du travail décent mais la qualité de l'emploi peut signifier beaucoup de choses. Elle peut renvoyer à différentes formes de travail, à différentes conditions de travail ainsi qu'à des idées de valeur et de satisfaction. Ce qu'il faut aujourd'hui, c'est concevoir des systèmes sociaux et économiques qui garantissent le minimum indispensable en matière de sécurité et d'emploi, sans que cela empêche de s'adapter à l'évolution rapide d'un marché mondial très concurrentiel* ». (OIT. CIT, « Un travail décent », *op. cit.*)

1807 Pour plus de précision sur la Déclaration du 10 juin 2008 de l'OIT sur la justice sociale pour une mondialisation équitable : https://www.ilo.org/wcmsp5/groups/public/---dgreports/---cabinet/documents/genericdocument/wcms_371205.pdf

1808 Déclaration de 2008 de l'OIT sur la justice sociale pour une mondialisation équitable.

1809 AUVERGNON Philippe, « À propos de la promotion du « travail décent » par l'OIT », in MESTRE Christian (dir.), SACHS-DURAND Corinne (dir.), STORCK Michel (dir.), *Le travail humain au carrefour du droit et de la sociologie : hommage au Professeur Nikitas Aliprantis,* Presses universitaires de Strasbourg, 2014, p. 343.

1810 LOUIS Marieke, *L'organisation internationale du travail et le travail décent : un agenda social pour le multilatéralisme,* L'Harmattan, 2011, p. 15.

1811 AUVERGNON Philippe, *op. cit.,* p. 361.

aspirations des êtres humains au travail. Il regroupe : l'accès à un travail productif et convenablement rémunéré, la sécurité sur le lieu de travail et la protection sociale pour les familles, de meilleures perspectives de développement personnel et d'insertion sociale, la liberté pour les individus d'exprimer leurs revendications, de s'organiser et de participer aux décisions qui affectent leur vie, et l'égalité des chances et de traitement pour tous, hommes et femmes »[1812].

786. Le contenu du travail décent ainsi dégagé fixe un objectif universel pour fédérer des droits sociaux universels et met en lumière certaines normes internationales du travail qui concernent spécifiquement ces droits. L'application de ces conventions devrait par conséquent favoriser l'avènement d'un développement durable. Elles devraient à ce titre être prises en considération dans le processus d'intégration de l'UEMOA qui souhaite procéder au développement de la zone.

787. Les normes internationales du travail relatives au travail décent qui entrent dans le champ d'application des quatre dimensions du travail décent sont de plusieurs ordres. En 2014, un auteur reconnu relevait qu'« *à travers des commentaires de la commission d'experts recourant à l'expression "travail décent" à propos de l'application de vingt-huit conventions internationales du travail, se dégage un "bloc conventionnel", bien évidemment indicatif et non définitif. (…) Tout d'abord arrivent en tête les principes et droits fondamentaux du travail (…) et quelques conventions portant directement ou indirectement sur l'un des principes ou droits fondamentaux. Par ailleurs, on trouve, quasiment à égalité en nombre d'occurrences l'emploi (…). Viennent ensuite deux ensembles de références eux-mêmes numériquement proches ; il s'agit d'une part des conditions d'emploi et de travail (…), d'autre part "l'inspection du travail" et donc le contrôle de l'application des droits. Enfin émergent le "dialogue social" et la sécurité sociale* »[1813]. L'application des normes internationales du travail dégagées par les commentaires de la commission d'experts de l'OIT est censée permettre « aux personnes de s'épanouir dans un emploi décent pour leur offrir une protection sociale et faire en sorte que les pauvres et les marginalisés soient entendus »[1814].

788. Ces normes internationales du travail qui contribuent à l'avènement du travail décent permettent de donner au développement une définition humaine. « Il s'agit d'améliorer la qualité de la vie des gens, non seulement leurs revenus et leur consommation, mais aussi leur capacité de réaliser leurs aspirations. C'est aussi un moyen de fixer un objectif de développement qui vaut pour tous les pays et tous les travailleurs »[1815].

789. L'application de ces normes internationales du travail ne devrait que pouvoir contribuer par conséquent à la réussite du développement de l'espace UEMOA. Toutefois, du fait de la spécificité de l'espace UEMOA,

---

[1812] OIT, *Travail décent,* {en ligne}, {consulté le 02 avril 2019}.
[1813] AUVERGNON Philippe, *op. cit.,* p.3 59.
[1814] Discours de Monsieur BAN KI-MOON lors de la Journée mondiale de Justice sociale le 20 février 2014.
[1815] OIT. CIT, « Réduire le déficit du travail décent : un défi mondial », *op. cit.*

des normes internationales du travail devraient à notre sens être adjointes au bloc conventionnel dégagé par les commentaires de la commission d'experts en vue de concourir à l'avènement du développement durable. Ces différentes normes internationales du travail tout en respectant les impératifs internationaux pourraient ainsi accompagner l'intégration économique de la zone UEMOA aussi bien directement (Chapitre 1) qu'indirectement (Chapitre 2).

CHAPITRE 1

L'accompagnement direct de l'intégration économique

790. La connotation sociale des normes internationales du travail peut laisser penser que celles-ci n'impactent pas des intérêts économiques. Toutefois, face aux défis mondiaux, l'OIT reconnait que « la promotion d'objectifs sociaux à un dividende économique, et constitue la meilleure voie pour faire reculer la pauvreté et donner à l'économie mondiale une plus grande légitimité »[1816]. Les normes internationales du travail régissent certes un domaine social, mais du fait de leur incidence sur le contenu de l'encadrement juridique des relations de travail, elles ont des implications économiques et certaines d'entre elles « peuvent avoir une influence directe et positive sur le développement »[1817].

791. Le taux de croissance de la production ou du revenu d'un État qui mesure le plus souvent son succès économique dépend des normes sociales qui y sont appliquées. En effet, l'application et le respect de certaines normes internationales du travail peuvent être révélatrices du succès économique d'un État. L'UEMOA ayant la volonté de procéder à l'intégration économique de ces États membres gagnerait indéniablement à parfaire la ratification et l'application effective et uniforme de ces normes au sein de tous ses États membres.

792. Ces normes du fait précisément de leur caractère international peuvent favoriser l'intégration économique au sein de l'UEMOA en proposant un juste équilibre entre les intérêts divergents des États membres. Certaines normes internationales du travail ont en effet la faculté de réguler la croissance économique d'un État (Section 1), ce qui constitue un facteur indéniable de développement économique. L'application de ces normes au sein des États membres de l'UEMOA devrait ainsi favoriser la croissance économique de l'ensemble de la zone d'intégration. Par ailleurs, il faut souligner que certaines normes internationales encouragent spécifiquement

---

[1816] OIT, « Réduire le déficit du travail décent dans les secteurs de l'infrastructure et de la construction : l'expérience et les propositions du Programmes d'investissement à haute intensité de main-d'œuvre (HIMO) du BIT », 2004, p. 8. (https://www.ilo.org/public/french/employment/recon/eiip/download/dw_deficit_fr.pdf).

[1817] SERVAIS Jean-Michel, « Normes internationales du travail et disparités économiques et sociales », *op. cit.*, p. 235.

le développement économique des États en mettant en place des mécanismes qui favorisent le progrès social de ces États (Section 2). Les droits sociaux accordés par ces normes influencent positivement le développement économique des États.

SECTION 1. LA RÉGULATION ÉCONOMIQUE PAR L'ÉDICTION DES NORMES SOCIALES

793. Les normes internationales du travail visent à établir les principes et droits fondamentaux du travail et à régir d'autres domaines du monde du travail. La question de l'emploi y occupe une place importante dans la mesure où « il y a peu de droits au travail sans travail »[1818]. Elle est d'autant plus importante qu'elle impacte aussi bien l'économie des États que le bien-être des populations. Cette importance explique par ailleurs que Monsieur Juan SOMAVIA[1819] ait rappelé, dès sa prise de fonction en 1999, que bien que « la création d'emplois soit déjà la première priorité politique à travers le monde, cela doit maintenant devenir la première priorité économique »[1820].

794. L'importance économique de l'emploi fait de celui-ci un pilier du travail décent, car l'encadrement de la prestation de travail (§ 1) ainsi que la prohibition de certaines pratiques (§ 2) imposent un équilibre entre la satisfaction du bien-être du travailleur et la recherche de la productivité.

§ 1. L'encadrement de la prestation de travail

795. La promotion des droits des travailleurs constitue l'un des objectifs de l'OIT qui œuvre à l'adoption de normes encadrant l'exécution des contrats de travail. Cette dernière implique la réalisation par le travailleur d'une tâche physique ou intellectuelle au bénéfice de l'employeur. Une telle exécution doit se faire selon des conditions règlementées. Dès sa création, le préambule de la Constitution l'OIT relevait qu'il était urgent d'améliorer les conditions de travail, car celles-ci impliquaient « pour un grand nombre de personnes l'injustice, la misère et les privations, ce qui engendre un tel mécontentement que la paix et l'harmonie universelles sont mises en danger »[1821]. Cette importance accordée aux conditions de travail (A) dès la création de l'OIT, explique que ces dernières bénéficient d'une substantielle législation internationale. Cependant, les besoins des travailleurs et des employeurs ont considérablement évolué obligeant l'OIT à intervenir sur d'autres thématiques. Face à la mondialisation et aux mouvements de populations, les questions de mobilité des travailleurs se sont posées (B). Cela a conduit l'OIT à adopter une règlementation en la matière dans une

---

[1818] LOUIS Marieke., *op. cit,* p.61.
[1819] M. Juan SOMAVIA fut directeur général du BIT de mars 1999 à septembre 2012.
[1820] Juan SOMAVIA. Prestation de serment devant le Conseil d'administration de l'OIT, Genève, 22 mars 1999.
[1821] Préambule de la Constitution de l'OIT.

volonté affichée de protection des travailleurs et de soutien à la croissance économique des États.

A. Les conditions de travail

796. L'un des principaux objectifs de l'OIT est d'améliorer les conditions de travail. En la matière, l'OIT reconnait que « la rémunération est, avec le temps de travail, l'une des conditions de travail qui a l'impact le plus direct et le plus tangible sur la vie quotidienne des travailleurs »[1822]. L'impact de ces deux thématiques des conditions de travail est tel que « la règlementation des heures de travail, la fixation d'une durée maximum de la journée et de la semaine de travail, la garantie d'un salaire assurant des conditions d'existence convenables » ont été retenues dans le préambule de l'OIT comme étant des conditions nécessitant une amélioration d'urgence. De ce fait, l'OIT a développé un important travail normatif concernant aussi bien la rémunération que le temps de travail.

797. La règlementation internationale de la rémunération et du temps de travail s'explique certes par le fait que ceux-ci sont des facteurs pouvant améliorer les conditions de vie des travailleurs, mais elle peut également se comprendre eu égard à leur impact sur la croissance économique des États. En effet, du point de vue de l'amélioration des conditions de travail, la rémunération constitue « une source de revenus vitale pour les ménages et a donc une énorme influence sur le niveau de vie des populations »[1823]. Concernant le temps de travail, il peut avoir « une profonde influence non seulement sur la qualité du travail, mais aussi sur la vie privée des travailleurs, leur santé physique et mentale, leur bien-être, leur sécurité au travail, mais aussi au cours du trajet entre travail et domicile, et leurs revenus »[1824].

798. Toute décision relative à la rémunération ou au temps de travail dans l'économie nationale et régionale, « peut avoir des répercussions considérables, allant souvent bien au-delà des intérêts immédiats d'une entreprise ou d'un groupe de travailleurs donné, et influer ainsi sur la santé de l'économie, la compétitivité de divers secteurs d'activité, le niveau de l'emploi et du chômage »[1825]. De telles décisions peuvent être source de grandes satisfactions des travailleurs et contribuer par là-même à améliorer leurs performances. Ces raisons devraient inciter les États membres de l'UEMOA, dans la perspective du développement économique et social, à

[1822] OIT.CIT, « Étude d'ensemble des rapports concernant la convention n°95 et la recommandation n°85 sur la protection du salaire, 1949. » Rapport III, 91e session, partie 1B, 2003, p. 9. https://www.ilo.org/public/libdoc/ilo/P/09662/09662(2003-91)359.pdf

[1823] OIT, « Rapport mondial sur les salaires 2016/2017 : les inégalités salariales au travail », 1er éd., BIT Genève 2017, p. 1.

[1824] OIT. CIT, « Garantir un temps de travail décent pour l'avenir : Étude d'ensemble concernant les instruments relatifs au temps de travail », 107e session, 2018, p. 2. https://www.ilo.org/wcmsp5/groups/public/---ed_norm/---relconf/documents/meetingdocument/wcms_618488.pdf

[1825] *Ibid.*, p. 3.

ratifier et appliquer les normes internationales du travail relatives à la rémunération de la prestation du travail (1) ainsi qu'au temps de travail (2).

1. La rémunération de la prestation du travail

799. La rémunération désigne d'une manière générale « toute prestation, en argent ou même en nature fournie en contrepartie d'un travail ou d'une activité et englobe en ce sens le traitement, les honoraires, le salaire, les gratifications, les commissions, le courtage, le gage, le pourboire, les avantages en nature, etc. »[1826]. Au sens de l'OIT, le terme « salaire » est utilisé « de façon générique pour recouvrir l'ensemble des différentes formes et composantes de la rémunération du travail »[1827].Ainsi pour l'OIT, le terme « salaire » signifie « *quels qu'en soient la dénomination ou le mode de calcul, la rémunération ou les gains susceptibles d'être évalués en espèce et fixés par accord ou par législation nationale, qui sont dus en vertu d'un contrat de louage de services, écrit ou verbal, par un employeur à un travailleur, soit pour le travail effectué ou devant être effectué, soit par les services rendus ou devant être rendu* »[1828]. Le salaire est de ce fait la contrepartie de l'exécution de la prestation du travail. Toutefois, l'OIT qui retient[1829] le principe posé par le Traité de Versailles[1830] selon lequel « le travail n'est pas une marchandise »[1831] a tenu à adopter une législation sur les salaires en vue d' « éviter que le travail humain soit sujet à la loi de l'offre et de la demande et que, dans les périodes de chômage, il ne soit sujet à des salaires insuffisants par suite d'une main-d'œuvre trop abondante »[1832].

800. Le salaire est nécessaire au travailleur et lui permet d'assurer son entretien et celui de sa famille. Le principe intégrant la charge familiale est particulièrement important au sein de l'espace UEMOA au regard de la famille africaine. S'il est incontestable que la plupart des gens travaillent pour gagner de l'argent, il faut retenir que « le salaire représente davantage que de l'argent ; il est important pour l'équité et la dignité humaine »[1833]. Aussi les normes internationales du travail relatives aux salaires couvrent les questions relatives à l'établissement d'un salaire adéquat (a) et à la protection des salaires et des travailleurs (b).

[1826] CORNU Gérard., *Vocabulaire juridiques*, 12ème éd., Paris, PUF, 2018, p. 894.

[1827] OIT.CIT, « Étude d'ensemble des rapports concernant la convention n°95 et la recommandation n°85 sur la protection du salaire, 1949 », *op. cit.*, p. 27.

[1828] Article 1 de la convention n° 95 de l'OIT sur la protection du salaire de 1949.

[1829] Ce principe a été repris par la Déclaration de Philadelphie de 1944.

[1830] L'article 427-1 du Traité de Paix de Versailles disposait que « le travail ne doit pas être considéré simplement comme une marchandise ou un article de commerce ».

[1831] Point I (a) de la Déclaration de Philadelphie de 1944.

[1832] OIT.CIT, « Système de salaires minima. Étude d'ensemble des rapports sur la convention n° 131 et la recommandation n°135 sur la fixation des salaires minima, 1970 », 103e session, 2014, p. 2.

[1833] *Idem.*

a. L'assurance d'une rémunération adéquate

801. Dès 1919, « le paiement aux travailleurs d'un salaire leur assurant un niveau de vie convenable, tel que l'on le comprend dans leur temps et dans leur pays »[1834] figurait parmi les principes généraux devant guider la future politique de l'OIT. Ainsi la question des problèmes de fixation des salaires convenables fut examinée au sein de l'OIT et donna lieu à l'adoption en 1928 de la Convention n° 26 et de la recommandation n° 30 sur les méthodes de fixation des salaires minima. Ces instruments normatifs s'appliquaient essentiellement dans les industries. À la suite de cette convention, l'OIT a procédé en 1951 à l'adoption de la convention n° 99 et de la recommandation n° 89 sur les méthodes de fixation des salaires dans l'agriculture.

802. Conscient de l'évolution du niveau de vie, les experts de l'OIT ont conclu lors de la 168ème session de la CIT en 1967 à « *l'opportunité d'élaborer une nouvelle règlementation internationale, dans la perspective d'une politique de fixation du salaire minimum conçue à la fois comme instrument plus efficace de protection sociale et comme élément d'une stratégie de développement économique, règlementation qui devrait prendre en considération des aspects que les normes en vigueur ne considèrent pas* »[1835]. La convention n° 131 ainsi que la recommandation n° 135 sur la fixation des salaires minima furent adoptées en 1970. Toutefois, « la convention n° 131 est l'instrument de l'OIT de référence dans ce domaine »[1836].

803. Bien qu'aucune des conventions de l'OIT relatives à la fixation des salaires minima ne donne de définition du salaire minimum, l'OIT considère que le salaire minimum peut être entendu comme « *la somme minimum qui doit être versée au travailleur pour le travail effectué ou les services rendus au cours d'un laps de temps déterminé, quel que soit son mode de calcul, à l'heure ou au rendement, au-dessous de laquelle il est interdit de descendre, tant dans un contrat individuel que dans une convention collective, qui est garantie par la loi et qui peut être fixée de manière à permettre au travailleur et à sa famille de subvenir à leurs besoins essentiels compte tenu de la situation économique et sociale du pays* »[1837].

804. La ratification de la convention n° 131 de l'OIT sur la fixation des salaires minima par un État engage celui-ci à « établir un système de salaires minima protégeant tous les groupes de salariés dont les conditions d'emploi

---

1834 Article 427-3 du Traité de Paix de Versailles.

1835 OIT.CIT, « Système de salaires minima. Étude d'ensemble des rapports sur la convention n° 131 et la recommandation n°135 sur la fixation des salaires minima, 1970 », *op. cit.*, p. 6.

1836 BIT, *Les règles du jeu : une brève introduction aux normes internationales du travail, op. cit.*, p. 62.

1837 OIT. CIT, « Salaires minima. Méthodes de fixation, application et contrôle. Étude d'ensemble des rapports sur la convention n° 26 et la recommandation n° 30 sur les méthodes de fixation des salaires minima, 1928 ; la convention n° 99 et de la recommandation n° 89 sur les méthodes de fixation des salaires minima (agriculture), 1951 ; et sur la convention n°131 et la recommandation n° 135 sur la fixation des salaires minima, 1970 », Rapport III 4 (B), 72e session, 1992, p. 27.

sont telles qu'il serait approprié d'assurer les protections »[1838]. La détermination des groupes de salariés devant être protégés se fait par l'autorité compétente de chaque État, en accord avec les organisations représentatives des employeurs et des travailleurs intéressées[1839].

805. La convention n° 131 de l'OIT sur les fixations des salaires minima spécifie les critères de détermination des salaires minima qui doivent « *autant qu'il sera possible et approprié, compte tenu de la pratique et des conditions nationales, comprendre : (a) les besoins des travailleurs et de leurs familles, eu égard au niveau général des salaires dans le pays, au coût de la vie, aux prestations de sécurité sociale et au niveau de vie comparée d'autres groupes sociaux ; (b) les facteurs d'ordre économique, y compris les exigences du développement économique, la productivité et l'intérêt qu'il y a à atteindre et à maintenir un haut niveau d'emploi* »[1840]. Les critères ainsi énumérés sont ceux qui doivent être pris en considération dans l'hypothèse d'un ajustement du salaire minimum, car « la convention n° 131 n'opère pas de distinction entre les critères de fixation et les critères d'ajustement des salaires minima »[1841]. Les méthodes de fixation des salaires minima sont laissées à l'appréciation des États dans la mesure où la convention stipule que « tout membre qui ratifie la présente convention devra instituer et maintenir des méthodes adaptées aux conditions et aux besoins du pays, permettant de fixer et d'ajuster de temps à autre les salaires minima payables aux groupes de salariées protégés ».[1842]

806. La convention n° 131 de l'OIT sur la fixation des salaires minima confère une force obligatoire aux salaires minima. Ceux-ci « auront force de loi et ne pourront pas être abaissés ; leur non-application entrainera l'application de sanctions appropriées, pénales ou autres, à l'encontre de la personne ou des personnes responsables »[1843]. Des autorités spécifiques sont chargées du contrôle de l'application des dispositions relatives aux salaires minima[1844].

807. Au sein des États membres de l'UEMOA, seuls le Burkina Faso et le Niger ont ratifié la convention n° 131 de l'OIT sur la fixation des salaires minima. Toutefois, des législations et dispositions législatives existantes dans tous les États membres de l'UEMOA sont pertinentes en matière de salaires minima. À titre illustratif, bien que le Bénin n'ait pas ratifié la convention n° 131 sur la fixation des salaires, les dispositions législatives en vigueur tel que le Code du travail, la convention collective générale du travail du 30 décembre 2005 applicable aux entreprises relevant des secteurs

---

[1838] Article 1-1 de la convention n° 131 de l'OIT sur la fixation des salaires minima.
[1839] Article 1-2 de la convention n° 131 de l'OIT sur la fixation des salaires minima.
[1840] Article 3 de la convention n° 131 de l'OIT sur la fixation des salaires minima.
[1841] OIT.CIT, « Système de salaires minima. Étude d'ensemble des rapports sur la convention n°131 et la recommandation n°135 sur la fixation des salaires minima, 1970 », *op. cit.*, p. 134.
[1842] Article 4-1 de la convention n° 131 de l'OIT sur la fixation des salaires minima.
[1843] Article 2 de la convention n° 131 de l'OIT.
[1844] En vertu des dispositions de l'article 5 de la convention n° 131 de l'OIT, « *des mesures appropriées, telles qu'un système adéquat d'inspection complété par toutes autres mesures nécessaires, seront prises pour assurer l'application effective de toutes les dispositions relatives au salaires minima* ».

privé et parapublic, l'arrêté n° 071/MTFP/DC/SGM/DGT/DRP/SP-CNT du 23 février 2001 portant revalorisation des salaires minima hiérarchisés des secteurs privés et parapublics régis par le Code du travail contiennent des dispositions relatives aux salaires minima.

808. Les salaires minima existent dans tous les États membres de l'UEMOA[1845]. Cependant, du fait de la souveraineté des États, aussi bien les critères de détermination des salaires minima, les méthodes de fixation de ces salaires ou les types de sanctions diffèrent au sein de l'espace UEMOA. Concernant les critères de détermination des salaires minima, ces États tiennent compte des besoins des travailleurs et de leur famille, mais ont des critères différents. Le Burkina Faso, par exemple, utilise le coût de la vie[1846] alors qu'au « Niger, un panier de consommation minimum sert de point de référence pour la fixation des salaires minima »[1847].

809. Une meilleure effectivité de cette convention au sein de l'espace UEMOA nécessiterait une uniformisation des dispositions nationales en matière de salaires minima de même qu'une amélioration des mécanismes de fixation et d'évolution des salaires minima. L'application de critère uniforme de détermination des salaires minima ou des sanctions applicables en cas de non-application des dispositions relatives aux salaires minimum devrait permettre d'accroitre la productivité et de lutter contre la pauvreté des travailleurs. En effet, « si le niveau de revenu permet au salarié de répondre à ses besoins essentiels ainsi qu'à ceux de sa famille, il participe au combat contre la pauvreté »[1848].

b. La protection des travailleurs

810. Dès sa création, l'OIT « a placé au centre de son action les questions touchant aux niveaux décents des salaires et aux pratiques loyales de rémunération du travail et a plaidé en faveur de normes du travail qui garantiraient et protégeraient les droits des travailleurs en matière de salaire »[1849]. Si la question des salaires a donné lieu à une règlementation dès

---

[1845] Selon les statistiques de l'OIT, en 2013, les salaires minima dans les États membres étaient respectivement de 31 625 FCFA au Bénin, 30 684 f CFA au Burkina Faso, 60 000 f CFA en Côte d'Ivoire, 19 030 f CFA en Guinée Bissau, 28 460 f CFA au Mali, 30 047 f CFA au Niger et 36 244 f CFA au Sénégal. (*Cf.* https://www.ilo.org/ilostat/faces/oracle/webcenter/portalapp/pagehierarchy/Page27.jspx?subject=EAR&indicator=EAR_4MMN_CUR_NB&datasetCode=A&collectionCode=YI&_afrLoop=4654786004150410&_afrWindowMode=0&_afrWindowId=so2r0cojn_1#!%40%40%3Findicator%3DEAR_4MMN_CUR_NB%26_afrWindowId%3Dso2r0cojn_1%26subject%3DEAR%26_afrLoop%3D4654786004150410%26datasetCode%3DA%26collectionCode%3DYI%26_afrWindowMode%3D0%26_adf.ctrl-state%3Dso2r0cojn_79).

[1846] Article 187 du Code du travail du Burkina Faso.

[1847] OIT.CIT, « Système de salaires minima. Étude d'ensemble des rapports sur la convention n°131 et la recommandation n°135 sur la fixation des salaires minima, 1970 », *op. cit.*, p. 139.

[1848] N'DIAYE Momar, « L'organisation internationale du travail au service des travailleurs pauvres », *in* AUVERGNON Philippe (dir.), *Droit social et travailleurs pauvres*, Bruylant, 2013, p. 355.

[1849] OIT.CIT, « Étude d'ensemble des rapports concernant la convention n°95 et la recommandation n° 85 sur la protection du salaire, 1949 », *op. cit.*, p. 2.

1928 de la part de l'OIT, l'adoption d'un instrument international traitant spécifiquement des problèmes de protection du salaire intervint en 1949.

811. La convention n° 95 et la recommandation n° 85 de l'OIT sur la protection du salaire adoptée en 1949 furent les deux premiers instruments internationaux à « étendre au maximum la protection de la rémunération des travailleurs »[1850]. Des dispositions relatives à la protection des salaires ont été ultérieurement introduites dans d'autres instruments de l'OIT[1851]. Cependant, la convention n° 95 sur la protection des salaires reste la convention de l'OIT consacrée exclusivement à la protection des salaires. Cette convention, « s'applique à toutes les personnes auxquelles un salaire est payé ou payable »[1852]. Les États ont toutefois la possibilité d'exclure certaines catégories de travailleurs au champ d'application de cette convention[1853]. Selon les dispositions de cette convention, le salaire peut être payé en monnaie ayant cours légal ou en nature[1854]. Dans l'hypothèse où le salaire est payé en monnaie ayant cours légal, ce paiement peut être fait soit en espèce[1855], par chèque bancaire ou par chèque ou mandat postal[1856]. Le paiement du salaire sous des formes censées représenter la monnaie ayant cours légal telles que le billet à ordre, les bons et les coupons sont interdits par la convention[1857]. Le paiement en nature est autorisé dans des conditions spécifiques[1858] et donne lieu à l'application de mesures appropriées[1859]. Il ne peut aucunement prendre la forme de spiritueux ou de drogues nuisibles[1860].

812. L'aspect fondamental de cette convention est la liberté octroyée au travailleur de disposer de son salaire à son gré. Cela implique que le salaire soit directement payé au travailleur [1861] et que l'employeur ne puisse pas restreindre la liberté de celui-ci d'en disposer à son gré[1862]. Cette convention

---

[1850] *Ibid.*, p.4.

[1851] Tel est notamment le cas de la convention n° 110 de l'OIT sur les plantations de 1958 qui comprend une partie consacrée spécifiquement au salaire ou de la convention n° 117 de l'OIT sur la politique sociale (objectifs et normes de base) de 1962 qui se réfère à la rémunération des travailleurs en s'inspirant des principes posés par la convention n° 95 de l'OIT sur la protection du salaire.

[1852] Article 2-1 de la convention n° 95 de l'OIT sur la protection du salaire.

[1853] Article 2-2.

[1854] Article 4.

[1855] Article 3-1.

[1856] Article 3-2.

[1857] Article 3-1.

[1858] Selon les dispositions de l'article 4-1 de la convention n° 95 de l'OIT sur la protection du salaire, « *la législation nationale, les conventions collectives ou les sentences arbitrales peuvent permettre le paiement partiel du salaire en nature dans les industries ou professions ou ce mode de paiement est de pratique courante ou souhaitable en raison de l'industrie ou de la profession en cause* ».

[1859] Selon les dispositions de l'article 4-2 de la convention n° 95 de l'OIT sur la protection du salaire, « *dans les cas où le paiement partiel du salaire en nature est autorisé, des mesures appropriées seront prises pour que : (a) les prestations en nature servent à l'usage personnel du travailleur et de sa famille et soient conforme à leur intérêt ; (b) la valeur attribuée à ces prestations soit juste et raisonnable* ».

[1860] Article 4-1 de la convention n° 95 de l'OIT sur la protection du salaire.

[1861] Article 5.

[1862] Article 6.

prévoit également une protection du travailleur en cas de retenues sur le salaire[1863], de la saisie du salaire et de la cession du salaire[1864]. Elle « incarne l'une des plus anciennes mesures de protection sociale, celle de la priorité reconnue aux créances salariales lors de la répartition des actifs de l'employeur en cas de faillite »[1865]. La protection octroyée au travailleur justifie que les créances des travailleurs constituées par leurs salaires et les autres sommes dues au titre de services fournis au cours d'une période ou à concurrence d'un montant prescrit par la législation nationale doivent être traitées en tant que dettes privilégiées en cas de faillite ou de liquidation judiciaire de l'entreprise. Cette convention prescrit par ailleurs que les salaires reconnus comme dettes privilégiées doivent être payés intégralement avant que les créanciers ordinaires ne puissent revendiquer leur quote-part[1866].

813. Les dispositions relatives à la protection des créances constituées par les salaires ont été révisées en 1992 et donné lieu à l'adoption de la convention n° 173 sur la protection des créances des travailleurs en cas d'insolvabilité de l'employeur. Cette Convention « consacre de nouveaux concepts, comme celui d'une institution de garantie des créances des travailleurs dont elle propose d'élargir l'emploi ; elle est flexible, car elle se compose de deux parties qui peuvent être ratifiées en même temps ou séparément »[1867]. Elle prévoit en sus que la protection des créances salariales lors de procédure d'insolvabilité et de faillite soit assurée au moyen d'un privilège[1868] ou par des institutions de garantie[1869].

814. Les États membres de l'UEMOA ont diversement ratifié les conventions relatives à la protection des salaires. La convention n° 95 de l'OIT sur la protection du salaire a été ratifiée par tous les États francophones alors que seul le Burkina Faso a accepté une partie des dispositions de la convention n° 173 de l'OIT sur la protection des créances des travailleurs en cas d'insolvabilité de l'employeur[1870].

[1863] L'article 8 de la convention n° 95 de l'OIT pose le principe selon lequel des retenues sur salaires ne sont autorisées que dans des conditions et limites prescrites par la législation nationales ou fixées par une convention collective ou une sentence arbitrale, et dispose que les travailleurs doivent être dûment informés de ces conditions et limites.

[1864] L'article 10 de la convention n° 95 de l'OIT prévoit que le salaire ne pourra faire l'objet de saisie ou de cession que selon les modalités et dans les limites prescrites par la législation nationale, et que le salaire doit être protégé contre la saisie ou la cession dans la mesure jugée nécessaire pour assurer l'entretien du travailleur et de sa famille.

[1865] OIT.CIT, « Étude d'ensemble des rapports concernant la convention n° 95 et la recommandation n° 85 sur la protection du salaire, 1949 », *op. cit.*, p. 171.

[1866] Article 11 de la convention n° 95 de l'OIT sur la protection du salaire.

[1867] POLITAKIS P. Georges, « Salaires », *in* JAVILLIER Jean Claude, *Les normes internationales du travail : une approche globale,* Genève, BIT, 2002, p. 258.

[1868] Partie II de la convention n° 173 de l'OIT sur la protection des créances des travailleurs en cas d'insolvabilité de l'employeur.

[1869] Partie III de la convention n° 173 de l'OIT.

[1870] Le Burkina Faso a accepté le 11 février 1999 la partie II de la convention n° 173 de l'OIT sur la protection des créances des travailleurs en cas d'insolvabilité de l'employeur.

2. Le temps de travail

815. Le temps de travail revêt au sens de l'OIT divers aspects. Dès sa création en 1919, l'OIT a adopté une convention sur la durée de travail[1871] en vue de répondre à « une revendication parmi les plus constantes du mouvement ouvrier depuis le milieu du XIXe siècle »[1872] et d'atteindre « le but que se proposaient les dispositions pertinentes du Traité de Versailles, à savoir : éviter aux travailleurs une fatigue excessive et leur assurer des loisirs raisonnables, ainsi que la possibilité de se distraire et de vivre normalement »[1873]. Outre cette première convention, l'OIT a, au fil du temps, adopté d'autres instruments couvrant des aspects particuliers du temps du travail comme le temps de repos[1874], le congé annuel payé[1875], le travail de nuit[1876] et le travail en temps partiel[1877].

816. Le préambule de la Constitution de l'OIT stipule que « la règlementation des heures de travail » et notamment « la fixation d'une durée maximum de la journée et de la semaine de travail » est l'un des domaines dans lequel l'amélioration des conditions est urgente. En vue de répondre à une telle urgence, l'OIT a procédé notamment à l'adoption de la convention n° 1 sur la durée du travail (industrie) en 1919 et de la Convention n° 30 sur la durée du travail (commerce et bureaux) en 1930[1878].

[1871] Convention n° 1 sur la durée du travail (industrie) de l'OIT de 1919.

[1872] OIT. CIT, « Durée du travail : vers plus de flexibilité ? Étude d'ensemble des rapports concernant la convention n° 1 sur la durée du travail (industrie), 1919, et la convention n° 30 sur la durée du travail (commerce et bureaux), 1930 », 93e session, 2005, p. 2.

[1873] *Ibid.,* p.4.

[1874] Au titre du temps de repos, l'OIT a adopté la convention n° 14 sur le repos hebdomadaire (industrie) de 1921, la convention n° 106 sur le repos hebdomadaire (commerce et bureaux) de 1957 et la recommandation n° 103 sur le repos hebdomadaire (commerce et bureaux) de 1957. Les deux conventions relatives au repos hebdomadaire qui couvrent presque tous les domaines d'activité, posent le principe général du repos hebdomadaire qui est le droit des travailleurs à vingt-quatre heures consécutives de repos tous les sept jours.

[1875] Les instruments relatives au congé annuel payé sont entre autres la convention n° 52 de l'OIT sur les congés payés de 1936 qui s'applique aux travailleurs de l'industrie, du commerce et des bureaux et qui fixe à six jours ouvrables la durée minimum du congé après une année de service continu ; la convention n° 101 de l'OIT sur les congés payés (agriculture) de 1952 qui laisse à législation nationale le soin de déterminer la durée du congé annuel payé ; la convention n° 132 de l'OIT sur les congés payés (révisée) de 1970 qui s'applique à tous les travailleurs sauf les gens de mer.

[1876] En l'occurrence les conventions de l'OIT n° 4 sur le travail de nuit (femmes) de 1919, la convention n° 89 sur le travail de nuit (femmes) (révisée) de 1948, la convention n° 171 sur le travail de nuit de 1990, le Protocole de 1990 relatif à la convention sur le travail de nuit (femmes)(révisée), la recommandation n° 13 sur le travail de nuit des femmes (agriculture) de 1921 et la recommandation n° 178 sur le travail de nuit de 1990.

[1877] Les instruments de l'OIT relatifs au travail à temps partiel sont : la convention n° 175 sur le travail à temps partiel de 1994 et la recommandation n° 182 sur le travail à temps partiel de 1994.

[1878] La convention n° 47 des quarante heures de 1935 ainsi que la recommandation n° 116 sur la réduction de la durée du travail, 1962, ont également été adoptées pour répondre à cette urgence. La convention n° 47 des quarante heures a été adoptée selon son préambule pour faire face au chômage généralisé qui sévissait à l'échelle mondiale à la suite de la grande dépression de 1929. Cette convention oblige les États qui l'ont ratifié à se déclarer en faveur du principe de la semaine de quarante heures appliquées de manière à ne pas entrainer la diminution du niveau de vie des travailleurs. La recommandation n° 116 vise selon les

817. Selon ses deux conventions, « la durée du travail est le temps pendant lequel le personnel est à la disposition de l'employeur et ne comprend pas les périodes de repos pendant lesquelles le personnel n'est pas à la disposition de l'employeur »[1879]. La durée du travail correspond aux « heures de travail réellement effectué »[1880] par le travailleur mis à la disposition de l'employeur.

818. La convention n° 1 de l'OIT sur la durée du travail[1881] de même que la convention n° 30 sur la durée du travail[1882] régissent presque tous les secteurs d'activité économiques[1883]. Ces deux conventions posent la règle générale selon laquelle la durée normale du travail[1884] ne doit pas excéder huit heures par jour et quarante heures par semaine[1885]. Des variations dans

---

disposition de son préambule à compléter les instruments internationaux existants et à en faciliter l'application en indiquant les mesures pratiques pour procéder à une réduction progressive de la durée du travail, compte tenu de la variété des conditions économiques et sociales prévalant dans les différents pays, ainsi que de la variété des pratiques nationales pour réglementer la durée du travail et les autres conditions de travail, en indiquant aussi, d'une manière générale, les méthodes suivant lesquelles lesdites mesures pratiques peuvent être appliquées.

[1879] Article 2 de la convention n° 30 de l'OIT sur la durée de travail (commerce et bureaux). Sur la question du temps de travail, la convention n° 1 de l'OIT sur la durée de travail (industrie) ne donne aucune définition. La Conférence des ministres du Travail qui s'est tenue à Londres du 15 au 19 mars 1926 a proposé la présente définition qui a été reprise par l'OIT dans la convention n° 30 sur la durée de travail (commerce et bureaux).

[1880] Selon la définition retenue par la Conférence internationale des statisticiens du travail dans la résolution concernant les statistiques des heures de travail en 1962, les *« heures de travail réellement effectuées » incluent : « les heures réellement effectuées pendant les périodes normales de travail ; les heures effectuées en plus des heures réellement effectuées pendant les périodes normales de travail, et généralement rémunérées à des taux supérieurs aux taux normaux (heures supplémentaires); le temps consacré sur le lieu de travail à des travaux tels que la préparation du lieu de travail, les travaux de réparation et d'entretien, la préparation et le nettoyage des outils et l'établissement de reçus, de fiches de durée d'opérations et de rapports; le temps passé sur le lieu de travail en temps morts, en raison, par exemple, du manque occasionnel de travail, d'arrêts de machines ou d'accidents, ou le temps passé sur le lieu de travail pendant lequel aucun travail n'a été fait, mais pour lequel un paiement a été effectué sur la base d'un contrat d'emploi garanti; le temps correspondant à de courtes périodes de repos sur le lieu de travail, y compris les arrêts du travail pour collation* ».

[1881] Selon l'article 1 de la convention n° 1 de l'OIT sur la durée du travail, cette convention s'applique aux établissements industriels publics ou privés, notamment les mines et les carrières; aux industries dans lesquelles des articles sont fabriqués ou des matières subissent une transformation, telles que la construction de navires et la production d'électricité; à la construction, à l'entretien et à la démolition des routes, ponts et tunnels, et au transport de passagers ou de marchandises par route, voie ferrée ou voie d'eau maritime ou intérieure.

[1882] Selon l'article 30 de la convention n° 1 de l'OIT, cette convention s'applique aux personnelles des établissements commerciaux, des établissements et administrations dont le fonctionnement repose essentiellement sur un travail de bureau.

[1883] Il convient de rappeler que les travailleurs agricoles et les travailleurs domestiques sont excluent du champ d'application de ces conventions.

[1884] « *La durée normale du travail est le nombre d'heure pouvant être effectuées légalement au cours de la journée, de la semaine, du mois et/ou de l'année* ». (OIT. CIT, « Garantir un temps de travail décent pour l'avenir : Étude d'ensemble concernant les instruments relatifs au temps de travail », *op. cit.* p.19).

[1885] Article 2 de la convention n° 1 de l'OIT sur la durée du travail (industrie) et article 3 de la convention n°30 de l'OIT sur la durée du travail (commerce et bureaux).

la répartition de la durée normale du travail sont toutefois prévues par ces conventions en vue de « s'adapter aux exigences de production et aux variations techniques inhérentes à certains secteurs d'activité, et pour faire face à des circonstances exceptionnelles ou pour répondre aux besoins spécifiques des travailleurs ou de l'établissement »[1886]. Ces variations dans la durée normale du travail prévue par ces conventions permettent dans certaines circonstances de rallonger[1887] les heures de travail normales. De plus, dans l'optique « de trouver un équilibre entre les intérêts des travailleurs et les besoins des employeurs »[1888], les deux conventions prévoient des dérogations aux heures normales de travail. Ces dérogations peuvent être selon les circonstances permanentes[1889] ou temporaires[1890].

819. L'intérêt de la limitation de la durée normale de travail tient au fait que les heures effectuées en sus de la limitation des heures de travail relèvent des heures supplémentaires[1891]. « *Les deux conventions établissent que des règlements déterminant des dérogations permanentes ou temporaires devront fixer le nombre maximum d'heures supplémentaires qui peuvent être autorisées dans chaque cas (article 6 de la convention n° 1). La convention n° 30 exclut spécifiquement les cas d'accidents, de travaux urgents ou de*

[1886] OIT. CIT, « Garantir un temps de travail décent pour l'avenir : Étude d'ensemble concernant les instruments relatifs au temps de travail », *op. cit.,* p. 22.

[1887] L'augmentation de la durée normale du travail peut concerner le volume d'heure hebdomadaire. Dans une telle hypothèse, l'article 2 (b) de la convention n° 1 de l'OIT sur la durée du travail (industrie) permet, sous réserve de l'approbation par l'autorité compétente ou de l'existence d'un accord entre les organisations représentatives des travailleurs et des employeurs, de prolonger d'une heure la limite de heures par jour, tandis que l'article 4 de la convention n°30 de l'OIT sur la durée du travail (commerce et bureaux) permet d'allonger cette limite de 2 heures, ce qui correspond à un total de 10 heures de travail par jour. L'augmentation de la durée normale de travail peut porter sur certains types de travaux tels que le travail posté en général qui selon l'article 2 (c) de la convention n°1 de l'OIT sur la durée du travail (industrie) ou le travail posté dans les processus nécessairement continus selon les dispositions de l'article 4 de la même convention.

[1888] OIT. CIT, « Durée du travail : vers plus de flexibilité ? Étude d'ensemble des rapports concernant la convention n° 1 sur la durée du travail (industrie), 1919, et la convention n° 30 sur la durée du travail (commerce et bureaux), 1930 », 93e session, 2005, *op. cit.,* p. 58

[1889] Les dérogations permanentes aux heures de travail sont prévues lorsque la nécessité de prolonger les heures de travail au-delà des heures normales de travail est régulière et peut être considérée comme faisant partie des conditions normales de travail. Telle est le cas, selon les dispositions de l'article 6 (1)a de la convention n° 1 de l'OIT sur la durée du travail (industrie) et de l'article 7 (1)a et b de la convention n° 30 de l'OIT sur la durée du travail (commerce et industrie), des travaux intermittents et des travaux préparatoires ou complémentaires. Cela est également, le cas selon les dispositions de l'article 7 (1) -c de la convention n° 30 de l'OIT, des magasins ou autres établissements lorsque la nature du travail, l'importance de la population ou le nombre de personnes occupées rendent inapplicable la durée normale de travail fixée.

[1890] Les dérogations temporaires ou périodiques à la durée normale du travail peuvent être autorisées dans l'hypothèse ou des travaux doivent être effectués occasionnellement en dehors des heures normales de travail pour répondre aux besoins temporaires d'une entreprise et lorsqu'il est impossible de prévoir la période exacte pendant laquelle ces travaux doivent être effectués.

[1891] Les heures supplémentaires sont les heures effectuées en sus des heures normales de travail. (OIT. CIT, « Garantir un temps de travail décent pour l'avenir : Étude d'ensemble concernant les instruments relatifs au temps de travail », *op. cit.,* p. 19).

force majeure, et indique que les règlements susmentionnés doivent déterminer la prolongation de la durée du travail qui pourra être autorisée par jour et, en ce qui concerne les dérogations temporaires, par année (article 7) »[1892]. Ces heures supplémentaires donnent lieu à une compensation de la part de l'employeur. En vertu des dispositions des deux conventions précitées, « le taux du salaire pour les heures supplémentaires sera majoré d'au moins 25 pour cent par rapport au salaire normal »[1893].

820. À l'exception de la Guinée Bissau qui a ratifié la convention n° 1 sur la durée du travail (industrie), aucun autre État membre de l'UEMOA n'a ratifié les conventions de l'OIT relatives à la durée du travail. Au sein de ces États, la durée hebdomadaire normale de travail n'équivaut pas aux quarante-huit heures fixées par la convention n° 1 sur la durée du travail (industrie) et la convention n° 30 sur la durée du travail (commerce et bureaux). La durée normale de travail est fixée à quarante heures[1894] dans les États francophones[1895] de l'UEMOA et à quarante-cinq heures en Guinée Bissau[1896]. Bien que des dérogations à cette durée normale hebdomadaire de travail existent dans ces différents États[1897], le dépassement de cette durée légale de travail donne lieu à compensation[1898].

[1892] Von POTOBSKI G, ANCEL-LENNERS J, « Durée du travail, repos hebdomadaire et congés payés », *in* JAVILLIER Jean Claude, *Les normes internationales du travail : une approche globale, op. cit.*, p. 289.

[1893] Article 6 (2) de la convention n° 1 de l'OIT sur la durée du travail (industrie) et article 7(4) de la convention n° 30 de l'OIT sur la durée du travail (commerce et bureaux).

[1894] Il convient de rappeler que les États membres de l'UEMOA n'ont pas ratifié la convention n° 47 de l'OIT des quarante heures de 1935. L'origine de la durée légale de travail de 40 par semaine dans les États francophones de l'UEMOA semble se trouver dans le Code de travail d'outre-mer de 1952 dont l'article 112 disposait que « *la durée légale du travail effectif des travailleurs (…), ne peut excéder trente-neuf heures par semaine* ».

[1895] Article 142 du Code du travail du Benin, article 137 du Code du travail du Burkina Faso, article 21.2 du Code du travail de la Côte d'Ivoire, article 131 du Code du travail du Mali, article 99 du Code du travail du Niger, article 135 du Code du travail du Sénégal et article 142 du Code du travail du Togo.

[1896] Article 43 du Code du travail de la Guinée Bissau.

[1897] À titre illustratif, en vertu des dispositions de l'article 3 de l'arrêté n° 2007-004/MTSS/SG/DGT/DER fixant les modalités d'application de la semaine de 40 heures dans les établissements non agricoles au Burkina Faso, une durée de travail supérieure à la durée légale de travail est admise dans certaines professions et est considérée comme équivalent à 40 heures de travail effectif. « *Cette durée équivalente est fixée à :42 heures pour le personnel affecté à la vente dans les pharmacies et le commerce de détail ; 45 heures pour le personnel des hôpitaux, hospices, cliniques, dispensaires, maisons de santé, maisons d'accouchement, établissement climatiques et tous établissements de cure, repos, soins, convalescence, régime, stations-services ; les cuisiniers dans les hôtels caissiers, magasiniers, chauffeurs-livreurs, basculeurs ; 48 heures pour les chauffeurs affectés exclusivement au transport du personnel d'une entreprise ; 50 heures pour le personnel des salons de coiffure, manucure, pédicure, massage et instituts de beauté, spectacles forains ; 52 heures pour les chauffeurs de taxi, le personnel des débits de boissons, restaurants et hôtels et pour le personnel autre que les cuisiniers ; 56 heures pour le personnel des services d'incendies ; 60 heures pour les gens de maison et 72 heures pour les gardiens de jour et de nuit* ».

[1898] Le taux de compensation des heures supplémentaires diffère selon les États membres de l'UEMOA et s'accroit avec le nombre d'heures. Au Mali, par exemple, en vertu des dispositions de l'article 137 du Code du travail, concernant les heures supplémentaires effectuées pendant les jours ouvrables, les taux de compensation sont de « 10 % du salaire

821. La ratification des conventions de l'OIT sur la durée du travail, notamment de la convention n° 1 de l'OIT sur la durée du travail (industrie) et de la convention n° 30 de l'OIT sur la durée du travail (commerce et bureaux) par les États membres de l'UEMOA, permettra de rallonger la durée normale de travail au sein de ces États. Un tel état de fait permettrait de conformer les différentes législations nationales avec les dispositions internationales relatives à la durée du travail, d'accroitre la productivité des travailleurs tout en leur évitant une fatigue excessive et d'économiser sur les frais compensatoires des heures supplémentaires.

B. La mobilité du travailleur

822. La mobilité des travailleurs est l'une des questions prises en considération par l'OIT dès sa création. Le préambule de la Constitution de l'OIT mentionne « la défense des intérêts des travailleurs occupés à l'étranger » comme étant l'un des problèmes nécessitant une amélioration. L'importance accordée à la mobilité des travailleurs s'explique par le fait que « la circulation des travailleuses et des travailleurs est l'une des caractéristiques qui transforment profondément le monde du travail »[1899].

823. L'intérêt de l'OIT pour la migration des travailleurs fut manifesté dès 1919 par l'adoption de deux de ses premières recommandations qui contenaient des dispositions à ce sujet[1900]. La première convention de l'OIT relative aux travailleurs migrants fut adoptée en 1939[1901], mais « n'a jamais été ratifiée et n'est donc jamais entrée en vigueur »[1902]. Une révision de cette convention donna lieu à l'adoption de la convention n° 97 de l'OIT sur les travailleurs migrants en 1949. Dans l'optique de couvrir divers problèmes non traités ou « mal » couverts par la convention n° 97 , l'OIT a procédé en 1975 à l'adoption de la convention n° 143 sur les travailleurs migrants (travailleurs complémentaires).

---

réel global rapportant à l'exécution du travail, lorsqu'elle se situe de jour de la 41e heure à la 48e heure incluse, 25 % lorsqu'elle est effectuée de jour au-delà de la 48e heure, 50° % lorsqu'elle se situe de nuit ». Pour ce qui est des heures supplémentaires effectuées pendant les jours non ouvrables, les taux de compensations sont de « 50 % lorsqu'elle est effectuée de jour et de 100 % lorsqu'elle se situe de nuit ».

[1899] Préambule de la Déclaration de l'OIT sur la justice sociale pour une mondialisation équitable, 2008.

[1900] Il s'agit en l'occurrence de la recommandation n° 1 sur le chômage dont l'article II « *recommande aux membres de l'OIT que le recrutement collectif de travailleurs dans un pays, en vue de leur emploi dans un autre, ne puisse avoir lieu qu'après entente entre les pays intéressés et après consultation des patrons et des ouvriers appartenant dans chaque pays aux industries intéressées* ».
Il s'agit également de la recommandation n° 2 sur la réciprocité de traitement qui recommande à « *chaque membre de l'OIT d'assurer, sur la base de la réciprocité, les conditions arrêtées d'un commun accord entre les pays intéressés, aux travailleurs étrangers occupés sur son territoire et à leurs familles, le bénéfice des lois et règlements de protection ouvrière, ainsi que la jouissance du droit d'association reconnu dans les limites de la légalité à ses propres travailleurs* ».

[1901] La convention n° 66 de l'OIT sur les travailleurs migrants, 1939.

[1902] OIT. CIT, « Promouvoir une migration équitable. Étude d'ensemble concernant les instruments relatifs aux travailleurs migrants », 105e session, 2016, p. 19.

824. Ces deux conventions de l'OIT sur les travailleurs migrants ont été très peu ratifiées par les États membres de l'UEMOA. Le Burkina Faso est le seul pays ayant procédé à la ratification de ses deux conventions. La convention n° 97 sur les travailleurs migrants n'a été ratifiée par aucun autre État de l'UEMOA alors que la convention n° 143 sur les travailleurs migrants (dispositions complémentaires) a fait l'objet de ratification du Benin et du Togo.

825. Les deux conventions de l'OIT sur les travailleurs migrants « donnent les moyens aux pays qui envoient des migrants ou les accueillent, de gérer les flux migratoires et assurent une protection adéquate à cette catégorie vulnérable de travailleurs »[1903]. Une définition similaire des travailleurs migrants est donnée par ces deux conventions. Selon ces dernières, le terme travailleur migrant désigne « une personne qui émigre d'un pays vers un autre pays en vue d'occuper un emploi autrement que pour son propre compte ; il inclut toute personne admise régulièrement en qualité de travailleur migrant »[1904].

826. L'octroi de cette protection se révèle important eu égard à la contribution au développement de cette catégorie de travailleurs (1). Les travailleurs migrants contribuent en effet à la croissance économique et au développement de leurs pays d'accueil « et les fonds qu'ils envoient chez eux aident à dynamiser l'économie de leur pays d'origine »[1905]. Outre cette importance économique, l'OIT considère que « le manque de protection des travailleurs migrants mine la protection de l'ensemble des travailleurs »[1906]. De ce fait, la migration abusive des travailleurs a également été prise en considération par les instruments de l'OIT (2).

1. La protection des travailleurs migrants

827. Les normes internationales du travail, spécifiquement celles relatives aux travailleurs migrants, visent à préserver la dignité et les droits des travailleurs migrants. De ce fait, bien que les dispositions des deux conventions de l'OIT relatives aux travailleurs migrants soient divergentes sur plusieurs points, elles traduisent une volonté de protéger cette catégorie de travailleurs.

828. La convention n° 143 de l'OIT semble être celle qui accorde le plus de droits aux travailleurs migrants en ce sens qu'elle engage les États à « respecter les droits fondamentaux de l'homme de tous les travailleurs migrants »[1907]. Bien que les droits fondamentaux de l'homme en cause ne soient pas spécifiés par cette convention, la CEACR a estimé que cet article

---

[1903] BIT, *Les règles du jeu : une brève introduction aux normes internationales du travail*, *op. cit.*, p. 82.

[1904] Article 11-1 de la convention n° 97 de l'OIT sur les travailleurs migrants et article 11-1 de la Convention n°143 de l'OIT sur les travailleurs migrants (dispositions complémentaires).

[1905] *Idem.*

[1906] OIT, Normes internationales du travail relative à la migration de main d'œuvre, {en ligne}.

[1907] Article 1 de la convention n° 143 de l'OIT sur les travailleurs migrants (dispositions complémentaires).

se réfère aux droits fondamentaux de l'homme contenus dans les instruments internationaux adoptés par l'ONU en matière de droits de l'homme[1908], lesquels incluent certains des droits fondamentaux des travailleurs »[1909]. Cette convention accorde donc des droits inaliénables à tous les travailleurs migrants.

829. Néanmoins, en termes de protection des travailleurs migrants, les deux conventions de l'OIT sur les travailleurs migrants visent à « éliminer la discrimination dans l'emploi et les conditions d'existence des migrants en situation régulière »[1910], mais proposent des voies distinctes pour atteindre ce but.

830. En matière d'égalité de traitement, la convention n° 97 sur les travailleurs migrants proscrit l'inégalité de traitement découlant de la législation ou des pratiques administratives. Elle exige des États d'appliquer sans discrimination de nationalité, de race, de religion ou de sexe, aux travailleurs migrants un traitement qui ne soit pas moins favorable que celui qu'ils appliquent à leurs propres ressortissants en ce qui concerne les conditions de travail, l'affiliation syndicale, le logement, la sécurité sociale, les impôts et les taxes afférents au travail, l'accès à la justice[1911].

831. La convention n°143 sur les travailleurs migrants quant à elle « va plus loin dans l'intention de favoriser l'égalité des chances et d'éliminer les pratiques discriminatoires envers les travailleurs migrants »[1912]. Elle engage ainsi les États à « *formuler et à appliquer une politique nationale visant à promouvoir et à garantir, par des méthodes adaptées aux circonstances et aux usages nationaux, l'égalité de chances et de traitement en matière d'emploi et de profession, de sécurité sociale, de droits syndicaux et culturels et de libertés individuelles et collectives pour les personnes qui, en tant que travailleurs migrants ou en tant que membres de leur famille, se trouvent légalement sur son territoire* »[1913]. Elle exige également des États qu'ils prennent des mesures actives et positives pour atteindre l'égalité de chance et de traitement[1914]. Cette convention permet toutefois la restriction du libre choix de l'emploi pour une durée n'excédant pas deux ans, mais

---

[1908] Il s'agit de la Déclaration universelle des droits de l'homme de 1948 et des neuf principaux instruments relatifs aux droits de l'homme, notamment le Pacte international relatif aux droits civils et politiques de1966, le Pacte international relatif aux droits économiques, sociaux et culturels de 1966 et de la Convention internationale sur la protection des droits de tous les travailleurs migrants et des membres de leur famille de 1990.

[1909] OIT.CIT, « Travailleurs migrants. Étude d'ensemble des rapports sur la convention n° 97 et la recommandation n° 86 sur les travailleurs migrants (révisée), 1949, et sur la convention n° 143 et la recommandation n° 151 sur les travailleurs migrants (dispositions complémentaires),1975 », 87e session, 1999, p. 120.

[1910] OIT. CIT, « Promouvoir une migration équitable. Étude d'ensemble concernant les instruments relatifs aux travailleurs migrants », 105e session, 2016, p. 123.

[1911] Article 6 de la convention n° 97 de l'OIT sur les travailleurs migrants.

[1912] OIT. CIT, « Promouvoir une migration équitable. Étude d'ensemble concernant les instruments relatifs aux travailleurs migrants », *op. cit.,* p. 124.

[1913] Article 10 de la convention n° 143 de l'OIT sur les travailleurs migrants (dispositions complémentaires).

[1914] Article 12.

exclut la restriction du droit à la mobilité géographique[1915]. La restriction permanente de l'accès à des catégories limitées d'emploi est toutefois possible lorsque cela est dans l'intérêt de l'État[1916].

832. Outre les droits relatifs à l'égalité de traitement, les deux conventions de l'OIT relatives aux travailleurs migrants octroient des droits à ceux-ci en matière d'emploi, de résidence et de retour au pays d'accueil. Ainsi aux termes des dispositions de ces conventions, les travailleurs migrants ayant résidé légalement dans le pays aux fins d'emploi demeurent protégés en cas de perte d'emploi[1917] et conservent leur droit de résidence en cas d'incapacité de travailler[1918]. Ces conventions exigent, par ailleurs, des États d'accueil de permettre le transfert des gains et économie du travailleur migrant vers leur pays d'origine[1919].

833. La protection des travailleurs migrants implique également au sens de la convention n° 97 sur les travailleurs migrants la prise de mesures par les États pour faciliter les migrations internationales en faveur de l'emploi. Ainsi, cette convention exige des États de s'assurer de l'existence d'un service gratuit approprié chargé d'aider et de fournir des informations exactes aux travailleurs migrants[1920]. Elle enjoint également aux États de prévoir des mesures visant à faciliter le départ, le voyage et l'accueil de ces travailleurs[1921] et de leur offrir à tout moment une assistance médicale[1922].

834. Ces différentes protections concernent des hypothèses de migration régulière des travailleurs. Toutefois, des dispositions de ces conventions visent également à lutter contre la migration abusive des travailleurs.

2. La règlementation de la migration irrégulière des travailleurs

835. Le bien-être des travailleurs demeure une des préoccupations de l'OIT. Cela s'est traduit dans les instruments relatifs aux travailleurs migrants par l'exigence aux États de prendre toutes les mesures appropriées contre la propagande trompeuse concernant l'émigration et l'immigration[1923] dans une volonté affichée d'éviter une désillusion de ces travailleurs. Cette disposition vise à « protéger les travailleurs contre les informations fallacieuses émanant d'intermédiaires qui peuvent avoir intérêt à encourager la migration sous toutes ses formes qu'elles en soient les conséquences pour les travailleurs en question »[1924] et à prévenir les migrations irrégulières de travailleurs.

[1915] Article 14-a de la convention n°143 de l'OIT sur les travailleurs migrants (dispositions complémentaires).
[1916] Article 14-c.
[1917] Article 8.
[1918] Article 8.
[1919] Article 9.
[1920] Article 2.
[1921] Article 4.
[1922] Article 5.
[1923] Article 3 de la convention n° 97 de l'OIT sur les travailleurs migrants.
[1924] OIT. CIT, « Promouvoir une migration équitable », Étude d'ensemble concernant les instruments relatifs aux travailleurs migrants », *op. cit.*, p. 96.

836. Cette question de la migration irrégulière des travailleurs est expressément abordée dans la première partie de la convention n° 143 sur les travailleurs migrants (dispositions complémentaires). Cette convention qui couvre des domaines non couverts par la convention n° 97 sur les travailleurs migrants demande aux États de prévoir des mesures pour lutter contre l'émigration clandestine et l'emploi illégal[1925] ainsi que des sanctions administratives, civiles et pénales en cas de survenance de telles conditions de travail[1926]. Ces mesures ont pour objectif de lutter contre les migrations irrégulières de main-d'œuvre. Toutefois, du fait de la complexité de la question de la migration irrégulière, cette convention contient des dispositions qui assurent une protection minimum aux travailleurs migrants, y compris ceux en situation irrégulière.

837. L'article 1 de la convention n° 143 sur les travailleurs migrants exige le « respect des droits fondamentaux de l'homme de tous les travailleurs migrants ». Aucune distinction n'est faite entre travailleurs migrants en situation régulière ou irrégulière dans l'octroi de cette protection. Tous les travailleurs bénéficient d'une protection minimale. Plus spécifiquement, la convention n° 143 accorde des droits aux travailleurs migrants en situation irrégulière. Ceux-ci et leurs familles bénéficient de « l'égalité de traitement en ce qui concerne les droits découlant d'emplois antérieurs en matière de rémunération, de sécurité sociale et autres avantages »[1927]. Cette disposition a pour « but de garantir que les travailleurs en situation irrégulière et embauchée illégalement ne perdent pas les droits qui leur sont dus pour le travail qu'ils ont effectivement accompli »[1928]. Bien que la convention n'empêche pas les États de régulariser la situation des travailleurs migrants en situation illégale[1929], elle envisage l'hypothèse d'une expulsion de ceux-ci en précisant que les frais d'une telle expulsion ne devraient pas être supportés par le travailleur migrant[1930]. Ces mesures qui doivent pallier les abus et les irrégularités dont peuvent être victimes les travailleurs migrants exigent toutefois une coopération entre les États et une consultation des organisations représentatives d'employeurs et de travailleurs pour une meilleure protection de ces travailleurs[1931].

§ 2. La prohibition d'emplois et de situations de travail

838. Le préambule de la Constitution l'OIT affirme « qu'une paix universelle et durable ne peut être fondée que sur la base de la justice

---

[1925] Article 3 de la convention n° 143 de l'OIT sur les travailleurs migrants (dispositions complémentaires).
[1926] Article 6.
[1927] Article 9-1.
[1928] OIT. CIT, « Promouvoir une migration équitable ». Étude d'ensemble concernant les instruments relatifs aux travailleurs migrants, *op. cit.*, p. 112.
[1929] Article 9-4 de la convention n° 143 de l'OIT sur les travailleurs migrants (dispositions complémentaires).
[1930] Article 9-3.
[1931] Article 4.

sociale ». Depuis son institution, l'OIT a fixé quatre principes et droits[1932] qu'elle estime fondamentaux pour la justice sociale. Ces principes et droits fondamentaux interdisent certaines pratiques du travail. Ces prohibitions entendent préserver la dignité des travailleurs en octroyant un socle minimum de droits et « assurer le lien entre progrès social et croissance économique »[1933].

839. Le caractère de principe et droit fondamental octroyé à ces prohibitions implique que les États, qu'ils aient ou non ratifiés les dispositions normatives en cause, doivent prendre toutes les mesures pour promouvoir et assurer leur effectivité. Ces prohibitions sont considérées comme des droits inaliénables à tous les travailleurs et concernent certaines catégories d'emploi (A) et de discrimination (B).

A. Les emplois interdits

840. Le travail contribue à l'épanouissement des travailleurs et à l'essor économique d'un État. Toutefois, pour que le travail puisse parvenir à une telle contribution, il faut comme le rappelle le Préambule de la Constitution de l'OIT que chaque nation ait « un régime de travail réellement humain ». L'humanisation du travail implique que celui-ci soit effectué dans le respect des droits et principes fondamentaux inhérents aux êtres humains. De ce fait, le travail forcé (1) de même que le travail des enfants (2), qui constituent des atteintes aux droits fondamentaux des travailleurs, ont été interdits par les instruments normatifs de l'OIT.

1. Le travail forcé

841. Le droit de ne pas être soumis à un travail forcé est considéré comme étant un droit « crucial pour la réalisation de la justice sociale »[1934]. Initialement focalisées sur la lutte contre l'esclavage[1935], les questions relatives au travail forcé « sont devenues objet d'études systématiques et d'activités normatives au niveau international après la Première Guerre mondiale, suite aux travaux de la Société des Nations concernant les

---

[1932] Pour rappel les principes et droits fondamentaux au travail porte sur la liberté d'association et la reconnaissance effective du droit de négociation collective ; l'élimination de toute forme de travail forcé ou obligatoire ; l'abolition effective du travail des enfants ; l'élimination de la discrimination en matière d'emploi et de profession.

[1933] Préambule de la Déclaration de l'OIT relative aux principes et droits fondamentaux au travail et son suivi, 1998.

[1934] OIT.CIT, « Donner un visage humain à la mondialisation », Rapport III (1B), Étude d'ensemble sur les conventions fondamentales concernant les droits au travail à la lumière de la Déclaration de l'OIT sur la justice sociale pour une mondialisation équitable, 2008, 101e session, 2012, p. 107.

[1935] Le travail forcé a été condamné dès 1815 par la Déclaration relative à l'abolition universelle de la traite des esclaves du 8 février 1815 qui est le premier instrument international qui condamne l'esclavage.

territoires sous mandat ainsi qu'à l'adoption de la convention de 1926 relative à l'esclavage »[1936].

842. À la suite de ces instruments internationaux, l'OIT a procédé en 1930, époque où « le travail forcé était principalement vu comme un phénomène colonial »[1937], à l'adoption de la convention n° 29 sur le travail forcé, de la recommandation n° 35 sur la contrainte indirecte au travail et de la recommandation n° 36 sur la règlementation du travail forcé. Après les bouleversements politiques et économiques survenus à l'issue de la Seconde Guerre mondiale, l'OIT a retenu une nouvelle approche du travail forcé qui a abouti à l'adoption en 1957 de la convention n° 105 sur l'abolition du travail forcé. Du fait de la persistance des pratiques de travail forcé, malgré l'existence des deux conventions précitées, l'OIT a procédé en 2014 à l'adoption du Protocole relatif à la convention sur le travail forcé de 1930 et de la recommandation n° 203 sur le travail forcé (mesures complémentaires).

843. Ces normes internationales du travail relatives au travail forcé « visent à garantir à tous les êtres humains le droit de ne pas être assujettis à un travail forcé, quel que soit sa nature ou le secteur d'activité dans lequel il est réalisé »[1938]. L'application conjointe de ces normes qui sont complémentaires devra contribuer à l'élimination complète du travail forcé.

844. Au sens de la convention n° 29 sur le travail forcé, « le terme travail forcé ou obligatoire désignera tout travail ou service exigé d'un individu sous la menace d'une peine quelconque et pour lequel ledit individu ne s'est pas offert de plein gré »[1939]. Cette définition est « considérée comme valable d'une manière générale et donc apte à déterminer ce qui constitue "le travail forcé ou obligatoire" au sens de la convention n° 105 »[1940]. La peine dont il est question dans cette définition « n'est pas nécessairement pénale et peut consister à une perte de droits et de privilèges. La menace de rétorsion peut par ailleurs revêtir les formes les plus diverses[1941] »[1942].

845. Cette définition de la notion du travail forcé qui a été dessein voulu large par les mandants de l'OIT lors de l'adoption de la convention n° 29 sur le travail forcé recouvre les « *pratiques traditionnelles de travail forcé, comme les séquelles de l'esclavage, les pratiques analogues à l'esclavage ou les différentes formes de servitude pour dettes, mais également les nouvelles formes de travail forcé qui ont émergé ces dernières décennies, par exemple la traite des personnes. De plus, cette définition couvre non seulement le*

[1936] OIT.CIT, « Éradiquer le travail forcé », Rapport III (1B), Étude d'ensemble relative à la convention n°29 sur le travail forcé, 1930 et à la convention n°105 sur l'abolition du travail forcé, 1957 », 96e session, 2007, p. 4.

[1937] *Ibid.*, p. 5.

[1938] OIT.CIT, « Donner un visage humain à la mondialisation », *op. cit.*, p. 107.

[1939] Article 2-1 de la convention n° 29 de l'OIT sur le travail forcé.

[1940] OIT.CIT, « Éradiquer le travail forcé », *op. cit.*, p. 7.

[1941] La menace de rétorsion peut prendre la forme d'une contrainte physique, d'une menace de mort à l'encontre du travailleur ou de ses proches ou être d'ordre psychologique.

[1942] OIT.CIT, « Le coût de la coercition », rapport global en vertu du suivi de la Déclaration de l'OIT relative aux principes et droits fondamentaux au travail, Rapport I (B), 98e session, 2009, p. 5.

travail forcé imposé par les entités privées, mais également celui imposé par les autorités étatiques »[1943].

846. Les deux conventions relatives au travail forcé se complètent. De ce fait, bien qu'elles engagent les États « à supprimer l'emploi forcé ou obligatoire sous toutes ses formes »[1944], elles contiennent des dispositions différentes. La convention n° 29 prescrit une interdiction générale du travail forcé assortie d'exceptions[1945]. Ces exceptions concernent les cas de service militaire, de travail pénitentiaire, de tout travail exigé dans les cas de force majeure ou de menus travaux de village. La convention n° 105 sur l'abolition du travail forcé, visant « à abolir la mobilisation et l'utilisation forcée de travailleurs à des fins économiques, ainsi qu'à abolir le travail forcé en tant que moyen de coercition politique ou sanction »[1946], précise certains cas pour lesquels le travail forcé ne pourrait jamais être imposé[1947]. Elle interdit ainsi formellement les pratiques de travail forcé comme mesure de coercition ou d'éducation politique, comme méthode de mobilisation et de discipline de la main-d'œuvre, comme punition pour avoir participé à des grèves ou comme mesure discriminatoire.

847. Le travail forcé constitue une grave atteinte aux droits de l'homme de même qu'une restriction de la liberté des travailleurs. Il touche plus particulièrement les personnes les plus vulnérables telles que les femmes, les

---

[1943] OIT.CIT., « Donner un visage humain à la mondialisation », *op.cit.*, p. 116.

[1944] Article 1 de la convention n° 29 de l'OIT sur le travail forcé et article 1 de la convention n° 105 de l'OIT sur l'abolition du travail forcé.

[1945] Selon l'article 2-2 de la convention n° 29, « *toutefois, le terme travail forcé ou obligatoire ne comprendra pas, aux fins de la présente convention:(a) tout travail ou service exigé en vertu des lois sur le service militaire obligatoire et affecté à des travaux d'un caractère purement militaire; (b) tout travail ou service faisant partie des obligations civiques normales des citoyens d'un pays se gouvernant pleinement lui-même; (c) tout travail ou service exigé d'un individu comme conséquence d'une condamnation prononcée par une décision judiciaire, à la condition que ce travail ou service soit exécuté sous la surveillance et le contrôle des autorités publiques et que ledit individu ne soit pas concédé ou mis à la disposition de particuliers, compagnies ou personnes morales privées; (d) tout travail ou service exigé dans les cas de force majeure, c'est-à-dire dans les cas de guerre, de sinistres ou menaces de sinistres tels qu'incendies, inondations, famines, tremblements de terre, épidémies et épizooties violentes, invasions d'animaux, d'insectes ou de parasites végétaux nuisibles, et en général toutes circonstances mettant en danger ou risquant de mettre en danger la vie ou les conditions normales d'existence de l'ensemble ou d'une partie de la population; (e) les menus travaux de village, c'est-à-dire les travaux exécutés dans l'intérêt direct de la collectivité par les membres de celle-ci, travaux qui, de ce chef, peuvent être considérés comme des obligations civiques normales incombant aux membres de la collectivité, à condition que la population elle-même ou ses représentants directs aient le droit de se prononcer sur le bien-fondé de ces travaux* ».

[1946] OIT.CIT, « Éradiquer le travail forcé », *op. cit.*, p. 5.

[1947] Selon les dispositions de l'article 1 de la convention n° 105 de l'OIT « *tout Membre de l'Organisation internationale du Travail qui ratifie la présente convention s'engage à supprimer le travail forcé ou obligatoire et à n'y recourir sous aucune forme: (a) en tant que mesure de coercition ou d'éducation politique ou en tant que sanction à l'égard de personnes qui ont ou expriment certaines opinions politiques ou manifestent leur opposition idéologique à l'ordre politique, social ou économique établi; (b) en tant que méthode de mobilisation et d'utilisation de la main-d'œuvre à des fins de développement économique; (c) en tant que mesure de discipline du travail; (d) en tant que punition pour avoir participé à des grèves; (e) en tant que mesure de discrimination raciale, sociale, nationale ou religieuse* ».

jeunes, les peuples autochtones et les travailleurs migrants. Les instruments normatifs de l'OIT essaient d'accorder une protection à ces travailleurs vulnérables en posant le principe selon lequel le recours du travail forcé ou obligatoire est passible de sanctions pénales[1948] et en enjoignant les États à prendre des mesures efficaces en vue de l'abolition définitive du travail forcé[1949], ainsi que des mesures de prévention de la survenance du travail forcé[1950].

848. L'interdiction du travail forcé ou obligatoire outre la préservation de la dignité du travailleur permet de réguler les économies des États. L'OIT reconnait en effet qu'en sus des souffrances humaines, le travail forcé à un coût financier « lié principalement à la perte de revenu »[1951]. Celle-ci est de deux sortes. « Il y a premièrement le fait que la main-d'œuvre forcée est sous-payée, l'exploitation économique étant sans nul doute ce qui motive le recours à la coercition »[1952]. Cela peut se traduire par la perception d'un salaire inférieur au taux du marché, par des retenues artificielles en toute discrétion par l'employeur, par l'assujettissement des travailleurs à la servitude pour dettes, par le sous paiement des heures supplémentaires forcées et autres formes de travail excessif. « La deuxième source de perte de revenu liée principalement à des cas de traite résulte du mode de recrutement »[1953]. Cela peut être l'hypothèse d'un travailleur migrant qui se fait enrôler dans un réseau de trafic de main-d'œuvre. Celui-ci se retrouve généralement réduit au travail forcé et doit acquitter toute une série de frais comme des « sommes versées à l'agence de recrutement ou à l'intermédiaire, le financement d'une formation exigée par le pays destinataire, y compris des cours de langue, de visa et de transport »[1954].

849. Ces raisons économiques et sociales expliquent l'évidence universelle de bannir le travail forcé. Les États membres de l'UEMOA ont

---

[1948] Article 25 de la convention n° 29 de l'OIT sur le travail forcé

[1949] Article 3 de la convention n° 105 de l'OIT sur l'abolition du travail forcé.

[1950] Article 1 du Protocole de 2014 relative à la convention sur le travail forcé de 1930.
A cet égard, l'article 2 du Protocole de 2014 relative à la convention sur le travail forcé de 1930 précise que *« les mesures qui doivent être prises pour prévenir le travail forcé ou obligatoire doivent comprendre: a) l'éducation et l'information des personnes, notamment celles considérées comme particulièrement vulnérables, afin d'éviter qu'elles ne deviennent victimes de travail forcé ou obligatoire; b) l'éducation et l'information des employeurs, afin d'éviter qu'ils ne se trouvent impliqués dans des pratiques de travail forcé ou obligatoire; c) des efforts pour garantir que: i) le champ d'application et le contrôle de l'application de la législation pertinente en matière de prévention du travail forcé ou obligatoire, y compris la législation du travail en tant que de besoin, couvrent tous les travailleurs et tous les secteurs de l'économie; ii) les services de l'inspection du travail et autres services chargés de faire appliquer cette législation sont renforcés; d) la protection des personnes, en particulier des travailleurs migrants, contre d'éventuelles pratiques abusives ou frauduleuses au cours du processus de recrutement et de placement; e) un appui à la diligence raisonnable dont doivent faire preuve les secteurs tant public que privé pour prévenir les risques de travail forcé ou obligatoire et y faire face ; f) une action contre les causes profondes et les facteurs qui accroissent le risque de travail forcé ou obligatoire ».*

[1951] OIT.CIT, « Le coût de la coercition », *op. cit.*, p. 33.

[1952] *Idem.*

[1953] *Idem.*

[1954] *Idem.*

tous ratifié les deux conventions de l'OIT relatives à l'élimination du travail forcé, mais le travail forcé reste un sujet de dissension dans certains pays. La Cour de justice de la CEDEAO a reconnu en 2008 le Niger coupable de contrevenir à sa législation nationale et à ses obligations internationales qui lui imposent de protéger ses citoyens contre l'esclavage[1955]. Malgré une telle condamnation, la CEACR a relevé en 2016, dans ses observations sur l'application de la convention n° 29 sur le travail forcé au Niger, « la persistance de pratiques esclavagistes » dans ce pays[1956].

2. Le travail des enfants

850. Dès sa création, l'élimination du travail des enfants a été l'une des préoccupations de l'OIT[1957]. Les normes internationales du travail adoptées dès 1919 lient l'âge minimum à la scolarité[1958] : « *l'établissement de ce lien vise à permettre aux enfants d'exploiter au mieux leur potentiel, ce qui profitera aux enfants eux-mêmes, à leurs familles, aux collectivités et à la société dans son ensemble en optimisant la contribution qu'ils apporteront, une fois adulte, à la croissance économique et au progrès social* »[1959]. Plusieurs instruments à caractère sectoriel régissant l'âge minimum d'admission à l'emploi ont été adoptés avant la Seconde Guerre mondiale par l'OIT[1960]. En 1973, a été adoptée la convention n° 138 sur l'âge minimum « pour promouvoir le bien-être des enfants dans tous les secteurs »[1961]. Les activités entreprises par le BIT dans le cadre du programme IPEC ont permis à l'OIT de faire « ressortir la nécessité d'établir une norme spécifique sur ce que l'on appelait alors les pires formes de travail des enfants abusives ou inacceptables »[1962]. Cette nécessité a donné lieu en 1999 à l'adoption de la convention n° 182 sur les pires formes de travail des enfants. Ces deux conventions de l'OIT sont les instruments les

---

1955 Arrêt ECW/CCJ/JUD/06/08 (https://juricaf.org/arret/CEDEAO-COURDEJUSTICE-20081027-ECWCCJJUD0608).

1956 https://www.ilo.org/dyn/normlex/fr/f?p=1000:13100:0::NO:13100:P13100_COMMENT_ID:3287334

1957 Il convient de rappeler que l'amélioration de « la protection des enfants » est l'une des urgences relevées par le préambule de la Constitution de l'OIT.

1958 La convention n° 5 sur l'âge minimum dans l'industrie adopté par la CIT en 1919 vise à protéger les enfants contre l'exploitation économique.

1959 OIT.CIT, « Un avenir sans travail des enfants », rapport global en vertu du suivi de la Déclaration de l'OIT relative aux principes et droits fondamentaux au travail, Rapport I (B), 90e session, p. 7.

1960 Convention n° 7 de l'OIT sur l'âge minimum (travail maritime), 1920 ; convention n° 10 sur l'âge minimum (agriculture), 1921 ; convention n° 15 sur l'âge minimum (soutiers et chauffeurs), 1921 ; convention n° 33 sur l'âge minimum (travaux non industriels), 1932 ; convention n° 58 (révisée) sur l'âge minimum (travail maritime), 1936 ; convention n° 59 (révisée) de l'âge minimum (industrie), 1937 ; convention n° 60 (révisée) sur l'âge minimum (travaux non industriel), 1937.

1961 OIT.CIT, « Donner un visage humain à la mondialisation », *op. cit.*, p.154.

1962 OIT.CIT, « Intensifier la lutte contre le travail des enfants », rapport global en vertu du suivi de la Déclaration de l'OIT relative aux principes et droits fondamentaux au travail, Rapport I (B), 99e session, 2010, p. 14.

plus pertinents de l'OIT en matière de lutte contre le travail des enfants. Elles ont été ratifiées par tous les États membres de l'UEMOA.

851. Les deux conventions de l'OIT relatives au travail des enfants fixent les limites des formes de travail qui sont inacceptables au regard des normes internationales et prévoient la possibilité de sanctions en vue d'assurer l'effectivité de leurs dispositions[1963]. Elles entendent contribuer à la préservation de la santé des enfants et à l'éradication de la pauvreté. Selon l'OIT, « *le travail des enfants freine leur développement, ce qui peut entrainer les lésions physiques ou psychologiques à vie. Les faits montrent qu'il existe un lien étroit entre la pauvreté des ménages et le travail des enfants et que le travail des enfants perpétue la pauvreté de génération en génération en les tenant à l'écart de l'école et en limitant leurs possibilités de promotion sociale. Cette diminution des ressources humaines a été liée à une croissance économique faible et à un développement social lent* »[1964].

852. La convention n° 138 sur l'âge minimum donne la latitude aux États de fixer l'âge minimum d'admission à l'emploi[1965] qui ne devrait pas être inférieur à l'âge auquel cesse la scolarité obligatoire, ni en tout cas à quinze ans ; et les pays doivent s'efforcer de le porter à seize ans[1966]. Une possibilité est donnée aux pays en développement de déroger à cette règle en fixant l'âge minimum d'admission à l'emploi à quatorze ans[1967]. Les travaux légers qui ne nuisent pas à la scolarité peuvent être autorisés dès l'âge de douze ans[1968].

853. Afin de permettre aux États d'adapter la convention n° 138 à leurs contextes nationaux, des clauses de souplesse sont prévues. Les États ont ainsi la possibilité, après la consultation des organisations de travailleurs et d'employeurs, de ne pas appliquer cette convention à des catégories limitées d'emploi ou de travail, lorsque l'application de la convention à ces catégories soulèverait des difficultés d'exécution spéciales et importantes[1969]. Les États dont l'économie et les services administratifs n'ont pas atteint un développement suffisant, peuvent également limiter dans un premier temps le champ d'application de la convention après consultation des organisations d'employeurs et de travailleurs concernées[1970].

854. La convention n° 182 sur les pires formes de travail des enfants « concerne l'interdiction et l'élimination des pires formes de travail des enfants : une priorité nationale et internationale »[1971]. Au sens de cette

---

[1963] Article 7 de la convention n°1 38 de l'OIT sur l'âge minimum et article n°7 de la convention n° 182 de l'OIT sur les pires formes de travail des enfants.

[1964] BIT, *Les règles du jeu : une brève introduction aux normes internationales du travail*, *op. cit.*, p. 34.

[1965] Article 2-1 de la convention n° 138 de l'OIT sur l'âge minimum.

[1966] Article 2-3.

[1967] Article 2-4.

[1968] Article 7.

[1969] Article 4.

[1970] Article 5 de la convention n° 138 de l'OIT sur l'âge minimum.

[1971] KALAY KISALA Patty, *Le droit congolais du travail à l'épreuve de la déclaration de l'OIT relative aux principes et droits fondamentaux au travail*, Thèse de doctorat, droit privé, Université de Bordeaux, 2016, p. 81.

convention, « *l'expression pire formes de travail des enfants comprend : toutes les formes d'esclavage ou pratiques analogues, telles que la vente et la traite des enfants, la servitude pour dettes et le servage ainsi que le travail forcé ou obligatoire, y compris le recrutement forcé ou obligatoire des enfants en vue de leur utilisation dans des conflits armés ; l'utilisation, le recrutement ou l'offre d'un enfant à des fins de prostitution, de production de matériel pornographique ou de spectacles pornographiques ; l'utilisation, le recrutement ou l'offre d'un enfant aux fins d'activités illicites, notamment pour la production et le trafic de stupéfiants, tels que les définissent les conventions internationales pertinentes ; les travaux qui, par leur nature ou les conditions dans lesquelles ils s'exercent, sont susceptibles de nuire à la santé, à la sécurité ou à la moralité de l'enfant* »[1972].

855. À la différence de la convention n° 138 sur l'âge minimum, la convention n° 182 sur les pires formes de travail des enfants ne permet pas d'exception. Elle enjoint à chaque État de déterminer les types de travail dangereux, après consultation des organisations d'employeurs et de travailleurs[1973]. La convention n° 182 sur les pires formes de travail des enfants « est unique par l'importance cruciale qu'elle accorde à ces mesures programmatiques, dont la mise en œuvre est essentielle pour une pleine application de cet instrument, parallèlement à l'adoption de dispositions législatives appropriées »[1974]. C'est le premier traité international qui fixe l'âge minimum pour la conscription à dix-huit ans. C'est également la première reconnaissance officielle et légale de l'assimilation de l'utilisation des enfants dans les conflits armés à une forme de travail des enfants[1975].

856. Si « *pour la communauté internationale, l'expression "travail des enfants" n'englobe pas toutes les tâches qui sont remplies par des personnes de moins de 18 ans, tout le monde est d'accord pour dire qu'un travail qui respecte les limites légales et qui ne perturbe pas la santé ou le développement des enfants et qui ne nuit pas à leur scolarité peut constituer une expérience positive* »[1976]. Les formes de travail des enfants qu'entendent abolir ces normes internationales du travail, se classent en trois catégories. « *La première catégorie réunie les formes intrinsèquement condamnables de travail des enfants, définies par les instances internationales comme étant l'esclavage, la traite, la servitude pour dettes et les autres formes de travail forcé, le recrutement forcé d'enfants dans un conflit armé, la prostitution et la pornographie, et les activités illicites. La seconde catégorie regroupe les tâches remplies par un enfant n'ayant pas l'âge requis pour ce type de travail (défini par la législation nationale, conformément aux normes internationales reconnues), et qui sont donc susceptibles de porter atteinte à l'éducation de l'enfant et à son épanouissement. Enfin, la troisième*

[1972] Article 3 de la convention n° 182 de l'OIT sur les pires formes de travail des enfants.
[1973] Article 4.
[1974] OIT.CIT, « Donner un visage humain à la mondialisation », *op. cit.*, p. 196.
[1975] KALAY KISALA Patty, *op. cit.*, p. 82.
[1976] OIT.CIT, « La fin du travail des enfants : un objectif à notre porté », rapport global en vertu du suivi de la Déclaration de l'OIT relative aux principes et droits fondamentaux au travail, Rapport I (B), 95e session, 2006, p. 26.

catégorie rassemble les tâches qui nuisent au bien-être physique, mental ou moral d'un enfant, soit de par leur nature même, soit à cause des conditions dans lesquelles elles sont exécutées, et que l'on désigne par l'expression « travail dangereux » »[1977].

B. Les discriminations interdites

857. L'élimination de la discrimination au travail a été dès la création de l'OIT l'une de ses missions fondamentales[1978]. La lutte contre la discrimination se justifie dans la mesure où la discrimination est non seulement une atteinte à l'un des droits fondamentaux des travailleurs, mais a également des conséquences économiques et sociales.

858. Sur le plan social, la discrimination restreint la liberté d'accès des individus aux emplois qu'ils souhaiteraient exercer. « Elle réduit leurs possibilités de développer leurs capacités, leurs talents et leurs qualifications comme leur chance d'obtenir une rémunération correspondant à leur mérite »[1979]. Elle engendre des situations d'inégalité en plaçant ses victimes « dans une situation d'infériorité qui limite leurs possibilités d'accès à l'emploi »[1980] et peut être source d'exclusion sociale. Sur le plan économique, l'élimination de la discrimination est « synonyme d'avantages économiques importants. Pour les employeurs, cela signifie une main-d'œuvre plus abondante, plus diversifiée et d'une plus grande qualité et, pour les travailleurs, un accès plus facile à la formation et des salaires souvent plus élevés »[1981]. Ces différents conséquences et avantages expliquent que l'OIT ait procédé à une règlementation en vue d'éliminer la discrimination qui permet de connaître le contenu (1) et les caractéristiques de celle-ci (2).

<u>1. Le contenu du principe de non-discrimination</u>

859. Les premiers instruments normatifs de l'OIT ayant pour objet précis la promotion de l'égalité et l'élimination de la discrimination sont la convention n° 100 et la recommandation n° 90 sur l'égalité de rémunération de 1951. Toutefois, du fait de la prise de conscience « dès l'origine que l'on ne parviendrait pas à instaurer l'égalité de rémunération entre hommes et femmes sans éliminer la discrimination dans tous les domaines de

[1977] *Idem.*

[1978] Il convient de rappeler que cette mission figure à l'article 427 du Traité de Versailles dont fait partie la constitution originale de l'OIT.

[1979] OIT.CIT, « L'heure de l'égalité au travail », rapport global en vertu du suivi de la Déclaration de l'OIT relative aux principes et droits fondamentaux au travail, Rapport I (B), 91e session, 2003, p. 15.

[1980] OIT.CIT, « L'égalité au travail : relever les défis », rapport global en vertu du suivi de la Déclaration de l'OIT relative aux principes et droits fondamentaux au travail, Rapport I (B), 96e session, 2007, p. 10.

[1981] BIT, *Les règles du jeu : une brève introduction aux normes internationales du travail*, *op. cit.*, p. 36.

l'emploi »[1982], la convention n° 111 et la recommandation n° 111 concernant la discrimination (emploi et profession) ont été adopté en 1958.

860. Les conventions n° 100 sur l'égalité de rémunération et n° 111 concernant la discrimination (emploi et profession) se renforcent mutuellement et ont des objectifs interdépendants. Il s'agit, d'une part, de l'application à tous les travailleurs du principe de l'égalité de rémunération entre les hommes et les femmes pour un travail de valeur égale[1983] et, d'autre part, de l'élimination de toutes les discriminations dans tous les aspects de l'emploi et de la profession en développant de manière concrète l'égalité de chances et de traitement[1984].

861. La convention n° 111 de l'OIT concernant la discrimination (emploi et profession) définit la discrimination comme « toute distinction, exclusion ou préférence fondée sur la race, la couleur, le sexe, la religion, l'opinion politique, l'ascendance nationale ou l'origine sociale, qui a pour effet de détruire ou d'altérer l'égalité de chances ou de traitement en matière d'emploi ou de profession »[1985]. Cette définition à la fois large et précise place le principe général de l'égalité et de non-discrimination dans le contexte du monde du travail. Cette liste des motifs de discrimination interdite n'est pas exhaustive et peut être étendue par les autorités compétentes après consultation des représentants des employeurs et des travailleurs[1986]. Cette convention prévoit sept types de discrimination. Toutefois, « les législations nationales ont notamment inclus, ces dernières années, un vaste éventail de motifs interdits de discrimination : parmi d'autres, le statut VIH réel ou supposé, l'âge, le handicap, l'orientation sexuelle et l'identité de genre »[1987].

862. La convention n° 100 sur l'égalité de rémunération[1988] a été « la première convention de l'OIT à promouvoir le principe d'égalité entre les hommes et les femmes et à modifier la manière dont l'OIT orienterait désormais ses activités à l'égard des travailleuses »[1989]. Elle prévoit « l'égalité de rémunération entre la main-d'œuvre masculine et la main-d'œuvre féminine pour un travail de valeur égale »[1990]. L'égalité spécifiée est différente de la discrimination. En effet, « le principe d'égalité est plus important et inclut le principe de non-discrimination. Celui-ci est un dérivé, une précision, un reflet de l'égalité. (…) La non-discrimination est le niveau

---

[1982] OIT.CIT, « Donner un visage humain à la mondialisation », *op. cit.,* p. 281.

[1983] Article 2 de la convention n° 100 sur l'égalité de rémunération.

[1984] Article 2 de la convention n° 111 concernant les discriminations (emploi et profession).

[1985] Article 1-1 (a) de la Convention n°111 concernant les discriminations (emploi et profession).

[1986] Article 1-1 (b).

[1987] BIT, *Les règles du jeu : une introduction à l'action normative de l'organisation internationale du travail, op. cit.*, p. 47.

[1988] L'article 1 de cette convention dispose que le « *terme rémunération comprend le salaire ou traitement ordinaire, de base ou minimum, et tous autres avantages, payés directement ou indirectement, en espèces ou en nature, par l'employeur au travailleur en raison de l'emploi de ce dernier* ».

[1989] OIT.CIT, « Donner un visage humain à la mondialisation », *op. cit.,* p. 282.

[1990] Article 2 de la convention n° 100 de l'OIT sur l'égalité de rémunération.

minimum de l'égalité, un petit pas qui mène à l'égalité »[1991]. Cette convention bien qu'elle n'autorise aucune exception quant à l'objectif à atteindre, offre une certaine souplesse quant aux choix des mesures à prendre pour parvenir à l'égalité de rémunération[1992].

863. Ces deux conventions accordent une importance au tripartisme en impliquant directement les organisations représentatives des travailleurs et des employeurs dans leur mise en œuvre[1993]. Elles demandent aux États de prendre des mesures pour leur effectivité[1994]. Elles ont été ratifiées par tous les États membres de l'UEMOA. Pour parvenir à l'élimination de la discrimination, il est important de lier ces conventions pour instaurer un contexte général d'égalité et caractériser la discrimination.

2. Les caractéristiques de la discrimination

864. La discrimination peut intervenir en période de recherche d'emploi, en cours d'emploi ou au moment de quitter l'emploi. Elle « concerne le recrutement, l'avancement, l'affectation, la rémunération, le licenciement ou encore les conditions de travail et peut aller jusqu'au harcèlement »[1995]. Elle consiste à traiter différemment, de façon moins favorable certains individus en raison d'une des raisons évoquées par la convention n° 111 concernant les discriminations (emploi et profession). Cette discrimination existe dans différents contextes et peut être directe, indirecte ou structurelle.

865. La discrimination est directe « quand une règlementation, des pratiques et des politiques excluent ou privilégient certains individus en raison de leur appartenance à une catégorie particulière de la population »[1996], ainsi des cas d'offres d'emploi écartant explicitement les individus mariés ou les femmes. La discrimination directe « inclut le harcèlement sexuel et d'autres formes de harcèlement »[1997].

866. La discrimination est indirecte « quand des normes ou des pratiques en apparence neutres ont un effet disproportionné et non justifié sur une ou plusieurs catégories de population identifiables »[1998]. Elle apparaît dans une situation où sont appliqués à toute personne les mêmes conditions, traitements ou critères, ce qui aboutit, de manière disproportionnée, à des

---

[1991] KALAY KISALA Patty, *op. cit.*, p. 88.

[1992] Selon les dispositions de l'article 2-2 de la convention n° 100 de l'OIT sur l'égalité de rémunération, celle-ci peut être appliquée par divers moyens, à savoir : législation nationale, tout système de fixation de la rémunération établi ou reconnu par la législation, conventions collectives conclues entre employeurs et travailleurs, ou encore combinaison de ces divers moyens.

[1993] Article 4 de la convention n° 100 de l'OIT sur l'égalité de rémunération et article 3 de la convention n°111 concernant les discriminations (emploi et profession).

[1994] Article 3 de la convention n° 100 de l'OIT sur l'égalité de rémunération et article 2 de la convention n° 111 concernant les discriminations (emploi et profession).

[1995] OIT.CIT, « L'égalité au travail : un objectif qui reste à atteindre », rapport global en vertu du suivi de la Déclaration de l'OIT relative aux principes et droits fondamentaux au travail, Rapport I (B), 100e session, 2011, p. 1.

[1996] *Idem.*

[1997] OIT.CIT, « Donner un visage humain à la mondialisation », *op. cit.*, p. 327.

[1998] OIT.CIT, « L'égalité au travail : un objectif qui reste à atteindre », *op. cit.*, p. 1.

conséquences défavorables pour certaines personnes, du fait de caractéristiques telles que la race, la couleur, le sexe ou la religion, sans lien étroit avec les exigences inhérentes à l'emploi concerné. Telle serait, par exemple, le cas de la détermination préalable de la taille que doivent avoir les candidats d'une offre d'emploi.

867. La discrimination est structurelle « quand elle est inhérente à des modèles sociaux, des structures institutionnelles et des systèmes juridiques qui traduisent et perpétuent des pratiques et visées discriminatoires »[1999]. Tel serait le cas de modalités de formation différentes ou inférieures pour les minorités ethniques.

868. Toutes les situations ne sont toutefois pas discriminatoires. Certaines distinctions sont légales notamment dans les hypothèses ou les exigences de l'emploi le justifieraient. Cela explique qu'il puisse y avoir une condition de sexe pour certains emplois physiques. Les différentiations fondées sur le mérite individuel du candidat ne sont pas non plus considérées comme étant discriminatoires[2000]. Les mesures spéciales visant à protéger ou à porter assistance à des personnes ayant des besoins particuliers, en raison de leur sexe, d'un handicap mental, sensoriel ou physique, ou de l'origine sociale, ne constituent pas non plus une discrimination[2001]. De plus, il est permis de « recourir à des mesures temporaires spéciales, dite discrimination positive, pour essayer d'améliorer le plus rapidement possible la situation de groupes fortement défavorisés en raison d'une discrimination qu'ils subissent ou qu'ils ont subie par le passé »[2002].

869. La discrimination n'est donc pas forcément un événement exceptionnel ou aberrant. Elle est plutôt « un phénomène systémique qui est souvent enraciné dans le mode de fonctionnement des lieux de travail et dans les valeurs et normes culturelles et sociales en vigueur »[2003].

SECTION 2. LE DÉVELOPPEMENT ÉCONOMIQUE PAR LE PROGRÈS SOCIAL

870. Pour la majorité des gens, le seul moyen d'échapper à la pauvreté est d'avoir un emploi. La quête de l'emploi peut toutefois conduire à des situations d'injustices et engendrer le mécontentement des populations. L'OIT, dans sa volonté d'offrir « à chaque homme et femme au travail la possibilité de revendiquer librement et avec des chances égales sa juste participation aux richesses qu'il ou elle a contribué à créer »[2004], œuvre en vue de l'amélioration des conditions des travailleurs et du progrès social universel. Une telle ambition témoigne de la volonté d'inclure les

---

[1999] *Idem.*

[2000] Article 1-2 de la convention n° 111 concernant les discriminations (emploi et profession).

[2001] Article 5.

[2002] OIT.CIT, « L'égalité au travail : relever les défis », *op. cit.*, p. 15.

[2003] *Ibid.*, p. 9.

[2004] BIT, *Les règles du jeu : une brève introduction aux normes internationales du travail*, *op. cit.*, p. 8.

problématiques de l'emploi dans les processus de développement économique, car comme l'ont reconnu les fondateurs de l'OIT, « l'économie mondiale a besoin de règles précises afin que le progrès économique soit synonyme de justice sociale, de prospérité et de paix pour tous »[2005].

871. Cette inclusion des normes internationales du travail dans le progrès économique passe d'une part par la promotion et la sécurisation de l'emploi (§ 1), d'autre part par la promotion du dialogue social (§ 2).

§ 1. La promotion et la sécurisation de l'emploi

872. Les normes internationales du travail consacrent une large part de leurs programmes de travail à créer pour les hommes et les femmes des possibilités plus nombreuses d'avoir un emploi. Ces programmes entendent permettre aux États d'assurer un plein emploi productif (A). Toutefois, du fait de la grande proportion des travailleurs dans l'économie informelle, les normes internationales du travail qui tiennent compte des besoins de tous les travailleurs œuvre en faveur d'une transition vers l'économie formelle (B).

A. L'appel au plein emploi productif

873. La lutte contre le chômage et la réalisation d'objectifs d'emploi sont au cœur du mandat de l'OIT depuis sa création[2006]. Vingt-cinq ans après la création de l'OIT, la Déclaration de Philadelphie de 1944 qui a été ultérieurement incorporé dans la Constitution de l'OIT donnait mandat à l'OIT d'agir sur la création d'emplois en reconnaissant « l'obligation solennelle pour l'OIT de seconder la mise en œuvre, parmi les différentes nations du monde des programmes propres à réaliser (…) la plénitude de l'emploi ».

874. Dans un premier temps « *l'OIT a contribué de façon décisive aux efforts déployés par le système des Nations Unies pour élever le niveau de vie par la croissance économique dans les pays en développement. Mais avec l'augmentation du nombre des membres de l'Organisation, l'accent a été mis sur les graves difficultés rencontrées par les pays en développement pour permettre à leur population en expansion de prendre pleinement part au progrès économique et social* »[2007]. Dans ce contexte, les problèmes et politiques de l'emploi ont donné lieu à des réflexions qui ont abouti à l'adoption de la convention n° 122 de l'OIT sur les politiques de l'emploi en

---

[2005] *Ibid.*, p. 9.

[2006] Le Préambule de la Constitution de l'OIT fait figurer « la lutte contre le chômage » parmi les conditions qu'il est urgent d'améliorer.

[2007] OIT.CIT, « Étude d'ensemble sur les instruments relatifs à l'emploi », Rapport III (1B), Étude d'ensemble sur les instruments relatifs à l'emploi à la lumière de la Déclaration de 2008 sur la justice sociale pour une mondialisation équitable, 99e session, 2010, p. 1.

1964[2008]. Plusieurs normes ultérieurement ont permis à l'OIT de préciser ses ambitions dans le domaine de la politique de l'emploi[2009].

875. Par l'adoption de cette convention, l'OIT cherche à promouvoir la politique de l'emploi en vue de parvenir à un plein emploi. La réalisation de cet objectif passe avant tout par le développement des ressources humaines. De ce fait, les normes internationales du travail considèrent la mise en valeur des ressources humaines comme étant l'une des mesures qui contribuent à la promotion de l'emploi. Les normes internationales du travail prônent ainsi une politique active de l'emploi (1) et une politique de l'enseignement (2) pour atteindre ce but.

1. Une politique active de l'emploi

876. La convention n° 122 de l'OIT sur la politique de l'emploi est un instrument de base pour aider les États membres de l'OIT à mettre en œuvre une politique active de l'emploi leur permettant de surmonter la crise économique mondiale. L'OIT reconnait qu'« il n'y a pas qu'une seule politique qui puisse être recommandée pour atteindre cet objectif »[2010].

877. Selon les dispositions de cette convention, « *en vue de stimuler la croissance économique et le développement économique, d'élever les niveaux de vie, de répondre aux besoins de main-d'œuvre et de résoudre le problème du chômage et du sous-emploi, tout membre formulera et appliquera, comme un objectif essentiel, une politique active visant à promouvoir le plein emploi productif et librement choisi* »[2011]. Chaque État doit mettre en place ses propres politiques pour parvenir au plein emploi. Ce dernier, productif et librement choisi, est regardé comme « *essentiel à la dignité humaine. Une personne ayant un emploi peut devenir financièrement indépendante, participer plus pleinement à la société et garantir à sa famille un niveau de vie décent. Mais c'est aussi une question de dignité que de pouvoir choisir, en toute autonomie, la façon d'utiliser ses capacités et ne pas être tenu de faire tel ou tel type de travail* »[2012].

878. La politique de l'emploi préconisée par la convention doit apparaître au nombre des principales priorités nationales. Cette politique doit être l'un des objectifs majeurs de la politique macroéconomique, car « l'objectif du plein emploi productif ne doit pas apparaître au terme de la réflexion, mais doit plutôt être envisagé tout au long du processus de formulation de la

[2008] La convention n° 122 de l'OIT sur les politiques de l'emploi est l'une des quatre conventions dites de « gouvernance ». Parmi les États membres de l'UEMOA, cette convention a été ratifiée par le Burkina Faso, le Mali, le Niger, le Sénégal et le Togo.
[2009] Il convient de souligner l'adoption en 2003 d'un « Agenda global pour l'emploi » qui repose sur sept principes et dix éléments clés visant à promouvoir l'emploi, le développement économique et la justice sociale.
https://www.ilo.org/employment/Whatwedo/Publications/WCMS_140848/lang--fr/index.htm
[2010] BIT, *Les règles du jeu : une brève introduction aux normes internationales du travail*, *op. cit.*, p. 52.
[2011] Article 1-1 de la convention n° 122 de l'OIT sur la politique de l'emploi.
[2012] SIMS E, « Politique de l'emploi », *in* JAVILLIER Jean Claude, *Les normes internationales du travail : une approche globale, op. cit.*, p. 213.

politique macroéconomique »[2013]. Elle ne doit toutefois pas être axée sur des objectifs économiques, mais « tenir compte du stade et du niveau du développement économique »[2014] des États et s'inscrire dans le cadre d'une politique économique et sociale coordonnée[2015].

879. Une telle exigence implique une coordination interministérielle dans la conception et la mise en œuvre de la politique de l'emploi. Cela se comprend dans la mesure où « la politique de l'emploi couvre un ensemble de politique qui ne saurait se limiter aux seules interventions sur le marché du travail »[2016]. Outre une coordination ministérielle, l'élaboration de la politique d'emploi implique une consultation des représentants des milieux intéressés par les mesures prises par le domaine de l'emploi[2017].

880. La convention n° 122 de l'OIT sur la politique de l'emploi n'impose pas un délai aux États pour atteindre ces objectifs ; mais les États sont censés déployer des efforts soutenus en ce sens. Selon les dispositions de l'article 1-2 de la convention, la politique de l'emploi devra tendre à garantir *« (a) qu'il y aura du travail pour toutes les personnes disponibles et en quête de travail ; (b) que ce travail sera aussi productif que possible ; (c) qu'il y aura libre choix de l'emploi et que chaque travailleur aura toutes possibilités d'acquérir les qualifications nécessaires pour occuper un emploi qui lui convienne et d'utiliser, dans cet emploi, ses qualifications ainsi que ses dons, quels que soient sa race, sa couleur, son sexe, sa religion, son opinion politique, son ascendance nationale ou son origine sociale* ». Ces objectifs doivent être visés simultanément.

881. La convention a pour perspective ou référence le plein emploi. La politique de l'emploi doit tendre à garantir « qu'il y aura du travail pour toutes les personnes disponibles et en quête de travail ». L'objectif de la convention ainsi défini est la création de débouchés pour tous ceux qui recherchent un emploi. L'objectif de plein emploi ne signifie pas qu'aucun chômage ne doit exister, dès lors qu'« un certain taux de chômage résiduel

---

[2013] OIT.CIT, « Étude d'ensemble sur les instruments relatifs à l'emploi », *op. cit.*, p. 6.

[2014] Article 1-3 de la convention n° 122 de l'OIT sur la politique de l'emploi.

[2015] A cet égard, l'article 2-a) de la convention n° 122 requiert expressément que les États prennent des dispositions leur permettant de « *déterminer et revoir régulièrement, dans le cadre d'une politique économique et sociale coordonnée, les mesures adoptées en vue d'atteindre les objectifs énoncés à l'article 1* ».

[2016] OIT. CIT, « Promouvoir l'emploi : politiques, compétences, entreprises », Rapport III (partie 1B), Étude d'ensemble relative à la convention n° 122 sur la politique de l'emploi, 1964, et à la recommandation n° 169 concernant la politique de l'emploi (dispositions complémentaires), 1984, ainsi qu'aux aspects se rapportant à la promotion du plein emploi, productif et librement choisi de la convention n° 142 sur la mise en valeur des ressources humaines, 1975, et de la recommandation n° 189 sur la création d'emplois dans les petites et moyennes entreprises, 1998, 92e session, 2004, p. 31.

[2017] L'article 1-3 de la convention n° 122 de l'OIT sur la politique de l'emploi dispose que « *dans l'application de la présente convention, les représentants des milieux intéressés par les mesures à prendre, et en particulier les représentants des employeurs et des travailleurs, devront être consultés au sujet des politiques de l'emploi, afin qu'il soit pleinement tenu compte de leur expérience et de leur opinion, qu'ils collaborent entièrement à l'élaboration de ces politiques et qu'ils aident à recueillir des appuis en faveur de ces dernières* ».

est inévitable, car même les marchés du travail qui fonctionnent bien ne peuvent pas rapprocher instantanément la demande et l'offre d'emploi »[2018].

882. La convention n° 122 de l'OIT s'attache également à un emploi qui soit librement choisi[2019]. Ceci emporte : « l'absence de toute forme de contrainte à se livrer à un travail qui n'aurait pas été librement choisi et la possibilité de se former et d'accéder à un emploi convenable sans discrimination »[2020]. L'absence de toute forme de contrainte à se livrer à un emploi constitue la condition *sine qua non* de la liberté de choix de l'emploi. Il s'agit d'une absence de travail forcé ou obligatoire[2021].

883. Cette convention ne prévoit pas seulement qu'une personne ne peut être obligée à entreprendre tel ou tel travail, mais aussi que la politique de l'emploi doit activement promouvoir la liberté de choix en permettant à chaque travailleur de se former à un emploi afin qu'il soit à même de choisir librement. Cette politique de l'emploi doit de ce fait tendre à assurer l'égalité des chances et à éliminer toute forme de discrimination dans l'emploi et la profession[2022], y compris l'accès à la formation.

2. Une politique de l'enseignement

884. La convention n° 122 de l'OIT sur la politique de l'emploi vise le plein emploi, productif et librement choisi. Elle préconise des stratégies pour atteindre ce but. Aux termes de cette convention, « chaque travailleur aura toutes possibilités d'acquérir les qualifications nécessaires pour occuper un emploi qui lui convienne et d'utiliser, dans cet emploi, ses qualifications ainsi que ses dons »[2023]. Sont ainsi promus la liberté de choix de l'emploi et l'égalité d'accès à l'éducation, à la formation et à l'emploi.

885. L'éducation et la formation jouent un rôle fondamental dans l'accès à l'emploi des travailleurs en permettant à ceux-ci d'être compétitifs. L'OIT reconnait que « les gouvernements qui recherchent le plein emploi et une croissance économique durable doivent penser à inscrire le développement des ressources humaines au cœur de leurs politiques d'emploi »[2024]. De ce fait, les instruments de l'OIT sur la politique de l'emploi[2025] préconisent la mise en place d'un système d'orientation et de formation professionnelles aussi étroitement lié que possible au système d'éducation qu'au monde du travail[2026]. Une telle préconisation est par ailleurs une exigence fondamentale

---

[2018] OIT.CIT, « Étude d'ensemble sur les instruments relatifs à l'emploi », *op. cit.*, p. 9.

[2019] Aux termes des dispositions de l'article 1-2-c) de la convention n° 122 de l'OIT sur la politique de l'emploi.

[2020] OIT. CIT, « Promouvoir l'emploi : politiques, compétences, entreprises », *op. cit.*, p. 41.

[2021] Cette question est traitée de manière détaillée dans les conventions de l'OIT n° 29 sur le travail forcé de 1930 et n° 105 sur l'abolition du travail forcé de 1957.

[2022] Cela rejoint les dispositions de la convention n°100 de l'OIT sur l'égalité de rémunération et de la convention n° 111 de l'OIT concernant les discriminations (emploi et profession).

[2023] Article 1-2(c) de la convention n° 122 de l'OIT sur la politique de l'emploi.

[2024] OIT.CIT, « Étude d'ensemble sur les instruments relatifs à l'emploi », *op. cit.*, p. 30.

[2025] Spécifiquement la recommandation n° 169 de l'OIT concernant la politique de l'emploi (dispositions complémentaires) de 1984.

[2026] Article 16 de la recommandation n° 169 de l'OIT concernant la politique de l'emploi (dispositions complémentaires).

de la convention n° 142 de l'OIT sur la mise en valeur des ressources humaines[2027].

886. La convention n° 142 de l'OIT sur la mise en place des ressources humaines a été considérée, au moment de son adoption, comme une « norme pilote pour la contribution de l'orientation et de la formation professionnelle à l'objectif de plein emploi productif et librement choisi »[2028]. Elle entretient des « liens multiples, étroits et obligés avec la convention n° 122 sur la politique de l'emploi »[2029].

887. Au sens des dispositions de la convention n° 142 de l'OIT sur la mise en valeur des ressources humaines, « chaque membre devra adopter et développer des politiques et des programmes complets et concertés d'orientation et de formation professionnelles en établissant, en particulier grâce aux services publics de l'emploi, une relation étroite entre l'orientation et la formation professionnelles et l'emploi »[2030]. Cette convention incite les États à développer une politique de l'enseignement et de formation dont l'emploi demeurerait l'objectif principal. L'adoption de politique d'éducation et de formation fait partie intégrante des stratégies générales visant à développer les économies et promouvoir les possibilités d'emploi.

888. La politique de l'enseignement et de formation implique un développement des systèmes d'éducation et de formation de base des États, car ceux-ci exercent une influence décisive sur la capacité d'un individu à trouver et conserver un emploi. La convention demande aux membres « d'élaborer et de perfectionner des systèmes ouverts, souples et complémentaires d'enseignement général, technique et professionnel, d'orientation scolaire et professionnelle et de formation professionnelle, que ces activités se déroulent à l'intérieur ou hors du système scolaire »[2031]. Il est question de formations généralistes et techniques qui doteront les individus de compétences fondamentales. Mais, les politiques de l'enseignement et de formations concernent également les formations qualifiantes qui amélioreront « la capacité de l'individu de comprendre le milieu de travail et l'environnement social et d'influer sur ceux-ci, individuellement et collectivement »[2032]. Ces formations visent à permettre une meilleure employabilité des individus et à ces derniers d'avoir plus facilement accès à un travail.

[2027] La convention n° 142 de l'OIT sur la mise en valeur des ressources humaines a été adoptée en 1975. C'est la convention de base de l'OIT, dont la validité est reconnue pour guider les pays dans le développement de leurs politiques et de leur système de formation. Parmi les États membres de l'UEMOA, seuls le Burkina Faso et le Niger ont ratifié cette convention.

[2028] OIT.CIT, « Étude d'ensemble sur les instruments relatifs à l'emploi », *op. cit.*, p. 30.

[2029] *Idem.*

[2030] Article 1-1 de la convention n°142 de l'OIT sur la mise en valeur des ressources humaines.

[2031] Article 2.

[2032] Article 1-4.

889. Les politiques de l'enseignement et de formation doivent favoriser l'apprentissage tout au long de la vie active des individus[2033] « pour améliorer leurs compétences en permanence, et augmenter ainsi leurs possibilités de promotion et leurs perspectives d'emploi »[2034]. Cette formation tout au long de la vie « couvre tous types de formation (formation initiale ou préalable à l'emploi, perfectionnement, reclassement) »[2035]. Elle vise à permettre d'élever le niveau général de qualification des travailleurs et de permettre à ceux-ci de s'adapter aux changements du monde du travail.

890. Tout comme la politique de l'emploi, il n'existe pas de politique d'enseignement unique[2036]. Chaque État peut adopter une politique de développement des compétences en s'adaptant aux besoins locaux et régionaux. La convention permet aux États d'adapter leurs politiques d'enseignement et de formation à leurs particularités régionales[2037], de tenir compte « du stade et du niveau du développement économique, social et culturel »[2038] et des « rapports existants entre les objectifs de mise en valeur des ressources humaines et les autres objectifs économiques, sociaux et culturels »[2039] dans l'élaboration de leurs politiques d'enseignement. Ces mesures de souplesses ont pour but d'assurer une meilleure application des obligations imposées aux États.

891. Toutefois, si des clauses de souplesses sont prévues, la promotion de l'égalité de traitement et de la non-discrimination demeure une obligation[2040]. La politique de l'enseignement prônée entend offrir les mêmes opportunités à tous pour accéder à l'emploi. L'obligation d'information sur le marché du travail, des conseils et des orientations professionnelles[2041] fait

---

[2033] Au sens de l'article 4 de la convention n° 142 de l'OIT sur la mise en valeur des ressources humaines, « *chaque Membre devra progressivement étendre, adapter et harmoniser ses divers systèmes de formation professionnelle pour répondre aux besoins des adolescents et des adultes, tout au long de leur vie, dans tous les secteurs de l'économie, dans toutes les branches de l'activité économique et à tous les niveaux de qualification professionnelle et de responsabilité* ».

[2034] OIT.CIT, « Étude d'ensemble sur les instruments relatifs à l'emploi », *op. cit.*, p. 43.

[2035] *Idem.*

[2036] Une même souplesse est prévue à l'article 1-3 de la convention n° 122 de l'OIT sur la politique de l'emploi et à l'article 1-2 (b) et (c) de la convention n° 142 de l'OIT sur la mise en valeur des ressources humaines.

[2037] Au sens de l'article 1-2 (a) de la convention n° 142 de l'OIT sur la mise en valeur des ressources humaines, « *ces politiques et ces programmes doivent tenir compte tenir compte des besoins, possibilités et problèmes en matière d'emploi aux niveaux tant régionaux que nationaux* ».

[2038] Article 1-2 (b) de la convention n° 142 de l'OIT sur la mise en valeur des ressources humaines.

[2039] Article 1-2 (c).

[2040] Au sens de l'article 1-2 (a) de la convention n° 142 de l'OIT, « *ces politiques et ces programmes devront encourager et aider toutes personnes, sur un pied d'égalité et sans discrimination aucune, à développer et à utiliser leurs aptitudes professionnelles dans leur propre intérêt et conformément à leurs aspirations, tout en tenant compte des besoins de la société* ».

[2041] Au sens de l'article 3-1 de la convention n° 142 de l'OIT, « *chaque Membre devra étendre progressivement ses systèmes d'orientation professionnelle et ses systèmes d'information continue sur l'emploi, en vue d'assurer une information complète et une*

par ailleurs « expressément référence à la mise en œuvre de programmes appropriés destinés aux personnes rencontrant des difficultés particulières, comme les personnes handicapées ».

892. Cette convention tout comme la convention n° 122 de l'OIT sur les politiques de l'emploi propose des stratégies pour promouvoir l'emploi. Cette promotion entre, par ailleurs, en compte dans la prise en considération de l'économie informelle par l'OIT.

B. L'appel à la transition vers l'économie formelle

893. Bien que les normes internationales du travail posent les bases permettant d'améliorer ces conditions et d'octroyer des droits aux travailleurs, une large majorité de travailleurs demeure confrontée à des conditions de travail difficiles et ne bénéficient d'aucune protection.

894. Ces travailleurs qui évoluent majoritairement dans l'économie informelle[2042] sont plus vulnérables que ceux exerçant dans l'économie formelle[2043]. Les normes internationales du travail ont vocation à s'appliquer à tous les travailleurs[2044] toutefois, face à la prédominance de l'emploi informel dans plusieurs régions du monde et une tendance généralisée aux emplois précaires et informels, l'OIT consciente qu'il « ne peut y avoir de développement inclusif tant que les travailleurs de l'économie informelle ne pourront pas jouir de ces droits ni bénéficier de ces possibilités d'emploi »[2045], à chercher des solutions pour sortir de l'informalité. Un instrument de l'OIT a été adopté pour règlementer une catégorie de travailleurs œuvrant majoritairement dans l'économie informelle ; les

---

orientation aussi large que possible aux enfants, aux adolescents et aux adultes, y compris par des programmes appropriés aux personnes handicapées ».

[2042] *« La plupart des travailleurs informels connaissent des conditions inadaptées et dangereuses, présentent un niveau d'analphabétisme élevé, sont peu qualifiés et ont peu de possibilités de formation; leurs revenus sont plus incertains, moins réguliers et moins élevés par rapport aux travailleurs de l'économie formelle; ils sont astreints à des durées de travail plus longues et sont privés de leurs droits en matière de négociation collective et de représentation; de plus, leur situation professionnelle est souvent ambiguë ou dissimulée ».* (OIT.CIT, « La transition de l'économie informelle vers l'économie formelle », rapport V (1), 103e session 2014, p. 3).

[2043] *« Leur vulnérabilité physique et financière est accrue du fait même qu'ils travaillent dans l'économie informelle, laquelle est soit exclue, soit hors de portée des régimes de sécurité sociale et des dispositions législatives régissant la sécurité et la santé, la maternité et d'autres domaines de protection sociale ».* (OIT.CIT, « La transition de l'économie informelle vers l'économie formelle », rapport V (1), 103e session 2014, p. 3).

[2044] *« Lorsqu'une norme internationale du travail s'applique uniquement, à l'origine, aux travailleurs de l'économie formelle, son extension aux autres catégories de travailleurs est parfois prévue explicitement. De plus certaines normes internationales du travail centrés sur des catégories déterminées de travailleurs que l'on retrouve souvent dans l'économie informelle ; et même lorsque les travailleurs du secteur informel ne sont pas nommément cités dans le texte, on peut chercher des indications de l'applicabilité d'un instrument donné dans le cadre du système de contrôle de l'OIT ».* (OIT.CIT, « La transition de l'économie informelle vers l'économie formelle », rapport V (1), 103e session 2014, p. 15).

[2045] OIT.CIT, « La transition de l'économie informelle vers l'économie formelle », rapport V (1), 103e session 2014, p. 5.

travailleurs domestiques (1) parallèlement à la volonté affichée d'opérer une transition vers la formalisation (2).

1. La normalisation du travail domestique

895. Les travailleurs domestiques représentent une part importante de la main-d'œuvre mondiale du secteur informel. L'OIT dénombre au moins 67 millions de travailleurs domestiques dans le monde[2046], sans compter les enfants qui travaillent comme domestiques, alors que ce nombre ne cesse d'augmenter aussi bien dans les pays développés que dans les pays en développement. Bien que des hommes exercent en tant que travailleurs domestiques, le travail domestique demeure extrêmement féminisé : 80% des travailleurs domestiques sont des travailleuses[2047]. Le travail domestique apparaît pour beaucoup de femmes comme étant « l'un des seuls moyens de gagner sa vie dignement et d'acquérir une certaine indépendance »[2048].

896. Les tâches des travailleurs domestiques sont diverses et peuvent se cumuler[2049]. Leur travail peut s'exercer à temps plein ou à temps partiel. Ils peuvent être employés par un ménage unique ou des employeurs multiples. Ils peuvent être logés chez leur employeur ou avoir leur propre résidence. Il s'agit très souvent de travailleurs migrants.

897. Les travailleurs domestiques figurent parmi les travailleurs les plus vulnérables : « ils travaillent pour des ménages de particuliers, souvent sans véritable contrat de travail, sans être déclarés, exclus du champ de la législation du travail »[2050]. Ils sont souvent confrontés à des mauvaises conditions de travail telles que la faiblesse de la rémunération, des horaires de travail excessifs, l'absence de repos hebdomadaire et sont parfois victimes d'abus physiques, mentaux ou sexuels ou d'entrave à leur liberté de circulation. L'exploitation des travailleurs domestiques « peut être attribuée en partie aux lacunes de la législation nationale en matière de travail et d'emploi et reflète souvent des discriminations à raison du sexe, de la race ou de la caste »[2051].

898. Au regard d'une telle vulnérabilité, l'OIT s'est inquiétée de la situation des travailleurs domestiques dès 1936[2052]. Cette question a donné

[2046] OIT, *Qui sont les travailleurs domestiques*, {en ligne}, {consulté le 9 janvier 2021}.
[2047] *Idem.*
[2048] D'SOUZA Asha, « Le travail domestique sur la voie du travail décent. Rétrospective de l'action de l'OIT », Bureau de l'OIT pour l'égalité entre hommes et femmes, Document de travail 2, 2010, p. 7.
[2049] « *Leurs taches peuvent consister à : nettoyer le logement, cuisiner, faire la lessive et le repassage, garder les enfants, prendre soin des personnes âgées ou des malades de la famille, servir de jardinier, gardien ou chauffeur pour la famille, et même prendre en charge les animaux de compagnie* » (OIT, *Qui sont les travailleurs domestiques, op. cit.)*
[2050] BIT, *Les règles du jeu : une introduction à l'action normative de l'organisation internationale du travail, op. cit.*, p. 86.
[2051] OIT, *Qui sont les travailleurs domestiques, op. cit.*
[2052] En 1936, la CIT a demandé au Conseil d'administration d'inscrire la question des travailleurs domestiques à l'ordre du jour de l'une de ses futures sessions.

lieu à l'adoption d'instruments[2053] et a été abordée dans certaines conventions[2054]. Toutefois, ce n'est qu'en 2011 que l'instrument de référence de l'OIT a été adopté. Il s'agit de la convention n° 189 de l'OIT sur les travailleuses et travailleurs domestiques[2055] qui « constitue l'aboutissement d'une dynamique de reconnaissance de l'importance sociale du travail domestique et de la nécessité de faire respecter la dignité des travailleurs de ce secteur si particulier »[2056].

899. Pour la première fois dans une norme internationale, il est précisé que l'expression « travail domestique désigne le travail effectué au sein de ou pour un ou plusieurs ménages »[2057] et que l'expression « travailleur domestique désigne toute personne de genre féminin ou masculin exécutant un travail domestique dans le cadre d'une relation de travail »[2058]. Cette convention exclue cependant la personne effectuant « un travail domestique seulement de manière occasionnelle ou sporadique sans en faire sa profession »[2059] de la qualification de travailleur domestique[2060]. Elle traduit la volonté de l'OIT de protéger les droits de ceux-ci, de promouvoir l'égalité des chances et de traitement, et d'améliorer leurs conditions de vie et de travail. Elle demande aux États de prendre des mesures pour d'une part « assurer la promotion et la protection des droits humains des travailleurs domestiques »[2061] et d'autre part « respecter, promouvoir et réaliser les principes et droits fondamentaux au travail[2062] de ceux-ci »[2063].

[2053] L'OIT a adopté en 1948 une résolution concernant les conditions de travail des gens de maison. En 1965, une seconde résolution concernant les conditions de travail des employés de maison, fut adoptée.

[2054] Certains instruments de l'OIT font référence au « travail domestique salarié effectué dans des ménages privés ». Il s'agit notamment de la recommandation n° 83 de l'OIT concernant l'organisation du service de l'emploi de 1948, du Protocole de 1995 relatif à la convention sur l'inspection du travail de 1947, de la recommandation n° 79 de l'OIT sur l'examen médical des enfants et des adolescents de 1946.

[2055] Il convient de rappeler que cette convention n'a été adoptée par aucun des États membres de l'UEMOA.

[2056] AUVERGNON Philippe, « Le travail domestique sur le chemin du travail décent ? », in J.-L. Gil (dir.), *Migraciones internacionales e impacto de la crisis económica: Compromisos de la OIT*, Juruá Editora, Curitiba-Lisboa 2013 p. 283.

[2057] Article 1 (a) de la convention n° 189 de l'OIT sur les travailleuses et travailleurs domestiques.

[2058] Article 1 (b) de la convention n° 189 de l'OIT sur les travailleuses et travailleurs domestiques.

[2059] Article 1 (c).

[2060] L'article 2-2 de la convention n° 189 permet toutefois aux États d'exclure totalement ou partiellement du champ d'application de la convention, « *après consultation des organisations d'employeurs et de travailleurs les plus représentatives et, lorsqu'elles existent, des organisations représentatives de travailleurs domestiques et de celles d'employeurs de travailleurs domestiques : (a) des catégories de travailleurs qui bénéficient à une autre titre d'une protection au moins équivalente ; (b) des catégories limitées de travailleurs au sujet desquelles se posent des problèmes particuliers d'une importance significative* ».

[2061] Article 3-1 de la convention n° 189 de l'OIT.

[2062] La convention fait référence aux principes et droits fondamentaux que sont la liberté d'association et la reconnaissance effective du droit de négociation collective, l'élimination de toute forme de travail forcé ou obligatoire, l'abolition effective du travail des enfants et l'élimination de la discrimination en matière d'emploi et de profession.

[2063] Article 3-2 de la convention n° 189 de l'OIT.

900. Les États doivent protéger les droits des travailleurs domestiques de constituer leurs propres organisations syndicales[2064]. Ils doivent également fixer l'âge minimum pour les travailleurs domestiques qui ne doit pas être inférieur à celui applicable à tous les travailleurs en vertu des dispositions de leur législation nationale ni priver ces travailleurs de la scolarité obligatoire ou compromettre leur chance de poursuivre leurs études ou de suivre une formation professionnelle[2065]. Les travailleurs doivent par ailleurs être protégés contre toute forme d'abus, de harcèlement et de violence[2066] et jouir de conditions d'emploi équitables[2067].

901. Du fait du risque d'informalité, la convention fixe un cadre minimum concernant les termes et les conditions du travail domestique. Les questions relatives à la forme du contrat du travail[2068], à la rémunération[2069], à la durée du travail[2070], à la santé et à la sécurité au travail[2071] ainsi que de la sécurité sociale[2072] ont été spécifiées dans la convention n° 189 de l'OIT. Le travailleur domestique pouvant être logé au sein des familles cette convention exige que dans une telle hypothèse, des conditions de vie

[2064] Article 3-3.
[2065] Article 4.
[2066] Article 5.
[2067] Article 6.
[2068] En vertu de l'article 7 de la convention n° 189, les travailleurs domestiques doivent être informés de leurs conditions d'emploi lorsque cela est possible au moyen d'un contrat écrit conformément à la législation nationale ou aux conventions collectives.
[2069] En vertu de l'article 11 de la convention n° 189 de l'OIT, les travailleurs domestiques doivent bénéficier du régime de salaire minimum, là ou un tel régime existe. Leur rémunération doit être fixée sans discrimination fondée sur le sexe.
[2070] Au sens de l'article 10 de la convention n° 189 de l'OIT, « *1. Tout Membre doit prendre des mesures en vue d'assurer l'égalité de traitement entre les travailleurs domestiques et l'ensemble des travailleurs en ce qui concerne la durée normale de travail, la compensation des heures supplémentaires, les périodes de repos journalier et hebdomadaire et les congés annuels payés, conformément à la législation nationale ou aux conventions collectives, compte tenu des caractéristiques particulières du travail domestique. 2. Le repos hebdomadaire doit être d'au moins 24 heures consécutives. 3. Les périodes pendant lesquelles les travailleurs domestiques ne peuvent disposer librement de leur temps et restent à la disposition du ménage pour le cas où celui-ci ferait appel à eux doivent être considérées comme du temps de travail dans la mesure déterminée par la législation nationale, par les conventions collectives ou par tout autre moyen compatible avec la pratique nationale. 3. Les périodes pendant lesquelles les travailleurs domestiques ne peuvent disposer librement de leur temps et restent à la disposition du ménage pour le cas où celui-ci ferait appel à eux doivent être considérées comme du temps de travail dans la mesure déterminée par la législation nationale, par les conventions collectives ou par tout autre moyen compatible avec la pratique nationale* ».
[2071] Au sens de l'article 13 de la convention n° 189 de l'OIT, « *tout travailleur domestique a droit à un environnement de travail sûr et salubre. Tout Membre doit prendre, conformément à la législation et à la pratique nationales, des mesures effectives en tenant dûment compte des caractéristiques particulières du travail domestique, afin d'assurer la sécurité et la santé au travail des travailleurs domestiques* ».
[2072] Au sens de l'article 13 de la convention n° 189 de l'OIT, « *tout Membre doit prendre des mesures appropriées, conformément à la législation nationale et en tenant dûment compte des caractéristiques spécifiques du travail domestique, afin d'assurer que les travailleurs domestiques jouissent, en matière de sécurité sociale, y compris en ce qui concerne la maternité, de conditions qui ne soient pas moins favorables que celles applicables à l'ensemble des travailleurs* ».

décentes qui respecte la vie privée de ces travailleurs[2073]. Le cadre normatif minimum proposé par cette convention concerne également les travailleurs migrants[2074].

902. La convention n° 189 de l'OIT sur les travailleuses et travailleurs domestiques incite également les États à mettre en place des mécanismes pour favoriser les dénonciations d'abus par les travailleurs domestiques[2075], faciliter leur accès effectif aux tribunaux ou à d'autres mécanismes de règlement des différends[2076]. Cette convention tente d'apporter une large protection à tous les travailleurs domestiques et « d'amener sur le chemin du travail décent une très grande partie des relations domestique »[2077].

2. Les recommandations pour une formalisation de l'économie

903. Le concept de « secteur informel » a été promu en 1972 par l'OIT dans le cadre des débats sur les politiques de développement. Par le biais de celui-ci, l'OIT a procédé à « l'analyse des problèmes théoriques et socio-économiques sous-jacents au phénomène de l'économie informelle »[2078]. La question de l'adoption d'un instrument international relatif à l'économie informelle fut évoquée par la CIT dès 1991[2079]. Toutefois, le thème de l'informalité ne fit réellement débat qu'en 2001 en marge de celui sur le travail décent[2080]. La discussion générale de la CIT en 2002 sur le travail

---

[2073] Article 6 de la convention n° 189 de l'OIT.

[2074] Au sens de l'article 13 de la convention n° 189, « *1. La législation nationale doit prévoir que les travailleurs domestiques migrants qui sont recrutés dans un pays pour effectuer un travail domestique dans un autre pays doivent recevoir par écrit une offre d'emploi ou un contrat de travail exécutoire dans le pays où le travail sera effectué, énonçant les conditions d'emploi visées à l'article 7, avant le passage des frontières nationales aux fins d'effectuer le travail domestique auquel s'applique l'offre ou le contrat. 2. Le paragraphe précédent ne s'applique pas aux travailleurs qui jouissent de la liberté de circulation aux fins d'occuper un emploi en vertu d'accords bilatéraux, régionaux ou multilatéraux ou dans le cadre de zones d'intégration économique régionales. 3. Les Membres doivent prendre des mesures pour coopérer entre eux afin d'assurer l'application effective des dispositions de la présente convention aux travailleurs domestiques migrants. 4. Tout Membre doit, par voie de législation ou d'autres mesures, déterminer les conditions en vertu desquelles les travailleurs domestiques migrants ont droit au rapatriement après expiration ou résiliation du contrat de travail par lequel ils ont été recrutés* ».

[2075] Article 16 de la convention n° 189 de l'OIT sur les travailleuses et travailleurs domestiques.

[2076] Article 17.

[2077] AUVERGNON Philippe., *op. cit.*, p. 309.

[2078] OIT.CIT, « La transition de l'économie informelle vers l'économie formelle », *op. cit.*, p. 12.

[2079] Lors de sa 78e session en 1991, la CIT a souligné que face au dilemme du secteur informel, il fallait s'attaquer aux causes profondes du mal et pas seulement à ses symptômes, au moyen d'une stratégie globale et multiforme.

[2080] « *Le Directeur général de l'OIT déclarait alors lors de la 89e session de la CIT en 2001 dans son rapport sur la réduction du déficit de travail décent que même si la majorité des travailleurs dans le monde sont employés dans l'économie informelle, presque tous sont privés d'une protection sociale adéquate, d'une organisation collective et d'une voix pour se faire entendre au travail. Estimant que les principes de travail décent sont aussi importants dans l'économie informelle que dans l'économie formelle, il a insisté sur la nécessité de*

décent et l'économie informelle « a permis d'adopter une approche globale de l'informalité pour y remédier dans le cadre de l'agenda du travail décent »[2081].

904. La transition de l'économie informelle vers l'économie formelle est une priorité du travail décent parce que les quatre objectifs stratégiques de cet agenda[2082] valent pour tous les travailleurs hommes et femme de l'économie formelle et informelle. Toutefois, même si cette transition est apparue importante au regard de l'objectif de travail décent, elle n'a fait l'objet d'une normalisation qu'en 2015 avec l'adoption par l'OIT de la recommandation n° 204 sur la transition de l'économie informelle vers l'économie formelle. Cette dernière est « la première norme internationale du travail de tous les temps spécifiquement destinés à lutter contre l'économie informelle »[2083]. Elle devrait, selon le Directeur général de l'OIT M. Guy RIDER, « transformer la vie de millions de travailleurs et de petites entreprises dans le monde en reconnaissant leurs droits, leur dignité et leurs opinions »[2084].

905. Cette recommandation, qui s'applique à tous les travailleurs et à toutes les unités économiques de l'économie informelle[2085], incite les États à « *faciliter la transition des travailleurs et des unités économiques de l'économie informelle*[2086] *vers l'économie formelle tout en respectant les droits fondamentaux des travailleurs et en offrant des possibilités de sécurité du revenu, de subsistance et de l'entrepreneuriat ; promouvoir la création d'entreprise et d'emplois décents, leur préservation et leur pérennité dans l'économie formelle, ainsi que la cohérence entre les politiques macroéconomiques, d'emploi, de protection sociale et les autres politiques*

---

trouver de toute urgence le moyen d'étendre les droits à tous les travailleurs ». (OIT.CIT., « La transition de l'économie informelle vers l'économie formelle », *op. cit.*, p. 12) .

2081 OIT.CIT., « La transition de l'économie informelle vers l'économie formelle », *op cit,* p. 13.

2082 Les quatre objectifs de l'agenda pour le travail décent sont la promotion de l'emploi et l'entreprise, la garantie des droits au travail, l'extension de la protection sociale et l'encouragement du dialogue social.

2083 OIT. *L'OIT adopte une norme de travail historique pour lutter contre l'économie informelle*, {en ligne}, {consulté le 29 mai 2019}.

2084 *Idem.*

2085 Au sens du point 2 de la recommandation n° 204 de l'OIT sur la transition de l'économie informelle vers l'économie formelle, les termes « *économie informelle : a) désignent toutes les activités économiques des travailleurs et des unités économiques qui – en droit ou en pratique – ne sont pas couvertes ou sont insuffisamment couvertes par des dispositions formelles; b) ne désignent pas les activités illicites, en particulier la fourniture de services ou la production, la vente, la possession ou la consommation de biens interdites par la loi, y compris la production et le trafic illicites de stupéfiants, la fabrication et le trafic illicites d'armes à feu, la traite des personnes et le blanchiment d'argent, tels que les définissent les conventions internationales pertinentes* ».

2086 Au sens du point 3 de la recommandation n° 204 de l'OIT, les termes « les unités économiques de l'économie informelle comprennent : a) les unités qui emploient de la main-d'œuvre ; b) les unités détenues par des particuliers travaillant à leur propre compte, soit seuls, soit avec le concours de travailleurs familiaux non rémunérés) les coopératives et les unités de l'économie sociale et solidaire ».

sociales ; et prévenir l'informalité des emplois de l'économie formelle »[2087]. La recommandation propose des stratégies et des orientations pratiques, sous la forme de douze principes directeurs[2088], sur les politiques et les mesures qui peuvent permettre d'atteindre ses objectifs. Elle ouvre la voie à des conditions de travail décentes pour les travailleurs de l'économie informelle[2089] et à la perception par ceux-ci de prestations sociales[2090].

906. La formalisation de l'économie devrait permettre, toujours selon M. Guy RYDER, « d'accroitre également les recettes fiscales qui peuvent

---

[2087] Point 1 de la recommandation n° 204 de l'OIT sur la transition de l'économie informelle vers l'économie formelle.

[2088] Selon le point 3 de la recommandation n° 204 de l'OIT, les États « *conçoivent des stratégies cohérentes et intégrées visant à faciliter la transition vers l'économie formelle, les Membres devraient prendre en compte les éléments suivants: a) la diversité des caractéristiques, des situations et des besoins des travailleurs et des unités économiques dans l'économie informelle et la nécessité d'y répondre par des approches spécifiques; b) la spécificité des situations, lois, politiques, pratiques et priorités nationales concernant la transition vers l'économie formelle; c) le fait que des stratégies multiples et diverses peuvent s'appliquer afin de faciliter la transition vers l'économie formelle; d) la nécessité d'assurer la cohérence et la coordination au sein d'un vaste ensemble de politiques visant à faciliter la transition vers l'économie formelle; e) la promotion et la protection effectives des droits humains de tous ceux qui opèrent dans l'économie informelle; f) la réalisation du travail décent pour tous par le respect, dans la législation et la pratique, des principes et droits fondamentaux au travail; g) les normes internationales du travail à jour qui donnent des orientations dans des domaines d'action spécifiques (voir l'annexe); h) la promotion de l'égalité entre femmes et hommes et la non-discrimination; i) la nécessité de prêter une attention spécifique aux personnes qui sont particulièrement exposées aux plus graves déficits de travail décent dans l'économie informelle, notamment les femmes, les jeunes, les migrants, les personnes âgées, les peuples indigènes et tribaux, les personnes vivant avec le VIH ou affectées par le VIH ou le sida, les personnes handicapées, les travailleurs domestiques et les personnes vivant de l'agriculture vivrière ; j) la préservation et le développement, lors de la transition vers l'économie formelle, du potentiel entrepreneurial, de la créativité, du dynamisme, des compétences et des capacités d'innovation des travailleurs et des unités économiques de l'économie informelle; k) la nécessité d'une approche équilibrée combinant des mesures incitatives et correctives ; l) la nécessité de prévenir et sanctionner le contournement ou la sortie délibérée de l'économie formelle visant à se soustraire à l'impôt et à la législation sociale et du travail* ».

[2089] Selon le point 16 de la recommandation n° 204 de l'OIT, les États « *devrait prendre des mesures pour parvenir au travail décent et pour respecter, promouvoir et réaliser les principes et droits fondamentaux au travail pour les personnes dans l'économie informelle* ». De même il est indiqué au point 17 de la recommandation n° 204 : « les membres devraient : (a) prendre des mesures immédiates afin de remédier aux conditions de travail dangereuses et insalubres qui caractérisent souvent le travail dans l'économie informelle ; (b) promouvoir la protection de la sécurité et de la santé au travail et l'étendre aux employeurs et aux travailleurs de l'économie informelle ».

[2090] Le point 18 de la recommandation n° 204 de l'OIT demande aux États d'étendre progressivement « *à tous les travailleurs de l'économie informelle, la sécurité sociale, la protection de la maternité, les conditions de travail décentes et un salaire minimum* ». Le point 20 précise : « *dans le cadre de la transition vers l'économie formelle, les Membres devraient étendre progressivement la couverture de l'assurance sociale aux personnes opérant dans l'économie informelle et, si nécessaire, adapter les procédures administratives, les prestations et les contributions en tenant compte de la capacité contributive de ces personnes* ».

catalyser le développement et réduire la pauvreté »[2091]. La recommandation n° 204 de l'OIT s'avère par conséquent importante en termes de développement inclusif et d'éradication de la pauvreté. Les mesures incitatives prévues par cette recommandation devraient aboutir un tel développement[2092].

§ 2. La promotion du dialogue social

907. L'OIT a dès sa création accordé une place importante au dialogue social dans son fonctionnement[2093]. Seule institution tripartite des Nations Unies, l'OIT fonde son action sur la nécessité d'une coopération entre les gouvernements, les organisations d'employeurs et les organisations de travailleurs en vue de favoriser le progrès économique et social. Les normes internationales du travail qui « sont une composante essentielle du cadre international visant à assurer que la croissance de l'économie mondiale profite à tous »[2094] encouragent les concertations entre les gouvernements et les partenaires sociaux. Des normes encouragent spécifiquement la liberté syndicale et la négociation collective (A) et prônent pour une généralisation des consultations tripartites (B).

A. La protection de la liberté d'association et du droit à la négociation collective

908. Le principe fondamental de la liberté d'association et le droit de négociation collective sont une expression de la dignité humaine : « *ils garantissent aux travailleurs et aux employeurs la possibilité de se regrouper et d'agir ensemble pour défendre non seulement leurs intérêts économiques, mais aussi des libertés civiles telles que le droit à la vie, à l'intégrité à la liberté personnelle et collective. Ils assurent une protection contre les actes de discrimination, d'ingérence et de harcèlement* »[2095].

[2091] OIT, *L'OIT adopte une norme de travail historique pour lutter contre l'économie informelle*, *op. cit.*

[2092] *Selon le point 17 de la recommandation n°204 de l'OIT sur la transition de l'économie informelle vers l'économie formelle, « les Membres devraient prendre des mesures appropriées, en combinant notamment des mesures préventives, l'application de la loi et des sanctions effectives, pour remédier à l'évasion fiscale, au non-paiement des contributions sociales et au contournement de la législation sociale et du travail et d'autres lois. Toutes les incitations devraient avoir pour objectif de faciliter la transition effective et en temps voulu de l'économie informelle vers l'économie formelle ».*

[2093] La définition du dialogue social de l'OIT inclut « tout type de négociation, de consultation ou simplement d'échange d'informations entre les représentants des gouvernements, des employeurs et des travailleurs selon des modalités diverses, sur des questions relatives à la politique économique et sociale présentant un intérêt commun ».

[2094] BIT, *Les règles du jeu : une introduction à l'action normative de l'organisation internationale du travail*, 4e édition, Genève, BIT, 2019, p. 8.

[2095] OIT.CIT, « S'organiser pour plus de justice sociale », rapport global en vertu du suivi de la Déclaration de l'OIT relative aux principes et droits fondamentaux au travail, Rapport I (B), 92e session, 2004, p. 1.

909. La liberté d'association et le droit de négociation collective sont des droits fondamentaux, inscrits dans la Constitution de l'OIT[2096] et la Déclaration de Philadelphie[2097] qui lui est annexée. Ces droits sont des outils essentiels pour la gouvernance du marché du travail. Le droit des travailleurs et des employeurs de créer des organisations est la condition préalable à la négociation collective. Le droit de négociation collective repose sur la liberté d'association qui « est, sans doute, la pierre angulaire du droit du travail au niveau national et international »[2098]. Il permet de donner tout son sens à la représentation collective.

910. La négociation collective « est un moyen de parvenir à des solutions avantageuses et productives dans des situations qui pourraient autrement déboucher sur des conflits entre travailleurs et employeurs. Elle permet d'établir des relations de confiance entre les parties, de concilier et de satisfaire leurs intérêts respectifs »[2099]. Selon l'OIT, elle contribue à pacifier les relations et est une partie intégrante du jeu démocratique. Elle permettrait également de concilier des impératifs économiques et sociaux et donnerait « aux plus faibles la possibilité de se faire entendre et permet également de lutter contre la pauvreté et d'atténuer les inégalités sociales »[2100].

911. Historiquement, c'est bien avant la création de l'OIT que les organisations ouvrières ont réclamé la reconnaissance de la liberté syndicale : « partie intégrante des droits fondamentaux de l'homme et pierre angulaire des dispositions visant à assurer la défense des travailleurs, la liberté syndicale représente une importance toute spéciale pour l'OIT en raison de sa structure tripartite »[2101]. La première convention de l'OIT relative au droit syndical a été adoptée en 1921, à savoir la convention n° 11 sur le droit d'association (agriculture). Cette convention fut suivie par la convention n° 84 sur le droit d'association (territoires non métropolitains) adoptée en 1947. Par contre, le projet de règlementation internationale de la liberté syndicale ne se concrétisa réellement qu'en 1948 avec l'adoption par

---

[2096] Le Préambule de la partie XIII du Traité de Versailles mentionnait « *l'affirmation du principe de la liberté syndicale* » parmi les objectifs de l'OIT. De plus les principes généraux énoncés à l'article 427 du Traité de Versailles contenaient une disposition sur « *le droit d'association en vue de tous les objets non contraires à la loi aussi bien pour les salariés que pour les employeurs* ».

[2097] Le point I de la Déclaration de Philadelphie réaffirme « *les principes fondamentaux sur lesquels est fondée l'organisation, à savoir notamment (...) la liberté d'expression et d'association est une condition indispensable d'un progrès soutenu* ».Le Point III de la même déclaration « *reconnaît l'obligation solennelle pour l'OIT de seconder la mise en œuvre, parmi les différentes nations du monde, de programmes propres à réaliser (...) la reconnaissance effective du droit de négociation collective et la coopération des employeurs et de la main-d'œuvre pour l'amélioration continue de l'organisation de la production, ainsi que la collaboration des travailleurs et des employeurs à l'élaboration et à l'application de la politique sociale et économique* ».

[2098] LA HOVARY Claire, *Les droits fondamentaux au travail. Origine, statuts et impact en droit international*, PUF, 2009, p. 59.

[2099] OIT.CIT, « Liberté d'association : enseignements tirés de la pratique », rapport global en vertu du suivi de la Déclaration de l'OIT relative aux principes et droits fondamentaux au travail, Rapport I (B), 97e session, 2008, p. 5.

[2100] *Idem.*

[2101] KALAY KISALA Patty, *op. cit.*, p. 117.

l'OIT de la convention n° 87 sur la liberté syndicale et la protection du droit syndical en 1948[2102] et de la convention n° 98 sur le droit d'organisation et de négociation collective en 1949[2103].

912. La convention n° 87 de l'OIT sur la liberté syndicale et la protection du droit syndical et la convention n° 98 de l'OIT sur le droit d'organisation et de négociation collective sont les instruments fondamentaux de l'OIT en matière de liberté syndicale. Bien que l'OIT ait adopté postérieurement des instruments relatifs aux droits syndicaux et la négociation collective[2104] ; ces deux conventions fondamentales restent les conventions de référence qui présentent les traits caractéristiques de la liberté syndicale et de la négociation collective (2).

913. La liberté syndicale et la négociation collective jouent « un rôle important dans l'équilibre du développement économique, auquel il contribue en assurant le partage des fruits de la croissance, ainsi qu'en favorisant la productivité, les mesures d'ajustement et la paix sociale »[2105]. Le respect de ses droits est d'une grande importance pour l'OIT qui considère qu'il ne suffit pas que ces deux conventions soient ratifiées. Encore faut-il qu'elles soient effectivement appliquées. Pour s'assurer de cette application, des mécanismes de contrôle ont été mis en place (1).

1. Les procédures spécifiques de contrôle de la liberté syndicale

914. L'OIT a envisagé dès l'adoption des conventions n° 87 et n° 98 de mettre en place des mécanismes spécifiques pour protéger la liberté syndicale. Ces procédures, dont l'objectif est de promouvoir le respect de la liberté syndicale, viennent « compléter, dans le domaine particulier de la liberté syndicale, les procédures d'application générale établies pour assurer le contrôle de l'application des normes internationales du travail »[2106].

915. Dans un premier temps, l'OIT a établi en 1950 la Commission d'investigation et de conciliation en matière de liberté syndicale. Cette commission est « composée de neuf membres indépendants élus sur proposition du Directeur général en raison de leurs compétences et de leur impartialité »[2107]. La Commission d'investigation et de conciliation en matière de liberté syndicale a pour mission d'examiner toute plainte relative

---

[2102] Cette convention a été ratifiée par les sept pays francophones de l'UEMOA mais n'a pas encore fait l'objet d'une ratification de la part de la Guinée Bissau.

[2103] Cette convention a été ratifiée par tous les pays membres de l'UEMOA.

[2104] On peut citer notamment la convention n° 135 concernant les représentants des travailleurs adoptée en 1971, la convention n° 141 sur les organisations de travailleurs ruraux adoptée en 1975, La convention n° 151 sur les relations de travail dans la fonction publique adoptée en 1978 et la convention n° 154 sur la négociation collective adoptée en 1981.

[2105] OIT.CIT, « S'organiser pour plus de justice sociale », *op. cit.*, p. 1.

[2106] VALTICOS Nicolas, « La commission d'investigation et de conciliation en matière de liberté syndicale et le mécanisme de protection internationale des droits syndicaux », *Annuaire français de droit,* vol 13, 1967, p. 448.

[2107] ODERO Alberto, TRAVIESO Maria Marta, « Le comité de la liberté syndicale (I) : origines et genèse », *in* JAVILLIER Jean-Claude (dir.), GERNIGON Bernard (dir.), *Les normes internationales du travail : un patrimoine pour l'avenir. Mélange en l'honneur de Nicolas Valticos,* BIT, 2004, p. 174.

à des violations présumées des droits syndicaux qui lui sont soumis par le Conseil d'administration du BIT. Elle est essentiellement un organe d'investigation, mais elle « est habilitée à examiner avec le gouvernement intéressé, les possibilités de régler les difficultés par voie amiable »[2108].Elle est compétente pour examiner les plaintes concernant aussi bien les États ayant ratifié les conventions que ceux qui ne les ont pas ratifiés. Toutefois, si l'État mis en cause n'a pas ratifié la convention, le consentement de celui-ci est nécessaire pour le renvoi de la plainte devant la Commission.

916. Dans un second temps, l'OIT a institué en 1951 le Comité de liberté syndicale. Il s'agit d'un organe tripartite composé de neuf membres titulaires et de neuf membres adjoints, issus du groupe gouvernemental, du groupe des travailleurs et des groupes d'employeurs. Ce comité est présidé depuis 1978 par une personnalité indépendante et se réunit trois fois par an. Le Comité de liberté syndicale avait pour mission initiale « d'examiner de manière préliminaire les plaintes en matière de liberté syndicale et les observations des gouvernements concernées en vue d'un éventuel renvoi de l'affaire à la Commission d'investigation et de conciliation en matière de liberté syndicale »[2109]. Toutefois, ce Comité se prononçant de plus en plus sur le fond des questions « est devenu l'organe principal chargé d'examiner les plaintes pour violation des droits syndicaux »[2110].

917. Le Comité de liberté syndicale procède à l'examen des plaintes même en l'absence de ratification de la convention par l'État concerné. Il présente ses conclusions, adoptées à l'unanimité, au Conseil d'administration et peut lui « *recommander selon les cas, de renoncer à soumettre une affaire à un examen plus approfondi, d'appeler l'attention du gouvernement intéressé sur les anomalies constatées en l'invitant à prendre les mesures appropriées pour y remédier ou, enfin d'essayer d'obtenir l'accord du gouvernement intéressé pour que le cas soit porté devant la commission d'investigation et de conciliation* »[2111].

918. L'expérience du Comité de liberté syndicale a permis « d'élaborer un ensemble de principes qui forme un véritable droit international de la liberté syndicale »[2112] dont on indiquera les principaux traits caractéristiques.

[2108] BIT, *La liberté syndicale. Recueil de décisions et de principe du Comité de la liberté syndicale du Conseil d'administration du BIT,* 5e édition, Genève, BIT, 2006, p. 2.

[2109] ODERO Alberto, TRAVIESO Maria Marta, « Le comité de la liberté syndicale (II) : composition, procédure et fonctionnement », *in* JAVILLIER Jean-Claude (dir.), GERNIGON Bernard (dir), *op. cit.,* p. 195.

[2110] GRAVEL Éric, « Les mécanismes de contrôle de l'OIT : bilan de leur efficacité et perspectives d'avenir », *in* JAVILLIER Jean-Claude (dir.), GERNIGON Bernard (dir.), *op. cit.,* p. 6.

[2111] BIT, *La liberté syndicale. Recueil de décisions et de principe du Comité de la liberté syndicale du Conseil d'administration du BIT, op. cit.,* p. 2.

[2112] *Ibid.,* p. 3.

2. Les traits caractéristiques de la liberté syndicale et du droit de négociation collective

919. Le Comité de liberté syndicale outre les contrôles de l'application de la liberté syndicale a effectué des travaux qui permettent de dégager certaines caractéristiques de la liberté syndicale et du droit de négociation collective à la lumière des normes fondamentales du travail relatives à la liberté syndicale (a) et du droit à la négociation collective (b).

a. La liberté syndicale

920. Le Comité de liberté syndicale « a jugé utile de réaffirmer l'importance qu'il convient d'attacher aux principes fondamentaux énoncés dans la Déclaration universelle des droits de l'homme, estimant que leur violation risque de porter atteinte au libre exercice des droits syndicaux »[2113]. Le système démocratique est fondamental pour un libre exercice des droits syndicaux et inversement. Le mouvement syndical réellement libre et indépendant ne peut se développer que dans le respect des droits fondamentaux de l'homme. De ce fait, au sens du Comité de liberté syndicale, « il incombe au pouvoir public de préserver un climat social ou le droit prévaut, puisque c'est la seule garantie du respect et de la protection de l'individu »[2114]. Le plein exercice des droits syndicaux exige l'adoption de toutes les mesures adéquates pour garantir que les droits syndicaux puissent s'exercer normalement en respectant les droits fondamentaux de l'homme.

921. Au sens de l'article 2 de la convention n° 87, « les travailleurs et les employeurs, sans distinction d'aucune sorte, ont le droit, sans autorisation préalable, de constituer des organisations de leur choix, ainsi que celui de s'affilier à ces organisations, à la seule condition de se conformer aux statuts de ces dernières ». Cette disposition octroie plusieurs droits aux travailleurs.

922. En utilisant l'expression « sans distinction d'aucune sorte », la convention entend consacrer le principe de non-discrimination. Elle implique que la liberté syndicale soit « reconnue sans discrimination d'aucune sorte tenant à l'occupation du sexe, à la couleur, à la race, aux croyances, à la nationalité, aux opinions politiques, etc., non seulement aux travailleurs du secteur privé de l'économie, mais aussi aux fonctionnaires et aux agents des services publics en général »[2115].

923. Les travailleurs et les employeurs ont le droit au sens de la convention n° 87 de constituer des organisations « sans autorisation préalable ». Les fondateurs d'un syndicat doivent certes « *observer des prescriptions de publicité et autres dispositions analogues qui peuvent être en vigueur en vertu d'une législation déterminée. Toutefois, ces prescriptions ne doivent pas équivaloir en pratique à une autorisation préalable ni s'opposer à la création d'une organisation au point de*

[2113] *Ibid.*, p. 13.
[2114] *Ibid.*, p. 14.
[2115] *Ibid.*, p. 47.

constituer en fait une interdiction pure et simple »[2116]. Les travailleurs et les employeurs doivent être libres de constituer leurs organisations, de s'y affilier[2117]. La liberté syndicale au sens de la convention n° 87 implique également que les travailleurs et les employeurs aient le droit d'élire librement leurs représentants et que les organisations constituées élaborent librement leurs statuts et règlements[2118] sans aucune ingérence étatique.

924. La volonté de laisser les travailleurs et les employeurs décider eux-mêmes des règles qui leur sont applicables explique, par ailleurs, que les organisations doivent organiser leur gestion et leur activité[2119] pour promouvoir et défendre de manière licite leurs intérêts professionnels[2120].

925. Du fait de l'importance de la liberté syndicale, la convention n° 87 procède à une protection du droit syndical. Les mesures adéquates doivent être prises pour assurer aux travailleurs et aux employeurs le libre exercice du droit syndical[2121]. Ceux-ci ne doivent faire l'objet d'aucune discrimination antisyndicale. Pour le Comité de liberté syndicale, « nul ne devrait faire l'objet de discrimination dans l'emploi en raison de son affiliation ou de ses activités syndicales légitimes, présentes ou passées »[2122]. Une telle discrimination « est une des violations les plus graves de la liberté syndicale puisqu'elle peut compromettre l'existence même des syndicats »[2123].

926. Le droit de grève n'est pas mentionné dans la convention n° 87 de l'OIT sur la liberté syndicale et la protection du droit syndical, mais le Comité de liberté syndicale a « toujours considéré celle-ci comme étant un des droits fondamentaux des travailleurs et de leurs organisations »[2124]. Le droit de grève est un corollaire indispensable du droit syndical protégé par cette convention dans la mesure seulement où il constitue un moyen de défense des intérêts économiques des organisations de travailleurs et d'employeurs[2125].

b. Le droit de négociation collective

927. Le droit de négocier librement avec les employeurs au sujet des conditions de travail constitue un des éléments essentiels de la liberté syndicale. De ce fait, l'article 4 de la convention n° 98 de l'OIT sur le droit d'organisation et de négociation collective dispose que « *des mesures appropriées aux conditions nationales doivent, si nécessaire, être prises*

[2116] *Ibid.*, p. 61.

[2117] Article 5 de la convention n° 87 de l'OIT sur la liberté syndicale et la protection du droit syndicale.

[2118] Article 3.

[2119] *Idem.*

[2120] Article 10.

[2121] Article 11.

[2122] BIT, *La liberté syndicale. Recueil de décisions et de principe du Comité de la liberté syndicale du Conseil d'administration du BIT, op. cit.*, p. 163.

[2123] *Idem.*

[2124] *Ibid.*, p. 113.

[2125] *Idem.*

pour encourager et promouvoir le développement et l'utilisation les plus larges de procédures et négociation volontaire de conventions collectives entre les employeurs et les organisations d'employeurs d'une part, et les organisations de travailleurs d'autre part, en vue de régler par ce moyen les conditions d'emploi ». Ces dispositions sont applicables « au secteur privé comme aux entreprises nationales et aux organismes publics »[2126].

928. La négociation collective pour conserver son efficacité doit « revêtir un caractère volontaire et ne pas impliquer un recours à des mesures de contrainte qui auraient pour effet d'altérer ce caractère »[2127]. La négociation volontaire des conventions collectives et l'autonomie des partenaires sociaux à la négociation constituent un aspect fondamental des principes de la liberté syndicale.

929. La négociation collective implique par ailleurs une négociation de bonne foi pour le maintien d'un développement harmonieux des relations professionnelles. La détermination du niveau de la négociation collective relève essentiellement de la volonté des parties et « ne devrait pas être imposée en vertu de la législation, d'une décision de l'autorité administrative ou de la jurisprudence de l'autorité administrative du travail »[2128].

B. L'incitation aux consultations tripartites

930. La recherche de la coopération entre les gouvernements, les travailleurs et les employeurs est l'un des rôles essentiels de l'OIT dans la poursuite de la justice sociale. Le caractère tripartite de l'OIT traduit en effet le mécanisme institutionnel de cette coopération. La participation des représentants des employeurs, des représentants des travailleurs et des représentants des gouvernements est effective à toutes les étapes de l'action normative de l'OIT, elle permet de « corriger la situation d'infériorité du travailleur, contraint de vendre sa force de travail pour subvenir à ces besoins »[2129]. Cette « approche tripartite utilisée dans l'adoption des normes garantit qu'elles bénéficient d'un large soutien de la part de tous les mandants de l'OIT »[2130].

931. Le tripartisme « en matière de normes internationales du travail suppose qu'il soit conforté par un dialogue analogue au niveau national »[2131]. À cet effet, des dispositions de nombreuses conventions internationales du travail exigent que les organisations représentatives des employeurs et des travailleurs soient

---

[2126] *Ibid.*, p. 188.
[2127] *Ibid.*, p. 194.
[2128] *Ibid.*, p. 207.
[2129] KOTT Sandrine, « Quelles normes pour quelle justice sociale ? 100 ans d'histoire normative », *in* DUPONT Anne Sylvie (dir.), LEMPEN Karine (dir.), *L'OIT et le droit social en Suisse : 100 ans et après ?,* Pole Berenstein, Faculté de droit de l'Université de Genève, 2019, p. 9.
[2130] BIT, *Les règles du jeu : une introduction à l'action normative de l'organisation internationale du travail, op. cit.*, p. 49.
[2131] OIT.CIT, « Consultations tripartites : normes internationales du travail », Étude d'ensemble des rapports concernant la convention n° 144 sur les consultations tripartites relatives aux normes internationales du travail, 1976, et concernant la recommandation n° 152 sur les consultations tripartites relatives aux activités de l'Organisation internationale du travail, 1976, 88e session, 2000, p. 5.

associées à leur application. La Constitution de l'OIT stipule en son article 23-2 que « chaque membre communiquera aux organisations représentatives reconnues (…) copie des informations et rapports ». Une telle communication relève plus d'une information que d'une consultation.

932. La question de la consultation tripartite n'a été réellement règlementée par l'OIT qu'avec l'adoption, en 1976, de la convention n° 144 sur les consultations tripartites relatives aux normes internationales du travail. Elle définit « *les conditions de consultations nationales tripartites fructueuses, lesquelles peuvent être synonymes d'une plus grande coopération entre partenaires sociaux, d'une sensibilisation et d'une participation accrue pour ce qui est des questions liées aux normes internationales du travail et conduire à une meilleure gouvernance ainsi qu'à une culture du dialogue social plus approfondie à propos des grandes questions sociales et économiques* »[2132].

933. Au sens de l'article 2-1 de la convention n° 144 sur les consultations tripartites relatives aux normes internationales du travail, un État qui ratifie cette convention « s'engage à mettre en œuvre des procédures qui assurent des consultations efficaces entre les représentants du gouvernement, des employeurs (…) ». Les consultations « requises par la convention n'imposent pas la recherche d'un accord, mais ont pour but d'éclairer la prise de décisions par l'autorité compétente »[2133] à qui il appartient de déterminer les procédures de consultations[2134]. Ces consultations doivent porter au sens de cette Convention sur des sujets spécifiques (1) et avoir un fonctionnement précis (2).

1. Les objets des consultations

934. Aux termes de l'article 2-1 de la convention n° 144 sur les consultations tripartites relatives aux normes internationales du travail, les consultations efficaces entre les représentants du gouvernement, des travailleurs et des employeurs doivent porter « sur les questions concernant les activités de l'OIT, énumérée à l'article 5, paragraphe 1 » de cette convention. Les questions auxquelles cet article fait référence ont trait aux activités normatives de l'OIT. De ce fait, les consultations tripartites au niveau national dont il est question dans cette convention ne doivent concerner que les activités normatives de l'OIT. La consultation des organisations représentatives des travailleurs et des employeurs implique que « le gouvernement doit prendre en considération les avis des organisations représentatives préalablement à l'adoption de sa position définitive, mais sans que cela impose que ces avis soient intégrés dans sa communication au BIT »[2135].

[2132] BIT, *Les règles du jeu : une introduction à l'action normative de l'organisation internationale du travail, op. cit.*, p. 50.
[2133] *Ibid.*, p. 18.
[2134] Au sens de l'article 2-1 de la convention n°144 sur les consultations tripartites relatives aux normes internationales du travail, « *la nature et la forme des procédures (…) seront déterminées dans chaque pays, conformément à la pratique nationale, après consultations des organes représentatives, s'il en existe et si de telles procédure n'ont pas encore été établies* ».
[2135] OIT.CIT, « Consultations tripartites : normes internationales du travail », *op. cit.*, p. 57.

935. Ces consultations tripartites peuvent être relatives à des points inscrits à l'ordre du jour de la CIT. Aux termes de l'article 5-1 (a) de la convention, les consultations doivent porter « sur les réponses des gouvernements aux questionnaires sur les points inscrits à l'ordre du jour de la Conférence internationale du travail et les commentaires des gouvernements sur les projets de textes qui doivent être discutées par la Conférence ». La consultation des organisations représentatives des travailleurs et des employeurs intervient dans une telle hypothèse à deux reprises : « *dans un premier temps, en vue d'établir la réponse du gouvernement au questionnaire du Bureau et dans un deuxième temps, au sujet des commentaires que le gouvernement peut souhaiter formuler sur le texte des projets d'instruments préparés par le Bureau en vue de leur soumission en deuxième discussion à la Conférence* »[2136].

936. Les consultations peuvent également porter sur la soumission des instruments de l'OIT aux autorités compétentes[2137]. Celle-ci n'implique pas la ratification ou l'application de l'instrument considéré : « le Gouvernement a toute latitude quant à la nature de ses propositions sur la suite à lui donner. C'est sur la nature de ces propositions que les organisations représentatives doivent être consultées au préalable »[2138]. Dans le prolongement de cette disposition, la convention précise que la consultation tripartite peut porter sur le réexamen de conventions non ratifiées et de recommandations[2139].

937. Les consultations tripartites sont par ailleurs requises sur « les questions que peuvent poser les rapports à présenter au BIT au titre de l'article 22 de la Constitution »[2140]. Cette consultation diffère de l'obligation de communication des rapports prévue à l'article 23-2 de la Constitution. En effet, « *pour remplir ses obligations aux termes de cette disposition de la Convention, il ne suffit pas que le gouvernement communique aux organisations d'employeurs et de travailleurs copie des rapports qu'elle adresse au bureau, car les commentaires sur ces rapports que ces organisations pourraient alors transmettre au bureau ne sauraient se substituer aux consultations qui doivent intervenir au stade de l'élaboration des rapports* »[2141].

938. Les consultations tripartites peuvent en sus porter sur des propositions de dénonciation de conventions ratifiées[2142]. Toutefois, les

---

[2136] *Ibid.*, p. 56.

[2137] Aux termes de l'article 5-1 (b) de la convention° 144 de l'OIT, les consultations doivent porter sur « *les propositions à présenter à l'autorité ou aux autorités compétentes en relation avec la soumission qui doit leur être faite des conventions et recommandations, conformément à l'article 19 de la Constitution de l'Organisation internationale du Travail* ».

[2138] OIT.CIT, « Consultations tripartites : normes internationales du travail », *op. cit*, p. 58.

[2139] Aux termes de l'article 5-1 (c) de la convention° 144 de l'OIT, les consultations doivent porter sur « *le réexamen, à des intervalles appropriés, de conventions non ratifiées et de recommandations auxquelles il n'a pas encore été donné effet, pour envisager les mesures qui pourraient être prises afin de promouvoir leur mise en œuvre et leur ratification* ».

[2140] Article 5-1 (d) de la convention° 144 de l'OIT sur les consultations tripartites relatives aux normes internationales du travail.

[2141] OIT.CIT, « Consultations tripartites : normes internationales du travail », *op. cit.*, p. 61.

[2142] Article 5-1 (e) de la convention° 144 de l'OIT sur les consultations tripartites relatives aux normes internationales du travail.

gouvernements sont dans l'obligation de consulter les organisations représentatives lorsqu'ils envisagent de dénoncer une convention, mais « ne sont pas tenus de faire état dans sa lettre de dénonciation des avis opposés à la dénonciation qui auraient été exprimés lors de ces consultations »[2143].

939. Outre les objets de la consultation tripartite, la convention n° 144 de l'OIT sur les consultations tripartites relatives aux normes internationales du travail contient des prescriptions relatives aux modalités pratiques de fonctionnement des procédures.

2. Le fonctionnement de la consultation

940. Le choix des procédures des consultations tripartites revient aux États. Cependant, aux termes des dispositions de l'article 5-2 de la convention n° 144 : « afin d'assurer un examen adéquat des questions visées au paragraphe 1 du présent article, des consultations devront avoir lieu à des intervalles appropriés fixés d'un commun accord, mais au moins une fois par an ». La périodicité de la consultation tripartite est fixée, mais la convention « n'impose pas pour autant que celle-ci porte chaque année sur chacun des points visés à l'article 5, paragraphe 1 de la convention »[2144].

941. Pour permettre un bon fonctionnement de la procédure de consultation tripartite, la convention n° 144 prévoit que « l'autorité compétente assumera la responsabilité du support administratif des procédures »[2145]. Le support administratif en cause comprend notamment « la mise à disposition de locaux de réunion, la correspondance ainsi que le cas échéant, l'assistance d'un secrétariat »[2146]. La convention prévoit également la possibilité d'« arrangements appropriés entre l'autorité compétente et les organisations représentatives, pour le financement de toute formation nécessaire aux personnes participant à ces procédures »[2147].

942. Aux termes de l'article 6 de convention n° 144, « lorsque cela paraît approprié après consultation des organisations représentatives, s'il en existe, l'autorité compétente produira un rapport annuel sur le fonctionnement des procédures » visées par la convention. Cette disposition, qui ne comporte pas non plus de prescription quant à la forme du rapport, « n'impose pas la production d'un rapport annuel, mais elle requiert que les organisations représentatives soient consultées sur l'opportunité de produire ou non un tel rapport »[2148].

[2143] OIT.CIT, « Consultations tripartites : normes internationales du travail », *op. cit.*, p. 63.
[2144] *Idem.*
[2145] Article 4-1 de la convention n° 144 de l'OIT.
[2146] OIT.CIT, « Consultations tripartites : normes internationales du travail », *op. cit.*, p. 74.
[2147] Article 4-2 de la convention n° 144 de l'OIT.
[2148] OIT.CIT, « Consultations tripartites : normes internationales du travail », *op. cit.*, p. 76.

CHAPITRE 2

L'influence indirecte des normes sur l'intégration économique

943. Le but fondamental de l'OIT aujourd'hui est que chaque femme et chaque homme accèdent à un travail décent et productif dans des conditions de liberté, d'équité et de dignité[2149]. L'OIT essaie par conséquent « de combiner des conditions de travail acceptables avec une croissance économique créatrice d'emplois »[2150]. Les conditions de travail acceptables impliquent une amélioration des conditions de travail et, notamment, l'accès à la sécurité sur le lieu de travail et à la protection sociale.

944. L'accès à la sécurité sur le lieu de travail et à la protection sociale peut paraître assez éloigner d'une croissance économique créatrice d'emplois. Toutefois, dès sa création, l'OIT a reconnu que ceux-ci contribuent à la « paix et l'harmonie universelles »[2151] et ont des incidences économiques sur les travailleurs, les employeurs et les économies nationales et peuvent contribuer à un meilleur développement économique d'un espace d'intégration tel que l'UEMOA.

945. Le droit à la santé et à la sécurité au travail est « un droit humain fondamental prévu et protégé par les conventions internationales notamment par la *Déclaration universelle des droits de l'homme (*UN, 1948) et par le *Pacte international relatif aux droits économiques, sociaux et culturels* (UN, 1966, 1976) »[2152]. Le droit à la santé et à la sécurité au travail est mentionné dans la Constitution de l'OIT dès lors qu'est établi le principe selon lequel les travailleurs doivent être protégés contre les maladies en général ou les maladies professionnelles et les accidents qui résultent de leur travail. L'OIT

[2149] OIT. CIT, « Un travail décent », rapport du directeur général, 87e session, 1999, {en ligne}, {consulté le 02 avril 2019}.

[2150] SERVAIS Jean-Michel, « L'OIT et le travail décent : la difficile médiation entre croissance, création d'emploi et protection des travailleurs », *Revue de droit comparé et de la sécurité sociale,* n°1, 2011, p. 72.

[2151] Préambule de la Constitution de l'OIT. (https://www.ilo.org/dyn/normlex/fr/f?p=1000:62:0::NO:62:P62_LIST_ENTRIE_ID:2453907:NO).

[2152] LOISELLE Claude Donald, « Le droit à la santé et à la sécurité au travail comme fondation du chantier de la prévention », *in* AUVERGNON Philippe, *Du droit de la santé et de la sécurité au travail en Afrique subsaharienne,* L'Harmattan, 2014, p. 260.

œuvre en vue de sensibiliser les États sur les causes et les conséquences de ces accidents de travail ou maladies professionnelles.

946. Le travail normatif de l'OIT en matière de sécurité et santé au travail est conséquent. Cette organisation internationale « a adopté plus de quarante conventions et recommandations ainsi que plus de quarante recueils de directives pratiques, qui traitent spécifiquement de la sécurité et de la santé au travail. En outre, pratiquement la moitié des instruments de l'OIT touche directement ou indirectement à des questions de sécurité et de santé au travail »[2153].

947. L'OIT porte une telle attention à la sécurité et à la santé au travail, les accidents et maladies professionnelles étant cause de nombreuses pertes en vies humaines. Se fondant sur les estimations mondiales, en 2019, elle estimait que « 2,78 millions de décès d'origine professionnelle, dont 2,4 millions sont liés à des maladies professionnelles, sont enregistrés chaque année »[2154]. Les accidents de travail et les maladies professionnelles engendrent également des pertes financières. L'OIT considère dans ce domaine que les pertes liées aux accidents de travail et maladies professionnelles « représentent environ 3,94 % du PIB mondial »[2155]. D'une manière générale, « *les mauvaises conditions de travail nuisent à la santé et à l'équilibre du travailleur et par voie de conséquence, à son rendement : durée excessive de travail, parfois pénible et épuisant par l'effort physique qu'il exige, absence de repos réparateur, agressions de toutes sortes se traduisant par la fatigue et le vieillissement prématuré. Le BIT le souligne depuis de nombreuses années, les conditions de travail inadaptées entretiennent les tensions, la fatigue et l'insatisfaction qui sont cause de mauvaise santé, d'instabilité dans l'emploi et de faible productivité* »[2156].

948. Du fait des conséquences humaines et financières des accidents du travail et des maladies professionnelles, l'UEMOA dans ses efforts de construction d'un espace d'intégration aussi bien économique que sociale se doit de porter une attention aux normes internationales du travail relatif à la sécurité et à la santé au travail (Section 1).

949. La sécurité sociale ou la protection sociale « est un élément clé de la mission de justice sociale qui est au cœur du mandat constitutionnel de l'OIT et constitue un thème majeur de l'action normative et des activités de l'Organisation depuis sa fondation »[2157]. La Constitution de l'OIT a souligné la nécessité d'octroyer une protection sociale[2158] aux travailleurs et « la CIT

2153 BIT, *Les règles du jeu : une introduction à l'action normative de l'organisation internationale du travail,* 4e édition, BIT, 2019, p. 74.

2154 *Idem.*

2155 *Idem.*

2156 CNPB, BIT, « Étude sur la santé et sécurité au travail : facteurs de développement économique et social », 2006, p. 27.

2157 OIT, CIT, « Protection sociale universelle pour la dignité humaine, la justice sociale et le développement durable », Rapport III (B), Étude d'ensemble concernant la recommandation n°202 sur les socles de protection sociales, 2012, 108e session, 2019, p. 2.

2158 Il convient de rappeler que « *la sécurité sociale ou protection sociale se définit par un ensemble de politiques et de programmes visant à réduire et à prévenir la pauvreté et la vulnérabilité tout au long du cycle de vie* ». (BIT, *Rapport mondial sur la protection sociale*

a confirmé en 2001 que la sécurité sociale est un droit fondamental de la personne »[2159]. L'OIT considère l'octroi de la protection sociale comme étant une partie intégrante de la paix universelle, car « une société qui offre la sécurité à ses citoyens les protège non seulement des conflits et des maladies, mais également des incertitudes liées au fait de gagner sa vie en travaillant »[2160]. De plus, l'OIT reconnaît que la protection sociale « améliore la productivité et l'employabilité et participe au développement économique »[2161]. Elle a un impact social et économique positif ; « *elle est un élément fondamental des stratégies nationales de promotion du développement humain, de la stabilité politique et de la croissance inclusive. Elle garantit aux populations la sécurité du revenu et l'accès effectif aux services de santé et à d'autres services sociaux, ainsi que la capacité de tirer parti des perspectives économiques. En augmentant le revenu des ménages, ces politiques jouent un rôle essentiel dans la stimulation de la demande intérieure, la transformation structurelle des économies nationales, la promotion du travail décent et d'une croissance inclusive et durable. Elles créent également un environnement propice à la création d'entreprises durables* »[2162].

950. D'une manière générale, la protection sociale « *a progressivement été perçue comme un facteur productif qui préserve et améliore la santé, la productivité et la qualité de la main-d'œuvre et crée de nouveaux emplois dans le secteur des services sociaux. En assurant un revenu de substitution, la protection sociale soutient la demande intérieure et contribue à la stabilisation de l'économie, en particulier en période de récession. Alors que le développement économique et le développement social sont perçus comme des processus se renforçant mutuellement, les systèmes de protection sociale représentent un investissement réalisé par l'ensemble de la société dans le capital social et humain nécessaire pour assurer une croissance économique durable* »[2163].

951. L'OIT a mis en place un cadre normatif en matière de protection sociale qui permet d'établir « des normes minimales de protection guidant le développement des régimes de prestations et de systèmes nationaux de sécurité sociale » ; ces normes mériteraient d'être prises en considération par l'UEMOA (Section 2).

2017-2019 : protection sociale universelle pour atteindre les objectifs de développement durable, BIT, 2017, p. 1).

[2159] *Idem.*

[2160] BIT, *Les règles du jeu : une brève introduction aux normes internationales du travail*, BIT, Édition révisée 2014, p. 73.

[2161] BIT, *Les règles du jeu : une introduction à l'action normative de l'organisation internationale du travail, op. cit.*, p. 79.

[2162] BIT, *Rapport mondial sur la protection sociale 2017-2019 : protection sociale universelle pour atteindre les objectifs de développement durable,* BIT, 2017, p. 1.

[2163] OIT.CIT, « La sécurité sociale et la primauté du droit », Rapport III (1B), Étude d'ensemble concernant les instruments relatifs à la sécurité sociale à la lumière de la Déclaration de 2008 sur la justice sociale pour une mondialisation équitable, 100e session, 2011, p. 6.

SECTION 1. L'ATTENTION À LA SANTÉ ET À LA SÉCURITÉ AU TRAVAIL

952. La préservation de la santé et de la sécurité des travailleurs est une préoccupation constante de l'OIT. Dès sa fondation, le préambule de sa Constitution stipulait que « la protection des travailleurs contre les maladies générales ou professionnelles et les accidents résultants du travail » est un élément fondamental de la justice sociale. L'obligation de promouvoir des conditions de travail sûres a été réaffirmée en 1944 dans la Déclaration de Philadelphie[2164], et en 2008, dans la Déclaration sur la justice sociale pour une mondialisation équitable[2165]. Plus récemment, « l'OIT a affirmé que des conditions de travail qui préservent la santé et la sécurité des travailleurs étaient un élément clé de l'agenda sur le travail décent »[2166].

953. Sur le plan normatif, l'OIT a élaboré plusieurs instruments relatifs à la santé et à la sécurité au travail. « *Près de 80 pour cent des normes et instruments de l'OIT sont consacrés entièrement ou partiellement à des questions relatives à la santé et sécurité au travail. De nombreux domaines d'activité de l'OIT, tel que le travail des enfants, l'économie informelle, l'égalité homme-femme, l'inspection du travail, les secteurs spécifiques d'activité économique, le VIH/sida ou la migration, ont des composantes liées directement ou indirectement à la santé et sécurité au travail* »[2167]. Ces instruments se divisent en quatre catégories pour l'essentiel. « *La première comprend les normes qui visent à orienter les politiques d'action, comme la convention sur la sécurité et la santé des travailleurs et la convention sur les services de médecine du travail, ainsi que les recommandations correspondantes. La deuxième catégorie garantit la protection des travailleurs dans certaines branches d'activité, entre autres les exploitations minières, la construction, le commerce, les bureaux et le travail dans les ports. La troisième prévoit diverses mesures de protection — protection des machines, poids maximum des charges qu'un seul travailleur peut transporter. La quatrième porte sur certains risques — entre autres, radiations ionisantes, benzène, amiante —, sur la prévention contre le cancer professionnel, la pollution de l'air, le bruit et les vibrations dans le milieu de travail, sur l'utilisation, dans des conditions de sécurité, de produits chimiques et sur la prévention des accidents industriels majeurs* »[2168].

[2164] Point III (g) de la Déclaration de Philadelphie.

[2165] Point I-A (ii) de la Déclaration de l'OIT sur la justice sociale pour une mondialisation équitable.

[2166] OIT.CIT, « Œuvrer ensemble pour promouvoir un milieu de travail sur et salubre », Rapport III (B), Étude d'ensemble sur les instruments de sécurité et de santé au travail relatifs au cadre promotionnel, à la construction, aux mines et à l'agriculture, 106e session, 2017, p. 7.

[2167] OIT.CIT, « Les normes de l'OIT en matière de sécurité et de santé au travail : promouvoir la sécurité et la santé dans le milieu de travail », Rapport III (1B), Étude d'ensemble relative à la convention n° 155, à la recommandation n°164 sur la sécurité et la santé des travailleurs, 1981 et au protocole de 2002 relatif à la convention sur la sécurité et la santé au travail, 1981 ; 98e session, 2009, p. 1.

[2168] FELDERHOFF K-M., KRONER-MOSSMANN I. et SAMUEL T, « Sécurité et santé au travail », *in* JAVILLIER Jean Claude, *Les normes internationales du travail : une approche globale, op. cit.*, p. 337.

954. Toutefois, malgré l'existence de ces multiples instruments relatifs à la santé et à la sécurité au travail, l'OIT considère que « la convention n° 155 sur la sécurité et la santé des travailleurs de 1981, le Protocole de 2002 relatif à la convention sur sécurité et la santé des travailleurs et la convention n° 187 sur le cadre promotionnel pour la sécurité et la santé au travail de 2006 sont les instruments clés dans ce domaine »[2169]. La convention n° 155 sur la sécurité et la santé des travailleurs[2170] et la convention n° 187 sur le cadre promotionnel pour la sécurité et la santé au travail[2171] sont étroitement liées. « La convention n° 187 complète la convention n° 155 »[2172] et leur ratification et application effective devrait permettre d'instaurer des milieux de travail sains et sécurisés.

955. Ces instruments clés de l'OIT préconisent une approche de la santé et de la sécurité au travail qui est axée sur le dialogue social entre gouvernements et organisations d'employeurs et de travailleurs, l'accent devant être mis sur le développement d'une culture de prévention en matière de sécurité et de santé[2173] (§ 1) et la mise en place de cadres d'amélioration de la santé et de la sécurité au travail (§ 2).

§ 1. L'instauration d'une culture préventive de santé et de sécurité au travail

956. Sur le plan national, le droit à la santé et à la sécurité au travail « *interpelle les trois pouvoirs de l'État, c'est-à-dire de manière simplifiée : le pouvoir législatif ayant le pouvoir de fixer le cadre légal en déterminant l'ensemble des dispositions devant être mise en œuvre, le pouvoir exécutif ayant comme rôle d'en assurer l'application et le pouvoir judiciaire chargé d'interpréter la législation et de rendre les décisions de justice* »[2174]. La santé et la sécurité au travail est « *généralement définie comme la science de l'anticipation, de l'identification, de l'évaluation et de la maîtrise des risques encourus sur le lieu de travail, ou qui découlent de celui-ci et qui sont susceptibles de nuire à la santé et au bienêtre des travailleurs, en tenant*

[2169] OIT. CA, « Amélioration des activités normative de l'OIT : rapport d'activité », rapport de la Commission des questions juridiques et des normes internationales du travail, 307e session, Genève, mars 2010, p. 12.

[2170] Au sein de l'espace UEMOA, à la date du 20 avril 2021, cette convention a été ratifiée que par la Côte d'Ivoire, le Mali, le Niger et le Sénégal.

[2171] Cette convention a été ratifiée par le Burkina Faso, la Côte d'Ivoire, le Niger, le Sénégal et le Togo au sein de l'espace UEMOA à la date du 20 avril 2021.

[2172] OIT.CIT, « Œuvrer ensemble pour promouvoir un milieu de travail sur et salubre », *op. cit.*, p. 16.

[2173] Au sens de l'OIT, « *une culture préventive de sécurité et de santé est une culture ou le droit à un milieu de travail sûr et salubre est respecté à tous les niveaux, ou les gouvernements, les employeurs et les travailleurs s'emploient activement à assurer un milieu de travail sûr et salubre par la mise en place d'un système de droits, de responsabilités et d'obligations bien défini et ou le principe de prévention se voit accorder la plus haute priorité* ». (Article 1(d) de la convention n° 187 de l'OIT sur le cadre promotionnel pour la sécurité et la santé au travail. BIT, *Stratégie globale en matière de sécurité et de santé au travail,* Genève, BIT, 2003, p. 2).

[2174] *Ibid.*, p. 263.

compte de leur impact sur les communautés environnantes et sur l'environnement en général »[2175]. La prévention demeure au centre de l'appréhension de droit.

957. Les instruments clés de l'OIT dans le domaine de la santé et de la sécurité au travail entendent fournir aux États et aux partenaires sociaux les outils pour « prévenir les lésions et maladies professionnelles et les décès imputables au travail »[2176]. En vue de réaliser une telle prévention, ces instruments recommandent aux États de développer et de maintenir une culture préventive de sécurité et de santé en adoptant une politique nationale cohérente en matière de santé et de sécurité du travail (A) et en mobilisant les différentes institutions (B).

A. L'adoption d'une politique nationale

958. La protection des travailleurs et la sécurisation du milieu de travail demeurent la préoccupation majeure des instruments clés de l'OIT dans le domaine de la sécurité et de la santé au travail. Ces instruments ont « pour objectif d'inciter les membres à définir, mettre en application et réexaminer périodiquement une politique nationale cohérente en matière de sécurité, de santé des travailleurs et de milieu de travail »[2177]. Ces instruments demandent aux États d'adopter une politique nationale en matière de santé et de sécurité au travail[2178] qui « aura pour objet de prévenir les accidents et les atteintes à la santé qui résultent du travail, sont liés au travail ou surviennent au cours du travail, en réduisant au minimum les causes des risques inhérents au milieu de travail, dans la mesure où cela est raisonnable et pratiquement réalisable »[2179].

959. Le terme « politique nationale » à une signification dynamique spécifique dans les instruments clés de l'OIT relatifs à la santé et à la sécurité au travail. « *La convention n° 155 précise que la politique nationale de santé et sécurité au travail a pour objet de prévenir les accidents et les atteintes à la santé qui résultent du travail, sont liés au travail ou surviennent au cours du travail, en réduisant au minimum les causes des risques inhérents au milieu de travail, dans la mesure où cela est raisonnable et pratiquement réalisable. La convention n°187 va au-delà soulignant que l'élaboration d'une politique nationale doit promouvoir plusieurs principes de base tels que : l'évaluation des risques et dangers imputables au travail, la lutte contre les causes premières des risques ou*

[2175] OIT.CIT, « Les normes de l'OIT en matière de sécurité et de santé au travail : promouvoir la sécurité et la santé dans le milieu de travail », *op. cit.*, p. 2.
[2176] Article 2(1) de la convention n°187 de l'OIT sur le cadre promotionnel pour la sécurité et la santé au travail.
[2177] FELDERHOFF K-M., KRONER-MOSSMANN I. et SAMUEL T., *op. cit.*, p. 340.
[2178] Article 4 (1) de la convention n°155 de l'OIT sur la sécurité et la santé des travailleurs, article 3 de la convention n° 187 de l'OIT sur le cadre promotionnel pour la sécurité et la santé au travail.
[2179] Article 4 (2) de la convention n° 155 de l'OIT sur la sécurité et la santé des travailleurs, article 1(a) de la Convention n° 187 de l'OIT sur le cadre promotionnel pour la sécurité et la santé au travail.

dangers imputables au travail ; et le développement d'une culture nationale de prévention en matière de sécurité et de santé »[2180].

960. Au sens de ces instruments, les États doivent adapter leur politique nationale en matière de santé et de sécurité au travail à leur besoin et aspiration. Cette politique nationale doit « néanmoins viser à : a) prévenir les accidents du travail et les maladies professionnelles en milieu de travail ; b) à améliorer continuellement les conditions de santé et de sécurité au travail ; et c) promouvoir activement un environnement de travail sûr et salubre, le droit des travailleurs à un tel environnement »[2181]. La CEACR reconnaît qu'en matière de santé et de sécurité au travail, « l'aspect important est non seulement l'adoption d'une politique de promotion d'un environnement sûr et salubre, mais aussi son processus d'élaboration, sa mise en œuvre et son réexamen périodique par la suite »[2182]. Les instruments clés de l'OIT en matière de santé et de sécurité au travail contiennent des dispositions permettant d'orienter les États sur la politique nationale (1) et sur les grandes lignes d'action (2).

1. Le processus de la politique nationale

961. Les normes internationales du travail clées en matière de santé et de sécurité au travail donnent la latitude aux États, en consultation avec les organisations représentatives d'employeurs et de travailleurs, « d'adapter leur politique nationale à leurs besoins et aspirations »[2183]. Ces instruments ne prescrivent pas d'exigence particulière quant à la forme de la politique nationale. Celle-ci peut être « définie de multiples façons, selon la situation et la pratique des pays »[2184].Toutefois, s'il n'existe pas de modèle uniforme de politique nationale en matière de santé et de sécurité au travail, les conventions clés de l'OIT en matière de santé et de sécurité au travail prévoient que la politique nationale tient compte de certains critères.

962. Selon les dispositions de l'article 4-1 de la convention n° 155 de l'OIT sur la sécurité et la santé des travailleurs, « tout membre devra, à la lumière des conditions et de la pratique nationales et en consultation avec les organisations d'employeurs et de travailleurs les plus représentatives, définir, mettre en application et réexaminer périodiquement une politique nationale cohérente en matière de sécurité, de santé des travailleurs et de milieu de travail ». Cette disposition oriente les États sur le processus de mise en place de la politique nationale de sécurité et de santé au travail.

963. L'expression utilisée « des conditions et de la pratique nationale »[2185] suppose que la politique nationale en matière de santé et de sécurité au

---

[2180] OIT.CIT, « Œuvrer ensemble pour promouvoir un milieu de travail sur et salubre », *op. cit.*, p. 34.
[2181] *Idem.*
[2182] *Idem.*
[2183] *Idem.*
[2184] OIT.CIT, « Les normes de l'OIT en matière de sécurité et de santé au travail : promouvoir la sécurité et la santé dans le milieu de travail », *op. cit.*, p. 21.
[2185] Cette expression est également utilisée à l'article 3-3 de la convention n° 187 de l'OIT sur le cadre promotionnel pour la sécurité et la santé au travail.

travail intègre les réalités de chaque État. Cela implique qu'il n'existe pas un modèle universel de politique nationale en matière de santé et de sécurité au travail et traduit avant tout la reconnaissance par l'OIT « qu'aucun modèle ne peut répondre à toutes les situations et que les politiques nationales doivent être élaborées sur la base d'une évaluation des besoins et des conditions propres aux différents pays »[2186].

964. La politique nationale en matière de santé et de sécurité au travail doit par ailleurs être élaborée en consultation avec les organisations les plus représentatives d'employeurs et de travailleurs, être définie, mise en application et réexaminée périodiquement. Cela permet à cette politique nationale de « rester actualisée grâce à la mise en place d'un processus basé dans les grandes lignes sur les étapes classiques du modèle de gestion "Planifier - faire - vérifier - agir" »[2187]. En d'autres termes, la politique nationale doit être formulée (planifier), mise en œuvre (faire) et réexaminée périodiquement (vérifier). Le réexamen est une étape cruciale. Il s'agit d'« un volet essentiel de tout processus d'évaluation fondant les actions futures »[2188] qui doit donc être réalisé régulièrement. Il permet d'assurer que l'effectivité de la mise en œuvre soit évaluée et que les domaines nécessitant des actions supplémentaires soient identifiés (agir). La périodicité de cette procédure de réexamen assure que la politique nationale soit en phase avec les changements socio-économiques et technologiques.

965. La politique nationale en matière de santé et de sécurité au travail doit, de plus, être « cohérente ». Cela suppose que toutes les parties compétentes ayant des responsabilités au regard des divers aspects de la santé et de la sécurité au travail soient associées à l'adoption de cette politique. L'OIT reconnaît que « la cohérence dans ce contexte signifie que la politique nationale doit être composée d'éléments constituant un tout, bien ordonnés et mutuellement compatibles »[2189].

966. La politique nationale ainsi adoptée doit avoir un objectif spécifique, celle de « prévenir les accidents et les atteintes à la santé qui résultent du travail, sont liés au travail ou surviennent au cours du travail en réduisant au minimum les causes des risques inhérents au milieu de travail, dans la mesure où cela est raisonnable et pratiquement réalisable »[2190]. Cette formulation vise à traduire le fait que, si la prescription est de prévenir les risques, dans les faits il n'est pas possible de prévenir tous les risques ni d'éliminer toutes les causes des risques inhérents au milieu de travail. La politique nationale en matière de santé et de sécurité au travail doit permettre de réduire les risques inhérents au milieu de travail grâce à ces sphères d'action.

[2186] OIT.CIT, « Les normes de l'OIT en matière de sécurité et de santé au travail : promouvoir la sécurité et la santé dans le milieu de travail », *op. cit.*, p. 21.

[2187] *Idem.*

[2188] OIT.CIT, « Œuvrer ensemble pour promouvoir un milieu de travail sur et salubre », *op. cit.*, p. 36.

[2189] OIT.CIT, « Les normes de l'OIT en matière de sécurité et de santé au travail : promouvoir la sécurité et la santé dans le milieu de travail », *op. cit.*, p. 1.

[2190] Article 4 (2) de la convention n° 155 de l'OIT sur la sécurité et la santé des travailleurs.

2. Les sphères d'action de la politique nationale

967. Les instruments clés de l'OIT en matière de santé et de sécurité au travail énumèrent les grandes sphères d'action de la politique nationale de santé et de sécurité au travail qui devront permettre de prévenir les accidents du travail et les maladies professionnelles et d'améliorer continuellement le milieu de travail.

968. Au sens de l'article 5 de la convention n° 155 de l'OIT sur la sécurité et la santé des travailleurs, « *la politique mentionnée à l'article 4 devra tenir compte des grandes sphères d'action ci-après, dans la mesure où elles affectent la sécurité, la santé des travailleurs et le milieu de travail : (a) la conception, l'essai, le choix, le remplacement, l'installation, l'aménagement, l'utilisation et l'entretien des composantes matérielles du travail (lieux de travail, milieu de travail, outils, machines et matériels, substances et agents chimiques, physiques et biologiques, procédés de travail) ; (b) les liens qui existent entre les composantes matérielles du travail et les personnes qui exécutent ou supervisent le travail ainsi que l'adaptation des machines, des matériels, du temps de travail, de l'organisation du travail et des procédés de travail aux capacités physiques et mentales des travailleurs ; (c) la formation et la formation complémentaire nécessaire, les qualifications et la motivation des personnes qui interviennent, à un titre ou à un autre, pour que des niveaux de sécurité et d'hygiène suffisants soient atteints ; (d) la communication et la coopération au niveau du groupe de travail et de l'entreprise et à tous les autres niveaux appropriés jusqu'au niveau national inclus ; (e) la protection des travailleurs et de leurs représentants contre toutes mesures disciplinaires consécutive à des actions effectuées par eux à bon droit conformément à la politique visée à l'article 4 ci-dessus* ».

969. Au sens de l'article 3-3 de la Convention n° 187 de l'OIT sur le cadre promotionnel pour la sécurité et la santé au travail, « *lors de l'élaboration de sa politique nationale, tout Membre doit promouvoir, à la lumière des conditions et de la pratique nationales et en consultation avec les organisations d'employeurs et de travailleurs les plus représentatives, des principes de base tels que les suivants : évaluer les risques ou les dangers imputables au travail ; combattre à la source les risques ou les dangers imputables au travail ; et développer une culture de prévention nationale en matière de sécurité et de santé, qui comprenne l'information, la consultation et la formation* ». La convention n° 155 de l'OIT sur la sécurité et la santé des travailleurs énumère cinq grandes sphères d'action de la politique nationales qui s'apparentent aux principes de base définie par la convention n° 187 de l'OIT sur le cadre promotionnel pour la sécurité et la santé au travail.

970. Conformément à ces dispositions, la politique nationale en matière de santé et de sécurité au travail doit premièrement tenir compte du contrôle des composantes matérielles du travail[2191]. Le contrôle des composantes de travail permet de combattre à la source les risques ou les dangers imputables

---

[2191] Article 5(a) de la convention n° 155 de l'OIT sur la sécurité et la santé des travailleurs.

au travail[2192]. À ce propos, l'OIT reconnaît que « l'élimination à la source des risques potentiels liés aux machines, à l'installation, à l'aménagement, aux équipements et aux outils au moment de leur conception et de leur installation est l'approche la plus efficace et économique en matière de prévention »[2193].

971. Cette politique nationale doit, deuxièmement, tenir compte de l'adaptation du milieu de travail aux travailleurs[2194]. Cela implique que les machines, les matérielles, le temps de travail, l'organisation du travail et les procédés de travail doivent être adaptés aux capacités physiques et mentales des travailleurs.

972. Outre ces dispositions relatives aux travailleurs et à son milieu de travail, la politique nationale doit, troisièmement, tenir compte de la formation[2195] des personnes concernées[2196]. Cela suppose « qu'il faut que les travailleurs qui assument des fonctions de santé et de sécurité au travail puissent actualiser leurs capacités au regard des nouvelles techniques de prévention, des progrès technologiques d'ordre général et des risques nouveaux concernant les lieux de travail »[2197]. Les modalités d'acquisition, d'entretien des connaissances et des capacités nécessaires au bon fonctionnement d'un système de santé et de sécurité au travail doivent être incluses dans la politique nationale en matière de santé et de sécurité au travail.

973. La politique nationale en matière de santé et de sécurité au travail doit quatrièmement tenir compte de la communication et de la coopération[2198] à tous les niveaux de la société[2199]. Cette prescription « englobe à la fois la communication et la coopération entre employeurs et travailleurs et leurs organisations, les organismes publics et privés, les institutions techniques et scientifiques ainsi que les organes et autorités publiques dotés de la compétencc réglementaire et de la responsabilité de mettre en œuvre la politique nationale »[2200]. Elle implique une « transmission efficace des informations, tant verticalement, depuis l'unité de travail

---

[2192] Il convient de rappeler que l'élimination des risques imputables au travail à la source est l'un des principes de bases de la politique nationale reconnus par l'article 3-3 de la convention n° 187 de l'OIT sur le cadre promotionnel pour la sécurité et la santé au travail.

[2193] OIT.CIT, « Les normes de l'OIT en matière de sécurité et de santé au travail : promouvoir la sécurité et la santé dans le milieu de travail », *op. cit.*, p. 25.

[2194] Article 5(b) de la convention n° 155 de l'OIT sur la sécurité et la santé des travailleurs.

[2195] Il convient de rappeler que la formation est également l'un des principes de bases de la politique nationale reconnus par l'article 3-3 de la convention n° 187 de l'OIT sur le cadre promotionnel pour la sécurité et la santé au travail.

[2196] Article 5(c) de la convention n° 155 de l'OIT sur la sécurité et la santé des travailleurs.

[2197] OIT.CIT, « Les normes de l'OIT en matière de sécurité et de santé au travail : promouvoir la sécurité et la santé dans le milieu de travail », *op. cit.*, p. 26.

[2198] Il convient de rappeler que l'information et la consultation sont également des principes de bases de la politique nationale reconnus par l'article 3-3 de la convention n°187 de l'OIT sur le cadre promotionnel pour la sécurité et la santé au travail.

[2199] Article 5(d) de la convention n°155 de l'OIT sur la sécurité et la santé des travailleurs.

[2200] OIT.CIT, « Les normes de l'OIT en matière de sécurité et de santé au travail : promouvoir la sécurité et la santé dans le milieu de travail », *op. cit.*, p. 27.

jusqu'au niveau national inclus, qu'horizontalement, entre tous les acteurs concernés de la société »[2201].

974. La politique nationale en matière de santé et de sécurité au travail doit cinquièmement tenir compte de la protection des travailleurs et de leurs représentants contre toute mesure disciplinaire[2202]. La disposition en cause « ne cherche pas à garantir en lui-même aux travailleurs et à leurs représentants une protection contre les mesures disciplinaires. Elle prévoit seulement qu'une politique nationale doit offrir une telle protection »[2203]. Il convient donc à chaque État de déterminer, en consultation avec les partenaires sociaux, la portée et les conditions de cette protection contre les mesures disciplinaires qui doivent « seulement concerner les actions réalisées par le travailleur à bon droit »[2204]. L'effectivité de ces actions et de la prévention des risques imputables au travail exigent toutefois une mobilisation institutionnelle dans les différents États.

B. La nécessité d'une mobilisation institutionnelle

975. La santé et la sécurité au travail est un domaine qui fait intervenir une multitude de disciplines et de parties prenantes. De ce fait, la prévention contre les risques imputables au travail requiert la participation de plusieurs institutions nationales. Les instruments clés de l'OIT en matière de santé et de sécurité au travail exigent l'implication des institutions administratives étatiques (1) dans l'avènement d'une culture préventive de santé et de sécurité au travail, de même qu'une coopération entre ces différentes institutions (2).

1. L'implication des institutions administratives

976. La transposition de la politique nationale en matière de santé et de sécurité au travail dans la pratique suppose l'implication des institutions administratives étatiques qui « assurent les fonctions complémentaires d'administration et de contrôle de l'application, de consultation, de coordination et de coopération, et de diffusion de savoirs »[2205].

977. Les instruments clés de l'OIT en matière de santé et de sécurité au travail veillent à une telle implication en s'intéressant à la question des fonctions et des responsabilités administratives. L'article 6 de la convention n° 155 de l'OIT sur la sécurité et la santé des travailleurs dispose que « *la formulation de la politique nationale devra préciser les fonctions et les responsabilités respectives en matière de sécurité, de santé des travailleurs et de milieu de travail, des pouvoirs publics, des employeurs, des travailleurs et des autres personnes intéressées en tenant compte du*

[2201] *Idem.*

[2202] Article 5(e) de la convention n° 155 de l'OIT sur la sécurité et la santé des travailleurs.

[2203] OIT.CIT, « Les normes de l'OIT en matière de sécurité et de santé au travail : promouvoir la sécurité et la santé dans le milieu de travail », *op. cit.*, p. 27.

[2204] *Idem.*

[2205] *Ibid.*, p. 29.

caractère complémentaire de ces responsabilités ainsi que des conditions et de la pratique nationales ».

978. Les fonctions et les responsabilités des différentes institutions doivent être délimitées par chaque État en s'adaptant à ces réalités nationales et en incluant « une participation active des gouvernements, des employeurs et des travailleurs à l'instauration d'un milieu de travail sûr et salubre au moyen d'un système de droits, de responsabilités et d'obligations définis »[2206].

979. Il n'existe pas de règle universelle dans l'attribution des fonctions et des responsabilités administratives. Toutefois, l'OIT reconnaît que « *dans le domaine de la santé et de la sécurité au travail, les pouvoirs publics ont des fonctions et des responsabilités administratives s'agissant de l'élaboration et du réexamen des politiques, de l'adoption et du contrôle de l'application des textes législatifs, des relations professionnelles et de l'emploi, de la santé, de la science, de la recherche, de la protection sociale, de l'enseignement, de la gestion des savoirs, de l'environnement et des interventions en cas d'urgence* »[2207].

980. Les fonctions et les responsabilités administratives peuvent être confiées à des autorités différentes selon les pays. Cependant, les conventions clés de l'OIT en matière de santé et de sécurité au travail exigent des États qu'ils désignent, conformément à la législation et à la pratique nationale, « une autorité ou un organisme, ou des autorités ou des organismes, responsables aux fins de la sécurité et de la santé au travail »[2208] qui devront assumer progressivement certaines fonctions[2209]. À cet égard,

---

[2206] OIT.CIT, « Œuvrer ensemble pour promouvoir un milieu de travail sur et salubre », *op. cit.*, p. 14.

[2207] OIT.CIT, « Les normes de l'OIT en matière de sécurité et de santé au travail : promouvoir la sécurité et la santé dans le milieu de travail », *op. cit.*, p. 30.

[2208] Article 4-2(b) de la convention n° 187 de l'OIT sur le cadre promotionnel pour la sécurité et la santé au travail.

[2209] Selon les dispositions de l'article 11 de la convention n° 155 de l'OIT sur la sécurité et la santé des travailleurs, « *l'autorité ou les autorités compétentes devront progressivement assurer les fonctions suivantes : (a) la détermination, là où la nature et le degré des risques l'exigent, des conditions régissant la conception, la construction et l'aménagement des entreprises, leur mise en exploitation, les transformations importantes devant leur être apportées ou toute modification de leur destination première, ainsi que la sécurité des matériels techniques utilisés au travail et l'application de procédures définies par les autorités compétentes; (b) la détermination des procédés de travail qui doivent être interdits, limités ou soumis à l'autorisation ou au contrôle de l'autorité ou des autorités compétentes, ainsi que la détermination des substances et des agents auxquels toute exposition doit être interdite, limitée ou soumise à l'autorisation ou au contrôle l'autorité ou des autorités compétentes; les risques pour la santé qui sont causés par exposition simultanée à plusieurs substances ou agents doivent être pris en considération; (c) l'établissement et l'application de procédure visant la déclaration des accidents du travail et des cas de maladies professionnelles par les employeurs et, lorsque cela est approprié, par les institutions d'assurances et les autres organismes ou personnes directement intéressés; et l'établissement de statistiques annuelles sur les accidents du travail et les maladies professionnelles; (d) l'exécution d'enquêtes lorsqu'un accident du travail, un cas de maladie professionnelle ou toute autre atteinte à la santé survenant au cours du travail ou ayant un rapport avec celui-ci paraît refléter des situations graves; (e) la publication annuelle d'informations sur les mesures prises en application de la politique mentionnée à l'article 4 ci-dessus ainsi que sur*

« les travaux préparatoires de la convention n° 187 soulignent qu'il ne suffit pas de désigner une autorité, mais qu'il faut aussi la faire connaître au public »[2210]. De plus, ces conventions prescrivent la mise en place d'un système d'inspection approprié et suffisant pour contrôler l'application de la législation nationale concernant la santé et la sécurité au travail[2211]. Les différentes institutions qui interviennent en matière de santé et de sécurité au travail doivent néanmoins collaborer pour permettre l'instauration d'une culture préventive de santé et de sécurité au travail.

2. L'impératif de la coopération

981. La coordination et la coopération entre les différentes institutions en charge de la politique nationale en matière de santé et de sécurité au travail sont nécessaires pour assurer la cohérence des actions à tous les niveaux et pour faciliter la transmission et l'accès à l'information. L'article 15-1 de la même convention n° 155 de l'OIT sur la sécurité et la santé des travailleurs prévoit des mécanismes de coordination et de coopération[2212]. Une telle coordination et coopération permet l'efficacité des activités déployées en matière de santé et de sécurité au travail des différents acteurs.

982. Les mécanismes de coordination et de coopération s'adaptent aux structures économiques et politiques des différents États et peuvent de ce fait être très variés quant à leur structure et leur composition. L'OIT reconnaît que ces structures « ont généralement pour objectifs communs d'assurer le dialogue et l'échange entre les différentes entités aux différents niveaux du système national de santé et de sécurité au travail »[2213].

983. La coopération des différentes institutions en matière de sécurité et de santé au travail implique des consultations sur la santé et la sécurité au travail. Les conventions clés de l'OIT exigent la mise en place de mécanismes de consultation permanente avec les organisations représentatives d'employeurs et de travailleurs et les autres parties prenantes dans le cadre de l'élaboration, de la mise en application et du réexamen de la

---

les accidents du travail, les cas de maladies professionnelles et les autres atteintes à la santé survenant au cours du travail ou ayant un rapport avec celui-ci; (f) l'introduction ou le développement, compte tenu des conditions et des possibilités nationales, de systèmes d'investigation des agents chimiques, physiques ou biologiques, du point de vue de leur risque pour la santé des travailleurs ».

[2210] OIT.CIT, « Œuvrer ensemble pour promouvoir un milieu de travail sur et salubre », *op. cit.*, p. 48.

[2211] Article 9-1 de la convention n° 155 de l'OIT sur la sécurité et la santé des travailleurs, article 4-2(c) de la convention n° 187 de l'OIT sur le cadre promotionnel pour la sécurité et la santé au travail.

[2212] En vertu de cet article, « *en vue d'assurer la cohérence de la politique mentionnée à l'article 4 ci-dessus et des mesures prises en application de cette politique, tout Membre devra, après consultation, la plus précoce possible, avec les organisations d'employeurs et de travailleurs les plus représentatives, et le cas échéant avec d'autres organismes appropriés, adopter des dispositions conformes aux conditions et à la pratique nationales, visant à assurer la coordination nécessaire entre les diverses autorités et les divers organismes chargés de donner effet* » à la politique nationale.

[2213] OIT.CIT, « Les normes de l'OIT en matière de sécurité et de santé au travail : promouvoir la sécurité et la santé dans le milieu de travail », *op. cit.*, p. 31.

politique nationale en matière de santé et de sécurité au travail. Ces différentes dispositions, visant à réduire les risques professionnels, sont accompagnées par des dispositions permettant la mise en place de cadre d'amélioration de la santé et de la sécurité au travail.

§ 2. L'établissement des cadres d'amélioration de la santé et sécurité au travail

984. Au regard du nombre élevé des lésions imputables au travail, les instruments clés de l'OIT en matière de santé et de sécurité au travail contiennent des dispositions qui ambitionnent de mettre en place des cadres devant permettre d'améliorer la santé des travailleurs et de sécuriser le milieu de travail. Ces cadres concernent les stratégies d'amélioration de la santé et de la sécurité au travail aussi bien au niveau national (A) qu'au niveau de l'entreprise (B).

A. Les stratégies nationales d'amélioration

985. L'amélioration de la santé et de la sécurité au travail et du milieu de travail constitue l'un des objectifs des instruments clés de l'OIT en matière de santé et de sécurité de travail. De ce fait, à la suite de la convention n° 155 de l'OIT sur la sécurité et la santé des travailleurs qui « consacre le principe de l'action préventive »[2214], la convention n° 187 de l'OIT sur le cadre promotionnel pour la sécurité et la santé au travail « décrit une approche cohérente de la santé et de la sécurité au travail et vise à renforcer les instruments à jour sur la santé et la sécurité au travail »[2215].Tout en reconnaissant l'importance de l'élaboration, de la mise en œuvre et de la révision de la politique nationale en matière de santé et de sécurité au travail, la convention n° 187 de l'OIT sur le cadre promotionnel pour la sécurité et la santé au travail souligne la nécessité de disposer d'un dispositif (1) qui mette en œuvre cette politique nationale(2).

1. Le système national de santé et sécurité au travail

986. L'expression système national de santé et de sécurité au travail « désigne l'infrastructure qui constitue le cadre principal pour la mise en œuvre de la politique nationale et des programmes nationaux de sécurité et de santé au travail »[2216]. Cette expression « met en évidence que certaines institutions, collectivement qualifiées de "système national" sont nécessaires

---

[2214] *Ibid.*, p. 6.

[2215] OIT.CIT, « Œuvrer ensemble pour promouvoir un milieu de travail sur et salubre », *op. cit.*, p. 15.

[2216] Article 1(b) de la convention n° 187 de l'OIT sur le cadre promotionnel pour la sécurité et la santé au travail.

pour améliorer la situation nationale en matière de santé et de sécurité au travail »[2217].

987. Le système national de santé et de sécurité au travail s'établit après consultations avec les organisations d'employeurs et de travailleurs les plus représentatives[2218] en s'adaptant aux situations nationales spécifiques. La CEACR « *souligne que l'objectif principal du système national est la promotion de l'amélioration continue de la santé et de la sécurité au travail pour prévenir les lésions et maladies professionnelles, ainsi que les décès imputables au travail, et que les systèmes nationaux devraient donc être progressivement développés, en consultation avec les partenaires sociaux* »[2219].

988. Les instruments clés de l'OIT en matière de santé et de sécurité au travail ne donnent aucune orientation sur les modalités de mise en œuvre de ce système national qui restent flexibles. Toutefois, la convention n° 187 de l'OIT sur le cadre promotionnel pour la sécurité et la santé au travail exige l'inclusion de mécanismes essentiels dans cette mise en œuvre.

989. Selon les dispositions de l'article 4-2 de cette convention, la mise en place du système national de santé et de sécurité au travail doit impérativement inclure quatre volets que sont : « *a) la législation et les conventions collectives ; b) une ou des autorités responsables de la santé et de la sécurité at travail ; c) des mécanismes (y compris l'inspection du travail) qui assurent le respect des lois et règlements nationaux ; et d) des mesures pour promouvoir la coopération entre la direction, les travailleurs et leurs représentants, comme élément essentiel des mesures de prévention en milieu de travail* ». Ces volets sont destinés à pérenniser les actions en matière de santé et de sécurité au travail.

990. Outre l'exigence de ces quatre volets essentiels, cette convention identifie huit autres éléments importants du système national qui peuvent être mis en place au besoin. Il s'agit de : « *(a) un organe tripartite consultatif national ou des organes tripartites consultatifs nationaux compétents en matière de sécurité et de santé au travail ; (b) des services d'information et des services consultatifs en matière de sécurité et de santé au travail ; (c) l'offre d'une formation en matière de sécurité et de santé au travail ; (d) des services de santé au travail conformément à la législation et à la pratique nationales ; (e) la recherche en matière de sécurité et de santé au travail ; (f) un mécanisme de collecte et d'analyse des données sur les lésions et maladies professionnelles tenant compte des instruments pertinents de l'OIT ; (g) des dispositions en vue d'une collaboration avec les régimes d'assurance ou de sécurité sociale couvrant les lésions et maladies professionnelles ; (h) des mécanismes de soutien pour l'amélioration progressive des conditions de sécurité et de santé au travail dans les microentreprises, les petites et moyennes entreprises et l'économie*

[2217] OIT.CIT, « Œuvrer ensemble pour promouvoir un milieu de travail sur et salubre », *op. cit.*, p. 43.
[2218] Article 4 -1 de la convention n° 187 de l'OIT.
[2219] OIT.CIT, « Œuvrer ensemble pour promouvoir un milieu de travail sur et salubre », *op. cit.*, p. 44.

informelle »[2220]. Ces huit éléments ainsi retenus sont les bonnes pratiques permettant de promouvoir l'amélioration continue de la santé et de la sécurité au travail.

991. La législation et la réglementation nationales en matière de santé et sécurité au travail sont des composantes fondamentales du système national. « Le cadre législatif, fondement essentiel de la réalisation de la politique nationale de santé et sécurité au travail, précise les rôles et les responsabilités des employeurs, ainsi que les droits et les obligations des travailleurs »[2221].

992. Le système national de sécurité et de santé au travail doit faire l'objet d'une consultation avec les organisations les plus représentatives d'employeurs et de travailleurs non seulement pour sa mise en place, mais aussi pour son maintien, son développement progressif et son réexamen périodique[2222]. Pour ce qui concerne cette exigence, la CEACR souligne que *« l'obligation d'établir et de développer progressivement un système national de santé et de sécurité au travail en consultation avec les partenaires sociaux est intrinsèquement liée à l'obligation de promouvoir et d'amélioration continue de la santé et de la sécurité au travail, afin de prévenir les lésions et maladies professionnelles et les décès imputables au travail »*[2223].

993. Les consultations constituent une étape essentielle du système national qui permet d'améliorer les situations nationales en matière de santé et de sécurité au travail. Le système national de santé et de sécurité au travail mise en place doit faire l'objet d'un programme censé « *contribuer à la protection des travailleurs en éliminant ou en réduisant au minimum, dans la mesure où cela est raisonnable et pratiquement réalisable, les dangers et les risques liés au travail, conformément à la législation et à la pratique nationales, en vue de prévenir les lésions et maladies professionnelles et les décès imputables au travail et de promouvoir la sécurité et la santé sur le lieu de travail »*[2224].

2. Le programme national de santé et sécurité au travail

994. Le programme national de sécurité et de santé au travail, telle que définie par la convention n° 187 de l'OIT, « désigne tout programme national qui inclut des objectifs à réaliser selon un calendrier prédéterminé, des priorités et des moyens d'action établis en vue d'améliorer la sécurité et la santé ainsi que des moyens permettant d'évaluer les progrès »[2225]. Ce programme national doit mettre en œuvre les systèmes nationaux de santé et de sécurité au travail.

[2220] Article 4-3 de la convention n° 187 de l'OIT.
[2221] OIT.CIT, « Œuvrer ensemble pour promouvoir un milieu de travail sur et salubre », *op. cit.*, p. 45.
[2222] Article 4-1 de la convention n° 187 de l'OIT.
[2223] OIT.CIT, « Œuvrer ensemble pour promouvoir un milieu de travail sur et salubre », *op. cit.*, p. 49.
[2224] Article 5-2(b) de la convention n° 187 de l'OIT sur le cadre promotionnel pour la sécurité et la santé au travail.
[2225] Article 1(c) de la convention n° 187 de l'OIT.

995. La convention n° 187 de l'OIT tient compte du fait que « l'intervention des partenaires sociaux et d'autres acteurs constituait, pour des raisons de faisabilité et d'efficacité, le principal facteur de succès des stratégies et des plans élaborés »[2226]. À cet égard, elle exige des États membres de l'OIT « d'élaborer, mettre en œuvre, contrôler, évaluer et réexaminer périodiquement un programme national de sécurité et de santé au travail, en consultation avec les organisations d'employeurs et de travailleurs les plus représentatives »[2227].

996. Concernant l'élaboration, le lancement et la mise en œuvre du programme national de santé et de sécurité au travail, la convention précise que celui-ci « doit être largement diffusé et, dans la mesure du possible, appuyé et lancé par les plus hautes autorités nationales »[2228]. L'implication des plus hautes autorités nationales « signifie que ledit programme bénéficiera d'un soutien important, d'une meilleure visibilité grâce à l'attention accrue des médias, et que son financement sera assuré jusqu'à son terme »[2229]. Le succès du programme national requiert donc l'appui desdites hautes autorités nationales.

997. Le programme national doit répondre à certaines exigences. En effet, au sens de l'article 5-2 de la convention n°187 de l'OIT sur le cadre promotionnel pour la sécurité et la santé au travail, « *le programme national doit : (a) promouvoir le développement d'une culture de prévention nationale en matière de sécurité et de santé ; (b) contribuer à la protection des travailleurs en éliminant ou en réduisant au minimum, dans la mesure où cela est raisonnable et pratiquement réalisable, les dangers et les risques liés au travail, conformément à la législation et à la pratique nationales, en vue de prévenir les lésions et maladies professionnelles et les décès imputables au travail et de promouvoir la sécurité et la santé sur le lieu de travail ; (c) être élaboré et réexaminé sur la base d'une analyse de la situation nationale en matière de sécurité et de santé au travail comportant une analyse du système national de sécurité et de santé au travail ; (d) comporter des objectifs, des cibles et des indicateurs de progrès ; (e) être soutenu, si possible, par d'autres programmes et plans nationaux complémentaires qui aideront à atteindre progressivement l'objectif d'un milieu de travail sûr et salubre* ». Ces exigences permettent de faciliter à la fois le suivi des progrès et le réexamen des programmes. Le programme national a vocation à s'appliquer sur le plan national, toutefois, le besoin de sécuriser le milieu de travail exige également des actions au sein de ces milieux.

[2226] OIT.CIT, « Œuvrer ensemble pour promouvoir un milieu de travail sur et salubre », *op. cit.*, p. 51.
[2227] Article 5-1 de la convention n° 187 de l'OIT.
[2228] Article 3-3 de la convention n° 187 de l'OIT.
[2229] OIT.CIT, « Œuvrer ensemble pour promouvoir un milieu de travail sur et salubre », *op. cit.*, p. 52.

B. Les actions au niveau de l'entreprise

998. La sécurisation du milieu du travail contribue à la réduction des accidents et des maladies imputables au travail. Si les gouvernements ont un rôle majeur à jouer dans l'adoption de la politique nationale de santé et de sécurité au travail, la transposition des mesures prises au niveau national dans les milieux de travail requiert une participation des différentes parties à la relation de travail. La sécurité au travail est une résultante de la composante de la compétitivité des entreprises, car « les entreprises les plus performantes sont celles qui ont intégré la sécurité dans leur management par ce que des conditions de travail favorables permettent la mobilisation efficace pour un enjeu commun : éliminer le risque plutôt que de le prendre »[2230].

999. De ce fait, les instruments clés de l'OIT en matière de santé et de sécurité au travail octroient des devoirs et des responsabilités aussi bien aux employeurs (1) qu'aux travailleurs (2) et exigent leur coopération pour l'amélioration de la santé et de la sécurité des travailleurs et du milieu de travail.

1. Les devoirs et les responsabilités des employeurs

1000. La convention n° 187 de l'OIT souligne l'importance d'un système de droits, de responsabilités et d'obligation bien définis pour la participation active des employeurs et des travailleurs. Toutefois, « *en tant que cadre promotionnel, elle ne contient pas d'exigences spécifiques s'agissant des obligations des employeurs, et au cours des discussions sur les instruments, il a été souligné que ces responsabilités et obligations sont déjà couvertes dans d'autres conventions traitant de la santé et de la sécurité au travail* »[2231]. La convention n° 155 de l'OIT sur la sécurité et la santé des travailleurs énonce notamment les obligations et les responsabilités des employeurs en matière de santé et de sécurité au travail.

1001. Selon les dispositions de l'article 16 de cette dernière convention, « *1. Les employeurs devront être tenus de faire en sorte que, dans la mesure où cela est raisonnable et pratiquement réalisable, les lieux de travail, les machines, les matériels et les procédés de travail placés sous leur contrôle ne présentent pas de risque pour la sécurité et la santé des travailleurs. 2. Les employeurs devront être tenus de faire en sorte que, dans la mesure où cela est raisonnable et pratiquement réalisable, les substances et les agents chimiques, physiques et biologiques placés sous leur contrôle ne présentent pas de risque pour la santé lorsqu'une protection appropriée est assurée. 3. Les employeurs seront tenus de fournir, en cas de besoin, des vêtements de protection et un équipement de protection appropriés afin de prévenir, dans la mesure où cela est raisonnable et pratiquement réalisable, les risques d'accidents ou d'effets préjudiciables à la santé* ».

[2230] CNPB, BIT, « Étude sur la santé et sécurité au travail : facteurs de développement économique et social », *op. cit.*, p. 31.

[2231] OIT.CIT, « Œuvrer ensemble pour promouvoir un milieu de travail sur et salubre », *op. cit.*, p. 77.

1002. L'employeur a la responsabilité de prendre les mesures de prévention et de protection suffisantes sur les lieux de travail. La sécurisation des milieux de travail lui incombe de même que la préservation de la santé et de la sécurité des travailleurs. Il a de plus la responsabilité de prendre toutes les dispositions pour réagir aux situations d'urgence[2232]. Les dispositions prises par l'employeur en matière de santé et de sécurité au travail ne doivent entrainer aucune dépense pour les travailleurs[2233]. Toutefois, si plusieurs employeurs exercent simultanément leur activité sur le même lieu de travail, ils devront collaborer en vue d'appliquer les dispositions concernant la santé, la sécurité des travailleurs et du milieu de travail[2234].

1003. Les devoirs et les responsabilités des employeurs en matière de santé et de sécurité au travail sont spécifiés par la convention n°155 de l'OIT sur la sécurité et la santé des travailleurs. Cependant, les moyens pratiques susceptibles d'être utilisés pour donner effet aux obligations des employeurs sont toutefois spécifiés dans la recommandation n°164 de l'OIT sur la sécurité et la santé au travail de 1981[2235].

[2232] Article 18 de la convention n° 155 de l'OIT sur la sécurité et la santé des travailleurs.

[2233] Article 20 de la convention n° 155 de l'OIT sur la sécurité et la santé des travailleurs.

[2234] Article 17 de la convention n° 155 de l'OIT.

[2235] Au sens des dispositions du point 10 de cette recommandation, « *parmi les obligations qui leur incombent pour la réalisation de l'objectif fixé à l'article 16 de la convention, les employeurs pourraient, compte tenu de la diversité des branches d'activité économique et des types de travaux, se voir chargés: a) de fournir des lieux de travail, des machines et des matériels et d'utiliser des méthodes de travail qui, dans la mesure où cela est raisonnable et pratiquement réalisable, ne présentent pas de danger pour la sécurité et la santé des travailleurs; b) de donner les instructions et d'assurer la formation indispensables, compte tenu des fonctions et des capacités des travailleurs de différentes catégories; c) d'assurer une surveillance suffisante en ce qui concerne les travaux effectués, la manière de travailler et les mesures de sécurité et d'hygiène du travail mises en œuvre; d) de prendre, en fonction de la taille de l'entreprise et de la nature de ses activités, des mesures d'organisation en ce qui concerne la sécurité, la santé des travailleurs et le milieu de travail; e) de fournir, sans frais pour le travailleur, les vêtements de protection et les équipements de protection individuelle adéquate qui pourront être raisonnablement exigés lorsqu'il n'aura pas été possible de prévenir ou de contrôler les risques d'une autre manière; f) de s'assurer que l'organisation du travail, en ce qui concerne particulièrement la durée du travail et l'aménagement des pauses, ne porte pas préjudice à la sécurité et à la santé des travailleurs; g) de prendre toutes mesures raisonnables et pratiquement réalisables en vue d'éliminer une fatigue physique ou mentale exagérée; h) d'entreprendre des études et des recherches ou de se tenir au courant de toute autre manière de l'évolution des connaissances scientifiques et techniques indispensables pour se conformer aux dispositions des alinéas ci-dessus* ». Au sens des dispositions du point 14 de cette recommandation, « *dans le cas où la nature de leurs activités le justifie, les employeurs devraient être tenus de formuler par écrit la politique et les dispositions qu'ils auront adoptées dans le domaine de la sécurité et de l'hygiène du travail, de même que les diverses responsabilités exercées en vertu de ces dispositions; ces informations devraient être portées à la connaissance des travailleurs dans un langage ou par un moyen qu'ils puissent comprendre facilement* ».Au sens des dispositions du point 15 de cette recommandation, « *les employeurs devraient être tenus de contrôler régulièrement l'application des normes pertinentes de sécurité et d'hygiène, au moyen par exemple de la surveillance des conditions d'ambiance, et de procéder de temps à autre à des examens critiques systématiques de la situation dans ce domaine. (2) Les employeurs devraient être tenus d'enregistrer les données relatives à la sécurité, à la santé des travailleurs et au milieu*

2. Les devoirs et les responsabilités des travailleurs

1004. Les travailleurs qui ont droit à un milieu de travail sûr et salubre[2236] ont également, à l'instar des employeurs, des obligations et des responsabilités en matière de santé et de sécurité au travail en vertu des dispositions de la convention n° 155 de l'OIT sur la sécurité et la santé des travailleurs.

1005. Les travailleurs ont le devoir de coopérer pour permettre l'accomplissement des obligations incombant à l'employeur[2237]. Une telle coopération permet de s'assurer que « les travailleurs prennent soin de leur propre sécurité et de celle des tiers, se conforment aux instructions ainsi qu'aux procédures, utilisent correctement les dispositifs de sécurité et les équipements de protection et signalent les situations dangereuses et tout accident ou atteinte à la santé »[2238]. La convention n° 155 élargit les fonctions attribuées aux représentants des travailleurs dans la mise en œuvre des mesures de sécurité et de santé au travail au sein de l'entreprise en leur donnant le droit de coopérer avec l'employeur dans le domaine de la santé et de l'hygiène du travail[2239].

1006. Le fait que les représentants des travailleurs dans l'entreprise doivent, par ailleurs, recevoir une information suffisante concernant les mesures prises par l'employeur en faveur de la sécurité et de la santé et pouvoir consulter leurs organisations représentatives à condition de ne pas divulguer de secrets commerciaux, souligne l'importance du rôle de ces derniers[2240].

1007. Des formations appropriées dans le domaine de la santé et de la sécurité au travail doivent être dispensées aux travailleurs et à leurs représentants dans l'entreprise, selon les dispositions de la convention n°155 de l'OIT[2241].Ces formations visent à permettre « d'assurer aux travailleurs et à leurs représentants, les connaissances et les compétences dont ils ont besoin pour collaborer efficacement avec l'employeur à la mise en œuvre des prescriptions de sécurité et d'hygiène du travail sur le lieu de

---

de travail jugées indispensables par l'autorité ou les autorités compétentes et qui pourraient inclure les données concernant tous les accidents du travail et tous les cas d'atteintes à la santé survenant au cours du travail ou ayant un rapport avec celui-ci et donnant lieu à déclaration; les autorisations et les dérogations se rapportant à la législation ou aux prescriptions de sécurité et d'hygiène ainsi que les conditions éventuelles mises à ces autorisations ou à ces dérogations; les certificats relatifs à la surveillance de la santé des travailleurs dans l'entreprise; les données concernant l'exposition à des substances et à des agents déterminés ».

2236 Article 3-2 de la convention n° 187 de l'OIT sur le cadre promotionnel pour la sécurité et la santé au travail.

2237 Article 19 (a) de la convention n° 155 de l'OIT sur la sécurité et la santé des travailleurs.

2238 OIT.CIT, « Les normes de l'OIT en matière de sécurité et de santé au travail : promouvoir la sécurité et la santé dans le milieu de travail », *op. cit.*, p. 75.

2239 Article 19 (b) de la convention n° 155 de l'OIT.

2240 Article 19 (c) de la convention n° 155 de l'OIT.

2241 Article 19 (d) de la convention n° 155 de l'OIT.

travail »[2242]. Elles permettront aux travailleurs d'appliquer les mesures de prévention et de protection en matière de santé et de sécurité au travail.

1008. L'OIT reconnaît que « l'amélioration de la sécurité et de l'hygiène sur le lieu de travail commande d'enquêter sur les causes des accidents et des incidents, de sorte de pouvoir prendre les mesures de prévention propres à empêcher qu'ils se reproduisent »[2243]. La convention n° 155 de l'OIT sur la sécurité et la santé des travailleurs reconnaît le droit des travailleurs, de leurs représentants et de leurs organisations représentatives dans l'entreprise à participer à ces enquêtes[2244]. Leur participation permet de mieux « anticiper ou repérer les risques potentiels sur un lieu de travail »[2245].

1009. Le travailleur a également la responsabilité d'alerter l'employeur en signalant immédiatement à son supérieur hiérarchique direct toute situation dont il a un motif raisonnable de penser qu'elle présente un péril imminent et grave pour sa vie ou sa santé et, jusqu'à ce que l'employeur ait pris des mesures pour y remédier, en cas de besoin, celui-ci ne pourra demander aux travailleurs de reprendre le travail dans une situation où persiste un péril imminent et grave pour la vie ou la santé[2246].

1010. Les responsabilités et les obligations des travailleurs en matière de santé et de sécurité au travail nécessitent par conséquent une coopération avec l'employeur[2247]. Une telle coopération est importante, car la mise en œuvre et le contrôle de l'application des principes de base en matière de sécurité et d'hygiène du travail n'incombe pas seulement à l'État. Dans ce domaine, les employeurs et les travailleurs ont une responsabilité tout aussi importante. La coopération des employeurs et des travailleurs constitue de ce fait « un principe essentiel pour la sécurité et la santé des travailleurs, sans lequel aucun progrès substantiel n'est possible »[2248].

1011. La prévention des risques imputables au travail et l'amélioration de la santé et de la sécurité au travail sont envisagées par les normes internationales du travail qui entendent protéger au premier chef les travailleurs. Cependant, ces normes contribuent également à la protection de l'ensemble de la population.

SECTION 2. L'ORGANISATION D'UNE PROTECTION SOCIALE

1012. Dès sa mise en place, « l'OIT a cherché à réaliser un équilibre entre ces trois composantes de la lutte contre la pauvreté que sont la promotion de l'emploi, source de revenus, la garantie contre l'exploitation du travail et la

---

[2242] OIT.CIT, « Les normes de l'OIT en matière de sécurité et de santé au travail : promouvoir la sécurité et la santé dans le milieu de travail », *op. cit.*, p. 77.
[2243] *Idem.*
[2244] Article 19 (e) de la convention n° 155 de l'OIT sur la sécurité et la santé des travailleurs.
[2245] OIT.CIT, « Les normes de l'OIT en matière de sécurité et de santé au travail : promouvoir la sécurité et la santé dans le milieu de travail », *op. cit.*, p. 77.
[2246] Article 19 (e) de la convention n° 155 de l'OIT.
[2247] Article 20 de la convention n° 155 de l'OIT.
[2248] OIT.CIT, « Les normes de l'OIT en matière de sécurité et de santé au travail : promouvoir la sécurité et la santé dans le milieu de travail », *op. cit.*, p. 78.

protection sociale »[2249]. Elle considère que des systèmes de sécurité sociale efficaces permettent « de garantir la sécurité du revenue et la protection de la santé, et contribuent à prévenir et à réduire la pauvreté et les inégalités, à promouvoir l'inclusion sociale et la dignité de la personne »[2250].

1013. Le droit à la protection sociale est un droit humain, reconnu comme un droit fondamental, « qui correspond à un besoin universel de protection contre certains risques de la vie et des besoins sociaux »[2251]. Les plus anciens instruments de l'OIT « *établissaient des régimes d'assurances dites sociales, c'est-à-dire couvrant obligatoirement les risques liés au travail ; quelques fois également (en matière d'accidents du travail et de maladies professionnelles), elles se limitaient à stipuler la responsabilité de l'employeur, laissant à ce dernier le choix des moyens de remplir son obligation* »[2252]. Cette conception a évolué pour aboutir à la fin de la Deuxième Guerre mondiale « aux systèmes de sécurité sociale avec la prise en charge par l'État lui-même de ses responsabilités, au moins à titre supplétif, l'extension du champ d'application des bénéfices et l'intégration des différentes branches dans un système unifié ou coordonné »[2253].

1014. L'OIT dont le mandat fut étendu en 1944 par la Déclaration de Philadelphie aux politiques économiques et financières[2254], adopta dès 1944 ses deux premières recommandations qui exprimaient cette nouvelle orientation[2255]. Ces deux instruments ont servi de base à la politique menée ensuite par l'OIT jusqu'à l'adoption en 1952 de l'instrument de référence en matière de sécurité sociale, la convention n° 102 concernant la sécurité sociale (norme minimum)[2256].

1015. Cette convention, comme son nom l'indique, met l'accent sur les questions jugées les plus importantes et « propose des objectifs à réaliser plutôt qu'une description des techniques applicables »[2257]. Le processus de mondialisation a démontré l'urgence d'une régulation sociale et a poussé l'OIT à s'interroger sur la nécessité de mettre en œuvre des régimes durables

---

[2249] SERVAIS Jean-Michel, « Droit de la personne humaine et protection sociale. Une vision renouvelée à l'OIT », *in* MESTRES Christian (dir.), SACHS-DURAND Corinne (dir.), STORCK Michel (dir.), *Le travail humain au carrefour du droit et de la sociologie : hommage au Professeur Nikitas Aliprantis,* Presses universitaires de Strasbourg, 2014, p. 762.

[2250] BIT, *Les règles du jeu : une introduction à l'action normative de l'organisation internationale du travail, op. cit.*, p. 78

[2251] *Idem.*

[2252] SERVAIS Jean-Michel, *op. cit.*, p. 763.

[2253] *Idem.*

[2254] Il convient de rappeler que la partie III de la Déclaration de Philadelphie définie la sécurité sociale comme la fourniture d'un revenu de base et de soins médicaux complets à tous.

[2255] Il s'agissait notamment de la recommandation n° 67 sur la garantie des moyens d'existence qui trace la voie vers l'institution d'un revenu de base pour toute personne dans le besoin et la recommandation n°69 sur les soins médicaux qui préconise une couverture complète en matière de soins médicaux.

[2256] À la date du 10 septembre 2019, cette convention a été ratifiée par le Benin, le Niger, le Sénégal et le Togo.

[2257] SERVAIS Jean-Michel, « L'OIT et la protection sociale : une vision renouvelée », *in* KORICHE Mahammed (dir.), *L'État et la protection sociale,* Université d'Alger 3, 2012, p. 71.

de protection sociale. L'adoption en 2012 de la recommandation n° 202 sur les socles de protection sociale par la CIT « fait la synthèse de cette approche renouvelée »[2258].Cette recommandation encourage les États à adopter une certaine politique ainsi que les moyens pour la mettre en œuvre. Elle « *complète le corpus de normes à jour en fournissant des orientations sur la mise en place de socles de protection sociale en tant qu'élément essentiel de régimes nationaux de sécurité sociale et en concevant et appliquant des politiques et des stratégies nationales de sécurité sociale destinées à étendre la couverture de la protection sociale et à fournir des niveaux plus élevés de protection au plus grand nombre possible et aussi rapidement que possible, selon les orientations données par les normes de l'OIT relative à la sécurité sociale* »[2259].

1016. Ces deux instruments de l'OIT posent les bases de la protection sociale en règlementant les soins essentiels de santé (§ 1) et en assurant la garantie d'une sécurité élémentaire de revenus (§ 2).

§ 1. Les soins de santé essentiels

1017. Sur le plan international, toute personne a le droit de jouir du « meilleur état de santé physique et mentale qu'elle soit capable d'atteindre »[2260] ; à « un niveau de vie suffisant pour assurer sa santé, son bien-être et ceux de sa famille », y compris des soins médicaux[2261] ; à la sécurité sociale[2262] ; et à « des conditions propres à assurer à tous des services médicaux et une aide médicale en cas de maladie »[2263]. Malgré la reconnaissance de ces droits humains sur le plan international, une grande majorité de la population mondiale n'y a pas accès. L'OIT reconnaît que selon les estimations actuelles, plus de 50% de la population mondiale n'ont pas accès à des soins de santé essentiels »[2264].

1018. Les normes internationales de l'OIT, bien qu'élaborées dans le cadre de la réglementation internationale du travail, contiennent des dispositions qui peuvent contribuer à faire progresser la proportion de la population pouvant accéder aux soins de santé. Ces normes établissent en effet une obligation de prestation minimale (B) visant à parvenir à une protection universelle (A).

[2258] SERVAIS Jean-Michel, « Droit de la personne humaine et protection sociale. Une vision renouvelée à l'OIT », *op. cit.*, p. 771.
[2259] OIT. CIT, « Protection sociale universelle pour la dignité humaine, la justice sociale et le développement durable », *op. cit.*, p. 8.
[2260] Article 12-11 du Pacte international relatif aux droits économiques, sociaux et culturels.
[2261] Article 25-1 de la Déclaration universelle des droits de l'homme.
[2262] Article 9 du Pacte international relatif aux droits économiques, sociaux et culturels.
[2263] Article 12-2(d) du Pacte international relatif aux droits économiques, sociaux et culturels.
[2264] OIT. CIT, « Protection sociale universelle pour la dignité humaine, la justice sociale et le développement durable », *op. cit.*, p. 9.

A. L'universalité des personnes protégées

1019. Le champ d'application personnelle de la protection sociale a évolué dans le cadre de l'OIT avec l'adoption des différents instruments. Dès 1944, la recommandation n° 69 de l'OIT sur les soins médicaux posait l'objectif de la couverture universelle en énonçant que « le service de soins médicaux devrait englober tous les membres de la communauté, qu'ils exercent ou non une occupation lucrative »[2265]. En 1952, la convention n° 102 de l'OIT concernant la sécurité sociale (norme minimum) fixa une couverture minimum de personnes devant bénéficier des soins médicaux[2266]. La recommandation n° 202 de l'OIT sur les socles de protection sociale, qui « incarne un accord international construit sur onze années de travaux incessants et de consultations approfondies avec les mandants de l'OIT »[2267], fournit aux États des orientations « pour établir ou maintenir des socles de protection sociale en tant qu'élément fondamental de leurs systèmes nationaux de sécurité sociale »[2268].

1020. Ces instruments de l'OIT prennent en considération les objectifs de développement mondiaux[2269] en réaffirmant les moyens d'accès aux soins de santé pour tous (2) au nom du principe de la solidarité sociale (1).

1. La généralisation du principe de solidarité sociale

1021. La convention n° 102 de l'OIT « consacre (...) un système général s'étendant (progressivement) à tous les secteurs d'activité et à l'ensemble de la population »[2270]. Elle contient plusieurs clauses dites « de souplesse »[2271] devant permettre « le mieux de parvenir progressivement à la couverture

---

[2265] Point 8 de la recommandation n° 69 de l'OIT sur les soins médicaux.

[2266] Selon les dispositions de l'article 9 de la convention n° 102 de l'OIT concernant la sécurité sociale (norme minimum), « *les personnes protégés doivent comprendre : (a) soit des catégories prescrites de salariés, formant au total 50 pour cent au moins de l'ensemble des salariés, ainsi que les épouses et les enfants des salariés de ces catégories; (b) soit des catégories prescrites de la population active, formant au total 20 pour cent au moins de l'ensemble des résidents, ainsi que les épouses et les enfants des membres de ces catégories; (c) soit des catégories prescrites de résidants, formant au total 50 pour cent au moins de l'ensemble des résidents ; (d) soit, lorsqu'une déclaration a été faite en application de l'article 3, des catégories prescrites de salariés, formant au total 50 pour cent au moins de l'ensemble des salariés travaillant dans des entreprises industrielles qui emploient 20 personnes au moins, ainsi que les épouses et les enfants des salariés de ces catégories* ».

[2267] OIT. CIT, « Protection sociale universelle pour la dignité humaine, la justice sociale et le développement durable », *op.cit.*, p.4.

[2268] Point 1 (a) de la Recommandation n° 202 de l'OIT sur les socles de protection sociale.

[2269] Selon l'OIT, « une couverture sanitaire universelle, offrant au minimum un accès effectif aux soins de santé essentiels, y compris à une prise en charge de longue durée est primordiale pour atteindre les ODD, notamment la cible 3 ». BIT, *Rapport mondial sur la protection sociale 2017-2019 : protection sociale universelle pour atteindre les objectifs de développement durable,* Genève, BIT, 2017, p.33.

[2270] SERVAIS Jean-Michel, « L'OIT et la protection sociale : une vision renouvelée », *op. cit.,* p. 71.

[2271] *Idem.*

universelle, selon le rythme de développement économique »[2272]. La recommandation n° 202 de l'OIT sur les socles de protection sociale adopte une approche différente. Elle fournit des orientations aux États pour « mettre en œuvre les socles de protections sociales (…) qui assurent progressivement des niveaux plus élevés de sécurité sociale au plus grand nombre de personnes possible »[2273].

1022. Cette recommandation a « *un objectif dynamique, à savoir le renforcement progressif des systèmes de sécurité sociale : de l'établissement des socles à leur mise en œuvre ; des socles de protection sociale élémentaire aux niveaux supérieurs de protection ; d'un champ d'application de base à la couverture complète du plus grand nombre ; d'un élément fondamental du système à une stratégie globale d'extension* »[2274]. Au sens de cette recommandation, « toute personne dans le besoin devrait avoir accès aux soins de santé : c'est l'une des garanties fondamentales de la sécurité sociale que les socles de protection sociale devraient garantir »[2275]. De ce fait, elle spécifie les principes directeurs pour l'élaboration de systèmes complets de sécurité sociale[2276] parmi lesquels figure « l'universalité de la protection, fondée sur la solidarité sociale ». La solidarité sociale « *est une condition préalable indispensable pour la protection sociale universelle. La solidarité sociale, y compris dans ses aspects financiers, est au cœur de la sécurité sociale. Elle renforce la*

[2272] OIT.CIT, « La sécurité sociale et la primauté du droit », Rapport III (1B), Étude d'ensemble concernant les instruments relatifs à la sécurité sociale à la lumière de la Déclaration de 2008 sur la justice sociale pour une mondialisation équitable, 100e session, 2011, p. 17.

[2273] Point 1 (b) de la recommandation n° 202 de l'OIT sur les socles de protection sociales.

[2274] OIT. CIT, « Protection sociale universelle pour la dignité humaine, la justice sociale et le développement durable », *op. cit.*, p. 31.

[2275] OIT. CIT,*op. cit.*, p. 110.

[2276] Au sens du point 3 de recommandation n° 202 de l'OIT sur les socles de protection sociales, « *reconnaissant la responsabilité générale et principale qui incombe à l'État de donner effet à la présente recommandation, les Membres devraient appliquer les principes suivants: a) universalité de la protection, fondée sur la solidarité sociale; b) droit aux prestations prescrit par la législation nationale; c) caractère adéquat et prévisible des prestations; d) non-discrimination, égalité entre hommes et femmes et prise en compte des besoins spécifiques; e) inclusion sociale, y compris des personnes travaillant dans l'économie informelle; f) respect des droits et de la dignité des personnes couvertes par les garanties de sécurité sociale; g) réalisation progressive, y compris moyennant la fixation d'objectifs et de délais; h) solidarité en matière de financement, allant de pair avec la recherche du meilleur équilibre possible entre les responsabilités et les intérêts parmi ceux qui financent et bénéficient des régimes de sécurité sociale; i) prise en considération de la diversité des méthodes et approches, y compris des mécanismes de financement et des systèmes de fourniture des prestations; j) gestion financière et administration saines, responsables et transparentes; k) pérennité financière, budgétaire et économique, compte dûment tenu de la justice sociale et de l'équité; l) cohérence avec les politiques sociales, économiques et de l'emploi; m) cohérence entre les institutions chargées d'assurer les services de protection sociale; n) services publics de qualité améliorant l'efficacité des systèmes de sécurité sociale; o) efficacité et accessibilité des procédures de réclamation et de recours; p) suivi régulier de la mise en œuvre et évaluation périodique; q) plein respect de la négociation collective et de la liberté syndicale pour tous les travailleurs; r) participation tripartite avec les organisations représentatives d'employeurs et de travailleurs ainsi que la consultation d'autres organisations pertinentes et représentatives de personnes concernées* ».

cohésion sociale et la paix sociale et constitue une arme puissante contre la pauvreté et l'inégalité, ainsi qu'un instrument efficace pour rendre les sociétés plus égalitaires et plus justes »[2277].

1023. L'accès aux soins de santé essentiel doit être effectif pour tous ou « au moins à tous les résidents et enfants »[2278] dans le besoin. Elle ne tient pas compte de l'occupation de la personne concernée et se doit d'être inclusive. Aussi bien les personnes travaillant dans l'économie formelle que dans l'économie informelle sont concernées[2279]. Cet accès aux soins de santé essentiel est un droit pour toute personne dans le besoin, « quels que soient son statut de résidence ou son statut dans l'emploi, son lieu de résidence dans le pays »[2280]. L'accès aux soins de santé essentiel doit être offert par les États tout au long de la vie de la personne.

1024. L'accès aux soins essentiels de santé doit être exempt de toute discrimination par exemple en ce qui concerne l'égalité des genres, l'âge, l'appartenance ethnique et prendre en considération les besoins spécifiques[2281]. L'universalité de l'accès des soins de santé essentiels vise à « assurer une protection de santé pour tous, sans discrimination à l'encontre de certains groupes de populations tels que les travailleurs informels, les femmes, les personnes vivant dans les zones rurales, les personnes âgées et les résidents sans-papiers et les migrants »[2282].La mise en œuvre d'une telle universalité implique cependant l'adoption de certaines mesures.

2. Les critères des soins de santé essentiels

1025. Les soins essentiels de santé doivent au sens de la recommandation n° 202 de l'OIT sur les socles de protection sociale répondre à certains critères en particulier la disponibilité, l'accessibilité, l'acceptabilité et la qualité[2283] et être garantis par la loi[2284]. Ces dispositions impliquent que les législations nationales prévoient des soins essentiels de santé et supposent que les États prennent certaines dispositions. Les États doivent notamment mettre en place des cadres juridiques nationaux et définir « des procédures de réclamation et de recours impartiales transparentes efficaces, simples, rapides, accessibles et peu couteuses »[2285].

1026. Les critères qui définissent les soins de santé essentiels au sens de cette Recommandation correspondent aux critères définis au plan

---

[2277] OIT. CIT, « Protection sociale universelle pour la dignité humaine, la justice sociale et le développement durable », *op. cit.*, p. 6.

[2278] Point 6 de la recommandation n° 202 de l'OIT sur les socles de protection sociales.

[2279] Point 3 (e) de la recommandation n° 202 de l'OIT.

[2280] OIT. CIT, « Protection sociale universelle pour la dignité humaine, la justice sociale et le développement durable », *op. cit.*, p. 117.

[2281] Point 3 (d) de la recommandation n° 202 de l'OIT.

[2282] OIT. CIT, « Protection sociale universelle pour la dignité humaine, la justice sociale et le développement durable », *op. cit.*, p. 110.

[2283] Point 5 (a) de la recommandation n° 202 de l'OIT sur les socles de protection sociales.

[2284] Point 7 de la recommandation n° 202 de l'OIT.

[2285] *Idem.*

international[2286] et doivent avoir la même interprétation. Ces critères doivent être appliqués dans tous les États pour toutes les personnes dans le besoin et doivent permettre d'étendre le nombre de personnes protégées.

1027. Les soins de santé essentiels doivent répondre à quatre critères simultanément. Les soins de santé essentiels doivent être disponibles pour tous dans tous les États. Cela implique que ces soins de santé essentiels doivent exister. L'existence de ces soins de santé essentiels suppose que les États fournissent des installations, des biens et des services de soins de santé essentiels suffisants et adopter des programmes fonctionnels en matière de santé publique et de soin de santé[2287].

1028. Les installations, biens et services en matière de soins de santé essentiels fournis par les États doivent être accessibles physiquement et économiquement, à tous, en particulier aux groupes de populations les plus vulnérables ou marginalisés, sans discrimination fondée sur l'un quelconque des motifs proscrits. L'accessibilité implique également le droit de rechercher, de recevoir et de répandre des informations et des idées concernant les questions de santé, mais ne doit pas porter atteinte au droit à la confidentialité des données de santé à caractère personnel.

1029. Les installations, biens et services en matière de soins de santé essentiels fournis par les États doivent également être acceptables. Cela suppose que ceux-ci soient « respectueux de l'éthique médicale et soient appropriés sur le plan culturel, c'est-à-dire respectueux de la culture des individus, des minorités, des peuples et des communautés, réceptifs aux exigences spécifiques liées au sexe et au stade de la vie, et être conçus de façon à respecter la confidentialité et à améliorer l'état de santé des intéressés »[2288].

1030. Les installations, biens et services en matière de soins de santé essentiels fournis par les États doivent aussi être scientifiquement et médicalement appropriés et de bonne qualité. Cela suppose, notamment, « du personnel médical qualifié, des médicaments et du matériel hospitalier approuvés par les instances scientifiques et non périmés, un approvisionnement en eau salubre et potable et des moyens d'assainissement appropriés »[2289]. Ces différents critères devraient permettre l'universalité des soins de santé essentiels permettant d'offrir une protection minimale.

[2286] Il convient de rappeler qu'au sein de la CEACR, les critères définis par la recommandation n° 202 de l'OIT sur les socles de protection sociales sont les mêmes que les critères énoncés par le Pacte international relatif aux droits économiques, sociaux et culturels s'agissant des services, biens et installations nécessaires pour donner effet au droit à la santé. La CEACR renvoie par conséquent à l'observation générale pertinente du Pacte international relatif aux droits économiques, sociaux et culturels pour toute indication sur la signification de ces critères.
(OIT. CIT, « Protection sociale universelle pour la dignité humaine, la justice sociale et le développement durable », *op. cit.*, p. 97).

[2287] OIT. CIT, « Protection sociale universelle pour la dignité humaine, la justice sociale et le développement durable », *op. cit.*, p. 98.

[2288] *Idem.*

[2289] *Idem.*

B. L'obligation d'une prestation minimale

1031. Les normes internationales du travail relatives à la protection sociale contiennent des dispositions recommandant aux États d'offrir une prestation minimale de soins à tous. L'obligation de la prestation minimale de soins concerne la nature des soins essentiels (1) de même que le financement de ces soins (2).

1. La nature des soins de santé essentiels

1032. Les normes internationales du travail recommandent aux États d'offrir des soins de santé couvrant les besoins essentiels des populations. Les États doivent offrir « des soins médicaux de caractère préventif ou curatif »[2290] qui permettent d'arriver à une couverture universelle de soins et de services permettant de vivre dignement et en santé.

1033. Les soins de santé essentiels doivent être fondés sur un niveau adéquat de service de santé de qualité et « comprendre tout état morbide, quels qu'en soient la cause, la grossesse, l'accouchement et leurs suites »[2291].

1034. La garantie d'un accès essentiel aux biens et services de santé essentiels « exige des pouvoirs publics qu'ils établissent dans la loi nationale une définition précise des services offerts à ce titre et qu'ils l'actualisent périodiquement »[2292]. La définition de la nature des soins de santé essentiels au niveau national permet à chaque État d'offrir une gamme de soins de santé essentiels en adéquation avec son niveau de développement. Cette définition nationale des soins de santé essentiels implique « des consultations nationales par le biais d'un dialogue social effectif et d'une participation sociale »[2293]. Ces consultations nationales permettent de rendre « les gouvernements et les autres décideurs, tels que les partenaires sociaux, selon le cas, responsables des résultats des politiques relatives aux soins de santé essentiels, au moyen le cas échéant de procédures de plainte et d'appel »[2294].

1035. Les soins de santé essentiels doivent être définis au niveau national. Toutefois, les États doivent veiller à ce que la gamme de soins de santé essentiels définie garantisse le maintien et l'amélioration de la santé pour tous. Ces soins ne doivent pas se limiter « aux soins de base, primaires ou d'urgence, mais couvrir également, au moins, les maladies courantes, les handicaps, les risques de santé publique et la santé maternelles, grâce à l'intervention des services de santé et des services sociaux ambulatoires, les chirurgies essentielles et d'autres services, tels que les soins de longue durée pour les personnes âgées »[2295].

[2290] Article 7 de la convention n° 102 de l'OIT concernant la sécurité sociale (norme minimum).

[2291] Article 8 de la convention n° 102 de l'OIT.

[2292] OIT. CIT, « Protection sociale universelle pour la dignité humaine, la justice sociale et le développement durable », *op. cit.*, p. 119.

[2293] Point 13-1 de la recommandation n° 202 de l'OIT sur les socles de protection sociale.

[2294] OIT. CIT., « Protection sociale universelle pour la dignité humaine, la justice sociale et le développement durable », *op. cit.*, p. 119.

[2295] OIT. CIT, « Protection sociale universelle pour la dignité humaine, la justice sociale et le développement durable », *op. cit.*, p. 120.

1036. Les prestations de santé essentielle définies à l'échelle nationale doivent comprendre au moins : « *(a) en cas d'état morbide : (i) les soins de praticiens de médecine générale, y compris les visites à domicile ; (ii) les soins de spécialistes donnés dans des hôpitaux à des personnes hospitalisées ou non hospitalisées et les soins de spécialistes qui peuvent être donnés hors des hôpitaux ; (iii) la fourniture des produits pharmaceutiques essentiels sur ordonnance d'un médecin ou d'un autre praticien qualifié ; (iv) l'hospitalisation lorsqu'elle est nécessaire ; (b) en cas de grossesse, d'accouchement et de leurs suites : (i) les soins prénatals, les soins pendant l'accouchement et les soins postnatals, donnés soit par un médecin, soit par une sage-femme diplômée ; (ii) l'hospitalisation lorsqu'elle est nécessaire* »[2296]. Si la latitude de la définition des soins de santé essentiels de santé est laissée aux États, ceux-ci se doivent toutefois d'inclure dans les prestations offertes certains soins. Une telle inclusion permet de s'assurer de la fourniture d'une prestation minimum de soin de santé. Toutefois, la fourniture de telles prestations suppose un financement adéquat.

2. Le financement des soins de santé essentiels

1037. Les soins de santé essentiels définis au niveau national permettent d'assurer à tous une protection financière et éviter la précarisation financière. Les États doivent veiller à ce que les personnes ayant besoin de soin de santé ne soient pas confrontées à une charge trop lourde, ni à un risque accru de pauvreté résultant des conséquences financières de l'accès aux soins de santé essentiels[2297].

1038. Cependant assurer la garantie de l'accès aux soins de santé essentiels pour tous implique pour les États de disposer d'un budget suffisant. De ce fait, les normes internationales du travail contiennent des dispositions qui permettent des fonds par divers mécanismes de financement. Ainsi, au titre du Point 3 (i) de la recommandation n° 202 de l'OIT sur les socles de protection sociale, les États devraient appliquer le principe de « prises en considération de la diversité des méthodes et approches, y compris des mécanismes de financement et des systèmes de fournitures des prestations ». Le Point 11-1 de la même recommandation encourage les États à « envisager de recourir à un ensemble varié de méthodes pour mobiliser les ressources nécessaires afin d'assurer la viabilité financière, budgétaire et économique des socles nationaux de protection sociale, en tenant compte des capacités contributives des différents groupes de la population ».

1039. Le choix des mécanismes de financement des soins de santé essentiels s'effectue au niveau national. Ces mécanismes qui peuvent être appliqués conjointement ou séparément peuvent prendre plusieurs formes telles qu'« un service national de santé financé par l'impôt, un système d'assurance privée, un régime social d'assurance maladie financé par des cotisations tenant compte des capacités contributives des divers groupes de

---

[2296] Article 10 de la convention n° 102 de l'OIT concernant la sécurité sociale (norme minimum).
[2297] Point 8 (a) de la recommandation n° 202 de l'OIT sur les socles de protection sociale.

population »[2298]. Ils peuvent également « consister à veiller au respect effectif des obligations en matière fiscale et de cotisation sociale, à redéfinir les priorités de dépenses ou à mettre en place une assiette de prélèvement plus large et suffisamment progressive »[2299].

1040. Les États ont le choix du mécanisme de financement des soins de santé essentiels. Toutefois, le mécanisme adopté doit tenir compte du principe de solidarité[2300] et instaurer un « financement solidaire grâce à la mutualisation accrue des risques et à la réduction au strict minimum des dépenses individuelles de soins de santé, tels les frais de dossier, les prestations limitées et les soins de mauvaise qualité »[2301].

1041. Les soins de santé essentiels ne sont pas gratuits, mais doivent être financièrement abordables pour ne pas constituer une charge trop lourde pour les populations. Les mécanismes de financement doivent permettre d'améliorer l'accessibilité à ces soins, mais peuvent impliquer une participation financière de la personne malade dans le besoin. Toutefois, cette participation financière ne doit pas intervenir dans l'hypothèse de soins médicaux prénatals ou postnatals[2302]. Les soins de santé doivent être gratuitement dispensés sans condition à toutes les femmes avant, pendant et après l'accouchement. Les soins de santé essentiels doivent contribuer à assurer aux populations une protection adéquate. L'octroi d'une sécurité élémentaire de revenus a également cette vocation.

§ 2. La garantie d'une sécurité élémentaire de revenu

1042. Les normes internationales du travail relatives à la protection sociale contiennent des dispositions qui devraient inciter les États à offrir à leur population des garanties élémentaires de sécurité sociale qui assurent une protection visant à prévenir ou à réduire la pauvreté, la vulnérabilité et l'exclusion sociale. Ces garanties élémentaires de sécurité sociale doivent aider à assurer à toute personne dans le besoin et tout au long de sa vie, l'accès aux soins de santé essentiels d'une part et une sécurité élémentaire de revenu d'autre part.

1043. La garantie d'une sécurité élémentaire de revenu implique que chaque membre de la société puisse disposer de revenu suffisant pour vivre. Les niveaux minimaux de revenu doivent être définis à l'échelle nationale et peuvent correspondre à la valeur monétaire d'un ensemble de biens et de services nécessaires, aux seuils nationaux de pauvreté, à des seuils de

---

[2298] OIT. CIT., « Protection sociale universelle pour la dignité humaine, la justice sociale et le développement durable », *op. cit.*, p. 125.

[2299] Point 11-1 de la recommandation n°202 de l'OIT sur les socles de protection sociale.

[2300] Conformément au Point 3(h) de la recommandation n° 202 de l'OIT sur les socles de protection sociales, les États devraient appliquer le principe de « *solidarité en matière de financement, allant de pair avec la recherche de meilleur équilibre possible entre les responsabilités et les intérêts parmi ceux qui financent et bénéficient des régimes de sécurité sociale* ».

[2301] OIT. CIT., « Protection sociale universelle pour la dignité humaine, la justice sociale et le développement durable », *op. cit.*, p. 112.

[2302] Point 8 (a) de la recommandation n° 202 de l'OIT sur les socles de protection sociale.

revenus définis par l'octroi de l'assistance sociale ou à d'autres seuils comparables établis par la législation ou la pratique nationale, et peuvent tenir compte des différences régionales[2303].

1044. Les États doivent garantir une sécurité élémentaire de revenu en tenant compte des principes fondamentaux de la sécurité sociale tels que l'universalité de la protection[2304], le caractère adéquat et prévisible des prestations[2305], la non-discrimination, l'égalité entre hommes et femmes et la prise en compte des besoins spécifiques[2306], l'inclusion sociale, y compris des personnes travaillant dans l'économie informelle[2307], le respect des droits et de la dignité des personnes couvertes par les garantis de sécurité sociale[2308], la cohérence entre les politiques sociales, économiques et de l'emploi[2309], le dialogue social et la participation sociale[2310].

1045. Cette sécurité élémentaire de revenu doit être garantie au travailleur dans l'incapacité de travailler (A), mais peut également être fonction de la situation familiale du bénéficiaire (B). Elle doit faire l'objet du principe de la solidarité en matière de financement[2311] et être financée grâce à divers mécanismes de financement et des systèmes de fourniture des prestations y compris des régimes de prestation universelle, d'assurance sociale, d'assistance sociale et d'impôt négatif sur le revenu[2312].

A. La protection de l'incapacité de travailler

1046. Le travail, principale source de revenus de la population active, est essentiel au bien-être des particuliers et des familles. Cependant, les individus peuvent être confrontés à des situations qui les empêchent de travailler et les privent de tout revenu. Dans une telle hypothèse, « la protection sociale joue un rôle crucial, car elle lisse les revenus et la demande globale, protège et renforce le capital humain et les capacités humaines, et par la même facilite la transformation structurelle des économies et contribue à une croissance inclusive »[2313].

1047. La protection sociale permet à la population active dans l'incapacité de travailler de s'adapter aux répercussions financières des événements de la vie en garantissant une sécurité de revenu par le biais de prestation qui tient compte de la situation professionnelle des individus (1) et de leur état de santé (2).

[2303] Point 8 (a) de la recommandation n° 202 de l'OIT.
[2304] Point 3 (a) et point 6 de la recommandation n° 202 de l'OIT sur les socles de protection sociale.
[2305] Point 2, point 3(c), point 4, point 5 et point 8 de la recommandation n° 202 de l'OIT.
[2306] Point 3(d) de la recommandation n° 202 de l'OIT.
[2307] Point 3(e) de la recommandation n° 202 de l'OIT.
[2308] Point 3(f) de la recommandation n° 202 de l'OIT.
[2309] Point 3(l) de la recommandation n° 202 de l'OIT.
[2310] Point 3(q), point 3(r) et point 8(d) de la recommandation n° 202 de l'OIT.
[2311] Point 3(h) de la recommandation n° 202 de l'OIT.
[2312] Point 3(i) et point 9 (3) de la recommandation n° 202 de l'OIT.
[2313] BIT, *Rapport mondial sur la protection sociale 2017-2019 : protection sociale universelle pour atteindre les objectifs de développement durable,* BIT, 2017, p. 25.

1048. Ces prestations de la sécurité sociale doivent cependant être combinées avec des politiques complémentaires pour parfaire la protection des travailleurs actifs dans l'incapacité de travailler. Ces mesures complémentaires concernent notamment la promotion de l'activité économique productive et de l'emploi formel en envisageant des politiques qui incluent la passation de marchés publics, l'affectation de crédits budgétaires publics, l'inspection du travail, des politiques du marché du travail et des incitations fiscales et qui favorisent l'éducation, la formation professionnelle, les aptitudes productives et l'employabilité[2314]. Ces mesures complémentaires peuvent également concerner la coordination avec d'autres politiques favorisant l'emploi formel, la création de revenus, l'éducation, l'alphabétisation, la formation professionnelle, les qualifications et l'employabilité, réduisant la précarité et promouvant l'emploi stable, l'esprit d'entreprise et les entreprises durables dans le cadre du travail décent[2315].

1. La protection relative à la situation professionnelle

1049. La majorité des personnes en âge de travailler sont économiquement actives et tirent généralement leurs moyens de subsistance d'activités rémunératrices, qu'ils s'agissent d'emplois formels ou informels. Cependant il arrive quelquefois que ces personnes en âge de travailler ne parviennent pas à trouver du travail et se retrouvent dans une incapacité temporaire ou permanente de travailler. Ces personnes qui sont soit à la recherche d'emploi, soit dans une incapacité de travailler ont besoin d'une sécurité de revenu pour subvenir à leur besoin et à ceux des personnes à leur charge. La protection sociale permet d'offrir par le biais des prestations chômage une sécurité de revenu à ces personnes.

1050. Les prestations contre le chômage « assurent un revenu aux chômeurs pendant une durée déterminée et peuvent être mises sur pied au moyen de l'assurance ou de l'assistance en cas de chômage ou de programmes de garantie d'emploi, complété par des programmes de garantie minimale de revenu »[2316]. Elles permettent de réduire la vulnérabilité des ménages en atténuant les effets de la perte de revenu et « peuvent aussi jouer un rôle important en empêchant les travailleurs sans-emplois de bousculer dans l'informalité »[2317].

1051. Les normes internationales du travail ayant le double objectif de « s'assurer que les particuliers bénéficient d'une sécurité de revenu malgré la perte de revenus subie à cause du chômage et aider les bénéficiaires à trouver un emploi productif et librement choisi »[2318], ont adopté une approche globale de la protection contre le chômage et « établissent des

[2314] Point 10 (b) de la recommandation n° 202 de l'OIT sur les socles de protection sociales.
[2315] Point 10 (c) de la recommandation n° 202 de l'OIT.
[2316] BIT, *Rapport mondial sur la protection sociale 2017-2019 : protection sociale universelle pour atteindre les objectifs de développement durable, op. cit.*, p. 44.
[2317] OIT. CIT, « Protection sociale universelle pour la dignité humaine, la justice sociale et le développement durable », *op. cit.*, p. 191.
[2318] BIT, *Rapport mondial sur la protection sociale 2017-2019 : protection sociale universelle pour atteindre les objectifs de développement durable, op. cit.*, p. 45.

prestations en espèces et des services durant des périodes de chômage impliquant une suspension de revenus »[2319].

1052. La convention n° 102 de l'OIT exige le service de prestations en espèces aux personnes au chômage capables de travailler et disponibles pour le travail, mais dans l'impossibilité d'obtenir un emploi convenable[2320]. Elle établit des critères de référence qualitatifs et quantitatifs qui doivent être remplis au minimum pour : garantir la couverture d'une part substantielle de la population; garantir que le montant des prestations en espèces représente au moins un certain pourcentage du salaire antérieur des bénéficiaires et soit donc jugé suffisant pour remplacer le revenu ou permettre aux bénéficiaires et à leurs familles de bénéficier d'un niveau de vie et de santé décent et s'assurer que les prestations en espèces sont fournies pendant une période assez longue pour atteindre leurs objectifs[2321].

1053. La convention n° 168 de l'OIT sur la promotion de l'emploi et la protection contre le chômage de 1988 augmente le niveau et étend la portée de la protection qui doit être accordée aux chômeurs. Outre le chômage complet, elle couvre le chômage partiel (réduction temporaire du nombre d'heures de travail) et la suspension temporaire du travail, ainsi que le travail à temps partiel pour les personnes à la recherche de travail à plein temps. Elle exige également la fourniture de prestations sociales à certaines catégories de personnes qui n'ont jamais été, ou ne sont plus, sans emploi ou couvertes par des régimes de protection contre le chômage (nouveaux entrants sur le marché du travail, travailleurs indépendants). Cette convention étend la portée de l'aide qui doit être proposée aux chômeurs, préconise la combinaison de prestations en espèces et de mesures de promotion des possibilités additionnelles d'emploi et d'aide à l'emploi (services d'emploi, formation et orientation professionnels), et accorde la priorité aux personnes défavorisées[2322].

1054. La recommandation n° 176 de l'OIT sur la promotion de l'emploi et la protection contre le chômage de 1988 qui accompagne la convention n° 168 indique, à propos de la notion d'emploi convenable pour les personnes qui en recherchent un, des critères à prendre en compte : l'âge du chômeur, son ancienneté dans sa profession antérieure, l'expérience acquise, la durée du chômage et l'état du marché du travail[2323].

1055. La recommandation n° 202 de l'OIT sur les socles de protection sociale aide les pays à définir et garantir une sécurité élémentaire de revenu, à un niveau minimum défini à l'échelle nationale et dans le cadre d'un socle national de protection sociale à toutes les personnes en âge de travailler dans l'incapacité de bénéficier d'un revenu suffisant pour cause de chômage. Cette garantie doit être prévue au moins pour tous les résidents.

[2319] *Idem.*

[2320] Article 22 de la convention n° 102 de l'OIT concernant la sécurité sociale (norme minimum).

[2321] BIT, *Rapport mondial sur la protection sociale 2017-2019 : protection sociale universelle pour atteindre les objectifs de développement durable*, *op. cit.*, p. 45.

[2322] *Idem.*

[2323] *Idem.*

2. La protection relative à l'état de santé

1056. Les individus en âge de travailleur peuvent se retrouver dans l'incapacité temporaire ou permanente de travailler du fait de leur situation de santé. La protection sociale prévoit des prestations qui permettent d'assurer un minimum de revenu aux travailleurs dans une telle hypothèse. Les prestations concernent notamment les cas de maladie (a), de maternité (b) et d'invalidité (c).

a. La maladie

1057. La protection sociale contre la maladie au sens des normes internationales du travail implique d'une part que les États prévoient à l'échelle nationale des indemnités qui couvriront l'incapacité de travailler résultant d'un état morbide et entrainant la suspension du gain[2324] du travailleur, et d'autre part que le travailleur concerné peut bénéficier de congés de maladie[2325]. Cette indemnité maladie est une prestation en espèces sous forme de paiement périodique[2326] et doit permettre de remédier à la détérioration de la santé, ainsi qu'à la pauvreté et à la perte de productivité liée à l'état de santé.

1058. Cette protection concerne également les accidents de travail et les maladies professionnelles. Selon la convention n° 102 de l'OIT concernant la sécurité sociale (norme minimum), toute éventualité qui a un impact négatif sur la santé et qui est due à un accident du travail ou à une maladie professionnelle, ainsi que l'incapacité de travail et la perte de gain qui en résulte, temporaire ou permanente, totale ou partielle, doivent être couvertes[2327].

1059. La protection comprend également, en cas de décès d'un travailleur à la suite d'un accident de travail ou d'une maladie professionnelle, la perte de moyen d'existence subie par ses personnes à charge[2328]. Les dispositions qui protègent des accidents du travail et des maladies professionnelles doivent inclure les soins médicaux et paramédicaux, en vue de maintenir, rétablir ou améliorer la santé de la personne blessée et sa capacité de travailler et de subvenir à ses besoins personnels[2329]. Une prestation en espèces doit également être versée à la personne blessée ou à ses ayants droit, selon le cas, à un niveau garanti et de façon périodique, en tant que remplacement du revenu ou aide[2330]. Lorsque l'invalidité est légère, la prestation peut, sous certaines conditions, être versée en une fois[2331].

2324 Article 14 de la convention n° 102 de l'OIT concernant la sécurité sociale (norme minimum).

2325 OIT. CIT, « Protection sociale universelle pour la dignité humaine, la justice sociale et le développement durable », *op. cit.*, p. 184.

2326 Article 16 de la convention n° 102 de l'OIT.

2327 Article 32 (a), (b) et (c) de la convention n° 102 de l'OIT.

2328 Article 32 (d).

2329 Article 34.

2330 Article 36 (2) de la convention n° 102 de l'OIT.

2331 Article 36 (3).

b. La maternité

1060. L'incapacité de travail peut être liée à la maternité. La protection de la maternité est un élément essentiel des politiques visant à réduire et prévenir la pauvreté et la vulnérabilité. La protection sociale par le biais des prestations de maternité « garantie la sécurité de revenu pour les femmes enceintes, les mères avec les nouveau-nés et leurs familles, ainsi que l'accès effectif à des soins de santé maternelle et infantile de qualité. Elle favorise également l'égalité en matière d'emploi et de profession »[2332].

1061. La convention n° 102 établit des normes minimales quant à la couverture des régimes de protection de la maternité et à l'octroi de prestations en espèces pendant le congé de maternité, afin de remédier au problème de suspension des gains pendant cette période[2333]. Cette convention définit également les soins médicaux[2334] qui doivent être fournis gratuitement à tous les stades de la maternité, afin de préserver, rétablir ou améliorer la santé des femmes protégées et leur capacité de travailler et de répondre à leurs besoins personnels. Les soins de santé maternelle doivent être disponibles non seulement pour les femmes participantes à un programme de protection de la maternité, mais aussi pour les épouses des hommes couverts par ces régimes, également sans frais.

1062. La convention n° 183 de l'OIT sur la protection de la maternité de 2000, et la recommandation n° 191 sur la protection de la maternité qui l'accompagne sont les normes de l'OIT les plus récentes en matière de protection de la maternité. Elles définissent des normes supérieures et plus complètes sur la couverture de la population, la protection de la santé, le congé de maternité et le congé en cas de maladie ou de complications, les prestations en espèces, la protection de l'emploi et la non-discrimination, ainsi que l'allaitement maternel[2335].

1063. Les prestations en espèces doivent être suffisantes pour permettre aux femmes et à leurs enfants de vivre dans la dignité et d'échapper à la pauvreté. Les prestations de maternité doivent être octroyées au moins à tous les résidents, dans le but de garantir une protection universelle au sens de la recommandation n° 202 de l'OIT sur les socles de protection sociale. L'appel à l'extension progressive de la protection de la maternité à tous les travailleurs de l'économie informelle est une nouvelle fois souligné dans la recommandation n° 204 concernant la transition de l'économie informelle vers l'économie formelle de 2015.

c. L'invalidité

1064. La protection sociale ambitionne de protéger les personnes handicapées qui sont exposées à de multiples risques tout au long de leur vie.

[2332] BIT, *Rapport mondial sur la protection sociale 2017-2019 : protection sociale universelle pour atteindre les objectifs de développement durable, op. cit.*, p. 30.
[2333] Article 50 de la convention n° 102 de l'OIT.
[2334] Article 49.
[2335] BIT, *Rapport mondial sur la protection sociale 2017-2019 : protection sociale universelle pour atteindre les objectifs de développement durable, op. cit.*, p. 31.

Les normes internationales du travail recommandent l'adoption à l'échelle nationale d'une prestation d'invalidité permettant aux personnes handicapées de participer activement à l'éducation, à l'emploi et à la société dans son ensemble.

1065. Pareille prestation d'invalidité doit couvrir « l'inaptitude à exercer une activité professionnelle, d'un degré prescrit, lorsqu'il est probable que cette inaptitude sera permanente ou lorsqu'elle subsiste après cessation de l'indemnité de maladie »[2336]. Cette prestation donne lieu à une indemnité en espèce payée périodiquement[2337] ou en nature qui couvre les coûts liés à l'invalidité et permet aux personnes handicapées d'accéder à l'emploi.

B. La protection du fait familial

1066. La protection sociale entend protéger toute la population indépendamment du statut professionnel. De ce fait, la garantie d'une sécurité élémentaire de revenu a été étendue à certaines catégories de la population telle que les enfants (1) et les personnes âgées (2). À l'instar des dispositions protégeant l'incapacité de travailler, les dispositions des normes internationales du travail octroyant une protection du fait du statut du bénéficiaire doivent faire l'objet de mesures politiques complémentaires. Il peut s'agir de politiques assurant la disponibilité et l'accessibilité de l'alimentation, de l'éducation, des soins et de tous autres biens et services nécessaires[2338] ; de politiques favorisant l'employabilité[2339] et d'une coordination avec les autres politiques[2340].

1. La protection de l'enfant

1067. Plusieurs enfants dans le monde souffrent de pauvreté et d'exclusion sociale et n'ont pas accès aux biens et services dans plusieurs pays. Les systèmes de protection sociale entendent remédier à cette situation en contribuant à « *sortir les enfants de la pauvreté, ainsi qu'améliorer leur santé et leur bien-être général; prévenir la mortalité infantile et faciliter l'accès des enfants aux biens et services qui leur sont nécessaires tels qu'une alimentation nutritive, des services de santé, d'éducation et de soins; réduire le travail des enfants; garantir que les enfants réalisent ainsi leur plein potentiel et sortent du cercle vicieux de la pauvreté et de la vulnérabilité. En outre, la protection sociale joue un rôle clé dans la réalisation des droits de l'enfant à la sécurité sociale et à un niveau de vie suffisant* »[2341].

[2336] Article 54 de la convention n° 102 de l'OIT concernant la sécurité sociale (norme minimum).

[2337] Article 56 de la convention n° 102 de l'OIT.

[2338] Point 4 et point 5 (b) de la Recommandation n° 202 de l'OIT sur les socles de protection sociales.

[2339] Point 10 (b) de la Recommandation n° 202 de l'OIT.

[2340] Point 10 (c) de la Recommandation n° 202 de l'OIT.

[2341] BIT., *Rapport mondial sur la protection sociale 2017-2019 : protection sociale universelle pour atteindre les objectifs de développement durable, op cit,* p. 13.

1068. Les normes internationales du travail relatives à la protection sociale fournissent des orientations aux pays sur la manière de donner effet aux droits divers qui font partie du droit des enfants à la protection sociale[2342]. La convention n° 102 de l'OIT concernant la sécurité sociale (norme minimum), établit des normes minimales pour l'attribution de prestations aux familles (ou à l'enfance) sous la forme d'une prestation en espèces périodique ou de prestations en nature (nourriture, vêtements, logement, vacances ou assistance ménagère) ou une combinaison des deux, attribuées pour l'entretien des enfants[2343].

1069. L'objectif fondamental des prestations aux familles doit être de veiller au bien-être des enfants et d'assurer la stabilité économique de leur famille. À cet égard, la CEACR précise que les normes internationales du travail relatives à la protection sociale « *exigent que les prestations de familles soient accordées pour chaque enfant de la famille et à tous les enfants, tant qu'ils reçoivent une formation scolaire ou professionnelle à plein temps et ne perçoivent pas de revenu suffisant, tel que régi par la législation nationale. Elles doivent être fixées à un niveau directement déterminé par le coût réel de l'entretien d'un enfant et doivent en représenter une part substantielle. Les allocations familiales au taux minimum doivent être accordées sans condition de ressources. Les prestations supérieures au taux minimum peuvent être soumises à des conditions de ressources. En outre, toutes les prestations doivent être ajustées et tenir compte de l'évolution du coût d'entretien des enfants ou du coût général de la vie* »[2344].

1070. La recommandation n° 202 de l'OIT renforce et élargit le cadre normatif visant à assurer une protection universelle. La sécurité de revenu pour les enfants est l'une des garanties élémentaires de la sécurité sociale constituant un socle national de protection sociale et doit assurer « l'accès à l'alimentation, à l'éducation, aux soins et à tous autres biens et services nécessaires » [2345]. Bien que la garantie soit définie au niveau national, cette recommandation fournit des orientations claires quant au niveau approprié : le niveau minimum de revenu devrait permettre de vivre dignement et devrait être suffisant pour assurer un accès effectif à un ensemble de biens et service nécessaire, et correspondre aux seuils nationaux de pauvreté et à

[2342] Il convient de rappeler que l'article 26 de la Convention des Nations Unies relative aux droits de l'enfant dispose que « *Les États parties reconnaissent à tout enfant le droit de bénéficier de la sécurité sociale, y compris les assurances sociales, et prennent les mesures nécessaires pour assurer la pleine réalisation de ce droit en conformité avec leur législation nationale* ». De plus, l'article 10 (1) du Pacte international relatif aux droits économiques, sociaux et culturels (PIDESC) exige que les États accordent une protection et une assistance aussi larges que possible à la famille, en particulier l'entretien et l'éducation des enfants à charge

[2343] Article 42 de la convention n° 102 de l'OIT concernant la sécurité sociale (norme minimum).

[2344] BIT, *Rapport mondial sur la protection sociale 2017-2019 : protection sociale universelle pour atteindre les objectifs de développement durable*, *op. cit.*, p. 15.

[2345] Point 5 (b) de la recommandation n°202 de l'OIT sur les socles de protection sociale.

d'autres seuils comparables[2346]. Concernant l'universalité de la protection, cette recommandation stipule que la garantie élémentaire de la sécurité sociale doit s'appliquer au moins à tous les résidents et enfants, tels que définis par la législation nationale et sous réserve des obligations internationales existantes[2347].

2. La protection des personnes âgées

1071. Les personnes âgées s'appuient de moins en moins sur des revenus provenant d'un emploi au fur et à mesure qu'elles avancent en âge. « Assurer la sécurité de revenus des personnes âgées est l'un des principaux objectifs de protections sociales des sociétés modernes »[2348] et les normes internationales du travail relatives à la protection sociale donnent des orientations aux États pour assurer cette protection.

1072. La convention n° 102 de l'OIT concernant la sécurité sociale (norme minimum), la convention n° 128 de l'OIT consacrée aux prestations d'invalidité, de vieillesse et de survivants de 1967, et la recommandation n° 131 de l'OIT qui l'accompagne ainsi que la recommandation n° 202 de l'OIT sur les socles de protection sociale, constituent un cadre de référence international, déterminant la gamme et les niveaux de prestations de sécurité sociale nécessaires et appropriées pour garantir les ressources et la sécurité de revenu des personnes âgées ainsi que leur accès aux soins de santé.

1073. Les conventions n° 102 de l'OIT concernant la sécurité sociale (norme minimum) et n° 128 de l'OIT concernant les prestations d'invalidité, de vieillesse et de survivants de 1967, et la recommandation n° 131 prévoient le versement de prestations de vieillesse à des niveaux garantis, subordonnés à l'accomplissement d'une durée minimale d'affiliation ou de résidence, et la révision régulière de leur montant afin de préserver le pouvoir d'achat des retraités.

1074. Plus précisément, les deux conventions précitées prévoient d'assurer une sécurité de revenu aux personnes ayant atteint l'âge de départ à la retraite par l'octroi d'une pension contributive liée aux gains antérieurs, en garantissant un niveau de prestations minimal, ou taux de remplacement, qui correspond à un pourcentage prescrit des dernières rémunérations perçues (notamment pour les personnes à bas revenus) ou d'une pension forfaitaire de base non contributive qui peut être, soit universelle, soit liée au niveau des ressources[2349]. Le montant minimal garanti dans ce cas doit être au moins égal à un pourcentage prescrit du gain antérieur moyen d'une manœuvre type, mais « le total de la prestation et des autres ressources [...] doit être

---

[2346] Point 8 (b) de la recommandation n° 202 de l'OIT.

[2347] Point 6 de la recommandation n° 202 de l'OIT sur les socles de protection sociale.

[2348] BIT, *Rapport mondial sur la protection sociale 2017-2019 : protection sociale universelle pour atteindre les objectifs de développement durable*, *op. cit.*, p. 84.

[2349] *Ibid.*, p. 85.

suffisant pour assurer à la famille du bénéficiaire des conditions de vie saine et convenable »[2350].

1075. La recommandation n° 202 de l'OIT sur les socles de protection sociale complète ce cadre en préconisant la mise en place de garanties visant à assurer une sécurité élémentaire de revenu pour toutes les personnes âgées, à commencer par celles qui sont dans le besoin et celles qui ne sont pas couvertes par les dispositifs existants. Cette garantie est destinée à prémunir contre la pauvreté, la vulnérabilité et l'exclusion sociale les personnes qui ne sont pas couvertes par des régimes de retraite contributifs. Elle revêt aussi une importance cruciale pour les retraités dont les prestations pâtissent des pertes financières subies par les fonds de pension, dont les pensions ne sont pas régulièrement révisées pour tenir compte du coût de la vie ou sont tout simplement inadéquates pour garantir un accès effectif aux biens et services nécessaires et permettre de vivre dans la dignité. Les normes de l'OIT relatives à la sécurité sociale fournissent ainsi un ensemble complet de références et un cadre pour l'instauration, le développement et le maintien de systèmes nationaux de retraite[2351].

[2350] Article 67 de la convention n° 102 de l'OIT concernant la sécurité sociale (norme minimum).

[2351] BIT, *Rapport mondial sur la protection sociale 2017-2019 : protection sociale universelle pour atteindre les objectifs de développement durable, op. cit.*, p. 84.

CONCLUSION DU TITRE II

1076. Depuis la création de l'OIT, celle-ci a entrepris une importante activité normative. Les normes internationales du travail adoptées visent à améliorer les conditions de vie des travailleurs et ont trait à plusieurs sujets. Ces normes poursuivent l'avènement d'un développement durable et peuvent accompagner la réalisation de l'intégration régionale. L'UEMOA étant une organisation sous régionale œuvrant initialement pour le développement économique et, plus récemment, pour le développement social de son espace, les normes internationales du travail peuvent contribuer à la réalisation d'un tel objectif.

1077. Certaines normes internationales influencent directement les économies des États et doivent être prises en considération dans l'optique d'une intégration régionale. Elles contiennent des dispositions qui participent à la régulation des économies, favorisent le développement économique et permettent la préservation de la dignité des travailleurs. La prise en considération des besoins des travailleurs à également conduit l'OIT à adopter des normes pour sécuriser les milieux de travail et mettre en place des systèmes de protection. Ces normes peuvent contribuer à l'épanouissement des travailleurs. Elles œuvrent pour la lutte contre la pauvreté. Elles n'intègrent pas directement des dispositions à caractère économique, mais leur application effective impacte indirectement le développement économique.

CONCLUSION DE LA DEUXIÈME PARTIE

1079. Les organisations d'intégration sous régionales sont nombreuses sur le continent africain. Celles-ci ont été créées dès l'avènement des indépendances en ayant des objectifs initiaux disparates. Cependant, elles ont pour volonté commune la réalisation de l'intégration économique et, malgré la permanence des difficultés, ont contribué à la libéralisation du commerce et à l'attrait des investisseurs.

1080. Les questions sociales initialement occultées dans les projets d'intégration de ces organisations ont toutefois été prises en considération dans les processus d'intégration sur le continent africain. Cela s'explique par l'impact de ces questions sur le développement économique des États membres de ces organisations, mais surtout par l'inclusion de ces questions dans les objectifs de développement au niveau international.

1081. La gestion des inquiétudes sociales est une préoccupation incluse dans les activités de ces organisations d'intégration africaines et, plus précisément, de l'UEMOA. La question de l'emploi, notamment, revêt une importance particulière dans ces organisations. Elle a fait l'objet avec plus ou moins de succès de règlementations. Cependant, en la matière, les normes de l'OIT peuvent influencer positivement ces processus d'intégration. Ces normes qui ont une vocation universelle peuvent directement favoriser le développement économique de ces organisations par le biais de dispositions régulant le secteur économique et facilitant le progrès social. Certaines normes qui visent à préserver la santé et la sécurité des travailleurs et à mettre en place des systèmes de protection sociale peuvent aussi influencer indirectement le développement économique.

CONCLUSION GÉNÉRALE

1082. L'examen des voies d'interaction positive entre intégration économique et réception des normes internationales du travail nous a permis de relever les possibles interférences constructives entre deux processus *a priori* sans rapport, l'intégration économique étant poursuivie dans le cadre d'une organisation internationale, la réception des normes internationales relevant de la souveraine responsabilité de chaque État. En effet, pour connaitre un réel approfondissement, l'intégration économique poursuivie dans le cadre de l'UEMOA, doit aujourd'hui se soucier d'affirmer une dimension sociale, singulièrement au travers de l'affirmation d'un socle commun de ratification de normes internationales et d'une volonté de mise en œuvre effective au sein de l'espace commun. Par ailleurs, l'existence et les capacités de coordination et d'activation de l'UEMOA, constituent une opportunité pour mieux voir reçues, par chaque État membre, les normes internationales du travail.

1083. L'UEMOA qui « constitue l'expérience d'intégration économique la plus avancée de la région ouest-africaine »[2352] est constituée par des États géographiquement proches, partageant des valeurs culturelles analogues et disposant d'une monnaie commune. Cette organisation a été initialement conçue pour « restaurer les équilibres macro-économiques, asseoir la crédibilité de la monnaie, relancer la croissance économique par l'investissement privé, l'intensification du commerce intra-zone et le retour à la discipline budgétaire »[2353]. De ce fait, les premières dispositions prises avaient trait au domaine économique. Même si les politiques sectorielles mises en place dans le processus d'intégration de l'UEMOA ont conduit celle-ci à intervenir dans d'autres domaines, on constate que les questions sociales n'y ont été prises en considération que dans l'optique d'améliorer les conditions de vie des populations.

1084. La question du travail n'est pas explicitement abordée par le Traité fondateur de l'UEMOA, mais appréhendée au travers de celle de la libre circulation des personnes ; celle-ci a donné lieu sur le plan juridique à une

---

[2352] HUGON Philippe (dir.), « Analyse comparative des processus d'intégration économique régionale », Direction générale de la coopération internationale et du développement, Ministère des Affaires étrangères françaises, 2001, p. 16.

[2353] SECK Diery, « L'UEMOA à 15 ans : bilan et stratégies futures », *in* AYUK Elias (dir.), KABORE Samuel (dir.), *S'intégrer pour s'enrichir : l'intégration régionale et les stratégies de réduction de la pauvreté en Afrique de l'ouest,* Springer, 2012, p. 20.

harmonisation législative. Quant à la réception des normes internationales du travail, elle continue de relever de la souveraineté des États membres et se distingue en l'espèce de la coordination existante, en la matière, au sein de l'Union européenne. Cette réception en dépit du caractère universel des normes internationales du travail demeure étroitement dépendante du bon vouloir des États qui interviennent, chacun de leur côté, aussi bien dans l'élaboration de ces normes que dans leur mise en œuvre.

1085. Les mécanismes juridiques internes de réception des normes internationales du travail diffèrent selon les États membres de l'UEMOA ; toutefois, notre étude a permis de relever des similitudes. Ceci s'explique par l'héritage colonial commun de sept des huit États membres. Le fait que la Guinée Bissau ait été pour sa part une colonie portugaise explique l'existence d'un mécanisme de réception des normes internationales différent ; cependant, à l'analyse, ce dernier s'avère proche de ceux des autres États membres de l'UEMOA. De façon plus problématique, notre étude a mis en exergue des difficultés communes bien que variables d'un pays à l'autre, de réception des normes internationales du travail, difficultés tenant aux capacités d'assimilation de ces normes et à la persistance de la faiblesse des organes de contrôle nationaux.

1086. En dépit des difficultés de réception des normes internationales du travail dans cet espace, l'UEMOA en créant un organe consultatif exclusivement dédié au travail et au dialogue social a démontré sa volonté de respect des principes prônés par l'OIT visant à améliorer les conditions de vie des travailleurs. Ce récent mais réel intérêt ne présage pas d'une implication de l'UEMOA dans le processus de réception des normes internationales du travail de ces membres ; il traduit cependant la volonté de l'UEMOA de conformer son processus d'intégration aux exigences de cette organisation internationale. Ceci ouvre également des perspectives pour l'adoption d'une Déclaration de droit sociaux au sein de cet espace d'intégration. Sur le plan juridique, la quasi-similitude des législations sociales internes devrait être un facteur favorable d'impact réel d'une telle Déclaration.

1087. Malgré l'existence de ces facteurs favorables à l'édiction d'une Déclaration des droits sociaux au sein de cet espace, notre étude a permis de constater l'existence de freins au processus d'intégration économique au sein de l'UEMOA qui tendent à pousser cette organisation, à l'instar des autres organisations d'intégration économique du continent africain, à reléguer la question sociale au second plan. Au sein de cette organisation, la recherche prioritaire du développement économique est allée de pair avec l'accentuation de la vulnérabilité des populations. La gestion des conséquences d'une telle vulnérabilité de même que de celles inhérentes à l'accroissement des sources d'insécurité paraît constituer un défi à relever prioritairement par l'UEMOA.

1088. Les difficultés rencontrées concernant des problématiques liées au travail peuvent expliquer la persistance d'une vulnérabilité sociale, apparaissant clairement comme un frein à l'intégration économique au sein de l'espace UEMOA. De ce fait, une prise en considération plus conséquente des problématiques relatives au travail, à l'emploi et à la protection sociale, et plus particulièrement des normes internationales du travail, serait incontestablement un atout pour une avancée significative de l'intégration économique. Une telle prise en considération serait par ailleurs en phase avec les aspirations des organisations internationales incluant aujourd'hui unanimement certains principes de l'OIT dans les objectifs de développement mondial. Le respect d'un corps commun et substantiel de normes internationales du travail par l'UEMOA témoignerait de la volonté de cette organisation de se conformer aux exigences internationales.

1089. Au-delà, il apparaît que certaines normes internationales du travail peuvent être directement des facteurs d'intégration économique. En effet, elles peuvent influencer le processus d'intégration économique en participant à la qualité de la régulation économique au sein des États membres et de l'UEMOA, en favorisant la mise en place d'un dialogue social porteur de paix sociale durable ; on pense évidemment ici tout particulièrement à l'impact d'une application effective des conventions fondamentales et de gouvernance. Outre l'impact direct de certaines normes internationales du travail sur l'intégration économique, notre étude nous a permis de constater que certaines normes peuvent accompagner indirectement le processus d'intégration économique. Ces normes qui entendent améliorer les conditions de travail et de vie des travailleurs doivent permettre aux États de l'UEMOA « de combiner des conditions de travail acceptables avec une croissance économique créatrice d'emplois »[2354] et de voir ainsi le bien-être des populations de l'espace UEMOA connaitre des progrès. À la vue des opportunités qu'offrent ces normes pour la réussite de l'intégration économique, celles-ci se doivent d'être mieux reçues. La prise de dispositions et la mutualisation de moyens au niveau de l'UEMOA, en incitant et en accompagnant les États membres dans la réception des normes internationales, contribueraient indéniablement à une avancée de l'intégration économique et de la situation sociale au sein de l'UEMOA.

[2354] SERVAIS Jean-Michel, « L'OIT et le travail décent : la difficile médiation entre croissance, création d'emploi et protection des travailleurs », *Revue de droit comparé et de la sécurité sociale,* n°1, 2011, p. 72.

BIBLIOGRAPHIE

I. DROIT FRANÇAIS, EUROPÉEN ET INTERNATIONAL

A. Traités et ouvrages

ALIPRANTIS Nikitas (éd.), *Les droits sociaux dans les instruments européens et internationaux : défis à l'échelle mondiale*, Bruxelles, Bruylant, 2008, 441p.

ALLAND Denis, *Manuel de Droit international public,* 4e édition, Paris, PUF, 2017, 290 p.

BALASSA Bela, *The theory of economicintegration,* London, G. Allen and Unwin, 1961, 304 p.

BONVIN Jean-Michel, *L'Organisation international du travail : étude sur une agence productrice de normes,* Paris, PUF, 1998, 338 p.

BRUN André, GALLAND Henri, *Le droit du travail : métropole et territoires d'outre-mer, droit commun et régimes spéciaux,* Paris, SIREY, 1958, 1053 p.

CARON Matthieu, *Budget et politiques budgétaires,* Paris, Bréal, 2007, 128 p.

CEREXHE Etienne, DE BEAULIEU Louis le Hardy, *Introduction à l'Union économique ouest africaine*, Bruxelles, De Boeck Université, 1997, 157 p.

COOPER Frederick, *Décolonisation et travail en Afrique : l'Afrique britannique et française 1935-1960*, Paris, Karthala- Sephis, 2004, 578 p.

DUPUY Jean René, *Le droit international,* Paris, PUF, 1972,

DUPUY Pierre-Marie, KERBRAT Yann,

- *Droit international public*, 13e éd, Paris, Dalloz, 2016, 920 p.
- *Droit international public*, 14e éd, Paris, Dalloz, 2018, 956 p.

FLEURY GRAFF Thibaut, *Manuel de droit international public,* Tome 2, Paris, PUF, 2016, 268 p.

FREYSSINET Jacques, *Le concept de sous-développement,* Vol 1, Paris, Mouton, 1966, 368 p.

GONIDEC Pierre François, *Droit du travail des territoires d'Outre-mer,* Paris, Librairie générale de droit et de jurisprudence, 1958, 743 p.

GONIDEC Pierre François, KIRSCH Martin, *Droit du travail des territoires d'Outre-mer,* Paris, Librairie générale de droit et de jurisprudence, 1958, 736 p.

KHABO Fumane' Malebona, *Collective bargaining and labour disputes resolution :is SADC meeting the challenge ?,*Harare, ILO, 2008, 40 p.

LA HOVARY Claire, *Les droits fondamentaux au travail. Origine, statuts et impact en droit international,* Paris, PUF, 2009, 338 p.

LACOSTE-MARY Valérie, *Droit social international,* Paris, Ellipses, 2007, 126 p.

LECAILLON Jacques, *Les incidences économiques et financières du Code du travail : contribution à l'étude des revenus dans les territoires d'Outre-mer,* Dakar, Grande imprimerie Africaine, 1954, 41p.

LOUIS Marieke,
- *L'organisation internationale du travail et le travail décent : un agenda social pour le multilatéralisme,* Paris, L'Harmattan, 2011, 178 p.
- *Qu'est-ce qu'une bonne représentation ? L'Organisation internationale du Travail,* Paris, Dalloz, 2014, 462p.

MAZUYER Emmanuelle, *L'harmonisation sociale européenne : processus et modèle*, Bruxelles, Bruylant, 2007, 353 p.

MONJAL Pierre-Yves, *Recherches sur la hiérarchie des normes communautaires,* Paris, LGDJ, 2000, 629 p.

OLSEN Terry, CASSIA Paul, *Le droit international, le droit européen et la hiérarchie des normes,* Paris, PUF, 2006, 59 p.

PORTA Jérôme, *La réalisation du droit communautaire : essai sur le gouvernement juridique de la diversité,* Tome 1, Paris, L.G.D.J, 2007, 443 p.

RIPERT Georges, *Les forces créatrices du droit,* Deuxième édition, Paris, L.G.D.J, 1955, 431 p.

RIVIER Raphaëlle, *Droit international public*, Paris, PUF, 2017, 841p.

STARCK Boris, ROLAND Henry, BOYER Laurent, *Introduction au droit*, 5e édition, Paris, Litec, 2000, 649 p.

SERVAIS Jean-Michel,
- *Les normes internationales du travail*, Paris, L.G.D.J, 2004, 333 p.
- *Droit international du travail*, Bruxelles, Larcier, 2015, 484 p.

SINNASSAMY Christophe, *Introduction générale au droit*, 3e édition, Le Mesnil-sur-l'Estrée, Bréal, 2018, 176 p.

SUPIOT Alain, *L'esprit de Philadelphie : la justice sociale face au marché total,* Paris, 2010, 179 p.

TERRÉ François, *Introduction générale au droit,* 8e Ed., Paris, Dalloz, 2009, 656 p.

THOUVENIN Jean-Marc (dir.), TREBILCOCK Anne (dir), *Le droit international social, Droits économiques, sociaux et culturels,* Bruxelles, Bruyant, 2013, 2072 p.

VALTICOS Nicolas, *Droit international du travail,* in Camerlynck (dir.), Traité de droit du travail, Tome 8, 2eme édition, Paris, Dalloz, 1983, 683 p.

B. Thèses et monographies

AUVERGNON Philippe, *Recherche sur les attributions de l'inspection du travail et de l'emploi : évolution et en droit du travail,* Thèse de doctorat, droit, Université de Bordeaux I, 1981, 429 p.

MONAT Jacques, *L'organisation internationale du travail et le régionalisme,* Thèse de doctorat, Université de Lyon, 1955, 376 p.

PHILIP Christian, *Normes internationales du travail : universalisme ou régionalisme?,* Thèse de doctorat, droit, Université de Paris II, 1975, 396 p.

C. Articles, chroniques et fascicules

ATHANASE Stéphane, « Les gains de la mutualisation pour les universités », *I2D-Information, données & documents,* vol 52, 2015, pp. 58-59.

AUVERGNON Philippe,
- « Pour l'effectivité du droit du travail : quel système d'inspection et quelle indépendance des inspecteurs ? » *in* AUVERGNON Philippe (dir.), *L'effectivité*

du droit du travail : à quelles conditions ?, 2ème éd. Bordeaux, Presse universitaire de bordeaux, 2008, pp. 253-261.
- « Le travail domestique sur le chemin du travail décent ?, *Migracione sinternacionales : impacto de la crisiseconômica* .Compromissos de la OIT, 2013, pp. 279-310.
- « À propos de la promotion du « travail décent » par l'OIT », *in* MESTRES Christian (dir.), SACHS-DURAND Corinne (dir.), STORCK Michel (dir.), *Le travail humain au carrefour du droit et de la sociologie : hommage au Professeur Nikitas Aliprantis,* Stransbourg, Presses universitaires de Strasbourg, 2014, pp.342-364.

BAUDE Catherine, BARDET Florence, MARGUERIN Stéphane, « Mutualiser : quels résultats ? Analyses », *I2D-Information, données & documents,* vol 52, 2015, pp.54-56.

BERENSTEIN Alexandre, « La ratification des convention internationales du travail et la législation interne », *Die Friedens-Warte*, vol.53, 1955, pp.136-165.

BRONSTEIN Arturo, « En aval des normes internationale du travail : le rôle de l'OIT dans l'élaboration et la révision de la législation du travail » *in* JAVILLIER Jean-Claude (dir.), GERNIGON Bernard (dir.), *Les normes internationales du travail : un patrimoine pour l'avenir. Mélange en l'honneur de Nicolas Valticos,* BIT, 2004, pp. 219-248.

DUPLESSIS Isabelle, « La déclaration de l'OIT relative aux droits fondamentaux au travail : Une nouvelle forme de régulation efficace ? », *Relations industrielles*, n° 59(1), 2004, pp. 52–72.

FELDERHOFF K-M, KRONER-MOSSMANN I et Samuel T, « Sécurité et santé au travail », *in* JAVILLIER Jean Claude, *Les normes internationales du travail : une approche globale,* Genève, BIT, 2002, pp.336- 446.

GRAVEL Éric, « Les mécanismes de contrôle de l'OIT : bilan de leur efficacité et perspectives d'avenir », *in* JAVILLIER Jean-Claude (dir.), GERNIGON Bernard (dir.), *Les normes internationales du travail : un patrimoine pour l'avenir. Mélange en l'honneur de Nicolas Valticos,* BIT, 2004, pp. 3-10.

GRAVEL Éric, DELPECH Quentin, « Contrôle des normes internationales du travail et complémentarité des systèmes nationaux et internationaux : récentes évolution », *Revue internationales du travail,* n°4, vol 147, 2008, 439-453.

HOULE France, « La légitimité constitutionnelle de la réception directe des normes du droit international des droits de la personne en droit interne canadien », *Les Cahiers de droit*, vol 45, n°2, 2004, pp. 295-326.

HUGON Philippe (dir.), « Analyse comparative des processus d'intégration économique régionale », Direction générale de la coopération internationale et du développement, Paris, Ministère des Affaires étrangères françaises, 2001, 275 p.

KOTT Sandrine, « Quelles normes pour quelle justice sociale ? 100 ans d'histoire normative », *in* DUPONT Anne Sylvie (dir.), LEMPEN Karine (dir.), *L'OIT et le droit social en Suisse : 100 ans et après ?,* Genève, Pôle Berenstein, Faculté de droit de l'Université de Genève, 2019, pp. 7-30.

MIALHE Julie, « Les origines du droit international social (jusqu'aux premières années de l'Organisation internationale du travail », *in* THOUVENIN Jean-Marc (dir.), TREBILCOCK Anne (dir), *Le droit international social, Droits économiques, sociaux et culturels,* Bruxelles, Bruyant, 2013, pp. 34-44.

ODERO Alberto, TRAVIESO Maria Marta, « Le comité de la liberté syndicale (I) : origines et genèse », *in* JAVILLIER Jean-Claude (dir.), GERNIGON Bernard (dir.), *Les normes internationales du travail : un patrimoine pour l'avenir. Mélange en l'honneur de Nicolas Valticos,* BIT, 2004, pp. 159-194.

ODERO Alberto, TRAVIESO Maria Marta, « Le comité de la liberté syndicale (II) : composition, procédure et fonctionnement », *in* JAVILLIER Jean-Claude (dir.), GERNIGON Bernard (dir.), *Les normes internationales du travail : un patrimoine pour l'avenir. Mélange en l'honneur de Nicolas Valticos,* BIT, 2004, pp.195-2016.

OZAKI Muneto, RUEDA-CATRY Marleen, « Le dialogue social : un aperçu international », *Education ouvrière,* n°120, 2000, pp.1-10.

POLITAKIS P. Georges, « Salaires », *in* JAVILLIER Jean Claude, *Les normes internationales du travail : une approche globale,* Genève, BIT, 2002, pp. 248-283.

PORTA Jérôme, « Les droits sociaux fondamentaux à l'épreuve du pluralisme », *in* JEAMMAUD Antoine, LE FRIANT Martine, LOKIEC Pascal, WOLMARK Cyril (coord.), *À droit ouvert : mélanges en l'honneur d'Antoine Lyon-Caen,* Paris, Dalloz, 2018, pp. 789-814.

POTOBSKI G. Von, ANCEL-LENNERS J, « Durée du travail, repos hebdomadaire et congés payés », *in* JAVILLIER Jean Claude, *Les normes internationales du travail : une approche globale,* Genève, BIT, 2002, pp. 284- 313.

SERVAIS Jean-Michel,

- « Normes internationales du travail et disparités économiques et sociales », *in* AUVERGNON Philippe (dir.), *Liberté, Égalité, Fraternité. Actualités en droit social,* Paris, LCF, 1990, pp. 234- 244.
- « Normes du droit universelles et cultures nationales », *in* AUVERGNON Philippe (dir.), *L'effectivité du droit du travail : à quelles conditions ?*, 2ème éd. Bordeaux, Presse universitaire de bordeaux, 2008, pp .363-385.
- « L'OIT et le travail décent : la difficile médiation entre croissance, création d'emploi et protection des travailleurs », *Revue de droit comparé et de la sécurité sociale,* n°1, 2011, pp.71-80.
- « L'OIT et la protection sociale : une vision renouvelée », *in* KORICHE Mahammed (dir.), *L'État et la protection sociale,* Université d'Alger 3, 2012, pp. 66-111.
- « Droit de la personne humaine et protection sociale. Une vision renouvelée à l'OIT », *in* MESTRES Christian (dir.), SACHS-DURAND Corinne (dir.), STORCK Michel (dir.), *Le travail humain au carrefour du droit et de la sociologie : hommage au Professeur Nikitas Aliprantis,* Stransbourg, Presses universitaires de Strasbourg, 2014, pp.761-772.

SIMS E, « Politique de l'emploi », *in* JAVILLIER Jean Claude, *Les normes internationales du travail : une approche globale,* Genève, BIT, 2002, pp. 207-229.

SUPIOT Alain, « Le droit du travail bradé sur le « marché des normes », *Droit Social,* n°12, décembre 2005, pp.1087-1096.

THOMAS Albert, « L'Organisation internationale du travail : origine, développement, avenir », *Revue Internationale du Travail,* janvier 1921, n°1, pp. 5-22.

VALTICOS Nicolas,

- « La commission d'investigation et de conciliation en matière de liberté syndicale et le mécanisme de protection internationale des droits syndicaux », *Annuaire français de droit,* vol 13, 1967, pp.445-468.
- « Droit international du travail et droit interne français. » *Travaux du comité français de droit international,* 34-36e année, 1977, pp.11-37.
- « Droit international du travail et souverainetés étatiques » *in* Institut d'étude juridique européenne Fernand Dehousse (dir.), *Mélanges Fernand Dehousse : les progrès du droit des gens,* Vol 1, Labor, Bruxelles, 1979, p. 123-132.

- « Le droit international du travail face aux problèmes de la société internationale de 1980 » *Revue Belge de Droit International*, 1980, pp.5-19.
- « L'OIT : vue rétrospective et perspective d'avenir », *Revue internationale du travail*, 1996, n° 3-4, pp.519-526.

WEDEL Joachim, « Sécurité sociale et intégration économique », *Revue internationale du travail,* vol 102, n°5, 1970, pp.503-525.

D. Travaux collectifs et dictionnaires

BEITONE Alain, CAZORLA Antoine, HEMDANE Estelle, *Dictionnaire de science économique,* 6eme édition, Malakoff, Dunod, 2019, 639 p.

BEITONE Alain, CAZORLA Antoine, DOLLO Christine, DRAI Anne-Mary, *Dictionnaire de science économique,* 4eme édition revue et argumentée, Paris, Armand Colin, 2013, 523 p.

BIT,
- *Les problèmes du droit du travail en Afrique,* Genève, BIT, 1958, 792 p.
- *Influence de l'article 35 de la constitution de l'OIT sur l'application des conventions dans les territoires non métropolitains*, Genève, BIT, 1959, 290 p.
- *Stratégie globale en matière de sécurité et de santé au travail,* Genève, BIT, 2003, 15 p.
- *La liberté syndicale. Recueil de décisions et de principe du Comité de la liberté syndicale du Conseil d'administration du BIT,* 5e édition, Genève, BIT, 2006, 287 p.
- *Mise en œuvre de l'agenda du travail décent en Afrique de l'ouest : résultat des activités de l'équipe d'appui technique au travail décent- Bureau pays de l'OIT à Dakar*, Dakar, BIT, 2013, 49 p.
- *Les règles du jeu : une brève introduction aux normes internationales du travail*, Genève, BIT, Édition révisée 2014, 131 p.
- *Rapport mondial sur la protection sociale 2017-2019 : protection sociale universelle pour atteindre les objectifs de développement durable,* Genève, BIT, 2017, 468 p.
- *Les règles du jeu : une introduction à l'action normative de l'organisation internationale du travail,* 4e édition, Genève, BIT, 2019, 130 p.

CORNU Gérard,
- *Vocabulaire juridique*, 11ème édition, Paris, PUF, 2016, 1101 p.
- *Vocabulaire juridique*, 12ème édition, Paris, PUF, 2018, 1091 p.

GARNIER Yves (éd.), VINCIGUERRA Mady (éd.), *Le petit Larousse grand format,* Paris, Larousse, 2005, 1927 p.

HCR,
- Rapport global, 2011. {http://www.unhcr.org/fr/500e9f85b.pdf}.
- Rapport global, 2016. {http://www.unhcr.org/fr-fr/5965f0a07.pdf}.

OIT,
- *Les normes internationales du travail,* Genève, BIT, 1964, 40 p.
- « Decent work and the transition to formalization : recent trends, policydebates and good pratices », rapport du colloque interrégional tripartite sur l'économie informelle : permettre une transition vers la formalisation, 27-29 novembre 2007, 2008, 85 p.
- « Emploi et questions sociales dans le monde 2018 : une économie verte et créatrice d'emplois », 2018, p.197.

- « Réduire le déficit du travail décent dans les secteurs de l'infrastructure et de la construction : l'expérience et les propositions du Programme d'investissement à haute intensité de main-d'œuvre (HIMO) du BIT », 2004, 41 p.
- « Rapport mondial sur les salaires 2016/2017 : les inégalités salariales au travail », 1er édition, 2017, 145 p.

OIT. CA, « Amélioration des activités normative de l'OIT : rapport d'activité », rapport de la Commission des questions juridiques et des normes internationales du travail, 307e session, Genève, mars 2010, 36 p.

OIT.CIT,
- rapport de la Commission de l'application des conventions et des recommandations, 3e partie, annexe IV, 1962.
- rapport générale III, 64eme session, partie 4,1978.
- rapport général III, 87emesession, partie 1A, 1999.
- rapport général III, 88emesession, partie 1A, 2000.
- rapport générale III, 89eme session, partie 1 A, 2001
- « Votre voie au travail », rapport global en vertu du suivi de la Déclaration de l'OIT relative aux principes et droits fondamentaux au travail, Rapport I (B), 88e session, 2000, 94 p.
- « Un avenir sans travail des enfants », rapport global en vertu du suivi de la Déclaration de l'OIT relative aux principes et droits fondamentaux au travail, Rapport I (B), 90e session, 2002, 153 p.
- « L'heure de l'égalité au travail », rapport global en vertu du suivi de la Déclaration de l'OIT relative aux principes et droits fondamentaux au travail, Rapport I (B), 91e session, 2003, 149 p.
- « S'organiser pour plus de justice sociale », rapport global en vertu du suivi de la Déclaration de l'OIT relative aux principes et droits fondamentaux au travail, Rapport I (B), 92e session, 2004, 144 p.
- « La fin du travail des enfants : un objectif à notre porté », rapport global en vertu du suivi de la Déclaration de l'OIT relative aux principes et droits fondamentaux au travail, Rapport I (B), 95e session, 2006, 101p.
- « L'égalité au travail : relever les défis », rapport global en vertu du suivi de la Déclaration de l'OIT relative aux principes et droits fondamentaux au travail, Rapport I (B), 96e session, 2007, 135 p.
- « Liberté d'association : enseignements tirés de la pratique », rapport global en vertu du suivi de la Déclaration de l'OIT relative aux principes et droits fondamentaux au travail, Rapport I (B), 97e session, 2008, 111 p.
- « Le coût de la coercition », rapport global en vertu du suivi de la Déclaration de l'OIT relative aux principes et droits fondamentaux au travail, Rapport I (B), 98e session, 2009, 92 p.
- « Intensifier la lutte contre le travail des enfants », rapport global en vertu du suivi de la Déclaration de l'OIT relative aux principes et droits fondamentaux au travail, Rapport I (B), 99e session, 2010, 92 p.
- « L'égalité au travail : un objectif qui reste à atteindre », rapport global en vertu du suivi de la Déclaration de l'OIT relative aux principes et droits fondamentaux au travail, Rapport I (B), 100e session, 2011, 76 p.
- « Dialogue social, Discussion récurrente en vertu de la Déclaration de l'OIT sur la justice sociale pour une mondialisation équitable », rapport VI, 102e session 2013, 113 p.
- « La transition de l'économie informelle vers l'économie formelle », rapport V (1), 103e session 2014, 87 p.

SALMON Jean (dir.), *Dictionnaire de droit international public,* Bruxelles, Bruylant, 2001, 1198 p.

Législations internationales

Constitution de l'Organisation Internationale du Travail de 1919, amendée en 1972 et entrée en vigueur le 1er novembre 1974 ;
Déclaration universelle des droits de l'homme du 10 décembre 1948 ;
Traité de Versailles du 28 juin 1919.

E. Les articles en ligne

BAYRAMZADEH Kamal, « Le rôle des organisations internationales dans le processus d'intégration régionales : le cas du monde arabe », *Fédéralisme Régionalisme,* Numéro 2 - Le régionalisme international : regards croisés. Europe, Asie et Maghreb, Volume 11 : 2011, [En ligne], [Consulté le 10 octobre 2018],https://popups.uliege.be/1374-3864/index.php?id=1096 .

DRUMMOND Ian, « Ottawa, accords d' », *Encyclopédie Canadienne,* [En ligne], 09 octobre 2015, [Consulté le 08 octobre 2019], https://www.thecanadianencyclopedia.ca/fr/article/ottawa-accords-d

SANTANDER Sébastien, « Introduction générale : le régionalisme dans les relations internationales », *Fédéralisme Régionalisme* [en ligne], n°1 - Le régionalisme international dans les Amériques : dynamique interne et projection internationale, vol 11, 2011, [consulté le 12 juin 2018], https://popups.uliege.be:443/1374-3864/index.php?id=1101.

OIT. CIT,

- « Salaires minima. Méthodes de fixation, application et contrôle. Étude d'ensemble des rapports sur la convention n°26 et la recommandation n°30 sur les méthodes de fixation des salaires minima, 1928 ; la convention n°99 et de la recommandation n°89 sur les méthodes de fixation des salaires minima (agriculture), 1951 ; et sur la convention n°131 et la recommandation n°135 sur la fixation des salaires minima, 1970 », Rapport III 4 B, 72e session, 1992, 222 p. https://www.ilo.org/public/libdoc/ilo/P/09662/09662(1992-79-4B).pdf
- « Travailleurs migrants. Étude d'ensemble des rapports sur la convention n°97 et la recommandation n°86 sur les travailleurs migrants (révisée), 1949, et sur la convention n°143 et la recommandation n°151 sur les travailleurs migrants (dispositions complémentaires),1975 », 87e session, 1999, 351 p. https://www.ilo.org/public/libdoc/ilo/P/09662/09662(1999-87_1B).pdf
- « Étude d'ensemble des rapports concernant la convention n°95 et la recommandation n°85 sur la protection du salaire, 1949. » Rapport III, 91e session, partie 1B, 2003, 359 p. https://www.ilo.org/public/libdoc/ilo/P/09662/09662(2003-91)359.pdf
- « Promouvoir l'emploi : politiques, compétences, entreprises », Rapport III (partie 1B), Étude d'ensemble relative à la convention (no 122) sur la politique de l'emploi, 1964, et à la recommandation (no 169) concernant la politique de l'emploi (dispositions complémentaires), 1984, ainsi qu'aux aspects se rapportant à la promotion du plein emploi, productif et librement choisi de la convention (no 142) sur la mise en valeur des ressources humaines, 1975, et de la recommandation (no 189) sur la création d'emplois dans les petites et moyennes entreprises, 1998, 92e session, 2004, 180 p. https://www.ilo.org/public/libdoc/ilo/P/09662/09662(2004-92-1B)182.pdf
- « Durée du travail : vers plus de flexibilité ? Étude d'ensemble des rapports concernant la convention (n°1) sur la durée du travail (industrie), 1919, et la convention (n°30) sur la durée du travail (commerce et bureaux), 1930 », 93e

session, 2005, 149 p. https://www.ilo.org/public/libdoc/ilo/P/09662/09662(2005-93-1B)149.pdf
- “Inspection du travail”. Étude d’ensemble relative à la convention (n° 81) sur l’inspection du travail, 1947, et au protocole de 1995 relatif à la convention sur l’inspection du travail, 1947, à la recommandation (n° 81) sur l’inspection du travail, 1947, à la recommandation (n° 82) sur l’inspection du travail (mines et transports), 1947, à la convention (n° 129) sur l’inspection du travail (agriculture), 1969, et à la recommandation (n° 133) sur l’inspection du travail (agriculture), 1969, 95e session, 2006, 179 p. http://www.ilo.org/public/libdoc/ilo/P/09662/09662(2006)1B.pdf .
- « Éradiquer le travail forcé », Rapport III (1B), Étude d’ensemble relative à la convention n°29 sur le travail forcé, 1930 et à la convention n°105 sur l’abolition du travail forcé, 1957 », 96e session, 2007, 137 p. https://www.ilo.org/public/libdoc/ilo/P/09662/09662(2007)1B.pdf
- « Donner un visage humain à la mondialisation », Rapport III (1B), Étude d’ensemble sur les conventions fondamentales concernant les droits au travail à la lumière de la Déclaration de l’OIT sur la justice sociale pour une mondialisation équitable, 2008, 101e session, 2012, 422 p. https://www.ilo.org/wcmsp5/groups/public/---ed_norm/---relconf/documents/meetingdocument/wcms_091401.pdf
- « Les normes de l’OIT en matière de sécurité et de santé au travail : promouvoir la sécurité et la santé dans le milieu de travail », Rapport III (1B), Étude d’ensemble relative à la Convention n°155, à la recommandation n°164 sur la sécurité et la santé des travailleurs, 1981 et au protocole de 2002 relatif à la convention sur la sécurité et la santé au travail, 1981 ; 98e session, 2009, 174 p. https://www.ilo.org/wcmsp5/groups/public/---ed_norm/---relconf/documents/meetingdocument/wcms_103487.pdf
- « Étude d’ensemble sur les instruments relatifs à l’emploi », Rapport III (1B), Étude d’ensemble sur les instruments relatifs à l’emploi à la lumière de la Déclaration de 2008 sur la justice sociale pour une mondialisation équitable, 99e session, 2010, 223p. https://www.ilo.org/ilc/ILCSessions/previous-sessions/99thSession/reports/WCMS_123391/lang--fr/index.htm
- « La sécurité sociale et la primauté du droit », Rapport III (1B), Étude d’ensemble concernant les instruments relatifs à la sécurité sociale à la lumière de la Déclaration de 2008 sur la justice sociale pour une mondialisation équitable, 100e session, 2011, 306 p. https://www.ilo.org/wcmsp5/groups/public/---ed_norm/---relconf/documents/meetingdocument/wcms_152681.pdf
- « Système de salaires minima. Étude d’ensemble des rapports sur la convention n°131 et la recommandation n°135 sur la fixation des salaires minima, 1970 », 103e session, 2014, 265 p. https://www.ilo.org/wcmsp5/groups/public/---ed_norm/---relconf/documents/meetingdocument/wcms_235285.pdf
- « Promouvoir une migration équitable. Étude d’ensemble concernant les instruments relatifs aux travailleurs migrants », 105e session, 2016, 283 p. https://www.ilo.org/ilc/ILCSessions/previous-sessions/105/reports/reports-to-the-conference/WCMS_453897/lang--fr/index.htm
- « Œuvrer ensemble pour promouvoir un milieu de travail sur et salubre », Rapport III (B), Étude d’ensemble sur les instruments de sécurité et de santé au travail relatifs au cadre promotionnel, à la construction, aux mines et à l’agriculture, 106e session, 2017, 277 p.

https://www.ilo.org/wcmsp5/groups/public/---ed_norm/---relconf/documents/meetingdocument/wcms_543633.pdf
- « Garantir un temps de travail décent pour l'avenir : Étude d'ensemble concernant les instruments relatifs au temps de travail », 107e session, 2018, 385 p.
https://www.ilo.org/wcmsp5/groups/public/---ed_norm/---relconf/documents/meetingdocument/wcms_618488.pdf
- « Protection sociale universelle pour la dignité humaine, la justice sociale et le développement durable », Rapport III (B), Étude d'ensemble concernant la recommandation n°202 sur les socles de protection sociales, 2012, 108e session, 2019, 383 p.
https://www.ilo.org/wcmsp5/groups/public/---ed_norm/---relconf/documents/meetingdocument/wcms_673695.pdf
- « Réduire le déficit du travail décent : un défi mondial », rapport du directeur général, juin 2001, {en ligne}, {consulté le 02 avril 2019},
https://www.ilo.org/public/french/standards/relm/ilc/ilc89/rep-i-a.htm#La%20signification%20du%20travail
- « Un travail décent », rapport du directeur général, 87e session, 1999, {en ligne}, {consulté le 02 avril 2019},
https://www.ilo.org/public/libdoc/ilo/P/09625/09625(1999-87).pdf

F. Les sources numériques

Liens vers des pages consultées

OIT. CIT, Règlement des réunions régionales, juin 2018, 11 p. {https://www.ilo.org/wcmsp5/groups/public/---ed_norm/---relconf/documents/meetingdocument/wcms_202841.pdf}.

OIT, Activités de l'OIT dans le monde d'après 1945 (Partie 2 : 1960-1988) 1965.{https://www.ilo.org/legacy/french/lib/century/content/1965.htm}

CRADAT, *Nos Missions,* {en ligne}, {consulté le 19 Août 2018}, http://www.cradat.cm/core/php/Nos_missions/

OIT.CIT, Déclaration de l'OIT sur la justice sociale pour une mondialisation équitable, juin 2008, 22 p.

ILOSTAT, Informal employment, {en ligne}, {consulté le 15 mars 2019}, https://www.ilo.org/ilostat/faces/oracle/webcenter/portalapp/pagehierarchy/Page3.jspx?MBI_ID=524&_adf.ctrl-state=jhl8ee36g_57&_afrLoop=1216571614186234&_afrWindowMode=0&_afrWindowId=v9y0tagd_6#!%40%40%3F_afrWindowId%3Dv9y0tagd_6%26_afrLoop%3D1216571614186234%26MBI_ID%3D524%26_afrWindowMode%3D0%26_adf.ctrl-state%3Dv9y0tagd_26

OIT, *Travail décent,* {en ligne}, {consulté le 02 avril 2019}, https://www.ilo.org/global/topics/decent-work/lang--fr/index.htm

ILOSTAT, *Statutory nominal grossmonthly minimum wage*, {en ligne}, {consulté le 02 mai 2019}, https://www.ilo.org/ilostat/faces/oracle/webcenter/portalapp/pagehierarchy/Page27.jspx?subject=EAR&indicator=EAR_INEE_NOC_NB&datasetCode=A&collectionCode=YI&_afrLoop=548481899041570&_afrWindowMode=0&_afrWindowId=17001usk5n_1#!%40%40%3Findicator%3DEAR_INEE_NOC_NB%26_afrWindowId%3D17001usk5n_1%26subject%3DEAR%26_afrLoop%3D548481

899041570%26datasetCode%3DA%26collectionCode%3DYI%26_afrWindowMode%3D0%26_adf.ctrl-state%3D17001usk5n_74

OIT, *Normes internationales du travail relative à la migration de main d'œuvre*, {en ligne}, {consulté le 10 mai 2019}, https://www.ilo.org/global/topics/labour-migration/standards/lang--fr/index.htm

OIT. *Qui sont les travailleurs domestiques*, {en ligne}, {consulté le 28 mai 2019}, https://www.ilo.org/global/topics/domestic-workers/who/lang--fr/index.htm

OIT. *L'OIT adopte une norme de travail historique pour lutter contre l'économie informelle*, {en ligne}, {consulté le 29 mai 2019}, https://www.ilo.org/ilc/ILCSessions/previous-sessions/104/media-centre/news/WCMS_375638/lang--fr/index.htm

Sites internet

www.ilo.org
www.ilo.org/normlex
www.ilo.org/natlex
www.compendium.itcilo.org
www.un.org
www.who.int
www.unesco.org

II. DROIT AFRICAIN

A. Traités et ouvrages généraux

BAKHOUM Mor, *L'articulation du droit communautaire et des droits nationaux de la concurrence dans l'Union Économique et Monétaire Ouest Africaine (UEMOA),* Bruxelles, Bruylant, 2007, 425p.

BENJAMIN Nancy, MBAYE Ahmadou Aly et al, *Les entreprises informelles de l'Afrique de l'ouest francophone : taille, productivité et institutions,* Montreuil, Agence française de développement/ Banque mondiale, 2012, 273 p.

DJADÉ Komi, *L'économie informelle en Afrique subsaharienne,* Paris, L'Harmattan, 2011, 249 p.

DUFRÉNOT Gilles (dir.), SAKHO El Hadji Abdou (dir.), *Enjeux des politiques macroéconomiques des pays de l'UEMOA,* Paris, Economica, 2008, 266 p.

DURIEUX André, *Les institutions organiques de 1975 du Cap-Vert et de 1973 de la Guinée Bissau,* Bruxelles, Académie royales des sciences d'Outre-mer, 1980, 40 p.

ETEKA YEMET Valère, *La charte africaine des droits de l'homme et des peuples,* Paris, L'Harmattan, 1996, 477 p.

FALL Babacar, *Le travail forcé en Afrique occidentale française (1900-1945),* Paris, Karthala, 1993, 346 p.

FONTENEAU Gérard, *Histoire du syndicalisme en Afrique*, Paris, Khartala 2004, 176 p.

HUGON Philippe, *Ajustement structurel, emploi et rôle des partenaires sociaux en Afrique francophone,* Genève, BIT, 1998,57 p.

KIEMDE Paul, *Droit du travail et de la sécurité sociale*, Précis de droit burkinabé, 2006, 657 p.

LEMESLE Raymond, *Le droit du travail en Afrique francophone*, Paris, EDICEF, 1989, 287 p.
MBACKE Mouhamadou Moctar, *La cour de justice de l'Union Économique et Monétaire Ouest Africaine (UEMOA),* Dakar, EDJA, 1999, 118 p.
MISSE Hermann, *Droit international du travail en Afrique : le cas du Cameroun,* Paris, L'Harmattan, 1987, 263 p.
MOULOUL Alhousseini, *L'intégration économique et juridique en Afrique,* Paris, L'Harmattan, 2017, 237 p.
NDEMBI Denise Landria, *Le droit des enfants en Afrique subsaharienne : le cas du Benin, du Gabon et du Togo,* Paris, L'Harmattan, 2006, 274 p.
NGOM NGOUDI Prosper, *La réussite de l'intégration économique en Afrique,* Paris, Présence Africaine, 1971, 143 p.

B. Ouvrages spéciaux, thèses, monographies

PARMENTIER Jean Marie, TENCONI R, *Zone franc en Afrique : fin d'une ère ou renaissance ?,* Paris, L'Harmattan, 1996, 212 p.
SAWADOGO Fatimata, *De la CEAO à l'UEMOA ou la genèse d'une intégration sous régionale réussie,* Paris, L'Harmattan, 2015, 149 p.
ZOGBELEMOU Togba, *Droit des organisations d'intégration économique en Afrique – (CEDEAO, CEMAC, UEMOA, ZMAO),* Paris, L'Harmattan, 2014, 365 p.
AZOGOH-KOUADIO Édouard, « Le projet d'acte uniforme OHADA portant droit du travail », Mémoire de Master 2, droit, AUVERGNON Philippe (dir.), Université Bordeaux IV-Montesquieu, 2008, 182 p.
BITIÉ Abdoul Kader, *L'approche contemporaine de la prévention des conflits en Afrique,* TOURNEPICHE Anne-Marie (dir.), Thèse de doctorat, droit, Université de Bordeaux, 2016, 652 p.
BITSAMANA Hilarion Alain, *L'ineffectivité du droit du travail à l'orée de la réforme OHADA,* REIS Patrice (dir.), Thèse de doctorat, droit, Université Côte d'Azur, 2018, 696 p.
COULIBALY Fassoun, *Dialogue social au Mali : réalités et enjeux,* AUVERGNON Philippe (dir.), Thèse de doctorat, droit privé, Université de Bordeaux, 2019, 597 p.
DJE Séverin Yao, *Le sort des travailleurs face aux difficultés de l'entreprise en droit ivoirien à la lumière du droit français,* AUVERGNON Philippe (dir.), Thèse de doctorat, droit privé, Université de Bordeaux, 2017, 557 p.
GUEI Pierre, *Convergence des politiques macroéconomiques et croissance économique en UEMOA,* SEMEDO Gervasio (dir.), Thèse de doctorat, science économique, Université François Rabelais de Tours, 2013, 328 p.
GUEYE Thiamba, *L'incidence de l'Union Économique et Monétaire Ouest Africaine (UEMOA) sur les finances publiques de ses États membres,* Bienvenu Jean Jacques (dir.), Thèse de doctorat, droit public, Université Panthéon-Assas, 2011, 559 p.
HECKENROTH Marguerite, *Les conventions internationales du travail dans les colonies françaises,* Thèse de doctorat en droit, Université d'Aix-Marseille, 1940, 223 p.
KAGAMBEGA Marcel, *Le rôle des États du Sud dans l'encadrement des migrations Sud-Nord et Sud-Sud : l'exemple des États de l'Afrique de l'ouest,* DAUGAREIL Isabelle (dir.), Thèse de doctorat, droit social, Université de Bordeaux, 2016, 447 p.

KALAY KISALA Patty, *Le droit congolais du travail à l'épreuve de la déclaration de l'OIT relative aux principes et droits fondamentaux au travail,* AUVERGNON Philippe (dir.), Thèse de doctorat, droit privé, Université de Bordeaux, 2016, 561 p.

KEITA Diene, *Droit international et développement durable en Afrique. Le bilan mitigé des OMD et des partenariats pour le développement,* KUYU MWISSA Camille (dir.), Thèse de doctorat, droit, Université Paris 1-Panthéon Sorbonne, 2014, 293 p.

KENOUKON Chysal Aguidioli, *Effectivité des principes et droits fondamentaux de l'OIT en Afrique francophone de l'ouest : autour et alentours du droit béninois,* SANTOS Akuété Pédro (dir.), VAN GEHUCHTEN Pierre-Paul (dir.), Thèse de doctorat, droit, Université Catholique de Louvain, 2011, 464 p.

NANA Ferdinand Edimo, *Droit du travail et données socio-économiques en Afrique noire francophone/ L'exemple du Cameroun,* LABORDE Jean-Pierre (dir.) Thèse de doctorat, droit privé, Université de Bordeaux I, 1994,650 p.

NDIAYE Momar, *L'OIT et la protection des libertés fondamentales des travailleurs en Afrique francophone (à partir de quelques pays),* VERDIER J. Maurice (dir.), Thèse de doctorat, droit privé, Université Paris X, 1988, 1309 p.

MESSE MBEGA Christian, *La Communauté Économique des États de l'Afrique Centrale (CEEAC) : quelle politique de sécurité pour une organisation régionale à vocation économique ?,* ROSIÈRE Stéphane (dir.), Thèse de doctorat, Géographie, Université de Reims, Champagne-Ardenne, 2015, 388p.

PALGO Diane Horélie, *L'harmonisation du droit pharmaceutique en Afrique de l'Ouest : le cas de l'UEMOA,* MOINE-DUPUIS Isabelle (dir.), GUERRIAUD Mathieu (dir.), Thèse de doctorat, droit privé et sciences criminelles, Université de Bourgogne Franche-Comté, 2018, 468 p.

PANIER Élise, *L'État et les relations de travail au Togo,* AUVERGNON Philippe (dir.), Thèse de doctorat, droit, Université Bordeaux IV-Montesquieu, 2012, 638 p.

SANGARE Yacouba, *Les sanctions en droit du travail : étude comparative entre le droit français et le droit malien du travail,* COEURET Alain (dir.), Thèse de doctorat, droit, Université de Cergy-Pontoise, 2012, 647 p.

SARR Amadou Yaya, *L'intégration juridique dans l'Union Économique et Monétaire Ouest Africaine (UEMOA) et dans l'Organisation pour l'Harmonisation du Droit des Affaires en Afrique (OHADA),* MESTRE Jacques (dir.), Thèse de doctorat, Université d'Aix Marseille III, 2006, 654 p.

SILUE Nanga, *L'égalité entre l'homme et la femme en Afrique noire francophone : essai sur la condition juridique de la femme en droit social ivoirien,* LYON-CAEN Antoine (dir.), BOGLER Honoré (dir.), Thèse de doctorat, droit, Université de Paris X-Nanterre, Université de Cocody-Abidjan, 2008, 634p.

SAWADOGO Elvis Flavien, *Les instruments de la convergence des politiques budgétaires dans la zone UEMOA,* DUPRAT Jean-Pierre (dir.), YONABA Salif (dir.), Thèse de doctorat, droit public, Université de Bordeaux, 2016, 530 p.

SOUHAIR Abdelaziz, *La réception du droit français du travail au Maroc,* JAVILLIER Jean-Claude (dir.), Thèse de doctorat, droit social, Université Bordeaux I, 1986, 376 p.

TIABOU TIOMELA Godelive, *Les effets de la libéralisation des échanges commerciaux sur les enjeux du travail décent : le cas du Cameroun,* SUPIOT Alain (dir.), POUGOUÉ Paul-Gérard (dir.), Thèse de doctorat, droit privé, Université de Nantes Angers Le Mans/Université de Yaoundé II, 2014, 624 p.

C. Articles, chroniques et fascicules

ADEPOJU Aderanti, « Les migrations en Afrique de l'ouest dans le contexte du Protocole sur la libre circulation et l'approche commune de la CEDEAO », *in* TRÉMOLIÈRES Marie, *Les enjeux régionaux des migrations ouest-africaines : perspectives africaines et européenne,* OCDE/CSAO, 2009, pp. 17-50.

ADJAMAGBO Agnès, GASTINEAU Bénédicte, KPADONOU Norbert, « Travail-famille : un défi pour les femmes à Cotonou », *Recherches féministes,* n° 29, 2016, pp.17-41.

AKANNI-HONVO Adrien, « L'UEMOA et la CEDEAO : intégration à géométrie variable ou fusion », *in* HUGON Philippe, *Les économies en développement à l'heure de la régionalisation,* Paris, Karthala, 2003, pp. 239-270.

AUVERGNON Philippe, « Mythe d'un autre droit et nécessité d'adaptations des droits du travail en Afrique subsaharienne », *in* JEAMMAUD Antoine, LE FRIANT Martine, LOKIEC Pascal, WOLMARK Cyril (coord.), *À droit ouvert : mélanges en l'honneur d'Antoine Lyon-Caen,* Paris, Dalloz, 2018, pp. 61-71.

AUVERGNON Philippe, « Modèles et transferts normatifs en droit du travail des pays africains », *Bulletin de droit comparé du travail et de la sécurité sociale,* 2005, pp. 117-138.

AUVERGNON Philippe, LAVIOLETTE Sandrine, OUMAROU Moussa, « Des fonctions et limites des administrations du travail en Afrique subsaharienne : actualité de la Convention n°150 de l'OIT », *Revue internationale du travail,* vol 150, n° 1-2, 2011, pp. 89-107.

AYUK Elias (dir.), KABORE Samuel (dir.), « Introduction : pourquoi s'intégrer ? » *in* AYUK Elias (dir.), KABORE Samuel (dir.), *S'intégrer pour s'enrichir : l'intégration régionale et les stratégies de réduction de la pauvreté en Afrique de l'ouest,* New York, Springer, 2012, pp. 1-16.

BAGODO Obarès, « Histoire et facilitation de l'intégration en Afrique de l'Ouest : le cas du Bénin dans l'espace de la baie du Bénin du XIIe au XIXe siècle », *in* IGUE John (éd.), *Les États-nations face à l'intégration en Afrique de l'ouest : le cas du Bénin,* Paris, Karthala, 2006, pp. 59-90.

BARICAKO Joseph, DAGBA NDONGO Gaston Xavier, « Intégration régionale et croissance : le cas de l'Afrique centrale », *African development review,* vol 26, 2014, pp. 33-51.

BEKE Tite Ehuitché, « Échange agricoles intra zone et sécurité alimentaire dans l'espace UEMOA : une analyse par le modèle de gravité », *Les cahiers de l'intégration de l'UEMOA*, n°001, 2018, pp. 1-19.

BEKOLO-ÉBÉ Bruno, « L'intégration régionale en Afrique : caractéristiques, contraintes et perspectives », *Revue Monde en développement*, Tome 29, n°115/116, 2001, pp. 81-88.

BOUKONGOU Jean Didier, « L'esprit des droits africains », *in* AUVERGNON Philippe, BOKALLI Victor- Emmanuel et alii (dir.), *De l'esprit du droit africain, Mélange en l'honneur de Paul Gérard POUGOUÉ,* Wolters Kluwer, 2014, pp. 165-178.

BOURENANE Naceur, « Des fondements théoriques et stratégiques de la construction communautaire », *in* LAVERGNE Réal, *Intégration et coopération régionales en Afrique de l'Ouest,* Paris, Karthala-CRDI, 1996, pp. 63-80.

CABRILLAC Bruno, ROCHER Emmanuel, « Les perspectives des unions monétaires africaines », *Revue d'économie financière,* n°110, 2013, pp. 99-125.

CEREXHE Etienne, « L'intégration juridique comme facteur d'intégration régionale », *Revue Burkinabé de Droit*, n° 39-40, 2001, pp. 21-25.

CISSÉ Soumaïla,
- « Le contexte socioéconomique de l'Union économique et monétaire ouest africaine », *Revue internationale et stratégique*, vol. 71, n° 3, 2008, pp. 95-99.
- « Le rôle de l'intégration régionale dans le développement en Afrique de l'Ouest : avancée et défis », *Régions & cohésion,* vol 1, 2011, pp. 104-117.

CISSE-NIANG Aminata, « L'interdiction internationale du travail des enfants vue d'Afrique » *in* SUPIOT A (dir.), *Regards croisés sur le droit social,* Semaine social, Lamy, 2002, p. 9-13.

COMMINS Stephen, « Fragilité urbaine et sécurité urbaine en Afrique », *Bulletin de la sécurité africaine,* n°12, avril 2011, 8 p.

COULIBALY Massa, TRAORÉ Ousmane, « Perceptions populaire de l'intégration régionale en Afrique », *Les cahiers de l'intégration de l'UEMOA*, n°001, 2018, pp. 72-88.

DIARRA Souleymane, « Analyse rétrospective du respect des nouveaux critères de convergence de l'UEMOA », *Revue d'économie du développement,* vol 24, 2016, pp.79-98.

DIAWARA Mamadou, « Ce que travailler veut dire dans le monde mandé » *in* D'ALMEIDA-TOPOR Hélène (dir.), LAKROUM Monique (dir.), SPITTLER Gerd (dir.)., *Le travail en Afrique noire : Représentation et pratiques à l'époque contemporaine,* Paris, Karthala, 2003, pp. 67-80.

DEVLIN-FOLTZ Zachary, « Les États fragiles de l'Afrique : Vecteurs de l'extrémisme, exportateur du terrorisme », *Bulletin de la sécurité africaine,* n°6, avril 2010, 8p.

DIOUF Abdou, « Afrique : l'intégration régionale face à la mondialisation », *Politique étrangère,* n°4, 2006, pp. 785-797.

DOUMBÉ-BILLÉ Stéphane, « La multiplication des organisations régionales en Afrique : concurrence ou diversification ? », *in* FAU-NOUGARET Matthieu (dir.), *La concurrence des organisations régionales en Afrique,* Paris, L'Harmattan, 2012, pp. 15-28.

DUPRAT Jean-Pierre, « La formation et l'évolution du droit financier en Afrique francophone subsaharienne », *in* DARBON Dominique, Du Bois de GAUDUSSON Jean, (dir.), *La création du droit en Afrique*, Karthala, Paris, 1997, pp. 443- 473.

EMANE Augustin,
- « Le droit du travail à la croisée des chemins : l'exemple du Gabon », *Bulletin de droit comparé du travail et de la sécurité sociale,* 1999, pp. 154-169.
- « Droit du travail gabonais, modèles et transferts de normes », *Bulletin de droit comparé du travail et de la sécurité sociale*, 2005, pp. 199-226.
- « Les limites du poncif de la tradition dans l'application du droit en Afrique : l'exemple des relations de travail au Gabon », *in* AUVERGNON Philippe, BOKALLI Victor- Emmanuel et alii (dir.), *De l'esprit du droit africain, Mélange en l'honneur de Paul Gérard POUGOUÉ,* Wolters Kluwer 2014, pp. 267- 278.

GAUTRON Jean-Claude, « La Communauté économique de l'Afrique de l'Ouest, antécédents et perspectives », *Annuaire français de droit international,* vol 21, 1975, pp. 197-215.

GBAGUIDI Ochozias, « Cinquante ans d'intégration régionale en Afrique : un bilan global », *Techniques financières et développement,* n°111, 2013, p. 49.

GUEYE Fatou, MBAYE Ahmadou Aly, « Interaction entre le formel et l'informel et leurs implications sur le marché du travail en Afrique de l'Ouest : cas du Bénin et du Sénégal », *Les cahiers de l'intégration de l'UEMOA*, n°001, 2018, pp. 50-70.

GONIDEC Pierre François, « L'organisation internationale du travail et l'Afrique noire : universalisme et régionalisme », *Recueil Penant*, n° 679, 1960, pp. 273-290.

HAHN Hans Peter, « Structure et notion du travail en pays Kasena du Burkina Faso », *in* D'ALMEIDA-TOPOR Hélène (dir.), LAKROUM Monique (dir.), SPITTLER Gerd (dir.), *Le travail en Afrique noire : Représentation et pratiques à l'époque contemporaine,* Paris, Karthala, 2003, pp. 107-124.

HARSCH Ernest, « NEPAD : le temps de l'action », *Afrique renouveau,* vol.23(4), 31 janvier 2010, pp. 20-22.

HUGON Philippe,

- « Régionalisation en Afrique subsaharienne et en Asie du sud-est », *Afrique Contemporaine,* n°176, 1995, pp. 87-115.
- « Le NEPAD entre partenariat et gestion des conflits », *Politique étrangère,* n°2, 2003, pp. 335-350.
- « Les conflits armés en Afrique : mythes et limites de l'analyse économique », *Tiers-Monde,* tome 44, n°176, 2003, pp. 829-856.
- « Conflits armés, insécurité et trappes à pauvreté en Afrique », *Afrique contemporaine,* n°218, 2006, pp. 33-47.

IBRIGA Luc Marius, « L'UEMOA : une nouvelle approche de l'intégration économique régionale en Afrique de l'Ouest », *African year book of international law,* vol 6, 1998, pp. 23-64.

IGUE John, « Le Bénin dans les dynamiques régionales en Afrique de l'Ouest », *in* IGUE John (éd.), *Les États-nations face à l'intégration en Afrique de l'ouest : le cas du Bénin,* Paris, Karthala, 2006, p. 17-33.

ISSA-SAYEGH Joseph,

- « L'intégration juridique des États africains dans la zone franc », *Receuil Penant,* n°823, 1997, pp. 5-31.
- « Les tendances actuelles du droit des relations de travail dans les États d'Afrique noire francophone », in Mélanges offerts à P-F. GONIDEC., *L'État moderne horizon 2000 Aspects internes et externes,* Librairie générale de droit et de jurisprudence, Paris, 1985, pp. 425-438.
- « Questions impertinentes sur la création d'un droit social régional dans les États africains de la zone franc », *Bulletin de droit comparé du travail et de la sécurité sociale*, 1999, pp. 170-196.
- « Les instruments nationaux de l'intégration juridique dans les États de la zone franc », *in* AUVERGNON Philippe, BOKALLI Victor- Emmanuel et alii (dir.), *De l'esprit du droit africain, Mélange en l'honneur de Paul Gérard POUGOUÉ,* Wolters Kluwer 2014, pp. 365-383.

KAMIAN Bakari, « La dynamique des intégrations de la période coloniale à nos jours », *in* SANAKANKOUA Bintou (éd), *Les États- nations face à l'intégration régionale en Afrique de l'Ouest : le cas du Mali,* Paris, Karthala, 2007, pp. 46-75.

KAMTO Maurice, « Les cours de justice des communautés et des organisations d'intégration économiques africaines », *African year book of international law,* 1999, pp. 107-150.

KIEMDE Paul, « Intégration régionale et harmonisation du droit social en Afrique : problèmes et perspectives », *Revue Burkinabé de Droit*, n° 39-40, septembre 2001, pp. 133- 155.

KING Kenneth, « L'émergence de tendances récentes en Afrique : un schéma pour de nouvelles approches », *in* TURNHAM David, SALOME Bernard, SCHWARZ Antoine, *Nouvelles approches du secteur informel,* Paris, OCDE, 1990, pp. 225-243.

KUÉPIÉ Mathias, NORDMAN Christophe, ROUBAUD François, « Éducation et marchés du travail » *in* DE VREYER Philippe, ROUBAUD François, *Les marchés du travail en Afrique subsaharienne,* Marseille, IRD/AFD, 2013, pp. 177-200.

LABARONNE Daniel, « Les difficultés de l'intégration économique régionale des pays maghrébins », *Monde en développement,* n° 163, 2013, pp. 99- 113.

LABORDE Jean- Pierre, « Retour sur la loi n°52-1322 du 15 décembre 1952 instituant un code du travail dans les territoires associés relevant du ministère de la France d'Outre-mer », *in* AUVERGNON Philippe, BOKALLI Victor-Emmanuel et alii (dir.), *De l'esprit du droit africain, Mélange en l'honneur de Paul Gérard POUGOUÉ,* Wolters Kluwer 2014, pp. 437- 449.

LACHAUD Jean-Pierre, « Le secteur informel urbain et le marché du travail en Afrique du sud du Sahara », *in* TURNHAM David, SALOME Bernard, SCHWARZ Antoine., *Nouvelles approches du secteur informel,* Paris, OCDE, 1990, pp.131-153.

LAPEYRE Fréderic, « De la question des voies de transition de l'économie informelle vers l'économie formelle : l'approche de l'Organisation Internationale du Travail », *in* LAPEYRE Fréderic (dir.), LEMAÎTRE Andreia (dir.)., *Politique publiques et pratiques de l'économie informelle en Afrique subsaharienne,* LOUVAIN-LA-NEUVE, Academia-l'Harmattan/ OIT, 2014, pp. 29-61.

LAPEYRE Fréderic, LEMAÎTRE Andreia, « Vers une meilleure compréhension des logiques de l'économie informelle », *in* LAPEYRE Fréderic (dir.), LEMAÎTRE Andreia (dir.)., *Politique publiques et pratiques de l'économie informelle en Afrique subsaharienne,* LOUVAIN-LA-NEUVE, Academia-l'Harmattan/ OIT, 2014, pp. 15-28.

LAVERGNE Réal, « Champ d'action pour l'intégration et la coopération régionales en Afrique de l'Ouest », *in* LAVERGNE Réal, *Intégration et coopération régionales en Afrique de l'Ouest,* Paris, Karthala-CRDI, 1996, pp. 11- 38.

LAWOGNI-AKOGOU Athanase, « La codification et le développement progressif du droit de la prévention des conflits armés internes en Afrique de l'ouest », *Journal of sustainable developmentlaw and policy,* vol 1, 2013, pp. 172-185.

LELART Michel,

- « Un exemple d'intégration institutionnelle : l'évolution de la zone franc, du traité de Maastricht au traité de l'UEMOA », *Revue Tiers Monde*, n°152, octobre-décembre 1997, pp. 897-918.
- « L'Union monétaire en Afrique de l'Ouest », *l'économie politique,* n°19, 2003, pp. 106-112.

LÉON Alain, « L'Afrique orientale : asymétrie sous régionales et recompositions spatiales » *in* HUGON Philippe (dir.), *Les économies en développement à l'heure de la régionalisation,* Paris, Karthala, 2002, pp. 191-211.

LOCOH Thérèse, « Genre et marché du travail en Afrique subsaharienne », *in* MARUANI Margaret, *Travail et genre dans le monde : l'État des savoirs,* Paris, La Découverte, 2013, pp. 171-181.

LOISELLE Claude Donald, « Le droit à la santé et à la sécurité au travail comme fondation du chantier de la prévention », *in* AUVERGNON Philippe, *Du droit de la santé et de la sécurité au travail en Afrique subsaharienne,* Paris, L'Harmattan, 2014, pp. 259- 280.

Mc CARTTY Colin, « L'intégration régionale : partie de la solution ou partie du problème ? », *in* ELLIS Stephen, *L'Afrique maintenant,* Paris, Kartthala, 1995, p. 347-379.

MENDES Paulina, « Expérience de l'Intégration de la Guinée-Bissau dans l'UEMOA : quelles leçons pour la zone Euro ? », *in* SOHN Rike, OPPONG

Ama Konadu (éds.), *Commerce régional et l'intégration monétaire en Afrique de l'Ouest et en Europe,* Bon/Praai, IAO/ZIE papier, 2013, pp. 177-190.

MÉRINO Mathieu, « L'intégration régional « par le bas », force de l'East African Community (EAC) », *Géoéconomie,* n°58, 2011, pp. 133-147.

MOUANGUE KOBILA James, DONFACK SOKENG Léopold, « La CEMAC : à la recherche d'une nouvelle dynamique de l'intégration en Afrique centrale », African *Yearbook of international law,* 1999, pp. 65-105.

NDONGKO Wilfred, « Les migrations de main d'œuvre dans le cadre de la coopération et de l'intégration économique régionale en Afrique », *Travail et société,* 1991, pp. 255-274.

NONNOU Enagnon Gildas, « Entre consolidation du marché et dérégulation : les équivoques d'une réforme du travail au Bénin », *Revue du droit du travail,* n°6,2018, pp. 473-487.

NYAMBARI Sammy T, « Inspection du travail en Afrique : vers la promotion des droits du travail », *Éducation ouvrière*, n° 140-141, 2005, pp. 29-35.

N'DIAYE Momar, « L'organisation internationale du travail au service des travailleurs pauvres », *in* AUVERGNON Philippe (dir.), *Droit social et travailleurs pauvres*, Bruxelles, Bruylant, 2013, pp. 343-360.

OUCHO John, CRUSH Jonathan, « Contra free movement: South Africa and SADC migration Protocols », *Africa Today,* vol 48, n°3, 2001, pp. 139-158.

OUMBA Parfait, « La problématique du travail décent en Afrique à la lumière des normes de l'OIT », *in* Café socio-anthropologique « Le travail dans tous ses états », Faculté de Science sociales et de gestion de l'Université Catholique d'Afrique centrale, Yaoundé, 2016, 20 p.

POUGOUE Paul-Gérard,

- « Les enjeux du droit du travail en Afrique noire d'expression française », *Bulletin de droit comparé du travail et de la sécurité sociale,* 1987, pp. 3-37.
- « Idéaux de la révolution française et droit du travail en Afrique noire francophone », *in* AUVERGNON Philippe (dir.), *Liberté, Égalité, Fraternité. Actualités en droit social,* Paris, LCF, 1990, pp. 213 - 233.

RENUCCI Florence, « L'inspection du travail et le droit en Afrique francophone au XXe siècle », *in* EL MECHAT Samia (dir.), *Les administrations coloniales (XIXe-XXe siècles). Esquisse d'une histoire comparée*, Rennes, Presses Universitaires de Rennes, 2009, pp. 253-263.

Revue Internationale du Travail, « La réforme des codes du travail en Afrique francophone : désengagement de l'État et flexibilité », vol 134, n°1, 1995, pp. 93-101.

ROBIN Nelly, « L 'espace migratoire de l'Afrique de l'ouest : paranoma statistique », *Hommes et migrations,* n°1160, 1992, pp. 6-15.

SAWADOGO Filga Michel, « Les conflits entre normes communautaires : aspects positifs et prospectifs » *in* FAU-NOUGARET Matthieu (dir.), *La concurrence des organisations régionales en Afrique,* Paris, L'Harmattan, 2012, pp. 283- 314.

SECK Diery, « L'UEMOA à 15 ans : bilan et stratégies futures », *in* AYUK Elias (dir.), KABORE Samuel (dir.), *S'intégrer pour s'enrichir : l'intégration régionale et les stratégies de réduction de la pauvreté en Afrique de l'ouest,* New York, Springer, 2012, pp. 19-43.

SIDIBE Ousmane Oumarou,

- « Réalités africaines et enjeux pour le droit du travail africain », *Bulletin de droit comparé du travail et de la sécurité sociale,* 1999, pp. 130-141.
- « Quels modèles d'inspiration pour le droit du travail malien depuis le code de 1952 ? », *Bulletin de droit comparé du travail et de la sécurité sociale*, 2005, pp.139-163.

- « L'intégration en Afrique de l'Ouest : évolution des questions institutionnelles et politiques », *in* SANAKANKOUA Bintou (éd), *Les États- nations face à l'intégration régionale en Afrique de l'Ouest : le cas du Mali,* Paris, Karthala, 2007, pp. 21-42.
- « À la recherche de « l'esprit du droit africain » : quelques réflexions basées sur l'analyse de la prévention et la réparation des accidents du travail dans l'économie informelle au Mali », *in* AUVERGNON Philippe, BOKALLI Victor-Emmanuel et alii (dir.), *De l'esprit du droit africain, Mélange en l'honneur de Paul Gérard POUGOUÉ,* Wolters Kluwer, 2014, pp.650-668.

SMIT Paul, « Transnational labour relations: a dream or possibility in SADC ?, *Africain journal of international and comparative law,* n°22. 3, 2014, pp. 448-467.

STRAUS Scott, « Wars do end ! Changing patterns of political violence in sub-saharaafrica », *African Affairs,* vol 111, 2012, pp. 179-201.

TALL A. B, « L'organisation commune africaine, malgache et mauricienne », *Journal of african law,* vol 16, n°3, 1972, pp. 304-309.

TCHAKOUA Jean-Marie, « Source d'inspiration et logique du droit camerounais des conflits collectifs de travail », *Bulletin de droit comparé du travail et de la sécurité sociale,* 2005, pp. 177-197.

THOMAS Albert, « Le nouveau rôle du NEPAD », *African businness- Le magazine des dirigeants africain,* 2018, n°60, pp. 30-32.

TOURÉ Younoussi, « Le processus de l'intégration économique et monétaire en Afrique de l'Ouest », *in* SANAKANKOUA Bintou (éd), *Les États- nations face à l'intégration régionale en Afrique de l'Ouest : le cas du Mali,* Paris, Karthala, 2007, pp. 93-115.

TOYE John, « L'ajustement structurel : conditions, hypothèses, origine et diversité », *in* Van der HOEVEN Rolph Éric (dir.) et Van der KRAIJ Fredericus Philippus Maria (dir.), *L'ajustement structurel, au-delà et en Afrique sub-saharienne*, Séminaire international de La Haye de juin 1993, Paris, Karthala 1995, pp. 41-66.

VALTICOS Nicolas, WOLF Francis, « L'organisation internationale du travail et les pays en voie de développement : technique d'élaboration et de mise en œuvre de normes universelles », *in* SFDI, *Pays en voie de développement et transformation en droit international,* Colloque d'Aix en Provence, Paris, Pedone, 1974, pp. 127-146.

VAUD Pierre, « Union Européenne et Union Économique et Monétaire Ouest Africaine : une symétrie raisonnée », *Revue du marché commun de l'Union européenne,* 1998, n°414, pp. 15-24.

WA KABWE- SEGATTI Aurélia, « Regional integration policy and migration reform in SADC countries: an institutional of overview of power relations », *African year book of international law,* 2010, pp. 53-78.

ZOGO NKADA Simon-Pierre, « La libre circulation des personnes : réflexion sur l'expérience de la CEMAC et de la CEDEAO », *Revue internationale économique,* 2011, pp. 113-136.

D. Travaux collectifs et dictionnaires

De l'UEMOA

AHISSOU Bernard M, « Études sur les crises sociales dans les pays de l'UEMOA : cas du Benin », Rapport UEMOA, 2013, 25 p.

ATTI Komi Anani B, « Étude sur les crises sociales au TOGO (2010-2013) », Rapport UEMOA, 2013, 44 p.

DE Yero,

- « Étude sur les crises sociales au sein de l'UEMOA : Sénégal », Rapport UEMOA, 2013, 93 p.
- « Étude sur les crises sociales au sein de l'UEMOA : Guinée Bissau », Rapport UEMOA, 2013, 44 p.

DIARRA Souleymane, « Dynamique de convergence dans la zone UEMOA : du Pacte de 1999 aux nouveaux critères de 2015 », Document de réflexion, Commission de l'UEMOA, octobre 2014, 22 p.

KANE Hamidou Salifou,

- « La libre circulation des personnes et des biens dans l'espace UEMOA », rapport de la Cour de Justice de l'UEMOA, 2010, 32 p.
- « Étude sur les crises sociales dans les pays de l'Union Économique et Monétaire Ouest Africaine : le cas de la Côte d'Ivoire », Rapport UEMOA, 2013, 28 p.

NIANGO Augustin,

- « Première réunion du Conseil du Travail et du Dialogue social de l'UEMOA », Rapport CTDS, 2010, 30 p.
- « Rapport de la deuxième assemblée générale du conseil du travail et du dialogue social de l'UEMOA », Rapport CTDS, 2011, 6 p.
- « Rapport de la troisième assemblée générale du conseil du travail et du dialogue social de l'UEMOA », Rapport CTDS, 2012, 6 p.

ONI Jules, SOULAMA Timothé, « Rapport de mise en œuvre du programme pilote « renforcer la conformité des lieux du travail au moyen de l'inspection du travail ACI 7 au Burkina Faso », Rapport UEMOA/OIT, 2015, 8 p.

OUEDRAOGO Touwendé Joachim, « Étude sur les crises sociales au Burkina Faso », Rapport UEMOA, 2013, 35 p.

THIAM Birane,

- « Rapport de la quatrième assemblée générale du conseil du travail et du dialogue social de l'UEMOA », Rapport CTDS, 2013, 16 p.
- « Rapport de la concertation de haut niveau sur les crises sociales dans l'UEMOA », Rapport CTDS, 2013, 19 p.
- « Rapport de la cinquième assemblée générale du conseil du travail et du dialogue social de l'UEMOA », Rapport CTDS, 2015, 34 p.
- « Rapport de la sixième assemblée générale du conseil du travail et du dialogue social de l'UEMOA », Rapport CTDS, 2015, 27 p.
- « Rapport de la septième assemblée générale du conseil du travail et du dialogue social de l'UEMOA », Rapport CTDS, 2016, 20 p.
- « Rapport de la formation des membres du bureau et des commission techniques spécialisées du conseil du travail et du dialogue social », Rapport CTDS, 2017, 13 p.
- « Rapport de la neuvième assemblée générale du conseil du travail et du dialogue social de l'UEMOA », Rapport CTDS, 2018, 53 p.

UEMOA. Commission,

- « Rapport annuel de la commission sur le fonctionnement et l'évolution de l'Union », 2005, 58 p.
- « Initiative de la Commission en matière de sécurité alimentaire, de peuplement et de marché », Réunion du Groupe de Travail du Secrétariat du Club du Sahel et de l'Afrique de l'Ouest (CSAO/OCDE) sur le programme de travail 2011-2012, 2011, 8p.

- « Rapport semestriel d'exécution de la surveillance multilatérale », juin 2014, 114 p.
- « Premier rapport sur l'état de la pauvreté au sein de l'UEMOA », 2015, 88 p.
- « UEMOA 2011-2016 : une nouvelle dynamique de l'intégration », 2016, 66 p.
- « Rapport 2015 de la surveillance commerciale dans l'espace UEMOA », 2016, 60 p.
- « Rapport annuel 2016 sur le fonctionnement et l'évolution de l'Union », 2016, 93 p.
- « Tarif extérieur commun de l'Union Économique Ouest Africaine », 2017, 419 p.
- « Rapport annuel 2017 sur le fonctionnement et l'évolution de l'Union », 2017, 127 p.

UEMOA. CTDS, « Compilation des résultats des travaux du Conseil de 2010 à 2016 », 2017, 243 p.

UEMOA. Commission, « Rapport semestriel d'exécution de la surveillance multilatérale », juin 2019, 99 p.

De L'OIT

AMOUSSOU Bertin C, « Étude nationale pour l'identification des obstacles à la mise en œuvre effective des principes et droits fondamentaux au travail au Benin », Rapport BIT, 2001, 99 p.

AUVERGNON Philippe, Quenum Bertin (coll.), OLAYEMI Olatunde (coll.), Harmonisation du droit du travail au sein de la Communauté économique des États d'Afrique de l'Ouest : défis et perspectives, rapport BIT, Dakar, 2016, 184 p.

AUVERGNON Philippe, LAVIOLETTE Sandrine, OUMAROU Moussa, « Les fonctions assurées par les inspecteurs et contrôleurs du travail dans le système d'administration du travail en Afrique francophone subsaharienne », Rapport BIT, 2007, 86 p.

AUVERGNON Philippe, SIDIBÉ Ousmane, « Capacités d'intervention et compétences en droit du travail des ministères en charge du travail dans les États membres de l'UEMOA », Rapport BIT, 2014, 58 p.

BENGALY Abraham, « Étude sur la mise en conformité de la législation nationale de la République du Mali avec les normes internationales du travail », rapport BIT/PAMODEC, Dakar, 2010, 44 p.

BRILLEAU Alain, ROUBAUD François, TORELLI Constance, « L'emploi, le chômage et les conditions d'activités dans les principales agglomérations de sept États membres de l'UEMOA : principaux résultats de la phase 1 de l'enquête 1-2-3 de 2001-2002 », Document de travail IRD, 2004, 56 p.

CEA, UA, BAD, PNUD, « OMD-Agenda 2063/ODD – Rapport de transition 2016 : vers une approche intégrée et cohérente du développement durable en Afrique », 2016, 158p.

CEDEAO, « Enquêtes sur les politiques migratoires en Afrique de l'ouest », 2015, 353 p.

CEMAC, « Vers une intégration accélérée pour une CEMAC émergente : renouveau communautaire 2012-2017 », 2012, 53 p.

CISSE Mamadou, DIOH Adrien, Dialogue national au Sénégal : étude nationale, Genève, BIT, 2004, 126 p.

CNPB, BIT, « Étude sur la santé et sécurité au travail : facteurs de développement économique et social », 2006, 47 p.

DIALLO Yacouba, « Les activités des enfants en Afrique subsaharienne : les enseignements des enquêtes sur le travail des enfants en Afrique de l'ouest », rapport BIT/IPEC, 2008, 30 p.

D'SOUZA Asha, « Le travail domestique sur la voie du travail décent. Rétrospective de l'action de l'OIT », Bureau de l'OIT pour l'égalité entre hommes et femmes, Document de travail 2, 2010, BIT, Genève, 104 p.

KÉDOWIDÉ François-Corneille, « Projet d'appui à la mise en œuvre de la Déclaration relative aux Principes et Droits Fondamentaux du travail : rapport de l'évaluation », Rapport BIT, 2007, 44 p.

KENOUKON Chrysal Aguidioli, « Effectivité et efficacité des normes fondamentales et prioritaires de l'OIT : Cas du Bénin et du Togo », Rapport BIT, Genève, 2007, 154 p.

OUMAROU Moussa, *Dialogue national au Niger : étude nationale*, Genève, BIT, 2002, 118 p.

OIT,

- Programme pays de promotion du travail décent au Togo 2010-2015, mai 2010, 14 p.
- Programme élargi d'assistance technique : problèmes pratiques de l'inspection du travail, Rapport sur le séminaire d'administration du travail (Brazzaville, 27 novembre-15 décembre 1961), 1962, 167p.
- Programme et budget pour la période biennale 1970-71, 5e exercice, 1969, p. 16-18.
- « Diagnostic sur l'emploi des jeunes au Sénégal : étude réalisée dans le cadre de l'initiative conjointe pour l'emploi des jeunes en Afrique », 2014, 132 p.
- « Transition vers le marché du travail des jeunes femmes et hommes au Bénin », 2013, 83 p.
- « Combattre le travail des enfants par l'éducation au Mali : Note d'orientation », Genève, 2015, 4 p.

OIT. Commission consultative africaine,

- « Administration du travail, y compris l'inspection du travail en Afrique », Rapport 3ème session, Dakar, 1967, 75 p.
- « Harmonisation des systèmes de sécurité sociale des pays d'Afrique », Rapport 6ème session, Lomé, 1975, 20 p.

OIT, IPEC+, « Mise en œuvre du programme phare mondial : vers un monde libre de travail des enfants et de travail forcé », 31 mai 2018, 15 p.

D'autres organisations internationales ou régionales

BAD, « Intégration régionale en Afrique de l'ouest : défis et opportunités pour le Sénégal », Rapport final décembre 2013, 2014, 109 p.

BAFD, OCDE, PNUD, « Perspective économique en Afrique 2017 : entrepreneuriat et industrialisation », 2017, 341 p.

BAMBA N'galadjo Lambert, « Analyse du Processus de Convergence Dans la Zone UEMOA », Rapport UNU-WIDER, 2004, 45 p.

INOUE Keiko, DI GROPELLO Emanuela, TAYLOR Yesim Sayin, GRESHAM James, « Les jeunes non scolarisés et déscolarisés d'Afrique subsaharienne : politiques pour le changement », rapport de la Banque mondiale, 2015, 144 p.

NEPAD, « Rapport annuel 2016 : accélérer la mise en œuvre de l'agenda 2063 », 2016, 36 p.

NU.
- Commission économique pour l'Afrique, « État de l'intégration régionale en Afrique VIII : vers la réalisation de la zone de libre-échange continentale », 2017, 172p.
- Commission économique pour l'Afrique, « État de l'intégration régionale en Afrique VII : innovation, compétitive et intégration régionale », 2016, 141p.
- Le développement économique en Afrique : renforcer l'intégration économique régionale pour le développement en Afrique, rapport 2009, 127p.
- Secrétariat générale, « Dans une liberté plus grande : développement, sécurité et respect des droits de l'homme pour tous », rapport assemblée générale, 2005, 72p.
- Secrétariat générale, « Passer à l'action pour réaliser les objectifs du millénaire pour le développement », note d'information du secrétaire général, 2008, 33 p.
- « Objectifs du millénaire pour le développement : rapport 2015 », 2015, 73 p.

MAIGA Djibo, « Analyse des conventions bilatérales entre le Niger et certains pays voisins ou amis en la matière », série : CARIM AS, Institut universitaire européen, 2011, 11 p.

MAMATY Isabelle, SALMON Jean-Michel, DIOULO Jean-Marc, DE BIOLLEY Tanguy, ANGELO Lucia, « L'appui à l'intégration régionale en Afrique : quels enjeux pour les partenaires au développement ? », Ministère des affaires étrangères française, 2012, 86 p.

OCDE, « L'urbanisation des pays de l'Afrique de l'Ouest : 1950-2010. Africapolis I, mise à jour 2015 », 2016, 88p.

OMS,
- Bureau du Mali, « Le travail de l'organisation mondiale de la santé au Mali », Rapport annuel 2018, 40p.
- Bureau régional de l'Afrique, « Stratégie de coopération de l'OMS avec les pays, 2008-2013, Mali », 2009, 41 p.
- Bureau régional de l'Afrique, « Stratégie de coopération de l'organisation mondiale de la santé avec la République de la Côte d'Ivoire 2016-2020 », 2016, 87p.

PNUD,
- « Renforcement de l'alignement stratégique pour le développement de l'Afrique : enseignements tirés du Programme de développement durable des Nations Unis, de l'Agenda 2063 de l'Union Africaine et des « cinq grandes priorités » de la Banque africaine de développement », note d'information du PNUD sur l'Afrique, Vol 1, n°1, janvier 2017, 13p.
- « Rapport sur le développement humain en Afrique 2016 : accélérer les progrès en faveur de l'égalité des genres et de l'autonomisation des femmes en Afrique », 2016, 200 p.
- « Indices et indicateurs de développement ; mise à jour statistique », 2018, 112 p.

SADC,
- Directorate of human and social development., « Capacity building in open and distance learning (ODL) project: an information, education and comunication strategy for open and distance learning », 2009, 50 p.
- « Decentwork programme 2013-2019: Promoting decent work for all in the SADC région », 2013, 40 p.
- « Capacity building in open and distance learning projet: an information, education and communication strategy for open and distance learning », 2009, 50p.

SAMAILA Seydou Issa, « Étude sur les crises sociales au Niger » Rapport UEMOA, 2013, 108 p.
TALL SIDIBE Penda, SIDIBE Ousmane Oumarou, « Dialogue national au Mali : étude nationale », Genève, BIT, 2002, 92 p.
UE,
- Parlement Européen, « Droit sociaux fondamentaux en Europe », Document de Travail, 1999, 45 p.
- Cour des Comptes Européenne, « Efficacité de l'appui du FED à l'intégration économique régionale en Afrique de l'est et de l'ouest », rapport spécial n°18, 2009, 55p.
UNESCO, Bureau multisectoriel régional pour l'Afrique de l'ouest-sahel., Rapport annuel 2018, 38p.

D'États membres de l'UEMOA

BENIN. Institut National de la Statistique et de l'Analyse Économique, « Enquête démographique et de santé au Bénin (EDSB-IV) 2011-2012 », Rapport, 2013, 551 p.
BURKINA FASO.
- Institut National de la Statistique et de la Démographie,« Enquête démographique et de santé et à Indicateurs multiples (EDSBF-MICS IV) 2010, » 2012, 501 p.
- Institut National de la Statistique et de la Démographie, « Enquête nationale sur l'emploi et le secteur informel. Thème 5 : Chômage », Décembre 2016, 53p.
NIGER. Ministère du Plan, « Plan de développement économique et social 2017-2021 : un Niger renaissant pour un peuple prospère », 2017, 198 p.

E. Législations et jurisprudence

Législations sous régionales et continentales

Traité modifié de l'Union Économique et Monétaire Ouest Africaine du 29 janvier 2003 ;
Constitution de l'Union Africaine du 07 novembre 2000 entrée en vigueur le 26 mai 2001 ;
Traité constitutif de la Communauté de l'Afrique de l'Est du 30 novembre 1999 entrée en vigueur le 7 juillet 2000 ;
Traité révisé de la Communauté Économique des États de l'Afrique de l'Ouest du 23 juillet 1993 entrée en vigueur le 23 aout 1995 ;
Traité instituant la Communauté de Développement de l'Afrique Australe du 17 aout 1992 entré en vigueur le 30 septembre 1993 ;
Traité constitutif de l'Union du Maghreb Arabe du 17 février 1989 ;
Traité instituant la Communauté Économique des États de l'Afrique Centrale du 18 octobre 1983 entré en vigueur le 18 décembre 1984.

Législations nationales

BENIN

Loi n° 90-32 du 11 décembre 1990 portant Constitution de la République du Bénin.

Loi n° 98-004 du 27 janvier 1998 portant Code du Travail du Benin.

BURKINA FASO

Constitution du Burkina Faso du 11 juin 1991.
Loi n° 028-2008-AN du 13 mai 2008 portant Code du Travail du Burkina Faso.

CÔTE D'IVOIRE

Constitution de la Côte d'Ivoire du 8 novembre 2016.
Loi n° 2015-532 du 20 juillet 2015 portant Code du travail de la Côte d'Ivoire.

GUINÉE BISSAU

Constitution de la République de la Guinée Bissau du 27 novembre 1996.
Loi no. 2/1986 du 5 avril 1986 portant Code du travail de la Guinée Bissau.

MALI

Décret n° 92-073/P-CTSP du 25 février 1992 portant promulgation de la Constitution de la République du Mali.
Loi n° 92-020 du 23 septembre 1992 portant Code du travail en République du Mali.

NIGER

Loi n° 2012-45 du 25 septembre 2012 portant Code du travail de la République du Niger.
Constitution de la VIIème République du 25 novembre 2010.

SENEGAL

Loi constitutionnelle n° 2016-10 du 5 avril 2016 portant révision de la Constitution.
Loi constitutionnelle n° 2008-34 du 7 août 2008 portant révision de la constitution.
Loi n° 2001-03 du 22 janvier 2001 portant Constitution.
Loi no 97-17 du 1er décembre 1997 portant Code du Travail.

TOGO

Constitution de la IVe République du 14 octobre 1992.
Loi n° 2006-010 du 13 décembre 2006 portant Code du travail.

JURISPRUDENCE

BENIN

Tribunal de première instance de première classe de Cotonou, 7 décembre 2009 - Dossier n° 05-2005, Affaire Alice SEBGO C/Établissement Royal Photo.

Tribunal de première instance de première classe de Cotonou, 20 juillet 2009 - Dossier n° 54-2002, Affaire HOSSOU DJOSSOU Z. Prisque C/ Plan international Benin.

Cour constitutionnelle du Bénin, 11 janvier 2001, décision n° DCC 01-009.

BURKINA FASO

Tribunal du travail de Koudougou, jugement n°003, 5 février 2009, Affaire J.B. K. Sankara c. Orphelinat Pèdg Wendé.

Tribunal du Travail de Ouagadougou, jugement n°008, 8 janvier 2009, Affaire Worokuy Esaie c. Clinique des Genêts.

Cour d'appel de Bobo-Dioulasso Chambre sociale, jugement, n° n° 035, 5 juillet 2006, Affaire M.M. Karama et Bakouan c. la société industrielle du Faso (SIFA).

Tribunal du travail de Ouagadougou, jugement n° 090, 17 juin 2003, Affaire Zongo et autres c. Gérante de la Station Mobil Bataille du Rail.

Tribunal du travail de Ouagadougou, jugement n° 037, 25 mars 2003, Affaire Compaore c. Sitarail.

Tribunal du travail de Ouagadougou, Savadogo Zonabo c. Grands Moulins du Burkina, 10 septembre 2002, jugement n° 140

Tribunal du travail de Ouagadougou, jugement n° 140, 10 septembre 2002, jugement n° 140, Affaire Savadogo Zonabo c. Grands Moulins du Burkina.

TOGO

Tribunal du travail de Lomé, jugement n° 039/2004, 23 mars 2004, Affaire Dame Sanvée Karine c. La Brasserie du Bénin.

F. Les articles en ligne

AIVO Gérard, « L'impact des conflits armés et du terrorisme sur le développement socio-économique de l'Afrique », *Annuaire africain de droit international online,* volume 21, 2016, [En ligne], [Consulté le 17 novembre 2018], https://www.deepdyve.com/lp/brill/l-impact-des-conflits-arm-s-et-du-terrorisme-sur-le-d-veloppement-DaQFoAPOik.

Banque Mondiale, « Rapport sur le développement dans le monde : emplois », 2013, 49 p. http://siteresources.worldbank.org/EXTNWDR2013/Resources/8258024-1320950747192/8260293-1322665883147/Overview_French.pdf

BCEAO, « Rapport sur la situation de la pauvreté dans les pays de l'UEMOA », 2012, 38 p. https://www.bceao.int/sites/default/files/2017-12/rapport_sur_la_situation_de_la_pauvrete_dans_les_pays_de_l_uemoa.pdf

Club du Sahel et de l'Afrique de l'Ouest/ OCDE, « L'Afrique de l'Ouest : une région en mouvement, une région en mutation, une région en voie d'intégration », Document de travail, 2007, 58p.

https://www.oecd.org/fr/csao/publications/38512130.pdf
Côte d'Ivoire. Ministère du Plan et du développement, « Plan National de Développement 2016-2020 : diagnostic stratégique de la Côte d'Ivoire sur la trajectoire de l'émergence », Tome 1, 2016, 110 p. http://www.gcpnd.gouv.ci/fichier/doc/TOME1_compresse.pdf
DENIS Éric, MORICONI-EBRARD François, HARRE-ROGER Dominique, THIAM Ousmane, SÉJOURNÉ Marion, CHATEL Catherine, « Africapolis, Dynamique de l'urbanisation, 1950-2020 : approche géostatistique. Afrique de l'Ouest ». Rapport Agence Française de Développement, [en ligne], 2008, [Consulté le 05 jan 2019]. http://www.afd.fr/jahia/webdav/site/afd/users/administrateur/public/publicatio.
DJOKE Kossi Agbéviadé, DJADOU Ayawo, D'ALMEIDA Amélé, RUFFINO Rachidatou, « Profil de la pauvreté infantile dans les pays de l'UEMOA : une analyse comparative basée sur l'approche multidimensionnelle de la pauvreté », PEP workingpaperserie, 2009, [en ligne], [Consulté le 05 jan 2019]. http://anciensite.pep-net.org/fileadmin/medias/pdf/files_events/5th_ethiopia/Agbeviade.pdf
DIEYE Cheikh Tidiane, « L'Afrique et le chevauchement des accords régionaux », *Revue interventions économiques,* [En ligne], [Consulté le 13 octobre 2018], http://interventionseconomiques.revues.org/2815.
LOUNGOU Serge, « La libre circulation au sein de l'espace de la CEMAC : entre mythes et réalités », *Belgeo,* [en ligne], 2010, [consulté le 30 novembre 2018], URL : http://belgeo.revues.org/7096
OUMAROU Moussa, *Réformes de l'administation publique des pays membres de l'UEMOA : impacts et perspectives,* Genève, BIT, 2009, 70 p. https://www.ilo.org/wcmsp5/groups/public/---ed_dialogue/---lab_admin/documents/publication/wcms_113982.pdf
OIT. CEACR,
- Demande directe 2014, convention n°105 sur l'abolition du travail forcé, Burkina Faso. {https://www.ilo.org/dyn/normlex/fr/f?p=1000:13100:0::NO:13100:P13100_COMMENT_ID,P11110_COUNTRY_ID,P11110_COUNTRY_NAME,P11110_COMMENT_YEAR:3184622,103033,Burkina%20Faso,2014
- Observation 2017, convention n°29 sur le travail forcé, 1930, Niger, {https://www.ilo.org/dyn/normlex/fr/f?p=1000:13100:0::NO:13100:P13100_COMMENT_ID:3287330
OIT. Comité de la liberté syndicale,
- 24 janv. 2008, Cas n° 2633 (Côte d'Ivoire). {http://www.ilo.org/dyn/normlex/fr/f?p=1000:50001:0::NO:50001:P50001_COMPLAINT_FILE_ID:2897897}
- 15 mai 2013, Cas no 3030 (Mali). {http://www.ilo.org/dyn/normlex/fr/f?p=1000:50001:::NO:::}
PERSON Yves, « Ghana empire du », *encyclopedia universalis,*[en ligne], 2017, [consulté le 5 octobre 2019],http://www.universalis-edu.com.docelec.u-bordeaux.fr/encyclopedie/empire-du-ghana/
OIT,
- Politique et programme du BIT en matière de formation des agents de l'administration du travail en Afrique., 1963, 56p. https://www.ilo.org/public/libdoc/ilo/1963/63B09_121_fren.pdf
- Programme Pays pour la promotion du travail décent au Bénin 2010 – 2015, mai 2010, 30 p. https://www.ilo.org/wcmsp5/groups/public/---africa/---ro-addis_ababa/---sro-dakar/documents/genericdocument/wcms_445493.pdf

- Programme pays de promotion du travail décent au Burkina Faso 2012-2015, octobre 2013, 33 p. https://www.ilo.org/wcmsp5/groups/public/---africa/---ro-addis_ababa/---sro-dakar/documents/publication/wcms_233405.pdf
- Côte d'Ivoire : programme pays pour un travail décent 2008-2013, novembre 2008, 39 p.
https://www.ilo.org/wcmsp5/groups/public/---africa/---ro-addis_ababa/---sro-abidjan/documents/publication/wcms_461652.pdf
- Programme pays pour un travail décent en Guinée Bissau 2012-2015, octobre 2011, 27 p.
https://www.ilo.org/wcmsp5/groups/public/---ed_mas/---program/documents/genericdocument/wcms_560924.pdf
- Programme pays de promotion de travail décent : programme pour la relance durable du Mali 2016-2018, juin 2015, 48 p.
https://www.ilo.org/wcmsp5/groups/public/---ed_mas/---program/documents/genericdocument/wcms_561057.pdf
- Programme pays de promotion du travail décent au Niger 2012-2015, 2012, 36 p. https://www.ilo.org/wcmsp5/groups/public/---africa/---ro-addis_ababa/---sro-dakar/documents/publication/wcms_233413.pdf
- Profil pays de travail décent : Sénégal, 2013, 49 p.
https://www.ilo.org/wcmsp5/groups/public/---africa/---ro-addis_ababa/---sro-dakar/documents/publication/wcms_233323.pdf
- « Cartographie et diagnostic de l'emploi des jeunes au Burkina Faso », 2014, 89 p. https://www.ilo.org/wcmsp5/groups/public/---africa/---ro-addis_ababa/---sro-dakar/documents/publication/wcms_339497.pdf

OIT. CIT, Programme et budget pour la période biennale 2018-19, 2017, 117p. https://www.ilo.org/wcmsp5/groups/public/---ed_mas/---program/documents/genericdocument/wcms_582295.pdf

OIT. IPEC, « Enquête sur la situation de l'emploi et du travail des enfants (ENSETE 2013) » Genève, OIT, 2015, 73 p. [en ligne], [Consulté le 12 Aout 2019]. https://www.ilo.org/ipecinfo/product/viewProduct.do?productId=28195

SIMONIS Francis, « L'empire du Mali d'hier à aujourd'hui », *Cahiers d'histoire,* vol 128, 2015, pp. 71-86. https://journals.openedition.org/chrhc/4561

FAO, FIDA, OMS, PAM, UNICEF, « L'État de la sécurité alimentaire et de la nutrition dans le monde 2018. Renforcer la résilience face aux changements climatiques pour la sécurité alimentaire et la nutrition. » 2018, 200 p. http://www.fao.org/3/i9553fr/i9553fr.pdf

FILMER Deon, Fox Louise, « Forum pour le développement de l'Afrique : l'emploi des jeunes en Afrique subsaharienne », rapport Agence française de développement et Banque mondiale, 2014, 283 p. https://issuu.com/objectif-developpement/docs/emploidesjeunesenafsubsaharienne

International Crisis Group,
- « Guinée-Bissau : besoin d'État », rapport Afrique n°142, 2008, 31p.https://d2071andvip0wj.cloudfront.net/142-guinea-bissau-in-need-of-a-state-french.pdf,
- « Nord du Burkina Faso : ce que cache le djihad », rapport Afrique n°254, 2017, 29 p. https://www.crisisgroup.org/fr/africa/west-africa/burkina-faso/254-social-roots-jihadist-violence-burkina-fasos-north

MARC Alexandre, VERJEE Neelam, MOGAKA Stephen, « Relever les défis de la stabilité et de la sécurité en Afrique de l'Ouest », rapport Banque mondiale et Agence française de Développement, 2015, 52 p.
https://openknowledge.worldbank.org/bitstream/handle/10986/22033/210464FrSum.pdf?sequence=5

NU.
- Commission économique pour l'Afrique, « Profil pays : Guinée-Bissau, » 2017, 38p.
https://www.uneca.org/sites/default/files/uploaded-documents/CountryProfiles/2018/guinee_bissau_french_cp.pdf
- Conseil de sécurité, « Rapport du secrétaire général sur les activités du bureau des Nations Unies pour l'Afrique de l'ouest et du sahel », 2017, 18 p. https://undocs.org/fr/S/2017/1104
OLIVIER Marius, « Regional Overview of Social Protection for Non-Citizens in the Southern African Development Community (SADC) », Social Protection discussion paper ; no. SP 0908. Washington, DC: World Bank. [En ligne], [Consulté le 10 décembre 2018].
http://documents.worldbank.org/curated/en/386911468299121598/Regional-overview-of-social-protection-for-non-citizens-in-the-Southern-African-Development-Community-SADC
OMS.
- Bureau régional de l'Afrique, « État de la santé dans la région africaine de l'OMS : analyse de la situation sanitaire, des services et des systèmes de santé dans le contexte des objectifs de développement durable », 2018, 168 p. https://www.afro.who.int/sites/default/files/2018-08/Etat%20de%20la%20sante%20Region%20africaine%20de%20l%20OMS.pdf
- World Heath statistics 2018 : monitoring Heath for the SGGs, 2018, 86 p.https://apps.who.int/iris/bitstream/handle/10665/272596/9789241565585-eng.pdf?ua=1
O'REGAN Davin, THOMPSON Peter, « Progrès en matière de stabilité et de réconciliation en Guinée-Bissau : enseignement tiré du premier narco-État d'Afrique », rapport spécial du Centre d'étude stratégique de l'Afrique, 2013, 59p.
https://africacenter.org/wp-content/uploads/2016/06/ASR02FR-Progr%C3%A8s-en-mati%C3%A8re-de-stabilit%C3%A9-et-de-r%C3%A9conciliation-en-Guin%C3%A9e-Bissau-Enseignements-tir%C3%A9s-du-premier-narco-%C3%89tat-d%E2%80%99Afrique.pdf
RAINRI Lucas, « Si les victimes deviennent bourreaux : facteurs contribuant à la vulnérabilité et à la résilience à l'extrémisme violent au sahel central », rapport International alert, 2018, 56 p.
https://www.international-alert.org/sites/default/files/Sahel_ViolentExtremismVulnerabilityResilience_FR_2018.pdf
SOUARÉ Issaka, « A critical classessment of security challenges in west Africa », Situation report, Institute for security study, 2010, 20 p.
https://www.africaportal.org/publications/a-critical-assessment-of-security-challenges-in-west-africa/
UNESCO, Global education monitoring report 2017/8. Accountability in education: Meeting our commitments, Paris, 2017, 508 p.
{http://unesdoc.unesco.org/images/0025/002593/259338e.pdf}
WHO, UNICEF, « Progress on drinking water, sanitation and hygiene : update and SGS baseline », 2017, 210 p.
https://apps.who.int/iris/bitstream/handle/10665/258617/9789241512893-eng.pdf?sequence=1

G. Les sources numériques

Liens vers des pages consultées

OIT. CIT. Règlement des réunions régionales, juin 2018, 11 p. {https://www.ilo.org/wcmsp5/groups/public/---ed_norm/---relconf/documents/meetingdocument/wcms_202841.pdf}.

OIT, Activités de l'OIT dans le monde d'après 1945 (Partie 2 : 1960-1988) 1965. {https://www.ilo.org/legacy/french/lib/century/content/1965.htm}

CRADAT, *Nos Missions,* {en ligne}, {consulté le 19 Août 2018}, http://www.cradat.cm/core/php/Nos_missions/

CSI-AFRIQUE, *Présentation,* {en ligne}, {consulté le 19 Août 2018}, https://www.ituc-africa.org/-Presentation-.html#A%20propos

OIT.CIT., Déclaration de l'OIT sur la justice sociale pour une mondialisation équitable, juin 2008, 22 p.

SADC, Facts & figures, [en ligne], [Consulté le 13 novembre 2018], https://www.sadc.int/about-sadc/overview/sadc-facts-figures/

Côte d'Ivoire. Communiqué du Conseil des Ministre du 20 Avril 2016, *[en ligne], [consulté le 15 juillet 2018].* http://www.gouv.ci/doc/1461236076CCM_%20200416_Vf.pdf

SADC, *Gender.* [en ligne], [Consulté le 27 novembre 2018], https://www.sadc.int/issues/gender/

ILOSTAT, *Informal employment,* {en ligne}, {consulté le 15 mars 2019}, https://www.ilo.org/ilostat/faces/oracle/webcenter/portalapp/pagehierarchy/Page3.jspx?MBI_ID=524&_adf.ctrl-state=jhl8ee36g_57&_afrLoop=1216571614186234&_afrWindowMode=0&_afrWindowId=v9y0tagd_6#!%40%40%3F_afrWindowId%3Dv9y0tagd_6%26_afrLoop%3D1216571614186234%26MBI_ID%3D524%26_afrWindowMode%3D0%26_adf.ctrl-state%3Dv9y0tagd_26

Union Africaine. *Les Comités techniques spécialisés,* {en ligne}, {consulté le 10 mars 2019}, https://au.int/fr/stc.

UEMOA, *Département du développement humain (DDH),* {en ligne}, {consulté le 28 mars 2019}, http://www.uemoa.int/fr/departements/departement-du-developpement-humain-ddh.

OIT, *Travail décent,* {en ligne}, {consulté le 02 avril 2019}, https://www.ilo.org/global/topics/decent-work/lang--fr/index.htm

ILOSTAT, *Statutory nominal grossmonthly minimum wage,* {en ligne}, {consulté le 02 mai 2019}, https://www.ilo.org/ilostat/faces/oracle/webcenter/portalapp/pagehierarchy/Page27.jspx?subject=EAR&indicator=EAR_INEE_NOC_NB&datasetCode=A&collectionCode=YI&_afrLoop=548481899041570&_afrWindowMode=0&_afrWindowId=17001usk5n_1#!%40%40%3Findicator%3DEAR_INEE_NOC_NB%26_afrWindowId%3D17001usk5n_1%26subject%3DEAR%26_afrLoop%3D548481899041570%26datasetCode%3DA%26collectionCode%3DYI%26_afrWindowMode%3D0%26_adf.ctrl-state%3D17001usk5n_74

OIT, *Normes internationales du travail relative à la migration de main d'œuvre,* {en ligne}, {consulté le 10 mai 2019}, https://www.ilo.org/global/topics/labour-migration/standards/lang--fr/index.htm

OIT, *Qui sont les travailleurs domestiques,* {en ligne}, {consulté le 28 mai 2019}, https://www.ilo.org/global/topics/domestic-workers/who/lang--fr/index.htm

OIT, *L'OIT adopte une norme de travail historique pour lutter contre l'économie informelle,* {en ligne}, {consulté le 29 mai 2019},

https://www.ilo.org/ilc/ILCSessions/previous-sessions/104/media-centre/news/WCMS_375638/lang--fr/index.htm
UEMOA, *Le Conseil des collectivités territoriales,* {en ligne}, {consulté le 19 Aout 2019}, http://www.uemoa.int/fr/taxonomy/term/7

Sites internet

www.ilo.org
www.ilo.org/normlex
www.ilo.org/natlex
www.compendium.itcilo.org
www.uemoa.int
www.izf.net
www.au.int
www.sadc.int
www.ecowas.int
www.cemac.int

III. Droit OHADA

A. Traités et ouvrages généraux

AUVERGNON Philippe (dir.), KÉNOUKON Chrystal (dir.), *Dialogue social dans les pays de l'espace OHADA et ailleurs dans le monde : la part du droit,* Paris, L'Harmattan, 2018, 493 p.

ISSA-SAYEG Joseph, LOHOUES-OBLE Jacqueline, *OHADA, harmonisation du droit des affaires,* Bruxelles, Bruylant, 2002, 248 p.

KWEMO Stéphanie, *L'ohada et le secteur informel : l'exemple du Cameroun,* Bruxelles, Larcier, 2012, 453 p.

B. Articles, chroniques et fascicules

AUVERGNON Philippe, KÉNOUKOU Chrystal, « Présentation », *in* AUVERGNON Philippe (dir.), KÉNOUKON Chrystal (dir.), *Dialogue social dans les pays de l'espace OHADA et ailleurs dans le monde : la part du droit,* Paris, L'Harmattan, 2018, pp. 9 – 18.

AUVERGNON Philippe, « Des esprits présents dans le projet d'acte uniforme OHADA portant droit du travail », *in* AUVERGNON Philippe, BOKALLI Victor- Emmanuel et alii (dir.), *De l'esprit du droit africain, Mélanges en l'honneur de Paul Gérard POUGOUÉ,* Wolters Kluwer, 2014, pp.115-150.

BELLO Ahmed, « Pourquoi faut-il adopter le projet d'acte uniforme de l'OHADA relatif au droit du travail ? », *Revue de droit uniforme africain,* n°005, 2011, 11 p.

ETOULA ESSOH Clotilde, « Regard sur le statut du dirigeant social en droit OHADA », *Uniform law review,* vol 21, 2016, pp. 309-331.

KIRSCH Martin, « Un évènement capital pour le droit du travail en Afrique : l'examen d'un avant-projet d'acte uniforme de l'OHADA », *Droit africain du travail-TPOM,* n°927-928, 2003, pp.

MEYER Pierre, « Le droit OHADA et le droit international privé : les règles d'application du droit uniforme », *Uniform law review,* vol 23, 2018, pp. 99-126.

MINET Georges, VARGHA Corinne, « Perspectives du droit du travail en Afrique : entre la voie de l'OHADA et les recommandations de la Banque Mondiale », *Éducation ouvrière,* n°143-144, 2006, pp.75-84.

REIS Patrice, « Le droit du travail dans le droit OHADA », *Revue de l'ERSUMA,* 2012, 9 p.

SOSSA Dorothé, « Dialogue social : analyse et point de vue de l'OHADA », *in* AUVERGNON Philippe (dir.), KÉNOUKON Chrystal (dir.), *Dialogue social dans les pays de l'espace OHADA et ailleurs dans le monde : la part du droit,* Paris, L'Harmattan, 2018, pp.117-125.

TCHAKOUA Jean-Marie, « L'harmonisation du droit du travail dans le cadre de l'OHADA : la mesure d'un changement en perspective », *Ohadata D-10-29,* 16 p.

THIAM Birane, « Le conseil du travail et du dialogue social de l'UEMOA : missions, contraintes, défis et perspectives », *in* AUVERGNON Philippe (dir.), KÉNOUKON Chrystal (dir.), *Dialogue social dans les pays de l'espace OHADA et ailleurs dans le monde : la part du droit,* Paris, L'Harmattan, 2018, pp.127-142.

ISSA-SAYEGH Joseph, « La problématique de la construction d'un droit du travail régional dans les pays africains de la zone franc », Communication au séminaire ORAF/CFDT/UGT-CI (Abidjan mai-juin 1995) sur le thème « La dimension sociale de l'intégration régionale des pays africains de la zone franc. L'harmonisation du droit du travail comme facteur de progrès social », ohada D-02-26. 17p.

C. Travaux collectifs et dictionnaires

ISSA-SAYEGH Joseph (dir.), N'DIAYE Birane (dir.), *Encyclopédie juridique de l'Afrique*, vol. 8, Droit des relations professionnelles (Travail, sécurité sociale et fonction publique), N.E.A., Abidjan/Dakar/Lomé, 1982, p.

D. Les articles en ligne

ONANA ETOUNDI Félix, « Les expériences d'harmonisation des lois en Afrique », *Revue de l'ERSUMA : Droit des affaires-Pratique professionnelle,* n°1, 2012, [en ligne], [consulté le 6 janvier 2019], http://revue.ersuma.org/no-1-juin-2012/doctrine-12/LES-EXPERIENCES-D-HARMONISATION

F. Les sources numériques

Sites internet

www.ohada.com
www.droit-afrique.com

ANNEXE

Conventions de l'OIT ratifiées par les pays membres de l'UEMOA

Conventions ratifiées		Benin	Burkina Faso	Côte d'Ivoire	Guinée Biseau	Mali	Niger	Sénégal	Togo
Conventions Fondamentales	**C029**	12/12/1960	21/11/1960	21/11/1960	21/02/1977	22/09/1960	27/02/1961	04/11/1960	07/06/1960
	C087	12/12/1960	21/11/1960	21/11/1960		22/09/1960	27/02/1961	04/11/1960	07/06/1960
	C098	16/05/1968	16/04/1962	05/05/1961	21/02/1977	02/03/1964	23/03/1962	28/07/1961	08/11/1983
	C100	16/05/1968	30/06/1969	05/05/1961	21/02/1977	12/07/1968	09/08/1966	22/10/1962	08/11/1983
	C105	22/05/1961	25/08/1997	05/05/1961	21/02/1977	28/05/1962	23/03/1962	28/07/1961	10/07/1999
	C111	22/05/1961	16/04/1962	05/05/1961	21/02/1977	02/03/1964	23/03/1962	13/11/1967	08/11/1983
	C138	11/06/2001	11/02/1999	07/02/2003	05/03/2009	11/03/2002	04/12/1978	15/11/1999	16/03/1984
	C182	06/11/2001	25/06/2001	07/02/2003	26/08/2008	14/07/2000	23/10/2000	01/06/2000	19/09/2000
Conventions de gouvernance	**C081**	11/06/2001	21/05/1974	05/06/1987	21/02/1977	02/03/1964	09/01/1979	22/10/1962	30/03/2012
	C122		28/10/2009				06/06/2018	25/04/1966	30/03/2012
	C129		21/05/1974	05/06/1987					30/03/2012
	C144	11/06/2001	25/07/2001	05/06/1987		23/01/2008	15/03/2018	19/11/2004	08/11/1983
Conventions Techniques	**C001**				21/02/1977				
	C003		30/06/1969	05/05/1961					
	C004	12/12/1960 (Pas en vigueur)	21/11/1960(Pas en vigueur)	21/11/1960(Pas en vigueur)	21/02/1977 (Pas en vigueur)	22/09/1960 (Pas en vigueur)	27/02/1961 (Pas en vigueur)	04/11/1960 (Pas en vigueur)	07/06/1960 (Pas en vigueur)
	C005	12/12/1960 (Pas en vigueur)	21/11/1960(Pas en vigueur)	21/11/1960(Pas en vigueur)		22/09/1960 (Pas en vigueur)	27/02/1961 (Pas en vigueur)	04/11/1960 (Pas en vigueur)	07/06/1960 (Pas en vigueur)
	C006	12/12/1960	21/11/1960	21/11/1960	21/02/1977	22/09/1960	27/02/1961	04/11/1960	07/06/1960
	C007				21/02/1977 (Pas en vigueur)				
	C010							22/10/1962	
	C011	12/12/1960	21/11/1960	21/11/1960		22/09/1960	27/02/1961	04/11/1960	07/06/1960
	C012				21/02/1977			22/10/1962	
	C013	12/12/1960	21/11/1960	21/11/1960		22/09/1960	27/02/1961	04/11/1960	07/06/1960
	C014	12/12/1960	21/11/1960	21/11/1960	21/02/1977	22/09/1960	27/02/1961	04/11/1960	07/06/1960
	C017		30/06/1969		21/02/1977	12/07/1968			
	C018	12/12/1960	21/11/1960	21/11/1960	21/02/1977	22/09/1960	27/02/1961	04/11/1960 (Pas en vigueur)	
	C019		30/06/1969	05/05/1961	21/02/1977	17/08/1964		22/10/1962	
	C026	12/12/1960	21/11/1960	21/11/1960	21/02/1977	22/09/1960	27/02/1961	04/11/1960	07/06/1960
	C027				21/02/1977				
	C033	12/12/1960 (Pas en vigueur)	21/11/1960(Pas en vigueur)	21/11/1960(Pas en vigueur)		22/09/1960 (Pas en vigueur)	27/02/1961 (Pas en vigueur)	04/11/1960 (Pas en vigueur)	07/06/1960 (Pas en vigueur)
	C041	12/12/1960 (Pas en vigueur)	21/11/1960(Pas en vigueur)	21/11/1960(Pas en vigueur)		22/09/1960 (Pas en vigueur)	27/02/1961 (Pas en vigueur)	04/11/1960 (Pas en vigueur)	07/06/1960 (Pas en vigueur)
	C045			05/05/1961	21/02/1977				
	C052		30/06/1969(Pas en vigueur)	05/05/1961		12/07/1968		22/10/1962	
	C065						23/03/1962 (Pas en vigueur)		

	C068				21/02/1977				
	C069				21/02/1977				
	C073				21/02/1977				
	C074				21/02/1977				
	C085	12/12/1960							07/06/1960
	C088				21/02/1977	12/04/2016			
	C089				21/02/1977			22/10/1962	
	C091				21/02/1977 (Pas en vigueur)				
	C092				21/02/1977				
	C095	12/12/1960	21/11/1960	21/11/1960		22/09/1960	27/02/1961	04/11/1960	07/06/1960
	C096			28/07/1992				22/10/1962	
	C097		09/06/1961						
	C099			05/05/1961				22/10/1962	
	C101		30/06/1969(Pas en vigueur)					22/10/1962	
	C102	14/06/2019					09/08/1966	22/10/1962	07/06/2013 (Pas en vigueur)
	C104				21/02/1977 (Pas en vigueur)		23/03/1962 (Pas en vigueur)		
	C106				21/02/1977				
	C107				21/02/1977				
	C108				21/02/1977				
	C110			05/05/1961					
	C116		16/04/1962	02/01/1963			23/03/1962	13/11/1967	
	C117						23/11/1964	13/11/1967	
	C119						23/11/1964		
	C120							25/04/1966	
	C121							25/04/1966	
	C125							15/07/1968	
	C131		21/05/1974				24/04/1980		
	C132		12/07/1974						
	C133			19/06/1972					
	C135	11/06/2001	21/05/1974	21/02/1973		12/06/1995	05/04/1972	24/08/1976	
	C136			21/02/1973					
	C141		25/08/1997			12/06/1995			
	C142		28/10/2009				28/01/1993		
	C143	11/06/1980	09/12/1977						08/11/1983
	C147	04/02/2010 (Pas en vigueur)							
	C148						28/01/1993		
	C150	11/06/2001	03/04/1980	01/04/2016		23/01/2008	29/06/2015		30/03/2012
	C151					12/06/1995			
	C154	10/01/2012					05/06/1985		
	C155			01/04/2016		12/04/2016	19/02/2009	01/03/2021	
	C156						05/06/1985		
	C158						05/06/1985		
	C159		26/05/1989	22/10/1999		12/06/1995			
	C160	06/04/2000		01/04/2016					
	C161	10/11/1998	25/08/1997	01/04/2016			19/02/2009	01/03/2021	
	C170		15/09/1997	01/11/2019					
	C171			01/04/2016					
	C173		11/02/1999						
	C181					12/04/2016	15/05/2015		
	C183	10/01/2012	04/03/2003			05/06/2008	10/06/2019	18/04/2017	
	C184		28/10/2009						
	C187		13/10/2016	01/04/2016			19/02/2009	01/03/2021	30/03/2012
	MLC	13/06/2011						19/09/2019	14/03/2012
	C188							21/09/2018	

INDEX ALPHABÉTIQUE

(Les numéros renvoient aux paragraphes)

S

T

TABLE DES MATIÈRES

Structures éditoriales du groupe L'Harmattan

L'Harmattan Italie
Via degli Artisti, 15
10124 Torino
harmattan.italia@gmail.com

L'Harmattan Hongrie
Kossuth l. u. 14-16.
1053 Budapest
harmattan@harmattan.hu

L'Harmattan Sénégal
10 VDN en face Mermoz
BP 45034 Dakar-Fann
senharmattan@gmail.com

L'Harmattan Cameroun
TSINGA/FECAFOOT
BP 11486 Yaoundé
inkoukam@gmail.com

L'Harmattan Burkina Faso
Achille Somé – tengnule@hotmail.fr

L'Harmattan Guinée
Almamya, rue KA 028 OKB Agency
BP 3470 Conakry
harmattanguinee@yahoo.fr

L'Harmattan RDC
185, avenue Nyangwe
Commune de Lingwala – Kinshasa
matangilamusadila@yahoo.fr

L'Harmattan Congo
67, boulevard Denis-Sassou-N'Guesso
BP 2874 Brazzaville
harmattan.congo@yahoo.fr

L'Harmattan Mali
Sirakoro-Meguetana V31
Bamako
syllaka@yahoo.fr

L'Harmattan Togo
Djidjole – Lomé
Maison Amela
face EPP BATOME
ddamela@aol.com

L'Harmattan Côte d'Ivoire
Résidence Karl – Cité des Arts
Abidjan-Cocody
03 BP 1588 Abidjan
espace_harmattan.ci@hotmail.fr

L'Harmattan Algérie
22, rue Moulay-Mohamed
31000 Oran
info2@harmattan-algerie.com

L'Harmattan Maroc
5, rue Ferrane-Kouicha, Talaâ-Elkbira
Chrableyine, Fès-Médine
30000 Fès
harmattan.maroc@gmail.com

Nos librairies en France

Librairie internationale
16, rue des Écoles – 75005 Paris
librairie.internationale@harmattan.fr
01 40 46 79 11
www.librairieharmattan.com

Lib. sciences humaines & histoire
21, rue des Écoles – 75005 Paris
librairie.sh@harmattan.fr
01 46 34 13 71
www.librairieharmattansh.com

Librairie l'Espace Harmattan
21 bis, rue des Écoles – 75005 Paris
librairie.espace@harmattan.fr
01 43 29 49 42

Lib. Méditerranée & Moyen-Orient
7, rue des Carmes – 75005 Paris
librairie.mediterranee@harmattan.fr
01 43 29 71 15

Librairie Le Lucernaire
53, rue Notre-Dame-des-Champs – 75006 Paris
librairie@lucernaire.fr
01 42 22 67 13

www.ingramcontent.com/pod-product-compliance
Lightning Source LLC
LaVergne TN
LVHW050052061026
849532LV00001BA/103